rororo

Über die Verfasser

Eberhard Braun, Dr. phil., geb. 1941, lehrte als apl. Professor der Philosophie in Tübingen und ist 2006 in Heilbronn gestorben. Er konzipierte große Teile zur Philosophie der Neuzeit und verfasste die Einführung in Antike und Neuzeit sowie den Beitrag über Aristoteles. Veröffentlichungen u.a. zu: Aufhebung der Philosophie bei Marx und den Marxisten, Theorie der bürgerlichen Gesellschaft, Theorien des Alltagslebens, Arbeit und Praxis, Ernst Bloch, Fichte und Locke.

Felix Heine, Dr. phil., geb. 1950, arbeitet im Akademischen Beratungszentrum der Universität Tübingen; von ihm stammen der Text «Statt einer Einleitung» sowie die Beiträge zu Platon, Hobbes, Locke, Smith, Rousseau, Hegel, Mill, Marx / Engels, Bakunin, Weber und Habermas. Er betreute auch die Neuausgabe dieses Buchs. Veröffentlichungen u. a. zu Fichte und Hegel.

Uwe Opolka, geb. 1950, arbeitet als Wissenschaftlicher Angestellter am Hanse-Wissenschaftskolleg in Delmenhorst und ist außerdem als Publizist und Übersetzer tätig; er schrieb die Texte «Von der Spätantike bis zur frühen Neuzeit», «Politische Erklärungen» und die Einführung in die Gegenwart sowie die Beiträge zu Epikur, Kant und Popper und besorgte die Zusammenfügung der einzelnen Texte. Veröffentlichungen u.a. zu Ernst Bloch, Proust, Joyce, zur italienischen Oper und zu anthropologischen und biologischen Fragestellungen.

Volker Schmidt, Dr. phil., geb. 1959, arbeitet als Wissenschaftlicher Angestellter im Dezernat Internationale Beziehungen der Universität Tübingen und ist als Dozent für Philosophie an der Berufsakademie Stuttgart im Ausbildungsbereich Sozialwesen tätig; von ihm stammt der Beitrag über John Rawls. Veröffentlichungen zu Fragen der philosophischen Ästhetik und Anthropologie.

Eberhard Braun Felix Heine Uwe Opolka

Politische Philosophie

Ein Lesebuch
Texte, Analysen, Kommentare

rowohlts enzyklopädie
im Rowohlt Taschenbuch Verlag

rowohlts enzyklopädie
Herausgegeben von Burghard König

Neuausgabe
Veröffentlicht im Rowohlt Taschenbuch Verlag,
Reinbek bei Hamburg, Mai 2008

Umschlaggestaltung any.way, Walter Hellmann
Satz Proforma PostScript (InDesign)
Gesamtherstellung CPI – Clausen & Bosse, Leck
Printed in Germany
ISBN 978 3 499 55700 2

Inhalt

Vorbemerkung zur Neuausgabe

Dass ein Buch, erschienen vor mehr als 20 Jahren und nun als Neuausgabe (9. Auflage) vorliegend, nicht ohne weiteres zu überarbeiten ist, liegt auf der Hand. Dass es in seiner Textgestalt erhalten bleibt, gebietet der Respekt, wenn einer der Verfasser nicht mehr lebt.

Eberhard Braun, der dieses Buch mitkonzipiert und -geschrieben hat, ist am 26. April 2006 in Heilbronn gestorben. Als deshalb der Lektor und Herausgeber von rowohlts enzyklopädie, Dr. Burghard König, die Autoren über die geplante Neuausgabe informierte, konnte er hierzu nicht mehr Stellung nehmen.

Indessen wurde der Band für eine bessere Lesbarkeit neu gesetzt, die Texte wurden durchgesehen und leicht ergänzt. Volker Schmidt hat auf Bitte von Uwe Opolka und mir einen Beitrag über die politische Philosophie von John Rawls geschrieben, da es uns nötig schien, den Lesern ein Mindestmaß an Aktualisierung zu bieten. Hinzugefügt wurde eine kleine Liste mit neuerer Literatur zur politischen Philosophie.

Tübingen, im Frühjahr 2008
Für die Autoren
Felix Heine

Statt einer Einleitung

Die Geschichte der Philosophie und die Philosophie der Geschichte

«Es war einmal» – so lautet der wohlvertraute Anfang schöner Geschichten; und an ihrem Ende heißt es tröstlich: «Wenn sie nicht gestorben sind, so leben sie noch heute.»

Wenn wir (d. h. Leser und Verfasser) im Folgenden versuchen, uns die Geschichte einer bestimmten Weise menschlichen Denkens – die Geschichte der Philosophie – vor Augen zu führen, müssen wir uns darüber im Klaren sein, dass wir damit zugleich eine Geschichte erzählen bzw. ihr zuhören. Und wir können uns fragen, ob auch für diese Geschichte gilt, dass einmal etwas war und dass es noch lebt, wenn es nicht gestorben ist.

Zu behaupten, dass einmal etwas war, ist problematisch: Denn es *ist* nicht mehr und entzieht sich deshalb unserem unmittelbaren Zugriff. Wir können also von diesem Etwas nur gehört oder gelesen haben, uns in irgendeiner Form daran erinnern.

Dass aber etwas noch lebt, wenn es nicht gestorben ist, dazu bedarf es eigentlich nur der Bedingung, dass es überhaupt jemals gelebt hat: Gesetzt, der Froschkönig wurde tatsächlich von der Prinzessin entzaubert und starb nicht, so muss er heute noch irgendwo leben.

Die zweite Behauptung ist also abhängig von der ersten («es war einmal») und enthält selbst eine Bedingung («wenn es nicht gestorben ist»). Nur unter diesen beiden Voraussetzungen funktioniert die Geschichte überhaupt. Wir dagegen, d. h. die, die diese Geschichte gut kennen, sehen sie nicht unter dem Aspekt von Bedingungen und Folgen, sondern in der einfachen Form der Erinnerung: Wir meinen den Prinzen, die Prinzessin und vielleicht auch den Diener Heinrich zu kennen, dem eiserne Bande vom Herzen sprangen, als sein Herr des Zaubers ledig war. Für uns *war* diese Geschichte nicht ‹nur› ein Märchen – sie hatte eine ganz bestimmte Form von Wirklichkeit und Wirksamkeit für uns: Sie hat eine Geschichte.

Achten wir also auf uns und die Weise, in der wir uns einer solchen Geschichte und ihrer Geschichte im Nachhinein zu versichern suchen, so können wir feststellen:

- Der Inhalt einer Geschichte ist abhängig von ihrem Rahmen, von der Form, in der sie erzählt und aufgenommen wird.

Eine Bildergeschichte von Donald Duck hat deshalb für uns eine andere Bedeutung, spricht uns in ganz anderer Weise an als etwa ein Lehrgespräch, in dem der Philosoph Platon seinen Lehrer Sokrates bestimmte Positionen und Fragen diskutieren lässt – und welche dieser beiden Geschichten für uns mehr Bedeutung hat, liegt schon nicht mehr an der Geschichte allein, sondern ebenso sehr bei uns, die wir in irgendeiner Form mit ihr zu tun haben. Gerade der Versuch, schwierige Sachverhalte z. B. in Comic-Form darzustellen, zeigt, dass die Form, die wir einer Geschichte geben, wesentlich ist für die Aufnahme, die diese Geschichte findet. Diese Aufnahme ist also in zweifacher Hinsicht bedingt:

- Zum einen bestimmt die Form einer Geschichte auch die Weise, in der sie aufgenommen wird, zum andern ist die Aufnahme dieser Form nicht mehr in der Geschichte selbst zu bestimmen.

Wir stehen also vor der Schwierigkeit, eine Geschichte erzählen zu wollen. Diese Geschichte soll eine des philosophischen Denkens sein, und indem wir uns an ihr versuchen, bemerken wir zugleich die Probleme, die ein solches Unternehmen hat: Da wir der Geschichte notwendigerweise eine bestimmte Form geben (etwa indem wir Positionen aus der Geschichte, um Problemkreise gruppiert, aneinanderreihen und zu verknüpfen suchen), legen wir gleichzeitig eine (von uns) bestimmte Form der Aufnahme nahe, der sich die Lesenden umso weniger entziehen können, je mehr sie unserer Absicht und der von uns gewählten Form zu folgen suchen.

Dieser Sachverhalt wäre, für sich betrachtet, nicht weiter tragisch zu nehmen, wenn sich nicht das, was wir hier erzählen (nämlich die Geschichte einiger Teilbereiche der Philosophie), einem solchen Vorgehen gegenüber sträubte. Denn die Geschichte der Philosophie zu erzählen bedeutet, eine Auswahl zu treffen, zu verkürzen, bruchlose Entwicklung vorzutäuschen, wo nicht unbedingt eine vorhanden sein muss. Selbst der Fahrplan der Bahn unterstellt für den Leser eine glatte Abfolge von Ereignissen, die für den Reisenden nicht in jedem Falle gegeben ist – wenn z. B. der Anschlusszug ausbleibt oder verpasst wird oder wenn der Passagier seine Reise vorzeitig abbricht. Wie viel eher noch trifft diese Problematik auf eine Zeitreise zu – auf eine Reise durch die Geschichte, die zugleich selbst eine Geschichte ist und damit Umsteigestationen angibt, die nur in diesem Fahrplan, dieser Geschichte gelten?

All das sind Überlegungen, die man philosophisch nennen könnte, wenn die Philosophie nicht durch zweieinhalb Jahrtausende hindurch auch als Wissenschaft betrieben worden wäre, die sich ihre eigene Form zu geben suchte und in ebendiesem Versuch ein Großteil ihrer Tätigkeit fand. Mit anderen Worten: Gerade dieses Nachdenken kann nicht mehr, sozusagen im ersten Anlauf und unmittelbar, zu Ergebnissen führen, sondern müsste (wenn es wirklich zu solchen Ergebnissen kommen will, die für sein weiteres Vorgehen von Bedeutung sind) die Fülle des in der Vergangenheit der Philosophie Erarbeiteten zur Kenntnis nehmen und sich damit auseinandersetzen.

Damit kommen wir wieder, wenn auch etwas auf Umwegen, zu unseren Ausgangsfragen zurück: Was war einmal? Und: Unter welchen Bedingungen lebt es heute noch?

Die erste Frage ist in unserem Zusammenhang die nach der Überlieferung philosophischen Gedankenguts, nach dem Bestand dessen, was wir heute als Geschichte der Philosophie bezeichnen – und es ist zugleich die Frage, ob denn das, was uns da als Berg von Texten vorliegt, überhaupt etwas anderes ist als eben nur eine unzusammenhängende Sammlung von Meinungen über Gott und die Welt. Gibt es überhaupt eine Geschichte der Philosophie in dem Sinne einer geordneten, geformten Abfolge von Gedanken – oder gibt es diese Geschichte nur, wenn sich jemand hinsetzt und sie als solche erzählt?

Die Beantwortung dieser Frage – und das ist wohl der trickreichste Anspruch der Philosophie – setzt selbst schon Philosophie voraus. Denn die Geschichte der Philosophie als Zusammenhang abzuhandeln, trifft ja eine Vorentscheidung über die Möglichkeit, überhaupt Geschichten und Geschichte darzustellen: Jede Geschichte der Philosophie setzt deshalb, ob ausgesprochen oder nicht, eine Philosophie voraus, d.h. in diesem Falle eine sich selbst begründende Theorie des geschichtlichen Ablaufs. Selbst die mögliche Behauptung, die Geschichte der Philosophie sei nichts als das unverbundene und unverbindbare Auseinander widerstreitender Meinungen, durch kein Prinzip und keinen übergreifenden Gedanken in einen sinnvollen Zusammenhang zu bringen – selbst diese Behauptung setzt schon allerhand voraus: z.B., dass es keine Entwicklung (und schon gar keinen Fortschritt) in der Geschichte gibt, sondern nur Veränderungen von einem Punkt zum anderen, ohne dass es möglich wäre, eine Richtung oder gar ein Ziel anzugeben. Eine solche These könnte aber nur im Rahmen einer ausgearbeiteten Theorie geschichtlicher Erkenntnis einigermaßen begründet aufgestellt werden – sie müsste selbst, auch wenn sie das ausdrücklich ablehnt, eine bestimmte, philosophisch begründete (oder zumindest begründbare) Theorie sein. Damit sind wir bei unserer zweiten Frage angelangt: Unter welchen Bedingungen lebt das, was einmal war, heute noch?

Die einzige Tatsache, die in diesem Zusammenhang unumstritten sein dürfte, ist die, dass es eben eine ganze Menge an überliefertem Material gibt – gleichgültig, ob wir es zur Kenntnis nehmen oder nicht. Was wir nun mit diesem Material machen, welche Ordnung wir ihm geben, wird sich danach richten, was wir von ihm erwarten bzw. welche Möglichkeiten es uns bietet. Aber auch das kann offensichtlich nur gelten, wenn jemand da ist, der sich um dies Material kümmert, der es aufnimmt, ordnet, verwirft, für Unfug hält oder als Erbe der Vergangenheit zu bewahren sucht. Wenn das aber geschieht, so ist zu fragen, welche Zugangsweise denn nun die geeignete ist, in welcher Weise man sich mit diesem Berg von bedrucktem Papier (denn darum handelt es sich in der Hauptsache; eine mündliche Überlieferung ist heute für die vorwiegend schriftlich niedergelegte Geschichte der Philosophie kaum von Bedeutung) auseinandersetzen kann oder gar muss.

Die Antwort auf diese Frage wird durch das Interesse und die Bedingungen vorgegeben, mit denen wir an eine solche Beschäftigung herangehen. Wollen wir z. B. ein Gerüst der Lebens- und Sterbedaten sogenannter ‹Großer Philosophen›, so wird eine (notwendig unvollständige) Tabelle genügen, wie sie in den populären Nachschlagewerken zu finden ist: von Adorno bis Zenon von Elea oder von Thales bis Habermas, je nachdem, ob alphabetisch oder chronologisch geordnet wird. Eine solche Anordnung aber entspringt wohl nur einem äußerlichen Zwang, dem kein Bedürfnis entspricht; denn die Gewohnheit, Dinge nach der Logik eines Telefonbuchs oder eines Fahrplans aufzunehmen, ist doch selbst wieder abhängig von einer Reihe anderer Bedingungen und Gewohnheiten, die erst in ihrem Zusammenhang zu klären wären, bevor sich beantworten ließe, was das Interesse an einer bestimmten Darstellungsform ausmacht.

Auf unsere Ausgangsfrage bezogen heißt das, dass das, was einmal war, nur unter den Bedingungen lebt, die mit uns selbst in der Gegenwart zusammenhängen – wenn es denn nicht überhaupt gestorben ist. Andererseits geht es in unserem Fall gerade um eine Sammlung jener Bedingungen, unter denen wir heute die Möglichkeit haben, uns bestimmten Gegenständen zuzuwenden: Gerade die sogenannte ‹Geistesgeschichte› birgt ja einen geradezu unerschöpflichen Vorrat von Meinungen und Ratschlägen, wie man sich einem solchen Problem zu nähern habe. Wollte man dieses Problem benennen, könnte man es als das Problem des Verhältnisses von Wahrheit und Geschichte auffassen; aber auch unter den Rubriken ‹Erkenntnistheorie›, ‹Hermeneutik›, ‹Ideologiekritik›, ‹Geschichte der Philosophie› oder ‹Philosophie der Geschichte› ist es schon vielfach behandelt worden – und selbst diese Aufzählung kann keinen Anspruch auf Vollständigkeit erheben. Fest scheint für uns nur zu stehen, dass die angesprochenen Probleme wohl nicht endgültig gelöst sind – sonst wäre diese Textsammlung eher überflüssig – und dass sie von einiger Dringlichkeit sind.

Damit kommen wir unvermerkt zum Kernpunkt dieser einleitenden Überlegungen: zu der Frage, was in unseren Augen das ganze Unternehmen soll und wie wir, aufgrund unserer Beantwortung dieser Frage, unser Vorgehen begründen und deutlich machen wollen; und dies gerade eingedenk all der Schwierigkeiten, die sich bei unseren vorbereitenden Überlegungen für eine solche Absicht ergeben haben:

Erstens: Wir wollen eine Geschichte erzählen – die Geschichte der politischen Philosophie. Obwohl wir uns dabei bemühen werden, vorwiegend Originaltexte anzubieten und diese so weit zu kommentieren, wie es uns zum Verständnis nötig scheint, geben wir natürlich durch die Tatsache unserer Auswahl und durch die Akzentsetzung unserer Kommentare eine Sichtweise (für uns selbst wie für den Leser) vor, die angesichts einer gründlichen Kenntnis der Philosophiegeschichte und eigenen philosophischen Nachdenkens jedem Andersdenkenden zweifelhaft bis unverschämt vorkommen kann – oder einfach anmaßend. Andererseits gibt eine solche Auswahl und die mit ihr verbundene Ordnung gerade als Anleitung zum Nachdenken Mittel an die Hand, unseren Versuch zu unterlaufen und mit der vertieften Kenntnis der hier vorgestellten Texte und Meinungen eine eigene, möglicherweise der Sache angemessenere Ordnung zu erarbeiten oder zumindest in Umrissen zu erahnen.

Zweitens: Wir wollen mit dieser Sammlung genau das Handwerkszeug bezeichnen und gebrauchen lehren, das nötig ist, um Fragen wie die eingangs gestellten zu klären und möglicherweise zu beantworten.

Nun könnte man demgegenüber erwidern, dass solche Probleme doch sehr akademischer Natur seien und nur für die von Interesse, die sich sowieso von Berufs wegen damit befassen. Einem solchen Einwand gegenüber können wir nur auf die Geschichte der Philosophie selbst verweisen, in der Leserinnen und Leser bei genauerem Hinsehen ein Großteil dessen entdecken werden, was im Hintergrund unserer heutigen Denkgewohnheiten und unseres praktischen Tuns steht: angefangen vom Bedürfnis nach Auflistung und Tabellierung, nach lexikalischer Ordnung (die ein spezifisch neuzeitliches Phänomen ist) bis zur Unsicherheit gegenüber allen unbefragten, unausgewiesenen Behauptungen (die uns umso unsicherer machen, je mehr wir uns von ihnen bedrängt fühlen – etwa von den Ansprüchen, die heute von Familie, Gesellschaft und Staat gegenüber dem Einzelnen erhoben werden). Mit anderen Worten: Wir gehen von der Voraussetzung aus, dass es eine Tradition des Denkens gibt, die unser heutiges Denken und Verhalten in weiten Teilen bestimmt und durchzieht – eine Tradition, die wir nun in Form einer (geordneten) Geschichte vorstellen wollen, um damit auch auf die

Probleme aufmerksam zu machen, die uns durch diese Tradition aufgebürdet bzw. hinterlassen worden sind.

Drittens: Gegenwart in ihrem geschichtlichen Gewordensein darzustellen ist unsere Absicht. Dazu ist der Rückgang auf die Vergangenheit, auf die Geschichte der Philosophie notwendig. Es müssen Positionen zur Sprache kommen, die unsere heutige Wirklichkeit prägen, aber auch solche, deren Theorien bis heute noch nicht realisiert worden sind und vom Gegebenen abweichen: Gleichheit vor dem Gesetz z. B. stellt heute wohl niemand mehr in Frage. Anders bestellt ist es mit der sozialen Gleichheit, die heute noch umstritten, in der Vergangenheit indes mehrfach gefordert und begründet worden ist.

Natürlich ist es eine Illusion zu glauben, man könne derart aus der Geschichte lernen, dass man Modelle aus der Vergangenheit als Rezepte einfach kopiert und anwendet. Wer etwa heute zu Recht Kritik am technokratischen Missverständnis von Politik übt, das Politik auf bloßes Verwalten von Sachzwängen beschränkt, wird sich kaum auf die Alternative der klassischen Lehre von der Politik berufen können. In dieser Konzeption wurde strikt zwischen Ökonomie und Politik getrennt. Doch bezog sich Ökonomie auf die richtige Führung des Hauses im Sinn geschlossener Hauswirtschaft, der Führung eines landwirtschaftlichen Guts. Politik als gemeinsame Beratung der Bürger über das, was zur Verwirklichung des Gemeinwohls zu tun sei, war an kleine Stadtstaaten mit einer begrenzten Bürgerzahl gebunden. Es ist offenkundig, dass solche Modelle auf moderne Nationalstaaten nicht übertragbar sind.

Geschichte als Ort menschlichen Handelns in der Zeit wiederholt sich nicht. Deshalb muss aber die Beschäftigung mit ihr nicht zwecklos sein. Kehren auch einzelne Situationen in ihrem Verlauf nicht wieder, so lässt sich dennoch zeigen, dass zumindest gewisse Grundprobleme die politische Philosophie seit ihren Anfängen bewegt haben, obgleich die Antworten gegensätzlich ausgefallen sind. Politische Philosophie kreist um die Idee der Gerechtigkeit; sie gibt ihr den Maßstab der Beurteilung bestehender Verhältnisse an die Hand. Mit dieser Idee steht und fällt sie.

Politische Philosophie befasst sich mit den Grundlagen menschlichen Zusammenlebens. Sie untersucht die Vielfalt dieser Lebensformen und fragt normativ nach der besten Form. Im Mittelpunkt steht dabei der *Staat*. Sie analysiert die Grundlagen, das heißt: Sie ist keine empirische Sozialwissenschaft, die Spezialprobleme zu ihrem Gegenstand macht. Politische Philosophie reflektiert Grundsätze politischen Handelns; sie entwirft aber keine Patentrezepte, die Anweisungen in spezifischen politischen Situationen geben. Hier wäre sie überfordert. Man wird in diesem Band daher Antworten finden auf die Frage, welche Formen des Staats es gibt und wie sie zu bewerten sind, aber bestimmt keine Erklärung des Funktionierens des parlamentarischen Systems in der Bundesrepublik Deutschland; denn dafür ist die politische Wissenschaft zuständig.

Dennoch ist festzuhalten, dass seit dem Entstehen der empirischen Sozialwissenschaften im 18. und deren Entfaltung im 19. Jahrhundert, vor allem im 20. Jahrhundert die Grenzen zwischen ihnen und der politischen Philosophie immer fließender geworden sind. In diesem Lesebuch werden deshalb einige Autoren zur Sprache kommen, die man gewöhnlich einer einzelwissenschaftlichen Disziplin zurechnet. Doch sind ihre Texte aufgenommen worden, weil sie Aussagen prinzipieller Art enthalten.

Dagegen fehlen alle Texte außereuropäischer Zivilisationen. Wir behandeln nur solche Theorien, die unserer europäischen Tradition entstammen – Theorien also, die unsere Geschichte geprägt haben und unser gegenwärtiges Selbstverständnis bestimmen. Trotzdem teilen wir nicht die anmaßende Ansicht, die Europa über Jahrhunderte hinweg beherrschte, unsere europäische Form des Zusammenlebens sei der endlich entdeckte Sinn der Weltgeschichte. Für unsere Enthaltsamkeit waren vor allem äußere Gründe maßgebend: die Grenzen unserer Kenntnisse und die notwendige Umfangsbeschränkung dieses Buches.

Um den Zugang zu den Texten selbst zu erleichtern, die im Folgenden Gegenstand der Darstellung und Kritik sein werden, haben wir zwölf Leitfragen formuliert, in denen schlagwortartig die uns für die Gegenwart interessant erscheinenden Probleme umrissen sind, um die es in der Politischen Philosophie geht und die sich ganz oder teilweise in allen ihren bedeutenden Werken wiederfinden werden:

(1) *Vernunft*

Im politischen Leben berufen sich die verantwortlich Handelnden ebenso wie ihre Kritiker auf die Vernünftigkeit der jeweils verfolgten Ziele. Seit der Antike beschäftigt sich daher politische Philosophie mit der Frage: Welches politische Handeln kann sich mit Grund vernünftig nennen? Gibt es eine einzige, unwandelbare Vernunft, oder hat jede Position ihre eigene, nicht weiter zu befragende Vernünftigkeit und Existenzberechtigung?

(2) *Rechtfertigung*

Ist es prinzipiell möglich, eine politische Ordnung philosophisch zu rechtfertigen, oder bleibt die Legitimation politischer Verhältnisse an die jeweiligen Machtverhältnisse gebunden?

(3) *Gemeinschaftsform*

Gibt es eine zweifelsfrei beste Form menschlicher Gemeinschaft und des Staates?

(4) *Staatliches Handeln*

Politik wird gewöhnlich mit staatlichem Handeln gleichgesetzt. Wer handelt dabei und in wessen Auftrag, bzw. mit welchem Recht wird gehandelt?

(5) *Gewalt*

In welchem Verhältnis stehen Politik und Gewalt?

(6) *Herrschaft*

Ist alles politische Handeln, jede politische Ordnung gleichbedeutend mit der Herrschaft von Menschen über Menschen?

(7) *Freiheit*

Wie verhalten sich die Freiheit des Einzelnen und die der Gemeinschaft zueinander?

(8) *Menschenrechte*

Hat politische Herrschaft prinzipielle Schranken zu respektieren? Lassen sich also zum Beispiel unveräußerliche Menschenrechte zureichend begründen? Gibt es eine Recht und Staat verpflichtende Idee der Gerechtigkeit?

(9) *Glück*

In welchem Verhältnis stehen öffentliches Handeln und persönliches

Glück? Kann es eine öffentliche Erziehung zum persönlichen Glück geben? Zieht das Leben in einer geordneten Gemeinschaft das Glück des Einzelnen nach sich, oder sind persönliches Glück und Politik grundsätzlich unvereinbar?

(10) *Politische Planung*

Sind Familie und Wirtschaft grundsätzlich private Bereiche, und können sie Gegenstand politischer Planung sein?

(11) *Politik und Moral*

Schließen sich Politik und Moral gegenseitig aus, oder muss sich politisches Handeln aus moralischen Prinzipien rechtfertigen lassen können?

(12) *Theorie und Praxis*

Wie kann politische Philosophie als Theorie die politische Praxis beeinflussen? Hat sie erklärende Funktion? Rechtfertigt sie Bestehendes, oder entwirft sie Modelle einer besseren Welt?

I. Antike

Einführung

1. Mythisches Weltbild und Philosophie

Philosophie begründet ein Weltverhältnis, das auf Vernunft fußt. Sie lässt Behauptungen über Sachverhalte, Anweisungen an menschliches Handeln nur da gelten, wo sie sich durch Gründe ausweisen: Philosophie fragt nach Gründen und Ursachen. Behauptungen, Forderungen werden nicht deshalb als gültig angenommen, weil hoch achtbare Autoritäten – seien es menschliche oder gar göttliche – sie verkündet haben. Eine solche Haltung ist mit dem Fragen nach Gründen unvereinbar: Die Würde einer Tradition ist kein Argument. Dies gilt ebenso für die Grundlagen menschlichen Zusammenlebens; es sind traditionale und rationale Muster der Rechtfertigung politischer Zustände zu unterscheiden.

Traditionale Legitimationsmuster orientieren sich an mythischen Weltbildern. Mythen sind Erzählungen, welche die Entstehung der Welt, der himmlischen wie der menschlichen, schildern. Die berühmteste Darstellung der Mythologie der Griechen sind die Epen Homers, die «Ilias» und die «Odyssee», die wohl zwischen 750 und 700 v. Chr. niedergeschrieben wurden. Sie erzählen «die Geschichten von der Erschaffung der Götter bis zum Tod des Odysseus und der Heirat des Telemachos und der Kirke» (Finley 1979, 33). Die Welt der Götter ist gestaltet nach der bestehenden Verfassung der Menschenwelt, d. h. Mythen sind anthropomorph.

«Die gesamte heroische Gesellschaft wiederholte sich in ihrer ganzen Vielfalt und mit allen Schattierungen auf dem Olymp. Die Welt der Götter war in jeder Hinsicht eine soziale Welt mit Vergangenheit und Gegenwart, sozusagen mit einer Geschichte ... Die Götter kamen auf dem Olymp zur Macht wie die Menschen in Ithaka, Sparta oder Troja zur Macht kamen, nämlich durch Kampf und Erbschaft» (Finley 1979, 138 f.).

So sind etwa Zeus, Poseidon und Hades die Söhne des Titanen Kronos. Durch Los teilen sie die Welt in Herrschaftsbereiche auf: Zeus erhält den Himmel, Hades die Unterwelt und Poseidon den Ozean; die Erde und der Göttersitz Olymp aber bleiben allen zugänglich, obgleich Zeus König des Olymp ist, eine Position, die er sich mit Gewalt erobert hat.

Dieser Mythos gliedert die Welt in ihre wesentlichen Bereiche, in Himmel und Unterwelt, Erde und Meer. Der Mythos hat eine ganz bestimmte Funktion: «Die Theogonien und Kosmogonien der Griechen enthalten Schöpfungsberichte, die von einer schrittweisen Entstehung einer geordneten Welt erzählen. Sie sind aber auch und vor allem etwas anderes: Mythen der Souveränität» (Vernant 1982, 110). In der «Ilias» wird an einer Stelle der Schild des Achilles beschrieben. Auf dem Schild wird das mythische Weltbild in seinen elementaren Strukturen dargestellt: die Aufteilung der Welt in Himmel, Unterwelt, Erde und Meer, die Gliederung des menschlichen Lebens in Friede und Krieg usf. Mythen stellen also das Werden der Ordnung der Welt dar, des bestehenden Weltzustands, und zwar so, dass die bestehende Form der Herrschaft als notwendige erscheint. Für das mythische Bewusstsein haben sie fraglose Gültigkeit und sind nicht kritisierbar; es fragt nicht nach dem Wahrheitsgehalt der Erzählungen. Ändern sich die Zustände, werden entsprechend die Mythen transformiert; es wird anders erzählt.

Mythen schildern das Werden der bestehenden Weltordnung. Philosophie dagegen sucht nach den ersten Prinzipien und Ursachen der Weltordnung, wobei angenommen wird, dass die Grundlagen dieser Ordnung selbst unwandelbar sind. Die Ordnung ist nicht mehr fraglos gegeben; sie wird zergliedert in ihre ursprünglichen Elemente, aus denen sie sich zusammensetzt und die ihren Bestand ursächlich begreiflich machen.

«Für das mythische Denken wurden die Erfahrungen des Alltags erst dadurch verständlich und sinnvoll, daß sie sich zu den exemplarischen Taten der Götter ‹am Anfang› in Bezug setzen ließen. Dieses Verhältnis kehrt sich bei den (Philosophen) um: sie begreifen die Ereignisse des Anfangs und die Kräfte, aus denen der Kosmos hervorgegangen ist, nach dem, was sie zu ihrer Zeit beobachten, und erklären sie entsprechend. Es ist nicht mehr das Ursprüngliche, von dem aus ein verklärendes Licht auf das Alltägliche fällt, sondern das Alltägliche, das das Ursprüngliche begreiflich macht, indem es Erklärungsmodelle dafür bereitstellt, wie die Gestalt und die Ordnung der Welt zustande gekommen ist» (Vernant 1982, 104).

An die Stelle der Vieldeutigkeit des Erzählten tritt die Eindeutigkeit des in Abstraktion Erschlossenen, der Begriff, das allen Phänomenen Gemeinsame und daher Allgemeine.

Die Philosophie ist in Kleinasien entstanden, im ionischen Milet des frühen sechsten Jahrhunderts. Wie aber ist dieser Vorgang einzuschätzen? Jean-Pierre Vernant stellt fest:

«Der Zusammenhang zwischen der Entstehung der Stadt und der Geburt der Philosophie ist so deutlich, daß wir nicht umhin können, die Ursprünge des rationalen Denkens in den für die griechische Stadt bezeichnenden geistigen und sozialen Strukturen zu suchen. In ihrem historischen Kontext verliert die Philosophie jenen Kontext der Offenbarung des Absoluten, den ihr manche verliehen haben, indem sie in der jungen Wissenschaft der Ionier die Inkarnation der zeitlosen Vernunft in der Zeit sahen. Es war nicht die Geburt *der* Vernunft, die sich unter den Milesiern ereignet hat; vielmehr haben diese *eine* Vernunft, eine erste Form von Rationalität, herausgebildet» (Vernant 1982, 132).

Philosophie wäre dann als ein historisches Phänomen zu begreifen und aus der geschichtlichen Situation zu erklären.

2. Der geschichtliche Hintergrund

Homers Epen, die «Ilias» und die «Odyssee», lassen sich nicht nur als Darstellungen der griechischen Mythologie auffassen. Sie sind zugleich einzigartige historische Quellen für unser Verständnis des archaischen Griechenland. In einer Szene aus dem 2. Gesang der «Ilias», der Geschichte des Trojanischen Krieges, tritt die Sozialstruktur der Welt Homers besonders deutlich hervor:

Agamemnon, der Anführer des Kriegszugs der Griechen gegen Troja, ist mit einem Angriff gegen die Verteidiger der Stadt gescheitert. Viele im Heer befallen Zweifel am Erfolg des Unternehmens; Odysseus dagegen setzt sich ein für die Fortsetzung des Kriegs und bemüht sich, der ausgebrochenen Panik Herr zu werden.

«Wenn er einen König oder einen Mann von hohem Rang traf, trat er neben ihn und hielt ihn mit sanften Worten zurück ... Aber welchen Mann des demos (d.h. der Gemeinen) er sah und ihn laut schreiend fand, den schlug er mit dem Szepter und tadelte ihn mit diesen Worten ‹Kerl, sitz still und höre auf die Worte von denen, die besser sind als du, der du kein Kämpfer bist und ein Schwächling, der du weder in der Schlacht noch im Rat zählst›.»

Odysseus gelingt es, alle bis auf einen zu beschwichtigen, mit diesem verfährt er nach der bekannten Methode. «Jetzt setzten sich die andern nieder und blieben ruhig auf ihren Sitzen, nur Thersites mit der losen Zunge geiferte weiter, er, dessen Herz voll war von Worten, vielen und ungeordneten, unnütz und nicht in guter Ordnung mit den Königen hadernd.» Thersites' körperliche Gebrechen und seine Hässlichkeit werden beschrieben. Kern seiner losen Rede aber ist: «Ja! wir wollen nach Hause zurück mit den Schiffen. Ihn» – den Führer Agamemnon – «wollen wir hier lassen, bei Troja Beute zusammenzubringen, damit er erfährt, was er durch unsere Stütze vermag, was nicht» (Ilias, zit. nach Finley 1979, 111 u. 115 f.). Odysseus verbittet sich diese Schmähung der Vornehmen:

«Sprachs, und schlug mit dem Zepter Rücken und Schultern. Es krümmte der Mann sich zusammen, und eine schwere Träne entsank ihm. Eine blutige Beule fuhr an dem Rücken auf, unter dem güldenen Szepter. Er setzte verwirrt sich nieder. Voller Kummer war er; häßlich sah er aus, und wischte sich von der Wange die Träne. Und die Griechen lachten bei allem Grimme noch über ihm herzlich, sahen einander an, und sprachen unter sich also: Wahrlich, tausend Gutes hat schon Ulysses gestiftet, war der erste noch immer bei trefflichem Ratschlag, der erste in kriegerischen Waffen. Dies ist aber das beste, das er an den Griechen getan hat, daß er den schimpfenden Lästerer in der Versammlung zurückgehalten hat.

Lange wird nicht wieder sein wilder Mut ihn dahinreißen, mit schändlichen Worten die Fürsten zu lästern – sprachen die Leute» (Hölderlin 1954, 28).

Die Welt der Homerischen Epen ist durch das Herkommen bestimmt. An der Spitze steht der König, dem sein Szepter, Zeichen legitimer Macht, von den Göttern verliehen worden ist; er hat die Entscheidungsgewalt. Seinen Beschluss teilt er dem Rat mit, worin die Vornehmsten des Adels versammelt sind. Er hört die Ratschläge, ist aber an sie nicht gebunden. Die Adligen sucht er zu überzeugen, droht ihnen aber auch mit seiner überlegenen Macht. Er verfügt über Herden, Weide- und Ackerland, das er von Untergebenen bewirtschaften lässt; er kennt sich zwar in der Haushaltsführung aus, muss aber nicht selbst mitarbeiten. So hat er Zeit, für den militärischen Schutz der Bewohner seines Gebiets zu sorgen und auch auf Beutezüge zu gehen. Sein Ideal ist die Bewährung als Ritter im Kampf, um seine Männlichkeit als Tapferkeit zur Schau zu stellen und Ruhm zu ernten.

Doch ist sein Leben nicht regellos. Es bewegt sich in den überkommenen Bräuchen, deren Ursprung er auf die Götter zurückführt. Verletzt er eine solche Norm, so sieht er sich keiner irdischen Gerechtigkeit, die über ihm steht, ausgesetzt; vielmehr werden sich diejenigen, die er verletzt hat, nach den heiligen Sitten an ihm rächen, um das Geschehene wieder ungeschehen zu machen. Am meisten aber muss er die unnachsichtige Rache der Götter befürchten: Der verletzte Gott wird Unglück über ihn, seine Angehörigen oder über seinen Besitz bringen. Die Vasallen, die ihm folgen, sind ebenfalls adlig, wenn auch aus weniger vornehmem Geschlecht; auch sie huldigen der Tapferkeit und wollen Ehre erlangen. Deshalb appelliert Odysseus an ihren Mannesstolz, die Tapferkeit; er kann sie überzeugen, dass Rückzug feige und deshalb ehrlos wäre. Das Herrschaftsverhältnis ist eine rein persönliche Beziehung, es steht und fällt mit der Person, und Kriege sind in erster Linie Zweikämpfe zwischen Heroen.

Ausgeschlossen vom heroischen Leben sind die Gemeinen, der *demos*, das «Volk». Sie haben im Rat nicht mitzureden; bestenfalls können sie murmelnd ihre Zustimmung oder ihr Missfallen zum Ausdruck bringen. Thersites verstößt gegen die geheiligte Ordnung der Welt, wenn er nicht nur das Wort ergreift (was nur den Helden, den Männern von Adel, zusteht), sondern überdies seinen Herrn schmäht. Er hat nur eines zu tun: den Befehlen zu gehorchen.

Grundlage des Lebens ist der *oikos*, das Haus, eine Gemeinschaft von Personen, denen der Hausherr vorsteht und der über sie bestimmt; dazu gehören die Frau, Kinder, Hausgesinde, Sklaven, Gefolgsleute. Zwischen der Herrschaft im Haus und der Herrschaft im Staat wird überhaupt nicht unterschieden; beide Herrschaftsformen werden mit denselben Worten bezeichnet (Angaben nach Finley 1979).

Ungefähr 300 Jahre nach der Niederschrift der homerischen Epen lässt Thukydides, der Historiker des Peloponnesischen Kriegs (431–404 v. Chr.), Perikles, den großen Mann der athenischen Demokratie, eine Totenrede auf die ersten Gefallenen dieses Kriegs halten – die in wesentlichen Teilen authentisch sein dürfte:

«Wir leben in einer Staatsverfassung, die nicht den Gesetzen der Nachbarn nachstrebt – wir sind eher das Vorbild für andere als deren Nachahmer. Ihr Name ist Demokratie, weil sie nicht auf einer Minderzahl, sondern auf der Mehrzahl der Bürger beruht. Vor dem Gesetz sind bei persönlichen Rechtsstreitigkeiten alle Bürger gleich, das Ansehen jedoch, das einer genießt, richtet sich im Blick auf das Gemeinwesen weniger nach seiner Zugehörigkeit zu einer bestimmten Volksklasse, sondern er wird nach seinen persönlichen Leistungen anerkannt. Auch dem Armen ist, wenn er für den Staat etwas zu leisten vermag, der Weg nicht durch die Unscheinbarkeit seines Standes versperrt … Und wie in unserem Staatsleben die Freiheit herrscht, so halten wir uns auch in unserem Privatleben fern davon, das tägliche Tun und Treiben des Nachbarn argwöhnisch zu verfolgen … Aber diese private Freiheit führt doch nicht zu Gesetzlosigkeit im öffentlichen Leben. Die Furcht gebietet uns, den Behörden und den Gesetzen zu gehorchen … Unser Volk selber trifft die Entscheidung oder versucht, das rechte Sachurteil zu gewinnen» (nach Forrest 1966, 234 f.).

Welch ungeheure Umwälzung des Selbstverständnisses hat sich hier gegenüber der heroischen Welt Homers vollzogen! Homer erzählt Geschichten und stellt Ereignisse dar. Perikles dagegen argumentiert aus allgemeinen, abstrakten Prinzipien. Athen ist Vorbild für andere Staaten, weil es in der Demokratie lebt. Perikles muss über einen Begriff der Verfassung im Allgemeinen und den Arten der Verfassungen im Besonderen verfügen. Er vermag nicht nur, zwischen Verfassungsformen zu unterscheiden, er kennt auch die beste Verfassung, die er in seiner Rede preist. Sie heißt Demokratie, weil die Mehrheit der Bürger am politischen Geschehen beteiligt ist; deshalb kann sie Vorbild sein, worin die Aufforderung enthalten ist, alle anderen Staaten sollen sich hieran orientieren und diesem Vorbild nachstreben.

Perikles nennt einige entscheidende Kriterien dieser besten Verfassung. In privaten Angelegenheiten sind alle Bürger vor dem Gesetz gleich – der vornehme Adlige erfährt kein anderes Urteil als der gemeine Mann aus dem Volk. Zwar existieren Unterschiede in den Besitzverhältnissen; das öffentliche Ansehen aber bemisst sich nicht am Vermögen, sondern am Verdienst für das öffentliche Leben, und die Teilnahme daran steht allen Bürgern gleichermaßen offen. Denn das Volk selbst trifft die Entscheidungen, und dabei achtet es die Ordnung der Verfassung und die Gesetze; denn beide stehen höher als die einzelnen Bürger. Diese Herrschaft der Verfassung und der Gesetze gewähren die größtmögliche private Freiheit; sie fußt auf der Trennung des «Raums des Öffentlichen» und des «Bereichs des Privaten» (vgl. Arendt 1960, 2. Kap.).

Thersites, der in Homers Welt mit dem Zeichen königlicher Herrschaft geprügelt wurde, darf nun gleichberechtigt mit den Herren mitreden. Denn nun ist die Argumentation nicht mehr theologisch – die Sozialordnung ist nicht mehr das Werk der Götter –, sondern konsequent weltlich: die *polis* in ihrer Verfassung ist ein Werk der Bürger – sie haben sie geschaffen; ihr Gesetz ist nicht göttlichen, vielmehr menschlichen Ursprungs. Es erwacht das Bewusstsein, Institutionen seien von Menschen hervorgebracht, um eine gerechte Ordnung zu erwirken, und sie seien nicht das Werk der Götter.

Es bekundet sich hier der Begriff des Politischen, den die Griechen als ihre ureigene Errungenschaft betrachteten. Wenn die Griechen Europa und Asien, Okzident und Orient, Abendland und Morgenland einander entgegensetzten und sich selbst von den ‹Barbaren› abgrenzten, dann hatten sie diesen Sachverhalt im Auge. Während sie selbst in der Welt einer freien und gleichen Bürgerschaft lebten, hausten die Barbaren in Despotien, im Zustand der Knechtschaft, der allgemeinen Unfreiheit und Ungleichheit, sodass sie den Menschen als Bürger gar nicht kannten – Beispiel dafür war für die Griechen das persische Großreich, eine straff zentralistisch verwaltete Monarchie. Die Griechen nahmen für sich in Anspruch, als Einzige ‹politisch› zu leben in Stadtstaaten mit einer Verfassung, welche Rechte wie Pflichten der Bürger und der staatlichen Organe festlegt.

Das Wort «Politik» kommt von *polis* (Stadt), womit in erster Linie die Gemeinschaft der Bürger gemeint ist und erst in zweiter Linie das Staatsgebiet, auf dem die Anlage der Stadt errichtet ist. Im archaischen Königtum bildet die Königsburg den Kern der Stadt, um den herum sich alles Übrige gruppiert. In der Polis dagegen steht die *agora*, der Markt als Versammlungsplatz der Bürger, im Mittelpunkt (vgl. Abb. 1, die Königsburg von Mykene, und Abb. 2, die Attalos-Stoa auf der Agora von Athen). Die politische Entscheidung verlagert sich vom König auf die Versammlung; Beschlüsse werden öffentlich gefasst; sie müssen gegenüber den Bürgern gerechtfertigt werden und bedürfen deren Zustimmung.

Damit setzt ein Prozess der Rationalisierung politischer Entscheidung ein:

«Das System der Polis beruht vor allem auf einer ungewöhnlichen Vorherrschaft des gesprochenen Wortes über alle anderen Instrumente der Macht. Es wird zum politischen Mittel par excellence, zum Schlüssel zu jeglicher Autorität im Staat, zum Werkzeug, um Herrschaft und Befehlsgewalt über andere zu erlangen ... Das Wort, von dem hier die Rede ist, ist nicht mehr das Wort des Rituals, die richtige Formel, sondern das der kontroversen Debatte, der Diskussion, der Argumentation. Es verlangt ein Publikum, an das es sich als einen Richter wendet und das letzten Endes durch das Heben der Hände die Entscheidung zwischen den Parteien fällt, die vor ihm aufgetreten sind; dieses rein menschliche Urteil

Abb. 1: Die archaische Zwingburg
Der Stich zeigt das Löwentor von Mykenae, wie es Heinrich Schliemann, der erste Ausgräber des Burgberges, 1876 vorfand. Die Burg aus dem 13. vorchristlichen Jahrhundert steht auf einem Hügel, von dem aus sich das gesamte Herrschaftsgebiet, die peloponnesische Argosebene, überschauen und kontrollieren lässt. Sie ist von 900 Meter langen kyklopischen, teilweise meterdicken Mauern umgeben, die den kriegerischen Königen von Mykenae zum Schutz gegen äußere Feinde und wohl auch aufbegehrende eigene Untertanen dienten. Die Löwen über dem Haupttor sind das Wappen des Herrscherhauses wie das Zeichen königlicher Gewalt im Allgemeinen.

bemißt die jeweilige Überzeugungskraft der beiden Reden und teilt dem einen der Redner den Sieg über seine Gegner zu.

Alle jene die Allgemeinheit betreffenden Fragen, deren Regelung ursprünglich die Aufgabe des souveränen Herrschers war und die in den Bereich der archē (der Herrschaft) fallen, sind nun der Gegenstand der Redekunst und müssen im Rahmen einer Debatte entschieden werden. Sie müssen sich daher in diskursiver Weise formulieren lassen und die Form antithetischer Beweisführungen, einander entgegengesetzter Argumentationen, annehmen. Zwischen Politik und logos (vernünftiger Rede) entsteht so ein enger wechselseitiger Bezug. Die Kunst des Politischen ist wesentlich die der Handhabung der Sprache, und der logos erlangt zuerst über seine politische Funktion ein Bewußtsein seiner selbst, seiner Regeln und seiner Wirksamkeit» (Vernant 1982, 44 f.).

Jean-Pierre Vernant macht hier die Entstehung des Politischen in Athen an zwei Kriterien fest, die beide aufs engste zusammenhängen: an der Öffentlichkeit politischer Entscheidungen und an dem wachsenden Druck zur rationalen Begründung. Ein Drittes kommt hinzu: die Demokratisierung. «Dieser doppelte Prozeß der Demokratisierung und des Öffentlichmachens wird auf dem Gebiet des Denkens einschneidende Konsequenzen haben» (Vernant 1982, 46).

Die homerische Welt der Heroen und das perikleische Zeitalter attischer Demokratie sind in ihren Grundlagen geschieden. Wie konnte die eine aus der anderen entstehen? Die ursprüngliche soziale Schichtung sah ungefähr so aus: An der Spitze der sozialen Hierarchie standen die *eupatridai*, die Wohl- und Edelgeborenen, die alteingesessenen, über großen Grundbesitz verfügenden Adelsgeschlechter, die ihre Vorrechte aus ihrer vornehmen Geburt herleiteten. Es folgten die *georgoi*, die Ackerbauern mit erheblich geringerem Besitz, und die *demiurgoi*, Gewerbetreibende und Handwerker. Dazu existierten noch die *theten*, Saisonarbeiter ohne eigenen Grund und Boden und Familie, und die Sklaven.

In Griechenland konnten die Adligen sehr bald die Vorherrschaft des Königs (*basileus*) zurückdrängen; das Amt des Königs wurde nicht abgeschafft, sondern in seinen Funktionen entscheidend beschnitten, auf die Sphäre des Kultisch-Religiösen und einige richterliche Entscheidungen reduziert. Das Sagen hatten fortan die großen Adelsgeschlechter. Aus ihrer Mitte bestimmten sie die *Archonten*, die Regierenden, die nach Ablauf ihrer Amtszeit auf Lebenszeit Mitglied des Rats, des *Areopags*, wurden. Die *Archonten* und der *Areopag* leiteten die Geschicke der Stadt. Diese aristokratische Herrschaft geriet bald in eine tiefe Krise. Der Druck wachsender Überbevölkerung leitete im achten Jahrhundert eine Kolonisationsbewegung ein; Griechen besiedelten die Küstengebiete des Mittelmeers in Kleinasien, Nordafrika, Sizilien, Unteritalien, Südfrank-

Abb. 2: Die Agora von Athen
Agora hieß ursprünglich der Platz, auf dem die Männer als freie und gleiche Bürger der Polis zur politischen Beratung zusammentrafen und so Formen direkter politischer Mitwirkung praktizierten. Später wurde der Name allgemein auf den Marktplatz einer Stadt übertragen. Das Bild zeigt im Hintergrund die Akropolis und im Vordergrund die von amerikanischen Archäologen rekonstruierte Attalos-Stoa auf der Agora von Athen. Als Stoa (auch die Philosophenschule der ‹Stoa› verdankt ihr den Namen) bezeichnet man eine langgestreckte Halle mit geschlossenen Schmal- und Rückseiten und einer offenen Vorderseite.

reich bis hin nach Spanien und gründeten neue Gemeinwesen, die von der Mutterstadt entweder ganz unabhängig waren oder mit ihr nur in loser Verbindung standen. Die kleinen Bauern gerieten in immer größere Abhängigkeit von den großen Grundbesitzern; sie verschuldeten sich, ein Teil wurde in die Sklaverei verkauft. Die Handelsbeziehungen intensivierten sich. Es entstand eine neue Form des Reichtums: Vermögen, das durch Handel mit Metallen, Töpferwaren, Getreide, Öl und Wein erworben wurde. Der Warentausch breitete sich immer mehr aus; die ersten Münzen wurden geschlagen. Kurz: Die sozialen Spannungen in Athen wuchsen ungeheuer. Damit war ein Prozess eingeleitet, dessen Resultat die Entmachtung des Erbadels war. Es entstand ein öffentliches Leben, an dem die Bürger teilnehmen konnten.

Dies war die Stunde des ersten großen Gesetzgebers der Athener, die Stunde Solons (um 640–560 v. Chr.). Solon stammt aus einem sehr vornehmen Adelsgeschlecht, hatte aber sein Vermögen als Kaufmann erworben. 594/93 v. Chr. wurde er *archon*, höchster Regierender, in Athen und mit außerordentlichen Vollmachten ausgestattet, um als Schiedsrichter, als ein Mann der Mitte, der sich nicht auf die Seite einer Interessengruppe schlägt, das Gemeinwesen neu zu ordnen. Solon hob die Schuldknechtschaft auf, versagte indes einer Neuverteilung des Bodens die Zustimmung. Er führte neue Maße und Gewichte ein, eine unerlässliche Grundlage des Warenverkehrs, und gestaltete das Münzwesen neu, sodass das Recht, Münzen zu prägen, zum Monopol der öffentlichen Hand wurde. Die geltenden Gesetze ließ er auf öffentlich aufgestellten Säulen schriftlich festhalten. Die gesamte Bürgerschaft teilte er neu ein. Bestimmender Gesichtspunkt war nicht mehr die Herkunft, sondern die Größe des Vermögens, die Höhe des Ernteertrags oder des Geldeinkommens. Aus der Zugehörigkeit zu einer der vier Klassen – der *pentakosiomedimnoi* (derjenigen, die mindestens fünfhundert Maßeinheiten Weizen im Jahr besaßen), der *hippei* (Ritter, derjenigen, die sich ein Pferd leisten konnten), der *Zeugiten* (derjenigen, die eine Hoplitenausrüstung, die Ausstattung eines schwerbewaffneten Infanteriesoldaten, besaßen) und der *Theten* (der Besitzlosen) – leiteten sich die politischen Beteiligungsrechte und der Beitrag zum Kriegswesen her. In seiner Verfassungsreform schuf Solon zwei neue Organe: den Rat der Vierhundert (die *bule*) als Gegengewicht gegen den aristokratischen *areopag* und das Volksgericht, die *heliaia*, als Berufungsinstanz des Bürgers gegen Maßnahmen staatlicher Organe. Solon hat die althergebrachte Aristokratie des Erbadels ersetzt durch eine *Timokratie*, die Herrschaft der im Reichtum begründeten Ehre. Solon selbst nannte seine Verfassung *eunomia* («Wohlordnung»), die Herrschaft des von Menschen hervorgebrachten guten Gesetzes.

Solon hatte den Raum des Politischen, der Öffentlichkeit, die in der Teilnahme der Bürger besteht, geschaffen. Die sozialen Probleme aber vermochte er auf Dauer nicht zu lösen. Bereits gut dreißig Jahre nach seinem Reformwerk schwang sich Peisistratos, auch er ein Adliger aus vornehmem Geschlecht (ca. 600–528 v. Chr.), 560 zum Tyrannen über Athen auf, wobei er sich vor allem auf den ärmeren Teil der attischen Bevölkerung stützte. Die *tyrannis* ist die Staatsform, die in Griechenland den mit Abstand schlechtesten Ruf hatte. Sie galt als Gewaltherrschaft ohne jegliche Legitimation, weil sie das Gesetz, den *nomos*, die Verfassungsordnung missachtet und damit den Raum des Öffentlichen, die substanzielle Grundlage der Politik in der Polis, zertrümmert. Doch hat im Prozess der Demokratisierung die Tyrannis eine wichtige Rolle gespielt: durch die Mobilisierung des *demos*, des Volks, wurde die Macht des Adels weiter beschränkt.

Die politische Grundlage der attischen Polis hat Kleisthenes geschaffen. Seine Lebensdaten sind nicht näher bekannt. Seine Verfassungsreform scheint er bald nach 510 v. Chr. eingeleitet zu haben. Auch er stammt aus vornehmstem Geschlecht. Das Motiv seiner Reform ist wohl in der Auseinandersetzung mit einem anderen Adelsgeschlecht zu suchen. Er darf als der eigentliche Schöpfer einer Demokratie gelten, die auf gleichen Rechten für alle Staatsbürger beruht. Mit dieser Reform vollzog Kleisthenes die Entmachtung der aus Adels- und Standesinteressen hervorgegangenen Gruppierungen. Er gliederte das attische Territorium neu in drei Zonen (Stadt, Land und Küste) und die Bevölkerung in zehn *Phylen*, von denen jede fünfzig Abgeordnete in den «Rat der Fünfhundert» entsandte. Jede der Phylen führte für 36 Tage (d.i. ein Zehntel des Amtsjahres) die Geschäfte der Stadt und hatte den Vorsitz im Rat inne. Kleisthenes war es vermutlich auch, der mit dem *Ostrakismus*, dem Scherbengericht, eine Instanz einsetzte, die Bürger verbannen konnte, wenn sie durch allzu große Machtfülle der demokratischen Ordnung gefährlich zu werden drohten.

Vierzig Jahre nach der Reform des Kleisthenes wurde durch Perikles die demokratische Ordnung Athens vollendet und zugleich der Adel endgültig entmachtet. Im Jahr 462 v. Chr. wurden auf Antrag des Perikles alle politischen Entscheidungen dem «Rat der Fünfhundert», dem Volksgericht und der Volksversammlung (*ekklesia*) übertragen. Ein Jahr später wurde die Zahlung von Tagegeldern für Mitglieder des Rates und des Gerichtes eingeführt, um den ärmeren Mitbürgern den Zugang zu politischen Ämtern zu ermöglichen, und schließlich wurden im Jahre 458 v. Chr. auch die *Zeugiten*, die dritte Klasse steuerpflichtiger Bürger, zu den höchsten Staatsämtern zugelassen.

Damit war die Verfassung der Polis und zugleich das Vorbild aller demokratischen Verfassungen vollendet. An ihr orientieren sich die politische Philosophie der Griechen, insbesondere die Werke von Platon und Aristoteles, der Schöpfer des europäischen politischen Denkens überhaupt. Beide wirkten – ebenso wie Epikur, der als dritter Denker hier vorgestellt werden wird – im vierten vorchristlichen Jahrhundert, zu einer Zeit, in der die klassische Ordnung des Perikles bereits im Verfall begriffen war. In dieser Krise der Demokratie setzte die philosophische Reflexion ein. Was in der Blütezeit der Demokratie als Selbstverständlichkeit weiterer Begründung weder fähig noch bedürftig schien, wurde nun zum Gegenstand des nachforschenden Denkens. Die Krise des Gemeinwesens zeitigte den bis in die Gegenwart wirkenden Versuch, mit den Mitteln vernünftiger Rede und der Suche nach den besseren Argumenten diesem Gemeinwesen sowohl eine Bestandsaufnahme als auch eine Entwicklung seiner Möglichkeiten aufzuzeigen.

Platon: Politeia

Thrasymachos oder Gerechtigkeit als das Recht des Stärkeren

1. Leben und Werk

Platon (427–347 v. Chr.), geboren und gestorben in Athen, ist neben Aristoteles der führende Vertreter der griechischen Philosophie und damit ein Klassiker der europäischen Philosophie überhaupt. Wie das Werk aller Philosophen von Rang, so muss auch Platons Werk im Zusammenhang und in dauernder Auseinandersetzung mit den sozialen Verhältnissen und den geistigen Strömungen seiner Zeit begriffen werden.

Zu seinen Lebzeiten waren die griechischen Stadtstaaten bereits im politischen und wirtschaftlichen Niedergang begriffen. Die beiden Großmächte des damaligen Griechenland, Athen und Sparta, hatten im Peleponnesischen Krieg (431–404 v. Chr.) ihre Kräfte erschöpft. Die von Griechen gegründeten Städte an der kleinasiatischen Küste, in Süditalien und auf Sizilien traten zunehmend in Konkurrenz mit den Städten des griechischen Mutterlandes, das selbst bald in ein einheitliches Territorium unter der Oberhoheit eines einzigen Herrschers umgewandelt werden sollte: Das Ende der freien griechischen Stadtstaaten im Großreich der makedonischen Könige Philipp und seines Sohnes, Alexanders des Großen, kündigte sich an.

Nicht länger ist die *polis*, der Stadtstaat, das Zentrum aller Ordnung und aller sozialen und politischen Beziehungen. In der geistigen, ökonomischen und politischen Krise des vierten vorchristlichen Jahrhunderts wird sie selbst zum Problem. Ihr Bestand lässt sich nicht länger absichern durch als selbstverständlich hingenommene Traditionen und Werte, durch eine Bindung an Brauch und Herkommen. Gut und gerecht ist ein Gemeinwesen nicht mehr deshalb, weil seine Ordnung so und nicht anders von den Vorvätern eingesetzt wurde. Mit einem modernen Wort bezeichnet, gerät die Polis-Ordnung jetzt unter ständigen Legitimationsdruck. Die Menschen beginnen, Fragen zu stellen und nach ausweisbaren Gründen zu forschen. Warum ist die bestimmte Ordnung eines Gemeinwesens als gerecht zu bezeichnen? Weshalb soll man einem bestimmten Gesetz folgen? Haben die überkommenen Werte noch einen Sinn?

In diesen historischen Zusammenhängen sind die sogenannten Sophisten zu sehen, Platons philosophische Hauptgegner. «Sophist» ist bis in die Gegenwart hinein zu einem Schimpfwort geworden und bezeichnet einen spitzfindigen Wortverdreher und Philosophen, dessen Meinung käuflich ist, was aber den antiken Sophisten keineswegs gerecht wird. Denn sie waren die Aufklärer Griechenlands, die in der Legitimationskrise der Polis versuchten, neue Antworten zu geben und Muster für die Suche nach neuen Lösungen zu entwickeln.

Die Sophisten waren Lehrer der Redeschulung, die von Stadt zu Stadt zogen und gegen Bezahlung ihre rhetorischen Kniffe und Kenntnisse vermittelten. Sie lehrten ihre Schüler das notwendige Handwerkszeug, damit diese in der Auseinandersetzung um die Verwirklichung ihrer (juristischen, politischen oder sonstigen) Ziele argumentativ bestehen konnten. Zugleich vermittelten sie weit mehr als die bloß handwerkliche Seite der Rednerkunst. Sie mussten neue Wege der Argumentation beschreiten und neue Verfahren des Behauptens und Widerlegens entwickeln. Denn in der Krise der Polis war deutlich geworden, dass ein legitimierender Rückgriff auf hergebrachte Argumentationsweisen und Autoritäten nicht mehr zu verbindlichen Problemlösungen beitragen konnte. Zwei wichtige Resultate hat die sophistische Redeschulung in diesem Zusammenhang vor allem erbracht:

- zum einen die weitgehende Beliebigkeit von Argumenten, jedenfalls dann, wenn sie nur darauf abzielen, den Gesprächspartner zu überreden oder zu überrumpeln und in die Irre zu führen;
- zum Zweiten die Notwendigkeit, sich ganz konkret mit den in der Stadtgesellschaft auftretenden Problemen zu befassen, d. h. die empirische Wirklichkeit der jeweiligen Verhältnisse in die Argumentation einzubeziehen, wenn man überhaupt versuchen will, Problemlösungen argumentativ anzugehen und gemeinsam zu beraten.

Vor diesem Hintergrund muss auch die Gestalt des Philosophen Sokrates (469–399 v. Chr.) gesehen werden, ohne dessen Lehre und Vorbild die Philosophie Platons nicht hinreichend zu verstehen ist. Denn in fast allen der in Dialogform abgefassten Werke Platons steht Sokrates im Mittelpunkt – als Lehrer, als Sucher nach Wahrheit und als menschliches Vorbild. Von Sokrates selbst sind keine schriftlichen Aufzeichnungen überliefert, sodass es schwierig ist, in Platons Werken abzugrenzen, was seine eigene gedankliche Leistung ist und was auf Sokrates zurückgeht (bzw. was Platon in einigen Dialogen nur wiedergibt, ohne die Meinung des Sokrates zu teilen). Eines lässt sich aber sowohl aus dem platonischen Werk als auch aus den übrigen Zeugnissen der Zeit erschließen: Sokrates betrieb seine philosophische Forschung nach der Wahrheit so intensiv, dass er lieber sein eigenes Nichtwissen («ich weiß, dass ich nichts weiß») und das seiner Gesprächspartner in den Mittelpunkt seiner Ausführungen stellte, als dass er vermeintliche Gewissheit für Wahrheit ausgegeben hätte. Damit befand er sich einerseits durchaus in Übereinstimmung mit dem Hauptanliegen der Sophistik, keine Wahrheit gelten zu lassen, die sich nur auf Herkommen, Gutdünken und andere unausgewiesene Instanzen berufen konnte. Andererseits war es gerade Sokrates, der den spielerischen, unernsten Charakter der sophistischen Redeschulung angriff. Ihm war es nicht genug, jenseits von Wahrheit oder Falschheit, andere nur zu überzeugen, sondern er forderte zugleich persönliche Wahrhaftigkeit und Ehrlichkeit.

Die Unbeirrbarkeit und Kompromisslosigkeit, mit der Sokrates seine Wahrheitssuche betrieb, mögen die Gründe dafür gewesen sein, dass er wegen Gottlosigkeit und Verführung der Jugend angeklagt und im Jahre 399 v. Chr. zum Tode verurteilt wurde. Das Urteil wurde vollstreckt; Sokrates trank im Kreis seiner Freunde und Schüler den Giftbecher und starb.

Platon, Sohn einer altadligen Athener Familie, gehörte seit seiner Jugend zu den Schülern Sokrates', dessen Prozess und Tod er später in seinen Dialogen beschrieben hat («Apologie», «Kriton» und «Phaidon»). Der Tod des Sokrates kann wohl als bestimmend für das weitere Leben Platons angesehen werden. Nach diesem Erlebnis verließ er für mehrere

Jahre seine Heimatstadt und ging auf Reisen. Drei Reisen führten ihn nach Syrakus auf Sizilien, wo er mit dem Herrscher der Stadt, Dionysios, und dessen gleichnamigem Sohn in Verbindung trat. Platon versuchte, diese beiden für die Durchsetzung seiner politischen Überzeugungen zu gewinnen. Doch diese Versuche endeten mit herben Enttäuschungen. Einer unbewiesenen Legende zufolge soll Platon auf seiner dritten Reise im Jahre 361 v. Chr. sogar von dem damals herrschenden jüngeren Dionysios in die Sklaverei verkauft und nur durch Intervention seiner Freunde wieder in Freiheit gelangt sein.

Schon nach seiner ersten Sizilienreise gründete Platon um 387 v. Chr. eine eigene philosophische Schule, die Akademie, die allen späteren Akademien den Namen gab. Hier lehrte er im Gespräch mit seinen Schülern, forschte auf fast allen damals wichtigen Wissensgebieten und entwickelte die Grundgedanken seiner Philosophie, in der er die wichtigsten geistigen Strömungen seiner Zeit aufnahm und umformte wie auch in den von ihm bekämpften Positionen für die Folgezeit aufbewahrte.

Im Zentrum von Platons reifen Werken der späten und mittleren Jahre (d. h. hauptsächlich den Dialogen «Symposion», «Theaitetos», «Parmenides», «Phaidros», «Sophistes», «Politikos», «Philebos», «Timaios» und den Büchern II bis X der «Politeia») steht die Ideenlehre. Sie ist der Versuch, eine unsichtbare Ordnung der Welt aufzuzeigen, die vollkommen ist und unveränderlich gegenüber den wandelbaren Meinungen und Argumenten der unvollkommenen Sinnenwelt, deren Grundlage sie bildet. Für Platon ist die Welt der Ideen die eigentlich reale Welt, das Reich des wahrhaft Seienden. An diesem Reich haben die Sinnendinge teil und werden erst in der Einsicht in die ihnen zugrundeliegenden Ideen wahrhaft erkennbar. Damit glaubte Platon – gegen die Sophisten und ihr Insistieren auf der Vorläufigkeit. Austauschbarkeit und Interessenbedingtheit vorgeblich wahrer Aussagen –, ein Fundament gewonnen zu haben, auf dem sich Philosophie und Wissenschaft (die zu seiner Zeit noch als Einheit existierten) ebenso wie die alltägliche politische und soziale Wirklichkeit begreifen und in ihren Problemen als lösbar darstellen lassen.

Allerdings ist vor allzu genauen Festlegungen in Bezug auf Platons

Lehre zu warnen. Er selbst hat in einem Brief betont, dass der Kern seiner philosophischen Lehre aus seinen Schriften nicht eindeutig herauslösbar sei. Denn was sich in den Gesprächen und Diskussionen in der Akademie als Wahrheit zeigt, ist in der schriftlichen Aufzeichnung nur zu umschreiben, bleibt an die Gesprächssituation und an die jeweiligen Sprecher gebunden. Erst in der lebendigen Rede kommt der dialektische Charakter der Wahrheit zutage: dass sie nämlich an den Dialog gebunden ist und sich nur in der Gegenrede einander widersprechender Aussagen bewegen und entfalten kann.

2. Das I. Buch der «Politeia»: Thrasymachos oder Gerechtigkeit als das Recht des Stärkeren

Platons berühmtestes Buch, «Politeia» (Der Staat), ist ein aus mehreren Teilstücken bestehendes umfangreiches Dialogwerk. Sein Thema ist die Frage nach dem Wesen der Gerechtigkeit und der besten Verfassung menschlicher Gemeinschaft. Die «Politeia» bildet zugleich das für die Folgezeit wirksamste Beispiel für Platons philosophisch-dialektische Methode, aus der Diskussion einander widersprechender Behauptungen und Positionen überzuleiten in einen großangelegten Entwurf zur Lösung eines bestimmten Problems.

Bevor Platon aber seine eigenen Gedanken zum Problem der Gerechtigkeit und des besten Gemeinwesens entwickelt, attackiert er im ersten Buch der «Politeia» (das wohl erheblich früher als die übrigen entstanden ist) Meinungen, die auch heute noch gängig und verbreitet sind. Auf diese Weise überliefert er dem heutigen Leser Teile einer sonst vielleicht verlorengegangenen Tradition der Antike, ein Denken, das entschieden diesseitig und ‹unidealistisch› orientiert ist. Es mutet so zeitgemäß an, dass noch im 20. Jahrhundert der Soziologe Ralf Dahrendorf den Versuch unternommen hat, im Rückgriff auf diese Position zu argumentieren (vgl. Dahrendorf, 1967). Zwar ist die platonische Ideenlehre ins Christentum und damit in unsere Gegenwart eingeflossen. Aber diese Theorie von der Beziehung der diesseitigen Sinnenwelt auf eine jenseitige, von der allein her sie Sinn erhält und begreifbar wird, forderte in der Praxis immer wieder Widerspruch heraus. Trotz aller idealistischen Bekundungen war man in der christlich-platonischen Tradition häufig genötigt, sich mit der These des im ersten Buch der «Politeia» vorgestellten Sophisten Thrasymachos zu befassen: der These, dass Gerechtigkeit (und damit jede auf ihr fußende Ordnung) nur dem Wohle des Stärkeren bzw. des jeweils Herrschenden diene. Dies Argument des Thrasymachos soll im Folgenden genauer analysiert werden.

Die Gesprächssituation im ersten Buch der «Politeia» ist gekennzeichnet durch eine eindeutige Überlegenheit des Sokrates, der auch als Ich-Erzähler auftritt. Zu Beginn erörtert er mit seinem Gastgeber Kephalos die Frage nach den Vorzügen des Alters. Dabei stellt sich auch die Frage nach dem Reichtum des Kephalos, der versucht, im Rückgriff auf die herkömmlichen Begriffe der Rechtlichkeit und Redlichkeit seinen Reichtum als Mittel zum gerechten Handeln zu bestimmen. Gegen diese «natürliche Form der Rechtlichkeit» (Friedländer 1957, 48) wendet sich Sokrates mit seiner Frage nach dem Wesen der Gerechtigkeit. Nachdem mehrere Versuche, die Gerechtigkeit in den Begriffen der griechischen Tradition zu bestimmen, gescheitert sind, greift Thrasymachos in das Gespräch ein, indem er «recht wie ein wildes Tier» (Platon 1962, 79, 336b) die Redenden unterbricht, weil ihm – grob gesagt – der Geduldsfaden gerissen ist. Denn die Methode des Sokrates, eine Antwort so lange zu untersuchen, bis sich herausstellt, dass sie unzureichend oder widersprüchlich ist, scheint ihm eine Verschleierung des wahren Sachverhaltes zu sein. Er teilt keineswegs die von Sokrates vorgebrachte Meinung, dass Gerechtigkeit eine Sache sei, «die so viel herrlicher ist als vieles Geld» (Platon 1962, 79, 336e). Für Thrasymachos ist Gerechtigkeit weder an Herkommen noch an Gut oder Böse orientiert, sondern etwas, das sich an der alltäglichen Praxis auszurichten hat. Er versteht deshalb «‹gut› und ‹böse› … als ‹nutzbringend› oder ‹schädlich›» (Wolf 1968, 328). Das Nützliche für die Herrschenden ist das Gerechte für die Beherrschten, und ungerecht handelt, wer gesetzwidrig handelt – ungeachtet der Qualität dieses Gesetzes. An dieser Stelle bringt Thrasymachos das schon oben erwähnte Argument:

«Höre denn, sprach er. Ich nämlich behaupte, das Gerechte sei nichts anderes als das dem Stärkeren Zuträgliche. Aber warum lobst du es nicht? Du wirst gewiß nicht wollen. –

(Sokrates antwortet:) Wenn ich nur erst verstanden habe, was du meinst! Denn jetzt weiß ich es noch nicht. Das dem Stärkeren Zuträgliche, behauptest du, sei gerecht. Und dieses, o Thrasymachos, wie meinst du es? Denn du behauptest doch nicht dergleichen, wie, wenn Polydamas der Hauptkämpfer stärker ist als wir und ihm nun Rindfleisch zuträglich ist für seinen Leib, daß diese Speise deshalb auch uns, den Schwächeren, als das jenem Zuträgliche, zugleich gerecht sei? –

Du bist eben boshaft, o Sokrates, sagte er, und faßt die Rede so auf, wie du sie am übelsten zurichten kannst. –

Keineswegs, o Bester, sagte ich, sondern sage nur deutlicher, was du meinst. –

Weißt du etwa nicht, sprach er, daß einige Staaten tyrannisch regiert werden, andere demokratisch und noch andere aristokratisch? –

Wie sollte ich nicht? –

Und dieses Regierende hat doch die Gewalt in jedem Staat? –

Freilich. –

Und jegliche Regierung gibt die Gesetze nach dem, was ihr zuträglich ist, die Demokratie demokratische, die Tyrannei tyrannische und die andern ebenso. Und indem sie sie so geben, zeigen sie also, daß dieses ihnen Nützliche das Gerechte ist für die Regierten. Und den dieses Übertretenden strafen sie als gesetzwidrig und ungerecht handelnd. Dies nun, o Bester, ist das, wovon ich meine, daß es in allen Staaten dasselbe Gerechte ist, das der bestehenden Regierung Zuträgliche. Diese aber hat die Gewalt, so daß also, wenn einer alles richtig zusammennimmt, herauskommt, daß überall dasselbe gerecht ist, nämlich das dem Stärkeren Zuträgliche» (Platon 1962, 81, 338 c–e).

Im Gegenzug zu diesem Argument behauptet Sokrates, dass gerade die Herrschenden, ebenso wie die Schäfer das Wohl ihrer Tiere, das Wohl der von ihnen Beherrschten im Auge hätten. Thrasymachos dagegen hält Sokrates eine vollendete Unkenntnis der Realität vor und begründet dies folgendermaßen:

«Weil du glaubst, daß die Schäfer und Hirten das Gute für die Schafe und Rinder bedenken, und wenn sie sie fett machen und pflegen, auf etwas anderes sehen, als was gut ist für ihre Herren und für sie selbst, und so auch von den Herrschern in den Städten, die wahrhaft regieren, meinst, daß sie anders gegen die Beherrschten gesinnt seien, als einer auch gegen seine Schafe gesinnt ist, und etwas anderes bedenken bei Tag und bei Nacht, als wie sie sich selbst den meisten Vorteil schaffen können. Und so weit bist du ab mit deinen Gedanken von der Gerechtigkeit und dem Gerechten und der Ungerechtigkeit und dem Ungerechten, daß du noch nicht weißt, daß die Gerechtigkeit und das Gerechte eigentlich ein fremdes Gut ist, nämlich des Stärkeren und Herrschenden Nutzen, des Gehorchenden und Dienenden aber eigner Schade; die Ungerechtigkeit aber ist das Gegenteil und herrscht über die in der Tat Einfältigen und Gerechten, die Beherrschten aber tun, was jenem, dem Stärkeren, zuträglich ist, und machen ihn glücklich, indem sie ihm dienen, sich selbst aber auch nicht im mindesten. Du mußt dir aber, o einfältigster Sokrates, die Sache darauf ansehen, daß der Gerechte überall schlechter daran ist als der Ungerechte. Zuerst nämlich in allen Geschäften unter sich, worauf nur immer ein solcher mit einem solchen sich einlassen mag, wirst du niemals finden, wenn das Geschäft beendigt ist, daß der Gerechte mehr hat als der Ungerechte, sondern weniger; dann auch in denen mit der Stadt, wenn es irgend Beiträge gibt, so trägt von gleichem der Gerechte mehr bei, der andere aber weniger; und wenn Einnahmen, so gewinnt jener nichts, dieser aber viel. So auch, wenn sie beide ein Amt verwalten, so hat davon der Gerechte, wenn auch keinen anderen Schaden, doch den, daß seine eigenen Angelegenheiten durch Vernachlässigung schlechter stehen und daß er vom Staate gar keinen Vorteil zieht, weil er gerecht ist, und überdies noch, daß er sich bei seinen Verwandten und Bekannten verhaßt macht, wenn er ihnen in nichts gefällig sein will gegen die Gerechtigkeit; dem Ungerechten aber widerfährt von alledem das Gegenteil. Ich meine nämlich den, welcher im Großen zu übervorteilen versteht. Diesen also betrachte, wenn du beurteilen willst, wieviel mehr es einem jeden für sich von Vorteil ist, wenn er ungerecht ist als wenn gerecht. Am allerleichtesten aber wirst du es erkennen, wenn du dich an die vollendetste Ungerechtigkeit hältst, welche den, der Unrecht getan, zum glücklichsten macht, die aber das Unrecht erlitten haben und nicht wieder Unrecht tun wollen, zu den elendsten. Dies aber ist die sogenannte Tyrannei, welche nicht im Kleinen sich fremdes Gut mit List und Gewalt zueignet, heiliges und unheiliges, Gemeingut und Eigentum, sondern gleich insgesamt alles; was, wenn es einer einzeln veruntreut und dabei entdeckt wird, ihm die härtesten Strafen und Beschimpfungen zuzieht. Denn Tempelräuber und Seelenverkäufer und Räuber und Betrüger und Diebe heißen, die einzeln eine von dergleichen Übeltaten begehen. Wenn aber einer außer dem Vermögen seiner Mitbürger auch noch sie selbst in seine Gewalt bringt und zu Knechten macht, der wird anstatt dieser schlechten Namen glückselig und preiswürdig genannt, nicht nur von seinen Mitbürgern, sondern auch von den andern, sobald sie nur hören, daß er die ganze Ungerechtigkeit begangen hat. Denn nicht aus Furcht, Ungerechtes zu tun, sondern es zu leiden, schmäht die Ungerechtigkeit, wer sie schmäht. Auf diese Art, o Sokrates, ist die Ungerechtigkeit kräftiger und edler und vornehmer als die Gerechtigkeit, wenn man sie im großen treibt; und wie ich von Anfang an sagte, das dem Stärkeren Zuträgliche ist das Gerechte, das Ungerechte aber ist das jedem selbst Vorteilhafte und Zuträgliche» (Platon 1962, 85 f., 343 b–344 c).

Thrasymachos behauptet also, nicht das Wohl, sondern der aus den Beherrschten zu ziehende Nutzen mache das Interesse des Herrschenden aus. Ein Blick auf die alltägliche Wirklichkeit zeige dies überdeutlich; denn gerade im Alltag lasse sich feststellen, wie viel eher den Ungerechten, nur an seinem Vorteil Interessierten und moralisch Unbedenklichen ein gutes Leben erwarte als denjenigen, der sich um Gerechtigkeit im Sinne des Sokrates bemüht.

Zweierlei ist an dieser Argumentation besonders bemerkenswert:

Erstens: Auch Thrasymachos akzeptiert letztlich einen moralischen, an Sokrates orientierten Gerechtigkeitsbegriff; denn er identifiziert immer wieder den Stärkeren, Ungerechten auch mit dem Schlechten. Allerdings muss hier Thrasymachos, der tatsächlich in der zweiten Hälfte des fünften Jahrhunderts v. Chr. gelebt hat, in Schutz genommen werden. Denn Platon stellt als Autor der «Politeia» diese Argumente in den Rahmen seiner eigenen Ansichten über die Gerechtigkeit. Der historische Thrasymachos wird so nur durch eine bestimmte Brille sichtbar, und es ist schwer, die Argumente angemessen einzuschätzen, die er wirklich vorgebracht haben könnte. So, wie Platon ihn geschildert hat, ist seine

Position in sich widersprüchlich. Denn wenn Thrasymachos sich ständig auf die Begriffe des Gerechten und des Ungerechten im sokratisch-platonischen Sinne bezieht, destruiert er im Grunde seine eigene Argumentation. Von der Sache her zielt Thrasymachos ja gerade darauf ab, einen moralischen Begriff der Gerechtigkeit aufzulösen in einen rein funktionalen, wertfreien Begriff, der nicht mehr vorschreibt, was zu geschehen hat, sondern beschreibt, was tatsächlich geschieht.

Zweitens: Daneben enthüllt die Position des Thrasymachos ein Problem allgemeinerer Art: Wie lassen sich aus der Beobachtung alltäglicher Ereignisse allgemeine Gesetze ableiten, die für den Handelnden verpflichtend sind? Und weiter: Lässt sich Ungerechtigkeit, wie Thrasymachos sie versteht, verallgemeinern und für alle zur Vorschrift machen?

Auch Platon hat diese Schwierigkeiten erkannt. Die Frage nach der möglichen Verallgemeinerbarkeit ungerechten Handelns wird im weiteren Verlauf des ersten Buches der «Politeia» zum zentralen Problem. Platon kann es aber eigentlich nicht lösen; denn sein Beispiel (dass nämlich auch innerhalb einer Räuberbande eine Art von Gesetz und Gerechtigkeit herrschen muss, um diese als Ganze zu erhalten; Platon 1962, 352b ff.) bringt ja letztlich nur zum Ausdruck, dass irgendeine – beliebige – Art von Ordnung herrschen muss. Ob es sich dabei auch um eine moralisch gerechte im sokratisch-platonischen Sinne handelt, ist damit allerdings nicht notwendig ausgesagt. Aber Thrasymachos lässt sich in dieser Falle fangen, weil er davor zurückschreckt, die Gerechtigkeit im herkömmlichen Sinne als ein Laster zu bezeichnen und damit die letzte Konsequenz aus seiner Umkehrung der traditionellen Werte zu ziehen. Denn an einer solchen Verallgemeinerung der alltäglichen Beobachtung zur Norm kann ihm, als dem Sprachrohr Platons, der von der überzeitlichen Warte einer unveränderlichen Idee des Guten ausgeht, nicht gelegen sein.

Einerseits also ist Gerechtigkeit nur als Idee vorhanden – Platon umschreibt sie im weiteren Verlauf der «Politeia». Andererseits gibt es die alltägliche Wirklichkeit, die zwar anderen Gesetzen zu gehorchen scheint, aber letztlich für Platon – und das zeigt das dem Thrasymachos in den Mund gelegte Einlenken – getragen ist von dieser Wahrheit der Idee, da nur diese wahrhaft allgemein sein kann.

Thrasymachos gibt also auf – so behauptet zumindest Platon, dessen philosophische Konstruktion hier den Sieg davonträgt. Zu fragen bleibt, ob es nicht ein Scheinsieg war. In Platons Konstruktion siegt die wertende, normative Seite am Begriff der Gerechtigkeit über den wertfreien, nicht moralischen Gerechtigkeitsbegriff des Thrasymachos. Eine Zeit jedoch, die Platons Ideenlehre nicht mehr zu folgen vermag, findet die Argumente des Thrasymachos immer noch bedenkenswert: Denn gerade in der Gegenwart hat sich ein neutraler Begriff von Gerechtigkeit und öffentlicher Ordnung durchgesetzt, der zwar pessimistischer ist als der Platons, der aber auch realistischer ist. Seit der frühen Neuzeit gehen Theorie und Praxis des Gemeinschaftslebens eher vom Nutzen als von der Idee des Guten aus, wenn versucht wird, das Funktionieren eines Gemeinwesens verstehbar, und das heißt, prognostizierbar zu machen.

Aristoteles: Politik

Ethik, Politik und wirtschaftliches Handeln

1. Leben und Werk

Aristoteles wurde 384 v. Chr. in der makedonischen Stadt Stagira geboren und kam erst mit siebzehn Jahren nach Athen. Zwanzig Jahre lang war er in der philosophischen Schule Platons, der Akademie, zuerst lernend, dann lehrend bis zum Tod des Meisters im Jahr 347 tätig. Obwohl Aristoteles also Schüler Platons gewesen ist, hat er sich von dessen Ideenlehre immer mehr gelöst. Wie er aber seine Trennung von der Akademie vollzog, ist ungewiss. Viele, sehr gegensätzliche, zum Teil sehr gehässige Berichte darüber wurden später in Umlauf gebracht, wobei heute keine Möglichkeit mehr besteht, Legende und Wahrheit genau zu scheiden.

343 v. Chr. begab er sich an den Hof des Königs Philipp von Makedonien, wo er sich acht Jahre lang aufhielt und der Erzieher Alexanders des Großen gewesen sein soll. Mit Sicherheit lässt sich auch dies nicht belegen. 336 bestieg Alexander den Thron. Aristoteles kehrte nach Athen zurück und gründete eine eigene philosophische Schule. Ort dieser Schule war das *lykeion*, ein Gebäude in Athen, das Unterrichtszwecken diente. Genannt wurde seine Schule die peripatetische, wobei die Herkunft des Namens *peripatos* noch nicht völlig geklärt ist. Ganz allgemein galt *peripatos* als eine Diskussionshalle, in der man ins Gespräch vertieft umherwandelte. In der Schlacht von Chaironeia (338) hatte der makedonische König Philipp Athen als selbständige Polis, als autonomen Stadtstaat zerstört. Nach dem plötzlichen Tod Alexanders des Großen probten die Athener den Aufstand gegen die makedonische Fremdherrschaft, der indes rasch niedergeschlagen wurde. Da Aristoteles als Parteigänger der Makedonen galt, musste er 323 Athen verlassen. Er floh nach Chalkis auf die Insel Euböa, wo er wenige Monate nach der Flucht 323 starb.

Platons Philosophie ist in Dialogen überliefert. Diese Dialoge hat er selbst der Öffentlichkeit übergeben, und keiner von ihnen scheint verlorengegangen zu sein. Seine Schule, die Akademie, hat diese Dialoge dann systematisch geordnet.

Ganz anders sieht es bei Aristoteles aus. Auch er hat viele Dialoge geschrieben und veröffentlicht. Von ihnen ist, bis auf wenige Fragmente, nichts mehr erhalten. Man muss vermuten, dass diese Dialoge beim lesenden Publikum gegen die platonischen nicht bestehen konnten und deshalb rasch in Vergessenheit geraten sind. Wenn Platon deshalb aus dem Werk bekannt ist, das er selber veröffentlicht hat, so verhält es sich bei Aristoteles ganz anders. Von den geschriebenen Texten ist bis auf wenige Fragmente nichts überliefert. Sein heute bekanntes Werk stützt sich auf Nachgelassenes (Vorlesungsmanuskripte, erste Aufzeichnungen und Niederschriften, Zusammenfassungen der publizierten Dialoge). Fest steht jedoch: Die heute überlieferte Zusammenstellung seines Nachlasses geht zurück auf Andronikos von Rhodos, der um 70 v. Chr. gelebt hat und Haupt der damaligen peripatetischen Schule gewesen ist. Andronikos hat die philosophischen Texte und Fragmente, die er in die Hand bekam, nach der damals gebräuchlichen Einteilung der Philosophie in Logik, Physik und Ethik geordnet. Dabei fasste er verschiedenste Materialien unter systematischen Titeln zusammen. Alle Überschriften, die heute geläufig sind – Analytik, Physik, Metaphysik, Ethik, Politik usw. –, sind eine Erfindung von späteren Herausgebern. Heute vertritt man die Ansicht, die meisten Materialien seien zwar aristotelischen Ursprungs, die Anordnung gehe aber auf keinen Fall auf Aristoteles selbst zurück. Dies macht sich gerade im Hauptwerk zu unserem Thema, in der «Politik», besonders schmerzlich bemerkbar: Es ist keine Darstellung aus einem Guss, sondern offensichtlich eine Montage verschiedenster, teils sehr heterogener Textstücke.

Im überlieferten Werk des Aristoteles sind folgende Schriften zur praktischen Philosophie enthalten: zunächst drei Bücher zur Ethik (die «Nikomachische Ethik», die «Eudemische Ethik» und die «Große Ethik»). Die Diskussion über deren chronologischen und sachlichen Zusammenhang ist noch nicht abgeschlossen; dabei stellt die «Nikomachische Ethik» Aristoteles' Hauptwerk zur Ethik dar.

Der wichtigste Text zur politischen Philosophie, die «Politik», wurde schon erwähnt. Außerdem legte die peripatetische Schule Sammlungen über griechische Verfassungen an. Erhalten blieb die Sammlung über Athen («Der Staat der Athener»). Sie wurde allerdings erst gegen Ende des letzten Jahrhunderts aufgefunden und ist deshalb kein Bestandteil der Werkausgabe. Schließlich ist noch die Schrift «Über die Ökonomie» zu nennen. Bis heute ist noch nicht geklärt, ob sie wirklich auf Aristoteles zurückgeht oder später seinen Werken hinzugefügt wurde.

Die immer noch verbindliche Ausgabe der Werke des Aristoteles wurde von J. Bekker, C. A. Brandis, V. Rose und H. Bonitz von 1831 bis 1870 im Auftrag der Königlichen Preußischen Akademie der Wissenschaften besorgt. Nach ihr wird bis heute zitiert, und in allen Übersetzungen ist ihre Seitenzählung angegeben. Ein Beispiel: Pol. 1292 b 12 bedeutet: «Politik», Seite 1292, Spalte b, Zeile 12. Oft werden auch Bücher und Kapitel genannt: z. B. Pol. I 13 (die römischen Ziffern bezeichnen das Buch, die arabischen das Kapitel innerhalb des angegebenen Buchs). Auch im Folgenden werden die Seitenangaben auf diese Weise vorgenommen. Um die Zitatnachweise kürzer zu gestalten, sind auch die Buchtitel abgekürzt. Pol. bezieht sich auf die «Politik» (vgl. Aristoteles, 1968 a), NE ist die Abkürzung für «Nikomachische Ethik» (vgl. Aristoteles, 1972), EE für die «Eudemische Ethik» (vgl. Aristoteles, 1979); zur Metaphysik vgl. Aristoteles, 1968 b; zur Schrift «Oeconomica» vgl. Aristoteles, 1969.

2. Was ist politische Philosophie?

Noch Platon ging in seinem Werk über den Staat, der «Politeia» (s. S. 34–44), weit über das hinaus, was man gewöhnlich der politischen Philosophie zurechnet: Er stellt unter anderem auch die Grundlagen seiner gesamten Philosophie, die Ideenlehre, dar.

Erst Aristoteles scheidet die verschiedenen Gegenstände der Philosophie voneinander und ordnet sie eigenständigen philosophischen Disziplinen zu. Deshalb ist es auch nicht verwunderlich, dass gerade er auf die Frage: Was ist politische Philosophie? die erste eindeutige Antwort gibt. Wenn überhaupt von einer Tradition der politischen Philosophie die

Rede sein kann, so muss Aristoteles als ihr Begründer gelten. Er hat die wesentlichen Themen fixiert und die Grundbegriffe geprägt, deren Fortwirken sich trotz allen Wandels bis heute beobachten lässt. Von daher rechtfertigt es sich auch, auf Aristoteles weit gründlicher einzugehen als auf alle anderen antiken Philosophen.

2.1 *Die Unterscheidung von theoretischer und praktischer Philosophie – Der Vorrang der ersteren*

Alles, was in der Welt begegnet, liegt entweder von sich aus, ohne menschliches Zutun, vor, oder seine Existenz bzw. sein Zustand ist ein Werk von Menschenhand. Ein Stein, eine Pflanze, ein Tier, der Mond, die Sonne, die Sterne – sie alle existieren unabhängig vom Menschen. Insofern sind sie für Aristoteles nicht Gegenstände des Tuns, sondern Gegenstände des Betrachtens. Mit ihnen befasst sich daher die theoretische Philosophie.

Ein Paar Schuhe, ein Haus, ein Weizenfeld, ein Haustier, ein Staat in seiner bestimmten Verfassung dagegen existieren nicht von sich aus, sondern sie verdanken ihre Beschaffenheit, ihren Zustand, eventuell sogar ihr Dasein dem Tun des Menschen. Mit ihnen als dem Werk des Menschen, dem Ergebnis seiner Tätigkeit befasst sich die praktische Philosophie.

Gegenstand der *theoretischen Philosophie* ist also das *von sich aus Vorliegende.* Dieses wird betrachtet im Hinblick auf das Notwendige, auf das, was so ist und nicht anders sein kann. Aristoteles macht hier einen für seine Philosophie zentralen Unterschied: Natur ist für ihn einmal der physikalische Bereich des Werdens, des Entstehens und Vergehens, der Vermehrung und Verminderung, die Welt, die aus sinnlichen Elementen zusammengesetzt ist – die sinnliche Natur. Zum andern ist Natur theologisch aufzufassen als die nichtmaterielle, ätherische Welt der Gestirne: In sich unveränderlich, ziehen die Gestirne ewig ihre gleichförmigen Bahnen. Der Kosmos aber wird zusammengehalten durch das allumfassende Göttliche, das sein tragender Grund ist. Dieses Göttliche ist schlechthin unbeweglich und unveränderlich.

Die theoretische Philosophie kennt daher zwei Grundwissenschaften (abgesehen von der Mathematik): die *Physik* und die *Theologie*, wobei die Physik der Theologie nachgeordnet ist; denn *das Göttliche* ist ein ehrwürdigerer Sachverhalt als die sich verändernde Natur. Diese Natur ist zwar selbständig – sie liegt von sich aus vor –, ist aber in sich bewegt; das Göttliche dagegen ist nicht nur selbständig, sondern auch unbewegt und ewig. Deshalb ist es das Höchste und Ehrwürdigste.

Dinge, die ein Werk des Menschen sind, haben keine Notwendigkeit in sich. Weil sie vom Menschen abhängen, sind sie unselbständig und veränderlich – sie sind zufällig. *Praktische Philosophie thematisiert das menschliche Handeln und seine Werke.* Aristoteles bestimmt sie deshalb als die «Philosophie der menschlichen Angelegenheiten» (NE X 9, 1181 b 15).

Anders gesagt: Aristoteles trennt theoretische und praktische Philosophie nach Maßgabe der Unterscheidung von *physis* und *nomos*, Natur und Gesetz. Natur ist der Inbegriff dessen, was ohne Zutun des Menschen von sich aus vorliegt. Gesetz bezeichnet all das, was von Menschenhand stammt. Dieser Unterscheidungsgrund von theoretischer und praktischer Philosophie bleibt fortan in der Philosophiegeschichte bestimmend.

Wenn das Selbständige gegenüber dem Unselbständigen und das Unbewegliche gegenüber dem Beweglichen Vorrang in der Welt hat, dann kann konsequenterweise die praktische Philosophie nicht die höchste und ehrwürdigste philosophische Wissenschaft sein. Diesen Platz muss die theoretische Philosophie – genauer, eine bestimmte theoretische Disziplin: die Theologie – einnehmen: «Es ist nämlich unsinnig, wenn einer meint, die politische Wissenschaft … sei die beste Wissenschaft. Denn der Mensch ist nicht das Beste, was es in der Welt gibt» (NE VI 7, 1141 a 20 ff.). Für Aristoteles brächte ein Primat der praktischen Philosophie gegenüber der theoretischen das natürliche Gefüge der Welt durcheinander; denn das zuhöchst Seiende in der Welt ist nicht der Mensch, sondern Gott. Dagegen wird die Erörterung der Philosophie der Neuzeit zeigen, dass heute eine Umkehrung stattgefunden hat: Die praktische Philosophie erhält den Vorrang vor der theoretischen.

Entsprechend der hohen Stellung der Theorie gestaltete sich auch die peripatetische Lehrpraxis. Philosophie wird in der ‹Schule› unterrichtet, im Kreis derer, die ihr Leben der theoretischen Betrachtung der Welt gewidmet haben. Schüler versammeln sich um den Lehrer, hören Vorlesungen und führen Unterredungen. Theorie wird um ihrer selbst willen betrieben. Deshalb gilt das *bios theoretikos*, das betrachtende Leben, als die höchste Form der Lebenspraxis, die dem Menschen erreichbar ist.

Demgegenüber ist Zweck der praktischen Philosophie nicht die Erkenntnis allein, sondern vielmehr das gute, sittliche Handeln (vgl. NE I 1, 1095 a 5 f.). Die praktische Philosophie muss deshalb über die Grenzen der Schule hinaus wirken. Unterricht in praktischer Philosophie muss allen Menschen, die in der Polis Bürgerrecht genießen, offenstehen (vgl. NE I 1, 1095 a 1 ff.); sein Wirkungsbereich ist der Raum politischer Öffentlichkeit. Aufgabe politischer Philosophie ist nicht, bestimmte tagespolitische Maßnahmen zu verkünden; sie klärt vielmehr über die Grundzüge und Grundlagen sittlichen Handelns auf. Die *praktische Wirkung der praktischen Philosophie* besteht in der *Erziehung der Bürger zur sittlichen politischen Praxis*. Praktische Philosophie erhebt damit den Anspruch, die höchste Instanz zu sein, die zu entscheiden vermag, was Menschen zu guten Bürgern bildet; praktische Philosophie ist Pädagogik, politische Erziehungslehre (vgl. Pol. VII 14–17, VIII).

Für Aristoteles ist das sittliche Handeln in der Polis noch eine Lebensform, in welcher der Mensch das gute Leben zu verwirklichen vermag. Doch erscheint diese Lebensform bei ihm bereits gebrochen. Er setzt sie an die zweite Stelle der höchsten menschlichen Lebensmöglichkeiten herab. Das theoretische Leben überragt sie (vgl. NE X 6–9). Diese Abwertung des politischen Handelns findet sich bei Platon noch nicht. Einen entscheidenden Schritt weiter als Aristoteles geht dann Epikur, der sich aus dem politischen Leben verabschiedet und den Philosophen den Rückzug in das private Leben empfiehlt. Politisches Leben als Möglichkeit der Verwirklichung des guten Lebens ist völlig entwertet (vgl. das folgende Kapitel).

3. Die drei Bedeutungen des Politischen – Einteilung der praktischen Philosophie

3.1 Praktische Philosophie ist politische Philosophie

Praktische Philosophie ist Philosophie des Menschen. Sie bestimmt den Menschen als ein handelndes Wesen und unterscheidet das Handeln (*Praxis*) von anderen Betätigungen des Menschen, vom Betrachten (*Theorie*) und vom Herstellen (*Poiesis*). Ort des Handelns ist das Gemeinwesen, die Polis. Ein vernünftiges Handeln außerhalb der politischen Gemeinschaft kann sich Aristoteles nicht vorstellen. Die Polis, der antike Stadtstaat, ist für ihn die Welt des Menschen. Insofern setzt Aristoteles das Politische mit der praktischen Wirklichkeit des Menschen gleich, sodass man sagen muss: Praktische Philosophie ist politische Philosophie. Dies ist die allerweiteste Bedeutung des Politischen. Gegenstück dazu ist die theoretische Philosophie.

3.2 Politische Philosophie ist die Lehre von der menschlichen Gemeinschaft

In der Polis leben Bürger zusammen in einer Gemeinschaft. Sie bildet ein Ganzes, das sich aus den einzelnen Menschen als seinen Teilen zusammensetzt. Die Menschen und die Polis streben nach einem Guten. Da aber das Ganze mehr ist als seine einzelnen Teile, aus denen es besteht, ist das Gute für die Polis höher zu bewerten als das Gute für den einzelnen Menschen.

Aus dieser Differenzierung entspringt die erste Einteilung der praktischen Philosophie in Disziplinen. Das Gute für den Einzelnen ist Thema der Ethik; mit dem Guten für die Polis befasst sich die politische Philosophie. *Ethik* ist die *Lehre vom guten Handeln des Einzelnen, Politik* die *Lehre von der guten Gemeinschaft.*

Das menschliche Zusammenleben setzt sich aus verschiedenen Gemeinschaften zusammen, die verschiedene Zwecke verfolgen und unterschiedliche Formen haben. Aristoteles hält vorrangig zwei auseinander: die häusliche Gemeinschaft, welche der Erhaltung des *natürlichen* Lebens dient, und die politische Gemeinschaft, deren Zweck erst das *gute*

Leben ist. Er richtet eine besondere praktische Disziplin ein, welche die rechte Führung des Hauses, des *Oikos*, zu untersuchen hat: die Ökonomie.

Politische Philosophie ist die Lehre von der menschlichen Gemeinschaft, ihren Formen und ihrer Rangordnung – dies ist die zweite, engere Bedeutung des Politischen. Gegenstück dazu ist die Ethik. Ihr gegenüber ist die politische Philosophie die übergeordnete, leitende Disziplin.

3.3 Praktische Philosophie ist die Lehre vom Staat, von den verschiedenen Formen seiner Verfassung und der besten Verfassung

Die Polis ist einerseits das Ganze der verschiedenen Gemeinschaften, andererseits als politische Gemeinschaft die höchste der menschlichen Gemeinschaften und insofern eine Gemeinschaft, die neben und über anderen steht. Die Analyse der politischen Gemeinschaft ist der spezifische Gegenstand der politischen Wissenschaft. Zum leitenden Begriff wird die politische Verfassung, die *politeia*. Die systematische Darstellung des Begriffs der Verfassung, ihrer möglichen Formen, deren Chancen auf Bestand beziehungsweise Umschlag in andere sowie der besten Form ist das Thema politischer Philosophie im engsten Sinn.

Politische Philosophie in der engsten Bedeutung ist Verfassungslehre. Gegenstück zu ihr ist die Ökonomie.

3.4 Die Einteilung der praktischen Philosophie

Dass bei Aristoteles das Politische in dreifacher Bedeutung auftritt, kann nicht auf sein mangelndes begriffliches Unterscheidungsvermögen zurückgeführt werden. Diese Vielfalt entspringt vielmehr der Sache selbst. Gerade Aristoteles hat der Bedeutungsvielfalt philosophischer Schlüsselbegriffe größte Aufmerksamkeit zugewandt. Er hat die Bedeutungen nicht allein auseinandergehalten und aufgezählt, er hat sie auch kritisch bewertet und auf ihren Wahrheitsgehalt überprüft.

Im Fortgang der Analyse gehen die drei Begriffe des Politischen ineinander über. Eigentlicher Gegenstand politischer Wissenschaft ist die

Bestimmung der Verfassung, ihrer Formen und der besten Verfassung. Die Politik darf sich aber nicht auf die Untersuchung der Verfassung beschränken. Verfassungen wurzeln in Formen der Gemeinschaft, die selbst nicht staatlich sind. Die Verfassung regelt die Struktur politischer Ämter und den Zugang zu ihnen. Damit ist festgelegt, wer als Bürger zugelassen ist und welche Bürger welche Ämter ausüben dürfen. Wenn Aristoteles die Oligarchie als Herrschaft der Reichen und die Demokratie als Herrschaft der Armen fasst, so ist angezeigt, dass der Gegensatz von Arm und Reich selbst nicht der Verfassung entspringt, sondern von dieser lediglich reguliert wird – sei es im Interesse der Erhaltung oder der Veränderung des vorgegebenen Zustands.

Eine konsequente Untersuchung des Politischen im engsten Sinn sieht sich verwiesen auf die weitere Bedeutung: Die politische Gemeinschaft kann nur adäquat begriffen werden im Rahmen des Ganzen menschlicher Gemeinschaften. In der Polis verwirklicht sich das menschliche Gute. Ihre wichtigsten Bestandteile sind die Bürger, welche nach diesem Guten streben. Eine gute Verfassung setzt sittliche Bürger voraus. Politik als Lehre von der menschlichen Gemeinschaft muss die Ethik in sich aufnehmen, sich zur praktischen Philosophie im Allgemeinen und Ganzen erweitern.

Obgleich daher die drei Bedeutungen des Politischen ineinander übergehen, sind sie dennoch auseinanderzuhalten. Der Unterscheidung entspringt die aristotelische Einteilung der praktischen Philosophie, die wegen ihrer eminenten historischen Bedeutung und Wirksamkeit nochmals in einem Schema zusammengefasst sei (vgl. dazu Bien 1981, XLIII):

Weiteste Bedeutung	*Praktische Philosophie:* politische Philosophie als Philosophie der menschlichen Angelegenheiten	
	Ethik: die Lehre vom Handeln des Individuums	*Politik:* die Lehre von der menschlichen Gemeinschaft und ihren Formen
Engste Bedeutung	*Ökonomie:* die Lehre von der richtigen Führung der häuslichen Gemeinschaft	*Politik:* die Lehre von der politischen Verfassung, ihren Formen und der besten Form

Nach dem Schema gibt es drei Disziplinen der praktischen Philosophie: Politik, Ökonomie und Ethik (vgl. EE I 8, 1281 b 13 f.). Diese Dreiteilung geht von der dritten Bedeutung des Politischen aus. Nur in dieser Perspektive kann man die drei Disziplinen einfach nebeneinanderstellen. Die Einteilung der aristotelischen Schriften indes unterstellt eine Zweiteilung in Ethik und Politik. Sie lässt sich durch die zweite Bedeutung des Politischen rechtfertigen. Ökonomie ist dann lediglich eine untergeordnete Disziplin der politischen Wissenschaft.

Diese Zweiteilung steht bei Aristoteles zweifellos im Zentrum. Selbstverständlich ist für ihn, politische Philosophie sei die Lehre von der menschlichen Gemeinschaft und ihren Formen. Deshalb spielt auch die Dreiteilung bei ihm keine effektive Rolle; denn dies hieße, dass er seine politische Analyse auf verfassungstechnische Probleme hätte reduzieren müssen – ein Gedanke, der ihm völlig fernlag.

Größere Schwierigkeiten bietet das Verhältnis von Ethik und Politik. Die politische Verfassung legt fest, wer Bürger sein kann, und der Bürger soll gemäß den Gesetzen der Verfassung handeln. Dass Ethik und Politik, Tugend und Gehorsam gegenüber Gesetzen identisch seien, ist die Lebensgrundlage der althergebrachten attischen Polis. Doch die Erfahrung atemberaubenden politischen Wechsels von Verfassungen legt schmerzlich die Wandelbarkeit und Vergänglichkeit der politischen Ordnung nahe. Es stellt sich dann die Frage, ob die Tugend des Menschen und die Tugend des Bürgers identisch seien (vgl. Pol. III 4, 1277 b 32 ff.). Wenn die Ethik, die Grundlage sittlichen Handelns, unwandelbar ist und die Verfassungen sich immer schneller ändern, liegt nahe, die Ethik als den Maßstab der Beurteilung politischer Verfassungen anzulegen. Diese Möglichkeit akzeptiert Aristoteles nicht. An der besten Verfassung zeigt er, dass in diesem Zustand Politik und Ethik nicht nur konvergieren, sondern die Ethik untergeordnetes Moment der Politik ist. Hier überschreitet Aristoteles den zweiten Begriff des Politischen, in dessen Rahmen seine Analysen sich zumeist bewegen. Wenn aber Tugend des Menschen und Tugend des Bürgers, sittlicher Grundsatz und die Pflicht zum Gehorsam gegenüber Gesetzen auseinanderklaffen, wird das Problem des Verhältnisses von Ethik und Politik brennend: Müssen ethische Grundsätze dem bestehenden politischen Zustand geopfert werden, oder darf der bestehende politische Zustand nach ethischen Prinzipien kritisiert werden? Hierauf findet sich bei Aristoteles keine Antwort. Die aristotelische Lösung des besten Staats kann nicht überzeugen, und es wird sich noch zeigen, dass dies nicht die einzige Schwierigkeit bei Aristoteles ist. Insbesondere an den verschiedenen Bedeutungen des Ökonomischen wird dies hervortreten.

4. Grundlegung der politischen Philosophie

Wie wir schon unter 3.1 sahen, ist für Aristoteles praktische Philosophie politische Philosophie. Dieser Begriff politischer Philosophie wird im I. Buch der «Nikomachischen Ethik» begründet. Er bestimmt hier den Gegenstand der politischen Philosophie und das Ziel menschlichen Handelns.

4.1 Der Gegenstand der politischen Philosophie

4.1.1 Die Unterscheidung von Handeln (Praxis) und Herstellen (Poiesis)

Aristoteles eröffnet seine Analysen zur praktischen Philosophie mit einer Unterscheidung der menschlichen Tätigkeiten. Im Mittelpunkt steht dabei die später so berühmt gewordene Unterscheidung von Handeln und Herstellen, *Praxis* und *Poiesis*. Diese Unterscheidung hat die Funktion der Bestimmung des spezifischen Gegenstands der politischen Philosophie:

> «Jede Kunst und jede Lehre, ebenso jede Handlung und jeder Entschluß scheint irgendein Gut zu erstreben. Darum hat man mit Recht das Gute als dasjenige bezeichnet, wonach alles strebt. Es zeigt sich aber ein Unterschied in den Zielen: denn die einen sind Tätigkeiten, die andern sind bestimmte Werke außer ihnen. Wo es Ziele außerhalb der Handlungen gibt, da sind ihrer Natur nach die Werke besser als die Tätigkeiten» (NE I 1; 094 a 1–6).

Das Gewicht dieses Textes erschließt sich unmittelbarer Lektüre wohl kaum. Deshalb scheint eine nähere Erläuterung angebracht:

Aristoteles geht vom Begriff des Guten aus: Das Gute ist das Ziel, wonach alles strebt. Ziel ist das Werk, das alles Streben zu verwirklichen sucht. Im Streben verwirklicht sich ein Vermögen. Aristoteles denkt das Streben nach dem Schema: Vermögen – Wirklichkeit – Werk (*dynamis* – *energeia* – *ergon*). Schlüsselbegriff ist Wirklichkeit (*energeia*, wörtlich: Am-Werk-Sein). Wirken setzt ein bestimmtes Vermögen voraus, das betätigt wird, und es bringt ein bestimmtes Werk hervor. Wirklichkeit (*energeia*) ist der philosophische Grundbegriff bei Aristoteles, das metaphysische Grundschema, wonach er die Grundverfassung der Welt begreift (hinzuweisen ist auf das VII. Buch der «Metaphysik»). Entscheidend aber ist, dass Aristoteles diese Verfassung nicht vom Anfang, vom Vermögen, her, sondern vom Ende, vom Werk, her denkt. Die aristotelische Philosophie ist eine Philosophie des Werks. Das Werk ist der Zweck, das Ziel, um dessentwillen die ganze Bewegung des Strebens in Gang kommt. Es sind die verschiedenen Arten des Werks, wonach die Welt als das All des Seienden sich gliedert.

Im Text unterscheidet Aristoteles zwei Arten des Werks. Das Werk als Ziel des Strebens kann in der Tätigkeit selbst liegen; es kann aber auch außerhalb der Tätigkeit seinen Bestand haben. Im ersten Fall ist die Tätigkeit selbst das Ziel, im zweiten das Werk, wobei die Tätigkeit nach seiner Fertigstellung erlischt.

Ausdrücklich unterscheidet Aristoteles die beiden Arten des Werks. Welche Tätigkeiten bringen aber diese Werke hervor? Dies lässt sich dem Text selbst direkt nicht entnehmen. Doch gibt er Hinweise. Im Folgenden (s. unter 4.1.2) gibt Aristoteles dreierlei an: Handlungen, Künste und Wissenschaften. Hieran muss die Auslegung sich orientieren. Aristoteles nennt in indirekter Weise drei Betätigungen, die nach einem Ziel streben:

- Kunst (griechisch *technē*: das Wissen, welches das Herstellen leitet; vgl. NE VI 4);
- Lehre (*methodos*: das begründete Vorgehen theoretischen Wissens);
- Handeln (*praxis*) und Entschluss (*prohairesis*: das Wissen, das menschliches Handeln begleitet und das auf kluger Überlegung beruht).

Aristoteles geht aus von drei grundlegenden Betätigungsweisen des Menschen: Betrachten, Handeln und Herstellen. *Theorie* und *Praxis* sind Tätigkeiten, die ihr Ziel, ihr Werk in sich selbst haben. Theorie strebt nach Wissen, das sich Selbstzweck ist: «Alle Menschen streben von Natur aus nach Wissen» (Metaphysik I 1, 980 a 1). Dasselbe gilt für das Handeln: Praxis hat den Zweck ihres Tuns in sich selbst. Weil Theorie und Praxis ihren Zweck in sich selbst haben, zeichnen sie sich durch Beständigkeit aus.

Anders ist es mit der *Poiesis*, dem Herstellen, bestellt. Das herstellende Tun hat nicht nur sein Werk außerhalb seiner selbst, es ist endlich; denn es dauert nur so lange, bis das Werk fertiggestellt ist: Im vollendeten Werk kommt die Tätigkeit zur Ruhe.

Aristoteles trifft die Unterscheidung der drei menschlichen Tätigkeiten, um den spezifischen Gegenstand der praktischen Philosophie zu bestimmen. Praktische Philosophie befasst sich mit dem menschlichen Handeln, also nicht mit dem Betrachten und auch nicht mit dem Herstellen. Ausdrücklich stellt Aristoteles in der ‹Politik› fest: «Das Leben ist Handeln, nicht Herstellen» (I 4, 1254 a 7 f.). Endzweck menschlichen Lebens ist das gute Handeln; Herstellen ist lediglich ein Mittel für das gute Leben, nicht aber das gute Leben selbst.

4.1.2 Die höchste praktische Wissenschaft

Im Leben verfolgen wir handelnd die verschiedensten Ziele. Es stellt sich deshalb das Problem: Gibt es ein letztes und höchstes Ziel allen Handelns, oder besteht eine nicht reduzierbare Vielheit von Zielen? Sollte es ein letztes und höchstes Ziel, einen Endzweck geben, dann wäre auch diejenige Wissenschaft, die dieses Ziel zum Gegenstand hat, die leitende Wissenschaft des Praktischen. Im bereits vorgestellten Text (vgl. 4.1.1) fährt Aristoteles fort:

«Da es nun viele Handlungen, Künste und Wissenschaften gibt, ergeben sich auch viele Ziele: Ziel der Medizin ist die Gesundheit, der Schiffsbaukunst das Schiff, der Strategik der Sieg, der Ökonomik der Reichtum. Wo nun immer solche Künste einer einzigen Aufgabe untergeordnet sind, wie etwa der Reitkunst die Sattlerei und die andern der Reitkunst dienenden Künste, und wie die Reitkunst wiederum und die gesamte Kriegskunst der Strategik untergeordnet ist und so andere unter anderen, in allen diesen Fällen sind die Ziele der leitenden Künste insgesamt vorzüglicher als die der untergeordneten. Denn diese werden um jener willen verfolgt.

Dabei macht es keinen Unterschied, ob die Tätigkeiten selber das Ziel des Handelns sind oder etwas anderes außer ihnen, wie bei den genannten Künsten.

Wenn es aber ein Ziel des Handelns gibt, das wir um seiner selbst willen wollen und das andere um seinetwillen; wenn wir also nicht alles um eines andern willen erstreben (denn so ginge es ins Unbegrenzte, und das Streben wäre leer und sinnlos), dann ist es klar, daß jenes das Gute und das Beste ist.

Wird nun das Erkennen jenes Zieles nicht auch für das Leben ein großes Gewicht haben, und werden wir nicht wie Bogenschützen, wenn wir unser Ziel vor Augen haben, das Gehörige besser treffen können? Wenn dies der Fall ist, müssen wir versuchen, wenigstens im Umriß zu erfassen, was es wohl sein mag und welcher Wissenschaft oder Fähigkeit es zugeordnet ist.

Man wird wohl an die wichtigste und leitendste Wissenschaft denken wollen. Dies scheint die politische Wissenschaft zu sein. Denn sie bestimmt, welche Wissenschaften in den Staaten vorhanden sein müssen, welche ein jeder lernen muß und bis zu welchem Grade man sie lernen muß. Wir sehen auch, daß die angesehensten Fähigkeiten ihr untergeordnet sind: Strategik, Ökonomik, Rhetorik und andere. Da sie sich also der übrigen praktischen Wissenschaften bedient und außerdem Gesetze darüber erläßt, was man zu tun und zu lassen habe, so dürfte wohl ihr Ziel die Ziele aller anderen mit umfassen; dann wäre also dieses das Gute für den Menschen. Mag nämlich auch das Gute dasselbe sein für den Einzelnen und den Staat, so scheint es doch größer und vollkommener zu sein, das Gute für den Staat zu greifen und zu bewahren; erfreulich ist es zwar schon bei einem einzigen Menschen, schöner und göttlicher aber für Völker und Staaten» (Pol. I 1, 1094 a 6–1094 b 10).

Es gibt viele Arten des Handelns, des Herstellens und des begründeten Wissens. Alle diese Betätigungen verfolgen ihr je eigenes Ziel. Diese Ziele bestehen aber nicht nur beziehungslos nebeneinander. Sie lassen sich über- und unterordnen nach dem Verhältnis von Mittel und Zweck: Die Tätigkeit, deren Werk lediglich als Mittel fungiert, ist der höheren Tätigkeit, welche den Zweck bestimmt, untergeordnet. Dabei spielt keine Rolle, ob das Werk in der Tätigkeit selbst liegt oder nicht.

Aristoteles wirft dann die Frage auf, ob es ein höchstes Ziel, einen Zweck aller Zwecke, einen Endzweck gebe. Dies kann nur ein Zweck des Handelns sein, weil das Herstellen selbst ein Mittel zur Verfertigung des Werks ist und das Werk selbst wiederum als Mittel der Praxis dient. Ein solches höchstes und letztes Ziel muss es geben, sonst wäre alles Leben und Streben letztlich ziellos und damit leer und sinnlos; es würde sich im Ziellosen verlieren: Jedermann könnte dann tun und lassen, was er will; zwischen Gut und Schlecht, Gerecht und Ungerecht könnte man nicht mehr unterscheiden.

Dieses Ziel aller Ziele des Handelns nennt Aristoteles «das Gute für den Menschen». Alle anderen Ziele sind lediglich Mittel zu seiner Verwirklichung. Dieses Gute für den Menschen kann doppelt gefasst werden: als das Gute für den Einzelnen und als das Gute für den Staat, die

Polis. Mit dem Ersten befasst sich, wie wir bereits wissen, die Ethik, mit dem Zweiten die Politik. Weil aber das Gute für den Staat gegenüber dem Guten für den Einzelnen das Größere und Vollkommenere ist, muss die politische Wissenschaft die wichtigste und leitendste Disziplin in der praktischen Philosophie sein.

4.2 Das Ziel des Handelns

Handeln ist Streben nach einem Gut. Eine zweifache Fragestellung knüpft sich hier an: Wonach kann der Mensch überhaupt handelnd streben? Und: Was ist das höchste und letzte Gut menschlichen Handelns?

4.2.1 Die drei Güter: das Nützliche, das Angenehme und das Gute

Der Mensch strebt nach verschiedenen Zielen. Es gibt verschiedene Lebensformen des Menschen, und es fragt sich, in welchem Verhältnis die Ziele dieser Lebensformen stehen. In seiner Analyse geht Aristoteles von folgenden Lebensformen aus:

«Nicht ohne Grund scheint man das Gute ... an den Lebensformen abzulesen. Die Mehrzahl der Leute und die rohesten wählen die Lust. Darum schätzen sie auch das Leben des Genusses. Es gibt nämlich vor allem drei hervorstechende Lebensformen, die oben genannte, die politische und die betrachtende.

Die große Menge erweist sich als völlig sklavenartig, da sie das Leben des Viehs vorzieht ...

Die gebildeten und energischen Menschen wählen die Ehre. Denn dies kann man als das Ziel des politischen Lebens bezeichnen. Aber es scheint doch oberflächlicher zu sein als das, was wir suchen. Denn die Ehre liegt wohl eher in den Ehrenden als in dem Geehrten, vom Guten aber vermuten wir, daß es dem Menschen eigen ist und nicht leicht verlorengehen kann. Ferner scheint man die Ehre zu suchen, um sich selbst zu überzeugen, daß man gut sei. Man wünscht ja geehrt zu werden durch die Klugen und durch jene, die einen kennen, und dies wegen der eigenen Tugend. So ist eigentlich für diese die Tugend das höhere Ziel. Also könnte man vielleicht die Tugend als das letzte Ziel der politischen Lebensform auffassen.

Aber selbst sie erweist sich als unvollkommen. Denn offenbar ist es möglich, daß man im Besitze der Tugend auch schlafen oder sein Leben lang untätig sein kann. Man kann außerdem mit ihr Mißgeschick erleiden und in das größte Unglück kommen. Wer aber so lebt, den wird niemand glückselig nennen, außer um eben seine Behauptung zu retten ...

Die dritte Lebensform ist die betrachtende ...

Die kaufmännische Lebensform hat etwas Gewaltsames an sich, und offensichtlich ist der Reichtum nicht das gesuchte Gute. Denn er ist nur als Mittel zu anderen Zwecken zu gebrauchen. Darum wird man wohl eher die obengenannten Dinge als Ziele annehmen; denn diese werden um ihrer selbst willen geschätzt» (NE I 3, 1095 b 14–1096 a 9).

Aristoteles führt drei Lebensweisen an, die nach einem eigenständigen Guten streben. Er möchte klären, ob diese Lebensziele als höchstes Gut in Frage kommen.

Erstens: Das Leben im Genuss. Menschen weihen ihr Leben ausschließlich sinnlicher, körperliche Freude (*hedonē*) und nehmen solches Genießen als Lebenszweck. Für sie hat Aristoteles nur Verachtung übrig. Eine solche Lebensweise, obgleich die meisten Menschen ihr verfallen, habe aller Vernunft abgeschworen; denn sie reduziere sich auf die tierischen Funktionen des Lebens: Essen, Trinken, sexuelle Genüsse.

Zweitens: Das politische Leben. In der Polis handelnde Menschen streben nach Ehre. Sie wollen, dass die Vortrefflichkeit des eigenen Handelns im Dienst des Gemeinwesens von den Mitbürgern anerkannt und gewürdigt wird, etwa durch das Aufstellen einer Büste auf einem öffentlichen Platz. Im Streben nach Ehre begibt sich der politisch Handelnde in die Abhängigkeit derer, die lobend Ehre verteilen. Das wahre Ziel politischen Handelns soll aber die Tugend selbst, das vortreffliche Handeln sein. Im ausschließlichen Streben nach Ehre wird aber die Tugend, statt Zweck zu sein, zu einem bloßen untergeordneten Mittel herabgewürdigt.

Drittens: Das betrachtende Leben. Zur philosophischen Lebensweise äußert Aristoteles im oben zitierten Text nichts. In der Einleitung ist aber schon dargetan worden, weshalb für ihn das theoretische Leben über dem politischen rangiert.

Aristoteles nennt noch eine weitere Lebensform, die er in die Aufzählung der Lebensformen nicht aufnimmt, vielmehr nur erwähnt, um zu zeigen, dass sie kein menschliches Gutes zum Ziel hat –

Viertens: Das kaufmännische Leben. Gemeint ist das Leben, das sich Aufhäufung und beständige Vermehrung von Reichtum in Gestalt von Geldvermögen zum Ziel gesetzt hat. Erwerb von Reichtum ist aber für Aristoteles kein Selbstzweck, sondern lediglich ein Mittel zum Leben. Deshalb verdient es diese Lebensweise nicht, als eine eigenständige Lebensform aufgeführt zu werden.

Das Gute für den Menschen bestimmt Aristoteles dreifach:

«Wenn nun die Güter dreigeteilt werden, und zwar so, daß die einen äußere Güter genannt werden, die zweiten körperliche, die dritten seelische, so nennen wir die seelischen die eigentlichen und die hervorragendsten Güter. Außerdem schreiben wir die entsprechenden Handlungen und Tätigkeiten der Seele zu» (NE I 8, 1098 b 12–16).

Das Gute für den Menschen kann sein:

- Ein äußeres Gut: das Nützliche. Äußere, materielle Dinge können für den Menschen gut sein, insofern sie nützlich sind, das heißt das menschliche Leben erhalten helfen.
- Ein körperliches, leibliches Gut: das Angenehme. Nützliche Dinge, etwa ein gutes Essen, verschaffen dem Menschen leibliches Wohlbefinden, ein Gefühl körperlicher Lust.
- Ein seelisches Gut: das eigentliche Gute. Was es ist, wird der Text im folgenden Abschnitt erhellen.

Noch eine Bemerkung zu den drei Gütern. Sie stehen im Verhältnis von Mittel und Zweck. Das Nützliche fördert das Angenehme, und das Angenehme hat im Dienst des eigentlichen Guten zu stehen. Aristoteles spielt die drei Bestimmungen des Guten nicht gegeneinander aus. Alle drei sind gleichermaßen notwendig für das menschliche Leben. Es kommt vielmehr darauf an, sie ins rechte Verhältnis zu setzen. Ein vollkommenes Leben bedarf eines gewissen Maßes an Reichtum, ebenso des körperlichen Wohlbefindens. Entscheidend aber ist für Aristoteles, dass sie als Mittel guten Lebens ihre relative Berechtigung haben, sich nicht zum Selbstzweck verselbständigen und damit die Rangordnung der Ziele im Hinblick auf das höchste Ziel verkehren.

4.2.2 Das höchste Gut: die Glückseligkeit (eudaimonia)

Das höchste Gut als Endziel menschlichen Handelns muss zunächst gewisse formale Bedingungen erfüllen. Es kann nur Selbstzweck sein, der nicht wiederum als Mittel fungieren kann. Selbstzweck bedeutet Vollkommenheit, Ins-Ziel-gelangt-Sein (*entelecheia*) und Selbständigkeit (*autarkeia*):

«Vollkommener nennen wir das um seiner selbst willen Erstrebte gegenüber dem um anderer Ziele willen Erstrebten, und das niemals um eines anderen willen Gesuchte gegenüber dem, was sowohl wegen sich selbst als auch wegen eines andern gesucht wird; allgemein ist das vollkommene Ziel dasjenige, was stets nur an sich und niemals um eines anderen willen gesucht wird» (NE I 5, 1097 a 30–34).

«Als selbstgenügsam gilt uns dasjenige, was für sich allein das Leben begehrenswert macht und vollständig bedürfnislos. Für etwas Derartiges halten wir die Glückseligkeit, und zwar so, daß sie das Wünschenswerteste ist, ohne daß irgend etwas anderes addiert werden könnte. ... So scheint also die Glückseligkeit das vollkommene und selbstgenügsame Gut zu sein und das Endziel des Handelns» (NE I 5, 1097 b 14–21).

Das höchste Gut für den Menschen ist die Glückseligkeit, die *Eudaimonie*. Aristoteles gibt von ihr folgende Grundbestimmung:

«Wenn nun das Werk des Menschen in einer Betätigung der Seele besteht, die sich nach der Vernunft oder doch nicht ohne Vernunft vollzieht, und wenn wir das Werk eines Tätigen und eines hervorragend Tätigen derselben Gattung zurechnen (so wie das Spiel des Kitharisten [die Kithara ist ein 4–18saitiges antikes Zupfinstrument] und dasjenige des guten Kitharisten, und so in allen Fällen), so daß wir zum Werk überhaupt noch das Merkmal hervorragender Tugend in ihr beifügen (denn das Werk des Kitharisten ist das Kitharaspielen, die des hervorragenden Kitharisten aber das gut Spielen) – wenn also das so ist und wir als das Werk des Menschen ein bestimmtes Leben annehmen und als solches die Tätigkeit der Seele, und die vernunftgemäßen Handlungen bestimmen und als die Tätigkeit des hervorragenden Menschen eben diese Tätigkeit in einem hervorragenden Maß, ... wenn das alles so ist, dann ist das Gute für den Menschen die Betätigung der Seele auf Grund ihrer besonderen Befähigung, und wenn es mehrere solche Befähigungen gibt, nach der besten und vollkommensten; und dies außerdem noch ein volles Leben hindurch» (NE I 6, 1098 a 7–18).

Die Glückseligkeit ist ein Werk des Menschen. Ein Werk kann auf verschiedene Weise vollbracht werden, gut oder schlecht. Gut nennen wir ein Werk, das hervorragend getan ist. Glückseligkeit aber ist ein Werk der Seele. Seele nennt Aristoteles das Prinzip des Lebendigen. Leben ist im Unterschied zur toten Natur durch Selbstbewegung ausgezeichnet. Die unterste Form der Selbstbewegung ist das pflanzliche Leben, das durch Wachstum und Ernährung bestimmt ist. Das tierische Leben wird geleitet durch Begehren und Verabscheuen, durch das Gefühl der sinnlich-leiblichen Lust und Unlust. Mit ihm verknüpft sind die Fähigkeiten der Ortsbewegung und der Wahrnehmung, wozu auch das Gedächtnis gehört. Hier wird plausibel, weshalb Aristoteles ein Leben, das sich ausschließlich dem Genuss widmet, als tierisch einstuft. Der Mensch aber verfügt über die Fähigkeit vernünftigen Denkens. Er vermag vernünftig das Ziel seines Tuns zu bestimmen und den unvernünftigen Teil seines Wesens unter die Herrschaft der Vernunft zu stellen. Dies gilt insbesondere für den animalischen Teil, für das Begehren und das Gefühl:

«Auch das Unvernünftige scheint von doppelter Art zu sein. Denn das Pflanzliche hat mit der Vernunft überhaupt nichts zu tun, das Begehrende und allgemein das Strebende dagegen hat einen gewissen Anteil an ihr, sofern es ihr gehorcht und fügsam ist» (NE I 13, 1102 b 28–31).

Die Begierden sollen der Vernunft gehorchen. Die Vernunft bestimmt das Ziel, dem die sinnliche Lust sich fügt. Dieses Ziel heißt *Tugend.* Tugend ist die rechte Mitte zwischen zwei Extremen, dem Mangel und dem Übermaß (vgl. NE II 2). Ein Mensch, der sich nur von seinen Affekten leiten lässt, verhält sich maßlos. Um ein Beispiel zu geben: In einer Kriegssituation wird der affektiv Handelnde entweder blindlings drauflosschlagen oder ebenso besinnungslos fliehen. Ein vernünftig handelnder Mensch, der Tapfere, wird zwischen beiden maßlosen Extremen die richtige Mitte finden und zwischen den Extremen wohl abwägen. Dieses Abwägen ist das spezifische Werk der Vernunft. Doch ist dies noch keineswegs das ganze Werk der Vernunft. Am Ende des 13. Kapitels im I. Buch der «Nikomachischen Ethik» stellt Aristoteles fest:

«so ist ... das Vernünftige von zweierlei Art, das eine wesentlich und in sich selbst, das andere gewissermaßen ein dem Vater Gehorsames.

Auch die Tugend wird nun auf Grund dieser Unterscheidung aufgeteilt. Denn die einen nennen wir verstandesmäßige (*dianoetische*), die anderen ethische Tugenden: verstandesmäßige sind etwa die Weisheit, Auffassungsgabe und Klugheit, ethische die Großzügigkeit und Besonnenheit» (NE 1103a 2–6).

Ethische Tugenden regeln das Verhalten der Vernunft gegenüber den Affekten (vgl. die Liste der ethischen Tugenden bei Bien 1972, 275f.). *Dianoetische*, Verstandestugenden leiten an zum richtigen Gebrauch des vernünftigen Überlegens. Diese Selbstbestimmung der Vernunft richtet sich teils auf das Wandelbare (praktische und *poietische*, herstellende Vernunft), teils auf das Unwandelbare, das Notwendige im Werden oder das Ewige. Es lässt sich das auf Seite 66 abgedruckte Schema konstruieren (vgl. das Schema in Bien 1972, 273).

5. Die Lehre von der Gemeinschaft und ihren Formen

Aristoteles stellt am Anfang seiner «Politik» die politische Wissenschaft als eine Lehre von der Gemeinschaft vor. Er bestimmt zunächst die Gemeinschaften, in denen der Mensch von Natur aus lebt. Sodann zieht er Konsequenzen für die Bestimmung des Wesens des Menschen.

		Die Seelenteile			**Das Verhalten**
SEELE	I. VERNÜNFTIG	1. *Vernunft, die sich selbst bestimmt*		führt zu →	dianoetischen (verstandesmäßigen) Tugenden
		(a) das Unwandelbare:	das Ewige, das Notwendige im Wandelbaren		
		(b) das Wandelbare:	praktisches Wissen, das dem Handeln dient		
			technisches Wissen, das dem Herstellen dient		
		2. *Vernunft, welche den unvernünftigen Teil der Seele bestimmt* (Leidenschaften sollen auf die vernünftige Überlegung hören)		führt zu →	ethischen Tugenden
	II. UNVERNÜNFTIG	1. animalisches (‹*tierisches*›) Vermögen: Begehren und Verabscheuen, Gefühl der Lust und Unlust, Ortsbewegung und Wahrnehmung (Gedächtnis)			
		2. vegetatives (‹*pflanzenhaftes*›) Vermögen: Ernährung und Wachstum		ist →	der Einwirkung der Vernunft entzogen

5.1 *Gemeinschaften, in denen der Mensch lebt: ihre Form und ihr Zweck*

Seine Analyse des Politischen beginnt Aristoteles mit einer Rekonstruktion der Entstehungsgeschichte der menschlichen Gemeinschaften. Diese Gemeinschaften sind Bedingung der Verwirklichung der Natur des Menschen. Die höchste, dem Menschen erst gemäße Gemeinschaft aber ist der Staat. Doch dürfen nicht alle Gemeinschaften mit der politischen gleichgesetzt werden:

«Alles, was Staat heißt, ist ersichtlich eine Art von Gemeinschaft, und jede Gemeinschaft bildet sich und besteht zu dem Zweck, irgendein Gut zu erlangen. Denn um dessentwillen, was ihnen ein Gut zu sein scheint, tun überhaupt alle alles, was sie tun. Wenn nun aber sonach eine jede Gemeinschaft irgendein Gut zu erreichen strebt, so tut dies offenbar ganz vorzugsweise und trachtet nach dem vornehmsten aller Güter diejenige Gemeinschaft, welche die vornehmste von allen ist und alle anderen in sich schließt. Dies ist aber der sogenannte Staat und die politische Gemeinschaft.

Diejenigen nun aber, die da meinen, daß die Aufgabe des Staatsmanns, des Königs, des Hausverwalters und des Herrn eine und dieselbe sei, haben unrecht. Sie gehen nämlich von der Ansicht aus, daß nur die größere oder geringere Zahl der Beherrschten und nicht die Art der Gemeinschaft hier den Unterschied mache, so daß hiernach, wenn einer nur wenigen zu gebieten hat, er Herr, wenn mehreren, Hausverwalter, und wenn noch mehreren, Staatsmann oder König sein würde, indem nach ihrer Meinung ein großes Haus und ein kleiner Staat in nichts verschieden sind. Und auch zwischen dem Staatsmann und dem König machen sie keinen Unterschied der Art, sondern nur den, daß, wenn einer für sich allein an der Spitze steht, er König, wenn er aber nach den Grundsätzen der nämlichen Wissenschaft den Staat leitet und dabei im Regieren und Regiertwerden mit anderen abwechselt, er Staatsmann sei.

Daß dies falsch ist, wird klar, wenn wir die Untersuchung nach unserer gewohnten Methode führen. Wie man nämlich auch sonst überall das Zusammengesetzte bis zum Einfachen hin teilen muß – denn dies ergibt eben die kleinsten Teile des Ganzen –, so muß man auch beim Staat verfahren; und wenn wir seine Bestandteile untersuchen, so werden wir auch in bezug auf die in Rede stehenden Begriffe wohl zu klarer Einsicht darüber gelangen, wodurch sie sich voneinander unterscheiden und ob es möglich ist, jeden derselben wissenschaftlich festzulegen» (Pol. I 1, 1252 a 1–23).

«Die beste Methode dürfte hier wie bei anderen Problemen sein, daß man die Dinge in ihrem fortschreitenden Wachstum ins Auge faßt. Vor allem ist es eine Notwendigkeit, daß, was nicht ohne einander bestehen kann, sich paarweise miteinander vereint, einerseits das Weibliche und Männliche um der Fortpflanzung willen (und zwar nicht aus bewußter Absicht, sondern geradeso, wie auch den Tieren und Pflanzen von Natur der Trieb innewohnt, ein anderes, ihnen gleiches Wesen zu hinterlassen), andererseits das von Natur Regierende und das von Natur Regierte um der Lebenserhaltung willen; denn was vermöge seines Verstandes vorauszuschauen vermag, ist von Natur das Regierende und Herrschende, was aber nur vermöge seiner körperlichen Kräfte das Vorgesehene auszurichten imstande ist, ist von Natur das Regierte und Dienende, daher denn auch Herr und Sklave das nämliche Interesse haben. Von Natur nun ferner sind Weib und Sklave geschieden, denn die Natur verfährt nicht so karg, daß sie solche Gebilde schüfe wie die Messerschmiede das delphische Messer, sondern für jeden besonderen Zweck auch immer ein besonderes, weil so jedes Werkzeug die höchste Vollendung erhält, wenn es nicht zu vielen Zwecken, sondern nur zu einem einzigen dient. Wenn aber bei den Barbaren Weib und Sklave dieselbe Stellung haben, so liegt der Grund hiervon darin, daß ihnen überhaupt dasjenige fehlt, was von Natur zum Regieren bestimmt ist, vielmehr die Gemeinschaft hier nur die Verbindung einer Sklavin mit einem Sklaven ist. Daher sagen denn auch unsere Dichter: ‹Ja, mit Fug den Griechen sind die andern untertan›, um damit auszudrücken, daß der Barbar und der Sklave von Natur dasselbe sind.

Aus diesen beiden Gemeinschaften entsteht nun zunächst das Haus, und mit Recht sang Hesiod: ‹Sorge zuerst für ein Haus, für den Pflugstier und für ein Weib auch› denn der Ochse vertritt bei den Armen die Stellung des Hausknechts. Die für das gesamte tägliche Leben bestehende Gemeinschaft ist also naturgemäß das Haus, dessen Glieder Charondas Brotkorbgenossen, Epimenides der Kreter aber Krippengenossen nennt. Diejenige Gemeinschaft aber, welche zunächst aus mehreren Häusern zu einem über das tägliche Bedürfnis hinausgehenden Zweck sich bildet, ist das Dorf, das am naturgemäßesten als Kolonie des Hauses zu betrachten sein dürfte und dessen Glieder von manchen Milchgenossen, Kinder und Kindeskinder, genannt werden.

Diesem Ursprung gemäß wurden denn auch die Staaten von Königen regiert, und die Barbarenvölker werden es auch jetzt noch, weil Leute, die unter einer königlichen Herrschaft standen, zu ihnen zusammentraten. Denn jedes Haus wird von dem Ältesten wie von einem König regiert und ebenso daher auch die Kolonien des Hauses wegen der Verwandtschaft ihrer Genossen. Und das ist es auch, was Homer meint, wenn er sagt: ‹und jeglicher richtet nach Willkür / Weiber und Kinder allein›. Jene nämlich lebten zerstreut, und so hausten überhaupt die Menschen der Urzeit. Auch von den Göttern aber gilt deshalb der allgemeine Glaube, daß sie unter einem König stehen, weil eben die Menschen selber zum Teil noch jetzt so regiert werden, zum Teil es einstmals wurden; und wie die Menschen sich ihre Götter an Gestalt sich selber gleich vorstellen, so auch an Lebensweise.

Die aus mehreren Dörfern sich bildende vollendete Gemeinschaft nun aber ist bereits der Staat, welcher, wie man wohl sagen darf, das Endziel völliger Selbstgenügsamkeit erreicht hat, indem er zwar entsteht um des bloßen Lebens, aber besteht um des vollendeten Lebens willen. Drum, wenn schon jene ersten Gemeinschaften naturgemäße Bildungen sind, so gilt dies erst recht von jedem Staat, denn dieser ist Endziel von jenen; die Natur ist eben Endziel, denn diejenige Beschaffenheit, welche ein jeder Gegenstand erreicht hat, wenn seine Entwicklung vollendet ist, eben diese nennen wir die Natur desselben, wie z.B. die des Menschen, des Rosses, des Hauses. Auch ist das Ziel und der Endzweck das Beste, die Selbstgenügsamkeit ist aber der Endzweck und das Beste» (Pol. I 2, 1252 a 24–1253 a 1).

Aristoteles knüpft zunächst an den Anfang der «Nikomachischen Ethik» an. Dort hatte er festgehalten, dass der Mensch nach einem Guten strebt, und zwar nach dem höchsten Gut. Menschen bilden eine Gemeinschaft zu dem Zweck, dieses höchste Gut zu realisieren. Diejenige Gemeinschaft, welche die Glückseligkeit, die *eudaimonia*, Wirklichkeit werden lässt, ist der Staat, die politische Gemeinschaft. Deshalb ist sie die höchste Gemeinschaft von Menschen. Aristoteles wehrt sich dann dagegen, die Gesamtheit der menschlichen Gemeinschaften mit der politischen ihrer Verfassung und ihrem Zweck nach gleichzusetzen. Es bestehen spezifische Unterschiede (diese Polemik zielt gegen Platon, der in seinem

Dialog «Politikos» die verschiedenen Gemeinschaften nicht unterschieden und die Wirklichkeit des Menschen nach Maßgabe der politischen Gemeinschaft betrachtet hatte). Es scheint deshalb angezeigt, den Entstehungsprozess menschlicher Gemeinschaften zu rekonstruieren und vom Einfachen zum Zusammengesetzten voranzuschreiten.

Aristoteles geht aus von der biologischen Verfassung des Menschen. Menschliches Leben ist auf Zusammenleben angelegt. Als sinnliche Lebewesen sind sie in zwei Geschlechter geteilt. Männliche und weibliche Lebewesen streben nach geschlechtlicher Vereinigung um der Fortpflanzung willen. Die Erhaltung der Gattung des Lebewesens Mensch gebietet eine solche Vereinigung.

Um der Erhaltung des Einzelnen willen muss der Mensch sich mit den nötigen Lebensmitteln versorgen. Es gibt Menschen, die befähigt sind, Anweisungen zu geben, und solche, die geeignet sind, sie auszuführen. Hieraus leitet Aristoteles die Notwendigkeit der Existenz von Herren und Sklaven her, die auf der Trennung von geistiger und körperlicher Tätigkeit fußt. Sklaverei beruht für ihn allerdings nicht auf Konvention, sondern auf natürlichen Gegebenheiten: Zu Herren sind vor allem die Griechen bestimmt, während die nichtgriechischen Völkerschaften, von den Griechen Barbaren genannt, sich insbesondere zu Sklaven eignen (vgl. Pol. I 4–6). Dies ist einer der heikelsten und dunkelsten Punkte der aristotelischen ‹Politik›, wo die Rechtfertigung bestehender Zustände als naturgemäßer am deutlichsten ins Auge springt.

Hingegen sind Frau und Sklave für Aristoteles nicht dasselbe: Die Frau darf nicht die Sklavin des Mannes sein. Er wirft den Barbaren vor, ihre Frauen wie Sklaven zu behandeln. Dennoch darf nicht übersehen werden, dass Aristoteles nur ausgeprägte patriarchalische Verhältnisse kennt. Zum Herrschen taugt allein der Mann, das Wesen der Frau dagegen besteht für ihn im Beherrschtwerden.

Frauen und Sklaven sind in zwei verschiedene Typen der Gemeinschaften eingebunden: die Gemeinschaft von Mann und Frau, welche der Erhaltung der Gattung durch Fortpflanzung dient, und die Gemeinschaft von Herr und Sklave, welche die Erhaltung des Einzelnen zum Zweck hat. Aus diesen beiden Gemeinschaften entsteht das Haus (*oikos* oder zumeist *oikia* genannt). Diese häusliche Gemeinschaft hat die Aufgabe, für die Erhaltung des natürlichen Lebens der Gattung wie der einzelnen Hausgenossen zu sorgen.

Aus der Vereinigung von Häusern entsteht das Dorf (*kome*). Die Analyse des Aristoteles bleibt hier merkwürdig blass. Er bestimmt weder die spezifische Form noch den eigenständigen Zweck der dörflichen Gemeinschaft. Man darf vermuten, dass er das Dorf aus historischen, nicht aber aus systematischen Gründen aufgenommen hat (vgl. Art. «Kome» in Pauly 1979, Bd. 3, Sp. 279).

Aus verschiedenen Dörfern bildet sich der Staat, die *Polis*, eine Stadtgemeinde. Ausdrücklich stellt Aristoteles fest: Die Polis entsteht zwar um des bloßen, natürlichen Lebens, sie besteht aber um des vollendeten Lebens willen. Dieses vollkommene Leben ist das Leben in *eudaimonia*, in Glückseligkeit. Erst in der politischen Gemeinschaft wird das menschliche Leben sich selbst genug, erst in ihr vermag es aus sich selbst zu existieren. Diese Selbstgenügsamkeit heißt griechisch *autarkeia.*

5.2 Der Mensch: ein Wesen, das von Natur aus im politischen Gemeinwesen lebt

Wie schon gesagt, ist die Philosophie des Aristoteles eine Philosophie des Werks. Am Werk, das hervorgebracht wird, lässt sich das je eigentümliche Wesen des Seienden ablesen, was auch für den Menschen gilt. Als handelndes Wesen ist sein höchstes Werk die politische Gemeinschaft. Aus der Verfassung dieses Werks ergibt sich die Wesensbestimmung des Menschen. Der Mensch ist ein politisches Lebewesen (*zoon politikon*):

«Hiernach ist denn klar, daß der Staat zu den naturgemäßen Gebilden gehört und daß der Mensch von Natur ein nach der staatlichen Gemeinschaft strebendes Wesen ist; und derjenige, der von Natur und nicht durch zufällige Umstände außer aller staatlichen Gemeinschaft lebt, ist entweder mehr oder weniger als ein Mensch, wie etwa der von Homer Beschimpfte: ‹Ohne Geschlecht und Gesetz, ohn' eigenen Herd›. Denn dieser ist von Natur ein solcher und gleichzeitig gierig nach Krieg, da er isoliert dasteht, wie man im Brettspiel sagt. Daß ferner der

Mensch in weit höherem Maße als die Bienen und alle anderen herdenweise lebenden Tiere ein nach staatlicher Gemeinschaft strebendes Wesen ist, liegt klar zutage. Denn nichts tut, wie wir behaupten, die Natur zwecklos. Der Mensch ist aber das einzige Lebewesen, das Sprache besitzt. Die bloße Stimme nämlich zeigt nur das Angenehme und Unangenehme an, darum kommt sie auch den anderen Lebewesen zu (denn so weit reicht ihre Natur, Angenehmes und Unangenehmes wahrzunehmen und von dieser Wahrnehmung einander Zeichen zu geben); die Sprache dagegen ist dazu bestimmt, das Nützliche und Schädliche deutlich kundzutun und also auch das Gerechte und Ungerechte. Denn das ist eben dem Menschen eigentümlich im Gegensatz zu den Tieren, daß er allein fähig ist, sich vom Guten und Schlechten, von Recht und Unrecht Vorstellungen zu machen. Die Gemeinschaftlichkeit dieser Vorstellungen ruft aber eben das Haus und den Staat ins Leben.

Auch von Natur ursprünglicher aber ist der Staat als das Haus und jeder einzelne von uns. Denn das Ganze ist notwendig ursprünglicher als der Teil, weil ja, wenn der ganze Leib dahin ist, auch nicht mehr Fuß noch Hand existiert, außer dem Namen nach, gerade wie man auch eine steinerne Hand noch eine Hand nennt. Jedes Ding wird nämlich durch seine besonderen Werke und Tätigkeiten bestimmt; und wenn es diese nicht mehr besitzt, so ist es nicht mehr dasselbe Ding, und es sollte nicht mehr als dasselbe Ding bezeichnet werden, es sei denn im Sinne bloßer Namensgleichheit. Daß also der Staat von Natur besteht und ursprünglicher als der Einzelne ist, ist klar. Denn wenn eben jeder einzelne für sich nicht sich selber genügend ist, so verhält er sich zum Staat geradeso wie die Teile eines anderen Ganzen zu diesem letzteren; wenn er aber andererseits überhaupt nicht an einer Gemeinschaft sich zu beteiligen vermag oder dessen durchaus nicht bedarf wegen seiner Selbstgenügsamkeit, so ist er freilich kein Teil des Staates, aber eben damit entweder ein Tier oder aber ein Gott.

Diesem allen gemäß lebt nun zwar auch von Natur in allen Menschen der Trieb, in diese Art von Gemeinschaft einzutreten; aber derjenige, welcher den Staat zuerst wirklich ins Leben rief, war damit der Urheber der höchsten Güter. Denn wie der Mensch in seiner Vollendung das edelste aller Lebewesen ist, so wiederum losgerissen von Gesetz und Recht das schlimmste von allen. Denn nie ist die Ungerechtigkeit fürchterlicher, als wenn sie Waffen hat; der Mensch aber hat die natürlichen Waffen in Händen durch seine angeborene Klugheit und

Tüchtigkeit, Waffen, die am allermeisten dazu geeignet sind, zu den entgegengesetzten Zwecken sich ihrer zu bedienen. Und daher ist er denn ohne Tugend das ruchloseste und wildeste Lebewesen und in bezug auf Geschlechts- und Gaumenlust das schlimmste von allen. Die Gerechtigkeit aber stammt erst vom Staate her, denn das Recht ist die Ordnung der staatlichen Gemeinschaft; das Recht aber ist die Entscheidung darüber, was gerecht ist» (Pol. I 2, 1253 a 1–39).

Der Mensch ist ein Wesen, das auf Zusammenleben in der Gemeinschaft, genauer: in der politischen Gemeinschaft, angewiesen ist. Zwar ist es durch Zufall möglich, dass er aus der Gemeinschaft herausgerissen wird; auf Dauer aber kann er ohne Gemeinschaft nicht sein. Menschen, die außerhalb der Gemeinschaft leben, sind entweder mehr oder weniger als ein Mensch; sie haben entweder den Bereich der menschlichen Gemeinschaft noch gar nicht erreicht und sind deshalb dem Tier gleichzustellen, oder sie haben den Bereich des Menschlichen überhaupt überschritten und sind Götter, die als autarke Individuen leben können. Der Mensch ist für Aristoteles ein Wesen der Mitte, das die Balance zwischen Extremen zu halten hat, das mittlere Maß zwischen dem Tierischen und dem Göttlichen.

Der Mensch ist das Lebewesen, das *logos* besitzt, was so viel wie Sprache bedeutet, welche die Fähigkeit zum vernünftigen Überlegen einschließt. Tiere haben eine Stimme, das Vermögen, Laute kundzutun. Solche Laute zeigen das je spezifische leibliche Befinden an, den Zustand der Lust und der Unlust. Im Logos dagegen bekundet sich das Gerechte und das Ungerechte, das auf vernünftiger Überlegung, auf einer Entscheidung nach Prinzipien beruht. Der Mensch will nicht nur leben, sondern er will gut leben und sein Dasein nach Grundsätzen der Gerechtigkeit einrichten. Deshalb ist er auf das Zusammenleben in der politischen Gemeinschaft angewiesen; denn erst die Polis eröffnet eine Gemeinschaftlichkeit, welche den Regeln der Gerechtigkeit gehorcht, die sich in Gesetz und Recht manifestiert. Menschen vermögen die beste Gemeinschaft, Gerechtigkeit als Herrschaft von Recht und Gesetz, einzurichten. Zugleich sind sie aber auch den größten Gefährdungen ausgesetzt, der Herrschaft von Willkür und nacktester Gewalt.

Grundlage der politischen Gemeinschaft ist für Aristoteles daher die Gerechtigkeit. Im V. Buch der «Nikomachischen Ethik» fasst er Gerechtigkeit als Gehorsam gegenüber den Gesetzen (vgl. NE V 2–3). Hier tut sich eine Schwierigkeit auf. Zwei Auffassungen der Legitimität von Gesetz und Recht, damit auch der Gerechtigkeit, stehen sich entgegen. Einerseits ist das Gesetz von alters her in Kraft und deshalb das legitim Geltende, gerechtfertigt durch Tradition. Andererseits können als gerecht nur solche Gesetze anerkannt werden, die aus klar bestimmten Prinzipien gerechtfertigt sind. Es stehen sich also traditionale und rationale Begründung der Gerechtigkeit gegenüber. Aristoteles hat vielfach versucht, die traditionale Weise der Gültigkeit von Gesetzen zu legitimieren. Dem steht jedoch seine eigene philosophische Begründungsweise, die Legitimität nur als prinzipiengeleitete anzuerkennen, entgegen: Über Gerecht und Ungerecht muss nicht das Herkommen, sondern die Vernunft richten, und dies ist Sache der Philosophie. Die politische Gemeinschaft als die Weise des Zusammenlebens der Menschen, die auf der Grundlage der Idee der Gerechtigkeit errichtet ist, bedarf als Existenzgrund der Berufung auf und der Rechtfertigung durch Vernunftgründe, des Rückgangs auf Prinzipien: Sie bedarf der Philosophie. Alle anderen menschlichen Gemeinschaften leben aus einem fraglos von Generation zu Generation weitergegebenen Wissen, das nicht durch Fragen nach Gründen problematisiert werden muss.

5.3 Die beiden Grundformen menschlichen Zusammenlebens: die Differenz von oikos und polis

In der Genesis der menschlichen Gemeinschaften führt Aristoteles drei an: das Haus, das Dorf, die Stadt. Insbesondere zwei spielen die systematische Schlüsselrolle: *oikos* und *polis*. Das Haus und die Stadt unterscheiden sich zunächst in ihrem Werk, in ihrer Zweckbestimmung. Das Haus dient der Erhaltung des unmittelbaren, natürlichen Lebens; Aufgabe der Stadt ist die Verwirklichung des vollkommenen, des guten Lebens. Sie unterscheiden sich aber auch in der Form der Herrschaft:

«... die Despotie (die Herrschaft des Hausvorstands über die Mitglieder des Hauses) und politische Herrschaft sind nicht dasselbe; überhaupt sind nicht alle Arten von Herrschaft einander gleich, ... Denn die letztere ist eine Herrschaft über von Natur aus Freie und die erstere eine solche über Sklaven, und die Herrschaft über das Haus ist eine Alleinherrschaft (Monarchie) ... die politische Herrschaft aber ist eine Herrschaft über Freie und Gleiche» (Pol. I 7, 1255 b 16–20).

Der Raum des Politischen ist das Öffentliche, der Bereich des Hauses das Private. Sie unterscheiden sich in ihrer Herrschaftsstruktur. Im Haus herrscht ein Verhältnis der Ungleichheit und der Unfreiheit vor; im Staat hingegen besteht ein Verhältnis von Freien und Gleichen, unter denen Regieren und Regiertwerden auswechselbar ist.

Die Unterscheidung von *oikos* und *polis*, Haus und Staat, bildet das Kernstück der aristotelischen Lehre von der Politik. Auf ihr fußt der zweite Begriff des Politischen: Politische Philosophie ist die Lehre von den menschlichen Gemeinschaften.

5.4 Die Bedeutungen des ‹Ökonomischen›

Wenn man heute das Wort ‹Ökonomie› hört, so denkt man sofort an Wirtschaft, die Volkswirtschaft einer Nation oder die Weltwirtschaft, an Arbeit, Tausch, Geld, Kapital, Markt und dergleichen mehr. Diese Auffassung hat sich aber erst seit dem 17. und 18. Jahrhundert herausgebildet. Ursprünglich kommt Ökonomie von *oikos* (Haus) und *nomos* (Gesetz). In ihrer Grundbedeutung ist sie bei Aristoteles die Lehre von der richtigen Führung des Hauses. Wirtschaft ist lediglich ein untergeordneter Bestandteil des Hauses und macht auf gar keinen Fall das ganze Haus aus. Obwohl Aristoteles den Bereich des Wirtschaftlichen mehrfach zur Sprache bringt, gliedert er den Sachverhalt nicht wirklich systematisch und teilt ihn nicht aus einem leitenden Gesichtspunkt ein.

5.4.1 *Die Grundbedeutung: Ökonomie ist die Lehre von der rechten Führung des Hauses*

«Nachdem nun klargeworden ist, aus welchen Teilen der Staat besteht, müssen wir zunächst über die Hausverwaltung sprechen, denn die Häuser sind ja eben jene Bestandteile des Staates.

Die Teile der Hausverwaltungskunde nun entsprechen denen, aus welchen wiederum das Haus besteht. Jedes vollständige Haus aber besteht aus Sklaven und Freien: Da jedoch die Untersuchung eines jeden Gegenstandes bei dessen kleinsten Teilen beginnen muß, diese allerersten und kleinsten Teile nun aber beim Hause Herr und Sklave, Gatte und Gemahlin, Vater und Kinder sind, so ist zunächst jedes dieser drei Verhältnisse seinem Wesen und seiner richtigen Beschaffenheit nach in Betracht zu ziehen, und dies ergibt denn die Lehre vom dienstherrlichen, vom ehelichen ... und vom väterlichen Verhältnis» (Pol. I 3, 1253 b 1–10).

Das Haus ist eine Gemeinschaft, die sich selbst wiederum aus drei Gemeinschaften zusammensetzt. Dem Haus gehören an:

- die eheliche Gemeinschaft, das Verhältnis von Mann und Frau;
- die väterliche Gemeinschaft, das Verhältnis des Vaters zu den Kindern;
- die dienstherrliche (despotische) Gemeinschaft, das Verhältnis des Hausherrn zum Hausgesinde, zu den Sklaven.

Diese Dreiteilung der häuslichen Gemeinschaft hat Schule gemacht. Sie beherrschte die Philosophie bis hin zu Kants «Metaphysische Anfangsgründe der Rechtslehre» von 1797. Wichtig aber ist: Alle drei Verhältnisse der häuslichen Gemeinschaft basieren auf Ungleichheit. Alle drei haben dieselbe Bezugsperson, den Vater und Herrn, zu dem alle anderen Mitglieder des Hauses in Beziehung treten. Mit ‹Wirtschaft› hat allein das dritte, das despotische Verhältnis zu tun. Aufgabe der Sklaven ist, für den Herrn zu arbeiten, um ihn von der Last der Erhaltung des natürlichen Lebens zu befreien. Die Muße gestattet dem Herrn des Hauses, sich um Politik zu kümmern, sich als freier Bürger zu betätigen. Hier wird deutlich, weshalb für Aristoteles die Sklaverei natürlich und notwendig ist: ohne Sklaverei keine politische Freiheit der Bürger. Eine Gesellschaft, in der alle arbeiten und auch alle politisch frei und gleich sind, war für Aristoteles völlig unvorstellbar.

Wirtschaftlich genommen ist das ‹ganze Haus› eine geschlossene Hauswirtschaft. Es ist ein landwirtschaftliches Gut, das auf Selbstversorgung bedacht ist und nicht nach Gewinn strebt.

5.4.2 Das Hilfsmittel der Ökonomie: die naturgemäße Erwerbskunde

Das Haus ist eine menschliche Gemeinschaft. Es kann aber nur autark existieren, wenn der Hausherr über Besitz (*ktesis*) verfügt. Besitz – dies sind die äußeren Dinge, die zur Erhaltung des Lebens unerlässlich sind: Gebäude, Grund und Boden, Haustiere, Sklaven, Werkzeuge usf. Die Lehre vom Erwerb des Besitzes nennt Aristoteles Erwerbskunde (*ktetike*). Gebrauch (*chresis*) ist der Zweck des Erwerbs, weshalb die Lehre vom Erwerb des Besitzes nur Hilfsmittel der Ökonomie sein kann (vgl. Pol. I 8).

Grundsätzlich stellt Aristoteles fest:

> «Nun gibt es aber viele Arten von Nahrung und infolgedessen auch vielerlei verschiedene Lebewesen bei Menschen und Tieren; denn da es unmöglich ist, ohne Nahrung zu leben, so sind es eben die Unterschiede der Nahrung, welche auch die Unterschiede der Lebensweisen bei den Lebewesen hervorgebracht haben» (Pol. I 8, 1256 a 19–22).

Besitz ist Verfügen über Mittel zur Ernährung im weitesten Sinn. Aristoteles führt folgende Ernährungsweisen an:

> «Dies sind ungefähr die Lebensformen, bei denen natürliche Werktätigkeit verrichtet und die Nahrung nicht durch Tausch und Handel beschafft wird: das Leben der Nomaden, der Bauern, der Räuber, der Fischer und der Jäger.
>
> Manche vermischen auch diese Lebensweisen und leben insofern angenehm, als sie das allzu dürftige Leben ergänzen, soweit es zur Autarkie nicht ausreicht. Die einen sind gleichzeitig Nomaden und Räuber, die andern Bauern und Jäger und so weiter. Wie es das Bedürfnis erfordert, so leben sie» (Pol. I 8, 1256 a 40–67).

«Diese ganze Art von Besitz wird nun offenbar allen Lebewesen von der Natur selber gegeben ... Nach diesem allen ist denn nun die eine Art von Erwerbskunst naturgemäß ein Teil der Hausverwaltungskunst, diejenige nämlich, deren Aufgabe es ist, einen Vorrat zu sammeln von Gegenständen, die notwendig zum Leben und nützlich für die staatliche und häusliche Gemeinschaft sind und die daher auch entweder schon vorhanden sein oder durch die Hausverwaltungskunst herbeigeschafft werden müssen. In diesen Dingen scheint auch der wahre Reichtum zu bestehen. Denn das zu einem zweckentsprechenden Leben genügende Maß eines solchen Besitzes geht nicht ins Unendliche, und von ihm gilt nicht, was Solon dichtete: ‹Reichtum hat keine Grenze, die greifbar den Menschen gesetzt ist›, vielmehr ist hier wohl eine gesetzt, gerade wie bei den Mitteln aller anderen Künste. Denn in keiner einzigen Kunst gibt es Werkzeuge, denen die Unendlichkeit zukäme weder an Menge noch an Größe, der Reichtum aber ist eben nichts anderes als die Menge von Mitteln und Werkzeugen für die Haus- und Staatsverwaltung» (Pol. I 8, 1256 b 7–8 und 26–37).

Drei Gedanken sind für Aristoteles entscheidend. Der «wahre Reichtum» besteht in einer Ansammlung lebensnotwendiger Gebrauchsdinge. Dieser Reichtum hat sein eindeutiges Maß der Begrenzung am Bedarf der Menschen, der sich aus der menschlichen Natur ergibt. Im Lob des naturgemäßen Erwerbs bekundet sich eine Vorliebe für die Landwirtschaft, die geschlossene Hauswirtschaft:

«Und daher ist denn der naturgemäße Erwerb für alle Menschen derjenige, welchen sie aus den Früchten der Erde und den Tieren ziehen» (Pol. I 10, 1258 a 37–38).

5.4.3 Die widernatürliche Kunst des Gelderwerbs – Gründe ihrer sittlichen Verurteilung

Aristoteles kennt noch eine weitere Form des Erwerbs von Besitz: die Kunst des Gelderwerbs (*chrematistike*):

«Es gibt aber noch eine Art von Erwerbskunst, die man vorzugsweise und mit Recht die Kunst des Gelderwerbs nennt, und sie ist es, welche die Schuld daran trägt, daß es für Reichtum und Besitz keinerlei Grenze zu geben scheint, und viele halten sie für eine und dieselbe mit jener ersteren wegen der nahen Verwandtschaft mit ihr. In Wahrheit aber ist sie doch, obwohl sie ihr nicht fernsteht, keineswegs einerlei mit ihr. Denn jene ist eine naturgemäße Erwerbsweise, diese dagegen ist keine naturgemäße, sondern sie kommt vielmehr zustande durch Erfahrung und Kunst. Nehmen wir nun für ihre Betrachtung folgenden Ausgangspunkt. Die Benutzung eines jeden Besitztums ist eine doppelte, und beide Male wird das Besitztum als solches, aber nicht als solches in der gleichen Weise benutzt, sondern die eine Art von Benutzung ist die dem Gegenstand eigentümliche, die andere nicht, z.B. den Schuh kann man benutzen zum Anziehen, aber auch als Tauschmittel. Denn beides sind wirklich Benutzungsweisen des Schuhs, insofern auch der, welcher einem anderen, der eines Schuhs bedarf, einen solchen für Geld oder Lebensmittel zum Tausch gibt, damit den Schuh als Schuh benutzt, aber nicht in der demselben eigentümlichen Benutzungsweise, denn nicht zu dem Zweck ist der Schuh gemacht, als Tauschmittel zu dienen. Und ebenso verhält es sich mit allen anderen Besitzstücken: sie alle können als Tauschmittel verwandt werden. Der anfängliche Tauschhandel hatte einen durchaus natürlichen Ursprung, indem die Menschen von einem Gegenstand mehr und von einem anderen weniger haben, als sie bedürfen. Andererseits aber ist gerade hieraus auch ersichtlich, daß das Handelsgeschäft nicht von Natur zur Erwerbskunst gehört. Nur so weit nämlich, als es für den Lebensunterhalt ausreichend war, mußte sich notwendig der Tausch erstrecken. In der ursprünglichsten Gemeinschaft daher, das ist im Hause, fand derselbe offenbar noch gar keinen Platz, sondern erst in der bereits erweiterten Gemeinschaft. Denn bei der ersteren war alles, was ihm zur Verfügung stand, gemeinschaftlich, die letztere hatte einiges für sich gesondert, was sie, je nach den Bedürfnissen, tauschte, wie es noch jetzt viele der Barbaren machen. Die Bar baren nämlich tauschen die nutzbaren Gegenstände selbst gegeneinander, sie geben und nehmen Wein für Getreide, und ebenso mit allen anderen derartigen Artikeln, weiter aber gehen sie im Handel nicht.

Ein solcher Tauschhandel nun ist weder wider die Natur noch bildet er bereits eine Klasse der Kunst des Gelderwerbs, denn er entstand nur, um die Mängel auszufüllen, die der natürlichen Selbstgenügsamkeit des Lebens im Wege stehen; aber aus diesem entsprang jene Kunst in sehr begreiflicher Weise. Denn da die gegenseitige Unterstützung durch Einfuhr des Mangelnden und Ausfuhr des

Überflüssigen sich immer weiter örtlich ausdehnte, verfiel man notwendigerweise auf die Einführung des Geldgebrauchs. Nicht jedes der von Natur notwendigen Bedürfnisse war ein leichtbewegliches Gut, und so kam man dahin überein, zur Vermittlung des gegenseitigen Umtausches einen Gegenstand zu geben und zu nehmen, welcher, selbst zu den nutzbaren Dingen gehörig, zugleich noch den Vorteil eines handlichen Gebrauchs für den Transport hatte, wie Eisen, Silber und was weiter dahin gehört, und zwar so, daß man anfänglich seinen Wert einfach nach Größe und Gewicht bestimmte, schließlich aber es auch mit einem Prägezeichen versah, um sich die Mühe des Abwägens zu ersparen, indem nämlich jetzt dieser Stempel als Zeichen des Wertes aufgeprägt wurde. Und als nun so aus dem unentbehrlichen Bedürfnis des Tausches einmal das Geld hervorgegangen war, da bildete sich eine andere Art der Erwerbskunst, das Handelsgeschäft, anfänglich wahrscheinlich in sehr einfacher Art, bereits bald aber durch die Erfahrung in künstlicherer Weise darauf gerichtet, wie und mit welchen Mitteln man beim Umsatz möglichst viel Gewinn machen könne. Daraus entsteht der Schein, als wäre die Erwerbskunst vorzugsweise auf das Geld gerichtet und die Aufgabe derselben, daß sie zu erkennen vermöge, woraus sich möglichst viel Geld ziehen lasse, sofern sie es ja in der Tat mit der Herbeischaffung von Reichtum und Vermögen zu tun habe. Denn auch den Reichtum hält man insgeheim für die Masse von möglichst viel Geld, und so entsteht denn der Glaube, daß die Erwerbskunst es hiermit zu tun habe und im Handelsgeschäft bestehe» (Pol. I 9, 1256 b 40–1257 b 10).

Es gibt außer der Kunst des Gelderwerbs noch eine weitere Form der Erwerbskunst, welche den Rahmen des *Oikos*, des Hauses, sprengt: der Tauschverkehr. Jeder Besitz kann auf doppelte Weise verwendet werden, als Gebrauchsding und als Mittel des Austauschs. Austausch aber setzt eine «erweiterte Gemeinschaft» voraus, eine Gemeinschaft, die über den Lebenszusammenhang des Hauses hinausgeht: die Gemeinschaft des Tauschs (*koinonia allaktike*; vgl. NE V 8, 1132 b 31 f.). Der Tausch ist entstanden aus einem natürlichen Bedürfnis. Er diente dem Ausgleich von Mangel und Überfluss an bestimmten Gebrauchsdingen zwischen den häuslichen Gemeinschaften. Insofern verhalf er den Hauswirtschaften zur Autarkie. Unter diesem Gesichtspunkt erscheint der Tausch als eine notwendige Ergänzung des Hauses. Gegen diese Weise des Tauschs hat Aristoteles nichts einzuwenden. Sie ist keineswegs «unnatürlich».

Mit der Ausbreitung des Tauschs entsteht der Handel und mit ihm das Geld als Tauschmittel. Geld wird Mittel der Schatzbildung, ein eigenständiges Medium der Anhäufung von Reichtum. Reichtum ist dann nicht mehr die Ansammlung lebensnotwendiger Gebrauchsdinge, sondern eine «Masse von möglichst viel Geld». Der Erwerb von Geld wird selbständiger Zweck der Bildung von Reichtum:

> «Alle, die auf den Erwerb bedacht sind, suchen ihr Geld bis ins Grenzenlose zu vermehren» (Pol. I 9, 1257 b 33–34).

Reichtum in Gestalt von Geld kennt weder Maß noch Mitte. Deshalb muss Aristoteles ihn als unsittlich verwerfen; denn ethische Tugend ist für ihn die maßvolle vernünftige Mitte zwischen entgegengesetzten, in sich maßlosen Extremen. Dies ist das quantitative Argument gegen den Gelderwerb, der Vorwurf, er verfehle das Maß.

Aristoteles bringt aber auch noch einen qualitativen Einwand vor: Die Jagd nach Geld verfehlt das wahre Ziel des Lebens:

> «Die Ursache solcher Denkweise aber liegt darin, daß die meisten Menschen nur um das Leben und nicht um das vollkommene Leben sorgen, und da nun die Lust zum Leben ins Endlose geht, so trachten sie auch, die Mittel zum Leben bis ins Endlose anzuhäufen» (Pol. I 9, 127 b 40–1258 a 2).

Endzweck ist nicht mehr das gute Leben, vielmehr ein Leben, das ausschließlich leibliche Genüsse sucht, ein Leben in maßloser Verschwendung. Das Leben in körperlicher Lust verdrängt das gute Leben in *eudaimonia*. Deshalb ist diese Art von Erwerbskunst gegen die Natur des Menschen.

Aristoteles zählt drei Weisen dieser naturwidrigen Erwerbskunst auf (vgl. Pol. I 11):

- Groß- und Kleinhandel;
- Geldgeschäft zum Zweck des Zinsnehmens;

– Arbeit gegen Entgelt: Handwerk und Tagelöhnerei.

Im Unterschied zur landwirtschaftlichen Tätigkeit ruinieren Handwerk und Tagelöhnerei den menschlichen Körper (vgl. die Schrift Oeconomica I 2, 1343 a 30 ff.; vgl. auch die Bewertung der Arbeit gegen Entgelt in: Pol. I 11, 1259 a 36 ff.). *Chrematistik* ist nicht allein deshalb naturwidrig, weil sie gegen die Sittlichkeit des Menschen verstößt, sie zerstört auch den Körper des Menschen, sei es durch übermäßige Anstrengung, sei es durch übermäßigen Genuss.

Einige setzen, wie Aristoteles in Pol. I 3 berichtet, die Ökonomie mit der *Chrematistik* gleich. Bereits zu Aristoteles' Zeiten gab es Autoren, die Wirtschaft mit Gelderwerb identifizierten. Aristoteles beschwört dagegen die althergebrachten Verhältnisse, die geschlossene Hauswirtschaft, die zu seiner Zeit längst die dominierende Rolle verloren hatte – Athens Reichtum beruhte in erster Linie auf dem Handel. Die Konzeption des Aristoteles war bereits zur Zeit ihrer Entstehung antiquiert, konservativ; sie stand quer zu den tatsächlich bestehenden Verhältnissen. So ist es denn auch kein Zufall gewesen, dass man in der Antike seine «Ethik» und «Politik» bald vergessen hat. Sie waren nicht mehr ‹zeitgemäß› und wurden verdrängt von Philosophien, die wie die Epikurs die private Existenz des Menschen in den Mittelpunkt rückten.

Um den tatsächlichen Verhältnissen seiner Zeit dann doch Rechnung zu tragen, hat Aristoteles im V. Buch der «Nikomachischen Ethik» die sogenannte ‹ausgleichende Gerechtigkeit› thematisiert. Dabei geht er von der attischen Tradition aus: Gerechtigkeit heißt Gehorsam gegenüber den Gesetzen der Polis, und in dieser Rücksicht bedeutet Gerechtigkeit die «vollkommene Tugend» (NE V 3, 1129 b 26). Aristoteles möchte aber die Gerechtigkeit als eine besondere Tugend begründen. Er unterscheidet daher zwischen austeilender und ausgleichender Gerechtigkeit.

Der ausgleichenden Gerechtigkeit ist es um das äußere Mein und Dein zu tun; sie ist ein Verhältnis der Gleichheit als Mitte zwischen einem Zuviel und Zuwenig an Besitz, zwischen Vorteil und Nachteil (NE V 7, 1132 a 15 ff.). Ihre Funktion ist es, Verletzungen in der Gleichheit des Gebens und Nehmens von äußerem Eigentum wieder in Ordnung zu bringen, und zwar in *arithmetischer* Proportion.

Was aber macht qualitativ völlig heterogene Besitztümer quantitativ – ‹arithmetisch›, der Zahl nach – vergleichbar? Aristoteles findet folgende Lösung: Das Geld ist das gemeinsame Maß der Dinge im Austausch; es macht die verschiedenen Bedürfnisse und deshalb auch die auszutauschenden Dinge miteinander vergleichbar und auch messbar:

«Daher muß alles, was untereinander ausgetauscht wird, gewissermaßen quantitativ vergleichbar sein, und dazu ist nun das Geld bestimmt, das sozusagen zu einer Mitte wird ... Ohne solche Berechnung kann kein Austausch und keine Gemeinschaft sein. Die Berechnung ließe sich aber nicht anwenden, wenn nicht die fraglichen Werte in gewissem Sinn gleich wären. So muß denn für alles ein Eines als Maß bestehen ... Dieses Eine ist in Wahrheit das Bedürfnis, das alles zusammenhält. Denn wenn die Menschen nichts bedürften oder nicht die gleichen Bedürfnisse hätten, so würde entweder kein Austausch sein oder kein gegenseitiger. Nun ist aber kraft Übereinkunft (eigentlich: Vertrag) das Geld gleichsam Stellvertreter des Bedürfnisses geworden, und darum trägt es den Namen *nomisma*, weil es seinen Wert nicht von Natur hat, sondern durch den Nomos, das Gesetz, und weil es bei uns steht, es zu verändern oder außer Umlauf zu setzen» (EN V 8, 1133 a 19 ff.).

Die partikulare Gerechtigkeit des Ausgleichs unterstellt Warenproduktion und Geldzirkulation. Sie konstituiert eine eigenständige Form der Gemeinschaft, die Aristoteles Tauschgemeinschaft (EN V 8, 1132 b 31 f.) nennt.

Diese Gemeinschaft ist ein Verhältnis der Gleichheit, aber auch der Freiheit; denn im Austauschverhältnis treten sich Freie gegenüber – jeder verfügt über das Seinige, die eigene Habe, die er veräußert, um Entsprechendes zu empfangen. Diese Gemeinschaft konstituiert ein Verhältnis wechselseitigen bedürftigen Angewiesenseins, das in der Arbeitsteilung wurzelt. Sie ist wider die Natur; denn sie entspringt dem Vertrag, einem privaten Vertrag freilich, da Aristoteles weit davon entfernt ist, wie die neuzeitlichen Denker den Staat aus einem Vertrag entstehen zu lassen. Dieser Vertrag bildet die Voraussetzung von allen wirtschaftlichen Betätigungen, die auf Tauschverkehr fußen.

Aristoteles ist nicht in der Lage, die Chrematistik wirklich in seine Theorie des Politischen zu integrieren – ja, sie steht in zweifacher Hinsicht quer zu seiner praktischen Philosophie. Die beiden konstitutiven Unterscheidungen, *poiesis* und *praxis* sowie *oikos* und *polis*, lassen sich kaum harmonisieren. *Poiesis* findet nicht im *oikos* statt; sie konstituiert eine eigenständige Form der Gemeinschaft, den Tauschverkehr, den Aristoteles in seiner Analyse der Formen der Gemeinschaft zu Beginn der «Politik» nicht vorsieht; der Tauschverkehr verhält sich zur Unterscheidung von *oikos* und *polis* exterritorial.

Die *poiesis* der Chrematistik, vor allem der Zirkulation des Geldes als Kapital, sprengt die Struktur, die Aristoteles am Anfang der «Nikomachischen Ethik» vorgegeben hat: Als ständiges Tun, das sich Selbstzweck ist, usurpiert sie die essenziellen Momente der Praxis. Die widernatürliche Chrematistik unterläuft beide Unterscheidungen, die von Poiesis und Praxis und die von Oikos und Polis.

5.4.4 Politische Ökonomie

Beiläufig nennt Aristoteles noch eine weitere Bedeutung von Ökonomie: «Denn vielen Staaten tut es ebenso not, Geld herbeizuschaffen und solche Einnahmequellen zu benutzen, wie einem Haus und in noch höherem Maße, und bei manchen Staatsmännern läuft daher auch ihr ganzes politisches Tun hierauf allein hinaus» (Pol. I 11, 1259 a 33 ff.). Als Agent des Wirtschaftens tritt hier die Polis auf. In der pseudoaristotelischen Schrift «Über die Ökonomie» wird in diesem Zusammenhang der Terminus «politische Ökonomie» (vgl. Oeconomica II 1, 1315 b 14) gebraucht in Abgrenzung gegen die des (persischen) Königs, die seines Statthalters und die private Ökonomie. Doch kann von Analyse hier keine Rede sein. Das zweite Buch dieser Schrift ist eine Sammlung von Berichten über Formen schamlosesten Betrugs, die, wie der Herausgeber der Loeb-Ausgabe vermerkt, des Philosophen ‹unwürdig› sind.

Der Übersichtlichkeit halber soll hier noch einmal aufgelistet werden, in welchen Bedeutungen Aristoteles den Bereich des Ökonomischen zur Sprache bringt. Die Ziffern verweisen auf diejenigen Unterkapitel, in denen diese Bedeutungen näher besprochen sind:

1. *Oikonomia* als Lehre von der rechten Führung des *oikos* (Wirtschaft gilt hier nur als ein zwischenmenschliches Verhältnis unter anderen) (5.4 und 5.4.1).
2. Erwerbskunde als Lehre des Erwerbs von Besitz:
   a) natürliche Erwerbskunde (insbesondere Landwirtschaft; sie ist für Aristoteles die eigentliche, weil notwendige Existenzgrundlage des *oikos*) (5.4.2);
   b) widernatürliche Erwerbskunde, Tauschverkehr:
      – einfache Warenzirkulation (der *oikos* tauscht nützliche Dinge ein, die er benötigt, selbst aber nicht herstellt; diese Form des Austauschs betrachtet Aristoteles als legitime Ergänzung der Autarkie des *oikos*);
      – Zirkulation des Geldes als Kapital (die Vermehrung des Reichtums als Geld wird Selbstzweck; diese Form verurteilt Aristoteles scharf) (5.4.3).
3. Politische Ökonomie im Sinn von Staatswirtschaft (die Polis sucht, die Quellen ihrer Einkünfte zu sichern und auch zu mehren; diese Form von Ökonomie wird von Aristoteles lediglich am Rand genannt, nicht aber analysiert) (5.4.4).

5.5 *Die Lehre von den Formen politischer Herrschaft*

Wie schon in Abschnitt 3.3 gesagt, ist die systematische Darstellung des Begriffs der Verfassung und ihrer möglichen Formen das Thema der politischen Philosophie im engsten Sinn; denn bei Aristoteles ist politische Philosophie in ihrer engsten Bedeutung Verfassungslehre.

Im III. Buch der «Politik» beginnt Aristoteles seine Untersuchung über die Staatsverfassung mit der Bestimmung dessen, was ein Staatsbürger (*polites*) sei, weil auch hier sein methodischer Grundsatz gilt, dass bei zusammengesetzten Gebilden – und der Staat ist ein solches Gebilde – zunächst die einzelnen Elemente – die Bürger – näher bestimmt werden müssen.

Der Wohnort allein macht noch niemanden zum Bürger; denn in der Polis wohnen ja auch die rechtlosen Sklaven, die unmündigen Kinder. Die Frauen genießen ebenfalls keine Bürgerrechte. Bürger sind für Aristoteles allein diejenigen erwachsenen Männer, die an der Herrschaft teilhaben, sei es, dass sie ein öffentliches Amt bekleiden, sei es, dass sie in Volksversammlungen oder außerordentlich zusammengerufenen Ratsversammlungen mitwirken dürfen:

«Was also der Staatsbürger sei, ist hiernach klar. Jeden nämlich, dem in einem Staat der Zutritt zur Teilnahme an der beratenden und richtenden Staatsgewalt desselben offensteht, haben wir auch als Bürger eben dieses Staats zu bezeichnen und den Staat selbst, um es kurz zu sagen, als eine Vielheit solcher Bürger von ausreichender Zahl zu einem selbstgenügsamen Leben» (Pol. III 1, 1275 b 18–20).

«Der gute Bürger muß beides verstehen und beides können, regieren und regiert werden, und das eben ist die Tugend des Bürgers, das Regieren der Freien in beiden Richtungen zu verstehen» (Pol. III 4, 1277 b 14–16).

Wie wir schon sahen, ist das Haus (*oikos*) die Sphäre der Unfreiheit und der Ungleichheit. Der Staat (*polis*) dagegen, als der Wirkungsraum des Bürgers, ist die Sphäre der Gleichheit und Freiheit. Es ist deutlich, dass Aristoteles nur Formen der direkten Herrschaftsausübung durch die Bürger kennt. Repräsentativsysteme, wie sie in den modernen Massendemokratien bestehen, sind ihm fremd. Auch haben wir hier unter ‹Staat› nicht den modernen Flächenstaat zu verstehen, sondern den antiken Stadtstaat: eine Stadt mit dem sie umgebenden Land, ein sich selbst verwaltendes überschaubares Gebiet mit begrenzter Einwohnerzahl.

Damit der Polis-Bürger aber seine Rechte vollkommen wahrnehmen und damit er darin zugleich den Staatszweck, die menschliche Glückseligkeit, verwirklichen kann, bedarf er der höchsten Tugend des staatlichen Lebens, der Gerechtigkeit:

«Was von der Gesetzgebung bestimmt wird, ist gesetzlich, und jedes Einzelne davon nennen wir gerecht.

Die Gesetze reden nun über alles und zielen entweder auf das, was allen gemeinsam zuträglich ist oder den Besten oder den Regierenden, und zwar entweder im Sinne der Tugend oder in einem andern derartigen Sinne. So nennen wir denn in einem Sinne gerecht, was in der staatlichen Gemeinschaft das Glück und dessen Teile hervorbringt und bewahrt ...

Diese Gerechtigkeit ist die vollkommene Tugend, aber nicht schlechthin, sondern im Hinblick auf den anderen Menschen. Darum gilt die Gerechtigkeit vielfach als die vornehmste der Tugenden, und ‹weder Abendstern noch Morgenstern sind derart wunderbar›, und im Sprichwort sagt man: ‹In der Gerechtigkeit ist alle Tugend zusammengefaßt.› Sie gilt vor allem als die vollkommene Tugend, weil sie die Anwendung der vollkommenen Tugend ist. Vollkommen ist sie, weil der, der sie besitzt, die Tugend auch dem andern gegenüber anwenden kann und nicht nur für sich» (NE 1129 b 13–33). (Zur Diskussion um die Gerechtigkeit vgl. oben, Platon, S. 34–45.)

Der Staat als ein aus Bürgern zusammengesetztes Ganzes erhält seine Identität durch seine Verfassung (*politeia*). Wechselt die Verfassung, dann bekommt auch der Staat ein neues Gesicht, mögen auch die Menschen, die in ihm wohnen, dieselben geblieben sein.

Die Verfassung ist auch maßgeblich für die Art der Gesetzgebung in einer Polis:

«Nach den Verfassungen müssen sich die Gesetze richten und richten sich auch wirklich nach ihnen und nicht die Verfassungen nach den Gesetzen. Denn die Verfassung ist die Ordnung der Staaten in bezug auf die Regierungsämter, wie sie zu verteilen sind, und die Bestimmung der obersten Regierungsgewalt im Staate wie auch des Endziels der jeweiligen Gemeinschaft; Gesetze aber sind dasjenige, wodurch zu jenen Verfassungsbestimmungen noch eine gesonderte Anweisung dafür hinzugefügt wird, wie jene Regierenden regieren und allen Übertretungen wehren sollen» (Pol. IV 2, 1289 a 13–20).

Das Herzstück der Aristotelischen Verfassungslehre bildet seine Einteilung der Verfassungsformen, die in unzähligen Varianten und Abänderungen bis auf den heutigen Tag fortwirkt. Bei dieser Einteilung kennt Aristoteles zwei Kriterien der Unterscheidung und Wertung: ein qualitatives und ein quantitatives.

Das *qualitative* Kriterium bezieht sich auf den Staatszweck, auf gute und schlechte Verfassungen. Der Mensch als das *zoon politikon*, das natürlicherweise nach staatlicher Gemeinschaft strebende Lebewesen, tritt zwar schon «um der bloßen Erhaltung des Lebens willen» in die staatliche Gemeinschaft ein. Doch das eigentliche Ziel dieser Gemeinschaft ist der gemeinsame Nutzen aller (vgl. Pol. III 6, 1278 b 20–25). Wird dieser zum bloßen Privatnutzen Einzelner pervertiert, dann entartet die ursprünglich gute Verfassung:

«Hieraus erhellt denn nun, daß alle diejenigen Verfassungen, welche den gemeinsamen Nutzen im Auge haben, richtige sind nach dem Recht schlechthin, diejenigen dagegen, welche nur den eigenen Vorteil der Regierenden, fehlerhafte und sämtlich bloße Abarten der richtigen Verfassungen, denn sie sind despotisch, während doch der Staat eine Gemeinschaft von freien Leuten ist» (Pol. III 6, 1279 a 17–22).

Nach dem *quantitativen* Einteilungskriterium unterscheiden sich die Herrschaftsformen nach der Anzahl der an der Herrschaft beteiligten Bürger. Kombiniert mit dem qualitativen Kriterium ergeben sich so die verschiedenen Formen der Verfassung:

«Da nun Staatsverfassung und Staatsregierung ein und dasselbe bedeuten, die Staatsregierung aber die oberste Gewalt der Staaten ist, so muß diese Gewalt entweder von einem oder von wenigen oder von der Mehrzahl des Volkes repräsentiert werden. Wenn dieser eine oder diese wenigen oder die Mehrzahl des Volkes bei ihrer Regierung das allgemeine Wohl im Auge haben, so ergeben sich in allen drei Fällen richtige Verfassungen, wenn aber nur den eigenen Nutzen des einen oder der wenigen oder der großen Mehrzahl, dann bloße Abarten, denn entweder verdienen die Teilnehmer gar nicht den Namen von Staatsbürgern, oder aber sie müssen auch alle Anteil an den Vorteilen haben. Diejenige Art von Alleinherrschaft nun aber, welche auf das Gemeinwohl ihr Augenmerk richtet, pflegen wir Königtum zu nennen, die Herrschaft von wenigen, aber doch immer von mehr als einem Aristokratie, sei es nun, daß dies heißen soll Herrschaft der Besten oder daß es bedeutet, ihr Zweck sei das Beste des Staates und der

Gemeinschaft; wenn endlich die Mehrzahl des Volkes den Staat mit Rücksicht auf das Gemeinwohl verwaltet, so wird dies mit dem gemeinsamen Namen aller Verfassungen, nämlich Politeia benannt. Dies mit Recht: denn daß ein einzelner oder eine Minderzahl sich durch besondere Tugend auszeichnet, kann leicht vorkommen, daß aber eine größere Zahl es zu jeder Art von Tugend im strengen Sinne bringt, ist schon eine schwierige Sache, und am ehesten ist dies noch möglich in bezug bloß auf die kriegerische Tüchtigkeit, denn das ist eine Tugend der Massen. Daher ist auf Grund dieser Verfassung die oberste Staatsgewalt bei der wehrhaften Bevölkerung, und diejenigen, welche an den Staatsrechten teilhaben, sind hier die Waffentragenden.

Die Abarten der genannten Verfassungen sind nun aber: vom Königtum die Tyrannis, von der Aristokratie die Oligarchie und von der Politeia die Demokratie. Denn die Tyrannis ist eine solche Art von Alleinherrschaft, welche lediglich zum Vorteil des Monarchen, Oligarchie eine solche Herrschaft, welche zu dem der Reichen, und Demokratie eine solche, welche zu dem der Armen geführt wird, und auf das, was dem ganzen Gemeinwesen frommt, sieht keine von ihnen» (Pol. III 7, 1279 a 25–1279 b 10).

Der Übersichtlichkeit halber seien die sechs Staatsformen hier noch einmal dargestellt:

Quantitatives Kriterium für die Form der Verfassung: die Herrschaftsbeteiligung	Qualitatives Kriterium für die Form der Verfassung	
	Gut: der gemeinsame Nutzen aller. ‹Naturgemäße› Verfassungen	Schlecht: der Eigennutz der Herrschenden. ‹Naturwidrige› Verfassungen
einer	*Königtum*	*Tyrannis*
wenige	*Aristokratie*	*Oligarchie*
die Mehrzahl	*Politeia (Politie)*	*Demokratie*

Die Tyrannis, die Willkürherrschaft eines Einzelnen, hält Aristoteles für die schlechteste aller möglichen Verfassungen, die Demokratie unter den schlechten noch für die erträglichste. Das stimmt nicht mit unserem heutigen positiven Verständnis von Demokratie überein. Es ist aber zu berücksichtigen, dass Aristoteles damit etwas anderes als wir meint. Für ihn besteht dann eine Demokratie, wenn die Mehrzahl der freien, aber armen Bürger im Staat regiert – ein fast ebenso großes Übel, wie wenn Oligarchen (eine kleine Gruppe von Reichen) die Staatsgewalt innehaben. Für Aristoteles sind demokratische und oligarchische Staatswesen aber deshalb schlecht, weil sie – abgesehen vom eigennützigen Handeln der Regierenden – instabil sind, nicht von Dauer sein können. Denn sie verfehlen die Mitte zwischen den beiden Extremen, zu großer Armut bzw. zu großem Reichtum, und können daher leicht in Tyrannei entarten. Nur ein starker Mittelstand stabilisiert die Gemeinschaft: «Wenn es denn zugegeben wird, daß das richtige Maß und die Mitte das Beste ist, so erhellt, daß auch in Bezug auf die Glücksgüter der mittlere Besitz der allerbeste ist; macht er doch am leichtesten geneigt, der Vernunft zu gehorchen» (Pol. IV 11, 1295 b 4–7).

Die Tugend der Bürger, ihr uneigennütziges Handeln für das Gemeinwohl, ist der Begriff, an dem Aristoteles die drei guten Formen der Staatsverfassung festmacht. Er fasst zusammen:

«Nun aber stellten wir drei richtige Verfassungen auf, und von diesen muß notwendig wieder diejenige die beste sein, bei welcher der Staat von den besten Leuten verwaltet wird, und dieser Fall tritt da ein, wo ein einzelner oder ein ganzes Geschlecht oder aber eine Menge alle übrigen zusammen an Tugend überbietet, vorausgesetzt, daß die einen in der Lage sind, sich regieren zu lassen, und die anderen, zu regieren mit Rücksicht auf die Erreichung des wünschenswertesten Lebens; im Anfang dieser Untersuchung endlich wurde gezeigt, daß notwendig die Tugend des Mannes und die des Bürgers im besten Staat dieselbe sei; und aus diesem allen geht denn hervor, daß es dieselbe Weise und dieselben Mittel sind, durch welche einer zum tüchtigen Manne wird und durch welche man den Staat aufs beste einrichtet, sei es in Form der Aristokratie oder aber des Königtums, so daß mithin auch Erziehung und Sitten etwa dieselben sind, welche den tüchtigen Mann und welche den tüchtigen Staatsmann und König bilden» (Pol. III 18, 1288 a 33–1288 b 3).

«Hieran schließt sich dann aber der keiner anderen Beweisgründe bedürftige Satz, daß der beste Staat zugleich auch der glückseligste und derjenige ist, mit welchem es am besten bestellt ist, denn gut bestellt sein kann es mit ihm nicht, wenn nicht seine Handlungen gut sind, und gut handeln wiederum kann weder der einzelne Mann noch der Staat ohne Tugend und Einsicht. Die Tapferkeit aber, die Gerechtigkeit und die Einsicht des Staates haben dieselbe Geltung und Gestalt wie diejenigen Eigenschaften, deren Besitz jedem Einzelmenschen den Namen eines gerechten, einsichtigen und enthaltsamen verschafft» (Pol. VII, 1324 a 30–37).

Das der guten Verfassung inhärente Ziel, das tugendhafte und glückselige Leben seiner Bürger dauerhaft zu gewährleisten, realisiert sich in ihrem und durch ihr Handeln. Im Gegensatz zur neuzeitlichen Auffassung, die von dem Primat der Praxis ausgeht, mündet die Analyse des Aristoteles demnach nicht in eine Apotheose des aktiven Lebens. Der Vorrang gebührt dem sich selbst genügenden Leben in der theoretischen Schau des Göttlichen und des Kosmos, die, jenseits der menschlichen Sphäre des Politischen, ewig in sich selbst kreisen:

«(Wenn) die Glückseligkeit in die richtige Tätigkeit zu setzen ist, so wird sowohl für den Staat im ganzen als auch für den Einzelnen das beste Leben das tätige sein. Allein, das tätige braucht nicht notwendig auf andere gerichtet zu sein, wie manche glauben, und nicht die Gedanken allein sind praktischer Natur, welche auf die Erfolge des Handelns gerichtet sind, sondern in weit höherem Grade sind es diejenigen Betrachtungen (*theoría*) und Gedanken, welche um ihrer selbst willen angestellt werden und in sich selbst ihr Ziel haben. Denn nur das Wohlgelingen ist ja das Lebensziel, dann aber eben als solches selbst eine Tätigkeit (*praxis*), und auch bei den nach außen gerichteten Tätigkeiten bezeichnen wir diejenigen am meisten als die eigentlich Tätigen, welche die geistigen Baumeister sind. Und ferner geradeso, wie diejenigen Staaten, welche sich rein auf sich selbst beschränken und ein entsprechendes Leben zu führen sich vorgenommen haben, deshalb nicht untätig zu sein brauchen, sofern ihnen ja die Tätigkeit je nach ihren Teilen möglich bleibt, indem eben eine vielfache Art von Wechselwirkung zwischen den Teilen des Staates stattfindet, geradeso steht es auch mit jedem einzelnen Menschen. Denn sonst freilich würden kaum der Gott und das Weltganze (*kosmos*) sich wohlbefinden, denen beiden eben keine nach außen gerichteten Tätigkeiten neben ihrer eigenen inneren zukommen» (Pol. VII 3, 1325 b 14–30).

Epikur

Der Rückzug ins Privatleben und die Vertragstheorie

1. Leben und Werk

Epikur wurde 341 v. Chr. als Sohn eines athenischen Bürgers auf der Insel Samos geboren. Drei Jahre vor seiner Geburt hatten die griechischen Stadtstaaten in der Schlacht von Chaironeia endgültig ihre politische Selbständigkeit verloren und waren Teil des makedonischen Großreichs geworden, das König Philipp, der Vater Alexanders des Großen, gegründet hatte. Der Niedergang der Polis, den schon Platon und Aristoteles beklagten, war damit vollendet. – Seine philosophische Ausbildung erhielt Epikur von unbekannten Lehrern in der kleinasiatischen Stadt Kolophon. Nachdem er schon an verschiedenen Orten selbst als philosophischer Lehrer aufgetreten war, ließ er sich 306 in Athen nieder, wo er ein Haus mit einem Garten erwarb. Seine Anhänger und Schüler werden daher auch als die «Gartenphilosophen» bezeichnet. Mit ihnen lebte Epikur in häuslicher Gemeinschaft in einer Art philosophischer Kommune – bis zu seinem Tod im Jahr 270. Die Schule bestand noch bis ins erste vorchristliche Jahrhundert fort.

Er galt in der Antike als ausgesprochener Vielschreiber, weil er etwa 300 Schriftrollen hinterlassen haben soll. Erhalten geblieben sind davon lediglich drei Briefe an Schüler, die seine Lehre kurz und populär zusammenfassen, sowie einige Dutzend Lehrsätze und Fragmente. Sein bedeutendster Anhänger, der römische Dichter Lukrez (Titus Lucretius Carus, um 98–55 v. Chr.), brachte Epikurs Denken in die Form eines Lehrgedichts unter dem Titel «De rerum natura» (Über die Natur der Dinge).

2. Epikurs politische Philosophie

Halb im Scherz behauptete der römische Dichter Horaz (65 – 8 v. Chr.), er sei «ein Schwein aus der Herde des Epikur». Damit sprach er aus, was bis heute am stärksten das Bild des Philosophen prägte: Epikur gilt als der Philosoph der Lust und eines hemmungslosen Sinnengenusses. – Nichts könnte falscher sein.

Zwar geht Epikurs Ethik von der Lust und dem Glücksverlangen des Einzelnen aus (griechisch *hedonē*, daher wird diese Lehre auch als Hedonismus bezeichnet). Doch er meint damit keineswegs, wie er allzu oft missverstanden wurde, ein Streben nach raffinierten kulinarischen Genüssen oder eine ausschweifende Sexualität. Sein Ideal ist vielmehr die Gemütsruhe, die auf Dauer angelegt ist, und ebendiese unerschütterliche und ungestörte Ruhe, die *Ataraxie*, ist für ihn eins mit Lust. Ein üppiges Essen oder ein intensives sexuelles Leben wären dem eher hinderlich; sie schaffen nur Unruhe und damit Unlust. Epikurs Ethik ist zwar nicht asketisch, sie verbietet nicht direkt bestimmte Verhaltensweisen, aber sie rät zu großer Mäßigung in der Lebensführung. Daher ist auch nicht jede Lust zu suchen, wenn in ihrem Gefolge sich Unlust einstellen könnte, und nicht jeder Schmerz zu meiden, wenn nur sein Erleiden eine zukünftige Freude verheißt. Ziel des philosophierenden Menschen muss es sein, ein Weiser zu werden, der von Äußerlichkeiten und Begierden unabhängig ist und der intellektuelle Genüsse höher schätzt als körperliche.

Was aber die Menschen daran hindert, das Leben eines Weisen zu führen, sind vor allem ihre Ängste: ihre Furcht vor Schmerzen, vor dem Tode und vor den unerklärlichen Erscheinungen der Natur, in erster Linie den Sternen und Planeten. Hier entwickelt Epikur ein Verständnis von Wissenschaft, das dem unseren sehr fremd ist. Sie dient ihm nicht dazu, die Wirklichkeit zu erforschen und die menschliche Herrschaft über die Natur zu erweitern, sondern hat den ausschließlichen Zweck, die Menschen zu beruhigen:

«Wenn die Furcht vor den Naturerscheinungen, die Besorgnis, der Tod habe für uns vielleicht doch etwas zu bedeuten, und die Unkenntnis über die Grenzen der

Schmerzen und Begierden uns nicht beunruhigten, dann brauchten wir keine Naturerkenntnis» (Epikur 1973, 54).

Epikur ist von einer eigentümlichen Gleichgültigkeit gegenüber der Richtigkeit seiner Erklärungen. Die Sonne und die Sterne, so meint er, seien «vielleicht größer, als wir sie sehen, oder ein wenig kleiner oder eben genauso groß» (Epikur o. J., 52).

Ihm wäre es vermutlich auch gleichgültig gewesen, ob die Erde oder die Sonne im Zentrum unseres Planetensystems steht. Akzeptabel und gültig sind für ihn nur solche Erklärungen, die den Menschen die Ängste vor dem Unerklärlichen nehmen. Auf ihren Wahrheitsgehalt kommt es nicht an, nur auf ihre Plausibilität im Dienste der *Ataraxie.* So ist für ihn auch die Furcht vor dem Tod ein Nichts: «Wenn wir da sind, ist der Tod nicht da, aber wenn der Tod da ist, sind wir nicht mehr» (Epikur o. J., 68). Weitere Überlegungen hält er für nutzlos, sie könnten nur die innere Ruhe beeinträchtigen.

Auch Epikurs Gedanken zur Politik betonen die Ruhe. «Lebe im Verborgenen!» (Epikur o. J., 109), so lautet seine berühmte Devise: Die Teilnahme am politischen Leben und die Bekleidung eines öffentlichen Amtes können den wahrhaft Weisen nur ablenken. Paradoxerweise wurde Epikur dennoch, wenn auch erst in der Neuzeit, durch seine Lehre vom Vertrag zu einem wichtigen Vorläufer und Anreger der politischen Philosophie.

Zunächst stellt er – getreu seinen Grundsätzen – die Notwendigkeit des Staates nicht in Frage:

«Damit wir vor den Menschen ohne Furcht leben können, gab es von Natur das Gut der Obrigkeit und des Königstums, mit deren Hilfe man sich Sicherheit verschaffen kann» (Epikur o. J., 76).

Der Weise wird sich aber vor der Teilhabe an der Macht hüten; er sucht das «Lampenlicht des Privaten» (Marx / Engels 1968, 219):

«Wenn die Sicherheit vor den Menschen sich auch bis zu einem gewissen Grade durch Macht stützen und durch Reichtum befestigen läßt, echter ist doch die Sicherheit, welche das Leben in der Stille und Zurückgezogenheit vor der Masse verleiht» (Epikur 1973, 55).

Zwar lehnt er, ähnlich wie Aristoteles, den Gelderwerb um seiner selbst willen ab und unterscheidet eine natürliche und eine unnatürliche Form des Reichtums:

«Der Reichtum, den die Natur verlangt, ist begrenzt und leicht zu beschaffen, der dagegen, nach dem wir in törichtem Verlangen streben, geht ins Ungemessene» (Epikur 1973, 55).

Einen wahrhaft revolutionären Bruch mit der griechischen Tradition, also gerade auch mit Platon und Aristoteles, bedeuten aber seine Überlegungen zum Recht:

«Das der Natur gemäße Recht ist eine den Nutzen betreffende Übereinkunft, einander nicht zu schädigen noch voneinander Schaden zu leiden» (Epikur 1973, 60).

Oder in einer anderen Formulierung, mit einer deutlichen polemischen Spitze gegen Platons «Idee der Gerechtigkeit»:

«Gerechtigkeit an sich hat es nie gegeben. Alles Recht beruhte vielmehr stets nur auf einer Übereinkunft zwischen Menschen, die sich in jeweils verschieden großen Räumen zusammenschlossen und sich dahin einigten, daß keiner dem anderen Schaden zufügen oder von ihm erleiden soll» (Epikur 1973, 61).

Das Recht orientiert sich nach Epikurs Verständnis nicht an geheiligten Traditionen, an den überkommenen, unverrückbaren Sitten eines Volkes, sondern es ist bloße Konvention, eine Verabredung zum wechselseitigen Nutzen. Hier taucht zum ersten Mal der Gedanke eines Vertrages auf, der in der Neuzeit zur Lehre vom Gesellschafts- und Staatsvertrag werden sollte: Die Menschen binden sich wechselseitig durch ein Abkommen, um möglichst ungestört ihrem privaten Interesse nachgehen zu können. Dieses Interesse ist für ihn aber kein ökonomisches, zu dem es in der Neuzeit wurde; auch der Vertrag dient vielmehr der Verwirklichung seines Ideals der *Ataraxie*, der Unerschütterlichkeit.

Da aber die Bedingungen, unter denen menschliches Leben stattfindet, mit dem Ort und mit der Zeit wechseln, kann das Recht (wie alle Werte) auch nur ein relatives sein; Vorstellungen von einem absoluten, unveränderlichen Recht, wie Aristoteles und vor allem Platon es forderten, kennt er also nicht:

«Grundsätzlich ist das Recht für alle gleich, denn es bedeutet stets in der auf Gegenseitigkeit beruhenden Gemeinschaft etwas Nutzbringendes. Aber wegen der Besonderheiten eines Landes und aus anderen durch die Verhältnisse bedingten Gründen kann es nicht überall für alle gleich sein» (Epikur 1973, 61 f.).

«Dort ..., wo unter veränderten Verhältnissen die bisher geltenden Rechtssätze keinen Nutzen mehr spenden, waren sie trotzdem noch Recht, solange sie für die staatsbürgerliche Gemeinschaft noch nützlich waren; später freilich, wenn sie keinerlei Nutzen mehr haben, können sie auch nicht mehr als Recht gelten» (Epikur 1973, 63).

Die griechische Polis, deren Niedergang seine Vorgänger im 4. Jahrhundert noch beklagten und durch Reformen aufhalten wollten, ist für Epikur kein erstrebenswertes Ziel mehr. Die höchsten Güter findet er nicht mehr im politischen Leben, sondern im privaten Raum, in der Freundschaft mit Gleichgesinnten, mit Philosophen:

«Von allen Gütern, die die Weisheit sich zur Glückseligkeit des ganzen Lebens zu verschaffen weiß, ist bei weitem das größte die Fähigkeit, sich Freunde zu erwerben» (Epikur o.J., 32).

II. Von der Spätantike bis zur frühen Neuzeit

Aurelius Augustinus: Vom Gottesstaat

Zwei Reiche in einer Welt

Wie alle Epochenbezeichnungen sind auch ‹Antike› oder ‹frühe Neuzeit› Begriffe, die erst nach vielen Jahrhunderten in der historischen Rückschau gebildet wurden. Sie dienten und dienen als Ordnungs- und Orientierungsraster, als Schubfächer gewissermaßen, in denen eine Unzahl heterogener Daten aufbewahrt ist. Mehr in ihnen zu sehen, wäre gewiss verfehlt. Wollte man etwa in der Art der romantischen Geschichtsmetaphysik und ihrer Nachläufer ‹die Antike› zu einer realen Wesenheit hochstilisieren, die den ‹Geist› der Epoche ausgemacht habe und die ebenso real gewesen sei wie der Peloponnesische Krieg oder die Ermordung Cäsars, so müsste man doch wenigstens annehmen dürfen, dass die Menschen damals davon gewusst haben. Es ist aber nicht bekannt, dass z.B. Platon sich als ‹antiker Mensch› empfunden hätte. Solche Begriffsbildungen haben sich denn auch unter dem immer mehr ins Detail dringenden Blick der historischen Forschung als fragwürdig erwiesen, zumal immer deutlicher wird, wie wenig einheitlich und abgerundet diese Großepochen waren, ja, dass es kaum möglich ist, sie präzise voneinander abzugrenzen.

Das Jahr 476, in dem der germanische Heerführer Odoaker den römischen Kaiser Romulus Augustulus absetzte und damit das Weströmische Reich aufhörte zu bestehen, war nur der Schlusspunkt hinter dem langen Zerfallsprozess Roms, keineswegs das Ende der Antike als solcher. Auflösungserscheinungen zeigte das Reich schon seit mindestens zwei Jahrhunderten. Die griechische und römische Kultur waren wesentlich städtische Kulturen. Doch schon im 4. Jahrhundert kam es zu einem allmählichen Niedergang der Städte, besonders drastisch im Falle Roms, das seit den Tagen der Republik das Zentrum der mittelmeerischen Kulturwelt gewesen war und 404 durch Ravenna als Hauptstadt abgelöst wurde. Die Bevölkerung verstreute sich auf dem Lande, und wenn die Städte, vor allem in Südeuropa, während des Mittelalters auch nicht gänzlich verschwanden, so kam es doch erst rund 800 Jahre später zu ihrer kräftigen Wiederbelebung.

Befördert wurden die Auflösungstendenzen des Reiches auch durch die Dezentralisierung der Verwaltung unter Diocletian (reg. 284–305). Die Aufteilung des Reichsgebietes in zwölf Verwaltungsbezirke und die Einsetzung von Mitregenten des Kaisers, gedacht zur Entlastung der Zentrale, führten zu ständigen Kämpfen um die Alleinherrschaft unter den Regenten und endeten schließlich 395 mit der Teilung in das Weströmische und das Oströmische Reich mit Constantinopel / Byzanz als Hauptstadt, die erst 1453 von den Osmanen erobert wurde.

Zu den Konflikten im Innern trat die äußere Bedrohung durch die in der zweiten Hälfte des 4. Jahrhunderts beginnende Völkerwanderung, die das west- wie oströmische Reich zunehmend in Abwehrkämpfe gegen hunnische, germanische und slawische Stämme verwickelte. Doch zum für die weitere europäische Geschichte folgenschwersten Vorgang wurde die Christianisierung. Nachdem unter Diocletian 303 bis 311 die letzte große Verfolgung stattgefunden hatte, erließ Konstantin der Große 313 das Toleranzedikt von Mailand, das den Christen Gleichberechtigung und völlige Religionsfreiheit gewährte. Konstantin selbst ließ sich 337 auf dem Sterbebett taufen, und unter Theodosius wurde das Christentum 391 zur alleinigen Staatsreligion. Die einstmals Verfolgten wurden nun selbst zu Verfolgern alles Nichtchristlichen, und letzte Relikte des ‹Heidentums› wurden schließlich beseitigt, als der oströmische Kaiser Justinian (reg. 527–565) 529 die fast tausend Jahre alte platonische Akademie in Athen schließen ließ.

Mit dem Eindringen des Christentums in alle Lebensbereiche setzte ein Prozess der Verinnerlichung ein, der zu einer Entwertung der öffentlichen Existenz führte. Mönchische und asketische Ideale waren seit den Anfängen wichtige Bestandteile der christlichen Ethik, wenn auch der Rückzug in ein Mönchs- und Eremitendasein als ausschließliche Lebensform immer nur für eine Minderheit verbindlich sein konnte. Je brüchiger aber die staatlichen Ordnungen wurden und je unsicherer die äußeren Umstände durch Bürgerkriege und Barbareneinfälle, desto stärker wurden die übrigen Christen auf eine private Existenz zurückgeworfen. Siege und Ehren auf dem Schlachtfeld und bei Eroberungen waren nicht mehr zu erwarten. An die Stelle des altrömischen Fortlebens im Nachruhm und im großen Namen trat die Sorge um das Heil der unsterblichen Seele. Nicht länger bestimmte sich der Wert eines Menschen primär durch die sichtbare Außenseite, durch sein Handeln in der und für die politische Gemeinschaft, die *polis* oder die *res publica.* Entscheidend wurde sein innerliches Verhältnis zu dem jenseitigen, den Sinnen unzugänglichen Gott, der als Schöpfer und Erhalter einer Welt- und Heilsordnung verehrt wird, die höher als alle politisch-staatliche Organisation ist.

Exemplarisch für diese Umbruchszeit sind Leben und Werk des Aurelius Augustinus. Dass er einmal zu einem der größten Heiligen der katholischen Kirche, 1298 zusammen mit Ambrosius, Hieronymus und Papst Gregor dem Großen gar zu einem ihrer Kirchenväter erklärt werden sollte, war nach dem Leben, das er bis nach seinem 30. Lebensjahr führte, kaum zu erwarten. Zwar war seine Mutter Monnica (ebenfalls heiliggesprochen) eine eifrig praktizierende Christin; doch der junge Augustin (er wurde am 13. November 354 im nordafrikanischen Thagaste geboren) erhielt zwischen 361 und 373 eine nichtchristliche rhetorische und literarisch-philosophische Ausbildung anhand der griechisch-lateinischen Klassiker. Zwischen 374 und 386 war er Lehrer der Rhetorik, zunächst in Thagaste und Karthago, dann, mit steigendem Ruhm, in Rom und Mailand. Wenn man seinem Zeugnis in seiner berühmten Autobiographie, den «Confessiones» («Bekenntnisse» von 397), Glauben schenken darf, gab er sich zeitweise einem wild ausschweifenden Leben hin. Fest steht jedenfalls, dass er einen unehelichen Sohn hatte. Ein tieferes religiöses Interesse muss jedoch schon zu dieser Zeit bestanden haben; denn er war vorübergehend als *auditor* (Schüler) Mitglied der Manichäer. Diese weitverbreitete nichtchristliche Sekte, benannt nach ihrem persischen Stifter Mani (216 bis um 276), vertrat eine streng asketische Ethik. Ihre philosophische Lehre bestand vor allem aus einem Prinzipiendualismus, in dem ein gutes Reich von Geist und Licht einem bösen Reich von Materie und Finsternis gegenübersteht. Dieser Dualismus hat vermutlich noch auf den christlichen Augustinus einige Wirkung ausgeübt, auch wenn er die Manichäer wie andere Sekten und christliche Abweichler später in zahlreichen Polemiken bekämpfte. 386 in Mailand bekehrte er sich unter dem Eindruck der Lektüre des Neuen Testaments zum Christentum und empfing 387 als Zweiunddreißigjähriger die Taufe. Im folgenden Jahr kehrte er nach Thagaste zurück und lebte bis zu seiner Priesterweihe 391 als Mönch in einem Kloster. Schon vier Jahre darauf wurde er erst zum Hilfsbischof, dann zum Bischof im nordafrikanischen Hippo Regius ernannt, wo er nach einem von seelsorgerischen und schriftstellerischen Tätigkeiten erfüllten Leben am 28. August 430 starb, während die Stadt von Vandalen belagert wurde. Kurz nach seinem Tode nahmen sie Hippo Regius ein und gründeten ein von Rom unabhängiges Vandalenreich, das sich bis 535 behauptete.

Aus dem riesigen Gesamtwerk Augustins, das neben Predigten und Bibelexegesen zahlreiche Abhandlungen umfasst, so «De libero arbitrio» (Über den freien Willen), «De trinitate» (Über die Dreieinigkeit), ragt neben den «Bekenntnissen» vor allem das 413 bis 426 entstandene geschichtstheologische Spätwerk «De civitate dei» (Vom Gottesstaat) hervor, mit dem er das historische Denken bis über das Mittelalter hinaus inspirierte. Veranlasst wurde es durch ‹heidnische› Anklagen gegen die Christen, die nach der Eroberung und Plünderung der Stadt Rom durch die Westgoten unter Alarich im Jahre 410 einsetzten. Dem Christengott wurde vorgeworfen, er sei zu schwach, Rom zu schützen, und trage die Schuld am Niedergang des Reiches. Augustin verstand sein Werk als eine Abwehr dieser Vorwürfe, zugleich als Apologetik, als Rechtfertigung des christlichen Glaubens und seiner Lehrsätze.

Die Bücher 1 bis 10 des «Gottesstaates» sind beherrscht von Polemiken gegen die römischen Götter, die nichts als falsche Götzen und Dämonen seien. Sie hätten weder den Verfall der römischen Sitten verhindern können, noch seien sie es gewesen, die Rom zu seiner Weltherrschaft verholfen haben. Sondern der christliche Gott habe in der Unerforschlichkeit seines Ratschlusses den Römern ihr Reich verliehen und könne es ihnen auch wieder nehmen, wenn er es für richtig hält:

«So wollen wir denn die Macht, Reiche und Herrschaften zu verleihen, allein dem wahren Gotte zuerkennen, der Glückseligkeit im Himmelreiche nur den Frommen gewährt, ein irdisches Reich aber bald Frommen, bald auch Gottlosen, wie es ihm gefällt, dem zu Unrecht nichts gefällt. Denn obschon wir einiges angeführt haben, was nach seinem Willen offen zutage liegt, ist es uns doch zu viel und übersteigt unsere Kräfte bei weitem, klarzulegen, was Menschen verborgen ist, und über Verdienst und Schuld der Reiche ein sicheres Urteil zu fällen. Jener eine und wahre Gott also, der das Menschengeschlecht unablässig bald richtet, bald fördert, verlieh den Römern das Reich zu der Zeit und in dem Umfang, wie er es wollte» (Augustinus 1977, 269).

Rom kann schon deshalb kein idealer Staat sein, weil ihm seit seiner Entstehung ein Makel anhaftet. Der Fluch, den Kain bei seinem Brudermord an Abel über die Menschheit brachte, setzte sich fort in der Ermordung des Remus durch seinen Bruder Romulus bei der Gründung der Stadt. Damit mangelt es Rom aber an Gerechtigkeit, und seine Herrschaft ist moralisch gerichtet:

«Was anders sind also Reiche, wenn ihnen Gerechtigkeit fehlt, als große Räuberbanden? Sind doch auch Räuberbanden nichts anders als kleine Reiche. Auch da ist eine Schar von Menschen, die unter Befehl eines Anführers steht, sich durch Verabredung zu einer Gemeinschaft zusammenschließt und nach fester Übereinkunft die Beute teilt. Wenn dies üble Gebilde durch Zuzug verkommener Menschen so ins Große wächst, daß Ortschaften besetzt, Niederlassungen gegründet, Städte erobert, Völker unterworfen werden, nimmt es ohne weiteres den Namen Reich an, den ihm offenkundig nicht etwa hingeschwundene Habgier, sondern erlangte Straflosigkeit erwirbt. Treffend und wahrheitsgemäß war darum die Antwort, die einst ein aufgegriffener Seeräuber Alexander dem Großen gab. Denn als der König den Mann fragte, was ihm einfalle, daß er das Meer unsicher mache, erwiderte er mit freimütigem Trotz: Und was fällt dir ein, daß du das Erdreich unsicher machst? Freilich, weil ich's mit einem kleinen Fahrzeug tue, heiße ich Räuber. Du tust's mit einer großen Flotte und heißt Imperator» (Augustinus 1977, 173 f.).

Weshalb lässt Gott in seiner Güte und Allmacht aber überhaupt eine ungerechte Herrschaft zu? Augustins Antwort verblüfft durch ihre Einfachheit:

«Die Herrschaft der Bösen ... schadet mehr den Machthabern selber, da sie durch die größere Freiheit, Verbrechen zu begehen, ihre Seelen verwüsten, während denen, die ihnen dienen und untertan sind, nur ihre eigene Schlechtigkeit schadet. Denn das Übel, das den Gerechten von gottlosen Herren zugefügt wird, ist nicht Strafe für Vergehen, sondern Tugendprobe. So ist denn der gute Mensch frei, wenn er dient, der böse ein Knecht, auch wenn er herrscht, und zwar Knecht nicht eines einzelnen Menschen, sondern was schlimmer ist, so vieler Herren, wie er Laster hat» (Augustinus 1977, 173).

In diesem Zitat zeichnet sich in Umrissen Augustinus' Freiheits- und Erbsündenlehre ab, die bis heute das philosophische und theologische Denken mitbestimmt: Im Paradiesesstand hatte der Mensch das Vermögen, das Gute, die Liebe Gottes zu wollen. Seit Adams Sündenfall hat der Mensch nur noch die Freiheit zum Bösen, d.h., er erstrebt irdische Güter statt Gott. Weil Gott aber das Böse nicht geschaffen haben kann, muss es in einem bloßen Mangel am Guten (*privatio boni*) bestehen, das aus der sündhaften Ohnmacht des Menschen entspringt. Gott in seiner Allmacht und Allwissenheit kennt die Sünden der Menschen im Voraus, greift aber nicht in ihre Freiheit ein, und die meisten Menschen bleiben sündhaft verstrickt und daher verdammt. Die vollendete Freiheit und Gottesliebe wird nur jenen als Gnade zuteil, die Gott von Ewigkeit her dazu vorherbestimmt hat (die Prädestinationslehre Augustins). Wesentlich ist daher nicht in erster Linie das sichtbare Handeln des Menschen, sondern seine Erwähltheit und seine innere Haltung zu Gott und zur geoffenbarten Religion.

Dieses Denken in Dualismen wie innerlich – äußerlich und göttlich – weltlich setzt sich in der Unterscheidung von Gottesstaat (*civitas dei*) und irdischem oder teuflischem Staat (*civitas terrena* oder *diaboli*) fort, wie sie in den Büchern 11 bis 22 des «Gottesstaates» entfaltet wird: Der Teufelsstaat entstand durch die von Gott abgefallenen Engel und umfasst außer diesen dämonischen Wesen die nicht zur Erlösung vorherbestimmten Menschen. Zum Gottesstaat dagegen gehören neben den nicht abgefallenen Engeln die Heiligen und Erwählten. Weil nur seine Bürger der wahren Freiheit teilhaftig sind, nicht aber die Bürger des Teufelsstaates, muss Liebe das ordnende Prinzip in jedem der beiden Reiche sein:

«Demnach wurden die zwei Staaten durch zweierlei Liebe begründet, der irdische durch Selbstliebe, die sich bis zur Gottesverachtung steigert, der himmlische durch Gottesliebe, die sich bis zur Selbstverachtung erhebt. Jener rühmt sich seiner selbst, dieser ‹rühmt sich des Herrn›. Denn jener sucht Ruhm von Menschen, dieser findet seinen höchsten Ruhm in Gott, dem Zeugen des Gewissens. Jener erhebt in Selbstruhm sein Haupt, dieser spricht zu seinem Gott: ‹Du bist mein Ruhm und hebst mein Haupt empor›. In jenem werden Fürsten und unterworfene Völker durch Herrschsucht beherrscht, in diesem leisten Vorgesetzte und Untergebene einander in Fürsorge und Gehorsam liebevollen Dienst …

In diesem Staate … gibt es nur eine Weisheit des Menschen, die Frömmigkeit, die den wahren Gott recht verehrt und in der Gemeinschaft der Heiligen, nicht nur der Menschen, sondern auch der Engel, als Lohn erwartet, ‹daß Gott sei alles in allen›» (Augustinus 1978, 210 f.).

Diese beiden *unsichtbaren* Reiche bestehen bis zum jüngsten Tag getrennt nebeneinander fort und vermischen sich nur in ihren irdischen und *sichtbaren* Erscheinungen, der Kirche und dem Staat. Der Dualismus setzt sich auf einer anderen Ebene fort: Ordnet Augustin auch die sichtbare Kirche eher dem Gottesreich zu, den römischen Staat eher dem Teufelsreich, so enthalten doch beide Anteile der ihnen entgegengesetzten Prinzipien. Zwar ist die Gemeinschaft der Heiligen nicht wirklich auf Erden heimisch und ruht in der Einheit der göttlichen Gnade. Doch der Kirche als Institution droht immer die Verweltlichung, der Abfall von Gott. Zwar kämpfen die Verdammten in ihrem sündhaften Wollen nach Macht und weltlicher Herrschaft, doch vermag der Staat immerhin, den irdischen Frieden zu gewährleisten, der im Dienste des himmlischen Friedens steht. Diesen Frieden muss jeder, auch der Gläubige, zu erhalten suchen, und weil die Familie «Ausgangspunkt oder Teilstück» des

Staates ist, der häusliche Friede aber auf den bürgerlichen abzielt, muss sich auch die christliche Familie in den bürgerlichen Gehorsam einüben. Augustinus, der die politischen Ordnungen doch eigentlich für satanisch hält, predigt hier eine erstaunliche Staatsfrömmigkeit:

«Daher kommt es, daß der Hausvater aus dem Gesetz des Staates die Vorschriften entnehmen muß, nach denen er sein Hauswesen so leitet, daß es dem Frieden des Staates sich anpaßt ... Jedoch eine menschliche Hausgemeinschaft, die nicht aus dem Glauben lebt, trachtet nur danach, im Genuß der Gaben und Güter des zeitlichen Lebens irdischen Frieden zu gewinnen. Eine Hausgemeinschaft aber von solchen, die aus dem Glauben leben, erwartet die ewigen Güter, die für die Zukunft verheißen sind, und gebraucht die irdischen und zeitlichen Dinge nur wie ein Gast, läßt sich von ihnen nicht fangen und vom Wege zu Gott abbringen, sondern stärkt sich durch sie, die Last des vergänglichen Leibes, der die Seele beschwert, leichter zu ertragen und so wenig wie möglich zu vermehren. So ist zwar der Gebrauch der für unser sterbliches Leben notwendigen Dinge beiderlei Menschen und Häusern gemeinsam. Aber der Endzweck, zu dem man sie gebraucht, ist bei beiden anders und grundverschieden. Demnach strebt auch der irdische Staat, der nicht im Glauben lebt, nach irdischem Frieden und versteht die Eintracht der Bürger im Befehlen und Gehorchen als gleichmäßige Ausrichtung des menschlichen Wollens auf die zum sterblichen Leben gehörenden Güter. Der himmlische Staat dagegen oder vielmehr der Teil desselben, der noch in dieser vergänglichen Welt auf der Pilgerfahrt sich befindet und im Glauben lebt, bedient sich notwendig auch dieses Friedens, bis das vergängliche Leben selbst, dem solcher Friede not tut, vergeht. Solange er darum im irdischen Staate gleichsam in Gefangenschaft sein Pilgerleben führt, trägt er, bereits getröstet durch die Verheißung der Erlösung und den Empfang des Unterpfandes der Geistesgabe, kein Bedenken, den Gesetzen des irdischen Staates, die all das regeln, was der Erhaltung des sterblichen Lebens dient, zu gehorchen» (Augustinus 1978, 560 f.).

Augustinus bettet die gesamte empirische Weltgeschichte ein in die heilsgeschichtliche Auseinandersetzung zwischen den beiden unsichtbaren Staaten, deren Erscheinungsformen, Kirche und irdischer Staat, sich fortschreitend entmischen und am Ende der Geschichte vollkommen voneinander geschieden sein werden. In diesem zielgerichteten Ablauf sind die sechs historischen Weltalter in Entsprechung zu den ersten sechs Tagen der mosaischen Schöpfungsgeschichte gesetzt. Am siebten Tage aber wird für die Erwählten die große Sabbatruhe des Gottesstaates sein: Das «ist wahrlich der große Sabbat, der keinen Abend hat, den der Herr bei der Weltschöpfung aus den anderen Tagen heraushob … Denn der siebte Tag werden auch wir selber sein, wenn wir durch Gottes Segen und Heiligung geheilt sein werden und vollendet» (Augustinus 1978, 834). Alle Zeichen deuten auf den heilsgeschichtlichen Sinn alles Geschehens hin, auf das vollkommene Glück im Erreichen des höchsten Gutes, die jenseitige Gottesschau in mystischer Verzückung:

«Auch die Zahl der Weltalter, gleichsam der Welttage, nach den in der Schrift angegebenen Zeitabschnitten berechnet, weist deutlich auf diese Sabbatruhe hin, die als siebtes Weltalter zu gelten hat. Denn das erste Weltalter, gleichsam der erste Tag, reicht von Adam bis zur Sündflut, das zweite von da bis Abraham, beide einander gleich, nicht an Zeitdauer, wohl aber an Zahl der Geschlechter, deren sich je zehn ergeben. Darauf folgen die vom Evangelisten Matthäus angesetzten drei Weltalter bis zur Ankunft Christi, deren jedes vierzehn Geschlechter in sich begreift, das eine von Abraham bis David, das andere von da bis zur babylonischen Gefangenschaft, das dritte von da bis zur Geburt Christi im Fleisch. Bis dahin also im ganzen fünf. Das sechste dauert noch an und ist nach keiner Zahl von Geschlechtern bemessen. Denn es steht geschrieben: ‹Es gebührt euch nicht zu wissen die Zeit, die der Vater seiner Macht vorbehalten hat.› Danach wird Gott gleichsam am siebten Tage ruhen, indem er diesen siebten Tag, nämlich uns, ruhen läßt in sich. Von den Weltaltern ausführlich im einzelnen zu handeln, wäre zu umständlich. Das siebte aber wird unser Sabbat sein, dessen Ende kein Abend ist, sondern der Tag des Herrn, gleichsam der achte ewige, der durch Christi Auferstehung seine Weihe empfangen hat und die ewige Ruhe vorbildet, nicht nur des Geistes, sondern auch des Leibes! Dann werden wir stille sein und schauen, schauen und lieben, lieben und loben. Das ist's, was dereinst sein wird, an jenem Ende ohne Ende. Denn welch anderes Ende gäbe es für uns, als heimzugelangen zu dem Reich, das kein Ende hat?» (Augustinus 1978, 834 f.).

Thomas von Aquin: Über die Herrschaft der Fürsten

Die Institution des Königtums

Nach dem Untergang des weströmischen Reiches versanken große Teile Europas für ein halbes Jahrtausend in Dunkelheit. Nur tief im Süden, im byzantinischen Reich und im islamisch gewordenen Spanien, lebte noch etwas von der antiken Hochkultur und den griechisch-römischen Traditionen weiter. Im restlichen Europa kamen künstlerische und wissenschaftliche Betätigung fast gänzlich zum Erliegen. Außer für eine dünne kirchliche und weltliche Oberschicht war kaum die Ernährung gesichert. Die weit verstreut lebende Bauernschaft kannte nichts als den chronischen Mangel, unterbrochen durch Hungersnöte größten Ausmaßes. Die entwickelte Geldwirtschaft der Antike verschwand; an ihre Stelle trat wieder die urtümliche Naturalwirtschaft. Auch der Fernhandel brach zeitweilig zusammen. Die (kleinen und wenig zahlreichen) Städte hatten fast jede politische und wirtschaftliche Bedeutung verloren.

Bezeichnenderweise lagen die Pfalzen der karolingischen Kaiser denn auch auf dem Lande. Der Norden und Nordosten Europas wurde zwar allmählich christlich missioniert, ein Vorgang, der im 11. Jahrhundert weitgehend abgeschlossen war. Aber die Einfälle wilder Stämme, vor allem die Normannenzüge vom 8. bis zum 11. Jahrhundert, bedrohten auch weiterhin die wenigen Zentren wie Abteien und Klöster, in denen sich etwas Reichtum und kulturelles Wissen angesammelt hatten. Unter den äußeren Anstürmen und inneren Streitigkeiten hatten die meisten Ansätze zu einer großräumigen politischen Organisation in Königreichen nur kurzen Bestand. Auch die Blüte der Kultur unter Karl dem Großen, ‹die karolingische Renaissance›, dauerte nur wenige Jahrzehnte und beschränkte sich geographisch auf Nordfrankreich und die Rheinlande; Karls fränkisches Großreich zerfiel dann bereits wieder unter seinen Söhnen.

Doch ab dem 10. Jahrhundert begannen sich allmählich verbesserte landwirtschaftliche Techniken zu verbreiten. Durch sie konnte die Bodenfruchtbarkeit erhöht werden, und sie bildeten die Grundlage für den kulturellen Fortschritt der Folgezeit:

«Mitten im Unglück des Jahres tausend liegen die Triebfedern eines jugendlichen Aufschwungs, der sich zunächst kraftvoll erhob und dann über drei lange Jahrhunderte die Grundlage für den Aufstieg Europas abgab. So schreibt denn auch der Bischof Thietmar von Merseburg in seiner Chronik: ‹kaum war das tausendste Jahr nach der Geburt des Erlösers Jesu Christ durch die sündenlose Jungfrau gekommen, erstrahlte die Welt in hellem Morgenglanz›.

Genaugenommen brach diese Dämmerung nur für eine Handvoll Menschen an. Die anderen lebten weiterhin und noch für lange Zeit in Nacht, Elend und Angst. Egal, ob sie ihrem Status nach frei oder aber durch jene Bande gefesselt waren, die die Sklaverei überdauert hatten – die Bauern waren immer noch völlig entblößt, gewiß weniger hungrig, dafür aber entkräftet und jeder Hoffnung beraubt, eines Tages ihre armseligen Behausungen zu verlassen, sich über ihren Zustand zu erheben; Hoffnung blieb ihnen nicht einmal dann, wenn es ihnen gelang, Stück für Stück ein Häufchen Münzgeld zusammenzutragen, um nach zehn Jahren, zwanzig Jahren Entbehrung einen Flecken Land zu kaufen. Die Grundherrlichkeit ihrer Zeit erdrückt sie unterschiedslos. Sie allein bildet das Gerüst der Gesellschaft. Und in Funktion der den Oberhäuptern zuerkannten Gewalten des Schutzes und der Nutzung organisiert sich letztere wie ein Gebäude mit mehreren, durch dichte Scheidewände getrennten Stockwerken, beherrscht von einer kleinen Gruppe außerordentlich mächtiger Leute oben an der Spitze. Ein paar Familien, Verwandte oder Freunde des Königs, denen alles gehört: Grund und Boden, die bewirtschafteten Inseln mitsamt den riesigen Einöden drum herum, die Sklaventrupps, die Abgaben und Frondienste der als Pächter auf ihrem Besitz niedergelassenen Landarbeiter, die Fähigkeit zu kämpfen, das Recht zu urteilen und zu strafen, kurz, alle führenden Stellungen der Kirche und der Welt. Über und über mit Schmuck behängt, ausstaffiert mit farbenprächtigen Stoffen ziehen die Adeligen in Begleitung ihrer Reitereskorte durch dieses wilde Land. Sie eignen sich die wenigen Werte an, die sich hinter seiner Armut verbergen. Sie allein sind die Nutznießer des sich mehrenden Reichtums, den der landwirtschaftliche Fortschritt allmählich auszuscheiden beginnt. Nur diese streng hierarchische Ordnung der gesellschaftlichen Beziehung, die Gewalt der Herren und die Macht der Aristokratie vermögen zu erklären, wie das extrem langsame Wachstum derart primitiver materieller Strukturen plötzlich jene Phänomene der Expansion hat hervorbringen können, die im letzten Viertel des 11. Jahrhunderts gehäuft auftreten: das Erwachen des Handels mit Luxusgütern, die Eroberungswellen, die die Krieger des Abendlandes in alle Himmelsrichtungen verschlugen, und schließlich die Renaissance der Hochkultur» (Duby 1984, 15 f.).

Im Jahre 1095 rief Papst Urban II. die Christenheit auf, das Heilige Grab in Jerusalem den Ungläubigen zu entreißen. Die zweihundertjährige Epoche der Kreuzzüge begann, deren Bedeutung weniger in ihren militärischen Erfolgen liegt – das christliche Königreich Jerusalem bestand nur von 1099 bis 1187 – als in ihren Rückwirkungen auf Europa selbst. Die Kreuzfahrer kamen in Kontakt mit der überlegenen Kultur des Islam, zu der sie sich nolens volens nur als Lernende verhalten konnten. Zahlreiche Gebrauchsgegenstände und Technologien wie auch antike Medizin, Mathematik und Philosophie, bereichert durch arabische Gelehrte und Denker, drangen auf diese Weise allmählich in das Leben der europäischen Ober- und Bildungsschichten ein. Zugleich verstärkte sich der Orienthandel, der zur Wiedergeburt der städtischen Kultur beitrug und vor allem in einigen oberitalienischen Städten (Venedig, Genua, Pisa) ein reiches Bürgertum entstehen ließ. Der Kreislauf der Geldwirtschaft kam wieder in Schwung, und die ersten großen Handels- und Bankkapitalien entstanden.

Abseits der Städte, die teilweise, wie Venedig, selbständige Republiken waren, teilweise über Sonderrechte verfügten (‹Stadtluft macht frei›), herrschten auch weiterhin feudale Zustände. Die Gesellschaft ist strikt ständisch-hierarchisch von oben nach unten organisiert, mit dem König an der Spitze, unter ihm der Adel, der von ihm mit Grundbesitz – oft erblich – belehnt ist und für seine Treuepflicht vom König ökonomische, militärische, richterliche und gesellschaftliche Rechte und Vorrechte erhält. Darunter bildet sich ein niederer Adel aus königlichen Beamten oder aus Vasallen der großen Herren und das Rittertum, das mit seinen Idealen von Gerechtigkeit, Weisheit, Tapferkeit, Ehre und dem Minnedienst höfische Verhaltensformen und literarische Stoffe schafft, die bis ins späte 15. Jahrhundert ausstrahlen und geltend bleiben. Außerhalb dieses Systems von Geben und Nehmen, am Fuß der feudalen Pyramide, stehen die mehr oder weniger rechtlosen Unfreien, Sklaven sowie hörige und leibeigene Bauern. Letztlich führte das Feudalwesen nach langem Hin und Her in der Machtverteilung zwischen König und Adel in Deutschland zu einem Zerfall der politischen Einheit und der Auflösung des Reiches in zahlreiche souveräne Territorialstaaten, während es in Frankreich und England zur Ausbildung einer zentralistischen Monarchie auf feudal-aristokratischer Basis kam.

Die andere Säule der mittelalterlichen Gesellschaftsordnung, die Kirche mit dem Papsttum an der Spitze, erreichte im 12. und 13. Jahrhundert den Gipfel ihrer weltlichen Macht. Im Streit um die Vorherrschaft zwischen dem deutschen Kaiser und dem Papst, sinnfällig in dem Kampf um das Verbot der Laieninvestitur zwischen Kaiser Heinrich IV. und Papst Gregor VII. zwischen 1075 und 1084, gelang es den Päpsten Alexander III. (reg. 1159–1181) und vor allem Innozenz III. (reg. 1198–1216), zahlreiche europäische Fürsten zur Anerkennung ihrer geistlichen Weltherrschaftsansprüche zu bringen. Sizilien, Portugal und England unterstellten sich gar dem Papst als ihrem Oberherrn.

Doch diese Verweltlichung führte zu Gegenreaktionen innerhalb und außerhalb der Kirche. Außerkirchliche Laienbewegungen und Sekten wie die Katharer, die Albigenser und Waldenser forderten die Rückkehr zu den Idealen des Evangeliums, zu einem Leben in Armut und Keuschheit, verwarfen den Reichtum und die weltliche Macht der Kirche, bekämpften zum Teil auch die Sakramente, die Messe, den Bilder- und Reliquiendienst, den Eid und die Todesstrafe. Zur Abwehr dieser Häresien initiierte die Kirche blutige Ausrottungsfeldzüge gegen die Ketzer und schuf schließlich 1231 die päpstliche Inquisition. Mit ihrer Durchführung wurde zwei Jahre später der Dominikanerorden beauftragt. Dieser Orden, 1215 von dem späteren Heiligen Dominikus (um 1170–1221) gegründet, bewegte sich wie die fast gleichzeitige Ordensgründung durch Franz von Assisi (1182–1226) im Rahmen innerkirchlicher Ordnungen, auch wenn er sich, wie der Franziskanerorden, in der äußeren Form an die Volksfrömmigkeit und die Praktiken der Sekten anlehnte: Beide waren sogenannte Bettelorden, sie verpflichteten ihre Mitglieder zu völliger Armut und Verzicht auf Geldbesitz. Vor allem die strengen Franziskaner waren gehalten, ihr Leben gänzlich durch erbettelte Speisen zu fristen. Beide unterschieden sich von den älteren Orden auch dadurch, dass sie städtischen Ursprungs waren und ihren Sitz nicht mehr in einem Kloster nahmen, sondern auf freien Plätzen predigend von Ort zu Ort zogen. Während die Franziskaner aber durch ihre Verwendung der Volkssprache und ihre Berufung auf die Bibel als einzige Autorität den Volksbewegungen nahestanden (radikale Franziskaner wurden später als Ketzer verfolgt), vertraten die Dominikaner von Anfang an kirchliche Interessen, die Reintegration der gemäßigten Ketzer in die Kirche und die Bekämpfung der unbelehrbaren. Sie blieben daher auch im Gegensatz zu den oft (nicht immer) bildungsfeindlichen Franziskanern theologisch-wissenschaftlich orientiert und besetzten bei ihrer raschen Ausbreitung bald zahlreiche Positionen an den Universitäten, die sich gerade aus den Kloster- und Kathedralschulen entwickelt hatten.

In diesen Orden trat 1244 der neunzehnjährige Thomas von Aquin ein, der sein bedeutendster Theologe werden sollte. Er war der Sohn des Grafen von Aquino, einer kleinen Stadt in der Nähe von Neapel, wurde im Kloster Monte Cassino erzogen und studierte bereits fünf Jahre an der Universität Neapel. Seine Familie widersetzte sich seinem Eintritt in den Orden, ließ ihn entführen und auf der Familienburg festsetzen. Doch Thomas beharrte auf seinem Entschluss und durfte 1245 seine Studien bei dem Dominikaner Albertus Magnus (um 1200–1280) in Paris fortführen, dem er 1248 bis 1252 nach Köln folgte. Albert war der vielseitigste Gelehrte des 13. Jahrhunderts (der *doctor universalis*), eine Gelehrsamkeit, die sich bis in die Botanik und Zoologie erstreckte, und vermittelte Thomas die Schriften des Aristoteles, die, mit Ausnahme der seit der Spätantike verbreiteten logischen Schriften erst jetzt über jüdische und arabische Quellen bekannt wurden. Sie prägten Thomas' Denken so tief, dass man ihn als christlichen Aristoteliker bezeichnen kann. 1252 kehrte er nach Paris zurück und lehrte dort bis 1259, in den folgenden zehn Jahren an der römischen Kurie und in verschiedenen italienischen Dominikanerschulen. Nach erneuter Unterrichtstätigkeit in Paris 1269 bis 1272 ging er nach Neapel und starb 1274 auf dem Weg zum Konzil von Lyon. Bereits 49 Jahre nach seinem Tode wurde er heiliggesprochen, und seit 1879 ist er offizieller Philosoph der katholischen Kirche. Unter seinen zahlreichen Schriften wurden besonders berühmt die «Summa contra gentiles» (Summe gegen die Heiden, um 1259 bis 1264), eine Auseinandersetzung mit dem islamischen Denken und dem arabischen Aristotelismus, und die unvollendete dreiteilige «Summa theologiae» (Summe der Theologie, 1267 bis 1273), die trotz ihres beachtlichen Umfangs als einführendes systematisches Handbuch gedacht war.

Thomas gilt als der Vollender scholastischen Denkens, das – heute Inbegriff einer leere Spitzfindigkeiten suchenden Haltung – damals die Universitäten beherrschte und inhaltlich in dem Versuch bestand, christliche Offenbarung mit der Philosophie zu verbinden. Bedeutend sind auch die methodischen Leistungen der Scholastik, weil sie eine streng logische Beweisführung und Klarheit der verwendeten Begriffe forderte (auf diese Weise arbeitete sie der späteren exakten naturwissenschaftlichen Methode vor) und in der Disputationsmethode des *sic et non* (des ‹ja und nein›) ein Instrumentarium entwickelte, mit dem es möglich ist, bei einer Frage die Gründe und Gegengründe durch einen Vergleich der Lehrmeinungen verschiedener Autoritäten rational gegeneinander abzuwägen und das Problem einer Lösung zuzuführen.

Die meisten Werke des Thomas sind in ihrer sprachlichen Gestalt diesen Methoden der scholastischen Disputation verpflichtet, außer dem Fragment gebliebenen Traktat «De regimine principum» (Über die Herrschaft der Fürsten). Um 1265 für den König des Kreuzfahrerstaates auf Zypern entstanden, wählte Thomas hier die Form des ‹Fürstenspiegels›, jene alte literarische Gattung, in der die Fürsten über ihre Aufgaben und Pflichten anhand nachahmenswerter Beispiele aus der antiken und biblischen Geschichte belehrt werden sollen. Zwar begreifen auch die beiden «Summen» weltliche Wissenschaften wie die Politik mit ein; doch ist dieser Traktat wegen seiner Verständlichkeit besonders geeignet, einige Aspekte von Thomas' politischem Denken darzustellen.

Der Text beginnt mit Überlegungen darüber, weshalb die Menschen überhaupt in der staatlichen Gemeinschaft leben. Thomas' Antwort ist gut aristotelisch: Weil der Mensch als Einzelner nicht überlebensfähig wäre, muss er das von Natur für das gemeinschaftliche Leben erschaffene Wesen sein. Dieses Wesen braucht einen Herren; denn jeder würde nur für sein eigenes Wohl sorgen, wenn es nicht eine Macht gäbe, die das Gemeinwesen zusammenhält und das Staatsziel, das Gemeinwohl, im Auge behält. Auch bei den Einteilungskriterien für die sechs Staatsformen folgt Thomas zunächst getreu der aristotelischen «Politik» (vgl. S. 85 ff.), holt dann aber zu einer Apologie der monarchischen Alleinherrschaft aus: Die Politie und die Aristokratie, obwohl gute Verfassungen, seien dem Königtum dennoch unterlegen, weil es klar ist,

«... daß mehrere Führer die Gesellschaft in keiner Weise in ihrem Bestande erhalten, wenn sie etwa unter sich völlig entzweit sind. Denn wenn mehrere regieren, so muß eine Übereinstimmung unter ihnen hergestellt werden, damit sie überhaupt irgendwie ihre Herrschaft auszuüben imstande sind ... Es ist also wohl besser, daß gleich einer regiert als viele nur dadurch, daß sie sich einem angeglichen haben. Überdies: Es ist immer das Beste, was der Natur entspricht; in den einzelnen wirkt die Natur immer das Beste» (Thomas 1975, 11 f.).

Wegen der überaus bedeutenden Rolle, die das Königtum im Mittelalter spielte, folgt an dieser Stelle eine kurze Einschaltung zur Geschichte dieser Institution. Dazu führt der schon zitierte französische Sozialhistoriker Georges Duby aus:

«Das Königtum stammt aus der germanischen Vergangenheit; es wurde von jenen Völkern eingeführt, die Rom wohl oder übel aufnehmen mußte, ohne die Macht ihrer Oberhäupter auch nur im geringsten anzutasten. Deren Hauptfunktion bestand in der Kriegsführung. An der Spitze ihrer bewaffneten Mannen hatten sie deren Vormarsch angeführt. Jedes Frühjahr pflegten sich die jungen Krieger zum militärischen Abenteuer um sie zu versammeln. Während des ganzen Mittelalters blieb das blanke Schwert das wichtigste Emblem der Souveränität. Doch die Barbarenkönige verfügten noch über ein weiteres, ein geheimnisvolleres Vorrecht, welches dem allgemeinen Wohl viel unentbehrlicher war; nämlich über die magische Gewalt, zwischen ihrem Volk und den Göttern zu vermitteln. Von ihrer Fürsprache hing das Glück aller ab. Diese Macht bezogen sie aufgrund ihrer Abstammung von der Gottheit selbst: in ihren Adern floß göttliches Blut; so war es denn auch ‹bei den Franken schon immer ein Brauch gewesen, nach dem Tod eines Königs einen anderen aus derselben königlichen Sippe zu wählen›. Unter Berufung auf diesen Status führten sie den Vorsitz der Riten und die größten Opfer wurden in ihrem Namen dargeboten.»

In der Mitte des 7. Jahrhunderts kam es in der Geschichte des Königtums zu einer entscheidenden Wende:

«Seit jener Zeit wurde der mächtigste abendländische Herrscher, der König der Franken, der über die gesamte römische Christenheit zu herrschen schien, gesalbt – wie schon vor ihm die kleinen Könige Nordspaniens. Das heißt, er hatte seine charismatischen Fähigkeiten nun nicht mehr der mythischen Verwandtschaft mit den Mächten der heidnischen Götterwelt zu verdanken. Er empfing sie durch das Sakrament direkt vom biblischen Gott. Priester salbten ihn mit dem heiligen Öl, welches seinen Körper tränkte, ihn mit der Kraft des Herrn und allen überirdischen Gewalten erfüllte» (Duby 1984, 24 f.).

An diese Vorstellung von der göttlichen Mission des Königtums knüpft Thomas an (wenn er auch als treuer Sohn der Kirche annimmt, die weltliche Regierung sei der Kirche als der Verwahrerin des höchsten Heiles untergeordnet): Selbst die Tyrannenherrschaft, die Entartung der Monarchie und die schlechteste Herrschaftsform überhaupt, rechtfertige keinen Aufstand oder gar den Tyrannenmord: «Denn Petrus lehrt uns, nicht nur guten und maßvollen, sondern auch harten Herren geziemend untertan zu sein (1. Petr. 2, 19). ‹Denn es ist eine Gnade, weil Gott es so will, Trauriges ungerecht zu erleiden›» (Thomas 1975, 23). Doch weil die Tyrannen weder Freundschaft noch Liebe kennen, dauere ihre Herrschaft, wie Thomas versichert, niemals lange, und außerdem hätten sie besonders schwere Höllenstrafen zu erwarten, weil die Könige von Gott mit anderen Maßstäben gemessen werden als gewöhnliche Sterbliche.

Der gerechte Monarch darf seinen Lohn nicht durch irdischen Ruhm oder Reichtum erhoffen, sondern er erhält ihn im Jenseits von Gott, dessen Diener er ist. Thomas beweist dies folgendermaßen:

«Die Glückseligkeit ist ... das Endziel aller Sehnsucht ... Da aber die Sehnsucht jedes vernünftigen Wesens nach einem umfassenden Gut zielt, so wird jenes Gut allein wirklich glücklich machen können, nach dessen Erlangung kein weiteres zu wünschen bleibt ... Kein einziges irdisches Gut ist aber dieser Art ... Denn nichts Bleibendes findet sich auf der Erde, und also gibt es nichts Irdisches, das die Sehnsucht ganz zur Ruhe bringen kann. So kann auch nichts, das von dieser Erde stammt, glücklich machen, so daß es der angemessene Lohn für einen König wäre» (Thomas 1975, 33).

Auch bei Aristoteles ist die Glückseligkeit oberstes Ziel und Selbstzweck. Sie bleibt aber an ihre irdische Realisierung im Rahmen der Polis-Ordnung gebunden, während Thomas diesen Begriff mit christlich-jenseitigen Inhalten füllt. In einem weiteren Beweis will er zeigen, dass auf den tugendhaften Monarchen besondere himmlische Freuden warten:

Wenn «die Seligkeit der Lohn der Tugend ist, folgt daraus, daß der größeren Tüchtigkeit ein größerer Grad von Glückseligkeit zukommt. Nun ist aber das eine ganz besondere Tüchtigkeit, durch die ein Mensch nicht nur sich selbst, sondern auch andern den Weg zu bestimmen vermag ... Es ist also wohl das Zeichen einer besonderen Tugend, wenn einer die Pflicht eines Königs gut erfüllt. So gebührt ihm auch ein ganz besonderer Lohn in der himmlischen Seligkeit» (Thomas 1975, 35 f.).

In dem hierarchisch vom Materiellen zum Geistigen aufsteigenden Universum des Thomas herrscht der König getreu mittelalterlicher Auffassung auf Erden wie die menschliche Vernunft über den Körper und wie der jenseitige größte König im Himmel. So wird das irdische Königreich zu einem Abglanz des Gottesstaates: «Dessen muß sich also ein König bewußt werden: daß er das Amt auf sich genommen hat, seinem Königreich das zu sein, was die Seele für den Leib und Gott für die Welt bedeutet» (Thomas 1975, 48). Sogar die Gründung eines Reiches oder einer Stadt ähnele der Erschaffung der Welt durch Gott.

In Übereinstimmung mit antiken Vorstellungen und anders als in den neuzeitlichen Staatskonzeptionen sieht Thomas den Hauptzweck der Herrschaft nicht in der Sicherung und Mehrung privaten Wohlstands, sondern in der Verbindung des ethisch guten Handelns der einzelnen Menschen mit politischen Zielen, mit dem tugendhaften Handeln in der Gemeinschaft. Materieller Reichtum ist demgegenüber zweitrangig:

«Damit ein einzelner ein gutes Leben führt, wird zweierlei gefordert: Das eine, Hauptsächliche, ist das Handeln nach der Tugend (denn die Tugend ist es, die das Wesen des ‹guten Lebens› ausmacht) und das zweite, mehr Nebensächliche und gleichsam als Hilfsmittel Anzusehende, das genügende Vorhandensein materieller Güter, deren Gebrauch zu einem Akt der Tugend notwendig ist. Im Menschen wird die Einheit durch die Natur bewirkt, die Einheit der Gesellschaft aber, die Friede heißt, muß erst durch die Bemühung des Führers bewirkt werden.

Mithin ist dreierlei erforderlich, um ein gutes Leben der Gesellschaft zu begründen. Erstens, daß die Gesellschaft zu der Einheit des Friedens gebracht, und zweitens, daß die so durch das Band des Friedens verknüpfte Gesellschaft dazu gelenkt werde, ein gutes Leben zu führen. Wie nämlich der Mensch das nicht tun könnte, dürfte er nicht die Einheit aller seiner Teile voraussetzen, so ist sich auch die menschliche Gesellschaft, die der Einheit des Friedens entbehrt und mit sich selbst im Streit liegt, selbst im Wege, um ein gutes Leben zu führen. Drittens aber tut es not, daß durch die Bemühung des Herrschers eine genügende Menge der anderen Güter, die zu einem guten Leben notwendig sind, vorhanden sind. Sind nun also durch die Tätigkeit des Königs in der Gesellschaft die Grundlagen für ein gutes Leben geschaffen, so ist es das nächste, daß er seine Bemühungen darauf richtet, sie jetzt auch zu erhalten» (Thomas 1975, 58 f.).

Zwar obliegt dem König die Leitung der menschlichen Herrschaft; doch bei der Erlangung des höchsten Guts, des ewigen Seelenheils, muss er sich der priesterlichen Führung unterwerfen. Was Papst Innozenz III. für kurze Zeit praktisch durchsetzen konnte, das Primat der geistlichen über die weltliche Herrschaft, erhält durch Thomas seine theoretische Rechtfertigung:

«Nun gibt es aber ein Gut, das außer dem Menschen liegt, solange er als Sterblicher lebt: die höchste Seligkeit, die er sich in der Schau Gottes nach seinem Tode erhofft. Denn wie der Apostel (2. Kor. 5, 6) sagt: ‹Solange unsere Seele im Körper gefangen ist, wandern wir ferne vom Herrn in der Fremde.› Daher bedarf der Christ, dem jene Glückseligkeit durch das Blut Christi erworben wurde und der für ihre Erlangung die Bürgschaft des Heiligen Geistes empfangen hat, einer geistlichen Fürsorge, durch die er in den Hafen des ewigen Heils geführt wird. Diese Fürsorge wird den Gläubigen durch die Diener der Kirche Christi erwiesen ... Wenn aber der Mensch durch ein Leben nach der Tugend zu einem höheren Ziel gelenkt wird, das im Anschauen Gottes beschlossen liegt, ... so muß das Ziel der menschlichen Gesellschaft dasselbe wie das eines einzelnen sein. Nun ist es aber nicht das letzte Endziel einer in Gemeinschaft verbundenen Gesellschaft, bloß nach der Tugend zu leben, sondern vielmehr durch dieses tugendvolle Leben in den Genuß der göttlichen Verheißungen zu gelangen. Wenn man nun durch die Kraft der menschlichen Natur zu diesem Ziel gelangen könnte, so wäre es notwendigerweise Aufgabe des Königs, die Menschen dahin zu führen ... Da aber der Mensch das Ziel, in den Genuß der göttlichen Verheißungen zu gelangen, nicht durch menschliche Tugend, sondern durch eine von Gott verliehene Kraft erreicht, wie es das Wort des Apostels (Röm. 6, 23): ‹Die Gnade Gottes ist das ewige Leben›, verkündet, so wird es göttlicher und nicht menschlicher Führung zukommen, uns zu diesem Ziele zu bringen. Also gehört eine Führung dieser Art zu dem Amt eines Königs, der nicht nur Mensch, sondern auch Gott ist, also zum Amt unseres Herrn Jesu Christi, der alle Menschen zu Kindern Gottes erhoben und sie so in die himmlische Herrlichkeit geführt hat. Denn das ist die ihm übertragene Herrschaft, die nicht zugrunde gehen wird und um deretwillen der Heiland von der Heiligen Schrift nicht nur Priester, sondern auch König genannt wird, wie Jeremia (23, 5) sagt: ‹Es wird ein König herrschen, und er wird voll Weisheit sein.› Von ihm leitet sich nun das königliche Priestertum ab, und, was weit mehr bedeutet, alle Gläubigen, soweit sie Glieder Christi sind, werden darum Könige und Priester genannt. Das Amt dieses Königtums ist, damit das Reich des Geistes vom Irdischen geschieden sei, nicht den Königen der Erde, sondern den Priestern überantwortet worden und vor allem dem höchsten Priester, dem Nachfolger Petri, dem irdischen Stellvertreter Christi, dem Papst zu Rom, dem alle Könige des christlichen Volkes untergeben sein müssen wie Jesus Christus dem Herrn» (Thomas 1975, 53–55).

In der Verteidigung des päpstlichen Autoritäts- und Universalitätsanspruchs blieb Thomas wie in vielen anderen Punkten der mittelalterlichen Vorstellungswelt verhaftet. Ganz auf der Linie der Kirche versucht er, den Aristotelismus, der mit seinen stark empiristischen und weltimmanenten Zügen kirchlichen Anschauungen gefährlich werden konnte und es in einigen Spielarten wie dem christlichen Averroismus (einer an den arabischen Philosophen Ibn Ruschd, genannt Averroës, und seine Aristoteles-Rezeption sich anschließende Denktradition) tatsächlich wurde, in das orthodoxe Lehrgebäude zu integrieren und so umzuschmieden, dass er als Waffe gegen ketzerische Irrlehren gebraucht werden konnte. Auch in gesellschaftlichen und wirtschaftlichen Fragen überschritt Thomas nicht das christlich-feudale Weltbild: Er verteidigte Sklaverei und Leibeigenschaft und hielt ständische und Rangunterschiede für gerechtfertigt, weil Ungleichheit als die Folge des Sündenfalls gottgewollt sei. Die Zeichen der heraufziehenden Geldwirtschaft vermochte er nicht zu deuten: Er erneuerte das kirchliche Verbot, Zinsen zu nehmen (‹Zinssünde›), ein großes Hemmnis für die Ausbreitung des Bankwesens, und die Kaufleute verfolgte er mit großem Misstrauen, weil mit ihrem zahlenmäßigen Anwachsen der Betrug um sich greife, ihr Leben ohne Handarbeit der militärischen Ertüchtigung schade und durch ihren Einfluss schließlich alles käuflich werde. Doch wogegen Thomas sich zu stemmen versuchte, wurde 200 Jahre nach seinem Tod Wirklichkeit. Banken und Handel bestimmten das Wirtschaftsleben, und durch die entstehenden weltlichen Nationalstaaten und die geistliche Revolution in der deutschen Reformation zerbrachen die Ideen des hochmittelalterlichen Papsttums endgültig.

Niccolò Machiavelli: Der Fürst

Immoralismus in der Politik

«Als die Welt noch ein halbes Jahrtausend jünger war, hatten alle Geschehnisse im Leben der Menschen viel schärfer umrissene äußere Formen als heute. Zwischen Leid und Freude, zwischen Unheil und Glück schien der Abstand größer als für uns; alles, was man erlebte, hatte noch jenen Grad von Unmittelbarkeit und Ausschließlichkeit, den die Freude und das Leid im Gemüt der Kinder heute noch besitzen. Jede Begebenheit, jede Tat war umringt von geprägten und ausdrucksvollen Formen, war eingestellt auf die Erhabenheit eines strengen, festen Lebensstils. Die großen Ereignisse: Geburt, Heirat. Sterben standen durch das Sakrament im Glanz des göttlichen Mysteriums. Aber auch geringere Geschehnisse, eine Reise, eine Arbeit, ein Besuch, waren von tausend Segnungen, Zeremonien, Sprüchen und Umgangsformen begleitet.

Für Elend und Gebrechen gab es weniger Linderung als heutzutage, sie kamen wuchtiger und quälender. Krankheit schied sich stärker von Gesundheit; die schneidende Kälte und das bange Dunkel des Winters waren wesentlichere Übel. Ehre und Reichtum wurden inbrünstiger und gieriger genossen, sie unterschieden sich noch schärfer als heute von jammernder Armut und Verworfenheit. Ein pelzverbrämtes Staatskleid, ein helles Herdfeuer, Trunk und Scherz und ein weiches Bett hatten noch den hohen Genußgehalt, zu dem sich die englische Erzählung in der Beschreibung der Lebensfreude vielleicht am längsten bekannt und den sie wohl am lebendigsten bewahrt hat. Und alle Dinge des Lebens waren von einer prunkenden und grausamen Öffentlichkeit. Die Aussätzigen klapperten mit ihrer Schnarre und hielten Umzüge, die Bettler jammerten in den Kirchen und stellten ihre Mißgestalt dort zur Schau. Jeder Stand, jeder Orden, jedes Gewerbe war durch sein Kleid kenntlich. Die großen Herren bewegten sich nie ohne prunkenden Aufwand von Waffen und Livreen, ehrfurchtgebietend und beneidet. Rechtspflege, Feilbieten von Waren, Hochzeit und Begräbnis – alles kündete sich laut durch Umzüge, Schreie, Klagerufe und Musik an. Der Verliebte trug das Zeichen seiner Dame, der Genosse das Abzeichen seiner Bruderschaft, die Partei die Farben und Wappen ihres Herrn.

Auch das äußere Bild von Stadt und Land zeigte jenen Kontrast und jene Buntheit. Die Stadt verlief nicht wie unsere Städte in nachlässig angelegten Vorstadtvierteln mit kahlen Fabriken und eintönigen Landhäuschen, sondern lag, von ihrer Mauer eingeschlossen, mit ihren zahllosen stachligen Türmen da wie ein wohlgerundetes Bild. Wie hoch und wuchtig auch die steinernen Häuser der Adligen oder der Kaufherren aufragen mochten, die Kirchen mit ihren steil emporwachsenden Massen beherrschten doch das Stadtbild.

Und wie der Gegensatz zwischen Sommer und Winter damals stärker war als in unserem Leben, so war es auch der Unterschied von Licht und Dunkel, von Stille und Geräusch. Die moderne Stadt kennt kaum noch wirkliche Dunkelheit und wahre Stille, kaum noch die Wirkung eines einzelnen Lichtleins oder eines einsamen fernen Rufes.

Durch den immerwährenden Kontrast, durch die Buntheit der Formen, mit denen sich alles dem Geiste aufdrängte, ging von dem alltäglichen Leben ein Reiz, eine leidenschaftliche Suggestion aus, die sich offenbart in jener schwankenden Stimmung von roher Ausgelassenheit, heftiger Grausamkeit und inniger Rührung, zwischen denen das mittelalterliche Stadtleben sich bewegt» (Huizinga 1975, 1 f.).

Diese subtile Stimmungsskizze der in das Herbstlicht baldigen Verfalls getauchten mittelalterlichen Welt gibt sicher nicht die Selbst- und Außenwahrnehmung eines Menschen im 15. Jahrhundert wieder, wenn überhaupt damals jemand den Versuch einer solchen Beschreibung unternommen hätte oder auch nur hätte unternehmen können. Sie ist aus der rekonstruierenden Arbeit des Historikers entstanden, aus dem rückwärtsgewandten Blick dessen, der weiß, was danach kommen wird. Erhebt dieses atmosphärische Bild auch gar nicht den Anspruch der Authentizität, so zeichnet es doch unübertrefflich die Gegensätze und das Trennende zwischen uns und dem Mittelalter. Denn in diese leidenschaftliche, grausame und dennoch beschauliche Welt brechen seit Mitte des 15. Jahrhunderts, zunächst kaum bemerkt, Ereignisse ein, die das Denken wie die soziale Realität nachhaltiger beeinflussen sollten als jede Umwälzung zuvor, übertroffen in den Auswirkungen nur durch die industrielle Revolution im 19. Jahrhundert. Kurz dazu:

- Die Erfindung des Buchdrucks ermöglicht den Transport von Ideen mit einer Geschwindigkeit und in einer Weise, der für die herrschenden Mächte nur schwer kontrollierbar ist. Reformation und Humanismus – er macht das Wissen der Antike erstmals in seiner ganzen Breite verfügbar – sind ohne diese Erfindung ebenso undenkbar wie die vielerorts initiierten Programme für ein verbessertes Schul- und Universitätswesen.
- Andere Erfindungen wie die Taschenuhr, der Globus, verbesserte Navigationsgeräte und Waffen ermöglichen den Übergang von der Küsten- zur Hochseeschifffahrt und revolutionieren die Kriegführung (Verdrängung der Ritter durch Söldnerheere usw.). Kaufmännisches Kalkulieren gibt den Anstoß zu mathematischen Forschungen und befördert eine rationale und rechenhafte Denkweise. Aus der Kunst kommen ebenfalls bedeutende Impulse für die Mathematik (Konstruktion des zentralperspektivischen Raumes durch Filippo Brunelleschi) und für die Medizin und Biologie (die anatomischen, botanischen und zoologischen Studien Leonardo da Vincis). Als weltumstürzend im Wortsinne erweist sich die Formulierung der heliozentrischen Himmelsmechanik durch Nikolaus Kopernikus. Seitdem rollt der Mensch aus dem Zentrum des Kosmos ins «Nichts», wie Nietzsche es ausdrückte.
- Die geographischen Entdeckungen (Kolumbus findet 1492 die karibischen Inseln, Vasco da Gama sechs Jahre später den Seeweg nach Indien) führen zu einer Verlagerung der Macht aus Zentraleuropa und dem mittelmeerischen Raum an die atlantische Peripherie, auf längere Sicht auch vom Süden in den Norden Europas. So schrumpft beispielsweise der Orienthandel Venedigs binnen weniger Jahrzehnte so beträchtlich, dass die Republik von einem Handels- zu einem agrarischen Territorialstaat wird, weil Spanien und Portugal die über die neuen Handelswege herangeführten Gewürze und andere Luxuswaren billiger anbieten können. Das aus Mittel- und Südamerika hereinströmende Gold führt zu einer Akkumulation großer Vermögen und zur endgültigen Verdrängung des Naturaltausches zugunsten der Geldwirtschaft. Damit sind zwei wesentliche

Voraussetzungen für die frühkapitalistische Produktionsweise gegeben. Eine weitere Bedingung, die Verwandlung selbstwirtschaftender Kleinproduzenten in freie Lohnarbeiter, ist in England und den Städten des Kontinents bereits in Ansätzen vorhanden.

- Es beginnt sich ein neues Verständnis des Staates und der Politik herauszubilden. Die mittelalterliche Idee der Monarchie, die für die christliche Tugend ihrer Glieder zu sorgen hat, weil sie irdischer Widerschein der himmlischen Monarchie ist (vgl. S. 116), verblasst in dem Maße, wie das Christentum seine allein verbindliche moralische Macht einbüßt (hierbei spielt der Kontakt mit fremden Kulturen auf den Entdeckungsreisen eine bedeutende Rolle). Der moderne Staat stützt sich auf ein bezahltes Beamtentum und Steuern als Einnahmequelle. Sein Politikverständnis ist instrumentalistisch: Nicht mehr das gute und tugendhafte Leben seiner Bürger ist sein Ziel, sondern die Sicherung der materiellen Wohlfahrt der Bürger, des bloß angenehmen Lebens in der Sprache des Aristoteles. Die Herrschaft wird daher nicht mehr hierarchisch-patriarchalisch ausgeübt, sondern beruht auf moralfreien rationalen Techniken des Machterwerbs und der Machterhaltung. Am Ende dieser Entwicklung steht der weltanschaulich neutrale Nationalstaat des 19. und 20. Jahrhunderts.

Einen wesentlichen Beitrag zur Entwicklung dieser neuen politischen Anschauungen leistete der Staatsmann und Geschichtsschreiber Niccolò Machiavelli. Geboren am 3. Mai 1469, tauchte er nach einem Bildungsgang, über den kaum etwas bekannt ist, im Juni 1498 recht plötzlich auf der politischen Bühne seiner Vaterstadt Florenz auf. Machiavelli wurde zum 2. Sekretär der Staatskanzlei der Republik ernannt und wegen seines diplomatischen Geschicks in den folgenden 14 Jahren häufig als Gesandter an die italienischen Höfe, zum französischen König und zum deutschen Kaiser geschickt. Höhepunkt seiner Laufbahn war die Eroberung der Stadt Pisa 1506 durch die florentinische Volksmiliz unter seiner Leitung. Ebenso jäh wie sein Aufstieg kam sein Sturz.

Seit 1434 hatte die Familie Medici die politischen Geschicke von Florenz durch Kontrolle der Steuern und der Wahlen zu den republikanischen Gremien fest in Händen gehalten. Unter ihrem Regiment nahm die Stadt einen bedeutenden wirtschaftlichen Aufschwung und wurde zu dem Zentrum des Humanismus und der Renaissancekunst schlechthin. Doch 1494 vertrieben die Florentiner die Familie und ersetzten ihre quasi-monarchische Herrschaft durch republikanische Formen. Auf Druck des Papstes, Spaniens, Venedigs und Englands (der ‹Heiligen Liga›) durften die Medici jedoch 1512 nach Florenz zurückkehren. Piero Soderini, Machiavellis Vorgesetzter und höchster Repräsentant der Republik, floh, und sein Sekretär musste statt seiner büßen. Er wurde aller Ämter enthoben und auf sein kleines Landgut nahe Florenz verbannt.

Machiavelli hatte zuvor nur einige Dichtungen verfasst. Erst die erzwungene Muße machte aus ihm einen politischen Schriftsteller. In den Jahren bis zu seinem Tode am 22. Juni 1527 entstanden neben der berühmten Komödie «La Mandragola» (Die Alraunwurzel) die «Sieben Bücher von der Kriegskunst» und die im Auftrag des Medicipapstes Clemens VII. (reg. 1523–1534) verfasste «Geschichte von Florenz». Seinen Ruf als einer der berüchtigtsten Autoren der Geschichte verdankt er zwei anderen Büchern, den «Discorsi sopra la prima deca di Tito Livio» (1513 bis 1522 geschrieben), einem Kommentar zu den ersten zehn Büchern des Geschichtswerks des altrömischen Historikers Titus Livius, und vor allem «Il Principe» (Der Fürst) von 1513. Mit diesem Buch erwarb sich Machiavelli zwar auch Bewunderer, unter ihnen Oliver Cromwell, König Ludwig XIV. von Frankreich und Napoleon; es überwogen jedoch die Verleumder. So nannte ihn Friedrich II. von Preußen einen «Unhold, wie ihn kaum die Hölle hervorbrächte», und der «Fürst» wie die «Discorsi» zierten neben Luthers Schriften den 1557 neugeschaffenen ‹Index verbotener Bücher› der katholischen Kirche. ‹Machiavellismus› wurde zum Synonym für Immoralität in der Politik und eine gewissen- und skrupellose Machtgier. Was also hat es mit diesem gelobten und verschrienen Buch auf sich?

Zur Beantwortung dieser Frage muss man zunächst beachten, in welcher Absicht der «Fürst» geschrieben wurde. Einmal gab es persönliche Gründe. Machiavelli wollte sich den wieder an die Macht gekommenen Medici als Diplomat empfehlen, womit er jedoch erst zwei Jahre vor seinem Tode Erfolg hatte. Diese Gründe treten aber deutlich hinter seiner Hauptabsicht zurück, einen Retter für sein zerrissenes italienisches Vaterland zu finden, der es eint und befreit von den Großmächten Frankreich, Spanien und Österreich, die Italien zum Spielball und Schlachtplatz ihrer Interessengegensätze gemacht hatten. Zur Verwirklichung seiner nationalstaatlichen Idee schien ihm jede, auch die unmoralischste Methode angebracht. Dieser Zweck heiligte für ihn alle Mittel. Daher schließt die Schrift mit einem flammenden Aufruf an die Medici, sich an die Spitze der Einigungsbewegung zu stellen – ohne Erfolg, wie bekannt. Die Medici waren mit der Sicherung ihrer Herrschaft über die Toskana beschäftigt, und Machiavellis Vision wurde erst 350 Jahre später im Königreich Italien Realität.

Abgesehen von diesen tagespolitischen Anlässen gibt es einen zweiten und wesentlicheren Grund für Machiavellis ‹antimoralische› Haltung. Sie wurzelt in seinem anthropologischen Modell, in dem er ein düsteres und wenig schmeichelhaftes Bild des Menschen und der ihn treibenden Motive entwirft. Bei Machiavelli sind «die Charaktere des Menschen letztes Erklärungsmaterial des Geschichtsverlaufs, weil sie aus den konstanten seelischen Elementen, den ewig gleichen Trieben und Leidenschaften bestehen» (Horkheimer 1971, 26). Der Mensch ist von Natur aus eher schlecht, und daher wäre es geradezu sträflicher Leichtsinn, wollte ein Machthaber nach moralischen Maximen handeln:

«Von den Menschen kann man im allgemeinen sagen, daß sie undankbar, wankelmütig, verlogen, heuchlerisch, ängstlich und raffgierig sind. Solange du ihnen Vorteile verschaffst, sind sie dir ergeben und bieten dir Blut, Habe, Leben und Söhne an, aber nur, ... wenn die Not ferne ist. Rückt sie aber näher, so empören sie sich. Ein Herrscher, der ganz auf ihre Versprechungen baut und sonst keine Vorkehrungen trifft, ist verloren; denn Freundschaften, die man nur mit Geld und nicht durch Großherzigkeit und edle Gesinnung gewinnt, erwirbt man zwar, doch man besitzt sie nicht und kann in Notzeiten nicht auf sie rechnen. Auch haben die Menschen weniger Scheu, gegen einen beliebten Herrscher vorzugehen als gegen einen gefürchteten; denn Liebe wird nur durch das Band der Dankbarkeit erhalten, das die Menschen infolge ihrer Schlechtigkeit bei jeder Gelegenheit aus Eigennutz zerreißen. Furcht dagegen beruht auf der Angst vor Strafe, die den Menschen nie verläßt» (Machiavelli 1963, 68 f.).

In Machiavellis Anthropologie ist der Mensch erkennbar kein *zoón politikón* wie bei Aristoteles und Thomas (vgl. S. 71 ff. und 115), kein Lebewesen, das von Natur nach der staatlichen Gemeinschaft strebt. Er wird auch nicht, wie später bei Rousseau, als von Natur aus gut und nur durch die Zivilisation verdorben aufgefasst (vgl. S. 226 f.). Es kann daher nicht verwundern, dass gerade die Aufklärer Machiavelli verabscheuten, weil er die Mehrzahl der Menschen für boshaft und egoistisch hielt, die nur aus Furcht vor Repressionen zu einem koordinierten und sozialen Verhalten gezwungen werden können. Nur einzelne Beherzte mit ihrer *virtù*, ihrer praktischen Klugheit, Tüchtigkeit und der Energie, das Notwendige durchzusetzen (denen allerdings auch *fortuna*, das Schicksal und launenhafte Glück, zur Seite stehen muss), ragen aus dieser Masse heraus und sind zum politischen Handeln prädestiniert. Machiavelli bejaht deshalb eine durchsetzungsfähige staatliche Autorität, verkörpert in der starken Herrscherpersönlichkeit, die auch Gewaltanwendung nicht scheut. In Abkehr von dem Gedanken der Legitimität ist es Machiavelli auch gleichgültig, ob der Herrscher ein rechtmäßiger Erbfürst ist oder ob er sein Reich durch Usurpation oder Eroberung an sich gebracht hat. Entscheidend ist nicht der rechtliche Gesichtspunkt, sondern die Geschicklichkeit des Fürsten, die erworbene Macht zu behaupten.

In einem weiteren Schritt setzt Machiavelli sein anthropologisches Modell in eine politische Psychologie um, aus der er technisch-praktische Regeln der Herrschaftsausübung und für das Verhalten des Herrschers ableitet. Vor allem diese Passagen des «Fürsten» trugen ihm den Vorwurf ein, er sei ein Verführer und ein Zyniker der Macht. Spricht aus diesen Regeln aber nicht eher ein nüchterner, nichts beschönigender Realismus, der auf Erfahrungen aufbaut statt auf bloßen Wünschen, der Sein und Sollen auseinanderzuhalten weiß, eine Illusionslosigkeit, die keinen abstrakten Utopien nachjagt? Zynisch und unmoralisch sind schließlich die Verhältnisse, nicht der sie beschreibende Theoretiker:

«Da es ... meine Absicht ist, etwas Brauchbares für den zu schreiben, der Interesse dafür hat, schien es mir zweckmäßiger, dem wirklichen Wesen der Dinge nachzugehen als deren Phantasiebild. Viele haben sich Vorstellungen von Freistaaten und Alleinherrschaften gemacht, von denen man in Wirklichkeit weder etwas gesehen noch gehört hat; denn zwischen dem Leben, wie es ist, und dem Leben, wie es sein sollte, ist ein so gewaltiger Unterschied, daß derjenige, der nur darauf sieht, was geschehen sollte, und nicht darauf, was in Wirklichkeit geschieht, seine Existenz viel eher ruiniert als erhält. Ein Mensch, der immer nur das Gute möchte, wird zwangsläufig zugrunde gehen inmitten von so vielen Menschen, die nicht gut sind. Daher muß sich ein Herrscher, wenn er sich behaupten will, zu der Fähigkeit erziehen, nicht allein nach moralischen Gesetzen zu handeln sowie von diesen Gebrauch oder nicht Gebrauch zu machen, je nachdem es die Notwendigkeit erfordert.

Ich lasse also alles beiseite, was über Herrscher zusammenphantasiert wurde, und spreche nur von der Wirklichkeit» (Machiavelli 1963, 63).

Daran schließt sich ein Katalog angeblich guter und schlechter Eigenschaften eines Herrschers an, den Machiavelli folgendermaßen kommentiert:

«Ich bin mir wohl bewußt, daß es nach aller Meinung das Löblichste wäre, wenn ein Herrscher von all den aufgezählten Eigenschaften nur die besäße, die für gut gelten. Da es nun einmal unmöglich ist, sie alle zu besitzen oder sie alle miteinander zu beachten, und zwar wegen der menschlichen Anlage, die dies nun einmal nicht zuläßt, muß ein Herrscher so klug sein, den schlechten Ruf jener Laster zu meiden, die ihn um die Macht bringen können; und auch vor den Lastern, die seine Macht nicht in Gefahr bringen, soll er sich, wenn irgend möglich, hüten. Ist er jedoch nicht dazu imstande, so kann er sich hierin mit einiger Vorsicht gehen lassen. Es braucht ihn auch nicht zu berühren, den schlechten Ruf jener Laster auf sich zu nehmen, ohne die er sich nur schwer an der Macht halten kann; denn wenn man alles genau betrachtet, so wird man finden, daß manches, was als Tugend gilt, zum Untergang führt, und daß manches andere, das als Laster gilt, Sicherheit und Wohlstand bringt» (Machiavelli 1963, 64).

Nach dieser allgemeinen Erörterung geht er einige der Eigenschaften im Einzelnen durch und prüft, inwieweit sie dem Mächtigen bei seinen Zielen nützlich sind. Die Tugend der Freigebigkeit darf ein Herrscher nicht ausüben, weil er auf diese Weise nur sein Vermögen vergeuden würde;

«... er wird schließlich, wenn er weiterhin im Ruf der Freigebigkeit stehen möchte, genötigt sein, das Volk mit außerordentlichen Abgaben zu belasten, Steuern einzutreiben und alles nur Mögliche zu tun, um sich Geld zu verschaffen. So fängt er an, sich bei seinen Untertanen verhaßt zu machen und infolge seiner Armut von allen gering geschätzt zu werden. Da er mit dieser Art Freigebigkeit viele vor den Kopf gestoßen und nur wenigen Vorteil gebracht hat, wird er beim geringsten Anlaß Schwierigkeiten haben und bei der ersten besten Gefahr seine Herrschaft verlieren» (Machiavelli 1963, 65).

Der Herrscher soll auch danach streben, im Ruf der Milde zu stehen; aber – nach der Maxime: Grausamkeiten begeht man am Anfang – darf er sich

«... um den Vorwurf der Grausamkeit nicht kümmern, wenn er dadurch seine Untertanen in Einigkeit und Ergebenheit halten kann. Statuiert er nämlich einige wenige abschreckende Beispiele, so ist er barmherziger als diejenigen, die infolge allzu großer Milde Unordnung einreißen lassen, aus der Mord und Plünderung entstehen. Diese treffen gewöhnlich die Allgemeinheit; Exekutionen, die vom Herrscher ausgehen, treffen nur einzelne. Unter allen Herrschern ist es einem neu zur Macht gekommenen unmöglich, den Ruf der Grausamkeit zu vermeiden, da eine neu gegründete Herrschaft voller Gefahren ist» (Machiavelli 1963, 68).

Doch soll der kluge Fürst sich davor hüten, sich an den Frauen oder am Eigentum seiner Untertanen zu vergreifen. Machiavelli sieht hier den Zweck der Herrschaft bereits ganz neuzeitlich in der Eigentumssicherung. Wird der Herrscher daher

«... in die Notwendigkeit versetzt, jemandem das Leben zu nehmen, so mag er es tun, wenn er eine hinreichende Rechtfertigung und einen ersichtlichen Grund hierfür hat. Doch keinesfalls darf er das Eigentum anderer antasten; denn die Menschen vergessen rascher den Tod ihres Vaters als den Verlust ihres väterlichen Erbes» (Machiavelli 1963, 69).

Machiavellis Pragmatismus und die Härte seines Realitätssinnes erweisen sich auch in dem als besonders anrüchig geltenden 18. Kapitel:

«Jeder sieht ein, wie lobenswert es für einen Herrscher ist, wenn er sein Wort hält und ehrlich, ohne Verschlagenheit seinen Weg geht. Trotzdem sagt uns die Erfahrung unserer Tage, daß gerade jene Herrscher Bedeutendes geleistet haben, die nur wenig von der Treue gehalten und es verstanden haben, mit Verschlagenheit die Köpfe der Menschen zu verdrehen; und schließlich haben sie über die die Oberhand gewonnen, die ihr Verhalten auf Ehrlichkeit gegründet haben.

Ihr müßt euch nämlich darüber im klaren sein, daß es zweierlei Arten der Auseinandersetzung gibt: die mit Hilfe des Rechts und die mit Gewalt. Die erstere entspricht dem Menschen, die letztere den Tieren. Da die erstere oft nicht zum Ziele führt, ist es nötig, zur zweiten zu greifen. Deshalb muß ein Herrscher gut verstehen, die Natur des Tieres und des Menschen anzunehmen ... Ein kluger Machthaber kann und darf daher sein Wort nicht halten, wenn ihm dies zum Schaden gereichen würde und wenn die Gründe weggefallen sind, die ihn zu seinem Versprechen veranlaßt haben. Wären die Menschen alle gut, so wäre dieser Vorschlag nicht gut; da sie aber schlecht sind und das gegebene Wort auch nicht halten würden, hast auch du keinen Anlaß, es ihnen gegenüber zu halten. Auch hat es einem Herrscher noch nie an rechtmäßigen Gründen gefehlt, seinen Wortbruch zu bemänteln ... Die Menschen sind ja so einfältig und gehorchen so leicht den Bedürfnissen des Augenblicks, daß der, der betrügen will, immer einen findet, der sich betrügen läßt» (Machiavelli 1963, 71–73).

Macht und Moral sind, zumal in politischen Ausnahmesituationen, nicht miteinander vereinbar. Selbst von religiösen Werten hat sich der Staat insofern emanzipiert, als sie als Disziplinierungsmittel für die Beherrschten funktional in das Gefüge der Machterhaltung eingebunden sind. Machiavelli resümiert seine Überlegungen über die fürstlichen Tugenden daher mit den folgenden Sätzen:

«Ein Herrscher braucht also alle die vorgenannten guten Eigenschaften nicht in Wirklichkeit zu besitzen; doch muß er sich den Anschein geben, als ob er sie besäße. Ja, ich wage zu behaupten, daß sie schädlich sind, wenn man sie besitzt und stets von ihnen Gebrauch macht, und daß sie nützlich sind, wenn man sich nur den Anschein gibt, sie zu besitzen. So muß ein Herrscher milde, treu, menschlich, aufrichtig und fromm scheinen und er soll es gleichzeitig auch sein; aber er muß auch die Seelenstärke besitzen, im Fall der Not alles ins Gegenteil wenden zu können ... Die Handlungen aller Menschen und besonders die eines Herrschers, der keinen Richter über sich hat, beurteilt man nach dem Enderfolg. Ein Herrscher braucht also nur zu siegen und seine Herrschaft zu behaupten, so werden die Mittel dazu stets für ehrenvoll angesehen und von jedem gelobt. Denn der Pöbel hält sich immer an den Schein und den Erfolg; und in der Welt gibt es nur Pöbel» (Machiavelli 1963, 73 f.).

Nach diesen Ausführungen könnte sich der Eindruck aufdrängen, Machiavelli sei ein glühender Anhänger autoritärer Regime und ein Speichellecker der Tyrannei gewesen. Das dem keinesfalls so war, geht eindeutig aus seinem zweiten politischen Hauptwerk, den «Discorsi» hervor. In diesem Buch lässt er z.B. einen imaginären Machthaber einen (idealisierenden) Blick zurück auf die Zeiten der römischen Kaiser von Nerva bis Marc Aurel werfen. Bei dem Antiutopisten Machiavelli scheinen hier ausnahmsweise einmal die Umrisse einer Staatsutopie auf:

«Wenn ein Staat gut regiert wird, wird er, der Machthaber, auch immer sehen, daß der Herrscher sicher inmitten seiner zuverlässigen Bürger und die Welt in Frieden und Gerechtigkeit lebt, er wird den Senat geachtet und die Behörden mit den ihnen gebührenden Ehren bedacht sehen. Die Reichen genießen ihren Reichtum; Adel und Verdienst werden herausgehoben; überall herrscht Ruhe und Wohlstand. Es gibt keinen Streit, keine Zügellosigkeit, keine Bestechung und keinen Ehrgeiz. Es ist das goldene Zeitalter, wo jeder seine eigene Meinung haben und vertreten kann» (Machiavelli 1966, 41).

Obwohl er versucht, Staaten niemals losgelöst von ihren konkreten historischen, militärischen und ökonomischen Bedingungen zu beurteilen und daher auch, wie im Falle Italiens zu seiner Zeit, die Alleinherrschaft unter bestimmten Umständen für legitim hält, stellt er (unter diesen Prämissen) dennoch die klassische Frage nach der besten Staatsform. In den «Discorsi» untersucht er zahlreiche vergangene und zeitgenössische Staaten und kommt zu dem Schluss, dass die Republik, die freie Bürgergemeinde, die beste Staatsform sei. Beispiele sind Sparta, die römische Republik, Venedig und die freien deutschen Reichsstädte. Denn Republiken verwirklichen eher als ändere Staatsformen gute Gesetze und eine gute Verfassung; die öffentlichen Ämter werden zeitlich befristet übertragen; es gibt auch keine übergroßen Besitzunterschiede, weshalb Machtkonzentrationen bei Einzelnen oder Gruppen nicht auftreten können, und sie vermögen sich mit Volksheeren selbst zu verteidigen, statt ihren Schutz feigen und räuberischen Söldnerarmeen zu übertragen wie die meisten Alleinherrschaften der Zeit.

Machiavelli, der Regelgeber für die grausame Technokratie der Macht, blieb seiner Überzeugung nach immer Republikaner, in seinen Analysen immer Realist. Ihm hat der Schweizer Historiker Jacob Burckhardt ein Denkmal gesetzt, auf dem Licht und Schatten gerechter verteilt sind als auf jenen Zerrbildern, wie sie die moralisierende Abscheu so gern malt:

«Von allen jedoch, die meinten einen Staat konstruieren zu können, ist Machiavelli ohne Vergleich der größte. Er faßt die vorhandenen Kräfte immer als lebendige, aktive, stellt die Alternativen richtig und großartig und sucht weder sich noch andere zu täuschen ... Seine Gefahr liegt nie in falscher Genialität, auch nicht im falschen Ausspinnen von Begriffen, sondern in einer starken Phantasie, die er offenbar mit Mühe bändigt. Seine politische Objektivität ist allerdings bisweilen entsetzlich in ihrer Aufrichtigkeit, aber sie ist entstanden in einer Zeit der äußersten Not und Gefahr, da die Menschen ohnehin nicht mehr leicht an das Recht glauben, noch die Billigkeit voraussetzen konnten. Tugendhafte Empörung gegen sie macht auf uns, die wir die Mächte von rechts und links in unserer Zeit an der Arbeit gesehen haben, keinen besonderen Eindruck. Machiavelli war wenigstens imstande, seine eigene Person über den Sachen zu vergessen» (Burckhardt 1925, 79 f.).

Martin Luther: Von der Freiheit eines Christenmenschen

Der innere und der äußere Mensch

Während sich in Italien die europäischen Großmächte erbitterte Kämpfe lieferten und Machiavelli vergeblich einen Retter für sein Vaterland herbeisehnte, blieb Deutschland in den ersten Jahrzehnten des 16. Jahrhunderts von größeren kriegerischen Ereignissen verschont. Von der einstigen Macht und Herrlichkeit des mittelalterlichen Kaiserreichs war allerdings nicht mehr viel zu spüren. Zersplittert in mehr als 300 weltliche und geistliche Territorien mit auseinanderstrebenden Eigeninteressen, verfügte der Kaiser Maximilian I. (reg. 1493–1519) im Reichsgebiet über nur relativ wenig Einfluss. Sein Augenmerk galt auch eher der Stärkung der Habsburgischen Hausmacht durch seine sprichwörtlich gewordene Heiratspolitik und den Kriegen, in die er, fernab von den deutschen Kernlanden, in Burgund, Ungarn und Oberitalien verwickelt war. Alle Versuche, das Reich zu reformieren, blieben unter solchen Voraussetzungen in Ansätzen stecken, und die Reichsidee verblasste allmählich.

Auf dem Land herrschte bittere Armut, während sich in Klöstern, Abteien und Kirchen ein bedeutender Reichtum anhäufte. Etwa ein Zehntel der Bevölkerung gehörte dem geistlichen Stand an. Wie sich leicht vorstellen lässt, war das häufigste Motiv, Kleriker zu werden, die wirtschaftliche Sicherung, nicht der christliche Glaube. Entsprechend dürftig war die theologische Bildung vieler Geistlicher und ging mit einer sittlichen Verwahrlosung einher, der die römische Kurie und der hohe Klerus nicht nur nicht entgegentraten, sondern die sie womöglich noch überboten.

Die Kritik an den kirchlichen Praktiken durch Humanisten und Intellektuelle häufte sich, und auch das niedere Volk war von einer tiefen religiösen Unruhe ergriffen: Die Erregung brach sich in spontanen Wallfahrtszügen Bahn, der Reliquienkult trieb seltsame Blüten, Weissagungen über den baldigen Untergang des Papsttums und das nahende Weltende erschütterten die Menge und ließen die Angst vor dem Jüngsten Gericht und Höllenpein wachsen. Der Boden war bereitet, auf dem Martin Luthers Reformation gedeihen konnte.

Luther wurde am 10. November 1483 im thüringischen Eisleben als Sohn eines Bergmannes geboren. Nach einer sorgfältigen Schulbildung begann er 1501 an der Universität Erfurt ein Studium der freien Künste und der Jurisprudenz. Nachdem er jedoch 1505 in einem schweren Gewitter beinahe vom Blitz getroffen worden war, tat er das Gelübde, Mönch zu werden, und trat in den Augustiner-Eremitenorden ein. Schon 1507 erhielt er die Priesterweihe, 1512 wurde er Doktor der Theologie und Professor der Bibelwissenschaft in Wittenberg. In dieser Zeit entwickelte er unter Berufung auf den Römerbrief des Paulus den Grundgedanken seiner reformatorischen Theologie: Da der Mensch unfähig ist, Gottes Gebote zu erfüllen, kann er sich vor Gott nicht durch eigene Anstrengungen oder durch seine guten Werke rechtfertigen. Die Gerechtigkeit Gottes ist eine Gabe an den Menschen, nicht Lohn oder Strafe für seine Taten. Daher ist er allein durch die göttliche Gnade gerechtfertigt.

War damit auch der Bruch mit den tradierten Lehren der Kirche bereits angelegt, so gab für Luther doch erst die Ablasspredigt seiner Zeit den Anlass, an die Öffentlichkeit zu treten. Die Ablasslehre besagt, der Papst könne als Verwalter des Gnadenschatzes, den Christus und die Heiligen durch ihre guten Werke hinterlassen haben, einen vor Gott gültigen Sündenerlass durch Buße gewähren und den Aufenthalt der Seele im Fegefeuer verkürzen. Im späten Mittelalter wurde der Ablass immer häufiger nicht mehr bei Bußübungen gewährt, sondern gegen Geld verkauft und wurde so zu einer willkommenen Einnahmequelle für die stets geldhungrige Kirche (und die Landesherren, die ihn durchführten und oft große Summen in ihre eigenen Taschen umlenkten). Als 1506 Papst Julius II. mit dem Neubau der Peterskirche begann, schrieb er einen neuen Ablass für die gesamte Christenheit aus. Gegen ihn wendete Luther sich in seinen berühmten 95 Thesen vom Oktober 1517. Er richtete sich dabei nicht in erster Linie gegen die kirchlichen Finanzpraktiken. Seine Argumentation war theologisch: Der Ablass zerstöre die wahre Bußfertigkeit und wiege den Sünder in einer falschen Heilsgewissheit, weil allein Gottes Gnade ihn vor dem Fegefeuer bewahren könne.

Ohne Luthers Absicht verbreiteten sich seine Thesen innerhalb weniger Wochen in ganz Deutschland. Als daraufhin die Dominikaner gegen ihn Anklage erhoben, entging er einer Vorladung zum Ketzerprozess nach Rom nur durch den Schutz, den ihm der sächsische Kurfürst gewährte. In den folgenden Jahren arbeitete er seine Lehre aus, die ihn und seine Anhänger in immer größeren Gegensatz zur römischen Kirche brachten.

Die Schrift «Von der Freiheit eines Christenmenschen» von 1520 stellt Luthers letzten Versuch dar, doch noch eine gütliche Einigung des Streits zu erreichen. Sie bildet die Beilage zu einem «Sendbrief an den Papst Leo X.», in dem er zwar seine Angriffe auf den päpstlichen Hof erneuert («er weit übertritt der Turken Untugend»), Papst Leo jedoch ausnimmt («wie ein Schaf unter Wolfen»). In theologischen Fragen bleibt Luther jedoch unnachgiebig: Der Papst ist nicht gottähnlich, sondern ein Mensch wie andere auch; er hat weder die alleinige Gewalt, die biblischen Schriften auszulegen, noch vermag er die Seelen in den Himmel oder das Fegefeuer zu bringen – Positionen, die für das Papsttum unannehmbar sein mussten. Da er in seiner Programmschrift «Von der babylonischen Gefangenschaft der Kirche» (1520) bereits die katholische Sakramentenlehre verworfen hatte – unter Berufung auf das Neue Testament als alleinige Autorität lässt er von den sieben Sakramenten nur Taufe und Abendmahl gelten und lehnt zudem die Transsubstantiationslehre ab –, war der endgültige Bruch mit Rom unvermeidlich, und 1521 wurde er mit dem großen Kirchenbann belegt.

Von der Freiheitsschrift erschienen in etwa eineinhalb Jahrzehnten über 30 Ausgaben, sie wurde Luthers meistgelesene Schrift überhaupt. In ihr bekräftigt er, dass der Christ nicht durch Werke und äußere Bindungen die Seligkeit erlangen könne, sondern nur im Glauben an das göttliche Wort. Den scheinbaren Widerspruch zwischen den Anfangssätzen (der Christ ist frei und untertan zugleich) verteilt Luther auf zwei Ebenen, indem er beim Menschen sehr deutlich eine innere, geistliche und freie sowie eine äußere, leibliche und unfreie Natur unterscheidet, eine Lehre, die in der Philosophie bis zu Kant und über ihn hinaus fortwirken sollte und bedeutende politische Wirkungen auslöste.

«*Zum ersten:* Daß wir gründlich mögen erkennen, was ein Christenmensch sei und wie es getan sei um die Freiheit, die ihm Christus erworben und gegeben hat, davon St. Paulus viel schreibt, will ich setzen diese zwei Beschlüsse:

Ein Christenmensch ist ein freier Herr über alle Dinge und niemand untertan.

Ein Christenmensch ist ein dienstbarer Knecht aller Dinge und jedermann untertan ...

Zum andern: Diese zwei sich widersprechenden Reden der Freiheit und Dienstbarkeit zu vernehmen, sollen wir gedenken, daß ein jeglicher Christenmensch ist zweierlei Natur, geistlicher und leiblicher. Nach der Seele wird er ein geistlicher, neuer, innerlicher Mensch genannt, nach dem Fleisch und Blut wird er ein leiblicher, alter und äußerlicher Mensch genannt. Und um dieses Unterschiedes willen werden von ihm gesagt in der Schrift Worte, die da stracks wider einander sind, wie ich jetzt gesagt von der Freiheit und Dienstbarkeit.

Zum dritten: So wir uns vornehmen den inwendigen, geistlichen Menschen, zu sehen, was dazu gehöre, daß er ein frommer, freier Christenmensch sei und heiße, so ist's offenbar, daß kein äußerliches Ding kann ihn frei noch fromm machen, wie es mag immer genannt werden, denn seine Frömmigkeit und Freiheit, widerum seine Bösheit und Gefängnis sind nicht leiblich noch äußerlich: Was hilft's der Seele, daß der Leib ungefangen, frisch und gesund ist, isset, trinkt, lebt, wie er will? Wiederum, was schadet das der Seele, daß der Leib gefangen, krank und matt ist, hungert, dürstet und leidet, wie er nicht gern wollte? Dieser Dinge reichet keines bis an die Seele, sie zu befreien oder fangen, fromm oder böse zu machen.

Zum vierten: Also hilft es der Seele nichts, ob der Leib heilige Kleider anlegt, wie die Priester und Geistlichen tun, auch nicht, ob er in den Kirchen und heiligen Stätten sei, auch nicht, ob er mit heiligen Dingen umgehe, auch nicht, ob er leiblich bete, faste, walle und alle guten Werke tue, die durch und in dem Leibe geschehen möchten ewiglich. Es muß noch ganz etwas anderes sein, was der Seele bringe und gebe Frömmigkeit und Freiheit. Denn alle diese obgenannten Stücke, Werke und Weisen mag auch an sich haben und üben ein böser Mensch, ein Gleißner und Heuchler; auch durch solch Wesen kein ander Volk denn eitel

Gleißner werden. Wiederum schadet es der Seele nichts, wenn der Leib unheilige Kleider trägt, an unheiligen Orten ist, ißt, trinkt, wallet, nicht betet und läßt alle die Werke anstehen, die die obgenannten Gleißner tun.

Zum fünften hat die Seele kein ander Ding, weder im Himmel noch auf Erden, darinnen sie lebe, fromm, frei und Christ sei, denn das heilige Evangelium, das Wort Gottes von Christo gepredigt …

Und Christus um keines andern Amts willen, denn zu predigen das Wort Gottes, gekommen ist. Auch alle Apostel, Bischöfe, Priester und der ganze geistliche Stand allein um des Wortes willen ist berufen und eingesetzt, wiewohl es nun leider anders geht.

Zum sechsten fragst du aber: ‹Welches ist denn das Wort, das solch große Gnade gibt, und wie soll ich's gebrauchen?› Antwort: Es ist nichts anderes denn die Predigt, von Christo geschehen, wie das Evangelium enthält, welche soll sein und ist also angetan, daß du hörest deinen Gott zu dir reden, wie all dein Leben und Werke nichts seien vor Gott, sondern müssest mit allem dem, was in dir ist, ewiglich verderben. So du solches recht glaubst, wie du schuldig bist, so mußt du an dir selber verzweifeln und bekennen, daß wahr sei der Spruch Hoseä: ‹O Israel, in dir ist nichts denn dein Verderben, allein aber in mir steht deine Hilfe.› Daß du aber aus dir und von dir, das ist aus deinem Verderben, kommen mögest, so setzt er dir vor seinen lieben Sohn Jesum Christum und läßt dir durch sein lebendiges, tröstliches Wort sagen: Du sollst in denselben mit festem Glauben dich ergeben und frisch auf ihn vertrauen. So sollen dir um desselben Glaubens willen alle deine Sünden vergeben, all dein Verderben überwunden sein und du gerecht, wahrhaftig, befriedet, fromm und alle Gebote erfüllet sein, von allen Dingen frei sein, wie St. Paulus sagt, Römer 1: ‹Ein gerechtfertigter Christ lebt nur von seinem Glauben›; und Römer 10: ‹Christus ist das Ende und die Fülle aller Gebote denen, die an ihn glauben.›

Zum siebenten: Darum sollte das billig aller Christen einziges Werk und Übung sein, daß sie das Wort und Christum wohl in sich bildeten, solchen Glauben stetig übten und stärkten … Also sagt St. Paul, Römer 10: ‹Daß man von Herzen glaubt, das macht einen gerecht und fromm.›

Zum achten: Wie geht es aber zu, daß der Glaube allein kann fromm machen, und ohne alle Werke so überschwänglichen Reichtum geben, so doch so viel Gesetze, Gebote, Werke und Weisen uns vorgeschrieben sind in der Schrift? Hier ist fleißig zu merken und ja mit Ernst zu behalten, daß allein der Glaube ohne alle Werke fromm, frei und selig macht, wie wir hernach mehr hören werden, und ist zu wissen, daß die ganze Heilige Schrift wird in zweierlei Worte geteilet, welche sind: Gebote oder Gesetze Gottes und Verheißen oder Zusagungen. Die Gebote lehren und schreiben uns vor mancherlei gute Werke, aber damit sind sie noch nicht geschehen. Sie weisen wohl, sie helfen aber nicht, lehren, was man tun soll, geben aber keine Stärke dazu. Darum sind sie nur dazu geordnet, daß der Mensch darinnen sehe sein Unvermögen zu dem Guten und lerne an sich selbst verzweifeln. Und darum heißen sie auch das Alte Testament und gehören alle ins Alte Testament …

Zum neunten: Wenn nun der Mensch aus den Geboten sein Unvermögen gelernet und empfunden hat, so daß ihm nun Angst wird, wie er dem Gebot Genüge tue, sintemal das Gebot muß erfüllet sein oder er muß verdammt sein, so ist er recht gedemütigt und zunichte geworden in seinen Augen, findet nichts in sich, damit er könne fromm werden. Dann kommt das andre Wort, die göttliche Verheißung und Zusagung, und spricht: Willst du alle Gebote erfüllen, deine böse Begierde und Sünde los werden, wie die Gebote zwingen und fordern, siehe da, glaube an Christum, in welchem ich dir zusage alle Gnade, Gerechtigkeit, Frieden und Freiheit; glaubst du, so hast du, glaubst du nicht, so hast du nicht. Denn was dir unmöglich ist mit allen Werken der Gebote, deren viele und doch keines nütze sein müssen, das wird dir leicht und kurz durch den Glauben. Denn ich habe kurz in den Glauben gestellet alle Dinge, daß, wer ihn hat. soll alle Dinge haben und selig sein; wer ihn nicht hat, soll nichts haben. Also geben die Zusagungen Gottes, was die Gebote erfordern, und vollbringen, was die Gebote heißen, auf daß es alles Gottes eigen sei, Gebot und Erfüllung. Er heißet allein, er erfüllet auch allein. Darum sind die Zusagungen Gottes Worte des Neuen Testaments und gehören auch ins Neue Testament.

Zum zehnten: Nun sind diese und alle Gottesworte heilig, wahrhaftig, gerecht, friedsam, frei und aller Güte voll; darum, wer ihnen mit einem rechten Glauben anhängt, des Seele wird mit ihm vereinigt so ganz und gar, daß alle Tugenden des Wortes auch eigen werden der Seele und also durch den Glauben die Seele von dem Gotteswort heilig, gerecht, wahrhaftig, friedsam, frei und aller Güte voll, ein wahrhaftiges Kind Gottes wird …

Hieraus leichtlich zu merken ist, warum der Glaube so viel vermag und daß keine guten Werke ihm gleich sein können. Denn kein gutes Werk hänget an dem göttlichen Wort wie der Glaube, kann auch nicht in der Seele sein, sondern allein das Wort und der Glaube regieren in der Seele. Wie das Wort ist, so wird auch die Seele von ihm, gleich wie das Eisen wird glutrot wie das Feuer aus der Vereinigung mit dem Feuer. Also sehen wir, daß an dem Glauben ein Christenmensch genug hat; er bedarf keines Werkes, daß er fromm sei. Bedarf er denn keines Werkes mehr, so ist er gewißlich entbunden von allen Geboten und Gesetzen; ist er entbunden, so ist er gewißlich frei. Das ist die christliche Freiheit, der einzige Glaube, der da macht, nicht daß wir müßig gehn oder übel tun können, sondern daß wir keines Werkes bedürfen, zur Frömmigkeit und Seligkeit zu gelangen ...» (Luther 1938, 319–324).

Als sich 1524/25 die Bauern in weiten Teilen Süd- und Mitteldeutschlands gegen ihre geistlichen und weltlichen Herren erhoben und die Aufhebung von Frondiensten und der Standesunterschiede forderten, beriefen sie sich unter anderen auf Luthers Freiheitsschrift – zu Unrecht; denn von solch revolutionären Forderungen steht in dem Traktat nichts geschrieben. Luther verlangt unter Punkt 28 im Gegenteil sogar ausdrücklich, der fromme Christ solle sich ohne Widerstreben der Obrigkeit unterwerfen und ihr ‹gute Werke› leisten, nicht, als ob dies eine Glaubenspflicht für den innerlich freien Menschen wäre, sondern weil es dem äußeren Menschen bestimmt ist, zu leiden und zu dienen:

«Also sollten auch aller Priester, Klöster und Stifter Werke getan sein, daß ein jeglicher seines Standes und Ordens Werk allein darum täte, den andern zu willfahren und seinen Leib zu regieren, den andern Exempel zu geben, auch also zu tun, die auch bedürfen, ihre Leiber zu zwingen; doch sich allezeit vorsehen, daß nicht dadurch fromm und selig zu werden sich vorgenommen werde, welches allein des Glaubens Vermögen ist. Auf die Weise gebietet auch St. Paul, Römer 13 und Titus 3, daß sie sollen weltlicher Gewalt untertan und bereit sein, nicht daß sie dadurch fromm werden sollen, sondern daß sie den andern und der Obrigkeit damit frei dieneten und ihren Willen täten aus Liebe und Freiheit. Wer nun diesen Verstand hätte, der könnte leichtlich sich einrichten in die unzähligen Gebote und Gesetze des Papstes, der Bischöfe, der Klöster, der Stifter, der Fürsten

Abb. 3: Weltliche und geistliche Macht im Mittelalter
Im Mittelalter sollten sich weltliche und geistliche Gewalt gegenseitig bei der Erfüllung ihres göttlichen Auftrages unterstützen, die Christenheit gegen innere und äußere Feinde zu schützen: Der Kaiser hält das weltliche Schwert, Petrus übergibt dem Papst den Schlüssel. Schwert und Schlüssel symbolisieren die Macht der beiden Häupter der Christenheit, die Macht des weltlichen und des geistlichen Gerichts. Die Illustration entstammt dem «Sachsenspiegel», das der sächsische Ritter Eike von Repgow im frühen 13. Jahrhundert nach von ihm vorgefundenem Stammesrecht zuerst aufgeschrieben hat.

Abb. 4: Das Widerstandsrecht
Die mittelalterliche Form des Widerstandsrechts: Ein Untertan darf sich seinem Herren, sogar dem König, widersetzen, wenn dieser sich ihm gegenüber rechtswidrig verhält. Dieses Recht hat in der Geschichte der politischen Theorie viele Umwandlungen erfahren. Nicht wenige Theoretiker bestritten allerdings auch, dass der Einzelne sich gegen unrechtmäßige Übergriffe der Staatsgewalt überhaupt wehren dürfe.

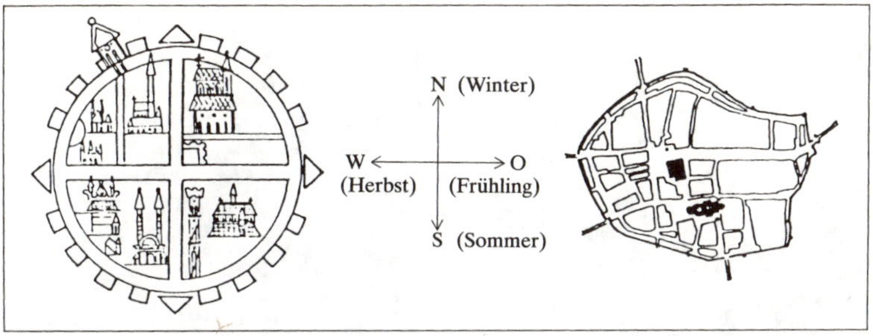

Idealplan von Jerusalem *Rothenburg ob der Tauber*

Abb. 5: Die mittelalterliche Stadt

Bauschema der mittelalterlichen Stadt ist ein Kreis. Ihm ist ein Kreuz einbeschrieben, das sich nach den beiden Hauptachsen der Windrose ausrichtet. Da die Stadt als ein sozialer Mikrokosmos aufgefasst wurde, der die geordnete Welt des Menschen gegen die wilde und unbeherrschte Natur abgrenzt, entsprechen die vier Himmelsrichtungen zugleich den vier Jahreszeiten (weitere Entsprechungen, etwa zu den damals bekannten vier Weltteilen oder den vier Weltströmen des mittelalterlichen Kosmos, ließen sich leicht herstellen). Um den Kreuzungspunkt der Hauptachsen herum gruppieren sich die Kirchen als das geistliche und das Rathaus als das weltliche Zentrum der sozialen Organisation.

und Herren, die etlich tolle Prälaten also treiben, als wären sie not zur Seligkeit, und heißen es Gebote der Kirche, wiewohl mit Unrecht. Denn ein freier Christ spricht also: ‹Ich will fasten, beten, dies und das tun, was geboten ist, nicht daß ich's bedarf oder dadurch wollte fromm oder selig werden, sondern ich will's dem Papst, Bischof, der Gemeine oder meinem Mitbruder, Herrn zu Willen, Exempel und Dienst tun und leiden, gleichwie mir Christus viel größere Dinge zu Willen getan und gelitten hat, dessen ihm viel weniger not war. Und obschon die Tyrannen unrecht tun, solches zu fordern, so schadet's mir doch nicht, dieweil es nicht wider Gott ist›» (Luther 1938, 338 f.).

Luther versuchte zunächst, zwischen Bauern und Fürsten zu vermitteln. Als er damit erfolglos blieb und die Unruhen weiter um sich griffen, stellte er sich eindeutig auf die Seite der Fürsten. In seinem Pamphlet «Wider die räuberischen und mörderischen Rotten der Bauern» vom Mai 1525 forderte er sie auf, die rebellischen Bauern zu töten; dies sei ein gott-

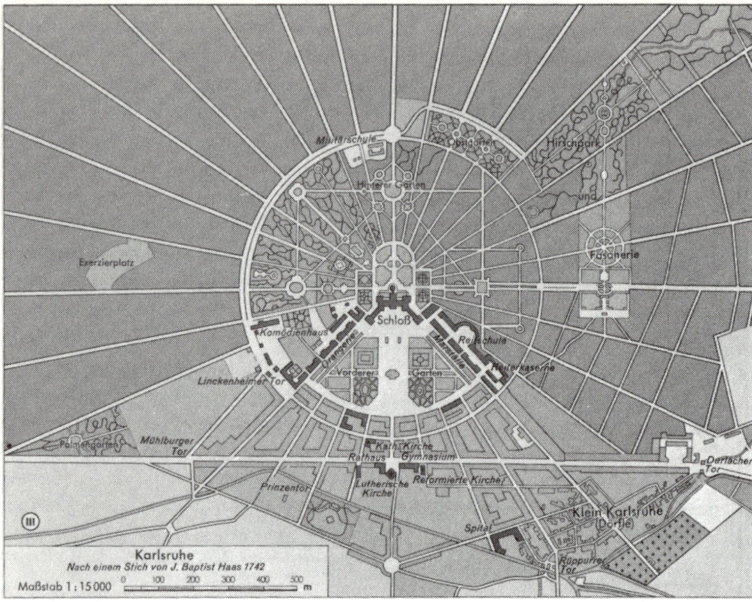

Stadtplan von Karlsruhe
Abb. 6: Die Stadt im Zeitalter des Absolutismus
Die Markgrafen von Baden-Durlach ließen Karlsruhe von 1715 bis 1782 erbauen. Die Stadtanlage ist ein typisches Beispiel für eine barocke Stadt, die nicht – wie die mittelalterlichen Städte – gewachsen ist, sondern der planerischen Absicht eines absolutistischen Herrschaftssystems entspringt: Die kreisförmige Anlage bleibt erhalten, im Zentrum steht nun aber das fürstliche Schloss. Die Kirchen sind an den Schnittpunkt der Kreislinie mit der Nord-Süd-Achse abgedrängt.

gefälliges Werk, weil es nichts Schändlicheres und Teuflischeres gebe als einen aufrührerischen Menschen. Trotz ihres stellenweise maßlosen Tones («Ich meine, daß keine Teufel mehr in der Hölle sind, sondern allzumal in die Bauern sind gefahren») zieht Luther in dieser Schrift nur die letzten Konsequenzen aus seiner Freiheitslehre. Denn wenn kein äußeres Unrecht dem inneren Menschen etwas anhaben kann, dann werden die äußeren Lebensbedingungen in der Tat unwesentlich und passive Ergebung in das Walten der gottgewollten Machthaber geradezu zur Pflicht.

Durch seine Haltung im Bauernkrieg verlor Luther die immense

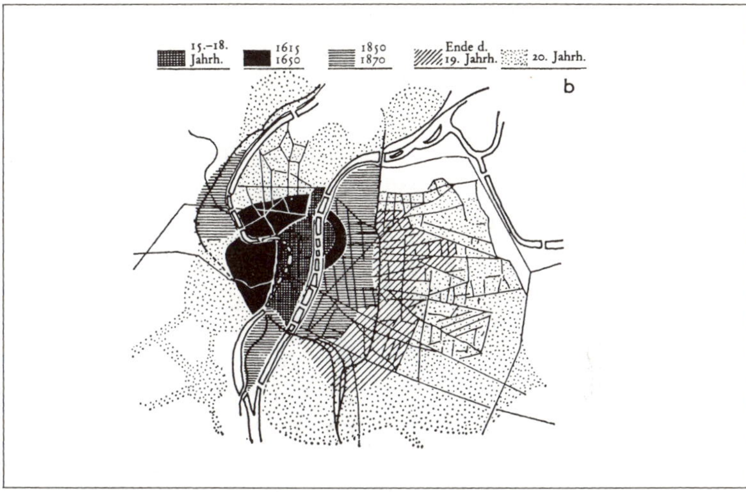

Lyon (Frankreich)
Abb. 7: Die moderne Industriestadt
Die Karte zeigt die Entwicklung der französischen Stadt Lyon zwischen dem 15. und dem 20. Jahrhundert. Man erkennt deutlich, dass das Wachstum der Städte sich seit der industriellen Revolution nicht mehr nach kosmologischen Mustern oder absolutistischem Herrscherwillen ausrichtet, sondern nach den Erfordernissen eines modernen Transportwesens (wie Eisenbahnen und Straßen) und der industriellen Produktion (Zusammenballung von Arbeitersiedlungen um die Fabriken).

Popularität in den unteren Volksklassen, die er zuvor genossen hatte und die er bis zu seinem Tod 1546 nie mehr erringen sollte. Eigentliche Gewinner waren die deutschen Fürsten. Nachdem sie die Bauern niedergeschlagen und aufs grausamste bestraft hatten, verwandelten sie die bäuerliche Zinsabhängigkeit in Leibeigenschaft und führten zahlreiche neue Abgaben- und Dienstleistungen ein. Damit hatte die Reformation ihre Massenbasis verloren und wurde zu einer Angelegenheit der Landesherren.

Luther hat durch sein Wirken einerseits zweifellos der deutschen Untertanengesinnung und dem fatalen ‹Bündnis von Thron und Altar› Vorschub geleistet. Die gläubige Resignation (wer fromm sein will, muss leiden), die das Luthertum forderte, wie seine Orientierung an agrarischen und handwerklichen Produktionsformen wirkten sich in Deutschland sozial und ökonomisch hemmend aus, verglichen etwa mit dem Calvinismus, der die Arbeitsamkeit und den wirtschaftlichen Erfolg des Einzelnen als seine irdische Bewährung und als Zeichen seiner Auserwähltheit durch Gott betrachtete. Der moderne Kapitalismus ging daher auch von den calvinistisch beeinflussten Staaten Holland und England aus, nicht von Deutschland.

Auf der anderen Seite ist Luthers Einfluss auf die deutsche Literatur und Philosophie kaum hoch genug einzuschätzen. Schon vor ihm gab es zwar ein gutes Dutzend Bibelübersetzungen. Aber erst ihm gelang es, dank seiner eminenten stilistischen Fähigkeiten, eine einheitliche deutsche Schriftsprache zu schaffen. Fast die gesamte deutsche Literatur von Rang zwischen Luther und der Frühromantik stammt von Protestanten; seine Bedeutung für die Befreiung der philosophischen Rationalität wie für die spezifisch deutsche Verbindung von Geist und Gemüt würdigt Hegel in seiner «Philosophie der Geschichte»:

«Die alte und durch und durch bewahrte Innigkeit des deutschen Volkes hat aus dem einfachen, schlichten Herzen diesen Umsturz zu vollbringen. Während die übrige Welt hinaus ist nach Ostindien, Amerika – aus ist, Reichtümer zu gewinnen ... –, ist es ein einfacher Mönch, der das Dieses (Christus als einen sinnlich einzelnen), das die Christenheit vormals in einem irdischen, steinernen Grabe (dem heiligen Grab in Jerusalem) suchte, vielmehr in dem tieferen Grabe der absoluten Idealität alles Sinnlichen und Äußerlichen, in dem Geiste findet und in dem Herzen zeigt ... Luthers einfache Lehre ist, daß ... die wahrhafte Geistigkeit, Christus, auf keine Art in äußerlicher Weise gegenwärtig und wirklich ist, sondern als Geistiges überhaupt nur in der Versöhnung mit Gott erlangt wird ...» (Hegel 1973, 494).

III. Neuzeit

Einführung

1. Der sozialgeschichtliche Hintergrund

Max Weber (1864–1920), der einflussreichste deutsche Soziologe, ist in seinem Lebenswerk vor allem der Frage nachgegangen: Was ist die Eigenart unserer modernen Welt, und weshalb hat sie gerade in Europa und nicht anderswo entstehen können? Diese Welt hat die industrielle Zivilisation hervorgebracht, die sich anschickt, zur Weltzivilisation zu werden. Dieses geschichtliche Geschehen hat Weber den «okzidentalen Rationalismus» genannt. In der Rationalisierung aller Lebensbereiche erblickt er das Entscheidende. Die «schicksalsvollste … Macht unseres modernen Lebens» aber ist der *Kapitalismus* (Weber 1978, 4).

Einige Hauptcharakteristika sollen kurz genannt werden. So definiert Weber:

> «Ein kapitalistischer Wirtschaftsakt soll uns heißen zunächst ein solcher, der auf Erwartung von Gewinn durch Ausnützung von Tausch-Chancen ruht: auf (formell) friedlichen Erwerbschancen also … Wo kapitalistischer Erwerb rational erstrebt wird, da ist das entsprechende Handeln orientiert an Kapitalrechnung» (Weber 1978, 4).

Kapitalismus setzt also die Existenz von Tauschbeziehungen, eines Markts, voraus, und die Menschen orientieren ihr wirtschaftliches Handeln an der Vermehrung ihres Kapitals, am Gewinnstreben. Dieses Handeln ist rational, weil die Maßnahmen im Dienst solchen Gewinnstrebens exakt auf ihre Erfolgschancen hin kalkuliert werden. Doch bleibt diese Bestimmung noch zu allgemein und zu unbestimmt. Derartiges Gewinnstreben hat es bereits früher und auch außerhalb Europas gegeben. Max Weber präzisiert: «… der Okzident kennt in der Neuzeit … eine … sonst nirgends auf der Erde entwickelte Art des Kapitalismus: die rational-kapitalistische Organisation von (formell) freier Arbeit» (Weber

1978, 7). Das heißt: Das Betriebskapital von Unternehmen befindet sich in der Hand von Privateigentümern, die bestrebt sind, durch rationale Kapitalrechnung Gewinn zu machen. Arbeit im Dienst des Kapitals aber ist freie Arbeit; es wird nur gearbeitet auf der Grundlage freier und formal gleicher Arbeitsverträge, was Sklavenarbeit und Fronarbeit von vornherein ausschließt. Der moderne Kapitalismus unterstellt die Freiheit und Gleichheit von Vertragspartnern, eine *formale* Freiheit und Gleichheit, die *materiale* Ungleichheit, die Existenz verschiedener Klassen, keineswegs ausschließt, sondern vielmehr erfordert: das Privateigentum an Kapital und freie Arbeit, Menschen, die Arbeitsverhältnisse eingehen müssen, weil sie über kein Kapital verfügen. Zum kapitalistischen Betrieb gehört wesentlich die «rationale Buchführung», «die Trennung von Haushalt und Betrieb» (Weber 1978, 8). Familie als Bereich privater Intimbeziehungen und Wirtschaft als Sphäre der Kalkulation möglichst gewinnbringender Verwendung der ökonomischen Mittel müssen unterschieden sein. Rationale doppelte Buchführung über Einnahmen und Ausgaben ist nur möglich, wenn Geschäftliches und Privates scharf und genau getrennt sind.

Rationalisierung betrifft aber nicht nur die Wirtschaft, die dadurch zu einer kapitalistischen wird. Sie erfasst auch den Staat, und es bildet sich eine strikt an sachlichen und nicht mehr persönlichen Notwendigkeiten orientierte Verwaltung aus, die an das formale, gesetzte Recht gebunden ist. Max Weber hat diesen Vorgang als Bürokratisierung beschrieben, als einen Vorgang, der nicht nur den Bereich des Öffentlichen, den Staat also, sondern auch den des Privaten, die kapitalistische Wirtschaftsweise, ergreift. Doch liegt kapitalistisches Wirtschaften in privater Hand und bleibt vom staatlichen Bereich scharf getrennt. Die Sphäre der Wirtschaft grenzt sich ab gegenüber der Familie wie gegenüber dem Staat, und die Herausbildung dieser eigenständigen Sphäre ist Gegenstand der Theorie der bürgerlichen Gesellschaft.

Es bleibt noch anzumerken, dass der Vorgang universaler Rationalisierung vor allem die Wissenschaft, ebenso die Kunst einbegreift (Weber 1978, 1 f.). Die Wissenschaft selbst hat wesentlich die Rationalisierung der Wirtschaft und des Staats befördert. Doch hatte die Entstehung des

‹Geists› des modernen Kapitalismus auch eine religiöse Voraussetzung: die innenweltliche Askese der protestantischen Ethik, ein Tatbestand, den Max Weber eindrucksvoll belegt hat (Weber 1978, 17–236; vgl. S. 409–432).

Die bürgerliche Gesellschaft ist in erster Linie die Sphäre der Ökonomie, der Wirtschaft. Ihre Geschichte fällt zusammen mit der Entfaltung der kapitalistischen Warenproduktion, die in ihren Hauptetappen kurz und knapp skizziert werden soll. Den Ausgangspunkt bildet das Handwerk; ihm folgt die Manufaktur; sie wird abgelöst von der Industrie, die heute noch unsere Lebenswelt ökonomisch bestimmt.

Im Übergang von den feudalen Zuständen des Mittelalters zur bürgerlichen Welt der Neuzeit hat sich eine Veränderung der gesellschaftlichen Lebenswelt vollzogen, die wohl eine der tiefgreifendsten, wenn nicht die tiefgreifendste in der Geschichte der Menschheit gewesen ist. Ausgang dieser Entwicklung waren die mittelalterlichen Städte. In ihnen und in ihrem Umland breiteten sich Waren- und Geldwirtschaft aus: Die Versorgung der Menschen mit den notwendigen Lebensmitteln wurde fortschreitend durch Waren- und Geldverkehr, durch Tausch, vermittelt. Dies hatte eine tiefgreifende Strukturveränderung der Lebenszusammenhänge zur Folge. An die Stelle des sich selbst versorgenden ‹ganzen Hauses› der Antike und des Mittelalters trat die Warenwirtschaft, die immer mehr in die ländlichen Verhältnisse eindrang. Der alte feudale Adel, dessen ökonomische Basis der Großgrundbesitz und der Frondienst an die Scholle gebundener Bauern war, verlor seine Herrschaft an Bürger und Patrizier, die über große Geldvermögen verfügten. Solche Vermögen wurden zunächst im Handel erworben, im Fernhandel mit Luxusartikeln – seltenen, wertvollen Stoffen, Gewürzen, Glaswaren, Wein usf. –, dann auch im Handel mit Getreide, Wolle, Salz und anderen Gegenständen des täglichen Bedarfs.

In den spätmittelalterlichen Städten gab es zwar Warenproduktion, insbesondere handwerkliche, sie war aber den Produktions- und Marktkontrollen der Zünfte unterworfen. Die sich ausbreitende Warenproduktion überwand nach und nach solche Schranken. Handwerksmeister stiegen durch Expansion ihres Betriebs zu Unternehmern auf oder Handelsvermögen wurden in der Produktion angelegt, sodass ursprünglich selbständige Handwerker in ihren Dienst traten. Damit gerieten zuvor selbständig Arbeitende in Abhängigkeit. Dazu kamen insbesondere Bauern, die ihre Scholle verloren hatten. Es entstand eine neue Klasse von Menschen, die über ihre Produktionsmittel, über ihre Arbeitsbedingungen, nicht selbst verfügte und deshalb genötigt war, ihre Arbeitskraft an den Unternehmer zu verkaufen.

Das Kapital vermittelte also fortan nicht nur die Verteilung von Waren durch den Handel, es ergriff auch die Herstellung von Waren. Damit veränderte sich der Produktionsprozess von Waren von Grund auf. Es entstanden kooperativ organisierte Formen der Produktion, *Manufakturen*: Nicht mehr ein einzelner Handwerker stellt ein Produkt von Anfang bis Ende selbst her, vielmehr wird der Fertigungsprozess in Unterfunktionen zerteilt, auf die die Arbeiter sich spezialisieren, sodass viele Menschen nun bei der Herstellung eines und desselben Produkts zusammenarbeiten und aufeinander angewiesen sind. Diese Einführung der Arbeitsteilung hatte vor allem ein Ergebnis: die Steigerung der Produktivkraft der Arbeit – die kooperierenden Arbeiter waren nun in der Lage, mit demselben Aufwand wesentlich mehr Produkte herzustellen, als sie es als selbständig arbeitende Handwerker vermocht hätten. Manufakturen waren die fortgeschrittenste Gestalt der Warenproduktion vom letzten Drittel des 16. bis weit ins 18. Jahrhundert hinein, obgleich deren Anfänge wesentlich weiter zurückreichen.

Im letzten Drittel des 18. Jahrhunderts setzte dann ein, was unser Leben heute noch entscheidend bestimmt: die *industrielle Revolution*. Gewöhnlich wird sie mit der Einführung der Dampfmaschine in die Produktion gleichgesetzt. Doch muss man hier genauer unterscheiden. Die Manufaktur ist gekennzeichnet durch Teilung der handwerklichen Arbeit; handwerkliche Ausbildung bleibt, abgesehen von vielfältigen Hilfsarbeiten, die Grundlage. Die Manufaktur unterscheidet sich vom Handwerk durch Arbeitsteilung, durch Zerlegung des Verfertigens von Produkten in vielfache Unterfunktionen, die wesentlich rascher und effizienter verrichtet werden. Die Industrie geht aus von der Umwälzung des Arbeitsmittels: An die Stelle der Werkzeuge tritt die Werkzeugmaschine. Das Handwerkszeug (Hammer, Zange, Raspel, Bohrer usw.) passt sich dem Arbeitsrhythmus des menschlichen Körpers an und steigert die Wirkungsweise menschlicher Organe, der Hand, des Fußes usw. Eine Maschine dagegen ist ein mechanischer Apparat, der seinen eigenen mechanischen Gesetzen gehorcht und sich von den Rhythmen des menschlichen Körpers befreit; dem Arbeiter fällt dann nur noch die Aufgabe zu, die Unzulänglichkeiten des Mechanismus zu ergänzen; passte sich das Werkzeug dem Menschen an, so hat sich jetzt der Arbeiter dem Funktionieren der Maschine zu fügen.

Die Industrialisierung der Warenproduktion begann in England, und zwar in der Baumwollindustrie. Baumwolle wurde nicht mehr von Arbeitern, die Spinnräder bedienen, gesponnen, sondern von einer Maschine mit mehr als 1000 Spindeln. Die Bewegung solcher Spinnmaschinen durch Menschenkraft wurde immer schwieriger; es lag nahe, die Bewegungskraft selber mechanisch zu erzeugen; dies war die Stunde der Dampfmaschine. Mechanisierung der Bedienung von Werkzeugen war Ursprung der Industrialisierung; sie erst erzwang auch die Mechanisierung des Antriebs, die Einführung von Dampfmaschinen. Diese Entwicklung setzte in den 70er Jahren des 18. Jahrhunderts in England ein und entfaltete sich dann voll im 19. Jahrhundert. – Es müssen also Phasen der Geschichte der bürgerlichen Gesellschaft unterschieden werden, insbesondere die Manufakturperiode und die Epoche der Industrialisierung. Die bürgerliche Gesellschaft hat sich in den einzelnen europäischen Ländern nicht gleichzeitig durchgesetzt: An der Spitze stand England; Frankreich folgte mit einiger zeitlicher Verzögerung; am längsten hielten sich vorbürgerliche Formen in Deutschland. Dies hat in der politischen Geschichte seinen Niederschlag gefunden: die ‹Glorious Revolution› 1688 in England, die Französische Revolution 1789, die gescheiterte 1848er Revolution in Deutschland.

Dass und wie diese sozialen und politischen Umwälzungen in der Neuzeit auch Formen und Inhalte des Philosophierens von Grund auf veränderten, wird jetzt zu zeigen sein.

2. Wandel der philosophischen Grundlegung: die Philosophie der Subjektivität

Aristoteles hat die politische Philosophie als eigenständige Disziplin begründet. Seine Grundlegung hat schulbildende Kraft entfaltet, deren Fortwirken bis in die Gegenwart zu beobachten ist. Viele der aristotelischen Begriffe kehren auch in der Neuzeit wieder. Dennoch darf man nicht übersehen, dass die politische Philosophie der Neuzeit einen entscheidenden Wandel in der Grundlegung vollzogen hat. Dabei verändert sich auch die Bedeutung des Politischen.

Der Mensch ist für Aristoteles von Natur aus ein politisches Lebewesen; denn das beste Werk menschlichen Handels ist die *polis*, der Staat. Das Wesen des Menschen liest Aristoteles am vollkommenen Werk des menschlichen Wirkens ab. Dieses Werk ist der Endzweck menschlichen Strebens, dasjenige, worumwillen der Mensch existiert. Aristoteles bestimmt das menschliche Handeln von seinem Ende her. Er fragt nicht: Was vermag der Mensch zu leisten? Wo liegen die Grenzen seines Leistungsvermögens? Seine Frage ist vielmehr: Welches Werk ist dem Menschen kraft seiner Natur vorgegeben? Welche Bedingungen fördern oder behindern das Erreichen dieses Endzwecks? Aristoteles geht also vom vorgegebenen Werk als Ziel des Handelns aus. Hieraus leitet er die menschlichen Vermögen her, die zur Erreichung dieses Ziels erforderlich sind.

Das entgegengesetzte Verfahren geht von einer Analyse der menschlichen Vermögen aus, um dann hieraus das Ziel, das erstrebenswert und erreichbar erscheint, abzuleiten. Im ersten Fall werden vom vorausgesetzten Werk her die gebotenen Leistungen erschlossen; im zweiten Fall werden die menschlichen Vermögen in ihren Möglichkeiten ausgemessen, nicht um sie auf ein spezifisches Werk festzulegen, sondern um den Umkreis, die Grenzen des Machbaren abzustecken. Das Wesen des Menschen bestimmt sich dann nicht mehr aus dem Werk, das er kraft seiner Natur vollbringt, denn auf ein spezifisches Werk lässt er sich gar nicht festlegen. Es bestimmt sich vielmehr aus den Möglichkeiten, die realisierbar sind; sie sind abzugrenzen gegen das Unmögliche, das unerreichbar bleibt.

Die erste Frage unterstellt, dass die Welt ein wohlgeordnetes Haus ist, in dem alles in der Welt Vorfindliche seinen natürlichen Platz findet. Dieser natürliche Ort ist ihm vorgegeben durch sein Werk, das es kraft seines Wesens vollbringt. Dies ist in der Tat die aristotelische Konzeption vom Kosmos.

Die zweite Frage dagegen geht davon aus, dass menschliches Vermögen sich an kein spezifisches Werk binden lässt; dieses ist immer endlich und kann deshalb überschritten, verbessert, erweitert werden. Die Welt ist dann kein fertiges, in sich vollendetes Haus, sondern eine Baustelle, auf der beständig gearbeitet wird, und zwar nicht allein an der Vollendung, sondern vor allem an der beständigen Verbesserung des Projekts. Die Grenzen dieses Arbeitens sind in der Endlichkeit der menschlichen Fähigkeiten und in der Gesetzmäßigkeit des Baumaterials zu suchen. Innerhalb dieser Grenzen sind ein beständiger Fortschritt und ständige Verbesserungen möglich. Dem Bauherrn geht es wie dem Eroberer, der sich im Feindesland bewegt: Jede neue Grenze, die er siegend erreicht, ist für ihn nur Schranke seines Tuns, Aufforderung, sie kämpfend zu überschreiten – die Grundeinstellung der neuzeitlichen Philosophie. Für Aristoteles ist der Grundaffekt, der zum Philosophieren Anlass gibt, das Staunen, die Verwunderung über die gute und schöne Ordnung der Welt. In der Neuzeit aber ist es der Zweifel an den eigenen Fähigkeiten des Menschen, um deren Möglichkeiten und Grenzen auszuloten, damit sie zu immer größerer Entfaltung gebracht werden können.

René Descartes (1596–1650) hat als Erster die neuzeitliche Begründungsweise der Philosophie dargestellt, und zwar in seinen «Meditationen über die Erste Philosophie» (1641). Der Terminus «Erste Philosophie» kommt von Aristoteles her. Erste Philosophie ist Metaphysik, diejenige philosophische Wissenschaft, die sich mit dem ersten und höchsten Seienden, mit Gott, befasst. Dazu bedarf es der Klärung des Problems, was Seiendes überhaupt ist. Descartes transformiert dieses alte aristotelische Problem. Er fragt, *wie* wir davon wissen können. Haben wir hiervon überhaupt ein gewisses und wahres Wissen? Descartes gibt der Grundlegung der «Ersten Philosophie» eine erkenntnistheoretische Wendung. Er fragt nicht mehr direkt nach dem Seienden, sondern nach dem Wissen, das wir von ihm haben. *Grundlegung der Philosophie ist deshalb identisch mit der Suche nach dem schlechthin gewissen und unerschütterlichen Fundament alles menschlichen Wissens.* Erst auf einem solchen nichtwankenden Grund kann der Bau des menschlichen Wissens systematisch errichtet werden. Begründung des Wissens heißt Rückgang auf den Menschen. Der aber ist ein endliches, fehlbares Wesen, das dem Irrtum ausgeliefert ist. Alles vorhandene menschliche Wissen muss daher einer kritischen Prüfung unterworfen werden. Die Methode dieses Prüfens ist der Zweifel, das Infragestellen des Anspruchs gegebenen Wissens, gewiss und wahr zu sein. Was aber ist das Fundament der Gewissheit und Wahrheit menschlichen Wissens? Auf diese Frage sucht Descartes eine Antwort. Er geht die Stufen und Formen des Wissens prüfend durch: das Wissen von sinnlichen Dingen, von mathematischen Sachverhalten, von Gott.

Nur ein Fall sei vorgeführt. Wenn ich etwa behaupte, der Kreis sei viereckig, so kann ich mit gutem Grund den Wahrheitsgehalt dieser Aussage bezweifeln. Was aber in dieser Aussage selbst nicht unsinnig sein kann, ist die Tatsache, dass *ich* selbst es bin, der diese Behauptung aufgestellt hat. Das Ich, das Aussagen macht, gleichviel ob diese wahr oder falsch sein mögen, ist der Ursprung und Grund allen Aussagens und damit auch von Gewissheit und Ungewissheit, Wahr und Falsch. Damit ist der Grund, das unerschütterliche Fundament alles Wissens entdeckt: die Selbstgewissheit des denkenden Ichs. Diese Selbstgewissheit des sich als denkendes Wesen wissenden Ichs ist – so Descartes – schlechterdings unbezweifelbar; denn sie ist der Boden, die Bedingung der Möglichkeit allen Zweifels. Das ‹Ich denke, also bin ich› (*cogito, ergo sum*) ist das Prinzip allen menschlichen Wissens und damit auch der Philosophie.

Die Methode der neuen Grundlegung der Philosophie ist die Rückwendung des Menschen auf sich selbst, die Ausmessung der eigenen Leistungsfähigkeit, um hieraus die Grenzen zwischen dem Erreichbaren und dem Unerreichbaren zu ziehen, ein Vorgehen, das *Reflexion*, Zurückwendung auf sich selbst heißt.

Das Ich, das sich als denkendes Wesen weiß, liegt allem Wissen zugrunde. Ein solches erstes Zugrundeliegendes heißt lateinisch *sub-iec-*

tum. Die neuzeitliche Philosophie, welche von dem Ich als dem Zugrundeliegenden ausgeht, nennt man daher zu Recht: Philosophie der Subjektivität.

3. Das neue Prinzip: Herstellen im Dienst der Selbsterhaltung

Bei Descartes steht die theoretische Philosophie, die Metaphysik, im Mittelpunkt. Die neue Begründungsform im Geist der Philosophie der Subjektivität betrifft auch die praktische Philosophie. Aus dem Menschen als Ich, das sich selbst reflektiert im Hinblick auf sein Leistungsvermögen, muss auch die praktische und die politische Philosophie begründet werden.

Unter welcher Grundbedingung kann aber der Mensch als ein endliches Wesen in der Welt leben? Hierauf antwortet die neuzeitliche Philosophie, dies sei die *Selbsterhaltung*: Jeder Mensch hat kraft seiner Natur ein unveräußerliches Naturrecht auf die Erhaltung seines Lebens. Als endliches Wesen ist der Mensch auf die Aneignung der äußeren Natur angewiesen, um seinen Lebensunterhalt zu sichern. Die spezifisch menschliche Form dieser Aneignung ist das Herstellen von Gebrauchsdingen, *Arbeit*.

Aristoteles hatte seine Grundlegung der praktischen Philosophie an der Unterscheidung von *poiesis* und *praxis*, von Herstellen und Handeln, festgemacht. Beide Tätigkeitsformen des Menschen unterscheiden sich nach Aristoteles im Werk, welches bei der Praxis im Tun selbst liegt, bei der Poiesis hingegen außerhalb des Tuns seinen Bestand hat. Poiesis ist ein endliches, begrenztes Tun, das seinen Zweck im äußeren Werk hat. Dieses Werk dient als Mittel zur Befriedigung von Bedürfnissen der Lebenserhaltung. Praxis dagegen erhebt sich über die Sphäre bloßer natürlicher Lebenserhaltung; ihr Ziel ist nicht die Erhaltung bloßen Lebens, sondern das gute Leben, wofür die natürliche Lebenserhaltung lediglich unabdingbare Voraussetzung ist. Das gute Leben beginnt erst da, wo für die Lebenserhaltung bereits gesorgt ist; es ist ein Leben, das sich von der Sorge für das Lebensnotwendige befreit hat.

Wenn die Philosophie der Neuzeit das subjektive Naturrecht auf Selbsterhaltung zum Prinzip erhebt, dann bleibt kein Raum mehr für die alte aristotelische Unterscheidung von Poiesis und Praxis. Der Mensch als endliches Wesen erhält sich selbst. Dabei spielt es nur eine untergeordnete Rolle, ob das Werk, welches er produziert, ein äußeres ist oder nicht, Hauptsache, es dient ihm als Mittel der Erhaltung seiner selbst; denn das *Leben ist Herstellen der Mittel der Selbsterhaltung.*

Damit scheint eine ganz und gar einseitige Reduktion stattzufinden: Praxis wird auf Poiesis reduziert. Dieser Vorwurf trifft den wirklichen Sachverhalt nicht. Praxis kann nur deshalb auf Poiesis reduziert werden, weil der Begriff des Herstellens sich in der Neuzeit fundamental wandelt: Die aristotelische Poiesis entspricht in ihrer Grundbedeutung keineswegs dem neuzeitlichen Arbeitsbegriff. Für Aristoteles ist Poiesis ein endliches Tun, das im Fertigstellen des Werks zu Ende kommt und erlischt.

Selbsterhaltung im Sinne der Neuzeit dagegen dauert so lange wie das endliche Leben des Menschen selbst. Jedes Werk des Herstellens ist lediglich ein Mittel der Selbsterhaltung; Zweck ist die Selbsterhaltung, nicht das Werk. Selbsterhaltung wird Selbstzweck und mit ihr auch das Herstellen, welches die Mittel dazu beistellt.

Für die praktische Philosophie des Aristoteles gilt der Grundsatz: Das Leben ist Praxis, nicht Poiesis. In der Neuzeit kehrt diese Losung sich um: Leben ist Poiesis, nicht Praxis, wobei Praxis im hergebrachten aristotelischen Sinn ein völlig bedeutungsloses, sinnloses Wort wird. Damit wird auch die Unterscheidung von Leben und Gutleben gegenstandslos: Indem das Leben nach Selbsterhaltung strebt, strebt es zugleich immer schon nach einem Guten, nach der Verbesserung der irdischen Glücksumstände.

4. Vorrang der praktischen Philosophie vor der theoretischen

In der Neuzeit wird die alte aristotelische Unterscheidung von theoretischer und praktischer Philosophie aufgenommen, die an der Differenz von *physis* und *nomos*, Natur und Satzung, festgemacht ist. Theoretische Philosophie betrachtet Seiendes, insofern es von sich aus, ohne Zutun des Menschen vorliegt; praktische Philosophie hat Seiendes zum Gegenstand, das dem Menschen sein Dasein und seine Beschaffenheit verdankt. Leitendes Prinzip in der Neuzeit ist die Selbsterhaltung, die durch *technische Beherrschung der Natur* gesichert und gesteigert wird. Dies geschieht durch die Perfektion des Herstellens, deren Modell die mechanische Maschine, insbesondere die Uhr, ist. Nicht allein das Werk aus Menschenhand, der Staat, wird als eine künstliche Maschine gedacht; die ganze Welt ist eine Maschine, eine Uhr, die sich selbst aufzieht. Der Hersteller dieser Weltmaschine ist Gott als der vollkommenste Ingenieur. Der Mensch kann aber das Werk Gottes in Gedanken nachbauen, in seine Einzelteile zerlegen und es wieder aus den Einzelteilen zusammensetzen. Denken ist daher Konstruieren, Berechnen der Funktionsweise von Maschinen.

Das Mechanisch-Technische beherrscht nicht nur die neuzeitliche Denkweise. Herstellen ist auch der Zweck und das Ziel des Denkens; auch die theoretische Philosophie steht im Dienst der Selbsterhaltung und untersteht der Praxis als der Steigerung der technischen Beherrschung der Realität. Daher hat Praxis gegenüber der Theorie Vorrang; denn die Praxis wendet an, was in der Theorie ausgedacht worden ist: *Theorie ist Mittel, technische Praxis Zweck*, weil durch sie das, was bloß gedacht ist, Wirklichkeit wird.

Aristoteles hatte die theoretische Philosophie über die praktische gestellt, weil das Werk der Theorie die Betrachtung des zuhöchst Seienden, Gottes, das Werk der praktischen Philosophie aber nur die Untersuchung der menschlichen Angelegenheiten ist. In der Neuzeit wird die Unterscheidung von Theorie und Praxis ins Subjekt zurückgenommen; Theorie und Praxis werden nach ihrer spezifischen Leistung fürs Subjekt bewertet. Theorie produziert lediglich ein System von Begriffen, etwas bloß Vorgestelltes, das die Praxis dann verwirklicht. Ihr kommt der Vorzug der Wirklichkeit zu, sie hat als Bewährungsprobe der Theorie auf ihre Anwendbarkeit hin Vorrang.

5. Vorrang der Ethik vor der Politik: praktische Philosophie ist Moralphilosophie und nicht politische Philosophie

Descartes vollzieht die neue Grundlegung der Philosophie als Rückgang auf das Ich, das sich als denkendes Wesen weiß. Das Ich ist die «denkende Sache» (*res cogitans*), die sich radikal von der «ausgedehnten Sache» (*res extensa*), der Natur, unterscheidet. Begründung der Philosophie in Form der Selbstreflexion des Ichs (im Hinblick auf sein Leistungsvermögen) unterstellt die konsequente Scheidung von Innen und Außen. Das Inwendige ist einzig und allein der *Selbstreflexion* zugänglich, während das Äußere Gegenstand der beobachtenden *Wahrnehmung* ist. Das Innere ist aber gegenüber dem Äußeren höher zu bewerten; denn es ist die Dimension des Ursprungs, des Prinzips, des Ichs. Diese Trennung spielt in der neuzeitlichen Bewertung des Verhältnisses von Ethik und Politik die Schlüsselrolle.

Nach Aristoteles befasst die Ethik sich mit dem Handeln des Einzelnen, die Politik hingegen mit dem Handeln der Gemeinschaft. Da aber das Ganze mehr ist als die Summe seiner Teile, kommt der Politik Vorrang zu, und Aristoteles kann praktische Philosophie mit Politik im weitesten Sinn gleichsetzen.

In der Neuzeit verändert sich die Argumentationsstruktur: Menschliches Händeln kann man unter einem doppelten Gesichtspunkt beurteilen: nach dem inneren Beweggrund, dem Motiv, oder nach der erzielten äußeren Wirkung, nach der inneren Gesinnung oder nach dem äußeren Effekt. Die innere Gesinnung ist allein der reflexiven Selbsterfahrung unmittelbar zugänglich und bleibt deshalb persönlich und privat. Die äußere Wirkung von Handlungen aber ist der Beobachtung durch Mitmenschen ausgesetzt und hat daher öffentlichen Charakter. Es gibt somit zwei Instanzen der Beurteilung, einen «inneren Gerichtshof» (Kant), das je eigene persönliche Gewissen, das urteilt, ob die Überzeugung des Handelnden moralisch oder unmoralisch ist, und einen «äußeren Gerichtshof», der befindet, ob das äußere Handeln und seine Wirkungen in der Welt den geltenden Gesetzen entspricht oder nicht. Diesen Unterschied im Richten über menschliches Handeln hat Immanuel Kant (1724–1804) mit *Moralität* und *Legalität* bezeichnet. Die Moralität ist Gegenstand der Ethik, und die neuzeitliche Ethik ist *Gewissensethik*. Legalität betrifft die äußeren Regeln des Zusammenlebens der Menschen. Sie sind Thema der Politik; sie haben Rechtscharakter. Politische Philosophie im neuzeitlichen Sinn ist *Rechtslehre*. Auf der Trennung des Inneren und des Äußeren fußt die Unterscheidung von Ethik und Politik. Da aber das Innere höher zu bewerten ist als das Äußere, kehrt sich die aristotelische Unterordnung der Ethik unter die Politik um. Das Innere unterscheidet sich vom Äußeren, bezieht sich aber auch darauf. Der Mensch ist nicht nur verantwortlich für seine moralischen Überzeugungen, sondern auch für die äußeren Folgen seiner Taten. Moralphilosophie ist einerseits die eine Disziplin der praktischen Philosophie neben der Rechtslehre, andererseits die ganze praktische Philosophie. In der Neuzeit ist die Identifikation von politischer und praktischer Philosophie wie bei Aristoteles nicht mehr möglich; diese antike, ganz weite Bedeutung des Politischen verschwindet.

6. Die staatliche Gemeinschaft als künstlicher Zusammenschluss von Menschen, der durch Vertrag bewerkstelligt wird

Nach Aristoteles ist der Mensch ein politisches Lebewesen, das von Natur aus in der politischen Gemeinschaft lebt. Aristoteles unterscheidet zwei Arten natürlicher Gemeinschaft: die häusliche Gemeinschaft, deren Werk die Erhaltung des natürlichen Lebens ist, und die politische Gemeinschaft, die um des guten Lebens willen besteht. Außerdem führt Aristoteles in anderem Zusammenhang noch eine weitere Gemeinschaftsart an: die des Tauschs, die durch Vertrag zustande kommt.

Die häusliche Gemeinschaft, bestehend aus dem ehelichen Verhältnis von Mann und Frau, dem elterlichen des Vaters zu den Kindern und dem despotischen des Hausherrn zu den Knechten und Sklaven: Alle sind Verhältnisse der Ungleichheit und der Unfreiheit. In der politischen Gemeinschaft hingegen begegnen sich freie und gleiche Bürger, und die Gemeinschaft des Tauschs unterstellt gleiche Privateigentümer, die miteinander die Beziehung wechselseitigen Gebens und Nehmens aufnehmen. Obzwar diese drei Gemeinschaften in der politischen Philosophie der Neuzeit zentral wiederkehren, ändert sich ihre Struktur und ihre Zweckbestimmung.

Die politische Philosophie der Subjektivität geht auf den Menschen zurück und fragt, was ihn nötigt, sein Zusammenleben mit anderen Menschen staatlich zu regeln. Sie beantwortet diese Frage in einem Gedankenexperiment. Von allem, was der Mensch dem staatlichen Zusammenleben verdankt, sieht sie ab und versetzt ihn in einen Zustand ohne Staat, in einen *Naturzustand*. In ihm verhält sich der Mensch frei von allen staatlichen Beschränkungen und Zwängen; er zeigt hier sein eigentliches Wesen, das Streben nach Selbsterhaltung. Als sich selbst erhaltende Wesen sind alle Menschen einander gleich. Im Unterschied zu Aristoteles, der eine natürliche Ungleichheit der Menschen annimmt und Gleichheit nur unter Bürgern desselben Staats bestehen lässt, unterstellt die Neuzeit, dass alle Menschen von Natur aus gleich sind; die Tatsache, dass die Individuen mit körperlichen und geistigen Kräften nicht in demselben Maß ausgestattet sind, ändert nichts an der prinzipiellen Gleichheit der Lebenssituation, am Streben nach Selbsterhaltung. Wenn aber alle Menschen ohne jegliche Beschränkung nach der Sicherung und Optimierung ihrer Selbsterhaltung streben, so treibt diese fessellose Konkurrenz in einen Zustand völliger Unsicherheit und Gefahr. Sie sehen sich genötigt, dieses Streben in wechselseitige Grenzen zu bannen, um einen Zustand der Sicherheit und des Friedens herzustellen: den *staatlichen Zustand*.

Ausgangspunkt der Ableitung des Staats bildet also eine Wesensbestimmung des Menschen, wobei die Selbsterhaltung im Mittelpunkt steht. Je nachdem, ob der Mensch pessimistisch als ein aggressives oder optimistisch als ein eher geselliges Wesen eingeschätzt wird, fällt die Konzeption des Staats aus. In jedem Fall aber muss der Staat die Einhaltung der einmal eingegangenen Übereinkünfte durchsetzen, und sei es mit physischer Gewalt. Eine pessimistische Anthropologie baut auf einen Staat, der mit allumfassender Gewalt ausgestattet ist. Eine optimistische Anthropologie hingegen setzt auf das Vertrauen der Bürger zum

Staat, der sie gerecht regiert, sodass nur ein Minimum an Staat für geboten erachtet wird.

Die politische Philosophie der Subjektivität geht aus von einer Wesensbestimmung des Menschen, von einer *politischen Anthropologie.* Aus ihr wird die Notwendigkeit des Staats als Garant der Sicherheit der Selbsterhaltung, als Garant der Friedlichkeit des Zusammenlebens der Menschen begründet, wobei der Grad der Ausstattung des Staats mit Macht direkt von den anthropologischen Grundannahmen abhängt.

Hatte Aristoteles das gute Leben der Menschen als Zweck des Staats bestimmt, so ist in der Neuzeit das Ziel des Zusammenlebens der Menschen in staatlich organisierter Form die *Sicherung der individuellen Selbsterhaltung*, die *Sicherung des Friedens.* Diese Friedenssicherung ist der fundamentale Legitimationsgrund des Staats in der Neuzeit: zunächst die Sicherung des Friedens im Inneren, während die Sicherung des Friedens nach außen nur bedingt in die Kompetenz des einzelnen Staats fällt.

Wie aber wird der Übergang vom Naturzustand in den Staatszustand bewerkstelligt? Die einhellige Antwort der neuzeitlichen politischen Philosophie lautet: durch Abschluss eines Vertrages. In diesem Vertrag wird die unumschränkte Freiheit der Selbsterhaltung des Einzelnen eingeschränkt, und zwar so, dass die individuelle Freiheit aller friedlich zusammen bestehen kann. Jeder verzichtet auf sein schrankenloses Recht, akzeptiert Einschränkungen und erhält dadurch Sicherheit sowie Friedlichkeit des Zusammenlebens. Jeder Mensch hat ein *Naturrecht* auf Selbsterhaltung. Dieses Recht kann nicht aufgehoben werden; denn das würde die Vernichtung der Existenz bedeuten. Es kann aber eingeschränkt werden, sodass die unveräußerlichen Rechte aller Menschen nebeneinander bestehen können. Diese Einschränkungen werden kodifiziert in *Gesetzen.* Es gibt von Natur aus ein unveräußerliches Recht der Menschen, es gibt aber kein Naturgesetz; denn das Gesetz, die Einschränkung der Freiheit, geht auf freie und gleiche Übereinkunft zurück, kurz – auf einen Vertrag.

Im Naturzustand strebt jeder nach optimaler Sicherung seiner Selbsterhaltung, was zu Konflikten zwischen den Beteiligten führt, weil jeder nur seine eigene Sache vertritt. Die Beteiligten können unmittelbar ihre

Interessenkonflikte nicht schlichten. Deshalb sehen sie sich genötigt, sich auf Folgendes zu einigen:

erstens auf die allgemeinen Regeln der Schlichtung, auf Gesetze;

zweitens auf eine interessenneutrale Instanz, die in der Lage ist, einen interessenneutralen Schiedsspruch zu fällen, der den streitenden Seiten Rechnung trägt.

In der Neuzeit wird der Ursprung des Staats nach diesem *Richtermodell* gedacht: Der Staat wird als eine neutrale Gewalt eingerichtet, die Konflikte schlichtet und so den Frieden im Zusammenleben garantiert. Zwei Bedingungen sind also vonnöten: Es bedarf zum einen der *Herrschaft des Gesetzes*; zum andern muss die Herrschaft des Gesetzes Institution werden in Gestalt der Monopolisierung des Rechts auf Anwendung physischer Gewalt. Dieser Institution fällt die Aufgabe zu, die Durchsetzung des Richterspruchs nach Gesetzen zu garantieren; dazu bedarf es der Gewaltmittel. Die neuzeitliche Konstruktion des Staats muss daher eine *Rechtskonstruktion* sein: Politische Philosophie wird Rechtslehre, der legitime, mit Vernunftgründen gerechtfertigte Staat ist *Rechtsstaat.*

Die Gründung des Staats durch Vertrag fußt auf zwei rechtlichen Akten. Im Naturzustand herrscht ein soziales Chaos, das keinerlei ordnender Regel unterworfen ist. Die Menschen müssen sich deshalb einigen, dass sie in einer Gemeinschaft leben wollen, die durch Gesetze geregelt ist. Es muss also ein Vereinigungsvertrag (*pactum unionis*) zustande kommen, wodurch die Menschen sich zu einem politischen Körper vereinigen. Dies reicht jedoch noch nicht aus. Es muss noch eine staatliche Gewalt eingerichtet werden, die über die Einhaltung der beschlossenen Regeln oder Gesetze wacht und dies auch durchzusetzen vermag. Dem Vereinigungsvertrag muss noch ein Unterwerfungsvertrag (*pactum subiectionis*) folgen und diesen ergänzen. Es ist nun schwer, das Verhältnis beider Verträge zu fassen, und in der Geschichte der politischen Philosophie der Neuzeit sind sehr heterogene Lösungsmodelle entworfen worden, wobei die Konstruktionen zwischen der Betonung der Unterwerfung und der Einigung schwanken, zwischen einem eher autoritären und einem eher demokratischen Staatsmodell.

7. Die beiden Bedeutungen des Politischen

7.1 Politische Philosophie ist Lehre vom Zusammenleben der Menschen

Für Aristoteles sind die häusliche und die politische Gemeinschaft natürliche Gemeinschaften, die im Wesen des Menschen, im Wesen seines Werks, begründet sind. Die Gemeinschaft des Tauschs dagegen ist für ihn eine widernatürliche, künstliche Einrichtung, deren Gründung auf Vertrag fußt.

In der Neuzeit dagegen gilt der Staat als eine künstliche Einrichtung, welche nach dem Modell der Gemeinschaft des Tauschs gedacht ist. Ergebnis dieser künstlichen Einrichtung ist ein Rechtszustand, die Herrschaft des Gesetzes. Gesetze regeln fortan das Zusammenleben der Menschen. Der Unterschied von Naturzustand und staatlichem Zustand betrifft das Zusammenleben der Menschen im Ganzen; alle Lebensbereiche werden rechtlicher Regelung unterworfen. Gegenstand der politischen Philosophie ist der Rechtszustand, die Herrschaft des Gesetzes, welche das menschliche Zusammenleben im Ganzen, in allen seinen Formen betrifft. Politische Philosophie bleibt nach wie vor Lehre von der menschlichen Gemeinschaft und ihren Formen.

Die zweite Bedeutung des Politischen bei Aristoteles kehrt in der Neuzeit wieder, jedoch mit einer entscheidenden Differenz. Aristoteles fragt nach der natürlichen Gemeinschaft, worin der Mensch sein bestes Werk vollbringt. Die Philosophie der Neuzeit sucht nach der künstlichen Gemeinschaft, welche der Mensch bewusst herstellt, um die friedliche Selbsterhaltung zu sichern.

In der politischen Philosophie der Neuzeit wird die aristotelische Unterscheidung von häuslicher und politischer Gemeinschaft aufgenommen. Sie findet sich bei allen ihren bedeutenden Repräsentanten bis ins 19. Jahrhundert hinein. Man hat deshalb von der alteuropäischen Tradition gesprochen, mit der erst im Zeitalter der Industrialisierung gebrochen worden sei. Doch ist diese Kontinuität Schein, und zwar aus zwei Gründen. Zum einen lässt sich auf der Grundlage der prinzipiellen Gleichheit aller Menschen die aristotelische Unterscheidung nur übernehmen, wenn sie zentral, in ihrer strukturellen Grundverfassung verändert wird: Die Ungleichheit, die bei Aristoteles das Verhältnis der Menschen im Haus beherrscht, transformiert sich in Gleichheit vor dem Gesetz, sodass die Rechtsstellung der Frau und der Kinder neu gefasst wird und die Sklaverei als höchstes Unrecht, als Verstoß gegen die Gleichheit kritisiert wird. Zum andern wird Ökonomie nicht mehr als häusliche Wirtschaft verstanden, deren Hauptzweck die Selbstversorgung ist. An deren Stelle tritt die Gemeinschaft des Tauschs, die sich schrankenlos entfaltet und den Reichtum der Nationen hervorbringt: die kapitalistische Warenproduktion. Sie erzwingt die endgültige institutionelle Scheidung der Wirtschaft von der häuslichen Gemeinschaft, die sich auf die patriarchalische Kleinfamilie reduziert.

7.2 Politische Philosophie ist Lehre vom Staat (Verfassungslehre)

Auch die dritte, engste Bedeutung des Politischen bei Aristoteles kehrt in der Neuzeit wieder: die Einteilung der Verfassungen. Bei Aristoteles vollendet das gute Leben sein höchstes Werk im besten Staat. An die Stelle der Idee des guten Lebens tritt in der Neuzeit die Optimierung der Selbsterhaltung, indem die Herrschaft des Gesetzes aufgerichtet wird, sodass die Rechtsförmigkeit politischen Handelns zum entscheidenden Kriterium wird.

Was aber ist Quelle und Ursprung des Gesetzes? Die politische Philosophie der Subjektivität antwortet: Das *Volk*, das sich zu einem politischen Körper zusammenschließt, ist der *Souverän*; es gibt sich eine *Verfassung*, welche die Gesetzgebung und die Regierungsgewalt bestimmt. Hierbei sind die verschiedensten Lösungen vorgeschlagen worden.

Die strikte Trennung von privatem und öffentlichem Recht zeigt an, dass der Staatszustand mehrere Gemeinschaften in sich schließt, deren höchste Form selbstverständlich der Staat ist. Außer ihm besteht noch der Bereich des Privaten, die Familie und die Wirtschaftsgesellschaft, die kapitalistische Warenproduktion. Selbsterhaltung vollzieht sich in der Sphäre der Wirtschaft, die daher die Grundlage bildet. In welchem

Verhältnis steht nun der Staat zur Wirtschaft? Es haben sich im Wesentlichen zwei Traditionen herausgebildet:

Die englischen Theoretiker bestimmen den Menschen als Wesen, das nach Selbsterhaltung strebt. Dieses Streben bleibt dasselbe im Staatszustand wie im Naturzustand; es ändert sich lediglich die Form, in der es realisiert wird. Der Staat ist dann das Werkzeug, das friedliche Selbsterhaltung sichert; der Bürger ist Wirtschaftsbürger, nicht Staatsbürger. Es liegt hier eine durch und durch *instrumentelle Staatsauffassung* vor.

Die französische Tradition dagegen vertritt die These, im Übergang vom Naturzustand in den Staatszustand wandle sich der Mensch von Grund auf, über die bloß natürliche Freiheit, das unumschränkte Recht auf Selbsterhaltung hinaus erwerbe er eine ganz neue Qualifikation: die politische Freiheit; er handle nun nicht mehr allein als *bourgeois* (Bürger) im Interesse seiner Selbsterhaltung, sondern er stelle sich als *citoyen* (Staatsbürger) in den Dienst des öffentlichen Interesses, des Gemeinwohls. Hierzu aber ist politische Tugend (*vertue politique*) erforderlich, die den Menschen erst zum Staatsbürger qualifiziert. Man kann diese Position die *ethische Staatsauffassung* nennen. (Die deutsche politische Philosophie steht der französischen Haltung sehr viel näher als der englischen.)

8. Zur Rolle der praktischen Philosophie in der Neuzeit

Die neuzeitliche politische Philosophie schließt sich zwar der alten aristotelischen Einteilung an, untergräbt sie aber selbst durch die Veränderung der Grundannahmen. Dieser Prozess lässt sich rekonstruieren; aus ihm erwächst aber keine definitive verbindliche Neueinteilung.

Hinzu kommt eine weitere Schwierigkeit: Unter dem sehr weiten Dach der praktischen Philosophie bilden sich seit dem 18. Jahrhundert die modernen Sozialwissenschaften heraus. Sie emanzipieren sich immer mehr von der alten Moralphilosophie. Es kommt zu einer Differenzierung in Rechtswissenschaft, politische Ökonomie, Psychologie, Soziologie usw., die nicht mehr systematisch aus einer Gesamtidee praktischer Philosophie hergeleitet, sondern pragmatisch vollzogen wird. Damit aber beginnt sich der alte philosophische Lehrbestand praktischer und politischer Philosophie in Einzelbestandteile aufzulösen, wobei die Kraft synthetischer philosophischer Integration in einem System immer mehr erschlafft und sich im 19. Jahrhundert unwiderruflich auflöst.

Thomas Hobbes: Leviathan

Gewalt und Ordnung

1. Leben und Werk

Im Jahre 1588 drang die Flotte des spanischen Weltreiches, die berühmte Armada, in britische Gewässer ein, um das aufstrebende britische Seereich in die Schranken zu weisen. Die Nachricht von dieser Invasion erschreckte die Frau des englischen Landpfarrers Hobbes so sehr, dass sie vorzeitig niederkam und am 5. April einen Sohn zur Welt brachte: Thomas Hobbes. Später wird er in seiner Autobiographie schreiben, dass sie Zwillinge geboren habe: ihn selbst und die Angst. – Krieg und Bürgerkrieg waren die entscheidenden Erfahrungen, die sein philosophisches Werk bestimmten, und die Frage nach der Abwehr dieser beiden Übel war der Hauptgegenstand seines Philosophierens.

Denn nicht nur der äußere Krieg der Nationen prägte die Geschichte seiner Zeit. Auch in England selbst tobte seit dem Anfang des 17. Jahrhunderts der Kampf zwischen dem Königtum, das sich auf ein stehendes Heer und den Adel zu stützen versuchte, und dem Bürgertum, das aufgrund seiner erstarkenden wirtschaftlichen Macht bürgerliche Freiheiten und eine verfassungsmäßige Ordnung forderte. 1642 brach die Puritanische Revolution aus, die 1649 zur Abschaffung der Monarchie und zur Hinrichtung des Königs Charles I. führte. Nach dem Tode des politischen Führers der Revolution, Oliver Cromwell, kehrte zwar der Sohn des hingerichteten Königs 1660 auf den Thron zurück, aber er musste weitgehende Einschränkungen der königlichen Macht durch das Parlament hinnehmen, was in der Folgezeit immer wieder zu Auseinandersetzungen führte. Erst mit der Thronbesteigung des Niederländers Wilhelm von Oranien im Jahre 1688, dem Datum der unblutigen «Glorious Revolution», endete der Bürgerkrieg mit dem Sieg der parlamentarischen, bürgerlichen Partei. In der «Bill of Rights» wurden die Rechte aller Bürger und die Gesetzmäßigkeit von Regierung, Gesetzgebung und Justiz zum ersten Mal festgeschrieben.

Doch diese Auseinandersetzungen fanden erst zehn Jahre nach dem Tode von Hobbes im Jahr 1679 ihr Ende. Er selbst hatte nach seinen Studien in Oxford eine Stelle als Erzieher in einem adligen Hause angetreten, dem er sein Leben lang verbunden blieb. Mehrfache Europareisen mit seinen Zöglingen hatten ihn mit den bedeutendsten Wissenschaftlern seiner Zeit zusammengebracht (u. a. mit Descartes und Galilei). Doch als er 1640 mit anonymen politischen Veröffentlichungen zugunsten des Königtums auftrat, veranlasste ihn die Reaktion der bürgerlich-puritanischen Öffentlichkeit, nach Frankreich ins Exil zu gehen, wo er ab 1645 als Lehrer des ebenfalls im Exil lebenden Kronprinzen von England wirkte. Im Jahre der Hinrichtung des Königs (1649) begann er mit der Niederschrift seines Hauptwerkes, des «Leviathan», der 1651 in englischer Sprache und 1668 in einer überarbeiteten lateinischen Version erschien. Diesem Werk war 1642 die Veröffentlichung von «De Cive» (Vom Bürger) vorausgegangen. Es bildet den dritten und letzten Teil eines umfangreichen Werkes mit dem Titel «Elemente der Philosophie». Hobbes vollendete diese umfangreiche Arbeit, nachdem er aufgrund des «Leviathan» 1652 den königlichen Hof hatte verlassen müssen und nach England zurückgekehrt war, in den Jahren 1655 mit der Veröffentlichung des ersten Teils «De corpore» (Vom Körper) und 1658 mit dem zweiten Teil «De homine» (Vom Menschen). Nachdem 1660 der Kronprinz auf den Thron gekommen war, setzte dieser seinem ehemaligen Lehrer eine Pension aus, und Hobbes verbrachte die letzten Jahre seines Lebens auf den Gütern seiner adligen Gönner mit der Abfassung einer Geschichte der Bürgerkriegsepoche «Behemoth oder das Lange Parlament» (beendet 1668) und mit seiner Autobiographie. Am 4. Dezember 1679 starb Thomas Hobbes im Alter von 91 Jahren.

2. «Leviathan» oder Stoff, Form und Gewalt eines bürgerlichen und kirchlichen Staates

Die biblischen Namen «Leviathan» und «Behemoth» bezeichnen die zwei Prinzipien öffentlicher Verfassung, die für Hobbes denkbar sind:

Während der Leviathan ein mythisches Ungeheuer ist, das vor allem die Macht (und damit eine bestimmte Art von Ordnung) bezeichnet, ist Behemoth ein Ungeheuer, das den Naturzustand des Menschen repräsentiert. Dieser Naturzustand ist aber für Hobbes vor allem gekennzeichnet durch das Fehlen jeglicher Ordnung, durch Gewalt, Bürgerkrieg und Mord. Vereinfacht gesagt, treibt die Angst vor Behemoth die Menschen dem Leviathan in die Arme.

Hobbes geht in seiner Argumentation den Weg der neuzeitlichen Wissenschaft etwa im Sinne Galileis, indem er nicht mehr naturhafte Zusammenschlüsse von Menschen in Ordnungsgefügen (wie Zünften oder Ständen) zur Grundlage seiner Analysen macht, sondern indem er die vereinzelten Elemente menschlicher Gesellschaft für sich und in ihrem Verhältnis zueinander betrachtet. Ebenso, wie Descartes die Philosophie auf eine völlig neue Grundlage zu stellen suchte, indem er den Ort aller möglichen Gewissheit im Subjekt festmachen zu können glaubte, so geht auch Hobbes den Weg eines radikalen Neubeginns. Orientiert am Modell der Bewegung von Körpern, wie es die Physik seiner Zeit entwickelt hatte, betrachtet Hobbes das Verhältnis der Menschen zueinander in erster Linie als materielles Verhältnis von Ursache und Wirkung. Alle Körper sind prinzipiell materiellen Ursprungs und folgen ausnahmslos den Gesetzen der Erhaltung der Bewegung. Die Bewegung eines Körpers bleibt erhalten, solange keine äußeren Einflüsse auf ihn einwirken. Auch der Mensch ist solch ein Körperding und gehorcht den hierfür geltenden Gesetzen. Er unterscheidet sich von anderen Dingen nur durch die spezifische Form seiner Bewegung, die er zu erhalten strebt. Diese spezielle Form der Erhaltung der Bewegung (die selbst noch im Ruhezustand gilt, denn dieser ist nichts anderes als unendlich kleine Bewegung) ist für den Menschen die Selbsterhaltung, die ihn so lange bestimmt, wie irgend Bewegung in ihm ist, d. h., solange er lebt.

Geleitet von dem Bild eines durch die Schwerkraft bewegten Körpers bestimmt Hobbes die Selbsterhaltung des Menschen als das Streben nach Macht:

«Unter der *Macht eines Menschen* verstehen wir, allgemein gesprochen, alle ihm zur Verfügung stehenden Mittel, die es ihm ermöglichen, irgendwelche künftigen Güter zu erlangen. Es gibt *ursprüngliche* und *instrumentale* Macht.

Ursprüngliche Macht gründet sich auf außerordentliche Vorzüge des menschlichen Körpers oder Geistes, auf ungewöhnliche Stärke, Wohlgestalt, Klugheit, Geschicklichkeit, Beredsamkeit, Freigebigkeit oder Adel. *Instrumentale Macht* sind die Mittel und Werkzeuge, die wir uns aufgrund dieser Vorzüge oder durch einen glücklichen Zufall gewonnen haben und die es uns ermöglichen, zu noch größerer Macht zu gelangen. Es sind dies Reichtum, Ansehen, Freunde und der unmerkliche Beistand Gottes, den man auch als Glück bezeichnet. Das Wesen der Macht nämlich ist wie der Hunger: je länger er anhält, desto mehr wächst er an. Auch ist es dem Fallen schwerer Körper vergleichbar, die sich immer schneller bewegen, je tiefer sie fallen» (Hobbes 1965, 65–67).

Macht ist also Mittel zu dem Zwecke, mehr Macht zu gewinnen. Rückübersetzt in den Begriff der Selbsterhaltung bedeutet das, dass auch Selbsterhaltung nur Mittel zur Selbststeigerung sein kann. Diese Selbststeigerung oder dieser Machtgewinn ist aber für Hobbes immer an materielle Kategorien gebunden. Denn die natürliche Macht des Menschen besteht aus den ihm angeborenen Fähigkeiten, die ihm erlauben, äußere Güter zu erwerben und zweckdienlich zu verwenden. Im Mittelpunkt des Interesses steht die Aneignung von Gegenständen der äußeren Natur, und das heißt in der Neuzeit: die Anhäufung von materiellem Reichtum. Reichtum aber ist ein Gegenstand der Ökonomie und aufs engste mit Arbeit verknüpft. Obgleich Hobbes selbst den Begriff der Arbeit an dieser Stelle nicht erwähnt, ist doch der Schluss erlaubt, dass damit auch Macht und Selbsterhaltung ohne Arbeit nicht verständlich werden.

Die zweite in diesem Zusammenhang wichtige Kategorie ist die der Gleichheit aller Menschen, die er als empirische Tatsache bestätigt zu finden meint. In polemischer Stellung gegen Aristoteles stellt Hobbes fest:

«Ich weiß wohl, daß *Aristoteles* in der ‹Politik› seiner Lehre die Unterscheidung der Menschen in mehr oder weniger zum Befehlen geeignete zugrundelegt, d.h. die klügeren zum Herrschen auserwählt (er hielt sich selbst seiner Philosophie wegen für dazugehörig) und diejenigen, die zwar kräftig sind, sich aber nicht wie er selbst mit Philosophie beschäftigen, zum Dienen bestimmt – ganz so, als beruhe die Unterscheidung von Herr und Diener nicht auf menschlicher Übereinkunft, sondern auf verschiedener Geisteskraft; das aber widerspricht nicht nur der Vernunft, sondern auch der Erfahrung. Es werden nämlich nur sehr wenige als so töricht angesehen werden können, daß sie sich lieber von anderen beherrschen ließen, als selbst über sich zu bestimmen. Und sooft es zwischen denen, die sich selbst für weise hielten, und den anderen, die der eigenen Weisheit mißtrauten, zu einem gewaltsamen Kampf kam, trugen letztere den Sieg davon; nur ganz selten blieben die anderen einmal Sieger. Sind die Menschen von der Natur gleich geschaffen worden, so müssen sie diese Gleichheit auch anerkennen. Aber selbst wenn sie von Natur her nicht gleich wären, würden sie doch von ihrer Gleichheit überzeugt sein. Sie würden nur dann einem Frieden zustimmen, wenn ein jeder die gleichen Bedingungen vorfände. Man muß eine solche Gleichheit also auf jeden Fall annehmen» (Hobbes 1965, 122).

Mit dieser über die politische und gesellschaftliche Realität seiner Zeit vermittelten Grundannahme steht und fällt das ganze theoretische Konzept, das Hobbes im Folgenden entwickelt. Denn zum einen müssen die Menschen gleich sein, um formal gleichberechtigt im Prozess der Naturaneignung durch Arbeit und der Bildung von Kapital bestehen zu können. Andererseits befinden sich alle Menschen in der Gefahr, eines gewaltsamen Todes zu sterben, und diese Gefahr macht alle Menschen gleich.

An dieser Stelle wird deutlich, wie weit sich Hobbes von der klassisch-aristotelischen Tradition der politischen Philosophie entfernt hat. Denn nicht mehr ein höchstes Ziel wie das gute Leben oder ein höchstes Gut ist die Triebfeder menschlichen Handelns, sondern die Furcht vor dem gewaltsamen Tod. Dementsprechend formuliert Hobbes auch den Begriff der Glückseligkeit, der in der Tradition das Ziel allen Handelns bestimmte, neu und in bewusster Abkehr von dieser Tradition:

«Des Menschen Lebensglück – das sei an dieser Stelle bemerkt – liegt keineswegs in seiner ungestörten Seelenruhe. Ein solches *finis ultimus* (letztes Ziel) oder *summum bonum* (höchstes Gut), wie es uns die frühen Moralphilosophen zeigen, ist überhaupt nicht möglich. Wenn alle Begierden eines Menschen gestillt sind, kann er ebensowenig weiterleben wie dann, wenn seine Empfindungskraft und seine Vorstellungskraft stillstehen. Glückseligkeit ist ein beständiges Fortschreiten von Wunsch zu Wunsch. Ist der eine erfüllt, so öffnet sich nur der Weg für den nächsten. Die Menschen nämlich begnügen sich nicht damit, sich des Gegenstandes irgendeines ihrer Wünsche nur ein einziges Mal und nur einen Augenblick lang zu erfreuen, sie möchten vielmehr zu jeder Zeit in seinen Genuß gelangen können. Ihre Absichten und Neigungen verraten nicht nur die Sorge um ein glückliches Leben, sondern sie wünschen sich ihr Glück auch für immer zu sichern. Ihre unterschiedlichen Leidenschaften, der Grad ihres Wissens und die jeweilige Überzeugung von der Richtigkeit ihres Vorgehens lassen sie diesem Ziel auf verschiedenen Pfaden zusteuern.

Als Haupttriebfeder des Menschen sehe ich den unstillbaren und nagenden Hunger nach Macht und abermals Macht, der erst im Tode endet. Nicht etwa, daß der Mensch ausschließlich nach immer größerem Wohlbehagen strebte oder mit seiner geringen Macht nicht zufrieden sein könnte, er kann sich nur seine gegenwärtige Macht und die Mittel, die ihm jetzt Glück schenken, nicht sichern, ohne immer noch mehr zu erwerben. Die Mächtigsten streben danach, ihre Macht im Inneren des Landes durch Gesetze zu festigen und außerhalb der Grenzen durch Kriege. Haben sie dies erreicht, entsteht sofort ein neues Verlangen. Die einen erhoffen sich größeres Ansehen durch neue Eroberungen, andere streben nach Muße und sinnlichen Vergnügungen, und wieder andere erhoffen sich Ruhm und Ansehen in einer Kunst oder in einer anderen geistigen Leistung» (Hobbes 1965, 76 f.).

Selbsterhaltung ist also die Grundlage alles menschlichen Tuns, und sie ist nur möglich auf dem Wege einer beständigen Vermehrung der Mittel zu diesem Zweck. Denn denselben Grad der Vorhersehbarkeit, der Stetigkeit und Kontinuität, den die Wissenschaft seiner Zeit im Blick auf die äußere Natur gewährleistet, verlangt Hobbes auch für das menschliche Zusammenleben. In seinen Augen wollen die Menschen nicht nur glücklich sein, sondern sie wollen, dass dieses Glück auf Dauer gesichert ist. Und diese Sicherung auf die Zukunft hin ist es, die den Menschen vom Tier unterscheidet. Die neuzeitliche Vernunft, wie Hobbes sie begreift, erwacht angesichts der Furcht vor dem jähen, unvorhersehbaren Ende der Selbsterhaltung. Während in der Tradition bis hin zu Hobbes die Vernunft erst einsetzte jenseits dieser Sphäre der reinen Selbsterhaltung, umfasst bei ihm die Selbsterhaltung den Menschen in seiner Gesamtheit, also auch seine Vernunft. Nicht die Freiheit von der bloßen Tätigkeit der Reproduktion unterscheidet den Menschen vom Tier, sondern die Art und Weise, wie er dies tut. Und der Zwang zur Sicherung der Selbsterhaltung auf Dauer führt dazu, dass ein einmal erworbenes Gut, eine Sicherung nie groß genug sein kann. Denn die Zukunft ist, und das zeigt sich für Hobbes unmittelbar an der Geschichte seiner Zeit, aus sich heraus ungewiss. Eine intakte Ordnung, wie sie dem griechischen und dem christlichen Denken zugrunde lag, ist für Hobbes nirgends erkennbar. Sie muss vielmehr erst geschaffen werden.

2.1 Der Krieg aller gegen alle oder: der Mensch ist des Menschen Wolf

Im berühmten 13. Kapitel des «Leviathan» schildert Hobbes unter dem Titel «Von der natürlichen Bedingung der Menschheit im Hinblick auf ihr Glück und Unglück» in düsteren Farben, weshalb der bisher beschriebene Naturzustand der Menschen ein gänzlich unparadiesischer Kriegszustand aller gegen alle ist, den es um jeden Preis zu fliehen gilt:

«Die Menschen sind von Natur aus gleich, sowohl in ihren körperlichen als auch in den geistigen Anlagen. Es mag wohl jemand erwiesenermaßen stärker sein als ein anderer oder schneller in seinen Gedankengängen, wenn man jedoch alles zusammen bedenkt, so ist der Unterschied zwischen den einzelnen Menschen nicht so erheblich, daß irgend jemand Veranlassung hätte, sich einen Anspruch daraus herzuleiten, den ein anderer nicht mit dem gleichen Recht geltend machen könnte. Man nehme nur die Körperstärke: Selbst der Schwächste ist stark genug, auch den Stärksten zu vernichten; er braucht sich nur einer List zu bedienen oder sich zu verbinden mit anderen, die in derselben Gefahr sind wie er.

Im Bereich der geistigen Fähigkeiten scheint mir die Gleichheit noch offensichtlicher zu sein ... Dieser Gleichheit der Fähigkeiten entspringen die gleichen Hoffnungen, ein Ziel zu erreichen. So werden zwei Menschen zu Feinden, wenn beide zu erlangen versuchen, was nur einem von ihnen zukommen kann. Um ihr Ziel zu erreichen (welches fast immer ihrer Selbsterhaltung dient, nur selten allein der größeren Befriedigung ihrer Bedürfnisse), trachten sie danach, den anderen zu vernichten oder ihn sich untertan zu machen. Hier öffnet sich das Feld für einen Angreifer, der nicht mehr zu fürchten hat, als die Macht eines Einzelnen. Derjenige nämlich, der ein gutes Stück Land bepflanzt, besät oder gar besitzt, wird fürchten müssen, daß andere mit vereinten Kräften kommen, um ihn nicht nur seines Brotes, sondern auch seines Lebens oder seiner Freiheit zu berauben. Und der Angreifer selbst ist wieder durch andere gefährdet.

Die Folge dieses wechselseitigen Argwohns ist, daß sich ein jeder um seiner Sicherheit willen bemüht, dem anderen zuvorzukommen. So wird er sich so lange gewaltsam oder hinterrücks des anderen zu bemächtigen suchen, bis ihn keine größere Macht mehr gefährden kann. Das verlangt nur seine Selbsterhaltung und wird deshalb allgemein gebilligt. Schon weil es einige geben mag, die bestrebt sind, aus Machtgier und Eitelkeit mehr an sich zu reißen, als zu ihrer Sicherheit notwendig wäre. Die aber, die glücklich wären, sich in schmalen Grenzen zu begnügen, würden schnell untergehen, wenn sie sich – ein jeder für sich – verteidigen würden und nicht danach trachteten, durch Eroberungen ihre Macht zu vergrößern. Folglich muß dem Menschen die Ausweitung seiner Macht über andere, zu der ihn sein Selbsterhaltungstrieb zwingt, erlaubt sein.

Das Zusammenleben ist den Menschen also kein Vergnügen, sondern schafft ihnen im Gegenteil viel Kummer, solange es keine übergeordnete Macht gibt, die sie alle im Zaum hält. Ein jeder ist darauf bedacht, daß die anderen ihn genauso schätzen, wie er sich selbst. Auf jedes Zeichen der Verachtung oder Geringschätzung hin ist er daher bestrebt, sich höhere Achtung zu erzwingen – bei den einen, indem er ihnen Schaden zufügt, bei den anderen durch das statuierte Exempel. Er wird dabei so weit gehen, wie er es wagen darf – was dort, wo es keine Ordnungsgewalt gibt, zur wechselseitigen Vernichtung führt.

So sehen wir drei Hauptursachen des Streites in der menschlichen Natur begründet: Wettstreben, Argwohn und Ruhmsucht.

Dem Wettstreben geht es um Gewinn, dem Argwohn um Sicherheit, der

Ruhmsucht um Ansehen. Die erste Leidenschaft scheut keine Gewalt, sich Weib, Kind und Vieh eines anderen zu unterwerfen, ebensowenig die zweite, das Geraubte zu verteidigen, oder die dritte, sich zu rächen für Belanglosigkeiten wie ein Wort, ein Lächeln, einen Widerspruch oder irgendein anderes Zeichen der Geringschätzung, das entweder ihm selbst oder aber seinen Kindern oder Freunden, seinem Vaterland, seinem Gewerbe oder seinem Namen entgegengebracht wird.

Und hieraus folgt, daß Krieg herrscht, solange die Menschen miteinander leben ohne eine oberste Gewalt, die in der Lage ist, die Ordnung zu bewahren. Und es ist ein Krieg, den jeder Einzelne gegen jeden führt. Der Krieg zeigt sich nämlich nicht nur in der Schlacht oder in kriegerischen Auseinandersetzungen. Es kann vielmehr eine ganze Zeitspanne, in der die Absicht, Gewalt anzuwenden, unverhüllt ist, ebenso Krieg sein. Und deshalb ist der Begriff der Zeit mit der Natur des Krieges ebenso untrennbar verbunden wie mit dem Begriff des Wetters. Macht doch nicht allein ein Regenschauer das schlechte Wetter aus, sondern ebensosehr die tagelange Regenneigung. Und gleichermaßen zeigt sich das Wesen des Krieges nicht nur im wirklichen Gefecht, sondern schon in einer Periode der offensichtlichen Kriegsbereitschaft, in der man des Friedens nicht sicher sein kann. Jeden anderen Zustand aber mag man als Frieden bezeichnen.

Was immer die Folgen eines Krieges sein mögen, in dem jeder des anderen Feind ist, die gleichen Folgen werden auftreten, wenn Menschen in keiner anderen Sicherheit leben als der, die ihr eigener Körper und Verstand ihnen verschafft. In einem solchen Zustand gibt es keinen Fleiß, denn seine Früchte werden ungewiß sein, keine Bebauung des Bodens, keine Schiffahrt, keinerlei Einfuhr von überseeischen Gütern, kein behagliches Heim, keine Fahrzeuge zur Beförderung von schweren Lasten, keine geographischen Kenntnisse, keine Zeitrechnung, keine Künste, keine Literatur, keine Gesellschaft. Statt dessen: Ständige Furcht und die drohende Gefahr eines gewaltsamen Todes. Das Leben der Menschen: einsam, arm, kümmerlich, roh und kurz.

Wer hierüber noch keine ernsthaften Erwägungen angestellt hat, dem mag es wohl befremdlich erscheinen, daß die Natur die Menschen einander derart entfremdet haben sollte, daß einer den anderen angreift und vernichtet. Und er möchte gewiß gern durch die Erfahrung bestätigt sehen, was sich aus der triebhaften Veranlagung des Menschen als notwendiger Schluß ergibt. Er braucht aber nur selbst hinzusehen: Wenn er eine Reise unternimmt, versieht er sich mit Waffen und sucht zu seinem Schutz eine sichere Begleitung. Wenn er sich schlafen legt, verriegelt er seine Tür und selbst die Schränke in seinem eigenen Haus. Dabei weiß er doch, daß es Gesetze gibt und Männer, deren Pflicht es ist, ihn für jedes nur mögliche Unrecht mit Waffengewalt zu rächen. Was für eine Meinung muß er also von seinen Mitbürgern haben, wenn er glaubt, sich gegen sie rüsten zu müssen, was muß er von seinen Nachbarn denken, wenn er beim Schlafengehen die Türen versperrt, und was von seinen Hausgenossen, wenn er die Schränke verriegelt? Klagt er die Menschheit mit solchem Handeln nicht stärker an als ich mit meinen Worten? Doch beide klagen wir nicht die Natur des Menschen an sich an. Die menschlichen Triebe und Leidenschaften sind in sich selbst nicht Sünde. Und auch seine triebhaften Handlungen sind es nicht, solange kein Gesetz sie verbietet. Ein solches Gesetz kann der Mensch aber erst dann kennen, wenn es geschaffen ist; und es kann erst geschaffen werden, wenn man irgend jemanden zum Gesetzgeben ermächtigt hat.

Man mag vielleicht denken, daß es diesen Zustand des Krieges aller gegen alle niemals gegeben habe. Auch ich glaube, daß er niemals in der ganzen Welt zugleich in dieser Weise geherrscht hat. Sicher aber immer an einigen Orten. Denn noch heute sehen wir Menschen unter diesen Bedingungen leben. Die Eingeborenenvölker vieler Teile *Amerikas* z.B. kennen keine Regierung, es sei denn eine Ordnung innerhalb der Familie. Und zu Familiengemeinschaften schließen sie sich zur Befriedigung ihrer Lustbedürfnisse zusammen. Sie leben also heute noch ganz so tierhaft, wie ich es oben beschrieben habe. Aber wie dem auch sei: Wie das Leben ohne eine furchtgebietende oberste Gewalt aussehen würde, kann man aus dem Zustand ersehen, in den Menschen, die vorher unter einer friedlichen Regierung gelebt haben, im Bürgerkrieg verfallen.

Und wenn es nie eine Zeit gegeben haben sollte, in der jeder des anderen Feind gewesen ist, so leben doch die Könige und alle souveränen Machthaber aus Furcht vor dem Verlust ihrer Unabhängigkeit in unaufhörlichem Argwohn und in Stellung und Haltung wie Gladiatoren; ihre Waffen sind gezückt, und einer belauert den anderen: durch Festungen, Heere und Geschütze an den Grenzen, durch Spione im Inneren. Es herrscht also Krieg. Doch weil sie dadurch ihre Untertanen in Tätigkeit halten, tritt nicht jener elende Zustand ein, der die Folge der absoluten Freiheit aller ist.

Wenn ein jeder gegen jeden Krieg führt, so kann auch nichts als unerlaubt gelten. Für die Begriffe Recht und Unrecht, Gerechtigkeit und Ungerechtigkeit bleibt kein Raum. Wo es keine Herrschaft gibt, gibt es auch kein Gesetz. Wo es kein Gesetz gibt, kann es auch kein Unrecht geben. List und Gewalt sind die einzigen Tugenden. Denn weder Gerechtigkeit noch Ungerechtigkeit sind Naturanlagen des Menschen – nicht geistige und auch nicht körperliche. Wenn sie es wären, so müßten sie auch einem Menschen, der ganz allein auf der Welt lebte, eignen – ganz so wie sein Gefühl, wie seine Triebe. Es kennt sie aber nur der Mensch in der Gesellschaft, nicht der im Naturzustand. Aus demselben Grunde auch gibt es keinen Besitz, kein Eigentum, überhaupt keine Vorstellung von *mein* und *dein*. Vielmehr kann sich jeder alles aneignen und kann es so lange für sich behaupten, wie er in der Lage ist, es zu sichern. So viel über jenen armseligen Zustand, in den der Mensch von Natur aus verwiesen ist. Es ist ihm jedoch möglich, ihm zu entrinnen; diese Möglichkeit liegt teils in seinen Leidenschaften, teils in seiner Vernunft.

Was ihn zum Frieden treibt, ist seine Furcht vor dem Tode, sein Verlangen nach Dingen, die ihm sein Leben angenehmer machen können, und die Hoffnung, sie durch Anstrengung zu erlangen. Seine Vernunft läßt ihn für den Frieden notwendige Grundsätze aufstellen, zu deren Annahme die Menschen veranlaßt werden können. Solche Grundsätze werden gemeinhin als die natürlichen Gesetze bezeichnet» (Hobbes 1965, 96–101).

Hobbes bestimmt also den Naturzustand durchaus negativ als einen Krieg aller gegen alle, in dem keiner seines Lebens, seines Besitzes und der Früchte seiner Arbeit sicher sein kann. Ständig in Gefahr, eines gewaltsamen Todes zu sterben, leben die Menschen ohne gesellschaftliche Ordnung und ohne die Vorteile, die sich durch Handel und Gewerbe gewinnen lassen. Das so beschriebene Leben wirkt armselig und angstvoll.

Bemerkenswert sind dabei vor allem zwei Punkte: Zum einen leitet Hobbes soziale Ordnung und Gerechtigkeit in erster Linie von der dauerhaften Sicherung des Privateigentums her. Denn nur durch diese ist für Hobbes eine stetige und vorhersehbare Gewährleistung der Selbsterhaltung der Menschen möglich.

Zum Zweiten beschreibt Hobbes den Krieg aller gegen alle einerseits als eine Hypothese, deren er zur Analyse seiner Gegenwart bedarf. Der Naturzustand ist gedankliches Konstrukt zur Erklärung bestehender Verhältnisse. Andererseits aber ist er für Hobbes ebenso reale Beschreibung primitiver Gesellschaften und der anthropologische Grundzustand, in den auch seine eigene Zeit teilweise zurückzufallen droht und der als Gefahr jederzeit in allen menschlichen Gemeinschaften gegenwärtig ist.

2.2 Vertragsschluss und Unterwerfung

Um diesen in der menschlichen Natur verankerten Kampf aller gegen alle beenden zu können, setzt Hobbes bei ebenderselben Konfliktnatur des Menschen an, die ihre Wurzel in der Selbsterhaltung und dem Streben nach Macht hat. Denn diese Natur gibt dem Menschen auch Rechte und Gesetze vor, die im Interesse dieser Selbsterhaltung zum Tragen kommen müssen:

«Unter dem *Naturrecht*, von den Gelehrten gewöhnlich *ius naturale* genannt, versteht man die Freiheit jedes Menschen, seine Kräfte nach seinem eigenen Ermessen zu gebrauchen, um für seine Selbsterhaltung, d.h. für die Sicherung seines Lebens zu sorgen – und folglich auch die Freiheit, alles zu tun, was ihn seinem Urteil und seinen Überlegungen zufolge dieses Ziel am besten erreichen läßt.

Freiheit bezeichnet ganz in der ursprünglichen Bedeutung des Wortes das Fehlen jeden äußeren Zwangs. Ein solcher Zwang kann den Menschen oftmals hindern, das zu tun, was er möchte, er kann ihn aber nicht zwingen, jene Kräfte, die ihm noch geblieben sind, nach eigenem Ermessen und Belieben anzuwenden.

Das *Naturgesetz (lex naturalis)* sind die Vorschriften oder allgemeinen Richtlinien, die sich auf die Vernunft gründen und die dem Menschen verbieten, irgend etwas zu tun, was zur Zerstörung seines Lebens führt – oder was ihm jene Mittel raubt, die ihm zur Erhaltung seines Lebens dienlich sind. Und sie untersagen ihm auch, das zu unterlassen, was nach seiner Ansicht der Erhaltung seiner selbst zu größtem Nutzen gereicht. Obwohl die meisten Menschen, die über dieses Thema sprechen, die Begriffe *Recht* und *Gesetz* – *ius* und *lex* – gewöhnlich nicht auseinanderhalten, müssen sie doch voneinander unterschieden werden. Ein

Recht nämlich ist die Freiheit, etwas zu tun oder zu unterlassen. Ein *Gesetz* dagegen bestimmt oder verpflichtet uns, eines von beiden zu tun. Gesetz und Recht also unterscheiden sich eben in dem Maße wie Verpflichtung und Freiheit. Auf einen einzigen Fall bezogen, steht eines in Widerspruch zum andern.

Wie ... gezeigt worden ist, befindet sich der Mensch in dem Zustand des Krieges aller gegen alle. Jeder wird nur von seiner eigenen Vernunft geleitet, und es gibt nichts – so man es nur in den Griff bekommt –, was einem nicht dabei helfen könnte, sein Leben vor seinen Feinden zu schützen. So hat denn in solcher Lage jeder ein Recht auf alles, selbst auf das Leben seiner Mitmenschen. Und folglich kann es keine Sicherheit für den Menschen geben (er mag noch so stark oder klug sein), sich der Zeit seines Lebens, die ihm die Natur im allgemeinen schenkt, zu erfreuen, solange dieses natürliche Recht eines jeden auf alles besteht. Als eine Vorschrift oder allgemeine Regel der Vernunft hat daher zu gelten: *Jeder Mensch suche Frieden, solange er hoffen kann, dieses Ziel zu erreichen, und nehme allen Nutzen und Vorteil eines Krieges wahr, wenn er zu keinem Frieden gelangen kann.* Die erste Hälfte dieser Regel ist das erste und wichtigste Naturgesetz, nämlich: *Suche Frieden und bewahre ihn.* Die zweite Hälfte besagt: *Verteidige dich, ganz gleich auf welche Art,* und schließt somit jegliches Naturrecht in sich.

Auf dieses erste und grundlegende Naturgesetz, welches den Menschen befiehlt, nach Frieden zu stieben, gründet sich das zweite: *Zur Erhaltung des Friedens und zu ihrer eigenen Verteidigung sollen alle Menschen – sofern es ihre Mitmenschen auch sind – bereit sein, ihrem Recht auf alles zu entsagen, und sich mit dem Maß an Freiheit begnügen, das sie bei ihren Mitmenschen dulden.* Denn solange ein jeder auf seinem Recht beharrt, alles zu tun, was er will, wird der Kriegszustand andauern. Wenn aber die anderen Menschen nicht gleichfalls auf ihre Rechte verzichten, ist es für niemanden sinnvoll, dem seinen zu entsagen. Man würde sich eher den anderen als Beute ausliefern (und dazu ist niemand gezwungen), als daß man dem Frieden diente. Schon die Bibel lehrt: *Was ihr wollt, daß euch die Leute tun sollen, das sollt auch ihr ihnen tun.* Und es gibt eine allgemeine Regel: *Quod tibi fieri non vis, alteri ne feceris* [Was du nicht willst, daß man dir tu', das füg' auch keinem andern zu]» (Hobbes 1965, 102 f.).

Doch diese Gesetze gegenseitiger Einschränkung und Friedensbereitschaft um der eigenen Existenzsicherung willen können nur wirksam werden, wenn eine geregelte Ordnung ihre Einhaltung garantiert. Soll es zum Frieden kommen, so müssen die Menschen Vereinbarungen darüber treffen, was Recht und was Unrecht, was erlaubt und was verboten sein soll. Solange sie aber noch im Streit liegen, sind alle Beteiligten immer Partei. Hobbes versucht deshalb, eine neutrale Instanz zu finden, die über die Machtmittel verfügt, den Streit zu schlichten und Frieden zu garantieren:

«Die letzte Ursache und der Hauptzweck des Zusammenlebens der Menschen in einem Staat und somit auch der damit verbundenen Selbstverpflichtung (die in offenem Gegensatz zu seiner natürlichen Freiheitsliebe und seinem Machttrieb steht), ist sein Selbsterhaltungstrieb und sein Wunsch nach einem gesicherten Leben. Damit ist gemeint: der Wunsch, jenem elenden Zustand des Krieges aller gegen alle zu entrinnen, der ... unweigerlich eintritt, wenn der Mensch allein seinen Trieben folgt, d.h. wenn keine sichtbare Gewalt da ist, die ihn in Zucht hält, die ihn durch die Furcht vor Strafen bindet und ihn zu der Einhaltung jener Naturgesetze zwingt, von denen [schon] die Rede war.

Denn jene Naturgesetze – Gerechtigkeit, Gleichheit, Bescheidenheit, Barmherzigkeit, kurz alles, was in dem Satz zusammengefaßt werden könnte: Handle deinem Mitmenschen gegenüber so, wie du wünschest, daß auch an dir gehandelt werde – laufen unseren natürlichen Trieben zuwider; denn diese führen uns, ohne den Zwang einer höheren Gewalt, zu Mißgunst, Stolz und Rachsucht. Und Verträge sind ohne das Schwert leere Worte und vermögen in keiner Weise dem Menschen Sicherheit zu geben. Wenn es keine übergeordnete Gewalt gibt oder wenn sie nicht stark genug ist, vor dem Krieg aller gegen alle zu schützen, so muß sich deshalb jeder, ungeachtet aller Naturgesetze, die im übrigen auch immer nur dann beachtet worden sind, wenn man gerade Lust dazu hatte und wenn kein persönlicher Schaden damit verbunden war, zum Schutz vor seinem Nächsten auf seine eigenen Kräfte verlassen und hat auch das volle Recht dazu. Überall nämlich, wo je Menschen in kleinen Familien zusammengelebt haben, galten Räuberei und Beutemacherei als ein Handwerk und wurden – da mit der größeren Beute auch das Ansehen wuchs – keinesfalls als den Naturgesetzen zuwiderlaufend angesehen. Man maß allein nach dem Gesetz der Ehre, welches besagte, daß man Grausamkeiten vermeiden und den Menschen weder ihr Leben noch die zu ihrem Lebensunterhalt notwendigen Mittel nehmen sollte. Ganz so wie jene kleinen Familien in jener Zeit handeln noch heute Städte und Königreiche, die nichts anderes als größere Familien sind. Auf den geringsten Anschein einer Gefahr hin streben sie (um ihrer eigenen Sicherheit willen) danach, ihr Gebiet zu vergrößern, und versuchen aus Furcht vor feindlichen Einfällen oder vor der Unterstützung, die Angreifern zuteil werden könnte, sich möglichst viele ihrer Nachbarn untertan zu machen oder sie zu schwächen – sei es mit offener Gewalt oder durch geheime Kniffe. Da es eine andere Möglichkeit, den Frieden zu erhalten, nicht gibt, geschieht dies zu Recht und wird auch in späteren Zeiten als ehrenhaft angesehen.

Die gewünschte Sicherheit kann dann nicht gewonnen werden, wenn sich nur wenige Menschen zusammenschließen. In diesem Fall nämlich gäbe ein Bündnis, das einer der beiden Gegner mit einem dritten einginge, das zum Siege erforderliche Übergewicht. Die Invasion würde dadurch geradezu herausgefordert. Man kann aber andererseits auch nicht eine bestimmte Zahl von Menschen nennen, die für die Wahrung des Friedens notwendig wäre, denn man muß sie ja immer auf den gerade drohenden Feind beziehen; und sie ist erst dann groß genug, wenn die Überlegenheit des Feindes nicht so offensichtlich und erheblich ist, daß sie den Ausgang des Krieges bestimmen und den Feind zu einem Angriff verleiten könnte.

Sie mag aber noch so groß sein, wenn nach dem Gutdünken und den Wünschen vieler einzelner gehandelt wird, kann man sich weder gegen einen gemeinsamen Feind sichern oder verteidigen noch gegenseitigen Gewalttaten entgehen. Denn Meinungsverschiedenheiten über die bestmögliche Art der Nutzung und Anwendung der Kräfte können niemals vorteilhaft sein, sondern in jedem Falle nur schaden. Durch die gegenseitigen Anfeindungen wird schließlich alle Gewalt zunichte gemacht, so daß es ein leichtes ist, selbst für eine sehr kleine Gruppe, so sie geeint ist, sich den uneinigen Feind untertan zu machen. Wenn es aber keinen gemeinsamen Feind gibt, wird man der Privatinteressen wegen sogar untereinander in Krieg fallen. Denn wenn wir glauben, daß eine große Menge Menschen ohne den Zwang durch eine oberste Gewalt Recht und Gesetze bewahre, können wir dasselbe gleich von der ganzen Menschheit annehmen. Und dann brauchte es überhaupt keinen Staat zu geben, denn dann würde ewiger Friede herrschen ohne jeglichen Zwang.

Für die Sicherung des Friedens aber, der doch das ganze Leben dauern soll, genügt es auch nicht, daß sich die Menschen nur eine gewisse Zeitlang, z.B. für eine Schlacht oder einen Krieg unter einen Oberbefehl fügen. Zwar mögen sie, zusammengeschweißt durch das gemeinsame Anliegen, einen Sieg erringen, sie werden sich aber unweigerlich wieder spalten, wenn der gemeinsame Feind zerschlagen oder aber von den einen als Freund, von anderen jedoch als Feind angesehen wird. Und sofort werden sie wieder in einen Krieg untereinander zurückfallen.

Nun ist es zwar Tatsache, daß es Lebewesen gibt, wie z.B. die Bienen und Ameisen (Aristoteles zählt sie deshalb zu den staatsbildenden Geschöpfen), die in einer friedlichen Gemeinschaft miteinander leben, obwohl sie von keinem anderen Interesse geleitet werden als ihrem eigenen Urteil und ihren Trieben. Dabei haben sie nicht einmal eine Sprache, um einander mitzuteilen, was ihnen für das Gemeinwohl förderlich scheint. Manch einer mag sich nun vielleicht fragen, warum den Menschen das nicht auch möglich sein sollte. Ich antworte darauf folgendes:

Erstens einmal trachten die Menschen – nicht aber diese Tiere – stets danach, einander an Ansehen und Würde zu übertreffen. Jene Tiere wissen nicht einmal, was das ist. Bei den Menschen gründet sich darauf Neid und Haß und zuletzt Krieg, während es all dies bei den Tieren nicht gibt.

Zweitens ist bei diesen Tieren das private Eigentum gleichzeitig Eigentum aller. Geht also jedes seinen natürlichen Zielen nach, so sorgt es zugleich für das Wohl aller. Der Mensch aber, der nur danach strebt, mit seinen Mitmenschen zu wetteifern, genießt allein das richtig, was ihn von den anderen abhebt.

Zum dritten haben diese Tiere im Gegensatz zum Menschen keinen Verstand. Sie können also weder glauben, daß ihr Gemeinwesen fehlerhaft regiert werde, noch können sie einen wirklichen Fehler erkennen. Unter den Menschen dagegen gibt es viele, die sich klüger dünken und zur Leitung des Staates fähiger als andere. Und so streben sie nach Änderungen und Neuerungen, der eine auf diesem Wege, der andere auf jenem, und stürzen dadurch ihr Land in Wirren und Bürgerkriege.

Zum vierten können die Tiere zwar Laute von sich geben, mit deren Hilfe sie sich gegenseitig ihre Wünsche und Begierden verständlich machen, kennen aber nicht jene Art von Rhetorik, die es einigen Menschen ermöglicht, anderen Gut als

Böse hinzustellen und Böse als Gut, den Inhalt dieser Begriffe beliebig zu interpretieren und somit ihre Mitmenschen in ihrem Frieden zu stören und ihnen alle Freude zu nehmen.

Zum fünften haben die Tiere keinen Begriff von Schaden und Unrecht. Solange sie glücklich leben, gibt es keinen Neid unter ihnen. Dagegen ist der Mensch dann am ehesten zu Streitereien aufgelegt, wenn es ihm gut geht: gerade dann nämlich ist er am stärksten darauf bedacht, seine Weisheit zur Schau zu stellen und die Weisungen seines Herrschers auf die Waagschale zu legen.

Zuletzt aber, und das ist das Wichtigste: Das Zusammenleben dieser Tiere ist von Natur her in ihnen angelegt; das der Menschen jedoch ist nur Vertragswerk und daher ein künstliches Werk. Und so ist es ganz leicht verständlich, daß es noch mehr braucht als nur einen Vertrag, um dem Bündnis Bestand zu verleihen. Und dieses Mehr kann nur eine oberste Macht sein, die die Menschen in Zucht hält und ihre Handlungen auf das Gemeinwohl hinlenkt.

Die einzige Möglichkeit, eine Gewalt zu schaffen, die in der Lage ist, die Menschen ohne Furcht vor feindlichen Einfällen oder den Übergriffen ihrer Mitmenschen ihres Fleißes und des Bodens Früchte genießen und friedlich für ihren Unterhalt sorgen zu lassen, liegt darin, daß alle Macht einem Einzigen übertragen wird – oder aber einer Versammlung, in der durch Abstimmung der Wille aller zu einem gemeinsamen Willen vereinigt wird. So wird praktisch ein Einziger oder eine Versammlung zum Vertreter aller ernannt, und jeder Einzelne gewinnt auf diese Weise das Gefühl, daß er selbst Teil hat an jeder nur erdenklichen Handlung oder Vorschrift desjenigen, der an seiner Stelle steht. Er wird also für alle Handlungen mitverantwortlich, weil er ja diesem Herrscher oder dieser Versammlung seinen Willen und seine Entscheidungsfreiheit freiwillig übertragen hat. Und dies ist mehr als nur ein Übereinkommen oder ein Friedensversprechen; es ist eine durch Vertrag eines jeden mit jedem gegründete Vereinigung aller zu ein und derselben Person. Jeder Einzelne sagt gleichsam:

Ich gebe mein Recht, über mich selbst zu bestimmen, auf und übertrage es diesem anderen Menschen oder dieser Versammlung – unter der alleinigen Bedingung, daß auch du ihm deine Rechte überantwortest und ihn ebenfalls zu seinen Handlungen ermächtigst.

Wenn sich Menschen so zu einer Person vereinigen, bilden sie einen Staat, der Lateiner sagt *civitas*. Dies ist die Geburt des Großen Leviathan, oder vielmehr (um ehrerbietiger zu sprechen) des sterblichen Gottes, dem allein wir unter dem ewigen Gott Schutz und Frieden verdanken. Durch die (ihm von jedem Einzelnen im Staate zuerkannte) Autorität und die ihm übertragene Macht ist er nämlich in der Lage, alle Bürger zum Frieden und zu gegenseitiger Hilfe gegen auswärtige Feinde zu zwingen. Er macht das Wesen des Staates aus, den man definieren kann als *eine Person, deren Handlungen eine große Menge durch Vertrag eines Jeden mit einem Jeden als die ihren anerkennt, auf daß sie diese einheitliche Gewalt nach ihrem Gutdünken zum Frieden und zur Verteidigung aller gebrauche.*

Und er, der diese Person trägt, wird *Souverän* genannt. Man sagt, er habe *souveräne Gewalt*. Und alle übrigen nennt man *Untertanen*» (Hobbes 1965, 133–137).

Das Titelbild der ersten Ausgabe zeigt deutlich, wie sich Hobbes diesen Leviathan denkt: Er ist zusammengesetzt aus allen in einer Gesellschaft lebenden Menschen. Durch Zusammenfassung ihrer Macht in einem Individuum oder einer Organisation entsteht eine Institution, die das Leben der Einzelnen und die Wahrung ihrer Interessen nach innen und außen mit dem Schwert und dem Zeichen legaler Macht, dem Zepter, schützt. Gleichzeitig aber stellt der so geschaffene Leviathan eine absolute Macht dar, der sich alle Einzelnen zu unterwerfen haben. Zugleich also mit der vertraglichen Einigung der Menschen, dem Einigungsvertrag, vollzieht sich ihre Unterwerfung. Einigungs- und Unterwerfungsvertrag fallen in eins zusammen. Da der Souverän, der absolute Herrscher, nur durch diesen Vertragsschluss in seine Macht eingesetzt wird (der ja immer schon die Unterwerfung der Einzelnen enthält), ist er selbst auch gar nicht Vertragspartner. Der Vertrag ist unkündbar. Dem Souverän wird keine Macht (etwa auf Zeit oder unter bestimmten Bedingungen) übertragen,

Abb. 8: Der Leviathan
Das Titelblatt der Originalausgabe von Hobbes' «Leviathan or the Matter, Forme and Power of a Commonwealth Ecclesiasticall and Civil» von 1651. Es zeigt den «sterblichen Gott», dessen Leib sich aus menschlichen Körpern zusammensetzt, mit den Insignien seiner herrscherlichen und richtenden weltlichen Allmacht, hoch erhoben über Land und Stadt.

Non est potestas Super Terram quæ Comparetur ei Iob 41 24
LEVIATHAN
Or
THE MATTER, FORME and POWER of A COMMON WEALTH ECCLESIASTICALL and CIVIL
By THOMAS HOBBES of MALMESBURY
London
Printed for Andrew Crooke
1651

sondern er ist die Macht selbst, sobald nur die Menschen im Interesse der Friedenssicherung übereingekommen sind, ihre eigene Macht zugunsten ihrer Selbsterhaltung einzugrenzen. Der Souverän ist absoluter Herrscher, und Hobbes bezieht diesen Gedanken des Souveräns durchaus auf das von ihm geforderte englische Königtum. Hobbes' Theorie ist insofern eine der ersten Formulierungen des im 17. und 18. Jahrhundert sich ausbildenden Anspruchs der absoluten Monarchie, die ihren prägnantesten Ausdruck in der Formel findet, die die Legende dem französischen König Ludwig XIV. zuschreibt: L'État c'est moi (Der Staat bin ich).

Obwohl Hobbes seine Analysen durchaus als Bestimmung der naturgesetzlichen, zeitunabhängigen Konstanten menschlichen Zusammenlebens verstand, schrieb er doch in einer ganz bestimmten historisch-gesellschaftlichen Situation. Er selbst hat die Auseinandersetzungen des Bürgerkriegs zum ausdrücklichen Anlass seiner philosophischen Überlegungen genommen, und er hat (oben S. 174 f.) in der Konkurrenz erklärtermaßen das Hauptübel im menschlichen Zusammenleben gesehen. Erst die historisch-gesellschaftlichen Bedingungen der sich entwickelnden bürgerlichen Gesellschaft aber können die Grundlage einer solchen Einschätzung sein. Erst die Maßlosigkeit der ausschließlich gewinnorientierten Warenwirtschaft bringt jenes Verhältnis des Krieges aller gegen alle hervor, von dem Hobbes als von einer Naturtatsache ausgeht. Was er als unveränderlich beschrieben hat, ist deshalb dem historischen Wandel unterworfen.

Wenn Hobbes die Friedenssicherung als zentrale Aufgabe staatlicher Ordnung beschreibt, so dient diese vor allem dem ökonomischen Fortschritt und der Sicherung des sich in der Warenproduktion entfaltenden Privateigentums. Die aristotelische Frage nach der besten Staatsform tritt immer mehr in den Hintergrund. Für die politische Philosophie nach Hobbes entstehen die Fragen nach der Legitimation staatlicher Gewalt gegenüber dem ökonomischen System der bürgerlichen Gesellschaft und nach den Gesetzen, die dem ökonomischen und politischen Zusammenhang zugrunde liegen.

John Locke: Zwei Abhandlungen über die Regierung

Privateigentum und Bürgerliche Gesellschaft

1. Leben und Werk

Mehr als vierzig Jahre nach Thomas Hobbes wurde am 29. August 1632 in der englischen Grafschaft Somerset der Philosoph und Politiker John Locke als Sohn eines Gerichtsbeamten geboren. Sein Leben war geprägt von großen wissenschaftlichen Erfolgen, europäischem Ansehen und von der Auseinandersetzung um die Form, die der englische Staat gegen Ende des Bürgerkriegs erhalten sollte. Von den Schrecken dieser Auseinandersetzung genauso gezeichnet wie Hobbes, erlaubte es ihm doch der veränderte historische Standpunkt, andere gedankliche Wege zu gehen und andere Probleme in das Zentrum seiner Untersuchungen zu stellen. Nicht mehr die Sicherung des Friedens um jeden Preis war sein vordringliches Interesse, sondern die Bestimmung der besten und vernünftigsten Art, Selbsterhaltung und Sicherung des Privateigentums in Gemeinschaft zu regeln und die Wurzeln für die Verbindlichkeit einer solchen Ordnung aufzuspüren. Hauptinteresse seiner Arbeiten war es deshalb, die Bedingungen und Möglichkeiten vernünftig zu begründen, die eine möglichst weitgehende Entfaltung der bürgerlichen Produktion frei von staatlichen – das hieß zu seiner Zeit, absolutistischen Eingriffen gewährleisten konnten und zugleich dem besitzenden Bürgertum ein Höchstmaß an politischer Freiheit zuerkannten.

Da sein Vater den Bürgerkrieg auf der Seite der Königsgegner als Offizier erlebte, bekam der junge Locke im Jahre 1647 einen Platz in der ehemals königlichen Westminster School und wurde – ebenso wie ab 1652 an der Universität Oxford – in den klassischen, an Aristoteles und der Scholastik des Mittelalters geschulten Wissenschaften ausgebildet. Doch schon nach seinem ersten akademischen Examen 1656 wandte er sich medizinisch-naturwissenschaftlichen Studien zu und wurde 1658 Mitglied des Lehrkörpers am Christ Church College seiner Universität.

1665 unternahm er eine Reise nach Europa im diplomatischen Dienst und wurde zwei Jahre später mit dem späteren Lordkanzler Shaftesbury bekannt, dessen Arzt und politischer Vertrauter er wurde. 1672 erhielt er unter Shaftesburys Leitung selbst ein Regierungsamt und ging, als dieser im Verlauf politischer Intrigen in Haft geriet, in den Jahren 1675 bis 1679 auch aus gesundheitlichen Gründen auf eine ausgedehnte Europareise. Nach dem Tode Shaftesburys im holländischen Exil im Jahre 1683 übersiedelte Locke nach Holland und wurde ein Jahr später auf ausdrücklichen Befehl des Königs aus dem Kollegium des Christ Church College ausgestoßen. Nach der Thronbesteigung Wilhelms von Oranien wurden ihm wieder Regierungsämter angeboten, die Locke jedoch aus Gesundheitsgründen ablehnte.

1685/86 entstanden seine anonymen «Briefe über Toleranz», und 1690 erschien, ebenfalls ohne Nennung des Verfassers, sein politisches Hauptwerk, die «Zwei Abhandlungen über die Regierung», gleichzeitig mit seinem philosophisch-erkenntnistheoretischen Hauptwerk, dem «Versuch über den menschlichen Verstand», in dem er nachzuweisen versuchte, dass der menschliche Verstand und das Erkenntnisvermögen ebenso wie die meisten moralischen Gesetze vorwiegend durch Erfahrung geprägt sind und dass ihnen nicht – wie große Teile der Tradition annahmen – angeborene Ideen zugrunde liegen. In Frage stand also auch hier, wie bei Descartes (s. o. S. 152f.), nicht mehr, was die Dinge sind, sondern als was sie dem menschlichen Verstand *erscheinen* und wie er sich ihrer durch Erfahrung versichern kann. 1692 erschienen die 1668 geschriebenen «Betrachtungen über die Senkung des Zinssatzes und die Erhöhung des Geldwertes», in denen er für freie Geldwirtschaft und weniger staatliche Regulierung eintrat. 1690 zog sich Locke auf das Gut einer befreundeten Adeligen zurück, beschäftigte sich mit pädagogischen Fragen und gegen Ende seines Lebens mit den Problemen einer Vereinbarkeit von Christentum und aufklärerischer Vernunft. Dort starb er am 28. Oktober 1704.

2. Die «Zwei Abhandlungen über die Regierung»

Im Jahre 1680 erschien, 17 Jahre nach dem Tode des Verfassers Sir Robert Filmer, eine Schrift, die zum Ziel hatte, die absolute Macht des Königs mit den Mitteln der Bibel zu rechtfertigen und die gerade in dieser Zeit benutzt wurde, um die Erbfolge eines katholischen Sohnes des englischen Königs zu begründen. Diese Schrift war für Locke der Anlass, seine «Zwei Abhandlungen über die Regierung» zu schreiben, die erst 1690 anonym erschienen. Während er in der «Ersten Abhandlung» den Versuch unternahm, die Gedankengänge Filmers, die aus heutiger Sicht doch reichlich verstiegen anmuten, zu widerlegen, entwickelte er in der «Zweiten Abhandlung» sein eigenes Konzept, das sich nun kritisch gegen den absolutistischen Anspruch des Königtums wendet.

Locke zeigt sich in diesem Werk als der Theoretiker der Emanzipation des Bürgertums, dessen Interessen er gegen die absolutistischen Vorstellungen von der Vorherrschaft des Königs beredt verteidigt. Weit weniger radikal in der Konsequenz seines Denkens als Hobbes, formuliert er die Bedingungen, unter denen sich Eigentum und Selbsterhaltung zusammenfinden und fortentwickeln lassen zur sich ins Ungemessene steigernden kapitalistischen Produktionsweise. Bezeichnend für die Wirkung von Lockes Theorien ist, dass sie vor allem in England und Frankreich Aufnahme fanden; denn in diesen beiden Ländern war das Bürgertum seit dem 17. bzw. frühen 18. Jahrhundert in beständigem Konflikt mit dem Königtum bemüht, seine Ansprüche zu verwirklichen und die kapitalistische Produktionsweise zu entfalten. In Deutschland dagegen, wo das Bürgertum mit seinen Versuchen der politischen und sozialen Emanzipation bis ins 19. Jahrhundert hinein scheiterte, fanden Lockes politische Theorien kaum Widerhall, und seine Philosophie wurde insgesamt als oberflächlich abgetan.

2.1 Naturzustand und Privateigentum

Nach Locke leben die Menschen ursprünglich im Naturzustand. Er zeichnet sich aus durch das Fehlen jeder gesatzten Rechtsordnung und durch vollkommene Freiheit und Gleichheit aller Menschen:

«§4. Um politische Gewalt richtig zu verstehen und sie von ihrem Ursprung abzuleiten, müssen wir erwägen, in welchem Zustand sich die Menschen von Natur aus befinden. Es ist ein Zustand *vollkommener Freiheit*, innerhalb der Grenzen des Gesetzes der Natur ihre Handlungen zu regeln und über ihren Besitz und ihre Persönlichkeit so zu verfügen, wie es ihnen am besten scheint, ohne dabei jemanden um Erlaubnis zu bitten oder vom Willen eines anderen abhängig zu sein.

Es ist darüber hinaus ein *Zustand der Gleichheit*, in dem alle Macht und Rechtsprechung wechselseitig sind, da niemand mehr besitzt als ein anderer: Nichts ist einleuchtender, als daß Geschöpfe von gleicher Gattung und von gleichem Rang, die ohne Unterschied zum Genuß derselben Vorteile der Natur und zum Gebrauch derselben Fähigkeiten geboren sind, ohne Unterordnung und Unterwerfung einander gleichgestellt leben sollen, es sei denn, ihr Herr und Meister würde durch eine deutliche Willensäußerung den einen über den anderen stellen und ihm durch eine überzeugende, klare Ernennung ein unzweifelhaftes Recht auf Herrschaft und Souveränität verleihen …

§6. Aber obgleich dies ein Zustand der Freiheit ist, so ist es doch kein *Zustand der Zügellosigkeit*. Der Mensch hat in diesem Zustand eine unkontrollierbare Freiheit, über seine Person und seinen Besitz zu verfügen; er hat dagegen nicht die Freiheit, sich selbst oder irgendein in seinem Besitz befindliches Lebewesen zu vernichten, wenn es nicht ein edlerer Zweck als seine bloße Erhaltung erfordert. Im *Naturzustand* herrscht ein natürliches Gesetz, das jeden verpflichtet. Und die Vernunft, der dieses Gesetz entspricht, lehrt die Menschheit, wenn sie sie nur befragen will, daß niemand einem anderen, da alle gleich und unabhängig sind, an seinem Leben und Besitz, seiner Gesundheit und Freiheit Schaden zufügen soll. Denn alle Menschen sind das Werk eines einzigen allmächtigen und unendlich weisen Schöpfers, die Diener eines einzigen souveränen Herrn, auf dessen Befehl und in dessen Auftrag sie in die Welt gesandt wurden. Sie sind sein Eigentum, da sie sein Werk sind, und er hat sie geschaffen, so lange zu bestehen, wie es ihm, nicht aber wie es ihnen untereinander gefällt. Und da sie alle mit den gleichen Fähigkeiten versehen wurden und alle zur Gemeinschaft der Natur gehören, so kann unter uns auch keine *Rangordnung* angenommen werden, die uns dazu ermächtigt, einander zu vernichten, als wären wir einzig zum Nutzen des anderen geschaffen, so wie die untergeordneten Lebewesen zu unserem

Nutzen geschaffen sind. Wie ein jeder *verpflichtet* ist, sich selbst zu erhalten und seinen Platz nicht vorsätzlich zu verlassen, so sollte er aus dem gleichen Grunde, und wenn seine eigene Selbsterhaltung nicht dabei auf dem Spiel steht, nach Möglichkeit auch die *übrige Menschheit erhalten*. Er sollte nicht das Leben eines anderen oder, was zur Erhaltung des Lebens dient: Freiheit, Gesundheit, Glieder oder Güter wegnehmen oder verringern, – es sei denn, daß an einem Verbrecher Gerechtigkeit geübt werden soll.

§ 7. Damit nun alle Menschen davon abgehalten werden, die Rechte anderer zu beeinträchtigen und sich einander zu benachteiligen, und damit das Gesetz der Natur, das den Frieden und die *Erhaltung der ganzen Menschheit* verlangt, beobachtet werde, so ist in jenem Zustand die *Vollstreckung* des natürlichen Gesetzes in jedermanns Hände gelegt. Somit ist ein jeder berechtigt, die Übertreter dieses Gesetzes in einem Maße zu bestrafen, wie es notwendig ist, um eine erneute Verletzung zu verhindern. Denn das *Gesetz der Natur* wäre, wie alle anderen Gesetze, die den Menschen auf dieser Welt betreffen, nichtig, wenn im Naturzustand niemand *die Macht* hätte, dieses *Gesetz zu vollstrecken*, um somit den Unschuldigen zu schützen und den Übertreter in Schranken zu halten. Wenn in diesem Naturzustand jeder einzelne den anderen für ein begangenes Unrecht bestrafen darf, so dürfen es auch alle. Denn in diesem Zustand *vollkommener Gleichheit*, wo es von Natur aus weder eine Überlegenheit noch eine Rechtsprechung des einen über den anderen gibt, müssen notwendigerweise alle dazu berechtigt sein, was irgendeinem in der Verfolgung dieses Gesetzes erlaubt ist» (Locke 1977, 201–204).

Gleichheit ist also vor allem eine Frage der Gleichverteilung von Eigentum, und Freiheit meint die Freiheit, über Besitz nach Gutdünken zu verfügen. Eingeschränkt wird diese Freiheit allerdings durch die natürlichen Gesetze der gegenseitigen Achtung und Anerkennung, die ihre Wurzel in der göttlichen Schöpfung der Welt haben. Jeder Einzelne ist zum Richter über Verletzungen dieser natürlichen Gesetze bestimmt und hat damit neben seiner persönlichen Selbsterhaltung auch noch die Einhaltung dieser Gesetze zu betreiben. Anders als Hobbes, für den ein Gesetz ohne sanktionierende Gewalt ein Unding ist, setzt Locke also den Naturzustand als einen Zustand der Rechtsunsicherheit, aber nicht des

Krieges aller gegen alle. Vielmehr grenzt er den Naturzustand ausdrücklich vom Kriegszustand ab, der darin besteht, dass Menschen versuchen, andere ihrer natürlichen Rechte und Freiheiten sowie ihres Eigentums zu berauben, und damit ihr von Gott gegebenes Recht auf Selbsterhaltung verletzen. Dieses Recht auf Selbsterhaltung ist für Lockes Menschen eben in erster Linie auf das Privateigentum gegründet.

«Denn da der überaus starke Trieb, sein Leben und sein Dasein zu erhalten, ihm von Gott selbst als ein Prinzip des Handelns eingepflanzt worden war, konnte ihn die Vernunft, als die *Stimme Gottes in ihm*, nur lehren und überzeugen, daß er in der Befolgung dieser natürlichen Neigung sein Dasein zu erhalten hatte, den Willen seines Schöpfers erfüllte und deshalb ein Recht hatte, sich jene Geschöpfe nutzbar zu machen, von denen er auf Grund seiner Vernunft und seiner Sinne erkennen konnte, daß sie für seine Zwecke geeignet waren. Deshalb war das Eigentum des Menschen an den Geschöpfen aus seinem Recht begründet, von jenen Dingen Gebrauch zu machen, die für sein Dasein notwendig oder nützlich waren» (Locke 1977, 86).

Dieses Recht auf Eigentum begründet Locke nun als Erster in der Geschichte der Philosophie ausdrücklich mit der Arbeit.

«§ 25. Ob wir uns nun nach der natürlichen Vernunft richten, die sagt, daß die Menschen, nachdem sie einmal geboren sind, ein Recht auf ihre Erhaltung haben und somit auf Speise und Trank und alle anderen Dinge, die die Natur für ihren Unterhalt hervorbringt, oder ob wir uns an die *Offenbarung* halten, die uns von jenen großen Verleihungen der Welt berichtet, die Gott *Adam, Noah* und seinen Söhnen gemacht hat, es ist auf jeden Fall klar, daß Gott, wie König *David* in Psalm 115, 16 sagt, *die Erde den Menschenkindern gegeben hat*, und daß er sie den Menschen gemeinsam gegeben hat ... Ich will mich bemühen darzustellen, wie Menschen zu einem *Eigentum* an einzelnen Teilen dessen gelangen konnten, was Gott der Menschheit gemeinsam gegeben hat, und das ohne einen ausdrücklichen Vertrag mit allen anderen Menschen ...

§ 27. Obwohl die Erde und alle niederen Lebewesen allen Menschen gemeinsam gehören, so hat doch jeder Mensch ein *Eigentum* an seiner eigenen *Person*.

Auf diese hat niemand ein Recht als nur er allein. Die *Arbeit* seines Körpers und das *Werk* seiner Hände sind, so können wir sagen, im eigentlichen Sinne sein Eigentum. Was immer er also dem Zustand entrückt, den die Natur vorgesehen und in dem sie es belassen hat, hat er mit seiner *Arbeit* gemischt und ihm etwas eigenes hinzugefügt. Er hat es somit zu seinem *Eigentum* gemacht. Da er es dem gemeinsamen Zustand, in den es die Natur gesetzt hat, entzogen hat, ist ihm durch seine *Arbeit* etwas hinzugefügt worden, was das gemeinsame Recht der anderen Menschen ausschließt. Denn da diese *Arbeit* das unbestreitbare Eigentum des Arbeiters ist, kann niemand außer ihm ein Recht auf etwas haben, was einmal mit seiner Arbeit verbunden ist. Zumindest nicht dort, wo genug und ebenso gutes den anderen gemeinsam verbleibt ...

§ 28. ... Was auch durch einen Vertrag *gemeinsamer Besitz* bleibt, *beginnt*, wie wir sehen, dadurch *Eigentum zu werden*, daß irgendein Teil aus dem, was allen gemeinsam ist, herausgenommen und aus dem Zustand entfernt wird, in dem es die Natur belassen hat. Ohne dies ist der gemeinsame Besitz von keinerlei Nutzen. Es hängt nicht von der ausdrücklichen Zustimmung aller Mitbesitzer ab, wenn wir diesen oder jenen Teil nehmen. Das Gras, das mein Pferd gefressen, der Torf, den mein Knecht gestochen, und das Erz, das ich an irgendeiner Stelle gegraben, wo ich mit anderen gemeinsam ein Recht dazu habe, werden ohne die Anweisung und Zustimmung von irgend jemandem mein *Eigentum*. Es war meine *Arbeit*, die sie dem gemeinsamen Zustand, in dem sie sich befanden, enthoben hat und die mein *Eigentum* an ihnen *bestimmt* hat» (Locke 1977, 215–218).

Den Ausgangspunkt von Lockes Ableitung bildet also das subjektive, unveräußerliche Recht auf Eigentum oder, wie man genauer sagen muss, auf Privateigentum. Das Eigentum an der eigenen Person erweitert sich zum sachlichen Eigentum, weil der Mensch als Wesen, das sich selbst zu erhalten hat, der äußeren Natur bedarf. Diese Natur muss er sich aneignen, um überleben zu können. Der Prozess dieser Aneignung ist die Arbeit, in dem die vorgefundene Natur verwandelt und in Privateigentum überführt wird.

Locke entwirft die Aneignung der Natur durch Arbeit nun mit drei Einschränkungen, die einer zügellosen Aneignung der Erde im Naturzustand Einhalt gebieten sollen: Es sind Einschränkungen, die den Bereich des Verbrauchs (der Konsumtion), der Produktion und der Verteilung betreffen.

«§ 31. Man wird vielleicht dagegen einwenden: Wenn das Sammeln der Eicheln oder anderer Früchte der Erde usw. ein Recht auf sie verleiht, darf ein jeder so viel davon *anhäufen*, wie er will. Darauf antworte ich: Das verhält sich keineswegs so. Dasselbe Gesetz der Natur, das uns auf diese Weise Eigentum gibt, *begrenzt* dieses *Eigentum* auch. *Gott gibt uns reichlich allerlei zu genießen*, 1. Tim. 6, 17, sagt die durch die Erleuchtung bekräftigte Stimme der Vernunft. Aber wie weit hat er es uns gegeben? *Es zu genießen*. So viel, wie jemand zu irgendeinem Vorteil seines Lebens gebrauchen kann, bevor es verdirbt, darf er sich durch seine Arbeit zum Eigentum machen: Was darüber hinausgeht, ist mehr als sein Anteil und gehört anderen. Nichts ist von Gott geschaffen worden, damit die Menschen es verderben lassen oder vernichten. Und wenn wir einmal betrachten, welche Fülle natürlicher Vorräte es lange Zeit auf der Welt gegeben hat und wie wenig Verbraucher, und auf einen wie geringen Teil jener Vorräte sich der Fleiß eines einzelnen Menschen nur erstrecken und sie zum Schaden anderer anhäufen konnte, namentlich wenn er sich innerhalb der von seiner Vernunft gesetzten *Grenzen* dessen hielt, was er zu seinem eigenen *Gebrauch* verwenden konnte, so konnte es damals nur wenig Gelegenheit zu Zank und Streit über ein so begründetes Eigentum geben.

§ 32. Aber da der *Hauptgegenstand des Eigentums* heute nicht die Früchte der Erde sind und die Tiere, die auf ihr leben, sondern die *Erde selbst* als das, was alles übrige enthält und auf sich trägt, ist es, glaube ich, offensichtlich, daß auch das *Eigentum* an ihr genauso erworben wird wie das vorige. *So viel Land* ein Mensch bepflügt, bepflanzt, bebaut, kultiviert und so viel er von dem Ertrag verwerten kann, so viel ist sein *Eigentum*. Durch seine Arbeit hebt er es gleichsam vom Gemeingut ab. Und sein Recht wird auch nicht durch den Einwand entkräftet, daß jeder andere einen gleichen Anspruch darauf habe, und er es deshalb nicht in Besitz nehmen, nicht abgrenzen könne ohne die Zustimmung all seiner Mitbesitzer, also der gesamten Menschheit. Als Gott die Welt der gesamten Menschheit zum gemeinsamen Besitz gab, befahl er den Menschen auch zu arbeiten, und schon allein die Hilflosigkeit seiner Lage verlangte es von ihm. Gott und seine Vernunft geboten ihm, sich die Erde zu unterwerfen, d.h. sie zum Vorteil des Lebens zu bebauen und auf diese Weise etwas dafür aufzuwenden, was sein eigen war – seine Arbeit. Wer, diesem Gebote Gottes folgend, sich irgendein Stück Land unterwarf, es bebaute und besäte, fügte ihm dadurch etwas hinzu, das sein *Eigentum* war, worauf kein anderer einen Anspruch hatte und was ihm niemand nehmen konnte, ohne ein Unrecht zu begehen …

§ 36. Das Maß des Eigentums hat die Natur durch die Ausdehnung der menschlichen *Arbeit und durch die Annehmlichkeiten des Lebens* festgesetzt. Keines Menschen Arbeit konnte sich alles unterwerfen oder aneignen, und sein Genuß konnte nicht mehr als nur einen kleinen Teil verbrauchen. Es war daher also für einen Menschen unmöglich, auf diesem Wege in die Rechte eines anderen einzugreifen oder sich selbst ein Eigentum zum Schaden seines Nachbarn zu erwerben. Diesem blieb (nachdem der andere sich einen Teil genommen hatte) immer noch Raum genug für einen ebenso guten und ebenso großen Besitz wie vorher, ehe sich jener seinen Besitz angeeignet hatte. Dieses *Maß* beschränkte den *Besitz* jedes Menschen auf einen sehr bescheidenen Anteil, nämlich auf das, was er sich aneignen konnte, ohne irgend jemandem einen Schaden zuzufügen» (Locke 1977, 218–21).

Locke äußert sich nur undeutlich und widersprüchlich darüber, welche Art von Gemeinschaft der Menschen er sich vorstellt. Denn dass einerseits bereits ein Knecht da ist, dessen Arbeit sich ein Mensch einfach aneignen kann, dass andererseits Tausch und vertragliche Festlegung von Grundeigentum schon im Naturzustand möglich ist, legt den Verdacht nahe, dass es sich hierbei um eine ganz bestimmte Gesellschaftsform handele: Locke beschreibt hier den Zustand einfacher Warenproduktion, in dem selbstwirtschaftende Produzenten ohne Lohnarbeit für eigenen und fremden Bedarf produzieren und die Menschen über den Tausch miteinander vermittelt sind. Dies ist der Zustand vor Beginn der bürgerlichen Produktionsweise, im Beispiel des torfstechenden Knechtes erweitert um eine spezielle Form der Lohnarbeit.

Es zeigt sich hier einer der vielen Brüche in Lockes Konstruktion. Denn wenn die Begründung der Selbsterhaltung im Naturzustand auf Arbeit und Eigentum fußt, dann müssen alle gleichermaßen Arbeit und das gleiche Recht auf Eigentum haben – einen Knecht könnte es in diesem Zusammenhang gar nicht geben. Doch Locke übergeht diese Schwierigkeit, indem er die gezeigten Einschränkungen, denen der Eigentumserwerb im Naturzustand unterliegt, wieder aufhebt und mit der Einführung des Geldes ebendiesen Naturzustand weiterentwickelt:

«§ 36. ... Das aber wage ich kühn zu behaupten: dieselbe *Regel* für das *Eigentum*, nämlich daß jeder Mensch so viel haben sollte, wie er nutzen kann, würde auch noch heute, ohne jemanden in Verlegenheit zu bringen, auf der Welt gültig sein, denn es gibt genug Land, das auch für die doppelte Anzahl von Bewohnern noch ausreicht, wenn nicht die *Erfindung des Geldes* und die stillschweigende Übereinkunft der Menschen, ihm einen Wert beizumessen (durch Zustimmung), die Bildung größerer Besitztümer und das Recht darauf mit sich gebracht hätte. Wie das geschehen ist, werde ich nach und nach ausführlicher darlegen.

§ 37. Es ist sicher, daß anfangs – ehe das Verlangen, mehr zu haben, als der Mensch benötigte, den inneren Wert der Dinge, der allein von ihrem Nutzen für das menschliche Leben abhängt, geändert hatte oder die Menschen *übereingekommen* waren, *daß ein kleines Stück gelben Metalls*, das sich weder abnutzt noch verdirbt, den gleichen Wert haben sollte wie ein großes Stück Fleisch oder ein ganzer Haufen Getreide – doch jeder Mensch ein Recht hatte, sich durch seine Arbeit soviel von den Dingen der Natur anzueignen, wie er verwenden konnte» (Locke 1977, 222 f.).

«§ 46. Der größte Teil der für das Leben des Menschen *wirklich nützlichen Dinge*, nach denen jene ersten Menschen, denen auf der Welt alles gemeinsam gehörte, schon aus der reinen Notwendigkeit des Überlebens suchen mußte – wie die *Amerikaner* es heute noch tun – *sind* im allgemeinen Dinge *von kurzer Dauer*, die, wenn sie nicht bald verbraucht werden, verderben und von selbst vergehen. Gold, Silber und Diamanten sind dagegen Dinge, denen eher die Laune und Übereinkunft der Menschen ihren Wert gegeben haben als der tatsächliche Gebrauch und die Notwendigkeit des Lebensunterhaltes. Nun hatte auf jene guten Dinge, die die Natur als Gemeingut geschaffen hatte, ein jeder (wie schon gesagt) so weit ein Recht, wie er sie für sich nutzen konnte. Und alles, auf das er mit seiner Arbeit einwirken konnte, war sein Eigentum. Alles, worauf sich sein Fleiß erstrecken konnte, um es aus seinem natürlichen Zustand zu entfernen, gehörte ihm. Wer hundert Scheffel Eicheln oder Äpfel *sammelte*, gewann dadurch ein *Eigentum* an ihnen. Sie gehörten ihm, sobald er sie gesammelt hatte. Er mußte nur darauf achten, daß er sie verbrauchte, bevor sie verdarben. Sonst nahm er mehr, als ihm zustand, und beraubte andere. Es war tatsächlich ebenso dumm wie unredlich, mehr anzuhäufen, als er gebrauchen konnte. Gab er einen Teil an irgendeinen anderen weiter, damit er nicht ungenutzt in seinem Besitz umkam, so nutzte er auch diese Dinge. Und wenn er Pflaumen, die in einer Woche verfault wären, gegen Nüsse tauschte, die sich zum Verzehr ein ganzes Jahr lang aufheben ließen, so beging er kein Unrecht. Er vergeudete nicht den gemeinsamen Vorrat. Er vernichtete nichts von dem Anteil der Güter, die anderen gehörten, solange nichts ungenutzt in seinen Händen verdarb. Wenn er wiederum seine Nüsse für ein Stück Metall weggab, dessen Farbe ihm gefiel, oder seine Schafe gegen Muscheln eintauschte, oder seine Wolle gegen einen funkelnden Kiesel oder Diamanten, und diese sein ganzes Leben bei sich aufbewahrt, so griff er damit nicht in die Rechte anderer ein. Er durfte von diesen beständigen Dingen so viel anhäufen, wie er wollte. Denn die *Überschreitung der Grenzen* seines *rechtmäßigen Eigentums* lag nicht in der Vergrößerung seines Besitzes, sondern darin, daß irgend etwas ungenutzt verdarb.

§ 47. So kam der *Gebrauch des Geldes* auf, einer beständigen Sache, welche die Menschen, ohne daß sie verdarb, aufheben und nach gegenseitiger Übereinkunft gegen die wirklich nutzlichen, aber verderblichen Lebensmittel eintauschen konnten.

§ 48. Und wie die verschiedenen Stufen des Fleißes das unterschiedliche Verhältnis ihres Besitzes bedingte, so gab die *Erfindung des Geldes* ihnen Gelegenheit, den Besitz zu vergrößern und beständig zu machen» (Locke 1977, 228 f.).

Locke beschreibt also den Zustand einfacher Warenproduktion, d. h. eine Gesellschaftsform, in der noch nicht die Akkumulation von Kapital das Hauptinteresse des Produzenten ausmacht, sondern in der der Tausch von gleichwertigen Gütern (Äquivalenten) zur Deckung eigener Bedürfnisse dient. Andererseits sieht er klar die Rolle, die die Erfindung des Geldes in diesem Zusammenhang spielt: denn er macht die Trennung innerhalb des Naturzustandes an dieser Erfindung bzw. an dem Gedanken fest, ihm Wert beizumessen.

Das Geld wird als Schatz, als Maß der Werte sowie als Zirkulationsmittel verstanden und sprengt damit den Rahmen der einfachen Warenproduktion. Denn die drei einschränkenden Bedingungen der Eigentumsbildung gelten für das Geld nicht mehr: Die Einschränkungen der Konsumtion, der Produktion und der Verteilung haben damit schon im Naturzustand ihre Gültigkeit verloren. Geld wird zum Kapital, das in metallischer Gestalt von nahezu unbegrenzter Haltbarkeit ist und in unbegrenzten Mengen angehäuft werden kann. Damit ist vor allem die Begrenzung der Konsumtion verlassen, und es zeigt sich das Bild einer Gesellschaft, in der nicht mehr verkauft wird, um Dinge zu kaufen, die man selbst entbehrt, sondern in der Geld und Arbeitskraft gekauft werden, um mehr Geld zu erwerben. Das Verhältnis von Mittel und Zweck hat sich gewandelt: Nicht mehr das Geld ist das Mittel, um Güter zu erwerben, sondern diese Güter sind die Mittel, um Kapital anzuhäufen. Selbsterhaltung und Selbststeigerung münden in den Prozess sich ständig ausweitender Vermehrung des Privateigentums und in letzter Konsequenz in der schrankenlosen Anhäufung von Kapital. Es erwacht der Trieb, immer mehr Reichtümer in Form von Geld zu besitzen; denn das Geld in dieser Funktion ist maßlos. Locke selbst spricht an einer späteren Stelle (1976, 270) vom «amor sceleratus habendi», dem ruchlosen Besitztrieb.

Nach der Verletzung des einschränkenden Gesetzes der Konsumtion werden durch das Geld auch die Einschränkungen der Produktion und die Gleichheit der Verteilung außer Kraft gesetzt. Denn indem das Eigentum sich sprunghaft vermehrt, vermehrt es sich doch ungleich schnell. Diese Ungleichheiten nimmt Locke in Kauf und toleriert, ja fordert geradezu die Inbesitznahme von mehr Gütern zu Produktionszwecken, als unmittelbar für den Bedarf nötig ist. Sowohl die ungleiche Verteilung von Kapital als auch von Produktionsmitteln zeigen sich also als notwendige Folge aus der Einführung des Geldes und der beständigen Tendenz zur Kapitalakkumulation:

«§ 48. ... Wo es nichts gibt, das gleichzeitig dauerhaft, selten und wertvoll genug ist, um es aufzubewahren, werden die Menschen keine Neigung verspüren, ihren

Besitz an Land zu vergrößern, wäre es auch noch so reich und noch so leicht in Besitz zu nehmen. Denn ich frage, welchen Wert soll ein Mensch zehn- oder hunderttausend Acres vortrefflichen, fertig bebauten und gut mit Vieh besetzten Bodens mitten im Innern *Amerikas* zumessen, wo er keinerlei Hoffnung hat, mit der übrigen Welt Handel treiben zu können, um durch den Verkauf seiner Erzeugnisse *Geld zu* gewinnen? Sie wären die Einzäunung nicht wert, und wir könnten sehen, wie er bald alles, was mehr wäre, als ihm und seiner Familie zur Annehmlichkeit ihres Lebens ausreichen würde, wieder dem natürlichen wilden Gemeinbesitz zurückgibt ...

§ 50. Da aber Gold und Silber, die im Verhältnis zu Nahrung, Kleidung und Transportmöglichkeiten für das Leben des Menschen von geringem Nutzen sind, ihren Wert nur von der Übereinkunft der Menschen erhalten haben, wofür aber die Arbeit doch zum größten Teil den *Maßstab* setzt, ist es einleuchtend, daß die Menschen mit einem ungleichen und unproportionierten Bodenbesitz einverstanden gewesen sind. Denn sie haben durch stillschweigende und freiwillige Zustimmung einen Weg gefunden, wie ein Mensch auf redliche Weise mehr Land besitzen darf als er selbst nutzen kann, wenn er nämlich als Gegenwert für den Überschuß an Produkten Gold und Silber erhält, jene Metalle, die in der Hand des Besitzers weder verderben noch umkommen und die man, ohne jemandem einen Schaden zuzufügen, aufbewahren kann. Diese Verteilung der Dinge zu einem ungleichen Privatbesitz haben die Menschen, außerhalb der Grenzen der Gemeinschaft und ohne Vertrag, nur dadurch ermöglicht, daß sie dem Gold und Silber einen Wert beilegten und stillschweigend in den Gebrauch des Geldes einwilligten» (Locke 1977, 230 f.).

Mit der Erweiterung der Produktion über den Bedarf hinaus haben die Menschen die ungleiche Verteilung des Eigentums stillschweigend akzeptiert. Für Locke ist diese Ungleichheit lediglich quantitativer Natur. Tatsächlich beschreibt sie aber einen qualitativen Wandel. Denn in der hier beschriebenen kapitalistischen Produktionsweise erweitert sich die Produktion nicht nur über den Bedarf hinaus, es kehrt sich auch, wie bereits angedeutet, der Zweck um.

Besonders heikel, wiewohl entscheidend, ist in diesem Zusammenhang die Frage nach dem Verhältnis zwischen Arbeit und Eigentum.

Denn die Lohnarbeit ist es ja, die die Anhäufung von Kapital möglich macht und zur Ungleichheit der Vermögen führt. Doch Locke hüllt sich zu diesem Punkt in Schweigen. Außer der Tatsache, dass der Lohnarbeiter durch einen formal freien und gleichen Vertrag seine Arbeitskraft an den Kapitaleigner verkauft, ist zu diesem Thema nichts zu hören. Ebenso undeutlich bleibt der Unterschied dieser zweiten Stufe des Naturzustandes gegenüber der ersten, die vorwiegend durch die natürlichen Gesetze der Beschränkung von Konsumtion, Produktion und Gleichheit der Verteilung gekennzeichnet war.

Doch über die Veränderung dieser drei Gesetze ist kein Wort zu finden. Besonders die Ungleichheit des Eigentums ist hierbei von Bedeutung, denn Locke operiert mit einem doppelten Eigentumsbegriff. Zum einen ist jeder freie Mensch im Besitz seiner selbst, also Eigentümer, und kann seine Arbeitskraft in einem anscheinend gerechten Vertrag an einen anderen verkaufen. Insofern diese Lohnarbeiter kein Eigentum im engeren Sinne besitzen, keinen Privatbesitz, der sich in irgendeiner Form kapitalisieren ließe, sind sie allerdings gezwungen, im Interesse ihrer Selbsterhaltung ihre Arbeitskraft – und damit ihre Fähigkeit, selbst Eigentum im engeren Sinne zu erwerben – an den zu verkaufen, der daraus eine Vermehrung seines Eigentums an Geld, seines Kapitals ziehen kann. Mit dieser Unterscheidung ist der Übergang von der einfachen Warenproduktion zur kapitalistischen vollzogen.

Im Folgenden zeigt Locke die Auswirkungen dieses Wechsels im Übergang vom Naturzustand zur bürgerlichen Gesellschaft, ohne dass ihm dieser letztere Begriff dabei in seiner Bedingtheit deutlich wäre. Denn seine Analyse bleibt in ihrem Selbstverständnis immer eine der Vernunft und des gesunden Menschenverstandes.

2.2 Das Ende des Naturzustandes und der Staat

Getreu der aristotelischen Tradition, in der auch Locke erzogen wurde, schaltet er vor die Erörterung des Zusammenschlusses der Menschen zur Gesellschaft die Erörterung der Familie. Denn in dieser ist bereits ein Herrschaftsverhältnis vorgeformt, das in der Antike noch als Herrschaft des Vaters über den Rest der Familie – also eine Herrschaft über Ungleiche – interpretiert wurde. Getreu dem naturrechtlichen Denken der Neuzeit interpretiert Locke dieses Herrschaftsverhältnis (ohne es als solches in Frage zu stellen) als eine Beziehung, die auf der Freiheit und Unmündigkeit der Kinder und auf einem freien Vertragsschluss der Ehepartner beruht. Beide Verhältnisse formieren sich so als Unterwerfung im Interesse der Selbsterhaltung.

Die weiter gehende Frage ist aber, warum eigentlich ein Übergang vom – wenn auch durch das Geld schon veränderten – Naturzustand zur Gesellschaft statthaben soll. Locke geht hierbei den Weg, der angesichts seiner bisherigen Argumentation auf der Hand liegt: Es geht um die *beständige* Sicherung des Eigentums:

«§ 123. Wenn der Mensch im Naturzustand so frei ist, wie gesagt worden ist, wenn er der absolute Herr seiner eigenen Person und seiner Besitztümer ist, dem Größten gleich und niemandem untertan, warum soll er auf seine Freiheit verzichten? Warum soll er seine Selbständigkeit aufgeben und sich der Herrschaft und dem Zwang einer anderen Gewalt unterwerfen? Die Antwort darauf liegt auf der Hand: obwohl er nämlich im Naturzustand ein solches Recht hat, so ist doch die Freude an diesem Recht sehr ungewiß, da er fortwährend den Übergriffen anderer ausgesetzt ist. Denn da jeder im gleichen Maße König ist wie er, da alle Menschen gleich sind und der größere Teil von ihnen nicht genau die Billigkeit und Gerechtigkeit beachtet, so ist die Freude an seinem Eigentum, das er in diesem Zustand besitzt, sehr ungewiß und sehr unsicher. Das läßt ihn bereitwillig einen Zustand aufgeben, der bei aller Freiheit voll von Furcht und ständiger Gefahr ist. Und nicht grundlos trachtet er danach und ist dazu bereit, sich mit anderen zu einer Gesellschaft zu verbinden, die bereits vereinigt sind oder doch die Absicht hegen, sich zu vereinigen, zum gegenseitigen *Schutz* ihres Lebens, ihrer Freiheiten und ihres Vermögens, was ich unter der allgemeinen Bezeichnung *Eigentum* zusammenfasse.

§ 124. Das große und *hauptsächliche Ziel*, weshalb Menschen sich zu einem Staatswesen zusammenschließen und sich unter eine Regierung stellen, *ist* also *die Erhaltung ihres Eigentums*. Dazu fehlt es im Naturzustand an vielen Dingen:

Erstens fehlt es an einem *feststehenden*, geordneten und bekannten *Gesetz*, das durch allgemeine Zustimmung als die Norm für Recht und Unrecht und als der allgemeine Maßstab zur Entscheidung ihrer Streitigkeiten von ihnen allen angenommen und anerkannt ist. Denn obwohl das Gesetz der Natur für alle vernunftbegabten Wesen klar und verständlich ist, werden die Menschen doch durch ihr eigenes Interesse beeinflußt, und da sie außerdem nicht darüber nachdenken und es folglich auch zu wenig kennen, pflegen sie es nicht als ein Recht anzuerkennen, das in seiner Anwendung auf ihre eigenen Fälle für sie verbindlich wäre.

§125. *Zweitens* fehlt es im Naturzustand an einem *anerkannten und unparteiischen Richter*, mit der Autorität, alle Zwistigkeiten nach dem feststehenden Gesetz zu entscheiden. Denn da im Naturzustand jeder gleichzeitig Richter und auch Vollzieher des Gesetzes der Natur ist, die Menschen aber sich selbst gegenüber parteiisch sind, ist es sehr wahrscheinlich, daß in eigener Sache Leidenschaft und Rache sie zu weit fortreißen und ihren Eifer übertreiben, in Sachen anderer Menschen dagegen Nachlässigkeit und Gleichgültigkeit sie zu indifferent machen werden.

§126. *Drittens* fehlt es im Naturzustand oft an einer *Gewalt*, dem gerechten Urteil einen Rückhalt zu geben, es zu unterstützen und ihm die gebührende *Vollstreckung zu sichern*. Menschen, die sich durch irgendeine Ungerechtigkeit gegen das Gesetz vergehen, werden, wenn sie dazu in der Lage sind, selten darauf verzichten, ihr Unrecht mit Gewalt durchzusetzen: ein solcher Widerstand macht die Bestrafung häufig gefährlich und oftmals für die, die sie durchführen sollen, verderblich» (Locke 1977, 278 f.).

Locke trennt also nicht die Schaffung von Gesellschaft und Staat, sondern lässt sie in einen Akt zusammenfallen, der ausdrücklich der Erhaltung und Sicherung des Eigentums dient. Diese sind aber nur zu gewährleisten im Zusammenschluss der Menschen aus der Menge vereinzelter Produzenten zur Allgemeinheit aller, denen es um ein gemeinsames Ziel zu tun ist: um die Sicherung der Freiheit des Eigentumserwerbs. Locke bestimmt deshalb den notwendigen Vereinigungsvertrag folgendermaßen:

«§ 95. Da die Menschen, wie schon gesagt wurde, von Natur aus alle frei, gleich und unabhängig sind, kann niemand ohne seine Einwilligung aus diesem Zustand verstoßen und der politischen Gewalt eines anderen unterworfen werden. Die einzige Möglichkeit, mit der jemand diese natürliche Freiheit aufgibt und die *Fesseln bürgerlicher Gesellschaft anlegt*, liegt in der Übereinkunft mit anderen, sich zusammenzuschließen und in eine Gemeinschaft zu vereinigen, mit dem Ziel eines behaglichen, sicheren und friedlichen Miteinanderlebens, in dem sicheren Genuß ihres Eigentums und in größerer Sicherheit gegenüber allen, die nicht zu dieser Gemeinschaft gehören. Dies kann jede beliebige Anzahl von Menschen tun, weil es die Freiheit der übrigen nicht beeinträchtigt; diese verbleiben wie vorher in der Freiheit des Naturzustandes. Wenn eine Anzahl von Menschen darin *eingewilligt hat, eine einzige Gemeinschaft* oder eine Regierung zu bilden, so haben sie sich ihr damit gleichzeitig einverleibt, und sie bilden *einen einzigen politischen Körper*, in dem die *Mehrheit* das Recht hat, zu handeln und die übrigen mitzuverpflichten.

§ 96. Denn wenn eine Anzahl von Menschen mit der Zustimmung jedes Individuums eine *Gemeinschaft* gebildet hat, dann haben sie dadurch diese Gemeinschaft zu einem einzigen Körper gemacht, mit der Macht, wie ein einziger Körper zu handeln, was nur durch den Willen und den Beschluß der *Mehrheit* geschehen kann. Denn da eine Gemeinschaft allein durch die Zustimmung ihrer einzelnen Individuen zu handeln vermag und sich ein einziger Körper auch nur in einer einzigen Richtung bewegen kann, so muß sich notwendigerweise der Körper dahin bewegen, wohin die stärkere Kraft ihn treibt. Und das eben ist die *Übereinstimmung der Mehrheit*. Anderenfalls wäre es unmöglich, daß die Gemeinschaft als ein Körper, als eine *einzige Gemeinschaft* handeln und fortbestehen kann, wie es doch durch die Zustimmung aller Individuen, die sich in ihr vereinigt haben, beschlossen worden war. Und somit ist jeder einzelne durch diese Zustimmung verpflichtet, sich der *Mehrheit* zu unterwerfen. So sehen wir, daß in Versammlungen, die durch positive Gesetze zum Handeln ermächtigt sind und wo das positive Gesetz, das sie ermächtigte, keine bestimmte Zahl vorschreibt, *der Beschluß der Mehrheit* als der Beschluß aller gilt und folglich entscheidet, als ob sie nach dem Gesetz der Natur und der Vernunft die Gewalt der Gesamtheit vertreten würde.

§ 97. Jeder Mensch also, der mit anderen übereinkommt, einen einzigen politischen Körper unter einer Regierung zu bilden, verpflichtet sich gegenüber jedem einzelnen dieser Gesellschaft, sich dem Beschluß der *Mehrheit* zu unterwerfen und sich ihm zu fügen. Denn sonst würde dieser *ursprüngliche* Vertrag, durch den er sich mit anderen zu *einer Gesellschaft* vereinigt, keinerlei Bedeutung haben und kein Vertrag sein, wenn der einzelne weiter frei bliebe und unter keiner anderen Verpflichtung stände als vorher im Naturzustand» (Locke 1977, 260 f.).

Zugleich mit der Einführung der geregelten Eigentumsordnung, die nun Staat heißt, führt Locke also das Mehrheitsprinzip ein – ein Gedanke, der für Hobbes z.B. völlig undenkbar war, da der einmal geschaffene Staat absolute und darum eben nicht teilbare Macht besaß. Locke dagegen nimmt das Mehrheitsprinzip zum Anlass, den zur Begründung der Gesellschaft notwendigen Unterwerfungsvertrag anklingen zu lassen. Denn dass Mehrheiten Beschlüsse fassen und durchsetzen können, ist eine Sache – dass sich aber die Minderheit diesen Beschlüssen auch unterwerfen, also auch auf ihre Rechte und ihre Ansprüche verzichten muss, ist eine andere Sache, die nicht von vornherein selbstverständlich ist.

«§ 99. Deshalb muß von allen Menschen, die sich aus dem Naturzustand zu einer *Gesellschaft* vereinigen, auch vorausgesetzt werden, daß sie alle Gewalt, die für das Ziel, um deretwillen sie sich zu einer Gesellschaft vereinigen, notwendig ist, an die *Mehrheit* der Gesellschaft abtreten, falls man sich nicht ausdrücklich auf eine größere Zahl als die Mehrheit geeinigt hätte. Und das geschieht durch die bloße Übereinkunft, *sich zu einer politischen Gesellschaft zu vereinigen*, was schon den *ganzen Vertrag* enthält, der zwischen den Individuen, die in das *Staatswesen* eintreten oder es begründen, geschlossen wird und notwendig ist. So ist der Anfang und die tatsächliche *Konstituierung einer politischen Gesellschaft* nichts anderes als die Übereinkunft einer für die Bildung der Mehrheit fähigen Anzahl freier Menschen, sich zu vereinigen und sich einer solchen Gesellschaft einzugliedern. Und allein nur das ist es, was jeder *rechtmäßigen Regierung* auf der Welt *den Anfang* gegeben hat oder geben konnte» (Locke 1977, 262).

Die wichtigste Funktion einer Regierung ist nun für Locke die Gewährleistung der gesetzmäßigen, von der Mehrheit getragenen Ordnung durch Abschreckung nach innen und außen. Diese Abschreckung, als Übertragung des Bestrafungsrechtes jedes Einzelnen an die Allgemeinheit verstanden, bildet den Ausgangspunkt der weiteren Überlegungen. Denn der Wille des Mehrheitsbeschlusses wie die Sicherung der Rechtsordnung müssen gewahrt sein, wenn das Privatinteresse an Besitz und seine Wahrung nicht in schrankenlose Konkurrenz ausarten sollen:

«§127. So sind trotz aller Vorrechte des Naturzustandes die Menschen doch, solange sie in ihm verbleiben, in einer schlechten Lage und werden deshalb schnell zur Gesellschaft gezwungen. Und das ist auch die Ursache, daß wir selten eine Anzahl von Menschen finden, die längere Zeit in diesem Zustand zusammenleben. Die Unzuträglichkeiten, denen sie darin ausgesetzt sind durch die unregelmäßige und unbestimmte Ausübung der Macht, die jeder Mensch hat, um die Übertretungen anderer zu bestrafen, veranlassen sie, zu den festen Gesetzen einer Regierung Zuflucht zunehmen und dort die *Erhaltung ihres Eigentums* zu suchen. Eben das macht alle Menschen so bereitwillig, auf ihre persönliche Macht der Bestrafung zu verzichten, damit sie allein von denjenigen ausgeübt werde, die unter ihnen dazu bestimmt werden, und zwar nach solchen Regeln, wie sie die Gemeinschaft oder diejenigen, die zu diesem Zweck von ihr ermächtigt werden, vereinbaren. Und hierin sehen wir das ursprüngliche *Recht und den Ursprung* von beiden, der *legislativen* und *exekutiven* Gewalt wie auch der Regierungen und der Gesellschaften selbst.

§128. Denn im Naturzustand hat der Mensch, abgesehen von der Freiheit unschuldigen Vergnügens, zweierlei Gewalten.

Die erste ist, alles zu tun, was er innerhalb der Grenzen des *Gesetzes der Natur* für die Erhaltung seiner selbst und der anderen Menschen als richtig ansieht. Durch dieses ihnen allen gemeinsame Gesetz bilden er und *alle übrigen Menschen eine einzige* Gemeinschaft und formen eine Gesellschaft, die sich deutlich von allen anderen Lebewesen abhebt. Und gäbe es nicht die Verderbtheit und Schlechtigkeit entarteter Menschen, so würde man auch kein Verlangen nach einer anderen Gesellschaft haben; es läge keinerlei Notwendigkeit vor, daß sich die Menschen von dieser großen und natürlichen Gemeinschaft trennen sollten und sich durch positive Vereinbarungen zu kleineren oder Teilgemeinschaften vereinigten.

Die andere Gewalt, die ein Mensch im Naturzustand hat, ist die *Gewalt, Verbrechen zu bestrafen*, die gegen jenes Gesetz begangen wurden. Die beiden Gewalten gibt er auf, wenn er sich einer privaten oder, wenn ich es einmal so nennen darf, besonderen politischen Gesellschaft anschließt und sich einem von der übrigen Menschheit gesonderten Staatswesen einverleibt.

§ 129. Die erste Gewalt, nämlich *alles zu tun, was er für die Erhaltung seiner selbst* und der übrigen Menschheit *als richtig ansieht, gibt er auf*, damit sie durch die Gesetze der Gesellschaft so weit geregelt werde, wie es die Erhaltung seiner selbst und der übrigen Glieder dieser Gesellschaft erfordert. Diese Gesetze der Gesellschaft schränken in vieler Hinsicht die Freiheit ein, die er nach dem natürlichen Gesetz hatte.

§ 130. Die zweite Gewalt, nämlich *die Gewalt zu strafen, gibt er* vollständig *auf* und verpflichtet seine natürliche Kraft (die er vorher auf Grund seiner eigenen Autorität nach seinem Gutdünken nur zur Vollstreckung des natürlichen Gesetzes gebrauchen durfte), um die exekutive Gewalt der Gesellschaft zu unterstützen, so wie es das Gesetz verlangt. Er befindet sich jetzt in einem neuen Zustand, der ihm von der Arbeit, Hilfe und Gesellschaft anderer in dieser Gemeinschaft viele Vorteile und auch den Schutz ihrer gesamten Stärke bringen soll. Deshalb muß er aber auch seinerseits so weit auf seine natürliche Freiheit, allein für sich selbst zu sorgen, verzichten, wie es das Wohl, das Gedeihen und die Sicherheit der Gesellschaft erfordern. Das ist nicht nur notwendig, sondern auch gerecht, weil die anderen Glieder der Gesellschaft das gleiche tun.

§ 131. Mit ihrem Eintritt in die Gesellschaft verzichten nun die Menschen zwar auf die Gleichheit, Freiheit und exekutive Gewalt des Naturzustandes, um sie in die Hände der Gesellschaft zu legen, damit die Legislative so weit darüber verfügen kann, wie es das Wohl der Gesellschaft erfordert. Doch geschieht das nur mit der Absicht jedes einzelnen, um damit sich selbst, seine Freiheit und sein Eigentum besser zu erhalten (denn man kann von keinem vernünftigen Wesen voraussetzen, daß es seine Lebensbedingungen mit der Absicht ändere, um sie zu verschlechtern). *Man kann deshalb auch nie annehmen, daß sich* die Gewalt der Gesellschaft oder der von ihr eingesetzten *Legislative weiter erstrecken soll als auf das gemeinsame Wohl*. Sie ist vielmehr verpflichtet, das Eigentum eines jeden dadurch zu sichern, indem sie gegen jene drei erwähnten Mängel Vorsorge trifft, die den Naturzustand so unsicher und unbehaglich machten. Wer immer daher die Legislative oder höchste Gewalt eines Staatswesens besitzt, ist verpflichtet, nach festen, *stehenden Gesetzen* zu regieren, die dem Volke verkündet und bekanntgemacht wurden, und nicht nach Beschlüssen des Augenblicks; durch *unparteiische* und aufrechte *Richter*, die Streitigkeiten nach jenen Gesetzen entscheiden müssen. Weiter ist er verpflichtet, die Macht dieser Gemeinschaft im Innern *nur zur Vollziehung dieser Gesetze*, nach außen zur Verhütung und Sühne fremden Unrechts und zum Schutz der Gemeinschaft vor Überfällen und Angriffen zu verwenden. Und all dies darf zu keinem anderen *Ziel* führen als *zum Frieden, zur Sicherheit* und *zum öffentlichen Wohl* des Volkes» (Locke 1977, 279–81).

Der Staat wird damit an bestimmte Auflagen gebunden – ein Gedanke, der dem absolutistischen Königtum des 17. Jahrhunderts revolutionär erscheinen musste. Nicht mehr die von Gott gegebene Macht des Herrschers (‹Gottesgnadentum›) steht jetzt im Mittelpunkt des Interesses, sondern die vertraglichen Verpflichtungen, die dem Souverän auferlegt sind als Bedingungen seines Handelns. Dieser Verpflichtungen beschreiben einerseits den legitimen Aufgabenbereich des Staates, andererseits die Grenzen seiner Macht und deren Kontrolle.

Um diese Kontrolle auch wirksam werden zu lassen, fordert Locke die Teilung der staatlichen Gewalten, die die erwähnten Gewalten des Einzelnen noch einmal mit der Gewalt des Staates vermittelt.

«§ 143. Die *legislative* Gewalt ist die Gewalt, die ein Recht hat zu bestimmen, wie die *Macht des Staates* zur Erhaltung der Gemeinschaft und ihrer Glieder gebraucht werden soll. Da aber diejenigen Gesetze, die laufend vollzogen werden und deren Kraft ständig dauern soll, in einer kurzen Zeit geschaffen werden können, so ist es auch nicht notwendig, daß sich die *Legislative* immer im Amte befindet, weil sie nicht ständig beschäftigt ist. Bei der Schwäche der menschlichen Natur, die stets bereit ist, nach der Macht zu greifen, würde es jedoch eine zu große Versuchung sein, wenn dieselben Personen, die die Macht haben, Gesetze zu geben, auch noch die Macht in die Hände bekämen, diese Gesetze zu vollstrecken. Dadurch könnten sie sich selbst von dem Gehorsam gegen die Gesetze, die sie geben, ausschließen und das Gesetz in seiner Gestaltung wie auch in seiner Vollstreckung ihrem eigenen persönlichen Vorteil anpassen. Schließlich würde es dazu kommen, daß sie von den übrigen Gliedern der Gemeinschaft gesonderte Interessen verfolgen würden, die dem Zweck der Gesellschaft und Regierung zuwiderlaufen. Deshalb wird in wohlgeordneten Staaten, in denen das Wohl des Ganzen gebührend berücksichtigt wird, die *legislative* Gewalt in die Hände mehrerer Personen gelegt, die nach einer ordnungsgemäßen Versammlung selbst oder mit anderen gemeinsam die Macht haben, Gesetze zu geben, die sich aber, sobald dies geschehen ist, wieder trennen und selbst jenen Gesetzen unterworfen sind, die sie geschaffen haben. Dies ist eine neue und starke Verpflichtung für sie, darauf bedacht zu sein, daß sie ihre Gesetze zum öffentlichen Wohl erlassen.

§144. Da aber die Gesetze, die auf einmal und in kurzer Zeit geschaffen werden, eine immerwährende und dauernde Kraft haben und *beständig vollstreckt* oder befolgt werden sollen, ist es notwendig, daß eine *ständige Gewalt* vorhanden sei, die auf die *Vollziehung* der erlassenen und in Kraft bleibenden Gesetze achten soll. Und so geschieht es, daß die *legislative* und die *exekutive Gewalt* oftmals getrennt sind.

§145. Es gibt in jedem Staat noch eine andere *Gewalt*, die man eine *natürliche* nennen könnte, weil sie in etwa der Gewalt entspricht, die jeder Mensch von Natur aus hatte, bevor er in die Gesellschaft eintrat. Denn obwohl in einem Staate die Glieder in ihrem Verhältnis zueinander immer einzelne Personen bleiben und als solche auch durch die Gesetze der Gesellschaft regiert werden, so bilden sie hinsichtlich der übrigen Menschheit doch nur einen Körper, der sich, wie vorher jedes seiner Glieder, der übrigen Menschheit gegenüber weiterhin im Naturzustand befindet. So kommt es, daß die Streitfälle, die sich zwischen einem Gliede der Gesellschaft und denjenigen erheben, die dieser Gesellschaft nicht angehören, von der Öffentlichkeit in die Hand genommen werden, und der Schaden, der einem Gliede ihres Körpers zugefügt wurde, die Gesamtheit zur Wiedergutmachung verpflichtet. Wenn man es also so betrachtet, ist die ganze Gemeinschaft gegenüber allen anderen Staaten oder Personen, die dieser Gemeinschaft nicht angehören, ein einziger Körper im Naturzustand.

§146. Dies enthält deshalb die Gewalt über Krieg und Frieden, über Bündnisse und all die Abmachungen mit allen Personen und Gemeinschaften, außerhalb des Staates, und man kann, wenn man will, von einer *föderativen* Gewalt sprechen. Wenn man nur das richtige darunter versteht, ist mir der Name völlig gleichgültig» (Locke 1977, 291f.).

Locke hat damit die Grundzüge des Rechtsstaates beschrieben. Nach Maßgabe der Form der gesetzgebenden Gewalt unterscheidet er in der Folge drei Formen der Regierung: Haben alle Bürger (wohlgemerkt: alle männlichen, erwachsenen Privateigentümer) die Legislative, so herrscht vollkommene Demokratie. Liegt sie, wie Locke sich ausdrückt, in der Hand einiger auserlesener Männer, so herrscht Oligarchie, und liegt sie in der Hand eines einzigen, so herrscht Monarchie. Die Frage, welche die beste dieser Regierungsformen sei, entscheidet sich für Locke gemäß der englischen Tradition und seinem politischen Standpunkt in den Auseinandersetzungen seiner Zeit: eine gemischte Regierungsform, in der breite Mitwirkungsmöglichkeiten der Bürger mit dem Führungsanspruch einer bürgerlichen und aristokratischen Oberschicht unter der Herrschaft der Krone zusammengefasst sind. Grundsätzlich aber bleibt es die Form der legislativen Gewalt, die die Form der Regierung ausmacht, denn ihr gebührt der Vorrang vor allen anderen.

«§ 134. Das große Ziel, das Menschen, die in eine Gesellschaft eintreten, vor Augen haben, liegt im friedlichen und sicheren Genuß ihres Eigentums, und das große Werkzeug und Mittel dazu sind die Gesetze, die in dieser Gesellschaft erlassen worden sind. So ist *das erste und grundlegende positive Gesetz* aller Staaten *die Begründung der legislativen* Gewalt, so wie das *erste und grundlegende natürliche Gesetz*, das sogar über der legislativen Gewalt gelten muß, *die Erhaltung der Gesellschaft* und (soweit es mit dem öffentlichen Wohl vereinbar ist) jeder einzelnen Person in ihr ist» (Locke 1977, 283).

Damit ist die Sicherung des Eigentums auch gegen einen möglichen Beschluss der Legislative, das ist: der Mehrheit, gefeit. Denn wer um der Sicherung seines Eigentums willen den Vertrag mit allen anderen schließt, darf eben um dieses nicht gebracht werden.

Doch auch die Legislative ist für Locke nicht die ausschließliche Gewalt. Als Gegengewicht gegen sie setzt er die ständig wirksame exekutive Gewalt, und das heißt im England seiner Zeit: die Krone und ihre Beamten.

Dieser exekutiven Gewalt stellt Locke die auch in seiner Zählung dritte Gewalt, die föderative, zur Seite. Sie umfasst vor allem das Recht der Exekutive, über die Probleme der Außenpolitik zu entscheiden und die allzeit wichtigen Fragen von Krieg und Frieden zu beantworten. Eine ähnliche Funktion haben noch die königlichen Prärogative, eine Art Notstandsrecht zur Lösung schwerwiegender und dringlicher Probleme.

Auf der anderen Seite beharrt Locke darauf, dass ohne die Legislative keine Steuererhöhung und ohne Steuerbewilligung kein Krieg möglich sein darf. Denn die Sicherung des Eigentums geht allen anderen Rechten vor, selbst dem Recht auf Leben. Locke stellt in einer berühmten Definition fest:

«§3. Unter politischer Gewalt verstehe ich ... ein Recht, für die Regelung und Erhaltung des Eigentums Gesetze mit Todesstrafe und folglich auch alle anderen geringeren Strafen zu schaffen, wie auch das Recht, die Gewalt der Gemeinschaft zu gebrauchen, um diese Gesetze zu vollstrecken und den Staat gegen fremdes Unrecht zu schützen, jedoch nur zugunsten des Gemeinwohls» (Locke 1977, 201).

Die Unterwerfung unter die Gesetze der Gesellschaft bzw. des Eigentums müssen also notfalls mit dem Leben bezahlt werden. Den eigentlichen Grund dieser Unterwerfung im naturrechtlichen Sinne, den Unterwerfungsvertrag, nennt Locke nicht beim Namen. Ein undefiniertes Vertrauen («trust») in die Exekutive nimmt seinen Platz ein und bestimmt das Verhältnis der Bürger zum Staat.

John Locke ist so der Vordenker der politischen Emanzipation eines Bürgertums, dem Eigentum über alles geht und das andererseits nur ein begrenztes Interesse an einer revolutionären Umwälzung bestehender Verhältnisse hat. Zwar räumt Locke dieses Recht auf Widerstand ein, doch bleibt es an formale Bedingungen geknüpft, die sich vorwiegend um das Verhältnis von Legislative und Exekutive gruppieren. Denn sollte die Exekutive die Rechte der Legislative antasten, so ist Widerstand angezeigt (die politische Rebellion des Parlaments gegen den König ist für Locke der zeitgenössische Anlass). Andererseits kann auch die Legislative selbst Anlass zum Widerstand, zur Rebellion sein, wenn sie in einer Weise, die dem Gesellschaftsvertrag zuwiderläuft, das Eigentum antastet.

In diesem Augenblick hört die Legislative als solche auf zu existieren; denn sie repräsentiert nicht mehr den Willen der Vertragschließenden – der Naturzustand ist wiederhergestellt, der Bürgerkrieg bricht aus.

Wie bereits gesagt, hat Lockes theoretische Grundlegung der bürgerlichen Gesellschaft ihre Wirkungen vor allem in England und Frankreich gehabt und wirkt in der angelsächsischen Philosophie bis heute nach. Doch die klassische Formulierung des heute in allen Demokratien westlicher Prägung vorherrschenden Prinzips der Gewaltenteilung – als dem eigentlichen Gegenstück zum Gedanken der unabhängig durch Konkurrenz sich ausgleichenden Produzenten und Eigentümer – stammt von einem Franzosen, der über fünfzig Jahre nach Locke geboren wurde: Montesquieu.

Charles de Montesquieu: Vom Geist der Gesetze

Charles de Secondat, Baron de la Brède et de Montesquieu wurde am 18. Januar 1689 geboren, war als Politiker und Wissenschaftler tätig und veröffentlichte im Jahre 1748 in Genf sein Werk «Vom Geist der Gesetze», an dem er fast zwanzig Jahre lang gearbeitet hatte. Als er am 10. Februar 1755 starb, hinterließ er ein Werk, das in seinem Grundgedanken für die Folgezeit bedeutsam wurde als Vorformulierung der revolutionären Ansprüche des Bürgertums, die in Frankreich (nicht allerdings in England) ganz anders realisiert wurden, als dies Locke oder Montesquieu selbst wohl gedacht hatten. Durchaus im Einklang mit Locke, sah er vor allem in der Gesetzmäßigkeit der Regierung die Garantie für eine Sicherung der bürgerlichen Freiheiten und brachte diese Gedanken (ausdrücklich im Bezug auf die englischen Verhältnisse nach der «Glorious Revolution») auf folgende, bis heute wirksame Formel:

«Es gibt in jedem Staat drei Arten von Vollmacht: die legislative Befugnis, die exekutive Befugnis in Sachen, die vom Völkerrecht abhängen, und die exekutive Befugnis in Sachen, die vom Zivilrecht abhängen.

Auf Grund der ersteren schafft der Herrscher oder Magistrat Gesetze auf Zeit oder für die Dauer, ändert geltende Gesetze oder schafft sie ab. Auf Grund der zweiten stiftet er Frieden oder Krieg, sendet oder empfängt Botschaften, stellt die Sicherheit her, sorgt gegen Einfälle vor. Auf Grund der dritten bestraft er Verbrechen oder sitzt zu Gericht über die Streitfälle der Einzelpersonen. Diese letztere soll richterliche Befugnis heißen, und die andere schlechtweg exekutive Befugnis des Staates.

Politische Freiheit für jeden Bürger ist jene geistige Beruhigung, die aus der Überzeugung hervorgeht, die jedermann von seiner Sicherheit hat. Damit man diese Freiheit genieße, muß die Regierung so beschaffen sein, daß kein Bürger einen andern zu fürchten braucht.

Sobald in ein und derselben Person oder derselben Beamtenschaft die legislative Befugnis mit der exekutiven verbunden ist, gibt es keine Freiheit. Es wäre nämlich zu befürchten, daß derselbe Monarch oder derselbe Senat tyrannische Gesetze erließe und dann tyrannisch durchführte.

Freiheit gibt es auch nicht, wenn die richterliche Befugnis nicht von der legislativen und von der exekutiven Befugnis geschieden wird. Die Macht über Leben und Freiheit der Bürger würde unumschränkt sein, wenn jene mit der legislativen Befugnis gekoppelt wäre, denn der Richter wäre Gesetzgeber. Der Richter hätte die Zwangsgewalt eines Unterdrückers, wenn jene mit der exekutiven Gewalt gekoppelt wäre.

Alles wäre verloren, wenn ein und derselbe Mann beziehungsweise die gleiche Körperschaft entweder der Mächtigsten oder der Adligen oder des Volkes folgende drei Machtvollkommenheiten ausübte: Gesetze erlassen, öffentliche Beschlüsse in die Tat umsetzen, Verbrechen und private Streitfälle aburteilen» (Montesquieu 1965, 212 / 13).

Damit sind die drei Gewalten der Neuzeit und Gegenwart: Legislative, Exekutive und Jurisdiktion, in ihrer Machtfülle und in ihrer wechselseitigen Kontrolle beschrieben – eine Kontrolle, die, beiläufig bemerkt, nur so lange wirksam ist, wie die Ansprüche des an ihr interessierten Bürgertums nicht in Zweifel geraten. In ebendem Maße aber, in dem die bürgerliche Gesellschaft im Laufe ihrer Geschichte dazu tendierte, ‹immer mehr› mit ‹immer besser› gleichzusetzen, geriet sie in immer tiefergehende Widersprüche, wie am politischen Denken nach Locke und Montesquieu ablesbar ist.

Adam Smith: Eine Untersuchung über Natur und Wesen des Volkswohlstandes

Ökonomie und Politik

1. Leben und Werk

Als am 5. Juni 1723 im schottischen Kircaldy Adam Smith geboren wurde, ging Großbritannien einer Konsolidierung seiner inneren und äußeren Macht entgegen, was ihm in den folgenden Jahrzehnten eine wirtschaftliche Vormachtstellung in Europa einbrachte und sein politisches und militärisches Gewicht in Europa deutlich vermehrte. Industrialisierung und kapitalistische Warenproduktion erfuhren hier ihren ersten großen Aufschwung, und die Proletarisierung ehemals ländlicher Bevölkerungsschichten ging einem ersten Höhepunkt entgegen. Adam Smiths Werk brachte diese Entwicklung auf ihren wissenschaftlichen Begriff, er wurde zum meistgelesenen ökonomischen Autor seiner Zeit.

Smith studierte von 1737 bis 1740 in Glasgow und erhielt dann ein Stipendium, das ihm die Fortsetzung seiner Studien an der Universität Oxford erlaubte. Nach deren Abschluss im Jahre 1746 zog er sich für zwei Jahre nach Kircaldy zurück und hielt ab 1748 Vorlesungen über Literatur, Rhetorik und Ökonomie in Edinburgh und Glasgow, wo er ab 1751 den Lehrstuhl für Logik innehatte. 1759 erschien seine «Theory of Moral Sentiments», eine philosophische Untersuchung zur Theorie der moralischen Gefühle, in der er die Moral auf das Urteil eines jedem Menschen innewohnenden unparteiischen Beobachters und das Gefühl unwillkürlicher Sympathie mit anderen Menschen zu gründen versuchte. 1764 legte er seine Professur nieder und reiste als Begleiter des Herzogs von Buccleigh nach Europa, wo er vor allem mit den französischen Theoretikern der Aufklärung und den führenden Ökonomen seiner Zeit, Turgot und Quesnay, zusammentraf.

Nach Beendigung dieser Reise im Jahr 1767 kehrte Smith in seine

Heimat nach Kircaldy zurück und begann mit seinem Hauptwerk, der «Inquiry into the Nature and Causes of the Wealth of Nations» (wörtl.: Eine Untersuchung über Natur und Ursachen des Wohlstands der Nationen), das im Jahr 1776 erschien. Schon bald folgte die zweite Auflage (1778), und Smith wurde ein berühmter Mann, der für eine Weile die Nationalökonomie zu einer Art Modewissenschaft machte. Er wurde zum Zollkontrolleur von Schottland ernannt – ein einträglicher und nicht sehr arbeitsaufwendiger Posten –, war 1788/89 Lordrektor der Universität Glasgow – auch dies eine Repräsentationsaufgabe – und starb, hochgeachtet, im Alter von 67 Jahren am 17. Juli 1790. Die Französische Revolution erreichte zu dieser Zeit ihren ersten Höhepunkt.

2. Eine Untersuchung über Natur und Wesen des Volkswohlstandes

Der wortgewaltige Vorkämpfer der amerikanischen Unabhängigkeit, Thomas Paine, hat festgestellt: «Die formelle Regierung macht nur einen kleinen Teil unseres zivilisierten Lebens aus» (Paine 1977, 186). Denn das zivilisierte Leben ist das Leben in Gesellschaft, das alle Bereiche umfasst – zumal den ökonomischen. Die Zivilisierung des Lebens in diesem Sinne meint vor allem eine Verbürgerlichung, und diese vollzieht sich in der Entfaltung der Warenproduktion. Damit hat die bürgerliche Gesellschaft ihre aristotelische Bedeutung der politischen Gemeinschaft freier und gleicher Bürger zur Verwirklichung des guten Lebens endgültig verloren: Im Mittelpunkt steht der Interessenzusammenhang freier und gleicher Warenproduzenten, die Privateigentümer sind.

Paine formuliert hier plakativ, was in Adam Smiths Analyse als Grundlage der bürgerlichen Gesellschaft erscheint: Er – und mit ihm die ganze sogenannte Schottische Moralphilosophie des 18. Jahrhunderts (Adam Ferguson, John Millar und Dugald Stewart) – entwarf das Konzept einer Naturgeschichte der Zivilisation, einer Entstehungsgeschichte der bürgerlichen Gesellschaft, der naturhafte – und das heißt hier vor allem: zwangsgesetzliche – Züge verliehen werden. Die Gesellschaft, deren Kern nun ökonomisch definiert wird, entsteht naturwüchsig und unaufhaltsam, wobei der Staat und die Regierung in funktionaler Abhängigkeit vom ökonomischen System begriffen werden. Ausgangspunkt aller Gesellschaftlichkeit ist nicht mehr ein wie immer bestimmtes gesellschaftliches Wesen des Menschen, seine gesellschaftliche Natur, sondern der natürliche Erwerbstrieb, der auf Selbsterhaltung durch Privateigentumssicherung aus ist.

Arbeit und Lohn sind neben Grundeigentum und Kapital die Quellen gesellschaftlichen Wohlstands. Staatliche Eingriffe in die Wirtschaft sollen nach Möglichkeit ganz unterbleiben; denn Angebot und Nachfrage, das freie Spiel der Eigeninteressen, werden das allgemeine Beste von sich aus zuverlässiger bewirken, als es eine Reglementierung von oben je könnte. Dem Staat kommt nur noch die Funktion der Friedens- und Eigentumssicherung nach innen und außen zu.

Den Ausgangspunkt aller Überlegungen nimmt Adam Smith bei der grundlegenden Bestimmung der Produktion von Gütern durch die gesellschaftliche Arbeitsteilung, die er nun – in ihrer speziellen historischen Form als arbeitsteilige kapitalistische Produktionsweise – wie eine Naturgegebenheit zu beschreiben versucht. Dieser Versuch findet sich im 2. Kapitel des ersten Buches seines Hauptwerks und sei hier um seiner Anschaulichkeit willen vollständig wiedergegeben:

«Diese Arbeitsteilung, aus welcher so viele Vorteile sich ergeben, ist nicht ursprünglich das Werk menschlicher Weisheit, welche die allgemeine Wohlhabenheit, zu der es führt, vorhergesehen und bezweckt hätte. Sie ist die notwendige, wiewohl sehr langsame und allmähliche Folge eines gewissen Hanges der menschlichen Natur, der keinen solch ausgiebigen Nutzen erstrebt, des Hanges zu tauschen, zu handeln und eine Sache gegen eine andere auszuwechseln.

Ob dieser Hang eines jener Urelemente der menschlichen Natur ist, von denen sich weiter keine Rechenschaft geben läßt, oder ob er, was mehr Wahrscheinlichkeit für sich hat, die notwendige Folge des Denk- und des Sprachvermögens ist, das gehört nicht zu unserer Untersuchung. Er ist allen Menschen gemein und findet sich bei keiner Art von Tieren, die weder diese noch andere Verträge zu kennen scheinen. Zwei Windhunde, welche zusammen einen Hasen jagen, haben zuweilen den Anschein, als handelten sie nach einer Art von Einverständnis. Jeder jagt ihn seinem Gefährten zu, oder sucht, wenn ihn sein Gefährte ihm zutreibt, ihn abzufangen. Das ist jedoch nicht die Wirkung eines Vertrages, sondern kommt von dem zufälligen Zusammentreffen ihrer gleichzeitigen Begierden bei demselben Objekte. Kein Mensch sah jemals einen Hund mit einem anderen einen gütlichen und wohlbedachten Austausch eines Knochens gegen einen anderen machen. Kein Mensch sah jemals ein Tier durch seine Geberden und Naturlaute einem anderen andeuten: ‹Dies ist mein, jenes dein; ich bin willens, dies für jenes zu geben›. Wenn ein Tier von einem Menschen oder einem anderen Tiere etwas erlangen will, so hat es keine anderen Mittel, sie dazu zu bewegen, als daß es die Gunst derer gewinnt, deren Dienst es begehrt. Ein junger Hund liebkost seine Mutter, und ein Hühnerhund sucht auf tausenderlei Weise sich seinem bei Tische sitzenden Herrn bemerklich zu machen, wenn er von ihm etwas zu fressen haben will. Der Mensch bedient sich bisweilen derselben Mittel bei seinen Mitmenschen, und wenn er kein anderes Mittel kennt, um sie zu bewegen, nach seinem Wunsche zu handeln, so sucht er durch alle möglichen knechtischen und kriecherischen Aufmerksamkeiten ihre Willfährigkeit zu gewinnen. Er hat jedoch nicht Zeit, dies in jedem einzelnen Falle zu tun. In einer zivilisierten Gesellschaft befindet er sich jederzeit in der Zwangslage, die Mitwirkung und den Beistand einer großen Menge von Menschen zu brauchen, während sein ganzes Leben kaum hinreicht, die Freundschaft von einigen wenigen Personen zu gewinnen. Fast bei jeder anderen Tiergattung ist das Individuum, wenn es reif geworden ist, ganz unabhängig und hat in seinem Naturzustande den Beistand keines anderen lebenden Wesens nötig; der Mensch dagegen braucht fortwährend die Hilfe seiner Mitmenschen, und er würde diese vergeblich von ihrem Wohlwollen allein erwarten. Er wird viel eher zum Ziele kommen, wenn er ihre Eigenliebe zu seinen Gunsten interessieren und ihnen zeigen kann, daß sie selbst Vorteil davon haben, wenn sie für ihn tun, was er von ihnen haben will. Wer einem anderen einen Handel anträgt, macht ihm den folgenden Vorschlag: Gib mir, was ich will, und du sollst haben, was du willst, – das ist der Sinn jedes derartigen Anerbietens; und so erhalten wir voneinander den bei weitem größeren Teil der guten Dienste, die wir benötigen. Nicht von dem Wohlwollen des Fleischers, Brauers oder Bäckers erwarten wir unsere Mahlzeit, sondern von ihrer Bedachtnahme auf ihr eigenes Interesse. Wir wenden uns nicht an ihre Humanität, sondern an ihre Eigenliebe, und sprechen ihnen nie von unseren Bedürfnissen, sondern von ihren Vorteilen. Nur einem Bettler kann es passen, fast ganz von dem Wohlwollen seiner Mitbürger abzuhängen. Und selbst ein Bettler hängt nicht völlig davon ab. Die Mildtätigkeit gutherziger Leute verschafft ihm allerdings den ganzen Fonds seiner Subsistenz. Aber obgleich aus dieser Quelle alle seine Lebensbedürfnisse im ganzen befriedigt werden, so kann und will sie ihn doch nicht so versorgen, wie die Bedürfnisse sich gerade zeigen. Der größte Teil seines gelegentlichen Bedarfs wird bei ihm ebenso wie bei anderen Leuten beschafft, durch Übereinkommen, Tausch und Kauf. Mit dem Gelde, das man ihm gibt, kauft er Speise; die alten Kleider, die man ihm schenkt, vertauscht er gegen andere alte Kleider, die ihm besser passen, oder gegen Wohnung, Lebensmittel oder Geld, mit dem er Lebensmittel, Kleider, Wohnung, je nachdem er's braucht, sich kaufen kann.

Wie wir durch Übereinkommen, Tausch und Kauf den größten Teil der gegenseitigen guten Dienste, die uns nötig sind, gewinnen, so führt dieselbe Neigung zum Tausche ursprünglich zur Arbeitsteilung. In einer Horde von Jägern oder Hirten macht z.B. irgendeiner Bogen und Pfeile mit größerer Geschwindigkeit und Geschicklichkeit, als ein anderer. Er vertauscht sie oft gegen zahmes Vieh oder Wildpret bei seinen Gefährten und findet zuletzt, daß er auf diese Weise mehr Vieh und Wildpret gewinnen kann, als wenn er selbst auf die Jagd ginge. Daher wird bei ihm durch die Rücksicht auf sein eigenes Interesse das Verfertigen von Bogen und Pfeilen zum Hauptgeschäft, und er wird eine Art Waffenschmied. Ein anderer zeichnet sich im Bau und in der Bedachung ihrer kleinen Hütten oder beweglichen Häuser aus; er gewöhnt sich daran, auf diese Weise seinen Nachbarn nützlich zu sein, die ihn dafür gleichfalls mit Vieh und Wildpret belohnen, bis er es zuletzt in seinem Interesse findet, sich ganz dieser Beschäftigung hinzugeben, und eine Art Bauzimmermann zu werden. Auf dieselbe Art wird ein dritter ein Schmied oder Kesselschmied, ein vierter ein Gerber oder Zubereiter von Häuten und Fellen, die einen Hauptteil der Bekleidung bei den Wilden ausmachen. Und so spornt die Gewißheit, allen Produktenüberschuß seiner Arbeit, der weit über seine eigene Konsumtion hinausgeht, für solche Produkte der Arbeit anderer, die er gerade braucht, austauschen zu können, einen jeden an, sich einer bestimmten Beschäftigung zu widmen und seine eigentümliche Befähigung für diese Geschäftsart auszubilden und zur Vollkommenheit zu bringen.

Die Verschiedenheit der natürlichen Veranlagung bei den verschiedenen

Menschen ist in Wirklichkeit viel geringer, als sie uns erscheint, und die sehr verschiedene Fähigkeit, welche Leute von verschiedenem Beruf zu unterscheiden scheint, sobald sie zur Reife gelangt sind, ist in vielen Fällen nicht sowohl der Grund als die Folge der Arbeitsteilung. Die Verschiedenheit zwischen den unähnlichsten Charakteren, wie z. B. zwischen einem Philosophen und einem gemeinen Lastträger, scheint nicht so sehr von der Natur als von Gewohnheit, Übung und Erziehung herzustammen. Als sie auf die Welt kamen, und in den ersten sechs bis acht Jahren ihres Daseins waren sie einander vielleicht sehr ähnlich, und weder ihre Eltern noch ihre Gespielen konnten eine bemerkenswerte Verschiedenheit gewahr werden. Etwa in diesem Alter oder bald darauf fing man an, sie zu sehr verschiedenen Beschäftigungen anzuhalten. Die Verschiedenheit ihrer Talente beginnt dann aufzufallen und wächst nach und nach, bis zuletzt die Eitelkeit des Philosophen kaum noch irgendeine Ähnlichkeit anzuerkennen bereit ist. Aber ohne den Hang zum Tauschen, Handeln und Auswechseln würde sich jeder für sich den Bedarf und die Genußmittel, die er benötigte, haben verschaffen müssen. Alle hätten die Pflichten zu erfüllen und dasselbe zu tun gehabt, und es hätte somit keine solche Verschiedenheit der Beschäftigung eintreten können, die allein zu einer großen Verschiedenheit der Talente führen konnte.

Wie nun dieser Hang unter Menschen verschiedenen Berufs jene so merkbare Verschiedenheit der Talente erzeugt, so macht eben dieser Hang jene Verschiedenheit nutzbringend. Viele Tiergeschlechter, die anerkannterweise zu derselben Gattung gehören, haben von Natur eine viel merklichere Verschiedenheit der Fähigkeiten, als diejenige ist, welche sich der Gewöhnung und Erziehung vorangehend unter den Menschen zeigt. Von Natur ist ein Philosoph nicht halb so sehr an Anlagen und Neigungen von einem Lastträger verschieden, als ein Bullenbeißer von einem Windhund, oder ein Windhund von einem Hühnerhund, oder der letztere von einem Schäferhunde. Dennoch sind diese verschiedenen Tierarten, obgleich alle zu ein und derselben Gattung gehörig, einander kaum in irgendeiner Weise nützlich. Die Stärke des Bullenbeißers wird nicht im geringsten durch die Schnelligkeit des Windhundes, die Spürkraft des Hühnerhundes oder die Gelehrigkeit des Schäferhundes unterstützt. Die Wirkungen dieser verschiedenen Anlagen und Talente können mangels Fähigkeit oder Hang zum Tauschen und Handeln nicht zu einem Gesamtvermögen vereinigt werden, und tragen nicht das Geringste zur besseren Versorgung und Bequemlichkeit der

Gattung bei. Jedes Tier ist immer noch gezwungen, sich vereinzelt und unabhängig zu behaupten und zu verteidigen, und hat keinerlei Vorteil von den mannigfaltigen Talenten, mit denen die Natur seinesgleichen ausgestattet hat. Bei den Menschen aber sind im Gegenteil die unähnlichsten Anlagen einander von Nutzen, indem die verschiedenen Produkte ihrer respektiven Talente durch den allgemeinen Hang zum Tauschen, Handeln und Auswechseln sozusagen zu einem Gesamtvermögen werden, woraus ein jeder den Teil des Produktes von anderer Menschen Talenten kaufen kann, den er benötigt» (Smith 1923, I/17–22).

Der Mensch unterscheidet sich also vom Tier durch seine Fähigkeit zur Arbeitsteilung. Sie entfaltet sich wie ein Naturprozess und nimmt immer differenziertere Formen an, bis sie schließlich in der kapitalistischen Produktionsweise gipfelt und in bisher ungeahnter Weise Reichtum und öffentliches Wohl ermöglicht. Kritisch muss aber gegen Smith vermerkt werden, dass er die in allen Gesellschaften notwendige Arbeitsteilung, die er hier im Grunde beschreibt, unversehens in die Arbeitsteilung innerhalb der kapitalistischen Warenproduktion überführt, in der sie einen gänzlich anderen Stellenwert hat. Arbeitsteilung in der Fabrik ist als eine Funktion der Kapitalverwertung eine historische und keine naturgegebene Größe, zu der sie Smith hier macht.

Dieser Widerspruch wird besonders deutlich, wenn man sich seine Erklärungen über den Lohn und den Preis des Produkts ansieht. Ursprünglich geht er davon aus, dass der Wert oder Preis eines Gutes bestimmt sei durch die in ihm verwirklichte Arbeit. Der Wert dieser Arbeit bemisst sich aber eben wieder nach Maßgabe der Güter, die im Tausch für diese Arbeit aufgewendet werden müssen. Damit wird der Wert produzierter Güter durch den Wert anderer – ebenfalls produzierter – Güter festgestellt: Die Erklärung ist zirkulär. Außerdem hätte das zur Folge, dass der Arbeiter genau den Wert als Lohn erhält, den er produziert. Damit wäre gerade die Grundlage kapitalistischer Produktionsweise in Frage gestellt; denn ein Profit oder Mehrwert, den der Unternehmer erhält und der die Anhäufung von Kapital ermöglicht, kann in einem solchen Verhältnis von Arbeit und Lohn nicht entstehen. Smith bemerkt diesen zweiten Widerspruch selbst und leitet deshalb zu einer weiteren Bestimmung über:

«... der Wert, den die Arbeiter dem Material hinzufügen, (zerfällt) in diesem Falle in zwei Teile, von denen der eine den Arbeitslohn bestreitet, der andere den Profit, den der Arbeitgeber für das ganze Kapital an Material und Arbeitslohn, das er vorgestreckt hat, erhalten muß. Er könnte kein Interesse haben, die Arbeiter zu beschäftigen, wenn er nicht aus dem Verkauf ihrer Arbeit etwas mehr zu ziehen hoffte, als zur Wiedererstattung seines Kapitals erforderlich ist; und ferner könnte er kein Interesse haben, lieber ein großes als ein kleines Kapital zu beschäftigen, wenn seine Profite sich nicht nach der Größe des Kapitals richteten» (Smith 1923, I / 61).

Die Schattenseiten einer solchen Produktionsweise sieht Smith durchaus; doch der Ausgleich der Interessen sowohl zwischen Lohnarbeitern und Kapitaleignern als auch zwischen diesen selbst wird garantiert durch das Wirken einer *unsichtbaren Hand*, die für Gerechtigkeit und den höchstmöglichen materiellen Wohlstand aller Sorge trägt. Diese unsichtbare Hand ist weder Gott noch der regulierende Staat, sondern letztlich das Spiel von Angebot, Nachfrage und freier Konkurrenz, wie es dem sich entwickelnden Kapitalismus der Mitte des 18. Jahrhunderts entspricht.

Dem Staat kommen gegenüber diesen Mächten nur drei Pflichten zu: die Pflicht der Friedens- und Eigentumssicherung, zweitens die der Garantie der Rechtspflege und drittens die Pflicht der Gewährleistung bestimmter öffentlicher Aufgaben (zu denken ist hier etwa an Straßen, Schulen und ähnliche öffentliche Leistungen). Vorrangiges Interesse hat das einfache System der «natürlichen Freiheit» und – wie man hinzufügen muss – das System der bürgerlich-kapitalistischen Konkurrenzgesellschaft.

«So kommt es, daß jedes System, das entweder durch außerordentliche Begünstigung einer einzelnen Art von Gewerbfleiß einen größeren Anteil von dem Gesellschaftskapitale zuwenden will, als ihm von selbst zufließen würde, oder das durch außerordentliche Beschränkungen einer einzelnen Art von Gewerbfleiß einen Teil des Kapitals gewaltsam entzieht, der sonst darauf verwendet worden wäre, in der Tat dem Hauptzwecke selbst entgegenwirkt, den es erreichen will. Es hemmt den Fortschritt der Gesellschaft zu wirklichem Wohlstand und wirklicher Größe, statt ihn zu beschleunigen, und vermindert den wirklichen Wert des jährlichen Produktes seines Bodens und seiner Arbeit, statt ihn zu vermehren.

Räumt man also alle Begünstigungs- oder Beschränkungssysteme völlig aus dem Wege, so stellt sich das klare und einfache System der natürlichen Freiheit von selbst her. Jeder Mensch hat, so lange er nicht die Gesetze der Gerechtigkeit verletzt, vollkommene Freiheit, sein eigenes Interesse auf seine eigene Weise zu verfolgen, und sowohl seinen Gewerbfleiß wie sein Kapital mit dem Gewerbfleiß und den Kapitalien anderer Menschen oder anderer Klassen von Menschen in Konkurrenz zu bringen. Das Staatsoberhaupt wird dadurch gänzlich einer Pflicht entbunden, bei deren Ausübung es immer unzähligen Täuschungen ausgesetzt sein muß, und zu deren richtiger Erfüllung keine menschliche Weisheit und Kenntnis hinreicht, der Pflicht nämlich, den Gewerbfleiß der Privatleute zu überwachen und ihn auf die dem Interesse der Gesellschaft zuträglichste Beschäftigung hinzuleiten. Nach dem System der natürlichen Freiheit hat das Staatsoberhaupt nur drei Pflichten zu beobachten, drei Pflichten freilich, die höchst wichtig, aber die auch ganz einfach und für den gemeinen Menschenverstand faßlich sind: erstens die Pflicht, die Gesellschaft gegen die Gewalttätigkeiten und Angriffe anderer unabhängiger Gesellschaften zu schützen, zweitens die Pflicht, jedes einzelne Glied der Gesellschaft gegen die Ungerechtigkeit oder Unterdrückung jedes anderen Gliedes derselben so viel als möglich zu schützen, d. h. die Pflicht, eine genaue Rechtspflege aufrechtzuerhalten, drittens die Pflicht, gewisse öffentliche Werke und Anstalten zu errichten und zu unterhalten, deren Errichtung und Unterhaltung niemals in dem Interesse eines Privatmannes oder einer kleinen Zahl von Privatleuten liegen kann, weil der Profit daraus niemals einem Privatmanne oder einer kleinen Zahl von Privatleuten die Auslagen ersetzen würde, obgleich er in einer großen Gesellschaft oft mehr als die Auslagen ersetzen würde» (Smith 1923, IV / 555 f.).

Adam Smith ist in der Fülle seiner detaillierten Analysen einer der ersten Sozialwissenschaftler der Neuzeit und zugleich der letzte Vertreter einer Betrachtungsweise, die die ökonomische Analyse mit einem philosophischen Gesamtentwurf zu verbinden sucht. Er begründet die moderne Volkswirtschaftslehre und beendet gleichzeitig die Zusammenschau der bürgerlichen Gesellschaft (im Sinne einer möglichen Form menschlichen Miteinanders überhaupt) mit der ihr zugrundeliegenden Ökonomie. Fortan verliert die immer differenziertere einzelwissenschaftliche Analyse der Ökonomie die bürgerliche Gesellschaft in diesem – philosophischen – Sinne aus den Augen. Die Amerikanische und die Französische Revolution – die beide zu Smiths Lebzeiten stattfanden – können den ‹philosophischen› Anspruch des Bürgertums und seinen ‹ökonomischen› nicht zur Deckung bringen. Der Erstere verkommt zur Ideologie, zu einem Rechtfertigungsschema für die Verwirklichung privater und egoistischer Interessen. Und die ökonomische Analyse verliert in der Zeit nach Smith immer mehr den gesellschaftlichen Gesamtzusammenhang aus den Augen – denn dieser ist ja gegenüber den Forderungen des Tages und des Geschäfts ‹nur› philosophisch zu formulieren.

Jean-Jacques Rousseau: Vom Gesellschaftsvertrag

Der allgemeine Wille und der Wille aller

1. Leben und Werk

Am 28. Juni 1712 wurde in Genf der Schriftsteller, Philosoph und Musiker Jean-Jacques Rousseau als Sohn eines Uhrmachers geboren. Fast genau elf Jahre nach seinem Tode am 2. Juli 1778 brach in Paris die Französische Revolution aus: Am 14. Juli 1789 wurde die Bastille, das Symbol der Unterdrückung und königlichen Gewaltherrschaft, gestürmt und dem Erdboden gleichgemacht. Kurz nachdem die ersten Phasen der Revolution und der Massenterror mit der Hinrichtung Maximilien Robespierres ein Ende gefunden hatte, wurden am 11. Oktober 1794 die sterblichen Überreste Rousseaus nach Paris überführt und feierlich beigesetzt – die Revolution ehrte einen ihrer geistigen Ahnherren.

Bis zum heutigen Tage ist die Diskussion um den Beitrag Rousseaus zur Revolution und zur Entstehung der bürgerlichen Demokratie nicht beendet. Fest steht allerdings, dass die neuere europäische Geistesgeschichte kaum einen Autor von ähnlich breiter Wirkung kennt. Politische Theorie, politische Philosophie und Pädagogik, aber auch die literarische Produktion der Jahre nach dem Erscheinen seiner ersten Schrift sind in der vorliegenden Form ohne seinen Einfluss kaum vorstellbar.

Als Rousseau mit seiner ersten Schrift (der «Abhandlung über die Preisfrage der Akademie [von Dijon], ob die Wiederherstellung der Wissenschaften und Künste zur Läuterung der Sitten beigetragen hat?») im Jahr 1750 den Preis der Akademie gewann, war er 38 Jahre alt und hatte ein unstetes Leben als Musiker, Privatsekretär und Gesandtschaftssekretär hinter sich. Mit sechzehn Jahren hatte er seine Heimatstadt Genf verlassen und immer wieder neue Stellungen angenommen, immer wieder neue Freunde und Gönner (vor allem weibliche) gefunden, ohne dabei zur Ruhe zu kommen und seine schriftstellerische Begabung entfalten zu können. Erst mit dem Preis der Akademie und der Veröffentlichung seiner Abhandlung wurde er mit einem Schlage ein berühmter Mann. In den folgenden Jahren schrieb er, wieder auf der Wanderschaft und begleitet von seiner Lebensgefährtin Therese Levasseur, seine wichtigsten Werke. Sie hatte ihm im Laufe der Jahre fünf Kinder geboren, die er alle in Waisenhäuser gab.

1751 erschien die zweite Abhandlung zur Kulturkritik, die «Abhandlung über den Ursprung und die Grundlagen der Ungleichheit unter den Menschen», in der er sich, ebenso wie in der vorangegangenen, kritisch mit den Errungenschaften seiner Zeit (Wissenschaft, Kunst und der Entwicklung der am Privateigentum orientierten Gesellschaft) auseinandersetzt. Kernpunkt seiner Kritik ist dabei die Entfernung des Menschen von seiner grundsätzlich als gut angesehenen Natur.

1761 veröffentlichte er den Briefroman «Julie oder Die neue Heloïse», in dem er eine gefühlsbetonte Liebesgeschichte schildert. 1762 schließlich erschienen seine für die Folgezeit wichtigsten Werke, die Untersuchung «Vom Gesellschaftsvertrag oder Prinzipien des Staatsrechts» sowie der Erziehungsroman «Emile oder Über die Erziehung». Im Letzteren legt er seine Grundüberzeugung dar, dass der Mensch von Natur aus gut sei und durch eine traditionelle Erziehung nur verdorben werden könne. Dagegen setzt Rousseau den Gedanken einer natürlichen Erziehung, die im Grunde nur Schaden vom Kind abzuwenden hat und die Entwicklung seiner natürlichen Anlagen fördert.

Das umfangreiche schriftstellerische Werk, das Rousseau neben diesen Werken bis zu seinem Tode schuf, diente der Diskussion und Verteidigung der Hauptwerke, der Verteidigung seiner Person gegen wirkliche oder eingebildete Angriffe und der autobiographischen Darstellung bzw. Rechtfertigung seines Lebens und seiner Arbeit (hier sind vor allem zu nennen die «Briefe vom Berge», 1764, «Rousseau als Richter von Jean-Jacques», 1780, «Träumereien eines einsamen Spaziergängers», 1782, und die «Bekenntnisse», erschienen in zwei Teilen nach Rousseaus Tod 1782 und 1789).

Von Haftbefehlen und Ausweisungen aufgrund seiner Schriften verfolgt, lebte er in Frankreich, der Schweiz und England in zunehmender, selbstgewählter und gesuchter Einsamkeit. Eine Stelle als Hofkomponist am französischen Königshof hatte er ausgeschlagen und seinen Lebensunterhalt lange Zeit mit dem Kopieren von Noten verdient. Am 2. Juli 1778 starb er in Ermenonville, dem Gut eines Gönners nördlich von Paris.

2. Grundzüge der Zivilisationskritik

Die Wirkung, die Rousseaus Werk auf seine Zeitgenossen wie auf seine Nachwelt hatte und noch hat, beruht im Kern auf zwei Punkten:

1. Einmal zielt Rousseaus Kritik auf die Zivilisation seiner Zeit. Nach Rousseau ist diese Zivilisation – und mit ihr die Gesellschaft – grundsätzlich auf dem falschen Weg. Betrachtet man sie unter dem Aspekt ihres bisherigen Gewordenseins und ihrer absehbaren Entwicklung, so stellen sich ihre Errungenschaften dar als Produkte des Abfalls der Menschen von einer als ursprünglich gut angesehenen Natur. Schon in der «Ersten Abhandlung» von 1750 attestiert Rousseau seiner Zeit: «... die Astronomie entstand aus dem Aberglauben, die Beredsamkeit aus dem Ehrgeiz, dem Haß, der Schmeichelei und der Lüge; die Meßkunde aus dem Geiz; die Naturlehre aus einer eitlen Neugierde; alle, selbst die Moral, aus dem menschlichen Stolz» (Rousseau 1978, 145). Die Leistungen seiner Zeit und der bisherigen menschlichen Geschichte insgesamt erscheinen so als durchaus zweifelhafte Werte, weil sie mit dem Verlust der natürlichen Unschuld und mit zunehmender Ungleichheit unter den Menschen bezahlt werden. Zugleich haben sie die Tendenz, den Menschen immer weiter auf diesem Weg des Verderbens zu führen.

Dies ist eine Kritik, die im Zeitalter der Aufklärung und des sich emanzipierenden Bürgertums Aufsehen erregen musste. Denn es ließ sich sowohl eine Kritik der herrschenden Aristokratie aus dieser Einschätzung herauslesen als auch eine radikale Infragestellung der Errungenschaften der Neuzeit insgesamt. Die Wirkung der Kritik ging so einen zweifachen Weg: Zum einen artikulierte sie sich als politische Kritik und Forderung nach einer natürlicheren, freieren Gesellschaftsordnung, zum andern schlug sich diese Kritik (die in der «Julie» ihren positiven Ausdruck gefunden hatte) in schwärmerischer Naturbegeisterung und tiefer Skepsis gegenüber den zivilisatorischen Leistungen nieder. Der Rousseau zugeschriebene, aber nicht von ihm stammende Ruf «Zurück zur Natur» ist beredter Ausdruck dieser Strömung – auch heute noch wirken einzelne Momente dieser Bewegung nach. Der Wunsch nach Einfachheit, Überschaubarkeit und Naturnähe des gesellschaftlichen Lebens findet sich also nicht erst in der Gegenwart.

2. Rousseaus Zivilisationskritik erschöpfte sich aber nicht in einer bloßen Schelte. Denn er wusste, dass der Prozess der Naturaneignung und der Sicherung der Subjektivität durch Arbeit und Privateigentum nicht mehr rückgängig zu machen war. Hier liegt der produktive Kern von Rousseaus Konzept: Wenn schon der Naturzustand verloren ist (der als solcher vor aller Bewertung durch kulturell geprägte Kriterien liegt), so muss versucht werden, das, was aus heutiger Sicht an ihm bewahrenswert ist, in seinen noch vorhandenen Möglichkeiten zu entfalten und zu sichern. Gegenwart und Zukunft müssen nach Maßgabe der Natürlichkeit und ihrer fortwirkenden, weil unverlierbaren, Rechte gestaltet werden. Die Vernunft, die in ihren Produkten Indikator für die zunehmende Entfernung von der Natur ist, gibt zugleich die einzige Möglichkeit an die Hand, diesen Abstand nicht ins Ungemessene zu vergrößern. Nur sie kann, weil selbst in ihrem Ursprung natürlich, die Mittel an die Hand geben, die eine legitime und der Natur verpflichtete Organisation des menschlichen Zusammenlebens gewährleisten.

Rousseau untersucht in diesem Zusammenhang mehrere Begriffe:

- erstens den *Naturzustand*, von dem her sich die Entwicklung organisierter menschlicher Gemeinschaft erst begreiflich machen lassen kann;
- zweitens den *Vertrag*, der nach Rousseaus Ansicht allen Gesellschaften zugrunde liegt;
- drittens den *Rechtfertigungsgrund* für eine bestimmte Gemeinschaftsordnung in ihrer Mittelstellung zwischen Natur und Vernunft;
- viertens die Rolle und den Stellenwert der *Bürger* innerhalb einer solchen (vorerst nur im Entwurf vorhandenen) Gesellschaft und ihrem

Verhältnis zur als notwendig vorgestellten und inhaltlich näher bestimmten *Regierung.*

Ausgehend von Vorüberlegungen und Thesen in den zwei Abhandlungen von 1750 und 1755 sowie einem Artikel über «Politische Ökonomie» für die berühmte «Enzyklopädie» seines zeitweiligen Freundes Denis Diderot, entwickelt Rousseau seine Gedanken zu diesem Themenkomplex in seiner Schrift «Du contrat social ou Principes du droit politique» (Vom Gesellschaftsvertrag oder Prinzipien des politischen Rechts), die er im Sommer 1761 abschloss und die im April 1762 im Druck erschien.

3. Der Naturzustand

Ausgangspunkt für Rousseau ist die Frage nach den Ursprüngen, aus denen sich die Gesellschaft seiner Zeit entwickelt hat. Damit folgt er einem Grundgedanken der Neuzeit, der in anderem Zusammenhang auch bei Hobbes und Locke bereits thematisiert wurde. Die gegenwärtig bestehende Verfassung der menschlichen Gemeinschaft kann nur begriffen werden, wenn zugleich ihre Geschichte (das heißt ihre Vergangenheit und ihre mögliche Zukunft) begriffen ist. Die Antike beschrieb die Welt als eine im Wesentlichen feste, unveränderliche Seinsordnung, der die naturhaft-veränderlichen Gegenstände der Erkenntnis nachgeordnet sind. Erst mit der neuzeitlichen Metaphysik der herstellenden Subjektivität tritt die Geschichte als Ort des Herstellens und des Werdens ins Zentrum des Interesses. Geschichte wird nun begriffen als Medium der Veränderung – und diese kann nun entweder als eine zum Besseren oder als die zum Schlechteren interpretiert werden. Geschichte ist so entweder Geschichte des Fortschritts oder Verfallsgeschichte. Welche dieser Alternativen gewählt wurde, ist wesentlich bestimmt durch den angenommenen Ausgangspunkt der Geschichte. Ging Hobbes in seiner Beschreibung des Naturzustandes vom Krieg aller gegen alle aus (s. S. 167 – 186), so beschrieb John Locke den Naturzustand als eine Phase der menschlichen Entwicklung, in der die Menschen, mit allen Gaben der Vernunft ausgestattet, noch keine gesellschaftliche Entwicklung durchgemacht haben. Der Mensch findet alle Mittel der Natur zum Herstellen von Gütern und zur Gestaltung seines Lebensunterhaltes vor, um sie durch Arbeit zum Mittel seiner Selbsterhaltung zu machen. Natur selbst erscheint in dieser Sichtweise (die Locke mit vielen anderen Philosophen der Aufklärung teilte) als Mittel zum Zweck der Vernunft – d.h. in diesem Falle der subjektiven Ordnung der Zwecke mit dem Ziel der Selbsterhaltung.

Rousseaus Ansatz bedeutet hier eine entscheidende Wende. Denn er weiß, dass dieser Naturzustand nur ein gedankliches Konstrukt zur Beurteilung gegenwärtiger Zustände und Entwicklungstendenzen ist. Zwar wird die äußere Natur – noch ganz im Geist der neuzeitlichen Tradition – als Mittel zum Zwecke menschlichen Lebens und seiner Erhaltung bestimmt, aber zugleich wird die gesellschaftliche Wirklichkeit als zunehmender Verlust der Natürlichkeit des Menschen beschrieben – ein Verlust, der mit den Gaben der Vernunft und den Segnungen der Zivilisation vergolten wird. Aber diese Gaben und Segnungen enthalten für Rousseau auch die Wurzeln aller gesellschaftlichen Übel, die er immer wieder anprangert: übertriebene, ungesunde Bedürfnisse, Ungleichheit, Unfreiheit, Unterdrückung und die hieraus resultierende Feindschaft unter den Menschen.

Rousseaus politische Philosophie ist in ihrem Kern deshalb sowohl Zeitkritik als auch Entwurf einer möglichen besseren, weil vernünftigeren Verfassung der menschlichen Gemeinschaften – einerseits Bestandsaufnahme, andererseits der Versuch, die Kluft zwischen Natur und Vernunft auf rationale Weise wenn schon nicht zu schließen, so doch wenigstens nicht größer werden zu lassen. In diesem Sinne sind die berühmten Einleitungsworte zum «Gesellschaftsvertrag» zu lesen:

«Der Mensch ist frei geboren, und überall liegt er in Ketten. Einer hält sich für den Herrn der anderen und bleibt doch mehr Sklave als sie. Wie ist dieser Wandel zustande gekommen? Ich weiß es nicht. Was kann ihm Rechtmäßigkeit verleihen? Diese Frage glaube ich beantworten zu können. Wenn ich nur die Stärke betrachtete und die Wirkung, die sie hervorbringt, würde ich sagen: Solange ein Volk zu gehorchen gezwungen ist und gehorcht, tut es gut daran; sobald es das Joch abschütteln kann und es abschüttelt, tut es noch besser; denn da es seine Freiheit durch dasselbe Recht wiedererlangt, das sie ihm geraubt hat, ist es entweder berechtigt, sie sich zurückzuholen, oder man hatte keinerlei Recht, sie ihm wegzunehmen. Aber die gesellschaftliche Ordnung ist ein geheiligtes Recht, das allen anderen zur Grundlage dient. Trotzdem stammt dieses Recht nicht von der Natur; es beruht also auf Vereinbarungen. Es handelt sich darum, die Art dieser Vereinbarungen zu kennen. Bevor ich dazu komme, muß ich das eben Behauptete begründen» (Rousseau 1977, 5 f.).

Die Forschung nach den Ursachen bestehenden Unrechts leitet über zu der Frage nach der Ausgangssituation vor aller Verderbnis, nach einer Situation also, in der die Menschen frei wären von den Zwängen gesellschaftlicher Unfreiheit. Eine solche Frage nach dem Naturzustand des Menschen vor aller organisierten Gemeinschaftlichkeit ist für Rousseau aber nicht im Rückgriff auf eine offenbarte Wahrheit oder eine historische Erzählung zu beantworten.

«Man muß die Untersuchungen, die dazu nötig sind, nicht als historische Wahrheiten, sondern, wie es die Naturkundigen zu machen pflegen, wenn sie von dem Ursprung der Welt handeln wollen, als bedingte und hypothetische Vernunftschlüsse betrachten, die mehr die Natur der Dinge beleuchten, als ihren wahren Ursprung zeigen. Die Religion befiehlt uns, zu glauben, daß die Menschen, die Gott selbst aus dem Stande der Natur gerissen hat, nur deswegen unter sich selbst ungleich sind, weil Gott gewollt hat, daß sie es sein sollen; aber sie verbieten uns nicht, aus der bloßen Natur des Menschen und der Wesen, die ihn umgeben, Mutmaßungen herzunehmen, wie es dem menschlichen Geschlecht ergangen sein würde, wenn es sich selbst überlassen worden wäre» (Rousseau 1978, I 193).

Rousseaus Verfahren ist also ein analytisches – er versucht, die durch Vernunft zu ermittelnden Gründe für die Verfassung seiner Gegenwart zu bezeichnen, ohne sich auf überlieferte Wahrheiten zu berufen. Das auf diese Weise gewonnene Erklärungsmodell dient also nicht der empirischen Beschreibung historischer Tatsachen, sondern soll vielmehr die Gesetzmäßigkeiten umschreiben, unter denen sich die Entwicklung vollzog, die zur jeweiligen Gegenwart geführt hat.

Abb. 9: Rousseaus ‹edler Wilder›
In seiner «Abhandlung über den Ursprung und die Grundlagen der Ungleichheit unter den Menschen» (1755) stellte Rousseau einen Gegensatz auf, der einen großen Einfluss auf das europäische Bewusstsein erlangen sollte: Als Gegenbild zu den ungleichen, von Ehrgeiz und Besitzgier zerfressenen Menschen der Zivilisation zeichnet er einen Zustand der Gleichheit, Friedfertigkeit und Eigentumslosigkeit bei den Wilden. Bei ihnen findet der Zivilisierte jene Tugend und Freiheit, die im Gesellschaftszustand verlorengegangen sind. Verkürzt wurde diese These in den Schlagworten vom ‹edlen Wilden› und ‹zurück zur Natur›. – Jean-Michel Moreau hat dies in seiner Illustration zu der ersten Gesamtausgabe von Rousseaus Schriften (1788–1793) zum Ausdruck gebracht.

4. Der Ursprung der Ungleichheit unter den Menschen

Anlass aller Überlegungen, die Rousseau im hier behandelten Zusammenhang anstellt, ist die reale Ungleichheit unter den Menschen. In ihr sieht er den Grund für die verschiedensten gesellschaftlichen Übel:

> «Ich nehme zwei Arten von Ungleichheit unter den Menschen an. Eine nenne ich die natürliche oder physische Ungleichheit, weil sie von der Natur eingeführt worden ist. Sie besteht in der Verschiedenheit des Alters, der Gesundheit, der körperlichen Stärke und der Geistes- oder Seelenkräfte. Die andere könnte man eine sittliche oder politische Ungleichheit nennen, weil sie von einer Art von Übereinkunft abhängt und durch die Einwilligung aller Menschen eingeführt oder wenigstens gebilligt worden ist. Sie besteht in verschiedenen Freiheiten, welche einige zu anderer Nachteil genießen, nämlich reicher, angesehener, mächtiger zu sein als diese oder sich sogar Gehorsam von ihnen leisten zu lassen» (Rousseau 1978, I 191).

Einerseits also ist die Natur Quelle und Grund aller Ungleichheit, weil nicht alle Menschen immer gleich stark, gleich durchsetzungsfähig oder gleich leistungsfähig sind. Andererseits wird diese natürliche – das heißt für Rousseau auch immer: unabänderliche – Ungleichheit überwölbt durch eine Ungleichheit, die gegenüber der natürlichen erheblich schwerer wiegt – die gesellschaftliche Ungleichheit aufgrund von Ansprüchen, Konventionen und von Gewaltverhältnissen.

In diesem Sinne einer Anklage bestehender Verhältnisse ist auch der zitierte Anfang des «Gesellschaftsvertrages» zu lesen. Der Mensch hat die natürliche Ordnung verlassen, die ihm ein, wenngleich recht unkomfortables Auskommen sicherte. Erworben hat er sich damit das Recht auf Eigentum und die Notwendigkeit, ebendies Eigentum in Gesellschaft zu sichern:

> «Der erste, welcher ein Stück Landes umzäunte, sich in den Sinn kommen ließ zu sagen: dieses ist mein, und einfältige Leute antraf, die es ihm glaubten, der war der wahre Stifter der bürgerlichen Gesellschaft. Wieviel Laster, wieviel Krieg, wieviel Mord, Elend und Greuel hätte einer nicht verhüten können, der die Pfähle

ausgerissen, den Graben verschüttet und seinen Mitmenschen zugerufen hätte: ‹Glaubt diesem Betrüger nicht; ihr seid verloren, wenn ihr vergeßt, daß die Früchte euch allen, der Boden aber niemandem gehört.› Allein, allem Ansehen nach muß es damals schon so weit gekommen gewesen sein, daß es nicht mehr auf dem alten Fuße hat bleiben können. Der Begriff des Eigentums hat nicht auf einmal in dem menschlichen Verstande entstehen können, denn er hängt von vielen vorhergehenden Begriffen ab, die sich alle erst nach und nach entwickelt haben müssen. Fleiß und Einsicht müssen erst sehr zugenommen, von Alter zu Alter mitgeteilt und fortgepflanzt worden sein, bevor der Stand der Natur dergestalt seinen letzten Zeitpunkt erreicht hat» (Rousseau 1978, I 230).

Im Naturzustand also sind die Menschen vorwiegend mit der Erhaltung und Sicherung ihres eigenen Lebens befasst – ohne dies allerdings zu einem allgemeinen Prinzip individuellen oder gesellschaftlichen Lebens umdeuten zu können, da ihnen sowohl die intellektuelle Kunstfertigkeit einer solchen Argumentation völlig abgeht als auch eine gesellschaftliche oder auch nur gemeinschaftliche Organisation fehlt – am Anfang des Naturzustandes gibt es für Rousseau noch nicht einmal den Familienverband. Der Mensch ist wesentlich ein naturhaftes Wesen, dessen Natürlichkeit noch durch keine Vernunft gebrochen und also auch nicht einmal als gut zu bewerten ist, weil eine solche Bewertung Vernunft voraussetzt und daher nur aus späterer Zeit stammen kann. Aber da der Mensch in diesem Zustand nicht gut ist, kann er auch nicht böse sein:

«Es ist nichts zahmer als der Mensch in seinem ursprünglichen Zustande, da ihn die Natur von der Dummheit der Tiere und von den schädlichen Einsichten des gesitteten Menschen gleich weit entfernt, da Vernunft und Instinkt nur darauf abzielen, daß er sich vor einem Übel hüte, von dem er bedroht wird, und da er durch ein natürliches Mitleid abgehalten wird, jemals Böses zu tun, auch wenn es ihm von einem anderen zugefügt wird, und nichts kann ihn dazu antreiben, es ihm wiederum zu vergelten. Nach des weisen Locke Grundsatz *gibt es kein Unrecht, wo kein Eigentum ist*» (Rousseau 1978, I 237).

Der Zustand der Friedfertigkeit findet sein Ende durch das Privateigentum und die damit verbundene beginnende Ungleichheit unter den Menschen, die – einmal in organisierter Gemeinschaft lebend, um ihre Lebenssicherung gewährleisten zu können – wachsenden gesellschaftlichen Zwängen ausgesetzt sind, durch die sich die natürlichen Ungleichheiten zu gesellschaftlichen, das heißt solchen des Ansehens, der Macht, des Besitzes usw. ummünzen und verstärken.

5. Der Gesellschaftsvertrag

Zwei empirische Beispiele dienen Rousseau als Vorbild und Beurteilungsmaßstab für die Gestaltung einer Gesellschaftsordnung, die der gesellschaftlichen Ungleichheit Einhalt gebietet und vor Vernunft und Natur legitimiert ist:

- Zum einen erinnert er an die griechische Polisverfassung, die schon Platon und Aristoteles als Modellfall sinnvoller Ordnung gedient hatte. Bei Rousseau kommt noch der Bezug zur Römischen Republik hinzu, deren Verfassung und Bürgertugend ihm als leuchtendes Beispiel erscheint.
- Zum andern ist es seine Vaterstadt Genf, die in ihrer Überschaubarkeit, Nüchternheit und bürgerlich-demokratischen Verfassung Pate gestanden hat für das Modell des Gesellschaftsvertrages, wie er es entwickelt.

Dabei ist immer zu bedenken, dass dieses Modell nicht den Rang eines Bauplans oder einer Utopie hat, sondern dem kritischen Interesse seines Autors dient: Rousseau verwendet es als den vernünftigen Maßstab, um die Gesellschaft seiner Zeit in ihren Entwicklungsmöglichkeiten wie in ihren Verfallserscheinungen zu beurteilen.

Als erste Frage stellt sich, unter welchen Bedingungen, zu welchem Ziel und mit welchen Mitteln sich für Rousseau die Menschen zu einem geordneten Gemeinwesen zusammenschließen. Es stellen sich die Fragen nach der Rolle des Einzelnen in der Gemeinschaft und nach dem Verhältnis zwischen dem regierenden und dem regierten Teil der Gemeinschaft (die Voraussetzung, dass es eben immer dieses Zwiegespann geben müsse, diskutiert Rousseau allerdings nie ausdrücklich). Andererseits stellt sich für Rousseau diese Frage nach der Struktur einer Gemeinschaft immer auch und zuerst als Frage nach den Bedingungen ihres Ursprungs:

«Es wäre deshalb gut, bevor man den Akt untersucht, durch den ein Volk einen König erwählt, denjenigen zu untersuchen, durch welchen ein Volk zum Volk wird. Denn da dieser Akt dem anderen notwendigerweise vorausgeht, ist er die wahre Grundlage der Gesellschaft. In der Tat, woraus entstünde, es sei denn, die Wahl war einstimmig, ohne eine vorausgehende Übereinkunft die Verpflichtung für die Minderheit, sich der Wahl der Mehrheit zu unterwerfen, und woher haben hundert, die einen Herrn wollen, das Recht, für zehn zu stimmen, die keinen wollen? Das Gesetz der Stimmenmehrheit beruht selbst auf Übereinkunft und setzt zumindest einmal Einstimmigkeit voraus» (Rousseau 1977, 16).

Einmal also, an einem Punkt, an dem die Verbildung des Gesellschaftszustandes noch nicht wirkt und andererseits doch Vernunft in den Menschen wirksam sein muss, ist das Zusammenstimmen aller Einzelmeinungen zu einem Ganzen erforderlich: dann nämlich, wenn diese Form der Gemeinsamkeit selbst als geltende Norm anerkannt werden soll.

«Ich unterstelle, daß die Menschen jenen Punkt erreicht haben, an dem die Hindernisse, die ihrem Fortbestehen im Naturzustand schaden, in ihrem Widerstand den Sieg davontragen über die Kräfte, die jedes Individuum einsetzen kann, um sich in diesem Zustand zu halten. Dann kann dieser ursprüngliche Zustand nicht weiterbestehen, und das Menschengeschlecht würde zugrunde gehen, wenn es die Art seines Daseins nicht änderte.

Da die Menschen nun keine neuen Kräfte hervorbringen, sondern nur die vorhandenen vereinen und lenken können, haben sie kein anderes Mittel, sich zu erhalten, als durch Zusammenschluß eine Summe von Kräften zu bilden, stärker als jener Widerstand, und diese aus einem einzigen Antrieb einzusetzen und gemeinsam wirken zu lassen.

Diese Summe von Kräften kann nur durch das Zusammenwirken mehrerer entstehen: da aber Kraft und Freiheit jedes Menschen die ersten Werkzeuge für seine Erhaltung sind – wie kann er sie verpfänden, ohne sich zu schaden und ohne die Pflichten gegen sich selbst zu vernachlässigen? Diese Schwierigkeit läßt sich, auf meinen Gegenstand angewandt, so ausdrücken:

- ‹Finde eine Form des Zusammenschlusses, die mit ihrer ganzen gemeinsamen Kraft die Person und das Vermögen jedes einzelnen Mitglieds verteidigt und schützt und durch die doch jeder, indem er sich mit allen vereinigt, nur sich selbst gehorcht und genauso frei bleibt wie zuvor.›

Das ist das grundlegende Problem, dessen Lösung der Gesellschaftsvertrag darstellt.

Die Bestimmungen dieses Vertrages sind durch die Natur des Aktes so vorgegeben, daß die geringste Abänderung sie null und nichtig machen würde; so daß sie, wiewohl sie vielleicht niemals förmlich ausgesprochen wurden, allenthalben die gleichen sind, allenthalben stillschweigend in Kraft und anerkannt; bis dann, wenn der Gesellschaftsvertrag verletzt wird, jeder wieder in seine ursprünglichen Rechte eintritt, seine natürliche Freiheit wiedererlangt und dadurch die auf Vertrag beruhende Freiheit verliert, für die er die seine aufgegeben hatte.

Diese Bestimmungen lassen sich bei richtigem Verständnis sämtlich auf eine einzige zurückführen, nämlich die völlige Entäußerung jedes Mitglieds mit allen seinen Rechten an das Gemeinwesen als Ganzes. Denn erstens ist die Ausgangslage, da jeder sich voll und ganz gibt, für alle die gleiche, und da sie für alle gleich ist, hat keiner ein Interesse daran, sie für die anderen beschwerlich zu machen.

Darüber hinaus ist die Vereinigung, da die Entäußerung ohne Vorbehalt geschah, so vollkommen, wie sie nur sein kann, und kein Mitglied hat mehr etwas zu fordern: denn wenn den Einzelnen einige Rechte blieben, würde jeder – da es keine allen übergeordnete Instanz gäbe, die zwischen ihm und der Öffentlichkeit entscheiden könnte – bald den Anspruch erheben, weil er in manchen Punkten sein eigener Richter ist, es auch in allen zu sein; der Naturzustand würde fortdauern, und der Zusammenschluß wäre dann notwendig tyrannisch oder inhaltslos.

Schließlich gibt sich jeder, da er sich allen gibt, niemandem, und da kein Mitglied existiert, über das man nicht das gleiche Recht erwirbt, das man ihm über sich einräumt, gewinnt man den Gegenwert für alles, was man aufgibt, und mehr Kraft, um zu bewahren, was man hat.

Wenn man also beim Gesellschaftsvertrag von allem absieht, was nicht zu seinem Wesen gehört, wird man finden, daß er sich auf folgendes beschränkt:

- Gemeinsam stellen wir alle, jeder von uns seine Person und seine ganze Kraft unter die oberste Richtschnur des Gemeinwillens; und wir nehmen, als Körper, jedes Glied als untrennbaren Teil des Ganzen auf.

Dieser Akt des Zusammenschlusses schafft augenblicklich anstelle der Einzelperson jedes Vertragspartners eine sittliche Gesamtkörperschaft, die aus ebenso vielen Gliedern besteht, wie die Versammlung Stimmen hat, und die durch ebendiesen Akt ihre Einheit, ihr gemeinschaftliches Ich, ihr Leben und ihren Willen erhält. Diese öffentliche Person, die so aus dem Zusammenschluß aller zustande kommt, trug früher den Namen Polis*, heute trägt sie den der Republik oder der staatlichen Körperschaft, die von ihren Gliedern Staat genannt wird, wenn sie passiv, Souverän, wenn sie aktiv ist, und Macht im Vergleich mit ihresgleichen. Was die Mitglieder betrifft, so tragen sie als Gesamtheit den Namen Volk, als Einzelne nennen sie sich Bürger, sofern sie Teilhaber an der Souveränität, und Untertanen, sofern sie den Gesetzen des Staates unterworfen sind. Aber diese Begriffe werden oft vermengt und einer für den anderen genommen; es genügt, sie auseinanderhalten zu können, wenn sie im strengen Sinn gebraucht werden.»

* «Der wahre Sinn dieses Wortes ist bei den Neueren fast völlig verschwunden; die meisten verwechseln Stadt (ville) und Polis (cité), Städter (bourgeois) und Bürger (citoyen). Sie wissen nicht, daß die Häuser die Stadt, die Bürger aber die Polis machen. Der nämliche Irrtum ist damals den Karthagern teuer zu stehen gekommen. Ich habe noch nie gelesen, daß der Titel eines *cives* jemals dem Untertanen irgendeines Fürsten gegeben worden wäre, nicht einmal in der Antike den Makedonen noch heutzutage den Engländern, obwohl diese der Freiheit viel näher sind als alle anderen. Nur die Franzosen bedienen sich ganz zwanglos des Begriffes *Bürger*, weil sie davon auch nicht die leiseste wirkliche Vorstellung haben, wie man aus ihren Wörterbüchern sehen kann, sonst würden sie sich nämlich bei seiner anmaßenden Verwendung des Verbrechens der Majestätsbeleidigung schuldig machen: dieses Wort drückt bei ihnen eine Tugend aus und nicht ein Recht» (Rousseau 1977, 16 ff.)

Für Rousseau bedeutet also der Übergang vom Natur- zum Gesellschaftszustand sowohl eine Notwendigkeit (um die Erhaltung des Einzelnen und der menschlichen Gattung zu gewährleisten) als auch einen wirklichen Fortschritt, weil erst mit diesem Übergang die eigentliche Menschheitsgeschichte, die Geschichte menschlicher Gemeinschaft, beginnt. Mit der freiwilligen Übereinkunft als Antwort auf die erste Frage schließen die Beteiligten einen *Vereinigungsvertrag*, der im selben Augenblick, in dem er geschlossen wird, durch die im zweiten Punkt genannten Bestimmungen auch ein *Unterwerfungsvertrag* wird, der das Verhältnis des Einzelnen zum Allgemeinen regelt.

Der Mensch begibt sich seiner natürlichen Freiheit, die er auf alle Handlungen und Güter hat und die er – gezügelt durch ein natürliches Empfinden des Mitleids gegenüber seiner Mitmenschen – auch gegen jedermann behaupten konnte, und erwirbt sich dadurch die Freiheit, in Sicherheit in Gemeinschaft zu leben und sein Eigentum vor dem Zugriff anderer geschützt zu wissen. Zugleich mit dem Verlust seiner natürlichen Freiheit stellt er sich aber mit allen anderen Vertragschließenden auf dieselbe Stufe; etwa vorhandene natürliche Ungleichheiten ziehen deshalb keinen Anspruch auf irgendwelche gesellschaftlichen Vorrechte nach sich. Dem Zustand prinzipieller natürlicher Gleichheit entspricht so auch eine gesellschaftliche Gleichheit und Freiheit aller in Bezug auf alle Gegenstände und Handlungen, die im Vertrag geregelt sind – und das sind eben alle, die in Gemeinschaft überhaupt von Belang sein können. Freiheit und Gleichheit scheinen so prinzipiell gesichert, und die menschliche Natur, von allen gleichermaßen als unabdingbare Voraussetzung der Gemeinschaftlichkeit wie die Vernünftigkeit anerkannt, ist selbst der Garant der Brüderlichkeit, die im Mitleid ihre Wurzel hat.

Betrachtet man Rousseaus Konzept, so fällt auf, dass sein Verständnis von Natur doppeldeutig ist. Einmal bezeichnet sie die Ausgangsbasis, die im Gesellschaftszustand verlassen werden muss. Andererseits bleibt Natur für Rousseau der Gesellschaft immanent, weil sie als *menschliche* Natur die prinzipiell gesellschaftsförderliche Grundlage allen Zusammenlebens darstellt. Es drängt sich der Vergleich mit Thomas Hobbes auf, der aus der Tatsache der Gleichheit der Menschen aufgrund seiner pessimistischen Einschätzung der menschlichen Natur ganz entgegengesetzte Folgerungen gezogen hatte.

Die Doppeldeutigkeit des Naturbegriffs bei Rousseau, der Natur in die Nähe der zu überwindenden vorvernünftigen Ursprünglichkeit, aber auch in die Nähe der Vernunft rückt, hat eine methodische Bedeutung. Natur im ersten Sinne ist äußere Natur, Gegenständlichkeit und eröffnet dem Menschen das Feld seiner Tätigkeit. Natur im zweiten Sinne ist innere, vernünftige Natur des Menschen und bindet diese Tätigkeit in einen verbindlichen Rahmen ein. Nur in dieser Doppelbedeutung ist es für Rousseau möglich, eine sachhaltige und vernünftige Konstruktion möglicher Gesellschaftsformen zu entwerfen, ohne in Beliebigkeit oder Schwärmerei abzugleiten. Nur wenn Vernunft und Natur in einem solchen Spannungsverhältnis zusammengebunden sind, ist einerseits bessere, vernünftigere Zukunft möglich und andererseits fundamentale Kritik, die auf Wirkung hoffen kann.

6. Der allgemeine Wille und der Wille aller

Nachdem durch den Gesellschaftsvertrag alle Mitglieder des Gemeinwesens alle ihre Ansprüche an die Allgemeinheit abgetreten und von ihr als der «sittlichen Gesamtkörperschaft» (*corps moral et collectif*) ihre gerechtfertigten Ansprüche gewährleistet finden, stellt sich die Frage nach dem Wesen dieser Gesamtkörperschaft. Zusammengesetzt aus einzelnen Menschen mit ihren unterschiedlichen Interessen und Bedürfnissen, soll mit einem Schlage eine Einheit werden, die einen Willen hat. Rousseau nimmt diesen Widerspruch auf und löst ihn mit zwei Begriffspaaren: Gemeinwille / Gesamtwille (*volonté générale / volonté de tous*) und Staatsbürger / Bürger (*citoyen / bourgeois*). Für die politische Philosophie nach Rousseau wurde vor allem die Unterscheidung von Bourgeois und Citoyen wichtig, weil sich in ihr der Widerspruch dokumentiert, der in der Folgezeit zum Gegenstand der Kritik wurde. Denn während auf der einen Seite der Bourgeois egoistisch seine Interessen verfolgt und nur die Sicherung seiner Interessen gewährleistet sehen will, steht er auf der anderen Seite als Citoyen im direkten Zusammenhang mit allen anderen und bildet mit ihnen zusammen diejenige Allgemeinheit, die – Recht setzend und verbindlich anerkannt – gerade den Verfolg seiner Privatinteressen im Zaum halten soll.

Rousseau versucht, einen Ausweg aus diesem Dilemma mit dem Begriff des Gemeinwillens, der *volonté générale*, zu finden. Denn in dem Augenblick, in dem sich alle Beteiligten über eine bestimmte Form des Gemeinwesens geeinigt haben, kommen ihnen, wie sich angesichts der Unterscheidung von Einigungs- und Unterwerfungsvertrag zeigte, gleichzeitig zwei Funktionen zu: Erstens sind die so zusammengefassten Einzelnen oberste Instanz und Souverän innerhalb des geschaffenen Gemeinwesens. Zweitens sind aber alle diese einzelnen Untertanen beherrscht und regiert von sich selbst als Teil der Allgemeinheit. Das bedeutet für den Einzelnen:

«Den Akt verletzen, dem er sein Dasein verdankt, hieße sich selbst vernichten, und aus nichts folgt nichts.

Sobald jene Menge auf solche Art zu einer Körperschaft verschmolzen ist, kann man keines ihrer Glieder verletzen, ohne die Körperschaft anzugreifen; noch weniger kann man die Körperschaft verletzen, ohne daß die Glieder die Wirkung spüren. So zwingen Pflicht und Vorteil die beiden Vertragsteile gleicherweise zu gegenseitigem Beistand, und die gleichen Menschen müssen versuchen, in dieser Doppelbeziehung alle sich daraus ergebenden Vorteile zu vereinen.

Da nun der Souverän nur aus den Einzelnen besteht, aus denen er sich zusammensetzt, hat er kein und kann auch kein dem ihren widersprechendes Interesse haben; folglich braucht sich die souveräne Macht gegenüber den Untertanen nicht zu verbürgen, weil es unmöglich ist, daß die Körperschaft allen ihren Gliedern schaden will, und wir werden im folgenden sehen, daß sie auch niemandem im besonderen schaden kann. Der Souverän ist, allein er ist, immer alles, was er sein soll.

Nicht so verhält es sich aber mit den Untertanen gegenüber dem Souverän, dem nichts, trotz des gemeinsamen Interesses, für deren Verpflichtung einstünde, wenn er nicht Mittel fände, sich ihrer Treue zu versichern.

In der Tat kann jedes Individuum als Mensch einen Sonderwillen haben, der dem Gemeinwillen, den er als Bürger hat, zuwiderläuft oder sich von diesem unterscheidet. Sein Sonderinteresse kann ihm ganz anderes sagen als das Gemeininteresse; sein selbständiges und natürlicherweise unabhängiges Dasein kann ihn das, was er der gemeinsamen Sache schuldig ist, als eine unnütze Abgabe betrachten lassen, deren Einbuße den anderen weniger schadet, als ihn ihre Leistung belastet, und er könnte gar seine Rechte als Staatsbürger in Anspruch nehmen, ohne die Pflichten eines Untertanen erfüllen zu wollen, da er die moralische Person, die der Staat darstellt, als Gedankending betrachtet, weil sie kein Mensch ist; eine Ungerechtigkeit, deren Umsichgreifen den Untergang der politischen Körperschaft verursachen würde.

Damit nun aber der Gesellschaftsvertrag keine Leerformel sei, schließt er stillschweigend jene Übereinkunft ein, die allein die anderen ermächtigt, daß, wer immer sich weigert, dem Gemeinwillen zu folgen, von der gesamten Körperschaft dazu gezwungen wird, was nichts anderes heißt, als daß man ihn zwingt, frei zu sein; denn dies ist die Bedingung, die den einzelnen Bürger vor jeder persönlichen Abhängigkeit schützt, indem sie ihn dem Vaterland übergibt; eine Bedingung, in der das kunstvolle Spiel der politischen Maschine liegt und die allein den Verpflichtungen der Bürger Rechtmäßigkeit verleiht, welche sonst sinnlos, tyrannisch und größtem Mißbrauch unterworfen wären» (Rousseau 1977, 20 f.).

Doch noch ist ungeklärt, wie sich denn der Wille des Einzelnen zur Allgemeinheit verhalte. Denn wenn der Wille des Einzelnen in die allgemeine Beschlussfassung einfließt, so könnte doch durchaus ein Einzel- oder Gruppeninteresse die Oberhand behalten und so den *Bourgeois* über den *Citoyen* triumphieren lassen. Rousseau löst dieses Problem mit der kühnen (wenn nicht waghalsigen) Konstruktion von der Unfehlbarkeit des Gemeinwillens, die in ihrem Kern auf die allen Menschen gemeinsame Vernunftnatur verweist:

«Aus dem Vorhergehenden folgt, daß der Gemeinwille immer auf dem rechten Weg ist und auf das öffentliche Wohl abzielt: woraus allerdings nicht folgt, daß die Beschlüsse des Volkes immer gleiche Richtigkeit haben. Zwar will man immer sein Bestes, aber man sieht es nicht immer. Verdorben wird das Volk niemals, aber oft wird es irregeführt, und nur dann scheint es das Schlechte zu wollen.

Es gibt oft einen beträchtlichen Unterschied zwischen dem Gesamtwillen und dem Gemeinwillen; dieser sieht nur auf das Gemeininteresse, jener auf das Privatinteresse und ist nichts anderes als eine Summe von Sonderwillen: aber nimm von ebendiesen das Mehr und das Weniger weg, das sich gegenseitig aufhebt**, so bleibt als Summe der Unterschiede der Gemeinwille.

Wenn die Bürger keinerlei Verbindung untereinander hätten, würde, wenn das Volk wohlunterrichtet entscheidet, aus der großen Zahl der kleinen Unterschiede immer der Gemeinwille hervorgehen, und die Entscheidung wäre immer gut. Aber wenn Parteiungen entstehen, Teilvereinigungen auf Kosten der großen, wird der Wille jeder dieser Vereinigungen ein allgemeiner hinsichtlich seiner Glieder und ein besonderer hinsichtlich des Staates; man kann dann sagen, daß es nicht mehr so viele Stimmen gibt wie Menschen, sondern nur noch so viele wie Vereinigungen. Die Unterschiede werden weniger zahlreich und bringen ein weniger allgemeines Ergebnis. Wenn schließlich eine dieser Vereinigungen so groß ist, daß sie stärker ist als alle anderen, erhält man als Ergebnis nicht mehr die Summe der kleinen Unterschiede, sondern einen einzigen Unterschied; jetzt gibt es keinen Gemeinwillen mehr, und die Ansicht, die siegt, ist nur eine Sonderanschauung.

Um wirklich die Aussage des Gemeinwillens zu bekommen, ist es deshalb wichtig, daß es im Staat keine Teilgesellschaften gibt und daß jeder Bürger nur seine eigene Meinung vertritt ... Dergestalt war die einzigartige und erhabene Einrichtung des Lykurg. Wenn es aber Teilgesellschaften gibt, ist es wichtig, ihre Zahl zu vervielfachen und ihre Ungleichheit vorzubeugen, wie dies Solon, Numa und Servius taten. Diese Vorsichtsmaßregeln sind die einzig richtigen, damit der Gemeinwille immer aufgeklärt sei und das Volk sich nicht täusche.»

** «‹*Jedes Interesse*›, sagt der Marquis d'Argenson, ‹*hat einen anderen Ausgangspunkt. Die Übereinstimmung zweier Einzelinteressen kommt durch die Gegnerschaft gegen ein drittes zustande.*› Er hätte hinzufügen können, daß die Übereinstimmung aller Interessen durch die Gegnerschaft gegen das Interesse eines jeden zustande kommt. Wenn es keine unterschiedlichen Interessen gäbe, spürte man den Gemeinwillen, der nie auf ein Hindernis träfe, kaum: alles andere ginge von selbst, und die Politik hörte auf, eine Kunst zu sein» (Rousseau 1977, 30 ff.)

Parteien und Interessenverbände sind also für Rousseau undenkbar. Die Souveränität der in der allgemeinen Beratung sich aneinander abarbeitenden Privatmeinungen ist die Artikulation der Vernunft. In dem Augenblick, in dem sich der Wille aller Beteiligten in einen gemeinsamen Beschluss zusammenfasst, verliert er alle persönlichen Färbungen und stellt sich rein als das dar, was für alle zugleich das Gute und Nützliche ist als der vernünftige und natürliche Ausdruck des allgemeinen Wohls, der nicht irren und keinen Widerspruch mehr hervorrufen kann. Unmöglich ist also zum Beispiel auch die Sklaverei oder die Vererbung gesellschaftlicher Privilegien – Letztere ein tragender Pfeiler der Feudalgesellschaft des 18. Jahrhunderts. Denn sowohl die Preisgabe der natürlichen Freiheit ohne Ausgleich durch die bürgerliche als auch die Preisgabe der natürlichen Gleichheit sind Vorgänge, die nur unter Zwang zustande kommen können, weil sie vor der Vernunft nicht standhalten: Sie sind vernunftwidrig.

So kann der Gesellschaftsvertrag nur zusammen mit seinem Herzstück, der Volkssouveränität des allgemeinen Willens, existieren – ohne sie gäbe es gar keine Gesellschaft, die eine vernünftige Chance auf Zukunft hätte. Der allgemeine Wille und seine Verkörperung, das Volk als Souverän, ist also eine Instanz, die in der Lage ist, die Einzelinteressen aller Bürger so weit zu regeln, dass sie das allgemeine Wohl nicht stören. Andererseits bedarf ein derart verfasstes Gemeinwesen einer Verwaltung bzw. einer ausführenden Instanz, die nun die Beschlüsse, die der Souverän (das Volk) aufgrund seines allgemeinen Willens gefasst hat, auch durchführt. Denn wer sollte, mit Rousseaus Worten, einen Bürger «zur Freiheit zwingen» (d.h. also zur staatsbürgerlichen Einordnung unter das Regiment des allgemeinen Willens und seiner Beschlüsse), wenn nicht eine noch näher zu bestimmende Regierung, die nicht von vornherein mit der Gesamtheit des Volkes identisch sein kann (Letzteres schon aus Gründen der Effektivität)?

Rousseaus Antwort auf diese Frage hat in erster Linie mit dem Problem zu kämpfen, dass der allgemeine Wille durch nichts zu ersetzen ist, denn nur wenn wirklich alle Willensmeinungen aller Beteiligten in ihn eingeflossen sind, hat er den notwendigen Charakter der Allgemeinheit und Verbindlichkeit, ohne den er nur eine Summe von Privatmeinungen wäre. Die Souveränität des Volkes ist deshalb nicht substituierbar – sie kann auf niemanden übertragen werden. Konsequent lehnt Rousseau daher jede Form eines repräsentativen Systems ab, in dem (z.B. durch Wahlen) eine Gruppe von Menschen ihre Souveränität und die Sicherung des Allgemeinwohls an einen Stellvertreter abgeben. Parlamentswahlen also sind in Rousseaus Staatsmodell nicht vorgesehen:

«Ich behaupte deshalb, daß die Souveränität, da sie nichts anderes ist als die Ausübung des Gemeinwillens, niemals veräußert werden kann und daß der Souverän, der nichts anderes ist als ein Gesamtwesen, nur durch sich selbst vertreten werden kann; die Macht kann wohl übertragen werden, nicht aber der Wille.

In der Tat, wenn es zwar nicht unmöglich ist, daß ein Einzelwille in irgendeinem Punkt mit dem Gemeinwillen übereinkommt, so ist es doch unmöglich, daß diese Übereinstimmung dauerhaft und von Bestand ist; denn der Einzelwille neigt seiner Natur nach zur Bevorzugung und der Gemeinwille zur Gleichheit. Noch unmöglicher ist es, daß sich einer für diese Übereinstimmung verbürgt, selbst wenn sie immer bestehen sollte; dies wäre kein Ergebnis der Kunst, sondern des Zufalls. Der Souverän kann sehr wohl sagen: In diesem Augenblick will ich, was ein bestimmter Mensch will oder wenigstens angibt zu wollen; aber er kann nicht sagen: Was dieser Mensch morgen will, das werde auch ich wollen; es ist nämlich unsinnig, daß sich der Wille Ketten anlegt für die Zukunft, und es hängt auch keineswegs vom Willen ab, mit etwas einverstanden zu sein, das dem Wohl des wollenden Wesens widerspricht. Wenn daher das Volk einfach verspricht, zu gehorchen, löst es sich durch diesen Akt auf und verliert seine Eigenschaft als Volk; in dem Augenblick, in dem es einen Herrn gibt, gibt es keinen Souverän mehr, und von da an ist der politische Körper zerstört.

Das heißt nicht, daß die Befehle der Oberhäupter nicht so lange für Gemeinwillen gelten können, als der Souverän, der die Freiheit hat, sich zu widersetzen, dies nicht tut. In einem solchen Fall muß man aus dem Schweigen aller auf die Zustimmung des Volkes schließen …

Aus dem gleichen Grund, aus dem die Souveränität unveräußerlich ist, ist sie auch unteilbar. Denn der Wille ist entweder allgemein***, oder er ist es nicht; er ist derjenige des Volkskörpers oder nur der eines Teils. Im ersten Fall ist dieser erklärte Wille ein Akt der Souveränität und hat Gesetzeskraft. Im zweiten Fall ist er nur ein Sonderwille oder ein Verwaltungsakt; es handelt sich bestenfalls um eine Verordnung.

Aber da unsere Staatsmänner die Souveränität in ihrem Ursprung nicht zerteilen können, zerteilen sie sie in ihrem Bezug; sie teilen sie auf in Kraft und Willen, in Legislative und Exekutive, in Steuerhoheit, Gerichtsbarkeit, Recht der Kriegsführung, in innere Verwaltung und die Befugnis mit dem Ausland zu verhandeln: bald werfen sie alle diese Teile wirr durcheinander, und bald unterscheiden sie sie säuberlich; sie machen aus dem Souverän ein Phantasiewesen, aus zusammengewürfelten Stücken bestehend; es ist, als setzten sie den Menschen aus mehreren Körpern zusammen, von denen der eine Augen, der andere Arme, ein dritter Füße hätte und sonst nichts ... Dieser Fehler kommt daher, daß sie sich keine klaren Begriffe von der souveränen Gewalt gemacht haben und daß sie als Teil dieser souveränen Gewalt angesehen haben, was nur deren Wirkung ist.»

*** «Damit ein Wille allgemein sei, ist es nicht immer nötig, daß er einstimmig sei, aber es ist nötig, daß alle Stimmen gezählt werden; jeder förmliche Ausschluß zerstört die Allgemeinheit» (Rousseau 1977, 27ff.).

Orientiert am Genfer Modell einer überschaubaren Gemeinschaft von Bürgern, deren jeder jeden kennt und die über alle anstehenden Probleme hinreichend informiert sind, versucht Rousseau, eine Verfassung direkter Demokratie zu entwerfen. In der Diskussion der klassischen Trennung von gesetzgebender, ausführender und rechtsprechender Gewalt wird der Legislative der absolute Vorrang eingeräumt; denn nur dem Volk, dem Organ des Gemeinwillens, kann als Souverän überhaupt Legitimität zugesprochen werden. Und die Legitimität der Beschlüsse des ganzen Volkes ist durch nichts zu ersetzen. Alles, was im herkömmlichen Sinne Aufgabe der Exekutive ist, wird so weit wie irgend möglich in die direkte Entscheidungsgewalt der Versammlung des Volkes einbezogen, da nur in ihr der Widerspruch zwischen allgemeinem und Einzelwillen zureichend überwunden werden kann.

Entscheidend zur Ermittlung und Formulierung des allgemeinen Willens ist also die Überwindung von Gruppeninteressen durch das Prinzip: ein Mann, eine Stimme und durch die Konformität der Interessen, die sich am besten durch ein Gleichgewicht herstellen lässt. Rousseau formuliert dies als die Notwendigkeit einer institutionellen Absicherung – eine Verfassung oder ein Gesetz, das der Gemeinschaft unter dem Zeichen des allgemeinen Willens Bestand verschaffen kann:

«Aber was ist denn eigentlich ein Gesetz? Solange man sich damit zufriedengibt, mit diesem Wort nur metaphysische Vorstellungen zu verbinden, streitet man nur immer weiter, ohne sich zu verständigen, und wenn man gesagt hat, was ein Naturgesetz ist, weiß man deshalb nicht besser, was ein Staatsgesetz ist.

Ich habe schon gesagt, daß es in bezug auf einen einzelnen Gegenstand keinen Gemeinwillen gibt. Nun ist dieser einzelne Gegenstand entweder im Staat oder außerhalb des Staats. Wenn er außerhalb des Staates ist, ist ein Wille, der diesem fremd ist, in bezug auf ihn nicht allgemein, und wenn dieser Gegenstand im Staat ist, ist er Teil davon. Nun bildet sich zwischen dem Ganzen und dem Teil ein Verhältnis, das aus ihnen zwei getrennte Wesen macht, von denen das eine der Teil und das andere das Ganze abzüglich ebendieses Teils ist. Aber das Ganze abzüglich eines Teils ist nicht das Ganze, und solange diese Beziehung besteht, gibt es kein Ganzes, sondern zwei ungleiche Teile; woraus folgt, daß der Wille des einen in bezug auf den anderen auch nicht allgemein ist.

Aber wenn das ganze Volk über das ganze Volk bestimmt, betrachtet es nur sich selbst, und wenn sich dann eine Beziehung bildet, bildet sie sich zwischen dem ganzen Gegenstand unter einem Gesichtspunkt und dem ganzen Gegenstand unter einem anderen Gesichtspunkt ohne irgendeine Teilung des Ganzen. Dann ist die Sache, über die man bestimmt, so allgemein wie der Wille, der bestimmt. Diesen Akt nenne ich ein Gesetz.

Unter der Behauptung, daß der Gegenstand der Gesetze immer allgemein ist, verstehe ich, daß das Gesetz die Untertanen als Gesamtheit und die Handlungen als abstrakte betrachtet, nie jedoch einen Menschen als Individuum oder eine Einzelhandlung. So kann das Gesetz wohl bestimmen, daß es Vorrechte geben wird, aber es kann niemandem namentlich welche einräumen; das Gesetz kann verschiedene Klassen von Bürgern schaffen und selbst die Eigenschaften festlegen, die das Recht auf diese Klassen geben, aber es kann nicht diesen oder jenen zur Aufnahme benennen; es kann eine königliche Regierung und eine Erbfolge festlegen, aber es kann weder einen König wählen noch eine königliche Familie benennen; mit einem Wort, jede Amtshandlung, die sich auf einen individuellen Gegenstand bezieht, gehört nicht zur gesetzgebenden Gewalt.

Durch diese Überlegung sieht man sofort, daß es weder nötig ist, zu fragen, wem es zukommt, Gesetze zu erlassen, da sie ja Akte des Gemeinwillens sind; noch ob der Fürst über dem Gesetz steht, da er ja Glied des Staates ist; noch ob das Gesetz ungerecht sein kann, da niemand gegen sich ungerecht ist; noch wie man zugleich frei und den Gesetzen unterworfen ist, da sie nur Verzeichnisse unseres Willens sind.

Da das Gesetz die Gesamtheit des Willens mit der des Gegenstandes wieder vereint, sieht man überdies, daß das, was ein Mensch, wer immer er auch sei, eigenmächtig verfügt, keinerlei Gesetz ist; selbst was der Souverän über einen einzelnen Gegenstand verfügt, ist kein Gesetz, sondern eine Verordnung, kein Akt der Souveränität, sondern der Verwaltung.

Republik nenne ich deshalb jeden durch Gesetze regierten Staat, gleichgültig, unter welcher Regierungsform dies geschieht: weil nur hier das öffentliche Interesse herrscht und die öffentliche Angelegenheit etwas gilt. Jede gesetzmäßige Regierung ist republikanisch: ich werde weiter unten erklären, was eine Regierung ist» (Rousseau 1977, 40 f.).

7. Die Frage nach der Veränderbarkeit bestehender Verhältnisse

Die Frage ist nun, wie eine rechtmäßige Regierung bewirkt werden könne. Denn die Ungesetzlichkeit der Verhältnisse seines Landes und seiner Zeit liegen nach Rousseau auf der Hand – die Bemerkungen über Gesetze, die sich nur auf Einzelfälle beziehen oder eine bestimmte Person (den König) betreffen, sind natürlich polemisch gemeint. Es stellt sich demnach das schwerwiegende Problem, wie denn der Weg zu einer gesetzlich geordneten Gemeinschaft zu finden sei, wenn doch die Wirklichkeit in fast allen zeitgenössischen Staaten den beschriebenen Prinzipien förmlich entgegengesetzt ist. Wie ist die Allgemeingültigkeit und Vernünftigkeit der Gesetze zu gewährleisten, wenn die Menschen doch einer Verfassung unterworfen sind, die die Artikulierung des Gemeinwillens gar nicht zulässt? Wie ist der Übergang von einem verderbten in einen vernünftigen Gesellschaftszustand denkbar, wenn die noch zu bewirkende Vernünftigkeit der Beschlussfassung schon vorausgesetzt werden muss, um überhaupt eine Veränderung in die richtige Richtung möglich werden zu lassen?

Rousseaus Antwort auf diese Frage ist resigniert und zweideutig. Er sieht ein, dass ein solcher Übergang ohne weiteres gar nicht zu bewerkstelligen ist:

«Um die für die Nationen besten Gesellschaftsregeln ausfindig zu machen, bedürfte es einer höheren Vernunft, die alle Leidenschaften der Menschen sieht und selbst keine hat, die keinerlei Ähnlichkeit mit unserer Natur hat und sie dabei von Grund auf kennt, deren Glück von uns unabhängig ist und die gleichwohl bereit ist, sich um unseres zu kümmern; schließlich einer Vernunft, die sich erst im Lauf der Zeit Ruhm erwirbt, in einem Jahrhundert arbeitet und in einem anderen genießen kann. Es bedürfte der Götter, um den Menschen Gesetze zu geben» (Rousseau 1977, 43).

Die Schwierigkeit liegt also darin, dass die gesellschaftliche ‹Natur› des Menschen bereits angelegt und in vernünftiger Form ausgeprägt vorliegen muss, bevor Gesetze (die ja selbst wieder von Menschen gemacht werden) erlassen werden können, die genau diese vernünftig-gesellige Verfassung erst hervorbringen können. Rousseaus Antwort auf dies Dilemma ist die Person des übermenschlichen Gesetzgebers:

«Wer sich daran wagt, ein Volk zu errichten, muß sich imstande fühlen, sozusagen die menschliche Natur zu ändern; jedes Individuum, das von sich aus ein vollendetes und für sich bestehendes Ganzes ist, in den Teil eines größeren Ganzen zu verwandeln, von dem dieses Individuum in gewissem Sinn sein Leben und Dasein empfängt; die Verfaßtheit des Menschen zu ändern, um sie zu stärken; an die Stelle eines physischen und unabhängigen Daseins, das wir alle von der Natur erhalten haben, ein Dasein als Teil und ein moralisches Dasein zu setzen. Mit einem Wort, es ist nötig, daß er dem Menschen die ihm eigenen Kräfte raubt, um ihm fremde zu geben, von denen er nur mit Hilfe anderer Gebrauch machen kann. Je mehr die natürlichen Kräfte absterben und vergehen, desto stärker und dauerhafter werden die erworbenen, desto fester und vollkommener wird auch die Errichtung. So daß man behaupten kann, wenn kein Bürger mehr etwas ist oder vermag außer durch alle anderen, und wenn die durch die Gesamtheit erworbene Kraft der Summe der natürlichen Kräfte aller Individuen gleichkommt oder sie übersteigt, dann ist die Gesetzgebung auf dem höchsten Punkt der ihr möglichen Vollkommenheit angelangt.

Der Gesetzgeber ist ein in jeder Hinsicht außergewöhnlicher Mann im Staat. Wenn er es schon von seinen Gaben her sein muß, so ist er es nicht weniger durch sein Amt. Dies ist weder Verwaltung noch Souveränität. Dieses Amt, durch das die Republik errichtet wird, findet keinen Eingang in ihre Verfassung. Es ist ein besonderes und höheres Amt, das nichts mit menschlicher Herrschaft gemein hat; wie der, der über Menschen befiehlt, nicht über Gesetze befehlen darf, so darf, wer über Gesetze befiehlt, nicht auch über Menschen befehlen; andernfalls würden seine Gesetze als Diener seiner Leidenschaften oft nur seine Ungerechtigkeiten verewigen, er könnte nie vermeiden, daß Sondergesichtspunkte die Heiligkeit seines Werkes entstellten ...

Derjenige, der die Gesetze verfaßt, hat also oder soll keinerlei Gesetzgebungsbefugnis haben, und das Volk kann, selbst wenn es wollte, sich dieses nicht übertragbaren Rechtes nicht begeben; weil gemäß dem Grundvertrag nur der Gemeinwille die Einzelnen verpflichtet und weil man sich nur dann vergewissern kann, daß ein Sonderwille mit dem Gemeinwillen übereinstimmt, wenn man ihn der freien Abstimmung des Volkes unterworfen hat: ich habe das schon gesagt, aber es ist nicht unnütz, es zu wiederholen.

So findet man im Werk der Gesetzgebung zwei Dinge zugleich, die unvereinbar scheinen: ein die menschliche Kraft übersteigendes Unterfangen und zu seiner Ausführung eine Macht, die nichts ist.

Eine weitere Schwierigkeit verdient Beachtung. Die Gelehrten, die zum gemeinen Mann in ihrer eigenen statt in dessen Sprache reden wollen, können darob nicht verstanden werden. Nun gibt es aber tausenderlei Gedanken, die nicht in die Sprache des Volkes übersetzt werden können. Die allzu allgemeinen Gesichtspunkte und die allzu entfernten Gegenstände liegen gleicherweise außerhalb seiner Reichweite; jedes Individuum, das keinen anderen Plan der Herrschaft schätzt als den auf seine Sonderinteressen bezogenen, bemerkt nur schwer die Vorteile, die es aus den ständigen Einschränkungen ziehen soll, die gute Gesetze auferlegen. Damit ein werdendes Volk die gesunden Grundsätze der Politik schätzen und den grundlegenden Ordnungen der Staatsraison folgen kann, wäre es nötig, daß die Wirkung zur Ursache werde, daß der Gemeinsinn, der das Werk der Errichtung sein soll, der Errichtung selbst vorausgehe und daß die Menschen schon vor den Gesetzen wären, was sie durch sie werden sollen. Da der Gesetzgeber also weder Kraft noch Überlegung in Dienst nehmen kann, ist es nötig, daß er seine Zuflucht zu einer Autorität anderer Ordnung nimmt, die ohne Gewalt mitreißen und ohne zu überreden überzeugen kann» (Rousseau 1977, 45 f.).

Resigniert muss Rousseau feststellen, dass der Naturzustand, den die Menschen um ihrer Selbsterhaltung willen verlassen mussten, ihnen keine wie auch immer geartete Garantie mit auf den Weg in die staatlich-gesellschaftliche Ordnung gegeben hat. Die Vernunft, die nun statt der Natur die Menschen durch die Feststellung ihres Gemeinwillens leiten sollte, reicht nicht zu. Es bleibt nur – und dies ist die Kehrseite der naturhaft-vernünftigen Konzeption Rousseaus – der Rückzug auf eine bewusst als Ideologie und Disziplinierungsinstanz angelegte gottgleiche Macht. Sie muss angerufen werden, um den Menschen die gesetzmäßige Ordnung einsichtig zu machen und ihre Vernunft wie ihre Natur gegen die Fehlentwicklungen der Geschichte zu schützen.

Angesichts dieser Resignation vor Vernunft und Natur des Menschen kommt Rousseaus inhaltlichen Entwürfen zu einer Verfassung, wie sie in den folgenden Teilen des «Gesellschaftsvertrages» entwickelt werden, eine eher zweideutige Funktion zu. Sie sind mehr Gedankenexperiment als Anweisungen für die Wirklichkeit. Die Suche nach der besten Regierungsform, die für die meisten klassischen Theoretiker so wichtig war, steht daher bei Rousseau auch eher im Hintergrund. Denn wenn eine Regierung nur die Verwaltung der Bestimmungen des Gemeinwillens ist, kommt ihr immer nur eine abgeleitete Bedeutung zu. Die Einteilung in demokratische, aristokratische oder monarchische Verfassung verliert an Interesse.

«Was ist also eine Regierung? Eine vermittelnde Körperschaft, eingesetzt zwischen Untertanen und Souverän zum Zweck des wechselseitigen Verkehrs, beauftragt mit der Durchführung der Gesetze und der Erhaltung der bürgerlichen wie der politischen Freiheit.

Die Glieder dieser Körperschaft heißen Obrigkeit oder Könige, d.h. Regierende und die gesamte Körperschaft trägt den Namen Fürst. So haben diejenigen durchaus recht, die behaupten, daß der Akt, durch den sich ein Volk Oberhäuptern unterwirft, keinerlei Vertrag ist. Es handelt sich ausschließlich nur um einen Auftrag, ein Amt, bei dem diese als einfache Beamte des Souveräns in dessen Namen die Macht ausüben, die er ihnen anvertraut hat und die er einschränken, abändern und zurücknehmen kann, wenn es ihm gefällt, da die Entäußerung eines derartigen Rechtes mit der Natur des Gesellschaftskörpers unvereinbar und dem Zweck des Zusammenschlusses entgegengesetzt ist.

Ich nenne also Regierung oder oberste Verwaltung die rechtmäßige Ausübung der Exekutive, und Fürst oder Obrigkeit den Menschen oder die Körperschaft, die mit dieser Verwaltung betraut sind» (Rousseau 1977, 62).

Andererseits ist auch eine solche, in ihren Möglichkeiten weitgehend beschränkte Regierung immer eingebunden in den Rahmen der gesellschaftlichen Natur des Menschen, die aktuell geprägt ist von Ungleichheit, Unfreiheit und Konkurrenzkampf.

Außerdem stehen Rousseaus eigene Erfahrungen mit seiner Vaterstadt Genf und mit dem zeitgenössischen Frankreich prägend im Hintergrund seiner Vorschläge und lassen ihn für eine aufgeklärte Aristokratie aus besitzenden Bürgern plädieren. Denn es ist «die beste und natürlichste Ordnung, daß die Weisesten die Menge regieren, wenn man sicher geht, daß sie sie zu deren Wohl und nicht zu ihrem eigenen regieren werden» (Rousseau 1977, 76). Zwar wird die Volkssouveränität als alleinige Basis aller Legitimität beibehalten; aber die ausführende Gewalt soll dann doch in die Hände derjenigen gelegt sein, von denen Kontinuität und Kompetenz im Umgang mit den wichtigen Fragen der Gemeinschaft zu erwarten ist. Und das sind eben die, die mit den wichtigsten Gegenständen gemeinschaftlichen Umgangs, mit Eigentum und Wissen, hinreichend gesegnet sind. «Wenn es ein Volk von Göttern gäbe, würde es sich demokratisch regieren. Eine so vollkommene Regierung paßt für Menschen nicht» (Rousseau 1977, 74).

Wie bereits anfangs erwähnt, war die Wirkung Rousseaus sehr groß. Andererseits hat die neuere Forschung (vgl. Fetscher 1975) gezeigt, dass sich keine direkte wirkungsgeschichtliche Linie von Rousseau zu den Protagonisten der Französischen Revolution, den Jakobinern um Maximilien Robespierre, ziehen lässt, da diese Rousseaus Werke erst aus zweiter Hand diskutiert haben. Bemerkenswert ist auch, dass Rousseau selbst keine Anweisungen zur Veränderung bestehender Gesellschaften gegeben hat – seine Figur des Gesetzgebers aber konnte durchaus verschiedene Weisen der Gesellschaftsveränderung abdecken: bis hin zum blutigen Terror, der sich auf die Verwirklichung des allgemeinen Wohls beruft.

Insgesamt artikuliert sich deshalb wohl in Rousseaus Werk vor allem die Widersprüchlichkeit einer Gesellschaft, die der Fragwürdigkeit ihrer Ziele inne wird und nicht die Möglichkeit hat, sich von ihrer eigenen Geschichte und ihren eigenen Bedingungen loszusagen.

Politische Erklärungen: Die Verfassungen der nordamerikanischen Staaten und der Französischen Revolution

Vor allem in zwei Dokumenten fand das politische Denken des 17. und 18. Jahrhunderts einen bis auf den heutigen Tag praktisch wirksamen Niederschlag: in den Grundrechten von Virginia von 1776 und in der französischen Erklärung der Menschen- und Bürgerrechte von 1789. Zwar handelte es sich bei ihnen nicht um die ältesten geschriebenen Verfassungen der Neuzeit: Der älteste Text dieser Art ist vielmehr das während der Herrschaft von Oliver Cromwell 1653 in England erlassene, kurzlebige «Instrument of Government», das neben Bestimmungen über Aufbau und Funktionen der Staatsorgane auch eine Garantie der Religionsfreiheit enthält (vgl. Fraenkel/Bracher 1964, 332). Aber erst die beiden in dem amerikanischen und dem französischen Verfassungsdokument enthaltenen Menschenrechtskataloge waren richtungweisend für viele spätere Verfassungen, auch wenn der Anlass und die historischen Bedingungen, unter denen sie entstanden, sich stark unterschieden.

1. Der amerikanische Kampf um die Unabhängigkeit

Der Siebenjährige Krieg, aus deutscher Perspektive der Kampf Preußens um seinen Fortbestand, war im internationalen Maßstab ein Krieg zwischen Frankreich und England um ihren Kolonialbesitz in Afrika, Indien und Nordamerika, der mit einem fast totalen Sieg Englands endete. Im Pariser Frieden von 1763 erhielt es unter anderem das bis dato französische Kanada und das östliche Louisiana zugesprochen. Damit war die englische Vorherrschaft in Nordamerika gesichert. Doch nur für eine kurze Zeit, denn schon bald kam es zu Spannungen zwischen den Kolonisten und dem Mutterland, als die britische Regierung direkte Steuern und Sonderzölle zur Tilgung ihrer Kriegsschuld erhob. Mit der Parole «No taxation without representation» (Keine Besteuerung ohne politische Repräsentation im britischen Parlament) konnten die Kolonisten zwar die teilweise Rücknahme der Zölle und Steuern erreichen; politischen Einfluss oder Sitz im Parlament erhielten sie aber nicht.

Der Konflikt weitete sich 1775 schließlich zum offenen Krieg aus. Unter dem Oberbefehl von George Washington (1732–1799) kämpften die Truppen der Siedler mit zunächst wechselndem Erfolg gegen die britische Kolonialarmee, die sie am Ende aber zur Kapitulation zwingen konnten. Schon in der Frühphase des Krieges, am 4. Juli 1776, erklärten die zwölf Neuenglandstaaten ihre politische Unabhängigkeit vom Mutterland und gründeten die Vereinigten Staaten von Amerika, die England im Frieden von Versailles 1783 dann anerkennen mussten.

Die amerikanische Unabhängigkeitsbewegung wird – in Analogie zur Französischen Revolution – oft als Amerikanische Revolution bezeichnet. Zumindest das Selbstverständnis der Gründer der Vereinigten Staaten ist damit aber keineswegs getroffen. Ihnen ging es nicht um den Bau einer neuen Gesellschaft, nicht um die Umwälzung bestehender Staats- und Machtverhältnisse, sondern – wie sie es schon 1774 auf dem ersten Kontinentalkongress der Neuenglandstaaten in Philadelphia zum Ausdruck brachten – um die Wiedereinsetzung in ihre alten Rechte vor 1763, um die Restauration der durch England unterbrochenen und missbrauchten Rechtstradition.

Thomas Paine (1737–1809), einer der publizistischen Vorkämpfer sowohl der amerikanischen Unabhängigkeit wie dann später der Französischen Revolution, hat in seinem Buch «Die Rechte des Menschen» von 1782 (übrigens eines der erfolgreichsten Bücher des 18. Jahrhunderts: Allein in England wurden in wenigen Jahren etwa eine halbe Million Exemplare verkauft!) diesen restaurativen Aspekt deutlich betont, auch wenn er einer der Ersten war, die das amerikanische Geschehen als Revolution bezeichneten: Die Revolution in Amerika ist «eine Erneuerung der natürlichen Ordnung der Dinge, ein System von Grundsätzen, die ebenso allgemein sind als die Wahrheit und die Existenz des Menschen und die Moral mit politischer Glückseligkeit und Nationalwohlstand verbindet» (Paine 1973, 173).

Unüberhörbar in diesen Zeilen sind die Anklänge an die amerikanische Unabhängigkeitserklärung vom 4. Juli 1776. Auch in diesem

Dokument der Rechtfertigung des Abfalls vom britischen Empire verbinden sich moralische, naturrechtliche und ökonomische Motive mit der Berufung auf alte positiv-rechtliche Traditionen, die es wieder einzusetzen gelte:

«Wir halten diese Wahrheiten für selbstverständlich, daß alle Menschen gleich geschaffen worden sind; daß sie von ihrem Schöpfer mit bestimmten unveräußerlichen Rechten ausgestattet sind, zu denen Leben, Freiheit und Streben nach Glück gehören; daß zur Sicherung dieser Rechte Regierungen unter den Menschen eingesetzt sind, die ihre rechtmäßige Gewalt von der Zustimmung der Regierten herleiten; daß, wenn immer eine Regierungsform diesen Zwecken verderblich wird, es das Recht des Volkes ist, sie zu ändern oder abzuschaffen und eine neue Regierung einzusetzen und diese auf solchen Grundlagen aufzubauen und ihre Gewalten in solcher Form zu organisieren, wie es ihm zur Gewährleistung seiner Sicherheit und seines Glücks geboten scheint» (nach Morison 1965, 157).

Autor dieser Erklärung ist Thomas Jefferson (1743–1826), der spätere dritte Präsident der Vereinigten Staaten. Bei der Abfassung konnte er sich auf die «Bill of Rights» (Rechtserklärung) des Staates Virginia vom 12. Juni 1776 stützen, dem ältesten Menschenrechtskatalog der Welt. Ähnliche Verfassungen erließen dann auch die Staaten Pennsylvania, Maryland (diese Verfassung enthält auch ein Widerstandsrecht), North-Carolina, Vermont, Massachusetts und New Hampshire.

Rechtserklärung des Staates Virginia

«Eine Erklärung der Rechte, von den Vertretern der guten Bevölkerung von Virginia, in vollständiger und freier Versammlung zusammengetreten, abgegeben über die Rechte, die ihnen und ihrer Nachkommenschaft als Grundlage und Fundament der Regierung zustehen.

Artikel 1: Alle Menschen sind von Natur aus in gleicher Weise frei und unabhängig und besitzen bestimmte angeborene Rechte, welche sie ihrer Nachkommenschaft durch keinen Vertrag rauben oder entziehen können, wenn sie eine staatliche Verbindung eingehen, und zwar den Genuß des Lebens und der

Freiheit, die Mittel zum Erwerb und Besitz von Eigentum und das Erstreben und Erlangen von Glück und Sicherheit.

Artikel 2: Alle Macht ruht im Volke und leitet sich folglich von ihm her; die Beamten sind nur seine Bevollmächtigten und Diener und ihm jederzeit verantwortlich.

Artikel 3: Eine Regierung ist oder sollte zum allgemeinen Wohle, zum Schutze und zur Sicherheit des Volkes, der Nation oder Allgemeinheit eingesetzt sein; von all den verschiedenen Arten und Formen der Regierung ist diejenige die beste, die imstande ist, den höchsten Grad von Glück und Sicherheit hervorzubringen, und die am wirksamsten gegen die Gefahr schlechter Verwaltung gesichert ist; die Mehrheit eines Gemeinwesens hat ein unzweifelhaftes, unveräußerliches und unverletzliches Recht, eine Regierung zu verändern oder abzuschaffen, wenn sie diesen Zwecken unangemessen oder entgegengesetzt befunden wird, und zwar so, wie es dem Allgemeinwohl am dienlichsten erscheint.

Artikel 4: Kein Mensch oder keine Gruppe von Menschen ist zu ausschließlichen und besonderen Vorteilen und Vorrechten seitens des Staates berechtigt, außer in Anbetracht öffentlicher Dienstleistungen; da diese nicht vererbt werden können, sollen auch die Stellen der Beamten, Gesetzgeber oder Richter nicht erblich sein.

Artikel 5: Die gesetzgebende und die ausführende Gewalt des Staates sollen von der richterlichen getrennt und unterschieden sein; die Mitglieder der beiden ersteren sollen dadurch, daß sie die Lasten des Volkes mitfühlen und mittragen, von einer Unterdrückung abgehalten werden und deshalb in bestimmten Zeitabschnitten in ihre bürgerliche Stellung entlassen werden und so in jene Umwelt zurückkehren, aus der sie ursprünglich berufen wurden; die freigewordenen Stellen sollen durch häufige, bestimmte und regelmäßige Wahlen wieder besetzt werden, bei denen alle oder ein gewisser Teil der früheren Mitglieder wiederwählbar oder nicht sind, je nachdem es die Gesetze bestimmen.

Artikel 6: Die Wahlen der Abgeordneten, die als Volksvertreter in der Versammlung dienen, sollen frei sein; alle Männer, die ihr dauerndes Interesse und ihre Anhänglichkeit an die Allgemeinheit erwiesen haben, besitzen das Stimmrecht. Ihnen kann ihr Eigentum nicht zu öffentlichen Zwecken besteuert oder genommen werden ohne ihre eigene Einwilligung oder die ihrer so gewählten Abgeordneten, noch können sie durch irgendein Gesetz gebunden werden, dem sie nicht in gleicher Weise um des öffentlichen Wohles willen zugestimmt haben.

Artikel 7: Jede Gewalt, Gesetze oder die Ausführung von Gesetzen durch irgendeine Autorität ohne Einwilligung der Volksvertreter aufzuschieben, ist ihren Rechten abträglich und soll nicht durchgeführt werden.

Artikel 8: Bei allen schweren oder kriminellen Anklagen hat jedermann ein Recht, Grund und Art seiner Anklage zu erfahren, den Anklägern und Zeugen gegenübergestellt zu werden, Entlastungszeugen herbeizurufen und eine rasche Untersuchung durch einen unparteiischen Gerichtshof von zwölf Männern seiner Nachbarschaft zu verlangen, ohne deren einmütige Zustimmung er nicht als schuldig befunden werden kann; auch kann er nicht gezwungen werden, gegen sich selbst auszusagen; niemand kann seiner Freiheit beraubt werden außer durch Landesgesetz oder das Urteil von seinesgleichen.

Artikel 9: Es sollen keine übermäßige Bürgschaft verlangt, keine übermäßigen Geldbußen auferlegt, noch grausame und ungewöhnliche Strafen verhängt werden.

Artikel 10: Allgemeine Vollmachten, durch die ein Beamter oder ein Beauftragter ermächtigt wird, verdächtige Plätze zu durchsuchen, ohne daß eine begangene Tat erwiesen ist, oder eine oder mehrere Personen, die nicht benannt sind, oder solche, deren Vergehen nicht durch Beweisstücke genau beschrieben ist oder offensichtlich zutage liegt, festzunehmen, sind kränkend und bedrückend und sollen nicht genehmigt werden.

Artikel 11: Bei Streitigkeiten bezüglich des Eigentums und bei Händeln persönlicher Art ist die altherkömmliche Verhandlung vor einem Geschworenengericht jeder anderen vorzuziehen und soll heilig gehalten werden.

Artikel 12: Die Freiheit der Presse ist eines der starken Bollwerke der Freiheit und kann nur durch despotische Regierungen beschränkt werden.

Artikel 13: Eine wohlgeordnete Miliz, aus der Masse des Volkes gebildet und im Waffendienst geübt, ist der geeignete, natürliche und sichere Schutz eines freien Staates; stehende Heere sollen in Friedenszeiten als der Freiheit gefährlich vermieden werden; auf alle Fälle soll das Militär der Zivilgewalt streng untergeordnet und von dieser beherrscht werden.

Artikel 14: Das Volk hat ein Recht auf eine einheitliche Regierung; daher soll keine Regierung gesondert oder unabhängig von der Regierung Virginias innerhalb dessen Grenzen errichtet oder eingesetzt werden.

Artikel 15: Eine freie Regierung und die Segnungen der Freiheit können einem Volke nur erhalten werden durch strenges Festhalten an der Gerechtigkeit, Mäßigung, Enthaltsamkeit, Sparsamkeit und Tugend und durch häufiges Zurückgreifen auf die Grundprinzipien.

Artikel 16: Die Religion oder die Ehrfurcht, die wir unserem Schöpfer schulden, und die Art, wie wir sie erfüllen, können nur durch Vernunft und Überzeugung bestimmt sein und nicht durch Zwang oder Gewalt; daher sind alle Menschen gleicherweise zur freien Religionsausübung berechtigt, entsprechend der Stimme ihres Gewissens; es ist die gemeinsame Pflicht aller, christliche Nachsicht, Liebe und Barmherzigkeit aneinander zu üben» (Heidelmeyer 1972, 54–56).

Artikel 1 schreibt – wie die Unabhängigkeitserklärung – in naturrechtlicher Tradition die angeborenen Rechte aller Menschen fest. Unverkennbar klaffen hier allerdings Verfassungstext und Realität auseinander; denn beispielsweise von einer Chancengleichheit bei der Verfolgung wirtschaftlicher Interessen konnte damals wie heute nicht die Rede sein, und die Sklaverei wurde in den Südstaaten der USA bekanntlich erst nach dem Bürgerkrieg 1865 abgeschafft. Dieser Artikel enthält deshalb eher eine noch zu verwirklichende Forderung als die Beschreibung eines bestehenden Zustands. Der 2. Artikel formuliert das entscheidende Verfassungsprinzip, die Volkssouveränität und die demokratische Ordnung, deren Konsequenz der folgende Artikel festlegt: Die Mehrheit des Volkes darf bei Missbrauch durch die Regierung die Verfassung reformieren. Der 4. Artikel richtet sich gegen feudale Ämterwirtschaft und erbliche Privilegien, im 5. werden die Teilung der drei Gewalten (vgl. Montesquieu S. 212 f.) und freie Wahlen zu allen Ämtern vorgeschrieben. In den Artikeln 6 und 7 hallt noch der Kampf gegen die englischen Sondersteuern und Zölle und die Übergriffe der britischen Krone nach.

Dass Prozesse in gesetzlichen Bahnen abzulaufen haben und dass auch die Beschuldigten in Strafverfahren über Rechte verfügen, war im 18. Jahrhundert so wenig selbstverständlich, dass immerhin ein Viertel der Artikel, die Nummern 8 bis 11, sich mit dieser Materie befassen. Interessant ist auch, wie die Einsetzung von Geschworenengerichten unter Berufung auf das Althergebrachte gefordert wird. Der 12. Artikel enthält wiederum ein klassisch gewordenes Menschenrecht, die Pressefreiheit. Immanuel Kant wird sie wenige Jahre später als das «einzige Palladium der Volksrechte» bezeichnen (vgl. S. 296). Ebenfalls ein Menschenrecht steht am Ende der Verfassung, die Freiheit der Religionsausübung. Sie musste für die amerikanischen Kolonisten von besonderer Wichtigkeit sein, waren doch viele von ihnen wegen staatlicher Unterdrückung ihres Glaubens und religiöser Intoleranz aus Europa ausgewandert. Konsequent wurde dann auch 1785 auf amerikanischer Bundesebene die Trennung von Kirche und Staat vollzogen.

Die Ablehnung stehender Heere wegen ihrer Gefährlichkeit für Frieden und Freiheit und das Primat der Politik vor der militärischen Gewalt, wie sie in Artikel 13 niedergelegt sind, darf man getrost heute noch mehr einen utopischen Entwurf denn Realität nennen – auch die Vereinigten Staaten von Amerika unterhalten bis heute eine Berufsarmee.

Eine Grundtendenz der gesamten amerikanischen Unabhängigkeitsbewegung zeigt vor allem der 3. Artikel. Es ist diese der Vorbehalt und das grundsätzliche Misstrauen gegenüber dem Staat. Er soll auf ein notwendiges Minimum eingeschränkt werden; denn die eigentliche Sphäre menschlicher Entfaltung und menschlichen Glücks ist die Gesellschaft, die Sphäre des Wirtschaftens, die (das ist ganz liberalistisch gedacht) spontane Kräfte der Selbstregulation freisetzt, sofern sie nicht durch staatliche Repression daran gehindert wird. Thomas Paine hat dies in seiner wenige Monate vor der Unabhängigkeitserklärung erschienenen Flugschrift «Common Sense» unübertrefflich klar ausgedrückt:

«Einige Schriftsteller haben Gesellschaft (*society*) mit Regierung (*government*) derart vermengt, daß nur ein geringer oder gar kein Unterschied mehr zwischen ihnen bleibt; indessen sind sie nicht allein unterschieden, sondern sie haben auch verschiedene Ursprünge. Die Gesellschaft wird hervorgebracht durch unsere Bedürfnisse, die Regierung durch unsere Schwächen; die erste befördert unser Glück positiv durch Vereinigung unserer Affekte, die letzte negativ durch Einschränkung unserer Laster. Jeder Zustand der Gesellschaft ist segensreich, aber die Regierung ist noch in ihrer besten Verfassung nur ein notwendiges Übel» (nach Paine 1953, 4 f.).

Rechte wie Freiheit, Leben, Eigentum und Streben nach Glück sind *natürliche* Rechte, d.h. sie existieren vor aller und unabhängig von aller staatlichen Organisation. Das ‹notwendige Übel›, der Staat, hat sie zu garantieren und zu sichern, aber nicht in ihre Substanz einzugreifen. Und da diese Rechte dem Bereich der Gesellschaft entspringen, müssen sie in ihrem Kern ökonomisch begründet sein. In Anlehnung an John Locke wurde denn auch das Grundrecht auf Leben und Selbsterhaltung als Recht auf Privateigentum interpretiert und Glück gleichgesetzt mit materiellem Reichtum:

«Das Naturrecht wird nicht auf revolutionärem Wege positiviert; es gelangt nicht subjektiv durch das Bewußtsein politisch handelnder Bürger, sondern objektiv durch eine ungehemmte Wirksamkeit der immanenten Naturgesetze der Gesellschaft selber zur Geltung. Paine identifiziert nämlich die natürlichen Rechte des Menschen mit den natürlichen Gesetzen des Warenverkehrs und der gesellschaftlichen Arbeit» (Habermas 1982, 100).

Diese staatsskeptische Haltung in den Vereinigten Staaten führte schon bald zu einer tiefgreifenden innenpolitischen Krise. Nach dem siegreich beendeten Krieg drohte der lockere Verbund der 13 souveränen Staaten zu zerfallen; denn die nationale Regierung bestand lediglich aus einer gesetzgebenden Körperschaft ohne eine Exekutive und ohne eine allgemeine richterliche Gewalt, sie war also faktisch ohne Kompetenzen. In dieser Situation, die sich durch wirtschaftliche Nöte noch verschärfte, wurde 1787 der Verfassungskonvent in Philadelphia einberufen, der noch im selben Jahr die erste Bundesverfassung der Vereinigten Staaten ausarbeitete. In ihr ist vor allem die in den Grundzügen bis heute gültige Teilung der Gewalten in den ‹Obersten Gerichtshof› (Jurisdiktion), die Exekutivgewalt des Präsidenten und den Kongress als Legislative niedergelegt. Diese Verfassung beließ zwar wichtige Rechte bei den einzelnen Bundesstaaten, führte aber doch zu der angestrebten Stärkung der Zentralgewalt.

Der amerikanische Historiker Charles A. Beard hat in seiner klassischen Studie «Eine ökonomische Interpretation der amerikanischen

Verfassung» – die Originalausgabe erschien 1913 – minutiös herausgearbeitet, in welchem Grade auch dieses Dokument durch wirtschaftliche Interessen einer sozialen Gruppe bestimmt ist. Da hier seine Argumentation nicht detailliert nachvollzogen werden kann, seien wenigstens seine wichtigsten Schlussfolgerungen zitiert:

«Die Mitglieder des Konvents von Philadelphia, der die Verfassung ausarbeitete, waren mit nur wenigen Ausnahmen unmittelbar, direkt und persönlich an der Einrichtung des neuen Systems interessiert, von dem sie sich wirtschaftliche Vorteile versprechen konnten.

Die Verfassung war im wesentlichen ein ökonomisches Dokument, das von dem Grundsatz ausging, daß die fundamentalen privaten Rechte des Eigentums dem Staat zeitlich vorausgehen und moralisch außerhalb des Einflußbereichs von Majoritäten im Volk stehen ...

Bei der Ratifizierung (der Verfassung in den einzelnen Bundesstaaten) wurde deutlich, daß die Grenzlinie des Eintretens für und gegen die Verfassung zwischen reellen Interessen beweglichen Eigentums auf der einen Seite und den Interessen der kleinen Farmer und Schuldner auf der anderen Seite verlief.

Die Verfassung wurde nicht von ‹dem ganzen Volk› geschaffen, wie die Juristen gesagt haben ... Sie war vielmehr das Werk einer geschlossenen Gruppe, deren Interessen über Staatsgrenzen hinweggingen und in ihrer Reichweite wahrhaft national waren» (Beard 1974, 382 f.).

2. Die große Französische Revolution

«Wir haben uns drei Fragen vorzulegen.

1. Was ist der dritte Stand? Alles.
2. Was ist er bis jetzt in der staatlichen Ordnung gewesen? Nichts.
3. Was verlangt er? Etwas darin zu werden» (Sieyès 1968, 55).

Mit diesen Sätzen beginnt eines der berühmtesten politischen Manifeste der Geschichte, die Streitschrift «Was ist der dritte Stand?» des Abbé Emanuel Sieyès (1748–1836). Als sie im Januar 1789 erschien, war der Prozess bereits im vollen Gange, in dem schließlich der dritte Stand, das Bürgertum, den ersten und zweiten, Geistlichkeit und Adel, aus der Macht verdrängen sollte. Das offizielle Datum des Revolutionsbeginns, die Erstürmung der Bastille am 14. Juli 1789, markiert nur das weithin sichtbare Fanal eines politischen, ökonomischen und ideengeschichtlichen Zündstoffs, der sich bereits seit Beginn des 18. Jahrhunderts in Frankreich angesammelt hatte.

Wie lange, ideengeschichtlich gesehen, die Opposition der Intellektuellen und Aufklärer gegen das absolutistische Regime zurückreicht, zeigt schlaglichtartig etwa Montesquieus satirischer Roman «Persische Briefe» von 1721, in dem zwei fingierte persische Adelige in Briefen ihre Eindrücke von Europa austauschen. Aus dieser exotisch verfremdeten Perspektive kann Montesquieu eine Kritik formulieren, die in dieser Schärfe direkt auszusprechen ihm verboten gewesen wäre. Hier klingt auch schon das Lob der englischen Verfassung an, das sich im «Geist der Gesetze» in dem berühmten Kapitel über die Gewaltenteilung wiederfindet (vgl. S. 212 f.):

«Nicht alle Völker Europas sind gleichmäßig ihren Fürsten unterworfen. So läßt z. B. das ungeduldige Wesen der Engländer ihrem König keine Zeit, seinem Ansehen noch mehr Gewicht zu geben. Unterwürfigkeit und Gehorsam sind die Tugenden, deren sie sich am wenigsten befleißigen. Außerdem behaupten sie noch mancherlei ganz seltsame Dinge. Ihnen zufolge gibt es nur ein Band, das die Menschen aneinander zu knüpfen vermag, nämlich das Band der Dankbarkeit ...

Wenn aber ein Fürst, weit entfernt, für das Glück seiner Untertanen zu sorgen, sie bedrücken und zugrunde richten will, so hört der Grund des Gehorsams auf; nichts bindet, nichts fesselt sie an ihn, und sie kehren zu ihrer ursprünglichen Freiheit zurück. Die Engländer behaupten, keine Macht ohne Grenzen könne gesetzmäßig sein, weil sie nie einen gesetzmäßigen Ursprung haben könne. Denn, so sagen sie, wir vermögen niemandem mehr Macht über uns zu geben, als wir selber besitzen» (Montesquieu 1964, 184).

Vermutlich mehr als jedes andere Werk dieses Jahrhunderts der Aufklärung trug aber die von *Denis Diderot* (1713–1784) geleitete und teilweise verfasste «Enzyklopädie» zur Verbreitung jener Ideen bei, die dann die Revolution mitauslösten. Das ihr zugrundeliegende Programm umreißt der vollständige Titel: «Enzyklopädie oder auf Vernunfterkenntnis gegründetes Lexikon der Wissenschaften, der Kunst und des Handwerks». In den 28 zwischen 1751 und 1772 erschienenen großformatigen Text- und Bildbänden ist das gesamte Wissen der Zeit, nicht nur das historische, theologische und philosophische, sondern auch – das ist neu – das ökonomische, technologische und naturwissenschaftliche Wissen zugänglich gemacht, und zwar mit deutlich politisch-sozialer Tendenz. Kein Wissen soll sich länger durch Autorität und Tradition legitimieren dürfen. Oberste Instanz ist vielmehr die Vernunft. Vor ihrem Richterstuhl haben sich auch scheinbar unantastbare politische Institutionen oder die ehrwürdigsten religiösen Dogmen zu verantworten. Wenn sie dem Fortschritt der menschlichen Wohlfahrt und dem irdischen Glück der Menschen zuwiderlaufen, sind sie zu verwerfen. Die vehementen Angriffe auf den Staat und vor allem die christliche Religion zeigen, wie wenig davon vor dem aufgeklärten Geist noch Bestand hatte.

Dass ein so kritisches Werk wie die «Enzyklopädie» überhaupt erscheinen konnte, beweist, wie wenig selbstbewusst und wie morsch die französische Monarchie bereits geworden war. Doch entscheidend für ihren Sturz wurden eine ständig defizitäre Haushaltspolitik und die steigenden Staatsschulden, hervorgerufen durch eine unglücklich verlaufene Kriegspolitik (Siebenjähriger Krieg), eine krass verschwenderische Hofhaltung des Königs und eine wuchernde Pfründen- und Günstlingswirtschaft. Und da der Adel und der Klerus im Genuss von Steuerbefreiungen standen, traf die Hauptlast der Steuern die ärmeren Schichten, vor allem auf dem Lande; denn etwa 80 Prozent der Bevölkerung bestanden aus Bauern und besitzlosen Landarbeitern. Zu dieser immer drückenderen Last – dem Bevölkerungswachstum stand kein entsprechender Anstieg der Lebensmittelproduktion und der Zahl der Arbeitsplätze gegenüber – kam in den 1780er Jahren noch eine Krise in der entstehenden städtischen Industrie, die, zusammen mit rapide steigenden Brotpreisen, die Handwerker und Arbeiter mit völliger Verarmung bedrohte.

Nachdem alle Versuche, das Wirtschaftssystem zu reformieren, am Widerstand der Privilegierten gescheitert waren und der Staatsbankrott kurz bevorstand, suchte König Ludwig XVI. 1788 sein Heil in der Einberufung der Generalstände – womit er ohne sein Wollen die Revolution einleitete. Die Hauptaufgabe dieses Gremiums, das sich aus gewählten Vertretern der drei Stände zusammensetzte, bestand in der Bewilligung neuer Steuern. Es war seit 1614, während der ganzen absolutistischen Ära, niemals einberufen worden. Allein dass Ludwig auf diese Institution zurückgreifen musste, zeigt, wie schwach seine Stellung bereits geworden war. Nach einem erregten Wahlkampf traten die Generalstände am 5. Mai 1789 in Versailles zusammen. Der dritte Stand hatte mit gestiegenem bürgerlichen Selbstbewusstsein schon die Verdopplung der Zahl seiner Abgeordneten durchgesetzt. Er verfügte jetzt über ebenso viele Stimmen wie Adel und Klerus gemeinsam. Doch als die bürgerlichen Abgeordneten auch die alte Regel der getrennten Beratung und Abstimmung nach Ständen nicht mehr akzeptieren wollten, sondern eine Abstimmung nach Köpfen verlangten, was die Privilegierten die Mehrheit gekostet hätte, kam es zum Eklat. Adel und Klerus wiesen dieses Ansinnen ab.

Daher erklärte sich der 3. Stand auf Antrag von Sieyès am 17. Juni zur Nationalversammlung und sprach sich allein das Recht zu, Steuern zu genehmigen. Als der König versuchte, diesen Beschluss aufzuheben, versammelten sich drei Tage später die bürgerlichen Abgeordneten zu dem berühmten ‹Ballhausschwur›, indem sie sich verpflichteten, nicht auseinanderzugehen, bis eine Verfassung für Frankreich geschaffen sei. Jetzt begannen sich die Ereignisse zu überstürzen. Nach Straßenkämpfen in Paris kam es im Juli zur Erstürmung der Bastille durch die Bevölkerung, bereits Anfang August verzichtete der Adel auf einen Teil seiner Privilegien, und nach Bauernaufständen im ganzen Land schaffte die Nationalversammlung am 11. August 1789 die Feudalität ab. Grundzinspflichten, Frondienste und Leibeigenschaft wurden ebenso aufgehoben wie der Zehnte für weltliche und geistliche Körperschaften. Alle Bürger und alle Vermögen wurden nun der Besteuerung nach gleichen Grundsätzen unterzogen. Auch die grundherrliche Rechtsprechung und die Käuflichkeit von Staatsämtern wurden abgeschafft.

Am 26. August schließlich nahm die Versammlung die «Erklärung der Menschen- und Bürgerrechte» an, mit der die Grundlage für eine neue Gesellschaftsordnung gelegt wurde:

«Erklärung der Menschen- und Bürgerrechte

26. August 1789

Da die Vertreter des französischen Volkes, als Nationalversammlung eingesetzt, erwogen haben, daß die Unkenntnis, das Vergessen oder die Verachtung der Menschenrechte die einzigen Ursachen des öffentlichen Unglücks und der Verderbtheit der Regierungen sind, haben sie beschlossen, die natürlichen, unveräußerlichen und heiligen Rechte der Menschen in einer feierlichen Erklärung darzulegen, damit diese Erklärung allen Mitgliedern der Gesellschaft beständig vor Augen ist und sie unablässig an ihre Rechte und Pflichten erinnert; damit die Handlungen der Gesetzgebenden wie der Ausübenden Gewalt in jedem Augenblick mit dem Endzweck jeder politischen Einrichtung verglichen werden können und dadurch mehr geachtet werden; damit die Ansprüche der Bürger, fortan auf einfache und unbestreitbare Grundsätze begründet, sich immer auf die Erhaltung der Verfassung und das Allgemeinwohl richten mögen.

Infolgedessen erkennt und erklärt die Nationalversammlung in Gegenwart und unter dem Schutze des Allerhöchsten folgende Menschen- und Bürgerrechte:

Art. 1. Die Menschen sind und bleiben von Geburt frei und gleich an Rechten. Soziale Unterschiede dürfen nur im gemeinen Nutzen begründet sein.

Art. 2. Das Ziel jeder politischen Vereinigung ist die Erhaltung der natürlichen und unveräußerlichen Menschenrechte. Diese Rechte sind Freiheit, Eigentum, Sicherheit und Widerstand gegen Unterdrückung.

Art. 3. Der Ursprung jeder Souveränität ruht letztlich in der Nation. Keine Körperschaften, kein Individuum können eine Gewalt ausüben, die nicht ausdrücklich von ihr ausgeht.

Art. 4. Die Freiheit besteht darin, alles tun zu können, was einem anderen nicht schadet. So hat die Ausübung der natürlichen Rechte eines jeden Menschen nur die Grenzen, die den anderen Gliedern der Gesellschaft den Genuß der gleichen Rechte sichern. Diese Grenzen können allein durch Gesetz festgelegt werden.

Art. 5. Nur das Gesetz hat das Recht, Handlungen, die der Gesellschaft schädlich sind, zu verbieten. Alles, was nicht durch Gesetz verboten ist, kann nicht verhindert werden, und niemand kann gezwungen werden zu tun, was es nicht befiehlt.

Art. 6. Das Gesetz ist der Ausdruck des allgemeinen Willens. Alle Bürger haben das Recht, persönlich oder durch ihre Vertreter an seiner Formung mitzuwirken. Es soll für alle gleich sein, mag es beschützen, mag es bestrafen. Da alle Bürger in seinen Augen gleich sind, sind sie gleicherweise zu allen Würden, Stellungen und Beamtungen nach ihrer Fähigkeit zugelassen ohne einen anderen Unterschied als den ihrer Tugenden und ihrer Talente.

Art. 7. Jeder Mensch kann nur in den durch das Gesetz bestimmten Fällen und in den Formen, die es vorschreibt, angeklagt, verhaftet und gefangengehalten werden. Diejenigen, die willkürliche Befehle betreiben, ausfertigen, ausführen oder ausführen lassen, sollen bestraft werden. Doch jeder Bürger, der auf Grund des Gesetzes vorgeladen oder ergriffen wird, muß sofort gehorchen. Er macht sich durch Widerstand strafbar.

Art. 8. Das Gesetz soll nur solche Strafen festsetzen, die offenbar unbedingt notwendig sind. Und niemand kann auf Grund eines Gesetzes bestraft werden, das nicht vor Begehung der Tat erlassen, verkündet und gesetzlich angewandt worden ist.

Art. 9. Da jeder Mensch so lange für unschuldig gehalten wird, bis er für schuldig erklärt worden ist, soll, wenn seine Verhaftung für unumgänglich erachtet wird, jede Härte, die nicht notwendig ist, um sich seiner Person zu versichern, durch Gesetz streng vermieden sein.

Art. 10. Niemand soll wegen seiner Meinungen, selbst religiöser Art, beunruhigt werden, solange ihre Äußerungen nicht die durch das Gesetz festgelegte öffentliche Ordnung stören.

Art. 11. Die freie Mitteilung der Gedanken und Meinungen ist eines der kostbarsten Menschenrechte. Jeder Bürger kann also frei schreiben, reden, drucken unter Vorbehalt der Verantwortlichkeit für den Mißbrauch dieser Freiheit in den durch Gesetz bestimmten Fällen.

Art. 12. Die Sicherung der Menschen- und Bürgerrechte erfordert eine Streitmacht. Diese Macht ist also zum Vorteil aller eingesetzt und nicht für den besonderen Nutzen derer, denen sie anvertraut ist.

Art. 13. Für den Unterhalt der Streitmacht und für die Kosten der Verwaltung ist eine allgemeine Abgabe unumgänglich. Sie muß gleichmäßig auf alle Bürger unter Berücksichtigung ihrer Vermögensumstände verteilt werden.

Art. 14. Alle Bürger haben das Recht, selbst oder durch ihre Abgeordneten die Notwendigkeit der öffentlichen Abgabe festzustellen, sie frei zu bewilligen, ihre Verwendung zu überprüfen und ihre Höhe, ihre Veranlagung, ihre Eintreibung und Dauer zu bestimmen.

Art. 15. Die Gesellschaft hat das Recht, von jedem öffentlichen Beamten Rechenschaft über seine Verwaltung zu fordern.

Art. 16. Eine Gesellschaft, in der die Verbürgung der Rechte nicht gesichert und die Gewaltenteilung nicht festgelegt ist, hat keine Verfassung.

Art. 17. Da das Eigentum ein unverletzliches und heiliges Recht ist, kann es niemandem genommen werden, wenn es nicht die gesetzlich festgelegte, öffentliche Notwendigkeit augenscheinlich erfordert und unter der Bedingung einer gerechten und vorherigen Entschädigung» (Grab 1973, 37–39).

Unverkennbar enthält dieser Text Bezüge zu der Verfassung von Virginia. Es gilt denn auch als gesichert, dass Thomas Jefferson, der Autor der amerikanischen Unabhängigkeitserklärung, damals Botschafter der USA in Paris, an der französischen Verfassung mitgewirkt hat. Auch der Marquis de La Fayette, der als Freiwilliger gegen die Engländer am amerikanischen Unabhängigkeitskrieg teilgenommen hatte, brachte einen Entwurf zu dieser Verfassung ein – wie überhaupt die amerikanischen Ereignisse die Französische Revolution stark inspirierten, obwohl die tiefgreifenden Unterschiede zwischen beiden gerade auch an den Verfassungen ablesbar sind:

Betont die amerikanische Unabhängigkeitserklärung die Kontinuität mit der Tradition, so bedeutet die französische Deklaration einen Bruch mit der Theorie und Praxis des «Ancien Régime». Erst sie ist revolutionär, umstürzend im heutigen Sinn: eine Neukonstruktion der gesellschaftlichen Ordnung, ein Akt bewusster Realisierung der Forderungen, die die Naturrechtler und die aufgeklärten Philosophen erhoben hatten. Diese enge Verbindung zwischen der Revolution und der Philosophie wurde bereits von den Zeitgenossen klar herausgestellt. So schrieb

Friedrich Gentz (1764–1832), der nachmalige Konservative, schon 1790: Die Revolution ist «der erste praktische Triumph der Philosophie, das erste Beispiel einer Regierungsform, die auf Prinzipien und auf ein zusammenhängendes, konsequentes System gegründet ist» (in: Sieyès 1968, 19). Und Hegel in seiner «Philosophie der Geschichte» bricht noch Jahrzehnte später in die pathetischen Worte aus: «Solange die Sonne am Firmamente steht und die Planeten um sie herumkreisen, war das nicht gesehen worden, daß der Mensch sich auf den Kopf, d.i. auf den Gedanken stellt und die Wirklichkeit nach diesem erbaut ... Es war dies somit ein herrlicher Sonnenaufgang. Alle denkenden Wesen haben diese Epoche mitgefeiert. Eine erhabene Rührung hat in jener Zeit geherrscht, ein Enthusiasmus des Geistes hat die Welt durchschauert, als sei es zur wirklichen Versöhnung des Göttlichen mit der Welt nun erst gekommen» (Hegel 1973, 529; vgl. auch unten S. 303).

Die «Erklärung der Menschen- und Bürgerrechte» fasst prägnant das Selbstverständnis und die politischen Forderungen des Besitzbürgertums zusammen. Bezeichnenderweise befand sich unter den Abgeordneten des dritten Standes kein einziger Bauer und kein direkter Vertreter der städtischen Handwerker und Arbeiter. Daher auch sucht man ein «Recht auf Arbeit» als «geheiligtes und unveräußerliches Recht der Menschheit», wie es in dem Edikt zur Aufhebung der Zünfte von 1776 niedergelegt worden war, in der Erklärung vergebens. Ihre Grundlage ist die Spaltung der Rechte in die angeborenen Menschenrechte, die der Einzelne in die Gesellschaft mitbringt, und die Bürgerrechte, die er erst im Staatsganzen erwirbt. Dem entspricht eine Zweiteilung des Menschen in den Staatsbürger (*Citoyen*) und den vorpolitischen, seinen wirtschaftlichen und beruflichen Betätigungen nachgehenden *Bourgeois*, wie sie sich schon bei Rousseau findet (vgl. S. 239 ff.). Wie stark die gesamte Verfassung von ökonomischen Interessen des Bürgertums diktiert ist, hat später vor allem Karl Marx herausgestellt (vgl. S. 369 ff.). Indiz dafür ist allein schon die Rolle, die dem Eigentum zukommt. Nicht genug, dass es Artikel 2 ausdrücklich als Recht des *Bourgeois* nennt, wird es in Artikel 17, herausgehoben durch die Stellung am Ende der Deklaration, nochmals in seiner Heiligkeit und Unverletzlichkeit gefeiert.

Einen zumindest mittelbaren Einfluss Rousseauscher Gedanken verrät der Artikel 6 in der Wahl des Wortes ‹allgemeiner Wille› (französisch *volonté générale*): Da alle Menschen als Naturwesen frei und gleich sind (Artikel 1), müssen sie nach Abschluss des Gesellschaftsvertrages (Artikel 2) unterschiedslos an der Gesetzgebung beteiligt sein. Ein auf diese Weise entstandenes Gesetz ist deshalb ein verbindlicher Ausdruck der *volonté générale*. Saint-Just (1767–1794), der große Organisator der Revolutionsarmeen, hat dies in einer Rede später folgendermaßen kommentiert:

«Der allgemeine Wille in seiner eigentlichen Bedeutung und in der Sprache der Freiheit entsteht aus der Majorität der besonderen Willensmeinungen, indem diese ohne fremden Einfluß sich bestimmen und von jedem Individuum abgegeben werden. Das Gesetz, welches auf diese Weise zustande kommt, ist der notwendige Ausdruck des allgemeinen Interesses, weil, indem der Wille eines jeden durch sein Interesse bestimmt wird, aus der Majorität der Willen die Majorität der Interessen hat hervorgehen müssen ...

Wenn man ... den allgemeinen Willen auf sein wahres Prinzip zurückführt, so ist er der materielle Wille des Volkes, sein gleichzeitiger Wille; sein Zweck ist es, das aktive Interesse der größeren Mehrzahl und nicht ihr passives Interesse zu sanktionieren.

Die Freiheit soll nicht eine Theorie sein; sie soll im Volk leben und in der Praxis verwirklicht werden» (Fischer 1974, 304 f.).

Nach dem Motto: Was nicht verboten ist, ist erlaubt, darf das Gesetz die *natürliche* Freiheit nur insoweit einschränken, als alle Mitglieder der Gesellschaft in ihrer *bürgerlichen* Freiheit einander gleich werden (vgl. die Artikel 4 und 5). Wie wenig dies mit den Realitäten von 1789 zusammenstimmt, zeigt schon die nach Besitz und Einkommen gestaffelte Einteilung in wahlberechtigte Aktivbürger und nicht wahlberechtigte Passivbürger. Erst das Wahlgesetz von 1792 beseitigte diese Ungerechtigkeit.

Insgesamt tragen die ersten sechs Artikel unübersehbar utopisch-illusionäre Züge. Im Überschwang revolutionärer Begeisterung vernebeln sie für einen historischen Augenblick die sozialen Widersprüche und Interessengegensätze, die (mit einer neuen Frontstellung: nicht mehr Adel gegen Bürgertum, sondern Bürgertum gegen Arbeiter und verarmte Bauern) schon bald wieder heftig aufbrechen werden. Einmal mehr war es Rousseau, der, schon 30 Jahre vor der Revolution, in seinem Erziehungsroman «Emil» dem hinter der Verfassung stehenden Wunschbild einer großen und einigen Gemeinschaft aller Menschen beredten Ausdruck verliehen hatte:

«Die guten gesellschaftlichen Einrichtungen sind diejenigen, die es am besten verstehen, dem Menschen seine Natur zu nehmen, ihm seine absolute Existenz zu nehmen und ihm dafür eine relative zu geben, und das Ich auf die Einheit der Gemeinschaft zu übertragen, so daß jeder Einzelne sich nicht nur als Eines, sondern als Teil der Einheit fühlt, der nur noch im Ganzen empfindungsfähig ist» (Rousseau 1963, 112).

Profaner geben sich die Artikel 7 bis 16. Sie fixieren, ähnlich wie die «Virginia Bill of Rights», die Rechte der Angeklagten, die Meinungsfreiheit, die Religionsfreiheit und die Steuergerechtigkeit. Von besonderer Wichtigkeit ist die in der Präambel und dem Artikel 16 festgelegte Gewaltenteilung: «Die Tyrannen teilen das Volk, um zu herrschen; teilen Sie die Regierungsgewalt, wenn Sie wollen, daß die Freiheit herrscht. Das Königtum ist nicht die Regierung eines einzigen. Es lebt in jeder Gewalt, welche gleichzeitig eine beratende und regierende ist.» So Saint-Just mit republikanischer Akzentuierung in der schon zitierten Rede (Fischer 1974, 303).

Doch die Stellung des Staates ist insgesamt weit stärker als in der Virginia-Verfassung. Die Vorbehalte und die Skepsis der Amerikaner gegen den möglichen Missbrauch staatlicher Macht fehlen, deutlich etwa an den Einschränkungen, die Meinungs- und Religionsfreiheit in den Artikeln 10 und 11 hinnehmen müssen. Die Armee wird sogar als Garant der Freiheit angesehen (Artikel 12), nicht als ihr potenzieller Feind wie in Virginia. Ist der Staat den Amerikanern nur ein «notwendiges Übel» (vgl. S. 188), so kommt ihm bei den Franzosen eine geradezu erzieherische

Funktion zu: Bei einem durch absolutistische Misswirtschaft und «Verderbtheit» korrumpierten Volk muss der Verfassung allererst Eingang verschafft und sie durchgesetzt werden. In Ansätzen kündigt sich schon hier Robespierres republikanischer Terror der Tugend an, von dem weiter unten noch die Rede sein wird.

Die Verfassung von 1789 verwandelte Frankreich von einer absoluten in eine konstitutionelle Monarchie. Die alleinige Souveränität des Königs von Gottes Gnaden ging über auf die Nation (Artikel 3); aber weiterhin hatte der König eine starke Position. In einer Note vom 14. Oktober 1790 an den Hof von Versailles fasste Graf Mirabeau, der größte Propagandist der Revolution in ihrer ersten Phase, doch zugleich überzeugter Monarchist, knapp und einprägsam die Grundlagen der Verfassung von 1789 zusammen. In dieser Note wird auch deutlich, welche Leistungen die Revolution bei der Zentralisierung und Vereinheitlichung der französischen Justiz und Verwaltung vollbracht hat:

«Frage (des Hofes): Was soll man unter den ‹Grundlagen der Verfassung› verstehen?

Antwort (von Mirabeau): Erbliche Königswürde in der Dynastie der Bourbonen. Periodisch gewählter und permanenter gesetzgebender Körper, dessen Befugnisse sich nur auf die Abfassung von Gesetzen erstreckt. Einheit und sehr große Freiheit der obersten Vollzugsgewalt in allem, was sich auf die Verwaltung des Königreichs, die Vollziehung der Gesetze, die Lenkung der öffentlichen Macht bezieht. Ausschließliche Zuweisung der Steuern an den gesetzgebenden Körper. Neue Einteilung des Königreichs. Unentgeltliche Rechtspflege. Freiheit der Presse. Verantwortlichkeit der Minister. Verkauf der Güter der königlichen Domäne und des Klerus. Einführung einer Zivilliste. Kein politischer Unterschied der Stände, keine Privilegien, Steuerfreiheiten, kein Lehenswesen, keine Parlamente, kein Adel oder Klerus als politische Körperschaft, keine Provinzen mit eigenen Ständen, keine Provinzialkorporationen mehr. Das ist's, was ich unter den Grundlagen der Verfassung verstehe. Sie beschränken die königliche Gewalt nur, um sie stärker zu machen. Sie vertragen sich vollkommen mit der monarchischen Regierung» (Grab 1973, 45).

Der Kompromiss zwischen Bürgertum und Monarchie, wie ihn die Verfassung von 1789 ausdrückt, war nur von kurzer Dauer. Scharen von Adeligen emigrierten, und auch Ludwig XVI. wollte sich mit seinem Machtverlust nicht abfinden. Als er im Juni 1791 ins Ausland zu fliehen versuchte, wurde er in Varennes nahe der französischen Grenze erkannt und gezwungen, nach Paris zurückzukehren. Von da ab radikalisierte sich die Revolution zusehends. Im September 1792 wurde die Republik ausgerufen, und vier Monate später, am 21. Januar 1793, ließ der Konvent (die aus allgemeinen Wahlen hervorgegangene Nachfolgeinstitution der Nationalversammlung) Ludwig öffentlich guillotinieren.

Nachdem schon 1792 der österreichische Kaiser und der preußische König eine gegenrevolutionäre Allianz geschlossen hatten, traten nun auch die Monarchien England, Spanien und Holland der Koalition gegen die französische Republik bei. Für Europa begann ein Vierteljahrhundert der Kriege, das erst mit dem Wiener Kongress 1815 enden sollte.

Zu den äußeren Angriffen auf die Revolution traten innere Unruhen, Bauernaufstände, Hungersnöte und Inflation. Immer radikalere politische Fraktionen lösten einander in der Herrschaft ab, bis im Juli 1793 die Jakobiner (benannt nach dem Kloster St. Jakob in Paris, wo sie sich versammelten) unter Maximilien Robespierre (1758–1794) eine Diktatur errichteten.

Schon 1791 war die erste Erklärung der Menschen- und Bürgerrechte neu formuliert worden (diese Verfassung trat nicht in Kraft). Im Juni 1793 entstand dann eine dritte Verfassung. Sie folgt – wenn auch in radikalisierter Form – in den Grundgedanken der Deklaration von 1789 und ergänzt sie um einige Rechte, so das Recht auf Unterricht und das Widerstandsrecht gegen Unterdrückung. Ihr letzter Artikel 35 verkündet sogar die heilige Pflicht des Volkes zur Revolution gegen die Regierung, wenn diese die Volksrechte verletzt.

Doch die Menschenrechtsgarantien in dieser Verfassung wurden praktisch nie wirksam. Denn inzwischen war als politischer Sondergerichtshof gegen angebliche und tatsächliche Feinde das «Revolutionstribunal» gegründet worden, gegen dessen Urteile keine Berufung möglich war. Oft genügte der bloße Verdacht gegenrevolutionärer Gesinnung, um jemanden auf die Guillotine zu bringen.

Im Juli 1793 riss der sogenannte Wohlfahrtsausschuss die Exekutivgewalt an sich und regierte hinfort mit diktatorischen Vollmachten. Auch durch seine Maßnahmen zur Wirtschaftslenkung, wie die Festsetzung von Höchstpreisen für Grundnahrungsmittel, verletzte er weitere Prinzipien der bürgerlichen Verfassung.

Die Zeit des Terrors löste auch bei den europäischen Intellektuellen, die zunächst mit der Revolution sympathisiert hatten, Ablehnung und Abscheu aus, eine moralisch gewiss berechtigte Reaktion. Doch fragt es sich, ob ohne die Ausnahmeherrschaft der Jakobiner die revolutionären Errungenschaften, von denen seither alle modernen Demokratien zehren, gegen ihre äußeren und inneren Gegner hätten verteidigt werden können. Ebenfalls sind Zweifel angebracht, ob Robespierre wirklich jenes blutrünstige Ungeheuer war, als das ihn die konservative Geschichtsschreibung vor allem des 19. Jahrhunderts darzustellen liebte. Es geht nicht um die Reinwaschung dieser gewiss zwiespältigen Persönlichkeit. Aber es wäre verfehlt, ihn über einen Leisten mit den Diktatoren des 20. Jahrhunderts zu schlagen.

In einer Rede vom 5. Februar 1794 hat Robespierre versucht, Rechenschaft abzulegen von den moralischen und innenpolitischen Prinzipien der Jakobinerherrschaft. Mag man auch manches in dieser Rede getrost verschleiernder Rhetorik zurechnen, so lässt sie sich darauf nicht reduzieren. In einigen Passagen dokumentiert sie eindrucksvoll, weshalb die Revolution für Denker wie Hegel zu einem geistigen Ereignis, zwischen Faszination und Grauen angesiedelt, werden konnte. Der folgende Ausschnitt aus dieser Rede handelt von der Tugend, die schon Montesquieu im «Geist der Gesetze» zum Prinzip der Republik erhoben hatte: «Zum Fortbestand oder zur Stützung einer monarchischen oder einer despotischen Regierung ist keine sonderliche Tüchtigkeit vonnöten. Unter der einen regelt die Kraft des Gesetzes alles oder hält alles zusammen, unter der anderen der immer schlagkräftige Arm des Herrschers. In einem Volksstaat ist aber eine zusätzliche Triebkraft nötig: die *Tugend*» (Montesquieu 1965, 118). Sie also begründet die Ausnahmestellung und die moralische Überlegenheit der Republiken. Robespierre argumentiert ähnlich wie Montesquieu, verschärft seinen Gedankengang aber noch, indem er dem Staat die Rolle des Tugendwächters zuweist. Wenn der Bestand des demokratischen Staates in Revolutionszeiten gefährdet ist, muss er auch mit terroristischen Mitteln der angeborenen Tugend und der ursprünglichen, natürlichen Güte des Menschen zum Durchbruch verhelfen:

«Die Demokratie ist ein Staat, wo das souveräne Volk, von den Gesetzen geleitet, die sein Werk sind, selbst alles dasjenige tut, was es gehörig tun kann, und durch Abgeordnete alles dasjenige tun läßt, was es nicht selbst zu verrichten imstande ist ...

Das Fundamental-Prinzip der demokratischen oder populären Verfassung, das heißt, die wesentliche Triebfeder, welche sie erhält und in Bewegung setzt, ist die Tugend; ich meine hier die öffentliche Tugend, welche in Griechenland und Rom so viele Wunder erzeugte und im republikanischen Frankreich noch weit erstaunlichere hervorbringen muß; nämlich die Tugend, welche nichts anders als die Liebe zum Vaterland und zu den Gesetzen desselben ist.

Da nun aber die Gleichheit das Wesen der Republik oder der Demokratie ist, so folgt daraus, daß die Liebe zum Vaterland auch notwendig die Liebe zur Gleichheit in sich begreife.

Es ist ferner wahr, daß dieses erhabene Gefühl das Vermögen voraussetzt, das allgemeine Interesse allem Privatinteresse vorzuziehen; hieraus folgt, daß die Liebe zum Vaterland auch alle anderen Tugenden voraussetzt oder erzeugt; denn was sind diese anders als die Kraft der Seele, welche den Menschen zu jenen Aufopferungen fähig macht? Wie könnte auch z.B. der Sklave des Geizes oder der Ehrsucht seinen Götzen dem Vaterland aufopfern?

Die Tugend ist nicht nur die Seele der Demokratie; sie kann auch nur in dieser Regierungsform bestehen ...

Nur in der Demokratie ist der Staat wirklich das Vaterland aller Individuen, aus denen er besteht; er kann daher ebenso viele Verteidiger, die an seiner Sache interessiert sind, zählen, als er Bürger enthält; dies ist die Quelle der Überlegenheit der freien Völker gegen alle anderen ...

Aber die Franzosen sind das erste Volk in der Welt, welches die wahre Demokratie eingeführt hat, indem es allen Menschen die Gleichheit und den völligen Genuß der Rechte eines Staatsbürger gestattet ...

Die republikanische Tugend kann in Beziehung auf das Volk und in Beziehung auf die Regierung betrachtet werden; sie ist bei dem einen so notwendig wie bei dem andern; fehlt sie bloß bei der Regierung, so bleibt noch eine Hilfsquelle in der Tugend des Volkes; ist das Volk aber selbst verdorben, so ist es um die Freiheit geschehen.

Glücklicherweise ist die Tugend, trotz der aristokratischen Vorurteile, eine natürliche Eigenschaft des Volkes.

Eine Nation ist wirklich verdorben, wenn sie allmählich ihren Charakter und ihre Freiheit verliert und von der Demokratie zur Aristokratie oder zur Monarchie übergeht; dies ist der Tod des politischen Körpers nach einem hohen und abgelebten Alter …

Übrigens kann man in einem gewissen Sinne sagen, daß das Volk gar keiner großen Tugend bedürfe, um die Gerechtigkeit und Gleichheit zu lieben; es ist genug, wenn es sich selbst liebt.

Aber die Häupter der Regierung müssen ihr Interesse dem Interesse des Volkes und den Stolz der Gewalt der Gleichheit aufopfern. Das Gesetz muß vorzüglich bei demjenigen, der sein Organ ist, in großem Ansehn stehen; die Regierung muß selbst ihr Gewicht fühlen, um alle Teile in wechselseitiger Harmonie zu erhalten.

Wenn eine repräsentative Versammlung, eine erste von dem Volke errichtete Autorität existiert: so muß diese beständig alle öffentlichen Beamten bewachen und im Zaume halten. Wer soll sie selbst aber im Zaume halten, wenn nicht ihre eigne Tugend? Je erhabener diese Quelle der öffentlichen Ordnung ist, desto reiner muß sie auch sein. Die repräsentative Versammlung muß daher damit anfangen, daß sie in ihrem Schoße alle Privatleidenschaften der allgemeinen Leidenschaft für das allgemeine Wohl unterwirft. Glücklich sind die Repräsentanten, wenn ihre Ehre und ihr Interesse selbst sie ebensosehr als ihre Pflicht an die Sache der Freiheit fesseln.

Aus allem diesen folgt eine große Wahrheit, nämlich daß es der Charakter der demokratischen Regierung sei, mit Zutrauen gegen das Volk und mit Strenge gegen sich selbst zu verfahren.

Hier würde die ganze Entwicklung unserer Theorie geendigt sein, wenn Ihr das Schiff der Republik bloß in der friedlichen Ruhe zu leiten hättet; aber der Sturm brüllt, und der Revolutionszustand, in welchem Ihr Euch befindet, schreibt Euch eine andere Laufbahn vor.

Diese große Reinheit der Grundsätze der Französischen Revolution und die Erhabenheit ihres Zweckes ist gerade dasjenige, was unsere Stärke und unsere Schwäche macht; unsere Stärke, weil sie uns die Gewalt der Wahrheit über den Betrug und die Rechte des öffentlichen Interesses gegen alles Privatinteresse verschafft; unsere Schwachheit, weil sie alle lasterhaften Menschen und alle diejenigen gegen uns vereinigt, welche in ihrem Herzen schon die Plünderung des Volkes überdachten ...

So wie im Frieden die Triebfeder der Volksregierung die Tugend ist, so ist es in einer Revolution die *Tugend und der Schrecken* zugleich; die Tugend, ohne welche der Schrecken verderblich, der Schrecken, ohne den die Tugend ohnmächtig ist. Der Schrecken ist nichts anderes als eine schleunige, strenge und unbiegsame Gerechtigkeit; er fließt also aus der Tugend; er ist also nicht ein besonderes Prinzip, sondern eine Folge aus dem Hauptprinzip der Demokratie, auf die dringendsten Bedürfnisse des Vaterlandes angewendet» (Fischer 1974, 344–349).

Robespierres Sturz und Hinrichtung zusammen mit seinen Anhängern am 28. Juli 1794 bedeutete das Ende der ‹Schreckensherrschaft›. Die innen- und außenpolitische Lage hatte sich stabilisiert, und die Zugeständnisse, die die Jakobiner an die unteren Volksklassen hatten machen müssen, wurden daher überflüssig und rasch beseitigt. An die Spitze der Regierung trat ein kollegiales Gremium von fünf Direktoren, das eine Restauration hin zu den besitzbürgerlichen Anfängen der Revolution einleitete. Die Direktoriumsverfassung von 1795 enthielt noch die meisten Menschen- und Bürgerrechte der drei voraufgehenden Verfassungen, stärkte aber die Stellung der Exekutive und führte das Zensuswahlrecht wieder ein. Durch seine Korruptheit und Unfähigkeit zunehmend gelähmt, wurde das Direktorium schließlich am 9. November 1799 (dem 18. Brumaire des Revolutionskalenders) in einem Staatsstreich von Napoleon Bonaparte hinweggefegt. Napoleons Verfassung aus dem gleichen Jahr beseitigte die Menschen- und Bürgerrechte fast vollständig; nur das Petitionsrecht und Rechte bei Verhaftungen blieben bestehen. Erst 1814, bei Rückkehr des Bourbonen Ludwig XVIII. auf den französischen Königsthron, wurden als Konzession an das reiche Bürgertum die Grundrechte im bescheidenen Umfang wieder in einer Verfassung abgesichert.

War damit der Siegeszug der Menschenrechtsprinzipien, wie sie in den Revolutionsverfassungen niedergelegt sind, auch aufgehalten, auf Dauer unterbinden ließ er sich nicht: Stärker noch als die amerikanischen Verfassungen wurden die französischen zum Vorbild für fast alle modernen Demokratien.

Immanuel Kant: Metaphysik der Sitten

1. Leben und Werk

Obwohl Kant 1724, am Ende des Barockzeitalters, geboren wurde, fiel sein hauptsächliches Wirken in die Zeit unmittelbar vor und während der Französischen Revolution. Diese Parallelität der Ereignisse gehörte denn auch schon früh zu den Topoi der Beurteilung und Würdigung Kants. So schrieb Friedrich Wilhelm Joseph Schelling (1775–1854) in seinem Nachruf von 1804: «Es ist nichts weniger als bloß scheinbare Behauptung, daß das große Ereignis der Französischen Revolution ihm allein *die* allgemeine und öffentliche Wirkung verschafft hat, welche ihm seine Philosophie an sich selbst nie verschafft haben würde. [... Es war] ein und derselbe von lange her gebildete Geist..., der sich nach Verschiedenheit der Nationen und der Umstände dort in einer realen, hier in einer idealen Revolution Luft schaffte» (Schelling 1968, 590).

Die Formel von der «idealen Revolution» lässt allerdings zwei Lesarten zu. Entweder die: Weil es in Deutschland eine theoretische Revolution gab, war die politische (glücklicherweise) überflüssig, eine Auffassung, die von den meisten denkenden Zeitgenossen spätestens seit dem jakobinischen Terror geteilt wurde. Oder, als Formel des Bedauerns: Die Revolution fand in Deutschland *nur* geistig, nur in den Köpfen statt, weil das deutsche Bürgertum für eine reale Revolution zu unfähig und schwach war, eine Interpretation, wie sie später Marx und Engels in der «Deutschen Ideologie» formulierten (vgl. Marx/Engels 1969, 176f.). Kant selbst nahm eine eher mittlere Position ein. Zwar scheute auch er die blutigen Begleiterscheinungen der Revolution. Doch konnte für ihn die Theorie nicht zu ihrer Stellvertreterin oder zum Ersatz werden, weil er in der Revolution einen Beweis für den moralischen Fortschritt der Menschheit sah:

«Die Revolution eines geistreichen Volks, die wir in unseren Tagen haben vor sich gehen sehen, mag gelingen oder scheitern; sie mag mit Elend und Greuelthaten dermaßen angefüllt sein, daß ein wohldenkender Mensch sie, wenn er sie zum zweitenmale unternehmend glücklich auszuführen hoffen könnte, doch das Experiment auf solche Kosten zu machen nie beschließen würde, – diese Revolution, sage ich, findet doch in den Gemüthern aller Zuschauer (die nicht selbst in diesem Spiele mit verwickelt sind) eine Theilnehmung dem Wunsche nach, die nahe an Enthusiasm grenzt, und deren Äußerung selbst mit Gefahr verbunden war, die also keine andere als eine moralische Anlage im Menschengeschlecht zur Ursache haben kann» (Kant 1968 VII, 85).

Die gewundene und verklausulierte Sprache ist typisch für den Schreibstil des alten Kant. Teilweise erklärt sie sich aber auch daraus, dass er 1794, vier Jahre bevor er diese Zeilen schrieb, in einen ernsten Konflikt mit der preußischen Zensur geraten war. In seiner Schrift «Die Religion innerhalb der Grenzen der bloßen Vernunft» hatte er das Missfallen des bigotten Königs Friedrich Wilhelm II. erregt, weil er es, ganz auf der Linie der Aufklärung, gewagt hatte, die offenbarte Religion der Prüfung durch die kritische philosophische Vernunft zu unterwerfen. Daraufhin war er gezwungen worden, sich zu religiösen Fragen nicht mehr öffentlich zu äußern. Kant hatte also gute Gründe, sich auch politisch zurückzuhalten, zumal über die Französische Revolution. Sieht man von diesem Konflikt mit der Staatsgewalt ab, ist seine Biographie sehr arm an äußeren Ereignissen. Seine Geburtsstadt Königsberg verließ er selten, Ostpreußen niemals in seinem Leben. Dennoch war er kein zurückgebliebener Provinzler und trockener Stubengelehrter, sondern selbstsicher, fast weltmännisch in seinem Auftreten, gegenüber allen politischen und wissenschaftlichen Ereignissen äußerst aufgeschlossen und kompensierte seine Reiseunlust durch eine extensive Lektüre von Geographica und Reisebeschreibungen. Die Vorlesungen über «Physische Geographie» legen davon beredtes Zeugnis ab.

Aus Kants Jugend existieren kaum biographische Zeugnisse. Bekannt ist aber, dass er, der aus leidlich gesicherten Verhältnissen stammte, eine gute Schulbildung erhielt, die allerdings derart christlich-pietistisch geprägt war, dass er später weder mehr in die Kirche ging noch betete. Als er 1740 die Universität Königsberg bezog, sollte er eigentlich Theologie studieren, entschied sich dann aber für Philosophie, Mathematik und Naturwissenschaft und lernte die Physik Isaak Newtons (1643–1727) kennen, damals an deutschen Universitäten keineswegs eine Selbstverständlichkeit. Nach sechs Jahren verließ er, vermutlich ohne Examen, die Universität und bestritt seinen Lebensunterhalt als Hauslehrer bei wohlhabenden Familien in der Umgebung von Königsberg. 1755, am Ende dieser Zeit und als ihr wissenschaftlicher Ertrag, erschien die «Allgemeine Naturgeschichte und Theorie des Himmels», sein wichtigster Beitrag zur Physik, der erst im 20. Jahrhundert die ihm gebührende Aufmerksamkeit fand. In dieser rein mechanischen Theorie der Welterklärung postuliert Kant in der Nachfolge Newtons die Existenz chaotischer Atome verschiedener Größe, die sich durch eine Attraktions-(Anziehungs-) und eine Repulsions-(Abstoßungs-)kraft zusammenballen, sich erhitzen und in kreisende Bewegung versetzt werden: Sonnen entstehen, in denen sich durch weitere wirbelnde Bewegungen Planeten und Monde bilden. Kant war damit der Erste, der aufgrund rein physikalischer Erwägungen feststellte, dass das Weltall sich aus einer Vielzahl von Sonnen- und galaktischen Systemen zusammensetzt. Es war dies darüber hinaus einer der letzten wichtigen Beiträge, die ein Philosoph zur Naturwissenschaft geleistet hat.

Im folgenden Jahr 1756 habilitierte er sich und wurde zunächst Privatdozent, erst 1770 ordentlicher Professor für Metaphysik und Logik in seiner Heimatstadt. Doch noch immer war keines jener Bücher erschienen, die ihn zu einer epochalen Gestalt in der Philosophiegeschichte machen sollten. Erst im erstaunlich hohen Alter von 57 Jahren veröffentlichte er nach fünfzehnjähriger Vorarbeit 1781 die «Kritik der reinen Vernunft», der er 1788 die «Kritik der praktischen Vernunft» und 1790 die «Kritik der Urteilskraft» folgen ließ. Mit diesen drei Büchern wurde er der «Alleszermalmer», der «ideelle Revolutionär», der die Philosophie auf eine völlig neue Grundlage stellte.

2. Erkennen und Handeln. Theoretische und praktische Philosophie

In einer berühmten Formulierung aus der Vorrede zur zweiten Auflage der «Kritik der reinen Vernunft» hat Kant ausgesprochen, worin sein umwälzender Grundgedanke besteht: «Bisher nahm man an, alle unsere Erkenntnis müsse sich nach den Gegenständen richten; aber alle Versuche über sie *a priori* [unabhängig von der Erfahrung] etwas durch Begriffe auszumachen, wodurch unsere Erkenntnis erweitert würde, gingen unter dieser Voraussetzung zunichte. Man versuche es daher einmal, ob wir nicht in den Aufgaben der Metaphysik damit besser fortkommen, daß wir annehmen, die Gegenstände müssen sich nach unserer Erkenntnis richten, welches schon besser mit der verlangten Möglichkeit einer Erkenntnis derselben *a priori* zusammenstimmt, die über Gegenstände, ehe sie uns gegeben werden, etwas festsetzen soll» (Kant 1968, III, 11 f., B XVI).

Kants Grundgedanke bezieht sich also auf die Frage, wie sichere und gewisse Erkenntnis überhaupt möglich ist. Richtete sich die Erkenntnis – wie weite Teile der philosophischen Tradition behaupten – nur nach den Objekten, dann wäre Erkennen ein rein passives Aufnehmen, das sich in den Zufälligkeiten der Objekte verlöre. Jeder neue Gegenstand, der dem Erkennen gegeben wird, könnte es grundlegend verändern, und allgemeine und notwendige, d.i. schlechthin gewisse (apriorische) Erkenntnis käme auf diese Weise niemals zustande. Kant kehrt das Verhältnis von erkennendem Subjekt und Objekt daher um, seine berühmte «Kopernikanische Wende»: Wie Kopernikus die Astronomie unseres Planetensystems revolutionierte, indem er die Erde sich um die stillstehende Sonne drehen ließ, statt umgekehrt, so wechselt auch Kant den Standpunkt und lässt die Objektwelt um das Subjekt kreisen: Der Mensch ist aktiv-erzeugend an seinen Erkenntnisprozessen beteiligt, weil die allgemeinen und notwendigen Strukturen, die ihn zur Erkenntnis fähig machen, erfahrungsunabhängig (a priori) sind. Es ist dies Kants Einsicht, «daß die Vernunft [im weitesten Sinne] nur das einsieht, was sie selbst nach ihrem Entwurfe hervorbringt, daß sie mit Prinzipien ihrer Urteile nach beständigen Gesetzen vorangehen und die Natur nötigen müsse, auf ihre

Fragen zu antworten, nicht aber sich von ihr allein gleichsam am Leitbande gängeln lassen müsse; denn sonst hängen zufällige, nach keinem vorher entworfenen Plane gemachte Beobachtungen gar nicht in einem notwendigen Gesetze zusammen, welches doch die Vernunft sucht und bedarf» (Kant 1968, III 10, B XIII).

Damit entspringt aber nicht auch alle Erkenntnis dem Subjekt. Kant verfällt nicht in den solipsistischen Wahn, die gesamte Realität existiere nur in der Vorstellung eines Ich. Vielmehr nimmt er an, dass sich unsere Erkenntnisse aus den apriorischen Formen oder Strukturen des Erkenntnisvermögens und dem zusammensetzen, was wir *a posteriori*, in der Erfahrung einer unabhängig von uns bestehenden Wirklichkeit empfangen. Wir können deshalb niemals wissen, wie die Wirklichkeit an ihr selbst beschaffen ist; die Dinge *an sich* bleiben unserer Einsicht notwendig entzogen, weil sie unser Erkenntnisapparat ja nicht einfach aufnimmt, sondern die Eindrücke seinen apriorischen Funktionsgesetzen gemäß aktiv formt und verarbeitet. *Für uns* gibt es daher nur *Erscheinungen.*

Diesen Grundgedanken baut Kant in der «Kritik der reinen Vernunft» in langen und komplexen Beweisgängen, denen hier nicht nachgegangen werden kann, zu einem umfassenden System des menschlichen Erkenntnisvermögens aus. Kritik nennt er sein Unternehmen, weil es ihm bei der Auslotung und Erkundung der Erkenntnisfähigkeiten zugleich auch um den Nachweis ihrer Grenzen geht, um ihre Einschränkung auf das Feld der Erfahrung. Wenn nämlich alle Erkenntnisse aus der Verbindung von apriorischen *und* aposteriorischen Anteilen bestehen, dann ist eine rein rationale Erkenntnis, eine Erkenntnis jenseits und außerhalb der Erfahrung, unmöglich. Die Existenz Gottes, die unsterbliche Seele und eine rationale Lehre vom Kosmos, kurz die höchsten Gegenstände der traditionellen Metaphysik, sind deshalb (weil keiner empirischen Erfahrung je zugänglich) auch keine Gegenstände der theoretischen Vernunft, sondern aus der philosophischen Theorie kritisch auszusondern.

Kant nennt den Bereich, in dem Erfahrung einzig möglich ist, *Natur.* Sie denkt er sich im Anschluss an Newton und seine eigene «Naturgeschichte des Himmels» als ein mechanisches Gefüge, in dem alles streng gesetzmäßig und nach unbedingter Kausalnotwendigkeit abläuft: «Unter Natur (im empirischen Verstande) verstehen wir den Zusammenhang der Erscheinungen ihrem Dasein nach, nach notwendigen Regeln, d.i. nach Gesetzen. Es sind also gewisse Gesetze, und zwar a priori, welche allererst eine Natur möglich machen» (Kant 1968 III, 184, B 263).

Wenn aber alles in der Welt lediglich nach Naturgesetzen geschieht, wie kann es dann menschlichen freien Willen, bestimmt als das Vermögen, «eine Reihe von sukzessiven Dingen oder Zuständen von *selbst* anzufangen» (Kant 1968 III, 310, B 476), überhaupt geben? Hier macht sich Kant seine Unterscheidung zwischen Ding an sich und Erscheinung zunutze. Zwar ist die Natur (und damit auch der Mensch soweit er ein Naturwesen ist) auf der Ebene der Erscheinungen kausal determiniert, denn diese Determiniertheit ist ein apriorisches Produkt unseres Erkenntnisvermögens, unter der wir die Welt notwendig *erkennen* müssen. Dies gilt aber nicht für das freie Handeln auf der Ebene der Dinge an sich. Deshalb wird «eben derselbe Wille in der Erscheinung (den sichtbaren Handlungen) als dem Naturgesetze notwendig gemäß und sofern *nicht frei*, und doch andererseits, als einem Dinge an sich selbst angehörig, jenen nicht unterworfen, mithin als frei gedacht, ohne daß hierbei ein Widerspruch vorgeht» (Kant 1968 III, 17, B XXVIII).

Neben dem Reich der Natur existiert daher ein Reich der Freiheit, und der Mensch als Bürger beider Reiche ist ein Doppeltes, er ist nicht nur der Natur unterworfen, sondern zugleich ein freies Vernunftwesen.

Mit dieser Aufspaltung der Realität in zwei Ebenen gelingt es Kant, die Errungenschaften der Newton'schen Physik in seine Philosophie zu integrieren, ohne den Begriff der Freiheit preisgeben zu müssen und die theoretische Philosophie mit der praktischen zu versöhnen. So ist auch sein berühmtes Diktum am Ende der «Kritik der praktischen Vernunft» zu verstehen: «Zwei Dinge erfüllen das Gemüt mit immer neuer und zunehmender Bewunderung und Ehrfurcht, je öfter und anhaltender sich das Nachdenken damit beschäftigt: *der bestirnte Himmel über mir und das moralische Gesetz in mir*» (Kant 1968, V, 161).

Der Himmel als Inbegriff der äußeren Ordnung und des Regelmaßes steht für das Naturgesetz, das moralische Gesetz hingegen verweist auf die innerliche Freiheit des Menschen. Paradox mag auf den ersten Blick erscheinen, dass Kant «Freiheit» mit «Gesetz» verbindet, wird doch Freiheit landläufig gleichbedeutend mit Willkür, Beliebigkeit oder Ungebundenheit gesetzt. Doch für Kant ist sie das (nichtempirische!) Prinzip der Moral und ethischen Normen. Den Charakter der Norm im strengen Sinn erfüllen aber nur solche Sätze, die ein Sollen ausdrücken, das ohne Ausnahme für alle Menschen verbindlich ist und individuelle Beliebigkeit und Willkür gerade ausschließt. Daher muss der freie und gute Wille zwar einerseits als unabhängig von allen äußeren Bedingungen gedacht werden, zugleich aber als dem moralischen Gesetz, der obersten oder Grundnorm unterworfen.

Das moralische Gesetz muss außerdem formal sein. Denn bezöge es sich auf bestimmte, inhaltlich gefüllte Handlungsanweisungen, die besagen, was genau geboten oder verboten ist, und nicht auf menschliches Handeln schlechthin, so verlöre es seine Form der Allgemeinheit und wäre überdies – statt autonom (selbstgesetzgebend) zu sein – heteronom, fremdbestimmt und abhängig von diesen Handlungsanweisungen. Auch Zielbestimmungen wie: alle Menschen sollen nach dem größtmöglichen persönlichen Glück oder nach dem höchsten Gut streben (z. B. dem theoretischen Leben des Aristoteles oder dem gottseligen Leben der christlichen Philosophie) können in die Formulierung der Grundnorm nicht eingehen, weil sie an empirische Objekte geknüpft sind und damit den apriorischen Status des moralischen Gesetzes verletzen würden.

Indem Kant alle inhaltlichen Bestimmungen aus der Grundnorm verbannt, will er der Ethik ein Fundament geben, das ebenso allgemein ist wie das der theoretischen Disziplinen. Die vielzitierte Formel des «Sittengesetzes» bedeutet einen Bruch mit der gesamten philosophischen Tradition, weil mit ihr die Ethik zum ersten Mal in den Rang einer Gesetzeswissenschaft erhoben ist: «Handle nur nach derjenigen Maxime, durch die du zugleich wollen kannst, daß sie ein allgemeines Gesetz werde» (Kant 1968 IV, 421). Diese Formel enthält ein Moment, das dieselbe Struktur wie ein Naturgesetz hat, was Kant in einer zweiten Fassung zum Ausdruck bringt: «Handle so, als ob die Maxime deiner Handlung durch deinen Willen zum allgemeinen Naturgesetz werden sollte» (Kant

1968 IV, 421). Beide Formeln unterscheiden sich von Naturgesetzen aber insofern, als sie Imperative sind oder genauer: zwei Fassungen ein und desselben *kategorischen Imperativs*. Ohne Ausnahme gut, und das heißt immer: gesetzesgemäß zu handeln, vermag nur ein göttliches Wesen. Der Mensch hingegen, als ein Mischwesen aus Vernunft und vernunftloser, naturhafter Sinnlichkeit, muss sich zur Einhaltung des Sittengesetzes zwingen. Für ihn nimmt es die Gestalt eines Imperativs an, einer «Nötigung» seines Willens, die unbedingt (kategorisch) gilt. Er *soll* (obwohl er es faktisch oft nicht tut) alle seine Handlungen nach einem subjektiven Prinzip ausrichten, das er objektivierend und verallgemeinernd auch jedem seiner Mitmenschen als Handlungsmaxime antragen könnte und dem jedes vernünftige Wesen zustimmen können muss. Was einschließt, dass kein Mensch einen anderen Menschen durch sein Handeln funktionalisieren oder instrumentalisieren darf: «Der praktische Imperativ wird also folgender sein: Handle so, dass du die Menschheit sowohl in deiner Person, als in der Person einer jeden anderen jederzeit zugleich als Zweck, niemals bloß als Mittel brauchst» (Kant 1968 IV, 429).

Die Vernünftigkeit des Menschen existiert als Zweck an sich selbst. Wer seinen Mitmenschen zu einem bloßen Mittel seiner egoistischen Zwecke macht und ihn damit zu einer Sache degradiert, beleidigt nicht nur die Vernunft des anderen, sondern seine eigene.

Dieser humane, unüberholbare Gehalt der Ethik Kants droht allerdings hinter ihren strengen, beinahe starren Zügen fast zu verschwinden, obwohl gerade ihr vielberufener Rigorismus zu ihrer Zeitgebundenheit gehört. So wird man heute z. B. Kants Unterscheidung zwischen Pflicht und Neigung – tugendhaft sind für ihn allein solche Handlungen, die aus Pflicht, nicht solche, die aus Neigung geschehen – eher als Ausdruck seiner Bindung an das Ethos des preußischen Beamtenstaates denn als Vorbild für überzeitliche Wahrheiten ansehen dürfen. Nicht historisch und vergangen in diesem Sinne, ja als Stachel und Perspektive eine noch zu lösende Aufgabe bleibt dagegen sein Insistieren auf einen gleichberechtigten, nicht instrumentalisierenden und nicht verdinglichenden Umgang der Menschen miteinander.

3. Das Vernunftrecht

Das Sittengesetz als kategorischer Imperativ bildet den höchsten Punkt und die Endabsicht, auf die Kants gesamte Philosophie zielt. Denn auch sie begründet im Gefolge der neuzeitlichen Philosophie ein Primat der praktischen Philosophie vor der theoretischen wie ein Primat der Ethik vor der Politik innerhalb der praktischen Philosophie (vgl. S. 156 ff.).

Die Ethik steht höher, weil sie den inneren Menschen, sein Pflichtbewusstsein und seine Gesinnung bei der Befolgung ethischer Normen, kurz den «Geist» des Sittengesetzes betrifft, während sich die Politik nur auf das Äußere des Handelns bezieht, das auch ohne moralische Motive vor den Augen der Welt korrekt sein kann, wenn es nur mit dem «Buchstaben» des Sittengesetzes übereinstimmt. Diese Unterscheidung verdichtet Kant in den Begriffen Moralität und Legalität, die er in der «Kritik der praktischen Vernunft» folgendermaßen definiert:

«Das Wesentliche alles sittlichen Werts der Handlungen kommt darauf an, *daß das moralische Gesetz unmittelbar den Willen bestimme*. Geschieht die Willensbildung zwar gemäß dem moralischen Gesetze, aber nur vermittelst eines Gefühls, welcher Art es auch sei, das vorausgesetzt werden muß, damit jenes ein hinreichender Bestimmungsgrund des Willens werde, mithin nicht *um des Gesetzes willen*: so wird die Handlung zwar Legalität, aber nicht Moralität enthalten» (Kant 1968 V, 71).

Und in dem systematisch orientierten, politisch-ethischen Alterswerk, der «Metaphysik der Sitten» von 1797 heißt es dazu (unter «Triebfeder» versteht Kant den subjektiven Bestimmungsgrund des Willens, dessen ein nicht rein vernünftiges Wesen wie der Mensch bedarf, um dem Gesetz gemäß zu handeln):

«Man nennt die bloße Übereinstimmung oder Nicht-Übereinstimmung einer Handlung mit dem Gesetze ohne Rücksicht auf die Triebfeder derselben die Legalität (Gesetzmäßigkeit), diejenige aber, in welcher die Idee der Pflicht aus dem Gesetze zugleich die Triebfeder der Handlung ist, die Moralität (Sittlichkeit) derselben» (Kant 1968 VI, 219).

Die Ethik ist insofern *material*, als sie dem Menschen die Pflicht als den objektiv-notwendigen Zweck der Vernunft vorgibt. Die Politik dagegen beschäftigt sich mit den nur *formalen* Bedingungen der äußeren Freiheit (vgl. Kant 1968 VI, 380). Kant kleidet also die Regeln und ordnenden Prinzipien des menschlichen Zusammenlebens und Handelns in die Form von Rechtssätzen. Seine Politik ist Rechtslehre. Daher ist der oberste Grundsatz der Politik der Begriff des Rechts im Allgemeinen, der dreierlei leisten muss: Er muss zeigen, wie die äußere Freiheit einer Vielzahl von Menschen sich zu einem geordneten Nebeneinander organisieren lässt; er muss das allgemeine Kriterium bilden, wodurch sich Recht von Unrecht abgrenzen lässt. Schließlich darf er wegen seines formalen Charakters von keinerlei materialen oder empirischen Bedingungen, wie bestimmten historischen Rechtssystemen oder einem anthropologischen Modell der konkreten menschlichen Interessen, abhängen:

«Der Begriff des Rechts, sofern er sich auf eine ihm korrespondierende Verbindlichkeit bezieht (d.i. der moralische Begriff desselben) betrifft *erstlich* nur das äußere und zwar praktische Verhältnis einer Person gegen eine andere, sofern ihre Handlungen als Fakten aufeinander ... Einfluß haben können. Aber *zweitens* bedeutet er nicht das Verhältnis der Willkür auf den Wunsch (folglich auch auf das bloße Bedürfnis) des Anderen, wie etwa in den Handlungen der Wohltätigkeit oder Hartherzigkeit, sondern lediglich auf die Willkür des Anderen. *Drittens*, in diesem wechselseitigen Verhältnis der Willkür kommt auch gar nicht die *Materie* der Willkür, d.i. der Zweck, den ein jeder mit dem Objekt, was er will, zur Absicht hat, in Betrachtung, z.B. es wird nicht gefragt, ob jemand bei der Ware, die er zu seinem eigenen Handel von mir kauft, auch seinen Vorteil finden möge, oder nicht, sondern nur nach der *Form* im Verhältnis der beiderseitigen Willkür, sofern sie bloß als *frei* betrachtet wird, und ob durch die Handlung eines von beiden sich mit der Freiheit des anderen nach einem allgemeinen Gesetze zusammen vereinigen lasse.

Das Recht ist also der Inbegriff der Bedingungen, unter denen die Willkür des einen mit der Willkür des anderen nach einem allgemeinen Gesetze der Freiheit zusammen vereinigt werden kann» (Kant 1968 VI, 230).

Kant begreift also das Recht als Einschränkung der individuellen Freiheit, als Begrenzung der Freiheit jedes Einzelnen durch die Freiheit der anderen. Ein Gebrauch der Freiheit, der in die Sphäre eines Mitmenschen eingreift und ihn am Gebrauch seiner Freiheit hindert, ist folglich Unrecht und darf mit Zwang geahndet werden. Die Freiheit ist auch das einzige angeborene Recht, in dem andere Rechte wie die angeborene Gleichheit eingeschlossen sind:

«Freiheit (Unabhängigkeit von eines Anderen nötigender Willkür), sofern sie mit jedes Anderen Freiheit nach einem allgemeinen Gesetze zusammen bestehen kann, ist dieses einzige, ursprüngliche, jedem Menschen kraft seiner Menschheit zustehende Recht» (Kant 1968 VI, 237).

Diese äußere Freiheit unterscheidet sich von der inneren Freiheit, die im kategorischen Imperativ zum Ausdruck kommt, dadurch, dass für sie eine äußere Gesetzgebung *möglich* ist. Damit gehört sie, wie schon gesagt, zur Rechtslehre oder Politik, innerhalb deren Kant noch eine weitere Einteilung vornimmt: Die Verbindlichkeit der äußeren Freiheit als eines angeborenen Rechts, das unabhängig von jedem Rechtsakt jedem Menschen von Natur zukommt, kann «a priori durch die Vernunft erkannt werden», da es, wie das gesamte Naturrecht, «auf lauter Prinzipien a priori beruht». Das *positive* Recht dagegen erhält seine Verbindlichkeit nur durch den «Willen eines Gesetzgebers», der ihm eine äußere, geschriebene Form verleihen muss (Kant 1968 VI, 224 und 237).

Kants Naturrecht verdient genau genommen diesen Namen nicht, da es auf – erfahrungsunabhängigen – Prinzipien a priori ruht. Es ist, nach Ernst Blochs schöner Formulierung, ein «Naturrecht ohne Natur» oder «Vernunftrecht a priori» (Bloch 1961, 81). Bloch hat auch darauf aufmerksam gemacht, dass hier die Hauptdifferenz der kantischen Position zur klassischen Naturrechtslehre eines Hobbes, Locke oder Rousseau liegt: «Alle bisherigen Naturrechtslehrer hatten ihren Abteilungen, so rational sie auch vor sich gingen, ein rationales, ein empirisch aufgerafftes Element, einen empirischen Trieb zugrunde gelegt, nur die Folgerung aus ihm ging rein vernunfthaft vor sich. Kant lehnt, wie in seiner Ethik, so in seiner Rechtsphilosophie, den empirischen Trieb als methodisch unrein ab, er verlangt Deduktion des Deduktionsprinzips selber, das heißt Fundierung des naturrechtlichen Bestimmungsgrunds in einen Grundsatz a priori» (Bloch 1961, 83).

Kants vernünftiges Naturrecht umfasst das Sachenrecht (das Recht auf den Privatgebrauch einer Sache), das persönliche Recht (die Verpflichtung eines anderen zu einer Dienstleistung) und die Vereinigung beider im dinglich persönlichen Recht, das Recht des Besitzes «eines äußeren Gegenstandes *als einer Sache* und des Gebrauchs desselben *als einer Person*» (Kant 1968 VI, 276), wie er sie in der ehelichen und der elterlichen Gemeinschaft gegeben sieht. Diesen ganzen Bereich kennzeichnet Kant als das Privatrecht des Naturzustands, von dem das bürgerliche Recht deutlich unterschieden ist:

«Die oberste Einteilung des Naturrechts kann nicht ... die in das *natürliche* und *gesellschaftliche*, sondern muß die ins natürliche und bürgerliche Recht sein: deren das erste das Privatrecht, das zweite das öffentliche Recht genannt wird. Denn dem *Naturzustande* ist nicht der gesellschaftliche, sondern der bürgerliche entgegengesetzt: weil es in jenem zwar gar wohl Gesellschaft geben kann, aber nur keine bürgerliche (durch öffentliche Gesetze das Mein und Dein sichernde), daher das Recht in dem ersteren das Privatrecht heißt» (Kant 1968 VI, 242).

Eine nur privatrechtlich geregelte Gesellschaft ist aber unhaltbar, weil die Freiheit des Einzelnen und seines Besitzes dauernd gefährdet bleibt:

«Niemand ist verbunden, sich des Eingriffs in den Besitz des Anderen zu enthalten, wenn dieser ihm nicht gleichmäßig auch Sicherheit gibt, er werde eben dieselbe Enthaltsamkeit gegen ihn beobachten .... Bei dem Vorsatze, in diesem Zustande äußerlich gesetzloser Freiheit zu sein und zu bleiben, tun sie [die Menschen] *einander* auch gar nicht unrecht, wenn sie sich untereinander befehden; denn was dem Einen gilt, das gilt auch wechselseitig dem Anderen, gleich als durch eine Übereinkunft ...; aber überhaupt tun sie in höchstem Grade daran unrecht, in einem Zustande sein und bleiben zu wollen, der kein rechtlicher ist, d.i. in dem niemand des Seinen wider Gewalttätigkeit sicher ist» (Kant 1968 VI, 307f.).

Nur der Staat mit seiner Verfassung und seinem Gewaltmonopol verfügt über die notwendigen Mittel, um ein geregeltes Nebeneinander der Freiheit der Individuen, ihrer Interessen und Eigentumsansprüche zu erzwingen. Zu seiner Sicherung bedarf das Privatrecht deshalb der Ergänzung durch die Bestimmungen des öffentlichen Rechts, durch die ein Staat zugleich in ein Wechselverhältnis zu allen anderen Staaten tritt:

«Der Inbegriff der Gesetze, die einer allgemeinen Bekanntmachung bedürfen, um einen rechtlichen Zustand hervorzubringen, ist das öffentliche Recht. – Dieses ist also ein System von Gesetzen für ein Volk, d.i. eine Menge von Menschen, oder für eine Menge von Völkern, die im wechselseitigen Einflusse gegen einander stehend, des rechtlichen Zustandes unter einem sie vereinigenden Willen, einer Verfassung (*constitutio*), bedürfen, um dessen, was Rechtens ist, teilhaftig zu werden. – Dieser Zustand der Einzelnen im Volke in Verhältnis untereinander heißt der bürgerliche (*status civilis*) und das Ganze derselben in Beziehung auf seine eigene Glieder der Staat (*civitas*), welcher seiner Form wegen, als verbunden durch das gemeinsame Interesse Aller, im rechtlichen Zustande zu sein, das gemeine Wesen (*res publica latius sic dicta*) genannt wird, in Verhältnis aber auf andere Völker eine Macht (*potentia*) schlechthin heißt (daher das Wort Potentaten), was sich auch wegen (anmaßlich) angeerbter Vereinigung ein Stammvolk (*gens*) nennt und so unter dem allgemeinen Begriffe des öffentlichen Rechts nicht blos das Staats-, sondern auch ein Völkerrecht (*ius gentium*) zu denken Anlaß gibt: welches dann, weil der Erdboden eine nicht grenzenlose, sondern sich selbst schließende Fläche ist, beides zusammen zu der Idee eines Völkerstaatsrechts (*ius gentium*) oder des Weltbürgerrechts (*ius cosmopoliticum*) unumgänglich hinleitet: so daß, wenn unter diesen drei möglichen Formen des rechtlichen Zustandes es nur einer an dem die äußere Freiheit durch Gesetze einschränkenden Prinzip fehlt, das Gebäude aller übrigen unvermeidlich untergraben werden und endlich einstürzen muß» (Kant 1968 VI, 311).

Die älteren Naturrechtstheoretiker (wie Thomas Hobbes, vgl. S. 178 ff., und John Locke, vgl. S. 200 ff.) stellten den Übergang vom Natur- in den Staatszustand als einen realhistorischen Vorgang dar, bei dem die Menschen, überdrüssig der Anarchie und Rechtsunsicherheit, zusammentreten und durch einen Vertrag die staatliche Ordnung begründen. Anders Kant. Zwar hält er an der Idee des ursprünglichen Vertrages fest, doch gibt es bei ihm keinen Naturzustand, weil dieser Vertrag nicht als historische Gegebenheit, sondern als Prinzip der Beurteilung angesehen werden muss. Bei allem, was der Staat beschließt, muss geprüft werden, ob es rechtmäßig ist, und das heißt, ob es auch hätte beschlossen werden können, wenn es durch einen Vertrag zwischen allen Bürgern entstanden wäre:

«Hier ist nun ein ursprünglicher Kontrakt, auf den allein eine bürgerliche, mithin durchgängig rechtliche Verfassung unter Menschen gegründet und ein gemeines Wesen errichtet werden kann. – Allein dieser Vertrag (*contractus originarius* oder *pactum sociale* genannt), als Koalition jedes besonderen und Privatwillens in einem Volk zu einem gemeinschaftlichen und öffentlichen Willen (zum Behuf einer bloß rechtlichen Gesetzgebung), ist keineswegs als ein Faktum vorauszusetzen nötig (ja als ein solches gar nicht möglich); gleichsam als ob allererst aus der Geschichte vorher bewiesen werden müßte, daß ein Volk, in dessen Rechte und Verbindlichkeiten wir als Nachkommen getreten sind, einmal wirklich einen solchen Actus verrichtet und eine sichere Nachricht oder ein Instrument davon uns mündlich oder schriftlich hinterlassen haben müsse, um sich an eine schon bestehende bürgerliche Verfassung für gebunden zu achten. Sondern es ist eine bloße Idee der Vernunft, die aber ihre unbezweifelte (praktische) Realität hat: nämlich jeden Gesetzgeber zu verbinden, daß er seine Gesetze so gebe, als sie aus dem vereinigten Willen eines ganzen Volks haben entspringen können, und jeden Untertan, so fern er Bürger sein will, so anzusehen, als ob er zu einem solchen Willen mit zusammen gestimmt habe. Denn das ist der Probierstein der Rechtmäßigkeit eines jeden öffentlichen Gesetzes. Ist nämlich dieses so beschaffen, daß ein ganzes Volk unmöglich dazu seine Einstimmung geben könnte (wie z. B. daß eine gewisse Klasse von Untertanen erblich den Vorzug des Herrenstandes haben sollten), so ist es nicht gerecht; ist es aber nur möglich, daß ein Volk dazu zusammen stimme, so ist es Pflicht, das Gesetz für gerecht zu halten: gesetzt auch, daß das Volk jetzt in einer solchen Lage, oder Stimmung seiner Denkungsart wäre, daß es, wenn es darum befragt würde, wahrscheinlicherweise seine Beistimmung verweigern würde» (Kant 1968 VIII, 297).

4. Der Staatszustand und die bürgerlichen Rechte

Getreu dem vertragstheoretischen Fundament, das Kant dem Staat gibt, erhält auch dieser selbst einen juristischen Charakter. Er ist eine Vereinigung einer Vielzahl von Menschen unter Rechtsgesetzen. Erlassen, durchgesetzt und geschützt werden diese Gesetze in drei getrennten Gewalten – Kant steht hier unübersehbar in der Traditionslinie von Montesquieu und der französischen Revolutionsverfassungen (vgl. S. 265 ff.):

«Ein jeder Staat enthält drei Gewalten in sich, d.i. den allgemein vereinigten Willen in dreifacher Person (*trias politica*): die Herrschergewalt (Souveränität) in der des Gesetzgebers, die vollziehende Gewalt in der des Regierers (zu Folge dem Gesetz) und die rechtsprechende Gewalt (als Zuerkennung des Seinen eines jeden nach dem Gesetz) in der Person des Richters» ...

«Also sind es drei verschiedene Gewalten (*potestas legislatoria, executoria, iudiciaria*), wodurch der Staat (*civitas*) seine Autonomie hat, d.i. sich selbst nach Freiheitsgesetzen bildet und erhält. – In ihrer Vereinigung besteht das Heil des Staats (*salus rei publicae suprema lex est*); worunter man nicht das Wohl der Staatsbürger und ihre Glückseligkeit verstehen muß; denn die kann vielleicht (wie auch Rousseau behauptet) im Naturzustande, oder auch unter einer despotischen Regierung viel behaglicher und erwünschter ausfallen: sondern den Zustand der größten Übereinstimmung der Verfassung mit Rechtsprinzipien versteht, als nach welchem zu streben uns die Vernunft durch einen kategorischen Imperativ verbindlich macht» (Kant 1968 VI, 313 und 318).

Kant legt großes Gewicht auf die saubere Trennung der drei Gewalten. Der Regent darf die Richter einsetzen, auf keinen Fall aber selbst richten, eine Bestimmung, die sich gegen die damals herrschende absolutistische Praxis richtet. Durch die Richter richtet das Volk seine Straftäter vielmehr selbst, und zwar nach dem Prinzip der Vergeltung (‹Auge um Auge, Zahn um Zahn›); der Straftäter muss in der Strafe zurückerhalten, was er der Gemeinschaft angetan hat. Daher steht auf Mord bei Kant unnachsichtig Hinrichtung, auf Notzucht die Kastration.

An die Ausübung der gesetzgebenden Gewalt ist der Begriff des Staatsbürgers geknüpft:

«Die gesetzgebende Gewalt kann nur dem vereinigten Willen des Volkes zukommen. Denn da von ihr alles Recht ausgehen soll, so muß sie durch ihr Gesetz schlechterdings niemand unrecht tun können. Nun ist es, wenn jemand etwas gegen einen Anderen verfügt, immer möglich, daß er ihm dadurch unrecht tue, nie aber in dem, was er über sich selbst beschließt (denn *volenti non fit iniuria*). Also kann nur der übereinstimmende und vereinigte Wille Aller, so fern ein jeder über Alle und Alle über einen jeden ebendasselbe beschließen, mithin nur der allgemein vereinigte Volkswille gesetzgebend sein.

Die zur Gesetzgebung vereinigten Glieder einer solchen Gesellschaft (*societas civilis*), d.i. eines Staats, heißen Staatsbürger (*cives*), und die rechtlichen, von ihrem Wesen (als solchem) unabtrennlichen Attribute derselben sind gesetzliche Freiheit, keinem anderen Gesetz zu gehorchen, als zu welchem er seine Beistimmung gegeben hat; bürgerliche Gleichheit, keinen Oberen im Volk in Ansehung seiner zu erkennen, als nur einen solchen, den er eben so rechtlich zu verbinden das moralische Vermögen hat, als dieser ihn verbinden kann; drittens das Attribut der bürgerlichen Selbstständigkeit, seine Existenz und Erhaltung nicht der Willkür eines Anderen im Volke, sondern seinen eigenen Rechten und Kräften als Glied des gemeinen Wesens verdanken zu können, folglich die bürgerliche Persönlichkeit, in Rechtsangelegenheiten durch keinen Anderen vorgestellt werden zu dürfen» (Kant 1968 VI, 314).

Zum Staatsbürger sind für Kant alle diejenigen qualifiziert, die das Stimmrecht besitzen. Diese zunächst demokratisch-egalitär klingende Bestimmung erfährt aber massive Einschränkungen. Dass Kinder und Entmündigte vom Stimmrecht ausgeschlossen sind, leuchtet noch ein und ist bis heute Usus. Aber aus «natürlichen» Gründen (was darunter zu verstehen sei, führt Kant nicht weiter aus) ist auch den Frauen dieses Recht verwehrt. Überdies unterscheidet er zwischen passiven Staatsbürgern ohne Stimmrecht, unter die er alle Dienstboten, Handwerksgesellen, Tagelöhner und alle Menschen ohne höhere Bildung und Eigentum rechnet, und den einzig stimmberechtigten selbständigen Aktivbürgern (vgl. Kant 1968 VIII, 295).

Wie in seinen Strafvorstellungen und seinem Begriff des Stimmbürgers fällt Kant auch bei seinen Vorstellungen über die Machtbefugnisse der ausübenden Gewalt hinter die Errungenschaften der Französischen Revolution zurück: Die Anordnungen der Exekutive müssen mit unbedingtem Gehorsam befolgt werden. Selbst wenn das Staatsoberhaupt gesetzwidrige Handlungen begeht, ist aktiver Widerstand dagegen verboten. Denn die

«Macht im Staate, die dem Gesetze Effekt giebt, ist (...) unwiderstehlich (irresistibel), und es existiert kein rechtlich bestehendes gemeines Wesen ohne eine solche Gewalt, die allen innern Widerstand niederschlägt, weil dieser einer Maxime gemäß geschehen würde, die, allgemein gemacht, alle bürgerliche Verfassung zernichten und den Zustand, worin allein Menschen im Besitz der Rechte überhaupt sein können, vertilgen würde.

Hieraus folgt: daß alle Widersetzlichkeit gegen die oberste gesetzgebende Macht, alle Aufwiegelung, um Unzufriedenheit der Untertanen tätlich werden zu lassen, aller Aufstand, der in Rebellion ausbricht, das höchste und strafbarste Verbrechen im gemeinen Wesen ist: weil es dessen Grundfeste zerstört. Und dieses Verbot ist unbedingt, so daß, es mag auch jene Macht oder ihr Agent, das Staatsoberhaupt, sogar den ursprünglichen Vertrag verletzt und sich dadurch des Rechts Gesetzgeber zu sein nach dem Begriff des Untertans verlustig gemacht haben, indem sie die Regierung bevollmächtigt, durchaus gewalttätig (tyrannisch) zu verfahren, dennoch dem Untertan kein Widerstand als Gegengewalt erlaubt bleibt. Der Grund davon ist: weil bei einer schon subsistierenden bürgerlichen Verfassung das Volk kein zu Recht beständiges Urteil mehr hat, zu bestimmen: wie jene solle verwaltet werden. Denn man setze: es habe ein solches und zwar dem Urteile des wirklichen Staatsoberhaupts zuwider; wer soll entscheiden, auf wessen Seite das Recht sei? Keiner von beiden kann es als Richter in seiner eigenen Sache tun. Also müßte es noch ein Oberhaupt über dem Oberhaupte geben, welches zwischen diesem und dem Volk entschiede: welches sich widerspricht. – Auch kann nicht etwa ein Notrecht (*ius in casu necessitatis*), welches ohnehin als ein vermeintes Recht, in der höchsten (physischen) Not Unrecht zu thun, ein Unding ist, hier eintreten und zur Hebung des die Eigenmacht des Volks einschränkenden Schlagbaums den Schlüssel hergeben. Denn das Oberhaupt des Staats kann eben so wohl sein hartes Verfahren gegen die Untertanen durch ihre Widerspenstigkeit, als diese ihren Aufruhr durch Klage über ihr ungebührliches Leiden gegen ihn zu rechtfertigen meinen; und wer soll hier nun entscheiden? Wer sich im Besitz der obersten öffentlichen Rechtspflege befindet, und das ist gerade das Staatsoberhaupt, dieses kann es allein tun; und niemand im gemeinen Wesen kann also ein Recht haben, ihm diesen Besitz streitig zu machen» (Kant 1968 VIII, 299 f.).

Kant, der die Französische Revolution zumindest in ihrer Anfangsphase mit großer Anteilnahme verfolgte und sich niemals vollständig von ihr distanzierte (vgl. oben S. 279), vertritt als Theoretiker ein radikales Revolutionsverbot, das allerdings eine Hintertür offen lässt. Da Revolutionen, obwohl verboten, faktisch doch stattfinden können, wie die Vorgänge in Frankreich zeigen, dürfen sie, wenn sie gelingen, ebenso wenig bekämpft werden wie die alte Ordnung. Misslingende Revolutionen unterliegen der strafrechtlichen Ahndung gemäß dem Revolutionsverbot. Gelingende Revolutionen dagegen werden zum Gegenstand des Völkerrechts, gegen sie besteht ein ‹Restaurationsverbot›:

«Wenn auch durch den Ungestüm einer von der schlechten Verfassung erzeugten Revolution unrechtmäßigerweise eine gesetzmäßigere errungen wäre, so würde es doch auch alsdann nicht mehr für erlaubt gehalten werden müssen, das Volk wieder auf die alte zurück zu führen, obgleich während derselben jeder, der sich damit gewalttätig oder arglistig bemengt, mit Recht den Strafen des Aufrührers unterworfen sein würde» (Kant 1968 VIII, 372 f.).

Da Widerstand in jeglicher Form verboten ist, bleibt in Kants politischer Philosophie dem Bürger, besser: dem Untertanen, nur eine einzige Möglichkeit, sich bei Willkür und Unrechttun des Staatsoberhauptes zur Wehr zu setzen, die Freiheit zu denken und seine Gedanken frei in Rede und Schrift mitzuteilen, aber auch dies nur in respektvoller Untertänigkeit:

«Der nicht-widerspenstige Untertan muß annehmen können, sein Oberherr wolle ihm nicht Unrecht tun. Mithin da jeder Mensch doch seine unverlierbaren Rechte hat, die er nicht einmal aufgeben kann, wenn er auch wolle, und über die er selbst zu urteilen befugt ist; das Unrecht aber, welches ihm seiner Meinung nach widerfährt, nach jener Voraussetzung nur aus Irrtum oder Unkunde gewisser Folgen aus Gesetzen der obersten Macht geschieht: so muß dem Staatsbürger und zwar mit Vergünstigung des Oberherrn selbst die Befugnis zustehen, seine Meinung über das, was von den Verfügungen desselben ihm ein Unrecht gegen das gemeine Wesen zu sein scheint, öffentlich bekannt zu machen. Denn daß das Oberhaupt auch nicht einmal irren, oder einer Sache unkundig sein könne, anzunehmen, würde ihn als mit himmlischen Eingebungen begnadigt und über die Menschheit erhaben vorstellen. Also ist die Freiheit der Feder – in den Schranken der Hochachtung und Liebe für die Verfassung, worin man lebt, durch die liberale Denkungsart der Untertanen, die jene noch dazu selbst einflößt, gehalten (und dahin beschränken sich auch die Federn einander von selbst, damit sie nicht ihre Freiheit verlieren), – das einzige Palladium der Volksrechte. Denn diese Freiheit ihm auch absprechen zu wollen, ist nicht allein so viel, als ihm allen Anspruch auf Recht in Ansehung des obersten Befehlshabers (nach Hobbes) nehmen, sondern auch dem letzteren, dessen Wille bloß dadurch, daß er den allgemeinen Volkswillen repräsentiert, Untertanen als Bürgern Befehle gibt, alle Kenntnis von dem entziehen, was, wenn er es wüßte, er selbst abändern würde, und ihn mit sich selbst in Widerspruch setzen» (Kant 1968 VIII, 304).

Die Freiheit der Feder als ‹schützendes Heiligtum› der Volksrechte, und das heißt nichts anderes als der öffentliche Gebrauch der Vernunft, bildet für Kant die unabdingbare Grundlage für das, was seinem Jahrhundert den Namen gab: Aufklärung.

«Volksaufklärung ist die öffentliche Belehrung des Volkes von seinen Pflichten und Rechten in Ansehung des Staats, dem es angehört. Weil es hier nur natürliche und aus dem gemeinen Menschenverstande hervorgehende Rechte betrifft, so sind die natürlichen Verkündiger und Ausleger derselben im Volk nicht die vom Staat bestellte amtsmäßige, sondern freie Rechtslehrer, d.i. die Philosophen, welche eben um dieser Freiheit willen, die sie sich erlauben, dem Staate, der immer nur herrschen will, anstößig sind, und werden unter dem Namen Aufklärer als für den Staat gefährliche Leute verschrieen; obzwar ihre Stimme nicht vertraulich ans Volk (als welches davon und von ihren Schriften wenig oder gar keine Notiz nimmt), sondern ehrerbietig an den Staat gerichtet und dieser jenes sein rechtliches Bedürfnis zu beherzigen angefleht wird; welches durch keinen andern Weg als den der Publizität geschehen kann, wenn ein ganzes Volk seine Beschwerde (*gravamen*) vortragen will. So verhindert das Verbot der Publizität den Fortschritt eines Volks zum Besseren, selbst in dem, was das Mindeste seiner Forderung, nämlich bloß kein natürliches Recht, angeht» (Kant 1968 VII, 89).

In diesem Zitat wird noch einmal die Ambivalenz deutlich, die Kants politische Philosophie durchzieht. Einerseits ihre Rückwärtsgewandtheit, ihre quietistischen, gar autoritären Züge, die ganz Untertanengesinnung und deutsche Misere vor 1800 atmen und von wo keine Brücke zu modernen liberalen Demokratien führt. Auf der anderen Seite ihr tiefer Ernst, ihr Insistieren auf Vernunft und Freiheit als der Substanz der politischen Existenz des Menschen, ihre Hoffnung auf moralischen Fortschritt und die Errichtung einer weltbürgerlichen Gesellschaft jenseits der Bornierung durch nationale Egoismen. Nur auf dieser Seite erweist sich Kant als Zeitgenosse der Großen Revolution und als Vollender der Aufklärung ebenso wie als ihr Überwinder, indem er die Ausbreitung der Vernunft in der Wirklichkeit nicht als bereits gegeben ansieht, sondern als Problem, das der geschichtlichen Zukunft aufgegeben ist – ein eher leiser und gedämpfter Vernunftoptimismus, wie ihn die berühmte Definition der Aufklärung zum Ausdruck bringt:

«Aufklärung ist der Ausgang des Menschen aus seiner selbst verschuldeten Unmündigkeit. Unmündigkeit ist das Unvermögen, sich seines Verstandes ohne Leitung eines anderen zu bedienen. Selbstverschuldet ist diese Unmündigkeit, wenn die Ursache derselben nicht am Mangel des Verstandes, sondern der Entschließung und des Mutes liegt, sich seiner ohne Leitung eines anderen zu bedienen. *Sapere aude!* Habe Mut dich deines eigenen Verstandes zu bedienen! ist also der Wahlspruch der Aufklärung» (Kant 1968 VIII, 35).

Georg Wilhelm Friedrich Hegel: Grundlinien der Philosophie des Rechts oder Naturrecht und Staatswissenschaft im Grundrisse

Bürgerliche Gesellschaft und Staat

1. Leben und Werk

Als Georg Wilhelm Friedrich Hegel am 27. August 1770 in Stuttgart geboren wurde, herrschte in Frankreich noch das absolutistische Regime Ludwigs XV. Als er 1831 starb, hatte bereits die zweite Revolution stattgefunden. Die Errungenschaften der ersten, der Großen Revolution von 1789, waren zwar zum allgemeinen Gedankengut des europäischen Bürgertums geworden; aber um die Realisierung der Ziele dieser Revolution stand es in den meisten europäischen Ländern – nicht zuletzt im kleinstaatlich desorganisierten Deutschland – herzlich schlecht. Industrielle Revolution und das Erstarken einer ihre Ansprüche formulierenden Arbeiterschaft sind weitere Kennzeichen des frühen 19. Jahrhunderts, in dem Hegels Werk seine zwiespältige Wirkung entfaltete.

Hegel selbst stand einerseits unter dem Eindruck der Französischen Revolution, die ihm seit seiner Jugend als *das* bewegende politische und geistige Ereignis seiner Gegenwart bedeutsam war. Überliefert wird die (wahrscheinlich erfundene) Geschichte, dass die Studenten Hegel, Hölderlin und Schelling zu Ehren der Revolution in Tübingen einen Freiheitsbaum errichteten. Auch die politischen Theorien Rousseaus und die Philosophie Kants haben ihn von Anfang an begleitet und entscheidend geprägt.

Auf der anderen Seite stand das Ideal des klassischen Griechentums, wie es sich in den Schriften von Platon und Aristoteles findet. In ihm manifestierte sich für Hegel das Inbild von Gemeinschaftlichkeit und staatlicher Ordnung.

Die Spannung zwischen Zeitgenossenschaft, der lebhaften Teilnahme an den politischen Umwälzungen und der sehnsuchtsvollen Rückwendung zu einem klassischen Ideal von Gemeinschaftlichkeit und Ordnung war einer ganzen Generation eigen (zu nennen ist hier etwa Friedrich Hölderlin als paradigmatischer Fall), und sie prägte auch Hegel. Doch im Gegensatz zum bewegten Leben etwa eines Thomas Hobbes oder Jean-Jacques Rousseau vollzog sich sein Leben in äußerlicher Unauffälligkeit.

Nach dem Studium der Theologie am Tübinger Stift (zusammen mit Hölderlin und Schelling) war er, wie es für die ärmeren unter den damaligen Hochschulabsolventen eine bittere Notwendigkeit darstellte, von 1793 bis 1797 als Hauslehrer bei reichen Patrizierfamilien in Bern und Frankfurt tätig. In dieser Zeit entstanden die ersten theologisch-politischen Arbeiten und die Übersetzung einer politischen Streitschrift zur Situation des Waadtlandes unter Berner Oberhoheit. In der Zeit um die Wende vom 18. zum 19. Jahrhundert, die gekennzeichnet war durch den glänzenden Aufstieg Napoleons zum Herrscher über fast ganz Kontinentaleuropa, war Hegel seit 1801 als Privatdozent und ab 1805 als außerordentlicher Professor in Jena zusammen mit dem fünf Jahre jüngeren Schelling tätig, der dort als Nachfolger des Philosophen Johann Gottlieb Fichte zu einer der zentralen Figuren im geistigen Leben Deutschlands geworden war. Es entstanden eine erst im 20. Jahrhundert veröffentlichte Schrift über die Verfassung Deutschlands (1801/2) sowie die ersten Arbeiten, die sich kritisch mit der zeitgenössischen Philosophie auseinandersetzten und zugleich Hegels eigenen Standpunkt bezeichneten: «Die Differenz des Fichteschen und Schellingschen Systems der Philosophie» (1801), «Glauben und Wissen» (1802), «Über die wissenschaftlichen Behandlungsarten des Naturrechts» (1802/3). Alle diese Schriften entstanden im engen Kontakt mit Schelling und erschienen zum großen Teil in dem von beiden herausgegebenen «Kritischen Journal der Philosophie». Gleichzeitig entstanden umfangreiche Vorlesungsmanuskripte, die erst im 20. Jahrhundert veröffentlicht wurden («Jenenser Logik, Metaphysik und Naturphilosophie», «Jenenser Realphilosophie», 1804/5). Höhepunkt dieser Entwicklung war der Abschluss des Manuskriptes der

«Phänomenologie des Geistes» im Jahre 1806, der zeitlich zusammenfiel mit Hegels Weggang aus Jena.

Mit diesem Werk tat Hegel den entscheidenden Schritt über die Philosophie seiner Zeit (vor allem Fichte und Schelling) hinaus, indem er die Fülle konkreter Gegenstände menschlicher Arbeit, Politik, Gesellschaft und Kultur als ein Ganzes zu begreifen versuchte, das einer notwendigen, aus Widersprüchen sich vermittelnden Entwicklung gehorcht. Auf diese Weise eröffnete er methodisch den Weg zu einer Welterfahrung, die den Rationalismus der Aufklärung und die am Methodenideal der Mechanik orientierte Wissenschaft überwindet und neue Wege der Beschreibung und des Verstehens empirischer Phänomene eröffnet. Grundgedanke dabei ist, dass ein Begreifen von Gegenständen der Erfahrung nur möglich ist, wenn diese in der Gesamtheit ihrer historischen und realen Bezüge genommen werden, und wenn gleichzeitig der Prozess des Begreifens sich über sein Verhältnis zu diesen Gegenständen und zu seinem eigenen Tun und seiner eigenen Bestimmtheit klar wird.

Als systematische Grundlage zu diesen Überlegungen erarbeitete Hegel in den folgenden Jahren seiner Tätigkeit als Redakteur einer Zeitung in Bamberg (1807) und als Gymnasialrektor in Nürnberg (ab 1808) seine «Wissenschaft der Logik» (erschienen in drei Teilen zwischen 1812 und 1816), in der er die erkenntnistheoretischen und metaphysischen Grundlagen seiner Vorgehensweise zu sichern suchte. Am Ende dieses Werkes steht die «absolute Idee». Mit ihr versucht Hegel, den erkenntnistheoretischen Gegensatz von Subjekt und Objekt zu überwinden, indem

Abb. 10: Faust
Radierung von Rembrandt (1606–1669). Goethe stellte sie der Ausgabe seines «Faust» von 1790 voran und bezog sie auf den ersten Monolog der Titelgestalt: «Habe nun, ach! Philosophie/Juristerei und Medizin,/Und leider auch Theologie!/Durchaus studiert, mit heißem Bemühen./Da steh' ich nun, ich armer Tor!/Und bin so klug als wie zuvor» (Der Tragödie erster Teil, Verse 354–359). Faust hat also die vier Fakultäten der mittelalterlichen Universität durchlaufen, fand dort aber seinen «Willen zum Wissen» (Nietzsche) völlig unbefriedigt. Am Ende des 2. Teils der Tragödie lässt Goethe ihn daher im neuzeitlichen Sinne tätig-praktisch werden. Erst hier findet er jene Erfüllung, die ihm in einer theoretischen Existenz nach antikem oder mittelalterlichem Muster versagt geblieben war.

er zeigt, wie beide im «Begriff» zusammenfinden. Wenn im Begriff nun die systematische Aufarbeitung aller objektiven und subjektiven Momente in der Erkenntnis aufgearbeitet und durchschaut ist, weiß der Begriff (in Hegels Verständnis) von sich selbst und wird sich damit selbst zu einem Gegenstand. Wird nun diese letzte Unterscheidung wieder als methodisch in der Sache selbst liegend begriffen, so ist die Idee erreicht und aller Gegensatz verschwunden oder – mit Hegels Worten – aufgehoben.

Ab 1816 wirkte Hegel als Professor der Philosophie zuerst in Heidelberg und ab 1818 als Nachfolger des 1814 verstorbenen Johann Gottlieb Fichte in Berlin. Wie zur damaligen Zeit üblich, veröffentlichte er 1817 zum Gebrauch für seine Vorlesungen die erste Fassung seiner «Enzyklopädie der philosophischen Wissenschaften im Grundrisse», die 1827 und 1830 in überarbeiteten und erweiterten Neuauflagen erschien und das Grundgerüst der Hegel'schen Philosophie zusammenfasst: die schrittweise Entfaltung der dialektischen Entwicklung von der Wissenschaft der Logik über die Philosophie der Natur zur Philosophie des Geistes. Diese Bewegung gipfelt in der Philosophie selbst als dem Begreifen dieser ganzen Entwicklung bis hin zur Rekonstruktion der notwendigen, vernünftigen Entwicklung: Die Philosophie endet bei sich selbst und stellt sich dar als das Sichbegreifen des Weltganzen, das noch dieses Begreifen selbst als notwendig darzustellen vermag.

Noch zu Hegels Lebzeiten wurde sein Denken zur übermächtigen Lehrmeinung – Hegel war gegen Ende der zwanziger Jahre des 19. Jahrhunderts der «Professor der Professoren», sein Einfluss auf das geistige Leben war enorm (vgl. Widmann 1965). Nach der Veröffentlichung seiner «Grundlinien der Philosophie des Rechts oder Naturrecht und Staatswissenschaft im Grundrisse», die 1821 ebenfalls als Grundlage seiner Vorlesungen erschienen, veröffentlichte Hegel nur noch kleinere Arbeiten und die Überarbeitung früherer Werke. Er widmete sich seiner Vorlesungstätigkeit, und es entstanden die für die Wirkung seines Denkens wichtigen Vorlesungen zur «Geschichte der Philosophie», zur «Philosophie der Weltgeschichte», zur «Ästhetik» und «Religionsphilosophie», die dank der Nachschriften seiner Zuhörer nach seinem Tode (am 14. November 1831) von seinen Schülern in der ersten Ausgabe seiner Werke in den Jahren 1832 bis 1845 veröffentlicht wurden. Hier erschien auch als Band 8 im Jahre 1833 die Rechtsphilosophie mit den von Eduard Gans zusammengestellten mündlichen Zusätzen Hegels, die im Folgenden in einer behutsam dem heutigen Sprachgebrauch angepassten Weise mit Angabe der Paragraphen als *Rph.* zitiert wird (vgl. Hegel Rph.).

Hegel hat mit seinem System letztlich den Traum der aufklärerischen Vernunft von der Einheit aller Wissenschaften vollendet, wobei seine eigene – dialektische – Methode gerade die Mittel an die Hand gab, die das analytische Verstehensideal mechanisch-kausaler Erklärungen in seiner Ausschließlichkeit überwinden und neue wissenschaftliche Erklärungsweisen hervorbringen half. Was in der Gegenwart unter dem Titel Hermeneutik oder hermeneutische Methode betrieben wird, geht ebenso auf Hegel zurück wie alle Versuche einer dialektischen Wissenschaft, die die konsequente Entwicklung von sachlichen Widersprüchen zu neuen Einheiten (die wieder zu einseitigen Widersprüchen werden) zur methodischen Grundlage haben.

2. Die Dialektik der Geschichte und der Begriff des Geistes

Mit dem Namen Dialektik bezeichnet Hegel sowohl die Methode seiner philosophischen Argumentation als auch die Bewegung der Sachen selbst, die Gegenstand dieser Argumentation sind. Diese – im Detail ungemein schwierige – Struktur der Hegel'schen Philosophie sei vorab an einem Beispiel verdeutlicht. Hegel selbst hat gegenüber Goethe die Dialektik als den «organisierten Widerspruchsgeist» bezeichnet und äußert sich im Jahre 1827 auf die Bitte eines Handschriftensammlers wie folgt:

«Wäre der Wunsch, zu einer Sammlung von Handschriften auch etwas von der meinigen hinzuzufügen, unmittelbar an mich gekommen, so würde (ich) die Bitte dabei gemacht haben, mir hierfür irgend einen Inhalt zu diktieren. Schriftlich kann ich diese Bitte nun nicht machen, denn sie machte sich hiedurch selbst überflüssig. So genüge es denn an diesem Ueberflusse, diese Bitte getan und sie damit vernichtet zu haben» (Hoffmeister 1969, 171).

Hegel vollzieht in dieser – leicht ironischen – Stellungnahme genau den Prozess der Aufhebung im dreifachen Sinne, der für seine Darstellung der dialektischen Entwicklung kennzeichnend ist: Einem an ihn herangetragenen, unbestimmten Wunsch nach einer Handschriftenprobe hätte er einen anderen Wunsch entgegenzusetzen gehabt – den nach einem bestimmten Inhalt. Indem er diesen ganzen Sachverhalt (sozusagen als These und Antithese) schriftlich fixiert, bringt er beide Wünsche zusammen in einer Synthese, die sie zugleich auch erfüllt – der Autographensammler hat seine Schriftprobe und Hegel hat seinen bestimmten Inhalt, den er niederschreiben kann. Beide Wünsche, der unbestimmte und sein Gegensatz, der bestimmte, sind aufgehoben im dreifachen Sinne: Sie sind vernichtet, weil nunmehr gegenstandslos, sie sind auf eine höhere Stufe gehoben; denn sie sind erfüllt, und sie sind aufbewahrt, weil in konkreter, dauerhafter Form vorliegend. Den Prozess dieses Ausgleichs einander widerstreitender Gegensätze dadurch, dass sie begriffen und als solche je für sich und miteinander formuliert werden, nennt Hegel «Vermittlung». Das Produkt dieser Vermittlung selbst ist nun auch wieder eine bestimmte Position gegen eine andere – in unserem Beispiel: ein Probestück Hegel'scher Dialektik gegenüber einem Denken, das diese Philosophie noch nicht kennt und dadurch, dass es in einen dialektischen Bildungsprozess einbezogen wird, selbst verändert – aufgehoben – wird.

Dialektik ist also eine Bewegung, die sich im Bewusstsein und in der Realität zugleich abspielt. Die Philosophie ist zuständig für die Artikulation dieser Bewegung und die Nachkonstruktion ihrer einzelnen Momente zu einem Ganzen. Der Anspruch der Philosophie ist damit ins Gigantische gewachsen: Nicht mehr begriffliche Aufarbeitung von Teilbereichen der Erkenntnis oder die Nachzeichnung einer göttlichen Seinsordnung ist ihre Aufgabe, sondern die systematische Entwicklung des Weltganzen in der wechselseitigen Verflochtenheit seiner Einzelgegenstände und der sie verknüpfenden Entwicklungsgesetze.

Doch für Hegel ist dieser gewaltige Anspruch nicht losgelöst von der Welt, etwa im reinen Denken, zu erfüllen. Erfordert ist vielmehr die Aufnahme und Durcharbeitung aller zur Verfügung stehenden empirischen Sachverhalte – seien sie nun in der Geschichte der Philosophie, in der Kunst, in der Politik oder in der Weltgeschichte zu finden. Philosophie ist deshalb nach seinen Worten auch «ihre Zeit in Gedanken erfaßt» (Rph. Einl., 20). In diesem Sinne ist sie zugleich die Philosophie des deutschen Bürgertums zu Anfang des 19. Jahrhunderts: Sie deckt sowohl sein Selbstverständnis als auch seine Widersprüche auf, konfrontiert seine Ansprüche mit seiner Wirklichkeit und zeigt seine Leistungen ebenso wie seine Unzulänglichkeiten auf. Denn auch die Geschichte unterliegt dem Gesetz der dialektischen Entwicklung, vermittelt sich über Widersprüche zu neuen Einheiten, die dann wieder zerfallen müssen, bis endlich ein Stadium erreicht ist, wo die in der Geschichte sich schrittweise verwirklichende Vernunft reale Bedingungen geschaffen hat, die ein Begreifen des ganzen Prozesses erlauben und damit den Widerspruchsgeist zur Ruhe kommen lassen. «Die Weltgeschichte ist der Fortschritt im Bewußtsein der Freiheit – ein Fortschritt, den wir in seiner Notwendigkeit zu erkennen haben» (Hegel 1973, 32).

Freiheit aber ist an reale Bedingungen der Selbsterhaltung und der institutionellen Absicherung des Lebens in Gemeinschaft gebunden. Sie ist keine Willkür, sondern die durch Vernunft bestimmte, einsichtige Handlungsweise, die Maß und Ziel hat. Freiheit kann sich so nur in einer geordneten Gemeinschaft entfalten, in der «das unendliche Recht des Subjekts, daß es sich in seiner Tätigkeit und Arbeit befriedigt findet», gewährleistet ist (Hegel 1973, 36 f.). Und das Bewusstsein dieser Freiheit geht einher mit der vernünftigen Umgestaltung der Welt durch Arbeit und durch die Schaffung von politischen oder gesellschaftlichen Einrichtungen, denen die Einzelnen vernünftigerweise ihre Zustimmung und Unterstützung nicht versagen können. In diesen Einrichtungen (wie Familie, Privateigentum, Gesetze und Staat) drückt sich für Hegel der objektiv gewordene «Geist» aus. Mit diesem Wort bezeichnet Hegel nun nicht etwas Spirituelles, ungreifbar außerhalb der Welt Liegendes, sondern das sichtbar und wirksam gewordene Ergebnis des vernünftigen Handelns, das fortwirkt und selbst vernünftige Folgen zeitigt. Was Hegel unter der Bezeichnung «objektiver Geist» in der Enzyklopädie, der Geschichtsphilosophie und der Rph. entwickelt, ist, mit heutigen Worten gesprochen, die sich in gesellschaftlichen Institutionen verfestigende Intersubjektivität. In ihnen wird die Vernünftigkeit des Menschen und die des Weltganzen sichtbar.

Zweierlei ist an dieser Konzeption bemerkenswert: zum einen Hegels Ansicht, das Weltganze müsse als ein notwendig von der Vernunft durchwirkter und gestalteter Zusammenhang gedacht werden. Denn die Beispiele Rousseau (s. o. S. 224–252) oder gar Thomas Hobbes (s. o. S. 167–186) zeigen deutlich, dass man die Geschichte und mit ihr die ganze den Menschen betreffende Welt auch anders interpretieren kann. Dagegen versucht Hegel, den Umstand festzuhalten, dass es ja die Vernunft (als die nach einsehbaren Gesetzen geordnete Tätigkeit des Denkens) ist, die überhaupt erst eine Weltgeschichte, d. h. eine geordnete Abfolge von Begebenheiten, schafft. In dieser nachkonstruierenden Schaffung der Kontinuität in der Geschichte entdeckt die Vernunft auch ihr eigenes Gewordensein, ihre eigene Entwicklungsgeschichte. Deshalb kann Hegel feststellen: «Wer die Welt vernünftig ansieht, den sieht auch sie vernünftig an, beides ist in Wechselbestimmung» (Hegel 1973, 23).

Nun weiß auch Hegel, dass die Geschichte der Menschen gekennzeichnet ist vom Scheitern, von Grausamkeit und Verzweiflung. Doch gerade in diesen Tatsachen sieht er das treibende Element der Geschichte; denn nur aus dem Bemühen, ihnen zu entgehen, entwickelt sich der Fortschritt: «Die Weltgeschichte ist nicht der Boden des Glücks. Die Perioden des Glücks sind leere Blätter in ihr; denn sie sind Perioden der Zusammenstimmung, des fehlenden Gegensatzes» (Hegel 1973, 42). Das Leiden der Individuen bildet so das treibende Element der Geschichte. Denn die Vernunft verwirklicht sich durch dies Leiden hindurch – der Fortschritt wird mit ihm bezahlt: «Das ist die *List der Vernunft zu* nennen, daß sie die Leidenschaften für sich wirken läßt, wobei das, durch was sie sich in Existenz setzt, einbüßt und Schaden leidet» (Hegel 1973, 49).

Zum Zweiten nimmt Hegel in seinem Begriff des Geistes natürlich auch platonisches Erbe auf (s. o. S. 34–44), weil das Reich der Ideen, das die Erkennbarkeit und Ordnung der Welt hinter den sichtbaren Dingen garantiert und trägt, bei Hegels Begriff des Geistes Pate gestanden hat. Denn wenn eine Ordnung als intakt und vernünftig angesehen wird, so heißt das natürlich auch, dass sie im wertenden Sinne gerechtfertigt ist – so, wie sie ist, ist sie gut: «Was vernünftig ist, das ist wirklich; und was wirklich ist, das ist vernünftig» (Rph. Einl., 21). An diesem Satz macht sich die Kritik an Hegel fest, die in den Jahren nach dem Erscheinen der «Rechtsphilosophie» eine revolutionäre Veränderung der Verhältnisse in Preußen und Deutschland fordert. Sie unterstellt, dass mit diesem Diktum die bestehenden Zustände sanktioniert werden sollen. Andererseits hat die Herausgabe der Vorlesungsnachschriften zur Rechtsphilosophie seit Beginn der 1970er Jahre diese einfache Identifizierung von «wirklich» und «vernünftig» in Frage stellen müssen, da auch Hegel in seinen Veröffentlichungen der Zensur unterworfen war. Was wirklich ist, muss nicht immer das jeweils empirisch Vorhandene sein, es kann auch dasjenige sein, das vor der Vernunft Bestand hat. Dann ließe sich durchaus ein kritischer Sinn in diese Äußerung legen. Doch dieser Streit wird sich wohl endgültig nicht entscheiden lassen; denn Hegel selbst bezieht an anderer Stelle dezidiert Stellung gegen jede präskriptive Funktion der Philosophie. Was in Platons Lehre kritisch gegen die Verhältnisse seiner Zeit gewendet war (das Ideal der funktionsfähigen Polisgemeinschaft), wird bei Hegel, indem er auch Aristoteles' detailgenaue Beschreibung der Realität aufnimmt und der realen Vernünftigkeit des objektiven Geistes nachspürt, leicht zur Verteidigung des Bestehenden gegenüber allen Vorwürfen und Versuchen, eine andere – möglicherweise bessere – Ordnung herbeizuführen. Das Individuum, das sein Recht und seinen Willen gegen die Allgemeinheit des vernünftigen Weltganzen durchzusetzen sucht, ist diesem in seiner Sicht hoffnungslos unterlegen. Selbst die Großen der Geschichte verwirklichen, indem sie ihr eigenes Interesse betreiben, nur den Plan des Ganzen.

So zeigt Hegel am Beispiel Cäsars, dass sich gerade in den bedeutendsten Menschen, den «welthistorischen Individuen», der Wille des «Weltgeistes» verwirklicht:

«Cäsar kämpfte im Interesse, sich seine Stellung, Ehre und Sicherheit zu erhalten, und der Sieg über seine Gegner, indem ihre Macht die Herrschaft über die Provinzen des Römischen Reiches war, wurde zugleich die Eroberung des ganzen Reichs: so wurde er mit Belassung der Form der Staatsverfassung der individuelle Gewalthaber im Staate. Was ihm so die Ausführung seines zunächst negativen Zweckes erwarb, die Alleinherrschaft Roms, war aber zugleich an sich notwendige Bestimmung in Roms und in der Welt Geschichte, so daß sie nicht nur sein partikularer Gewinn, sondern ein Instinkt war, der das vollbrachte, was an und für sich an der Zeit war» (Hegel 1973, 45).

Jeder Versuch, ein eigenes Interesse gegen den Weltlauf erhalten oder gewaltsam verwirklichen zu wollen, ist deshalb für Hegel auch das eigentlich Böse, wenn es nicht im Nachhinein den Gang der Geschichte in Bewegung hält. Alles subjektive Wollen, das mit dem Anspruch auftritt, in guter Absicht Vorschriften für die Veränderung bestehender Verhältnisse aufstellen zu können, befindet sich in der Gefahr, in willkürliche Gewalt und Terror umzuschlagen. Die Ereignisse der Französischen Revolution in den Jahren 1793 und 1794 waren für Hegel hier das abschreckende Beispiel, das er seit seiner «Phänomenologie des Geistes» immer wieder angeprangert hat. Auch und gerade die Philosophie hat sich deshalb mit dem Bestehenden zu befassen und es in seinen Elementen zu begreifen.

«Es ist (ebenso) töricht, zu wähnen, irgendeine Philosophie gehe über ihre gegenwärtige Welt hinaus, als, ein Individuum überspringe seine Zeit ... Geht seine Theorie in der Tat drüber hinaus, baut es sich eine Welt, *wie sie sein soll*, so existiert sie wohl, aber nur in seinem Meinen, – einem weichen Elemente, dem sich alles Beliebige einbilden läßt ... Um noch über das Belehren, wie die Welt sein soll, ein Wort zu sagen, so kommt dazu ohnehin die Philosophie immer zu spät ... Wenn die Philosophie ihr Grau in Grau malt, dann ist eine Gestalt des Lebens alt geworden, und mit Grau in Grau läßt sie sich nicht verjüngen, sondern nur erkennen; die Eule der Minerva beginnt erst mit der einbrechenden Dämmerung ihren Flug» (Rph. Einl., 21/22).

Der Vogel der Weisheit kann für Hegel kein Sturmvogel der Revolution sein. Philosophie kann keine konkreten Handlungsanweisungen entwickeln. Philosophisches Begreifen kann nur in der Geschichte wirksam werden, ohne dass es selbst anderes zu seiner Wirksamkeit beizutragen hätte als die begriffliche Aufarbeitung seiner Gegenstände. Nur in diesem Sinne konnte für Hegel etwa Rousseaus Denken wirksam werden – als Erkenntnis der Macht, die der Gedanke und die Vernunft in der Geschichte darstellen. Hegel sagt deshalb in Bezug auf die Französische Revolution: «Solange die Sonne am Firmament steht und die Planeten um sie herumkreisen, war das nicht gesehen worden, daß der Mensch sich auf den Kopf, d.i. auf den Gedanken stellt und die Wirklichkeit nach diesem erbaut» (Hegel 1973, 529).

3. Die Grundlinien der Philosophie des Rechts

Hegel setzt in seiner «Rechtsphilosophie» beim Begriff des Willens an; denn dieser ist es, der als subjektive Äußerung objektive Tatsachen schafft, die im Rahmen anderer Willensmeinungen stehen und gegen diese abzugrenzen und zu erhalten sind. Hegel verzichtet auf jede Konstruktion eines Naturzustandes, seine Analyse in der Rechtsphilosophie ist also nicht historisch, sondern systematisch angelegt. Der Wille erscheint so als die Grundbedingung, als der auslösende Faktor von Rechtsverhältnissen überhaupt – denn wo kein Wille, keine Zurechnungsfähigkeit und Freiheit unter mehreren ist, da bedarf es auch keiner rechtlichen Ordnung. Nur das Subjekt hat einen Willen und damit auch die Möglichkeit und Notwendigkeit, sich mit anderen gleichartigen Subjekten auseinanderzusetzen. Deshalb umfasst der Begriff des Rechts alle Erscheinungsformen dieses Willens und damit das ganze Spektrum menschlicher Gemeinschaftlichkeit.

«Wenn wir hier vom Rechte sprechen, so meinen wir nicht bloß das bürgerliche Recht, das man gewöhnlich darunter versteht, sondern Moralität, Sittlichkeit und Weltgeschichte, die ebenfalls hierher gehören, weil der Begriff die Gedanken der Wahrheit nach zusammenbringt. Der freie Wille muß sich zunächst, um nicht abstrakt zu bleiben, ein Dasein geben, und das erste sinnliche Material dieses Daseins sind die Sachen, das heißt die äußeren Dinge. Diese erste Weise der Freiheit ist die, welche wir als *Eigentum* kennen sollen, die Sphäre des formellen und abstrakten Rechts, wozu nicht minder das Eigentum in seiner vermittelten Gestalt als *Vertrag* und das Recht in seiner Verletzung als *Verbrechen* und *Strafe* gehören. Die Freiheit, die wir hier haben, ist das, was wir Person nennen, das heißt das Subjekt, das frei und zwar für sich frei ist und sich in den Sachen ein Dasein gibt. Diese bloße Unmittelbarkeit des Daseins aber ist der Freiheit nicht angemessen, und die Negation dieser Bestimmung ist die Sphäre der *Moralität*. Ich bin nicht mehr bloß frei in dieser unmittelbaren Sache, sondern ich bin es auch in der aufgehobenen Unmittelbarkeit, das heißt ich bin es in mir selbst, im Subjektiven. In dieser Sphäre ist es, wo es auf meine Einsicht und Absicht und auf meinen Zweck ankommt, indem die Äußerlichkeit als gleichgültig gesetzt wird. Das Gute, das hier der allgemeine Zweck ist, soll aber nicht bloß in meinem Inneren bleiben, sondern es soll sich realisieren. Der subjektive Wille nämlich fordert, daß sein Inneres, das heißt sein Zweck, äußeres Dasein erhalte, daß also das Gute in der äußerlichen Existenz solle vollbracht werden. Die Moralität, wie das frühere Moment des formellen Rechts, sind beide Abstraktionen, deren Wahrheit erst die *Sittlichkeit* ist. Die Sittlichkeit ist so die Einheit des Willens in seinem Begriffe und des Willens des Einzelnen, das heißt des Subjekts. Ihr erstes Dasein ist wiederum ein Natürliches, in Form der Liebe und Empfindung: *die Familie*; das Individuum hat hier seine spröde Persönlichkeit aufgehoben und befindet sich mit seinem Bewußtsein in einem Ganzen. Aber auf der folgenden Stufe ist der Verlust der eigentlichen Sittlichkeit und der substantiellen Einheit zu sehen: die Familie zerfällt, und die Glieder verhalten sich als selbständige zueinander, indem nur das Band des gegenseitigen Bedürfnisses sie umschlingt. Diese Stufe der *bürgerlichen Gesellschaft* hat man häufig für den Staat angesehen. Aber der *Staat* ist erst das Dritte, die Sittlichkeit und der Geist, in welchem die ungeheure Vereinigung der Selbständigkeit der Individualität und der allgemeinen Substantialität stattfindet. Das Recht des Staates ist daher höher als andere Stufen: es ist die Freiheit in ihrer konkretesten Gestaltung, welche nur noch unter die höchste absolute Wahrheit des Weltgeistes fällt» (Rph., § 33 Zusatz).

Hegel will also zeigen, wie sich vermeintliche Unmittelbarkeit immer weiter bestimmen muss zu immer konkreterer Bestimmtheit, die schließlich von sich selbst zu wissen genötigt wird und damit ihre eigene Unmittelbarkeit als eingebunden in einen größeren Zusammenhang – eben als vermittelt – erfährt. Was ursprünglich konkrete Gegebenheit zu sein schien, erweist sich so als in ihren miteinander verknüpften Elementen undurchschaute Abstraktheit.

Die einzelnen Stufen dieser Entwicklung sollen nun kurz umrissen werden.

3.1 Abstraktes Recht

Ursprünglich ist der Wille ein einzelner, der nichts von sich weiß, als dass er will. Wird er sich in dieser absoluten Vereinzelung bewusst, so ist das Subjekt des Willens in Hegels Worten «Person». Das Bewusstsein der Einzelheit aber ist immer gebunden an das Wissen von anderen, die gleichgeartet sind. In der Auseinandersetzung dieser Personen entfaltet sich das von Hegel so genannte abstrakte Recht. Denn «die Person muß sich eine äußere *Sphäre ihrer Freiheit* geben ...», und das heißt für Hegel, sie muss einen Bereich haben, in dem sich ihr Wille frei entfalten kann. Dieser Bereich ist das Eigentum (Rph., § 41). Hegel fährt fort:

«Daß Ich etwas in meiner selbst äußern Gewalt habe, macht den *Besitz* aus, so wie die besondere Seite, daß Ich etwas aus natürlichem Bedürfnisse, Triebe und der Willkür zu dem Meinigen mache, das besondere Interesse des Besitzes ist. Die Seite aber, daß Ich als freier Wille mir im Besitze gegenständlich und hiermit auch erst wirklicher Wille bin, macht das Wahrhafte und Rechtliche darin, die Bestimmung des *Eigentums* aus.

Eigentum zu haben, erscheint in Rücksicht auf das Bedürfnis, indem dieses zum Ersten gemacht wird, als Mittel; die wahrhafte Stellung aber ist, daß vom Standpunkte der Freiheit aus das Eigentum als das erste *Dasein* derselben, wesentlicher Zweck für sich ist» (Rph., § 45).

«Da mir im Eigentum mein Wille als persönlicher, somit als Wille des Einzelnen objektiv wird, so erhält es den Charakter von Privateigentum, und gemeinschaftliches Eigentum, das seiner Natur nach vereinzelt besessen werden kann, die Bestimmung von einer an sich auflösbaren Gemeinschaft, in der meinen Anteil zu lassen, für sich Sache der Willkür ist» (Rph., §46).

Eigentum ist also in diesem Stadium der begrifflichen Analyse noch Selbstzweck, sozusagen das natürliche Recht der Personen an sich selbst und ihrer Erhaltung und erste Manifestation ihrer Freiheit. Insofern dies Eigentum aber der Freiheit einer bestimmten Person angehört, ist es *Privateigentum*. Es wird als solches gekennzeichnet und grenzt dadurch alle anderen Personen aus. Es entsteht eine Ansammlung von Privatbesitz und damit auch der Tausch. Um diesen zu regeln und Eigentumsübertragung möglich zu machen, bedarf es des *Vertrages*. Zwei unabhängige Willen vermitteln sich in ihm über einen Gegenstand. Doch in diesem birgt sich die Möglichkeit des *Unrechts*. Denn was als freie Übereinstimmung der Personen konzipiert ist, kann in sein Gegenteil verkehrt werden, wenn einer oder alle Beteiligten gar nicht die Absicht haben, einen Teil ihrer eigenen Freiheit dem Ausgleich der Interessen zu opfern, sondern heimlich an ihrem unverminderten Anspruch auf ungehinderte Entfaltung ihres persönlichen Interesses festhalten. Dieses Unrecht aber wird geahndet durch die *Strafe* und den *Zwang*, wobei es Hegel nicht um die Institutionen geht, die dies gewährleisten, sondern um die rein begriffliche Entwicklung des Anspruchs, den die Personen als Eigentümer gegeneinander haben.

Doch damit hat Hegel eine Allgemeinheit erreicht, die dem Einzelnen gegenübersteht und deren Teil er zugleich ist. Die Sichtweise kehrt sich deshalb um: Im Einzelnen, in der Person, taucht ein allgemeines Interesse an der Erhaltung des abstrakten Interesses als seines ureigenen auf. Damit wird der Wille der Person sich selbst zum Gegenstand der Beurteilung. Denn nun gilt es zu prüfen, inwieweit eine Handlung sowohl dem privaten als auch dem allgemeinen Interesse entspricht. Dies ist der Standpunkt der *Moralität*.

3.2 Die Moralität

Hegels Analyse wendet sich in diesem Zusammenhange der Innerlichkeit des Menschen, seiner Selbstbeurteilung zu. Was in der Sphäre des abstrakten Rechts ausschließlich die äußeren Verhältnisse betraf, wird nun nach innen gewendet: die Frage nach dem Bestehen des Einzelnen in der Gemeinschaft. Zur Diskussion steht jetzt die Selbsteinschätzung der Personen, die nun erst in Hegels Terminologie zu «Subjekten» werden. Es tut sich die Kluft auf zwischen dem, was das Subjekt will, und dem, wovon es weiß, das es dem Recht entspricht. Das Subjekt wird sich so seiner völligen Vereinzelung und Ohnmacht bewusst, und es bleibt ihm nur, sein eigenes Interesse gegenüber dem Allgemeininteresse zurückzunehmen. Aus dieser Perspektive der Innerlichkeit ist dann nur als *Schuld* zurechenbar, was mit *Vorsatz* begangen wurde, und gut ist, was mit gutem Willen unternommen wurde – ungeachtet der realen Konsequenzen, von denen sich das Subjekt in dieser Perspektive freispricht. «‹In magnis voluisse sat est› (Es genügt, Großes gewollt zu haben) hat den richtigen Sinn, daß man etwas Großes wollen solle; aber man muß auch das Große ausführen können; sonst ist es ein nichtiges Wollen. Die Lorbeeren des bloßen Wollens sind trockene Blätter, die niemals gegrünt haben» (Rph., § 124 Zusatz).

Die in sich zurückgedrängte Subjektivität entdeckt auf diese Weise den übergreifenden Zusammenhang des allgemeinen Interesses als ihr eigentliches Element: das allgemeine Wohl, das ihr selbst nun als das Gute erscheint, dem sie sich verpflichtet weiß:

«Das *Gute* ist die Idee, als Einheit des *Begriffs* des Willens und *des besondern* Willens, – in welcher das abstrakte Recht, wie das Wohl und die Subjektivität des Wissens und die Zufälligkeit des äußerlichen Daseins, als *für sich selbständig* aufgehoben, damit aber *ihrem Wesen* nach darin *enthalten* und *erhalten* sind, – die *realisierte Freiheit, der absolute Endzweck der Welt*» (Rph., § 129).

Im Guten finden also der einzelne, besondere Wille und der Begriff des Willens (d. h. der Wille im Blick auf seine Allgemeinheit, seine Intersubjektivität) zusammen. Privates und öffentliches Wohl werden in diesem

Begriff zusammengedacht, und insofern ist das Gute der von allen Menschen erstrebte Endzweck der Welt. Doch dieses Gute ist keine Sache, die der Einzelne mit sich allein abzumachen hätte, keine Angelegenheit der Gesinnung. Hegel wendet an diesem Punkt wieder die Betrachtungsweise; wenn es nämlich um die Gestaltung der Welt geht, so kann nicht die Innerlichkeit der guten Absicht maßgebend sein. Denn jeder ist in der Lage, seine eigene Absicht als gut zu interpretieren – ungeachtet ihrer objektiven Auswirkungen:

«(Denn) wenn ... das gute Herz, die gute Absicht und die subjektive Überzeugung für das erklärt wird, was den Handlungen ihren Wert gebe, so gibt es keine Heuchelei und überhaupt kein Böses mehr, denn was einer tut, weiß er durch die Reflexion der guten Absichten und Bewegungsgründe zu etwas Gutem zu machen, und durch das Moment seiner *Überzeugung* ist es gut» (Rph., § 140).

Jede Verbindlichkeit – als die Grundlage gemeinschaftlichen Lebens – wäre damit unmöglich gemacht. Hegel muss deshalb zeigen, wie diese Innerlichkeit des Guten zugleich vermittelt ist mit den objektiven Sachverhalten des gemeinschaftlichen Lebens, in denen sich das Gute allererst entfalten kann. Ohne diese realen, in der Geschichte vernünftig gewachsenen gesellschaftlichen Beziehungen blieben Recht und Moralität letztlich gegenstandslos, weil sie unverbunden nebeneinander bestehen und damit eine für alle gültige Ordnung des gemeinschaftlichen Lebens unmöglich wäre. Erst wenn das Recht als ebenso innerlich, als Produkt der Freiheit und Vernunft angesehen wird wie das Gute, das nicht mehr nur innen bleibt, sondern sich in Auseinandersetzung mit dem Äußeren verwirklicht, erst dann ist vernünftige Gemeinschaft möglich. Die Einschränkungen des Gesetzes müssen als Bedingungen der Freiheit erkannt werden.

«Das Rechtliche und das Moralische kann nicht für sich existieren, und sie müssen das Sittliche zum Träger und zur Grundlage haben, denn dem Rechte fehlt das Moment der Subjektivität, das die Moral wiederum für sich allein hat, und so haben beide Momente für sich keine Wirklichkeit. Nur das Unendliche, die Idee ist wirklich: das Recht existiert nur als Zweig eines Ganzen, als sich anrankende Pflanze eines an und für sich festen Baumes» (Rph., § 141 Zusatz).

Mit dem Unendlichen, der Idee, bezeichnet Hegel hier die Gesamtheit aller begriffenen (d. h. in ihrer Vermittlung durchschauten) Weltbezüge des Menschen, die vernünftige Totalität, die allem Einzelnen seinen Platz zuweist. Das Sittliche bezeichnet dabei die geordnete und von den Subjekten in ihrer Ordnung anerkannte Verfassung der Wirklichkeit, die Überschaubarkeit, Kontinuität und die Entfaltung der Freiheit wie die Sicherung der eigenen Existenz garantiert.

3.3 Die Sittlichkeit

«Die Sittlichkeit ist die *Idee der Freiheit,* als das lebendige Gute, das in dem Selbstbewußtsein sein Wissen, Wollen und durch dessen Handeln seine Wirklichkeit, sowie dieses an dem sittlichen Sein seine an und für sich seiende Grundlage und bewegenden Zweck hat, – *der zur vorhandenen Welt und zur Natur des Selbstbewußtseins gewordene Begriff der Freiheit*» (Rph., § 142).

In der Sittlichkeit also wird das Gute, das bisher nur innerlich war, lebendig und wirksam. Zugleich wird es aber eingebunden in einen größeren Zusammenhang, wird begrenzt, und in dieser Begrenzung erfährt es seine Freiheit, weil es seiner eigenen Intention folgend real wirksam werden kann. In einer handschriftlichen Notiz zu diesem Paragraphen fragt Hegel: «Was ist *Sittlichkeit*? Daß mein Wille als dem Begriff gemäß *gesetzt* sei – seine Subjektivität aufgehoben sei ...» (Hegel 1970, 293). Da «aufgehoben» aber – wie bereits erwähnt – auch «aufbewahrt» bedeutet, kann Hegel sagen: «Das Sittliche, insofern es sich an dem individuellen durch die Natur bestimmten Charakter als solchem reflektiert, ist die *Tugend,* die, insofern sie nichts zeigt, als die einfache Angemessenheit des Individuums an die Pflichten der Verhältnisse, denen es angehört, *Rechtschaffenheit* ist ...» (Rph., § 150).

«Aber in der einfachen *Identität* mit der Wirklichkeit der Individuen erscheint das Sittliche, als die allgemeine Handlungsweise derselben – als *Sitte*, – die *Gewohnheit* desselben als eine *zweite Natur*, die an die Stelle des ersten bloß natürlichen Willens gesetzt, und die durchdringende Seele, Bedeutung und Wirklichkeit ihres Daseins ist, der als eine Welt lebendige und vorhandene *Geist*, dessen Substanz so erst als Geist ist» (Rph., § 151).

Eine Zusammenfassung dieser Momente an der Sittlichkeit gibt Hegel in der «Enzyklopädie» von 1830:

«Die *Sittlichkeit* ist die Vollendung des objektiven Geistes, die Wahrheit des subjektiven und objektiven Geistes selbst. Die Einseitigkeit von diesem ist, teils seine Freiheit *unmittelbar* in der Realität, daher im Äußern, der *Sache*, teils in dem Guten als einem Abstrakt-Allgemeinen zu haben; die Einseitigkeit des subjektiven Geistes ist, gleichfalls abstrakt gegen das Allgemeine in seiner innerlichen Einzelnheit selbstbestimmend zu sein. Diese Einseitigkeiten aufgehoben, so ist die subjektive *Freiheit* als der an und für sich *allgemeine* vernünftige Wille, der in dem Bewußtsein der einzelnen Subjektivität sein Wissen von sich und die Gesinnung, wie seine Betätigung und unmittelbare allgemeine *Wirklichkeit* zugleich als *Sitte* hat, – die selbstbewußte *Freiheit* zur *Natur* geworden» (Hegel 1959, § 513).

Indem diese zweite Natur des Menschen, seine vernünftige Gemeinschaftlichkeit, sich mit der ersten – äußeren – Natur des Menschen vermittelt, ist sie zugleich wirkendes und tragendes Element des individuellen wie des geselligen Lebens.

Sie wird nun von Hegel untersucht nach ihren verschiedenen Erscheinungsweisen in Familie, Gesellschaft und Staat. Für Hegel hat dabei diese Unterscheidung vor allem methodische Bedeutung; denn alle drei Momente existieren ja real nebeneinander und miteinander vermittelt. Gleichzeitig geht diese Unterscheidung natürlich auf Aristoteles (s. o. S. 45–92) zurück und dokumentiert Hegels ständige Rückgriffe auf das Denken der Antike.

Grundsätzlich geht es Hegel bei allen diesen Formen um Folgendes:

Sie alle dienen in erster Linie der Gewährleistung der äußeren Sicherheit und materiellen Subsistenz der Individuen; auf der anderen Seite bilden sie die Basis, auf der sich die Individuen in ihrem Verhältnis zueinander geistig und moralisch entwickeln. Denn durch die bestimmte Form der jeweiligen Gemeinschaft werden die Individuen ebenso gebildet und geformt, wie sie es sind, die diese Institutionen schaffen und verändern. Im Stadium der Sittlichkeit sind die Individuen so zugleich Schöpfer und Geschöpfe einer geordneten Gemeinschaft. Hegels Vorbild für diese sogenannte *substanzielle Sittlichkeit* ist die antike Polisgemeinschaft, in deren objektiver, vernünftiger Ordnung die Menschen ihre eigene Freiheit und Vernunft wiederfinden und verwirklicht wissen.

3.3.1 Die Familie

An erster Stelle der Momente der Sittlichkeit, die den Menschen prägen und mit seinen Mitmenschen verbinden, steht für Hegel die Familie. In ihr findet sich der Mensch von klein auf nicht als Einzelwesen, sondern in einer Gemeinschaft, zu der er in einer gefühlsmäßigen Bindung steht und die er so prinzipiell bejahen kann:

«Die Familie hat als die *unmittelbare Substantialität* des Geistes seine sich *empfindende* Einheit, die *Liebe*, zu ihrer Bestimmung, so daß die Gesinnung ist, das Selbstbewußtsein seiner Individualität *in dieser Einheit* als an und für sich seiender Wesentlichkeit zu haben, um in ihr nicht als eine Person für sich, sondern als *Mitglied* zu sein» (Rph., § 158).

Grundlage der Familie ist die *Ehe*, die «freiwillige Einwilligung der Personen, und zwar dazu, *eine Person auszumachen*, ihre natürliche und einzelne Persönlichkeit in jener Einheit aufzugeben, welche nach dieser Rücksicht eine Selbstbeschränkung, aber eben indem sie in ihr ihr substantielles Selbstbewußtsein gewinnen, ihre Befreiung ist» (Rph., § 162).

Durchaus im Sinne des abstrakten Rechtes sind die Ehegatten also auch *eine* Person, d.h. für Hegel: Sie sind im Besitz von Eigentum. Mit diesem sichern sie ihre äußere Existenz und die Existenz der ihr entstammenden Kinder – die Familie ist entstanden.

Hegel richtet nun den Blick auf die Außenverhältnisse der Familie, in denen sie mit anderen Eigentümern im Zusammenhang steht. Denn zum einen muss ja dies Eigentum über den Tausch mit anderen vermittelt sein, um die Erhaltung der Familie zu gewährleisten; zum anderen zeigt sich, dass auch für die Familie selbst übergeordnete Instanzen nötig sind, die bestimmte Problembereiche regeln (Hegel nennt hier die Ehescheidung und das Recht, sein Eigentum zu vererben). Schließlich thematisiert er die Auflösung der einen Familie in mehrere neue, wenn die Kinder selbst Familien gründen und so den ursprünglichen Verband verlassen. Hegel zeigt, wie die daraus entstehende Vereinzelung der Personen und Familien – und damit der scheinbare Verlust der Sittlichkeit – dadurch überwunden wird, dass die Einzelnen ja selbst wieder Familien bilden und sich mit anderen in Beziehung wissen – ein Verband, umfassender als die Familie, kommt in den Blick:

«Die Familie tritt auf natürliche Weise, und wesentlich durch das Prinzip der Persönlichkeit in eine *Vielheit* von Familien auseinander, welche sich überhaupt als selbständige konkrete Personen und daher äußerlich zueinander verhalten. Oder die in der Einheit der Familie als der sittlichen Idee, als die noch in ihrem Begriffe ist, gebundenen Momente, müssen von ihm zur selbständigen Realität entlassen werden; – die Stufe der *Differenz*» (Rph., § 181).

«Die Allgemeinheit hat hier zum Ausgangspunkt die Selbständigkeit der Besonderheit, und die Sittlichkeit scheint somit auf diesem Standpunkte verloren, denn für das Bewußtsein ist eigentlich die Identität der Familie das Erste, Göttliche und Pflichtgebietende. Jetzt aber tritt das Verhältnis ein, daß das Besondere das erste für mich Bestimmende sein soll, und somit ist die sittliche Bestimmung aufgehoben. Aber ich bin eigentlich darüber nur im Irrtum, denn indem ich das Besondere festzuhalten glaube, bleibt doch das Allgemeine und die Notwendigkeit des Zusammenhangs das Erste und Wesentliche; ich bin also überhaupt auf der Stufe des Scheins, und indem meine Besonderheit mir das Bestimmende bleibt, das heißt der Zweck, diene ich damit der Allgemeinheit, welche eigentlich die letzte Macht über mich behält» (Rph., § 181 Zusatz).

Die sich an die Familie anschließende Form der Gemeinschaftlichkeit ist die *bürgerliche Gesellschaft*, in der die Verfolgung der Einzelinteressen zugleich den übergreifenden Verbund stiftet.

3.3.2 Die bürgerliche Gesellschaft

«Die konkrete Person, welche sich als *besondere* Zweck ist, als ein Ganzes von Bedürfnissen und eine Vermischung von Naturnotwendigkeit und Willkür, ist das *eine Prinzip* der bürgerlichen Gesellschaft, – aber die besondere Person als wesentlich in *Beziehung* auf andere solche Besonderheit, so daß jede durch die andere und zugleich schlechthin nur als durch die Form der *Allgemeinheit, das andere Prinzip, vermittelt* sich geltend macht und befriedigt» (Rph., § 182).

«Der selbstsüchtige Zweck in seiner Verwirklichung, so durch die Allgemeinheit bedingt, begründet ein System allseitiger Abhängigkeit, daß die Subsistenz und das Wohl des Einzelnen und sein rechtliches Dasein in die Subsistenz, das Wohl und Recht aller verflochten, darauf gegründet und nur in diesem Zusammenhange wirklich und gesichert ist. – Man kann dies System zunächst als den *äußeren Staat, – Not- und Verstandesstaat* ansehen» (Rph., § 183).

Hegel bestimmt also die bürgerliche Gesellschaft eindeutig als Instrument der Verwirklichung privater Interessen. Die Menschen verfolgen als Personen ihre selbstsüchtigen Zwecke und werden dabei der Tatsache gewahr, dass sie dies nur können im Zusammengehen und in geregelter Auseinandersetzung mit anderen Personen. Die so zustande gekommene Gemeinschaft ist deshalb in Hegels Augen nur eine vorübergehende Erscheinung, die nur Bestand haben kann, wenn die Vereinzelung der Privateigentümer durch eine übergeordnete Instanz aufgehoben und die entstehenden Widersprüche und Konflikte geregelt werden. So dienen die Bürger des «Not- und Verstandesstaates», die in ihrem Selbstverständnis nur ihren eigenen Interessen folgen, zugleich objektiv einem höheren Zusammenhang – sie bilden eine Gemeinschaft aus, die höhere als nur Privatinteressen kennt, und dies ohne oder sogar gegen ihren Willen.

«Die Individuen sind als Bürger dieses Staates *Privatpersonen*, welche ihr eigenes Interesse zu ihrem Zwecke haben. Da dieser durch das Allgemeine vermittelt ist, das ihnen somit als *Mittel erscheint*, so kann er von ihnen nur erreicht werden, insofern sie selbst ihr Willen, Wollen und Tun auf allgemeine Weise bestimmen und sich zu einem *Gliede* der Kette dieses *Zusammenhanges* machen. Das Interesse der Idee hierin, das nicht im Bewußtsein dieser Mitglieder der bürgerlichen Gesellschaft als solcher liegt, ist der *Prozeß*, die Einzelheit und Natürlichkeit derselben durch die Naturnotwendigkeit ebenso als durch die Willkür der Bedürfnisse zur *formellen Freiheit* und formellen *Allgemeinheit des Wissens und Wollens* zu erheben, die Subjektivität in ihrer Besonderheit zu *bilden*» (Rph., § 187).

Den «Not- und Verstandesstaat» kennzeichnet so eine liberalistische Grundhaltung, wie sie etwa bei Locke formuliert ist (s. o. S. 187–211) und von der Hegel zeigt, dass sie unvermerkt in einen übergreifenden Zusammenhang überführt wird. Denn die Privatpersonen (die hier ähnlich wie Rousseaus *Bourgeois* bestimmt sind) verfolgen gemeinschaftliche Interessen nur, solange es ihren privaten dienlich erscheint. Doch die Art und Weise dieser Interessensicherung durch Arbeit und Bildung, durch die Schaffung von Regelinstanzen verschiebt den Akzent von der bloßen Bedürfnisbefriedigung zur Bildung der Individuen selbst durch ihr Tun und seine Produkte.

Hegel führt seine Untersuchung deshalb über die bestimmten Weisen der Bedürfnisbefriedigung in der bürgerlichen Gesellschaft weiter, um an diesen als an den Grundlagen der Gemeinschaft diejenigen Momente sichtbar zu machen, die über die bürgerliche Gesellschaft hinausweisen. Im Mittelpunkt des Interesses steht dabei der Begriff der *Arbeit* in seiner doppelten Bedeutung als produzierende Aneignung der Natur und als Vergegenständlichung vernünftiger Zwecke und theoretischen Wissens.

«Die Vermittlung, den *partikularisierten* Bedürfnissen angemessene ebenso *partikularisierte Mittel* zu bereiten und zu erwerben, ist die *Arbeit*, welche das von der Natur unmittelbar gelieferte Material für diese vielfachen Zwecke durch die mannigfaltigsten Prozesse spezifiziert. Diese Formierung gibt nun dem Mittel den Wert und seine Zweckmäßigkeit, so daß der Mensch in seiner Konsumtion sich vornehmlich zu *menschlichen* Produktionen verhält und solche Bemühungen es sind, die er verbraucht» (Rph., §196).

«An der Mannigfaltigkeit der interessierenden Bestimmungen und Gegenstände entwickelt sich die *theoretische Bildung*, nicht nur eine Mannigfaltigkeit von Vorstellungen und Kenntnissen, sondern auch eine Beweglichkeit und Schnelligkeit des Vorstellens und des Übergehens von einer Vorstellung zur andern, das Fassen verwickelter und allgemeiner Beziehungen usf. – die Bildung des Verstandes überhaupt, damit auch der Sprache. – Die *praktische Bildung* durch die Arbeit besteht in dem sich erzeugenden Bedürfnis und der *Gewohnheit* der *Beschäftigung* überhaupt, dann der *Beschränkung seines Tuns*, teils nach der Natur des Materials, teils aber vornehmlich nach der Willkür anderer, und einer durch diese Zucht sich erwerbenden Gewohnheit *objektiver* Tätigkeit und *allgemeingültiger* Geschicklichkeiten» (Rph., §197).

«Das Allgemeine und Objektive in der Arbeit liegt aber in der *Abstraktion*, welche die Spezifizierung der Mittel und Bedürfnisse bewirkt, damit ebenso die Produktion spezifiziert und die *Teilung der Arbeiten* hervorbringt. Das Arbeiten des Einzelnen wird durch die Teilung *einfacher* und hierdurch die Geschicklichkeit in seiner abstrakten Arbeit, sowie die Menge seiner Produktionen größer. Zugleich vervollständigt diese Abstraktion der Geschicklichkeit und des Mittels die *Abhängigkeit* und die *Wechselbeziehung* der Menschen für die Befriedigung der übrigen Bedürfnisse zur gänzlichen Notwendigkeit. Die Abstraktion des Produzierens macht das Arbeiten ferner immer mehr *mechanisch* und damit am Ende fähig, daß der Mensch davon wegtreten und an seine Stelle die *Maschine* eintreten lassen kann» (Rph., §198).

Hegel stellt also die Arbeit als Quelle gesellschaftlicher und privater Wertschöpfung an den Anfang seiner Überlegungen zur konkreten Gestalt der bürgerlichen Gesellschaft. Theoretische Bildung (heute würde man das vielleicht verwertbares Wissen nennen) und praktische Fertigkeiten sind Voraussetzung und zugleich Auswirkung der Arbeit. Arbeitsteilung und zunehmende Mechanisierung sind die Folge zunehmend spezieller werdenden Wissens um den Arbeitsablauf und seine jeweiligen Bedingungen, die im Interesse größtmöglicher Effizienz beachtet werden müssen. Hegel beschreibt damit zutreffend die Situation seiner Zeit, die von einer ungeheuren Expansion gerade der industriellen Produktion geprägt ist, und er versucht gleichzeitig auch, ihre positiven Seiten herauszustellen. Denn in der

«... Abhängigkeit und Gegenseitigkeit der Arbeit und der Befriedigung der Bedürfnisse schlägt die *subjektive Selbstsucht* in den *Beitrag zur Befriedigung der Bedürfnisse aller andern* um, – in die Vermittlung des Besondern durch das Allgemeine als dialektische Bewegung, so daß, indem jeder für sich erwirbt, produziert und genießt, er eben damit für den Genuß der übrigen produziert und erwirbt. Diese Notwendigkeit, die in der allseitigen Verschlingung der Abhängigkeit aller liegt, ist nunmehr für jeden das *allgemeine, bleibende Vermögen*..., das für ihn die Möglichkeit enthält, durch seine Bildung und Geschicklichkeit daran teilzunehmen, um für seine Subsistenz gesichert zu sein, – so wie dieser durch seine Arbeit vermittelte Erwerb das allgemeine Vermögen erhält und vermehrt» (Rph., §199).

«Die *Möglichkeit der Teilnahme* an dem allgemeinen Vermögen, das *besondre* Vermögen, ist aber *bedingt*, teils durch eine unmittelbare eigene Grundlage (Kapital), teils durch die Geschicklichkeit, welche ihrerseits wieder selbst durch jenes, dann aber durch die zufälligen Umstände bedingt ist, deren Mannigfaltigkeit die *Verschiedenheit* in der *Entwicklung* der schon *für sich ungleichen* natürlichen körperlichen und geistigen Anlagen hervorbringt, – eine Verschiedenheit, die in dieser Sphäre der Besonderheit nach allen Richtungen und von allen Stufen sich hervortut und mit der übrigen Zufälligkeit und Willkür die *Ungleichheit des Vermögens* und der *Geschicklichkeiten* der Individuen zur notwendigen Folge hat» (Rph., §200).

Zugleich zeigt sich aber für Hegel die Schattenseite dieser Gesellschaftsform, denn er weist darauf hin, wie mit der Möglichkeit der Anhäufung von Kapital und Vermögen eine wachsende Ungleichheit der Verteilung Raum greift. Die bürgerliche Gesellschaft wird in ihrer Zweideutigkeit klar herausgearbeitet: Zum einen bietet sie die Möglichkeit, es durch

Arbeit und Bildung ‹zu etwas zu bringen›. Andererseits vertieft sie die Kluft zwischen denen, die – aus welchen Gründen auch immer – diese Chancen nützen können, und denen, die dazu nicht in der Lage sind.

Die Unterschiede der Voraussetzungen, der Gegenstände und der Erträge der Arbeit führen nach Hegel aber die Entwicklung weiter – hier Gleichheit fordern zu wollen, erscheint ihm unvernünftig. Sie sind es, die die *ständische Gliederung* der Gesellschaft hervorbringen – Landwirtschaft, Handwerk und Gewerbe – sowie den «allgemeinen Stand» (damit bezeichnet Hegel die Beamten und sonstigen Angehörigen des heute so genannten ‹öffentlichen Dienstes›). In diesen Ständen organisiert sich das besondere Interesse einer Gruppe von Menschen, die aufgrund gleichartiger Ausgangslagen ihrer Arbeit zum Bewusstsein ihrer Gruppenzugehörigkeit kommen und hier ihr besonderes Interesse zugleich als ein allgemeineres vertreten finden.

Nun sind die Stände allein aber nicht in der Lage, Konflikte zwischen den Bürgern zum Schutze des Eigentums und der Einzelnen zu regeln. Dies ist Aufgabe der *Rechtspflege*, die Hegel hier noch nicht als staatliche, sondern als gesellschaftliche Institution auffasst. Ihre Aufgabe ist es, die Gleichheit aller Bürger vor dem Gesetz sicherzustellen und die Gesetze im Einzelnen anzuwenden. Dazu ist erforderlich, dass die Gesetze allgemein bekannt und von den Bürgern anerkannt sind. Denn nur, wenn diese Bedingungen erfüllt sind, können die Rechtspflege und ihre Organe, die Gerichte, Gesetzesbruch ahnden. Wer von einem Gesetz nichts wissen kann, weil es nicht bekanntgemacht wurde, kann auch wegen eines Verstoßes nicht zur Rechenschaft gezogen werden. Und wenn ein Gesetzesbruch bestraft wird, den der Delinquent nicht anerkennt, so ist die Strafe für Hegel nur pure Rache – nicht aber die Wiederherstellung eines Gleichgewichts zwischen einzelnem und allgemeinem Interesse. Denn in Hegels Verständnis ehrt die Strafe des Gesetzesbruchs gerade die vernünftige Allgemeinheit im Delinquenten:

«Das Recht gegen das Verbrechen in der Form der *Rache* (...) ist nur Recht *an sich*, nicht in der Form Rechtens, d.i. nicht in seiner Existenz gerecht. Statt der verletzten Partei tritt das verletzte *Allgemeine* auf, das im Gerichte eigentümliche

Wirklichkeit hat, und übernimmt die Verfolgung und Ahndung des Verbrechens, welche damit die nur *subjektive* und zufällige Wiedervergeltung durch Rache zu sein aufhört und sich in die wahrhafte Versöhnung des Rechts mit sich selbst, in *Strafe* verwandelt, – in objektiver Rücksicht, als Versöhnung des durch Aufheben des Verbrechens sich selbst wiederherstellenden und damit als *gültig verwirklichenden Gesetzes*, und in subjektiver Rücksicht des Verbrechers als *seines von ihm gewußten* und für ihn und zu *seinem Schutze gültigen* Gesetzes, in dessen Vollstreckung an ihm er somit selbst die Befriedigung der Gerechtigkeit, nur die Tat des *Seinigen*, findet» (Rph., § 220).

Zu fragen ist hier nur, wie sich wohl Hegel die Auswirkungen etwa der Todesstrafe vorgestellt haben mag.

Die Aufsicht über die Einhaltung der Gesetze und die Gewährleistung öffentlicher Aufgaben ist Sache der *Polizei* – sie hat die Sicherheit zu garantieren und die Mittel zur Verfügung zu stellen, die den Bürgern den reibungslosen Ablauf ihrer Geschäfte ermöglichen. Durchaus kritisch gegen die Entwicklungstendenzen der bürgerlichen Produktionsweise zählt Hegel aber auch die Regulierung des Wirtschaftslebens zu den Aufgaben der Polizei – zu denken ist hier aus heutiger Sicht etwa an Arbeitsschutzbestimmungen, Kartellaufsicht o. Ä.:

«Die polizeiliche Aufsicht und Vorsorge hat den Zweck, das Individuum mit der allgemeinen Möglichkeit zu vermitteln, die zur Erreichung der individuellen Zwecke vorhanden ist. Sie hat für Straßenbeleuchtung, Brückenbau, Taxation der täglichen Bedürfnisse sowie für die Gesundheit Sorge zu tragen. Hier sind nun zwei Hauptansichten herrschend. Die eine behauptet, daß der Polizei die Aufsicht über alles gebühre, die andere, daß die Polizei hier nichts zu bestimmen habe, indem jeder sich nach dem Bedürfnis des anderen richten werde. Der Einzelne muß freilich ein Recht haben, sich auf diese oder jene Weise sein Brot zu verdienen, aber auf der anderen Seite hat auch das Publikum ein Recht zu verlangen, daß das Nötige auf gehörige Weise geleistet werde. Beide Seiten sind zu befriedigen, und die Gewerbefreiheit darf nicht von der Art sein, daß das allgemeine Beste in Gefahr kommt» (Rph., § 236 Zusatz).

Doch Hegel weiß auch, dass mit diesen Mitteln allein die Dynamik der bürgerlichen Gesellschaft nicht zu bremsen ist; die zunehmende gesellschaftliche Ungleichheit ist weniger unerwünschte Nebenfolge der kapitalistischen Produktionsweise als vielmehr das erklärte Ziel derjenigen, die Reichtum anhäufen:

«Das Subjektive der Armut und überhaupt der Not aller Art, der schon in seinem Naturkreise jedes Individuum ausgesetzt ist, erfordert auch eine *subjektive* Hilfe ebenso in Rücksicht der *besonderen* Umstände als des *Gemüts* und *der Liebe*. Hier ist der Ort, wo bei aller allgemeinen Veranstaltung *die Moralität* genug zu tun findet. Weil aber diese Hilfe für sich und in ihren Wirkungen von der Zufälligkeit abhängt, so geht das Streben der Gesellschaft dahin, in der Notdurft und ihrer Abhilfe das Allgemeine herauszufinden und zu veranstalten und jene Hilfe entbehrlicher zu machen …» (Rph., § 242).

«Wenn die bürgerliche Gesellschaft sich in ungehinderter Wirksamkeit befindet, so ist sie innerhalb ihrer selbst in *fortschreitender Bevölkerung* und *Industrie* begriffen. – Durch die *Verallgemeinerung* des Zusammenhangs der Menschen durch ihre Bedürfnisse, und der Weisen, die Mittel für diese zu bereiten und herbeizubringen, vermehrt sich die *Anhäufung der Reichtümer*, denn aus dieser gedoppelten Allgemeinheit wird der größte Gewinn gezogen, – auf der einen Seite, wie auf der andern Seite die *Vereinzelung* und *Beschränktheit* der besondern Arbeit und damit die Abhängigkeit und Not der an diese Arbeit gebundenen Klasse, womit die Unfähigkeit der Empfindung und des Genusses des weitern Freiheiten und besonders der geistigen Vorteile der bürgerlichen Gesellschaft zusammenhängt» (Rph., § 243).

«Das Herabsinken einer großen Masse unter das Maß einer gewissen Subsistenzweise, die sich von selbst als die für ein Mitglied der Gesellschaft notwendige reguliert, – und damit zum Verluste des Gefühls des Rechts, der Rechtlichkeit und der Ehre, durch eigene Tätigkeit und Arbeit zu bestehen, – bringt die Erzeugung des *Pöbels* hervor, die hinwiederum zugleich die größere Leichtigkeit, unverhältnismäßige Reichtümer in wenige Hände zu konzentrieren, mit sich führt» (Rph., § 244).

Hegel sieht also deutlich, dass private Mildtätigkeit nicht ausreicht, um des Problems der zunehmenden Ungleichheit in der bürgerlichen Gesellschaft Herr zu werden. Die Folge der weitgehend schrankenlosen Entfaltung konkurrierender Privatinteressen ist die Verarmung breiter Bevölkerungsschichten: Der «Pöbel», wie Hegel ihn nennt, findet sich in der ständischen Gesellschaft nicht aufgehoben. Um es moderner zu formulieren: Die bürgerliche Gesellschaft bringt eine Klasse hervor, derer sie zu ihrer eigenen Erhaltung bedarf und die doch in ihrem Selbstverständnis keinen Platz hat – das Industrieproletariat.

«Wird der reichern Klasse die direkte Last aufgelegt, oder es wären in anderem öffentlichen Eigentum (reichen Hospitälern, Stiftungen, Klöstern) die direkten Mittel vorhanden, die der Armut zugehende Masse auf dem Stande ihrer ordentlichen Lebensweise zu erhalten, so würde die Subsistenz der Bedürftigen gesichert, ohne durch die Arbeit vermittelt zu sein, was gegen das Prinzip der bürgerlichen Gesellschaft und des Gefühls ihrer Individuen von ihrer Selbständigkeit und Ehre wäre; oder sie würde durch Arbeit (durch Gelegenheit dazu) vermittelt, so würde die Menge der Produktionen vermehrt, in deren Überfluß und dem Mangel der verhältnismäßigen selbst produktiven Konsumenten gerade das Übel besteht, das auf beide Weisen sich nur vergrößert. Es kommt hierin zum Vorschein, daß bei dem *Übermaße des Reichtums* die bürgerliche Gesellschaft *nicht reich genug* ist, d.h. an dem ihr eigentümlichen Vermögen nicht genug besitzt, dem Übermaße der Armut und der Erzeugung des Pöbels zu steuern.

Diese Erscheinungen lassen sich im großen an *Englands* Beispiel studieren, sowie näher die Erfolge, welche die Armentaxe, unermeßliche Stiftungen und ebenso unbegrenzte Privatwohltätigkeit, vor allem auch dabei das Aufheben der Korporationen gehabt haben. Als das direkteste Mittel hat sich daselbst (vornehmlich in Schottland) gegen Armut sowohl als insbesondere gegen die Abwerfung der Scham und Ehre, der subjektiven Basen der Gesellschaft, und gegen die Faulheit und Verschwendung usf., woraus der Pöbel hervorgeht, dies erprobt, die Armen ihrem Schicksal zu überlassen und sie auf den öffentlichen Bettel anzuweisen» (Rph., § 245).

«Durch diese ihre Dialektik wird die bürgerliche Gesellschaft über sich hinausgetrieben, zunächst *diese bestimmte* Gesellschaft, um außer ihr in andern Völkern, die ihr an den Mitteln, woran sie Überfluß hat, oder überhaupt an Kunstfleiß usf. nachstehen, Konsumenten und damit die nötigen Subsistenzmittel zu suchen» (Rph., § 246).

Hegel sieht also die Lösung der Probleme der bürgerlichen Gesellschaft weniger in ihrer Überwindung durch eine Veränderung der ökonomischen Basis als vielmehr in ihrer Überhöhung in einer Institution, die ihre Widersprüche aufhebt und zugleich ihre bestimmenden Prinzipien (Privateigentum, Arbeit, Garantie der bürgerlichen Freiheiten sowie Existenzsicherung) erhält. Dazu bedarf es neben der Familie einer weiteren Institution, die die Vereinzelung der konkurrierenden Subjekte mit der Allgemeinheit verbindet. Was die Familie auf der Ebene der Innerlichkeit leistet – gefühlsmäßige Verbindung von Individuen zu einer Gemeinschaft –, das muss auch für ihre Außenverhältnisse geleistet werden, um ihren Erwerbstrieb in einem ersten Schritt in einen größeren Zusammenhang einzubinden. Für Hegel wird dies durch die *Korporationen* vermittelt, das sind im heutigen Verständnis Zünfte, Interessenverbände, Genossenschaften u. Ä. In ihnen organisieren sich die Einzelinteressen zu Allgemeininteressen und schaffen so die Voraussetzungen für ein übergreifendes Ganzes, in dem sich die Bildung des Menschen in der und durch die Gemeinschaft vollendet: den *Staat*. Denn die innerliche und die äußere Begrenzung menschlicher Freiheit in Familie und Korporation sind «die zwei Momente, um welche sich die Desorganisation der bürgerlichen Gesellschaft dreht» (Rph., § 255), und sie allein reichen nicht zu, um dieser Desorganisation Herr zu werden. Erst indem das Bewusstsein der einzelnen Bürger in diesen beiden Einschränkungen seiner Freiheit zugleich seines notwendigen Bezuges zur Allgemeinheit inne wird, erst wenn der Einzelne begreift, dass auch sein eigenes Interesse nur gesichert ist, wenn es ein allgemeines ist, erst dann lässt sich eine Gemeinschaftsform finden, die von potenziell allen ihren Teilen anerkannt wird. Die hier erforderte Form der Sittlichkeit – die ja den Ausgangspunkt von Hegels Überlegungen in diesem Zusammenhang bildete – kann nur eine solche sein, die um ihre verschiedenen Entwicklungsstufen und Bedingungen weiß und sie in sich aufhebt.

3.3.3 Der Staat

«Der Staat ist die Wirklichkeit der sittlichen Idee, – der sittliche Geist, als der *offenbare*, sich selbst deutliche, substantielle Wille, der sich denkt und weiß und das was er weiß und insofern er es weiß, vollführt. An der *Sitte* hat er seine unmittelbare und an dem *Selbstbewußtsein* des Einzelnen, dem Wissen und Tätigkeit desselben seine vermittelte Existenz, so wie dieses durch die Gesinnung in ihm, als seinem Wesen, Zweck und Produkte seiner Tätigkeit, seine *substantielle Freiheit* hat ...» (Rph., § 257).

«Der Staat ist als die Wirklichkeit des substantiellen *Willens*, die er in dem zu seiner Allgemeinheit erhobenen besonderen Selbstbewußtsein hat, das an und für sich *Vernünftige*. Diese substantielle Einheit ist absoluter unbewegter Selbstzweck, in welchem die Freiheit zu ihrem höchsten Recht kommt, sowie dieser Endzweck das höchste Recht gegen die Einzelnen hat, deren *höchste Pflicht* es ist, Mitglieder des Staats zu sein ...» (Rph., § 258).

«Bei der Freiheit muß man nicht von der Einzelheit, vom einzelnen Selbstbewußtsein ausgehen, sondern nur vom Wesen des Selbstbewußtseins, denn der Mensch mag es wissen oder nicht, dies Wesen realisiert sich als selbständige Gewalt, in der die einzelnen Individuen nur Momente sind: es ist der Gang Gottes in der Welt, daß der Staat ist, sein Grund ist die Gewalt der sich als Wille verwirklichenden Vernunft. Bei der Idee des Staats muß man nicht besondere Staaten vor Augen haben, nicht besondere Institutionen, man muß vielmehr die Idee, diesen wirklichen Gott, für sich betrachten. Jeder Staat, man mag ihn auch nach den Grundsätzen, die man hat, für schlecht erklären, man mag diese oder jene Mangelhaftigkeit daran erkennen, hat immer, wenn er namentlich zu den ausgebildeten unserer Zeit gehört, die wesentlichen Momente seiner Existenz in sich. Weil es aber leichter ist, Mängel aufzufinden, als das Affirmative zu begreifen, verfällt man leicht in den Fehler, über einzelne Seiten den inwendigen Organismus des Staates selbst zu vergessen. Der Staat ist kein Kunstwerk, er steht in der Welt, somit in der Sphäre der Willkür, des Zufalls und des Irrtums; übles

Benehmen kann ihn nach vielen Seiten defigurieren. Aber der häßlichste Mensch, der Verbrecher, ein Kranker und Krüppel ist immer noch ein lebender Mensch; das Affirmative, das Leben, besteht trotz des Mangels, und um dieses Affirmative ist es hier zu tun» (Rph., Zusatz zu § 258).

Im Staat also finden die Subjektivität der einzelnen und die Objektivität allgemeiner Interessen und historisch gewachsener Gemeinschaftseinrichtungen zusammen. Anders als etwa im «Not- und Verstandesstaat» bietet der Staat nicht nur die Gewährleistung der bürgerlichen Freiheit des Eigentumserwerbs, sondern er umfasst alle Lebensbereiche. Alle bisher beschriebenen Gemeinschaftsformen sind in ihm zusammengefasst, in ihrer jeweiligen Wirksamkeit und Bedeutung erhalten und zugleich in ihren negativen Auswirkungen entschärft. Der Wille der Einzelnen, der für Hegel die Grundlage allen Rechtes darstellt, findet hier seine freieste und vernünftigste Verwirklichung, weil einerseits der Zugriff auf die Gegenstände der Selbsterhaltung durch das Eigentum gesichert ist, andererseits der Wille in der Bildung durch die verschiedenen Formen der Gemeinschaft hindurch ‹sozialisiert› worden ist – die erste und zweite Natur des Menschen haben für Hegel im Staat zusammengefunden.

Doch dieser hier beschriebene Staat ist nun nicht irgendein bestimmter, existierender Staat, sondern die *Idee des Staates*. Das heißt auf der anderen Seite aber nicht, dass es sich dabei ‹nur› um eine Idee handelte; denn Hegel hat ja immer wieder zu zeigen versucht, dass in der *Idee* gerade *alle vernünftige* Realität umfasst und begriffen ist – und insofern scheint in jedem realen Staat diese Idee mehr oder weniger verwirklicht zu sein. Die real in der Geschichte erreichte Ordnung und vernünftige Kontinuität der menschlichen Lebensverhältnisse haben deshalb für Hegel eindeutig Vorrang vor aller möglichen Kritik. Zumal die philosophische Untersuchung hat sich – eingedenk seiner Äußerung über die Eule der Minerva – an die begriffliche Aufarbeitung dessen zu halten, was ist. Und jede andere Kritik als die philosophische kann nur hinter deren Stand zurückfallen.

Hegels Staatsbegriff wirkt auf den ersten Blick hypertroph: Zu viele

Aufgaben werden ihm zugeschrieben im Bereich der Bewusstseinsbildung des Einzelnen und der sittlichen Autorität der Allgemeinheit. Kants Unterscheidung von Legalität und Moralität (s. o. S. 286) ist unterlaufen:

> «Das Individuum, nach seinen Pflichten Untertan, findet als Bürger in ihrer Erfüllung den Schutz seiner Person und Eigentums, die Berücksichtigung seines besonderen Wohls und die Befriedigung seines substantiellen Wesens, das Bewußtsein und das Selbstgefühl, Mitglied dieses Ganzen zu sein, und in dieser Vollbringung der Pflichten als Leistungen und Geschäfte für den Staat hat dieser seine Erhaltung und sein Bestehen. Nach der abstrakten Seite wäre das Interesse des Allgemeinen nur, daß seine Geschäfte, die Leistungen, die es erfordert, als Pflichten vollbracht werden» (Rph., § 261).

Pflichterfüllung als einzige Möglichkeit der Moralität wird für Hegel nur gegenständlich und zurechenbar innerhalb der Gemeinschaft des Staates, in der sie zugleich ihrer absoluten Vereinzelung ledig wird – die reine Subjektivität wird im Staat objektiviert.

Seit dem ersten Erscheinen der Rechtsphilosophie im Jahre 1821 ist deshalb gegen Hegel der Vorwurf der Staatsvergottung erhoben worden, und selbst die gegenwärtige Auseinandersetzung mit Hegel kommt an diesem Vorwurf nicht ohne weiteres vorbei (vgl. Riedel 1975). Gegen den Vorwurf bleibt aber zu erwähnen, dass Hegels Begriff der «Idee» auch einen präskriptiven Sinn hat. Denn nur, was den entwickelten Bedingungen des Staates und seines Gemeinschaftslebens gerecht wird, kann einen Anspruch erheben auf Vernünftigkeit und auf Bestand in der Weltgeschichte. Nur wo der Zustand einer aufgeklärten, konstitutionellen Monarchie erreicht und gesichert ist, bleibt auch die Erhaltung der Errungenschaften der Geschichte gesichert, und die Menschen können ihr Leben in äußerer Sicherheit in und mit der Gemeinschaft (statt, wie noch bei Hobbes, grundsätzlich gegen sie) verbringen (vgl. Ritter 1977).

Andererseits zeigt Hegels inhaltliche Bestimmung des Staates, wie sie im Folgenden kurz umrissen werden soll, dass die reaktionäre Verfassung Preußens im ersten Drittel des 19. Jahrhunderts durchaus Pate gestanden hat – und diesen Staat als die «Wirklichkeit der sittlichen Idee» zu bestimmen, ist wohl vielen Lesern und Hörern seiner Rechtsphilosophie schwergefallen –, trotz oder vielleicht wegen Hegels Diktum:

«Man muß daher den Staat wie ein Irdisch-Göttliches verehren und einsehen, daß, wenn es schwer ist, die Natur zu begreifen, es noch unendlich herber ist, den Staat zu fassen. Es ist höchst wichtig, daß man in neueren Zeiten bestimmte Anschauungen über den Staat im allgemeinen gewonnen hat und daß man sich soviel mit dem Sprechen und Machen von Verfassungen beschäftigte. Damit ist es aber noch nicht abgemacht; es ist nötig, daß man zu einer vernünftigen Sache auch die Vernunft der Anschauung mitbringe, daß man wisse, was das Wesentliche sei und daß nicht immer das Auffallende das Wesentliche ausmache» (Rph., § 272 Zusatz).

Denn sobald er diesen Staat näher bestimmt, wird deutlich, was gemeint ist:

«Der politische Staat dirimiert sich somit in die substantiellen Unterschiede,

a) die Gewalt, das Allgemeine zu bestimmen und festzusetzen, – die *gesetzgebende Gewalt,*

b) der Subsumtion der *besondern* Sphären und einzelnen Fälle unter das Allgemeine, – die *Regierungsgewalt,*

c) der Subjektivität als der letzten Willensentscheidung, die *fürstliche Gewalt,* in der die unterschiedenen Gewalten zur individuellen Einheit zusammengefaßt sind, die also die Spitze und der Anfang des Ganzen, der *konstitutionellen Monarchie,* ist ...» (Rph., § 273).

Nicht die Republik erscheint als die vernunftgemäße Staatsform, sondern die Monarchie. Hegel lehnt die klassische Unterscheidung der Herrschaftsformen in Monarchie, Aristokratie und Demokratie ab, weil sie für ihn unsachgemäß, nur quantitativ nach der Herrschaftsbeteiligung trennt und verwirft daher auch den Gedanken der Republik rundweg. Denn die Existenz einer Republik sei von der politischen Tugend ihrer Bürger abhängig, und Tugend sei, als Form der Innerlichkeit, zur Leitung eines Gemeinwesens unzureichend (Hegel bezieht sich hier auf Montesquieu und sicherlich auch auf Rousseaus Wort über die Demokratie (vgl. o. S. 251).

Vollends deutlich wird Hegels Kapitulation vor der bestehenden Wirklichkeit, wenn er die Frage der Machbarkeit einer neuen Gemeinschaftsverfassung untersucht. Denn das Problem, das bei Rousseau so zentral war, das des Gesetzgebers, wird von ihm heruntergespielt zur puren Belanglosigkeit, da jede konkrete Gemeinschaft immer schon bestimmte Gesetze und Verfassungsformen habe. Hat sie diese aber nicht, so ist sie mit Hegels Worten nur ein Haufen, und «mit einem Haufen hat es der Begriff nicht zu tun» (Rph., § 273). Hegel sieht auf der anderen Seite aber Rousseaus Problem des Gesetzgebers; denn er weist darauf hin, dass zur Veränderung einer bestimmten Verfassung ebendiese ja schon vorhanden sein müsse – woraus er allerdings den Schluss zieht, dass Verfassungen insgesamt nicht gemacht werden, sondern dass sie vielmehr «als das schlechthin an und für sich Seiende, das darum als das Göttliche und Beharrende und als über der Sphäre dessen, was gemacht wird, zu betrachten» sind (Rph., § 273). Damit entnimmt er zwar die bestimmte Form der Gemeinschaft und die aus ihr resultierende Verfassung der Individuen dem Wahn der herstellenden Subjektivität, der meint, alles sei machbar; aber er liefert damit auch die schlechte Wirklichkeit einer prinzipiell nicht zu verändernden Zukunft aus:

«Da der Geist nur als das wirklich ist, als was er sich weiß, und der Staat, als Geist eines Volkes, zugleich das *alle seine Verhältnisse durchdringende* Gesetz, die Sitte und das Bewußtsein seiner Individuen ist, so hängt die Verfassung eines bestimmten Volkes überhaupt von der Weise und Bildung des Selbstbewußtseins desselben ab; in diesem liegt seine subjektive Freiheit, und damit die Wirklichkeit der Verfassung.

Einem Volke eine, wenn auch ihrem Inhalte nach mehr oder weniger vernünftige Verfassung a priori geben zu wollen, – dieser Einfall übersähe gerade das Moment, durch welches sie mehr als ein Gedankending wäre. Jedes Volk hat deswegen die Verfassung, die ihm angemessen ist und für dasselbe gehört» (Rph., § 274).

Der Schritt von der erklärenden Aufarbeitung des Bestehenden zu seiner rechtfertigenden Verklärung ist damit getan. Der Versuch, alles zu verstehen, endet damit, dass auch alles verziehen ist.

Bezeichnend ist, dass Hegels Untersuchung an dieser Stelle einen logischen Bruch aufweist. Denn während bisher immer von den unteren Bestimmungen zu den logisch umfangreicheren und höheren fortgeschritten wurde, setzt Hegel nun in der umgekehrten Reihenfolge der Darstellung und Entwicklung des Gedankens an (vgl. Ilting, in Riedel 1975, Bd. II, 69): Er entwickelt nicht, wie zu erwarten wäre, die Monarchie aus der gesetzgebenden und der Regierungsgewalt, sondern nimmt den umgekehrten Weg – an erster Stelle steht die fürstliche Gewalt. Hegel selbst weiß nun um diesen Bruch und gibt sich große Mühe, ihn zu begründen:

«... Der Begriff des Monarchen ist deswegen der schwerste Begriff für das Räsonnement, d.h. für die reflektierende Verstandesbetrachtung, weil es in den vereinzelten Bestimmungen stehenbleibt und darum dann auch nur Gründe, endliche Gesichtspunkte und das *Ableiten* aus Gründen kennt. So stellt es dann die Würde des Monarchen als etwas nicht nur der Form, sondern ihrer Bestimmung nach *Abgeleitetes* dar; vielmehr ist sein Begriff, nicht ein Abgeleitetes, sondern das *schlechthin aus sich Anfangende* zu sein. Am nächsten trifft daher hiermit die Vorstellung zu, das Recht des Monarchen als auf göttliche Autorität gegründet zu betrachten, denn darin ist das Unbedingte desselben enthalten. Aber es ist bekannt, welche Mißverständnisse sich hieran geknüpft haben, und die Aufgabe der philosophischen Betrachtung ist, eben dies Göttliche zu begreifen» (Rph., § 279).

Wenn aber das Begreifen des Göttlichen der Rechtfertigung der herrschenden Macht sich anbequemt, so verliert es den Kontakt mit der Realität und blendet so gerade dasjenige aus, was begreiflich zu machen doch das ursprüngliche Anliegen war: den Gang der Geschichte als Fortschritt im Bewusstsein der Freiheit von Naturnotwendigkeit und Unwissenheit. Der bei Rousseau und in der Französischen wie in der Amerikanischen Revolution entwickelte und durchgeführte Begriff der Volkssouveränität – vielleicht die politisch bedeutsamste Schöpfung der Neuzeit – verfällt so der abschätzigen Verurteilung, die für den preußischen Professor Hegel vielleicht nicht ganz ohne Eigeninteresse ist:

«Aber Volkssouveränität als *im Gegensatze gegen die im Monarchen existierende Souveränität* genommen, ist der gewöhnliche Sinn, in welchem man in neuern Zeiten von Volkssouveränität zu sprechen angefangen hat, – in diesem Gegensatze gehört die Volkssouveränität zu den verworrenen Gedanken, denen die *wüste* Vorstellung des *Volkes* zugrunde liegt. *Das* Volk, *ohne* seinen Monarchen und die eben damit notwendig und unmittelbar zusammenhängende *Gegliederung* des Ganzen genommen, ist die formlose Masse, die kein Staat mehr ist und der *keine* der Bestimmungen, die nur in dem *in sich geformten* Ganzen vorhanden sind – Souveränität, Regierung, Gerichte, Obrigkeit, Stände und was es sei, mehr zukommt» (Rph., § 279).

Die Konsequenz hieraus lässt sich aus heutiger Sicht nur noch ironisch ziehen: Hegel entwickelt im Anschluss die Notwendigkeit der Erblichkeit der Monarchie und stellt in diesem Zusammenhang fest: Es «*darf* auch *nur* die Philosophie diese Majestät (des Monarchen) denkend betrachten, denn jede andere Weise der Untersuchung als die spekulative der unendlichen, in sich selbst begründeten Idee hebt an und für sich die Natur der Majestät auf» (Rph., § 281). Die Entwicklung der Regierungsgewalt und der gesetzgebenden Gewalt können in dieser Perspektive nur noch marginalen Wert beanspruchen: Regierungsgewalt und Gerichtsbarkeit fallen unter dieselbe begriffliche Bestimmung, weil sich in beiden die fürstliche (vernünftige) Willensentscheidung umsetzt. Und in der gesetzgebenden Gewalt schließlich finden fürstliche Gewalt und Regierungsgewalt ihre Ergänzung durch das ständische Moment, das schon in der Organisation der bürgerlichen Gesellschaft eine Rolle spielte. Die Gewaltenteilung als gegenseitige Kontrolle findet in dieser Konstruktion keinen Platz mehr, da nur noch das angeblich allgemeine Interesse vorwaltet.

Die zentrale Macht der fürstlichen Gewalt steht im Prinzip nur noch unter einer übergeordneten Instanz: der des in der Geschichte sich verwirklichenden Weltgeistes. Die Monarchen dienen ihm:

«An der Spitze aller Handlungen, somit auch der welthistorischen, stehen *Individuen* als die das Substantielle verwirklichenden Subjektivitäten. (...) Als diesen Lebendigkeiten der substantiellen Tat des Weltgeistes und so unmittelbar identisch mit derselben, ist sie ihnen selbst verborgen und nicht Objekt und Zweck ..., sie haben auch die *Ehre* derselben und Dank nicht bei ihrer Mitwelt noch bei der öffentlichen Meinung der Nachwelt, sondern als formelle Subjektivitäten nur bei dieser Meinung ihren Teil als *unsterblichen Ruhm*» (Rph., § 348).

Die Geschichte erscheint so als das Weltgericht, dem auch die Monarchen unterworfen sind (vgl. Rph., § 341 ff.). Die Basis dieser Geschichte ist aber nicht die reale Geschichte der Völker, wie sie von diesen erlebt und erlitten wird, sondern der Geist, der vom Philosophen als vernünftige und überschaubare Ordnung des Geschehens begriffen und in diesem Begreifen vollendet wird. Denn über eines ist sich Hegel klar: Nur das vernünftige, Ordnung und Kontinuität suchende und schaffende Auge des Betrachters gibt dem unverbundenen Auseinander der historischen Begebenheiten Sinn und Zusammenhang und vermag so, der aus der Metapher des Herstellens sich verstehenden und legitimierenden Subjektivität ein Feld der Betätigung und damit zugleich der Selbsterhaltung zu bewahren. Käme dieser – letztlich nur historisch und ökonomisch begründete – Glaube an die Beherrschbarkeit des Weltganzen durch die Vernunft ins Wanken, so geriete für Hegel jede Ordnung und jede Möglichkeit eines Weltbezuges in Gefahr, die mehr ist als bloße Selbstreproduktion.

Dass es in der Folge gerade der Glaube an die Grenzenlosigkeit des Machbaren war, der diese Ordnung und Kontinuität gefährdete, ist eine Konsequenz, der Hegel zwar mit seiner Konzeption einer sich notwendig und aus Freiheit in ihrer Absolutheit beschränkenden Subjektivität zu begegnen versuchte. Doch er vermochte ihr mit den Mitteln der Tradition und im Rückgriff auf die griechische Klassik nicht mehr zureichend Einhalt zu gebieten. Die «List der Vernunft» hat sich so über ihn hinweg verwirklicht, wenn man sein eigenes Erklärungsmodell auf die Wirkung seiner Gedanken anwenden will. Die Eigendynamik der bürgerlichen Gesellschaft hat sich in bedrohlicher Weise gegen die vernünftigen Interessen der Allgemeinheit durchgesetzt – und insofern ist alles politische Denken seit Hobbes widerlegt.

Auf der anderen Seite hat Hegels Denken selbst immer wieder Anlass zu der Vermutung gegeben, dass sich die Propagierung des Allgemeininteresses gegenüber dem privaten auch als totalitäres Instrument einsetzen lassen könne. In der Zeit des Nationalsozialismus hat K. R. Popper diesen Vorwurf gegen Hegel erhoben; denn die Formel «Recht ist, was dem Volke nützt» ließe sich zur Not auch mit Hegel'schen Argumenten verteidigen. Auch bei ihm dient dieses Allgemeine letztlich einem besonderen Interesse.

An diesem Widerspruch scheitert in der Zeit nach Hegel die politische Philosophie als Philosophie insgesamt – der Ideologieverdacht lässt sich nur noch schwer abweisen, wenn umfassende Weltinterpretation in die Legitimation bestehender Verhältnisse mündet. An die Stelle der Philosophie, die das Ganze menschlicher Gemeinschaft *und* ihrer speziellen Wirklichkeiten zu interpretieren sucht, tritt deshalb die Wissenschaft, die sich mit der Analyse der Letzteren zu begnügen sucht.

IV. Gegenwart

Einführung

1. Der sozialgeschichtliche Hintergrund

Die Bezeichnung ‹Gegenwart› ist eigentlich Ausdruck einer terminologischen Verlegenheit. Denn auf der einen Seite lassen sich die letzten rund zweihundert Jahre selbstverständlich als ein Teil der Neuzeit begreifen, als Fortsetzung von seit dem 15. Jahrhundert in Wissenschaft und Philosophie, Gesellschaft und Wirtschaft fortwirkenden Tendenzen. Insofern wäre die Bezeichnung ‹Neuzeit› angemessen. Auf der anderen Seite wird kaum ein Betrachter der historischen Entwicklung leugnen, dass etwa seit dem Jahr 1800 etwas fundamental Neues eingetreten ist, eine Umwälzung der gesellschaftlichen Lebensweise und des Denkens von bisher unbekanntem Ausmaß. Um diesen Bruch zu markieren, haben wir diese Epoche ‹Gegenwart› genannt, eingedenk der sprachlichen Unschärfe, dass dieser Name eher einen Zustand ausdrückt als den von uns gemeinten und anvisierten historischen Prozess.

Die Basis dieser weltgeschichtlichen Umwälzung ist in der Industrialisierung unter privatwirtschaftlich-kapitalistischen Vorzeichen zu suchen, in einem Wirtschaftssystem, das auf dem Privateigentum an Produktionsmitteln und auf der Existenz von freier Lohnarbeit beruht und das durch den ihm immanenten Zwang zu immer größerem Wachstum praktisch alle älteren Wirtschaftssysteme und anderen Kulturen hinweggefegt hat. Erst heute, nachdem das Industriesystem zur global beherrschenden Macht geworden ist, sind die ‹Grenzen des Wachstums› sichtbar geworden.

Ihren Ausgangspunkt nahm die Industrialisierung in Europa. Entsprechend wurde England, das sich zuerst industrialisiert hatte, im 19. Jahrhundert zur ersten Weltmacht; denn parallel zu seiner Wirtschaftskraft steigerte sich mittelbar die staatliche Macht. In diesem Zusammenhang ist auch der Nationalstaatsgedanke des 19. Jahrhunderts zu sehen. Einige europäische Länder, allen voran Frankreich und England, hatten bereits vor der Industrialisierung zu ihrer nationalstaatlichen Einheit gefunden. Die Industrialisierung aber macht die Ausbildung von großräumigen Flächenstaaten mit einheitlichem Rechtssystem, nationaler Arbeitsteilung, einheitlichem Währungssystem, Abschaffung von Binnenzöllen usw. zum zwingenden Gebot, wollten diese Länder bei der Konkurrenz um die Märkte (vor allem die überseeischen Weltmärkte) bestehen. Nach jahrhundertelanger territorialer Zersplitterung und Beherrschung durch fremde Mächte wurden so Italien 1861 und Deutschland 1871 geeint.

Mit der Industrialisierung ging ein gewaltiges Bevölkerungswachstum einher, das bereits in der Manufakturperiode eingesetzt hatte, im 19. Jahrhundert aber in den meisten europäischen Staaten zu einer Verdoppelung oder Verdreifachung der Bevölkerung führte. Diesem quantitativen Wachstum korrespondierte eine qualitative Umschichtung der Bevölkerung. Im vorindustriellen Europa bildete die bäuerliche Landbevölkerung die überwiegende Mehrheit. Die Industrialisierung führte zu einer massenhaften Landflucht in die wild wuchernden Städte, die als Zentren von Industrie, Handel und Verwaltung einerseits mit Arbeitsplätzen lockten; andererseits war die Landflucht durch die Industrialisierung der Landwirtschaft erzwungen. Diese Prozesse sind in Europa erst während der letzten Jahrzehnte langsam zum Stillstand gekommen, halten dagegen in der Dritten Welt unvermindert an.

Technisch gesehen beruht die Industrialisierung auf der maschinenmäßig betriebenen Produktion. In vorindustrieller Zeit bildete das Werkzeug als Fortsetzung, Verstärkung und Verlängerung der menschlichen Hand die Basis des Fertigungsprozesses. In der Industrie emanzipiert sich zum ersten Mal in der Geschichte die Produktion vom arbeitenden Menschen; denn die Maschine gehorcht mechanischen Funktionsgesetzen, nicht den Grenzen menschlicher Organe. Jetzt hat der Arbeiter nur noch die Unvollkommenheiten des mechanischen Apparats zu kompensieren und entsprechend in den Produktionsprozess einzugreifen. Erst damit waren die technischen Voraussetzungen geschaffen, unter denen durch Entfesselung der Produktivkräfte die Massen- und Serienproduktion von Konsum- und Investitionsgütern möglich wurde.

Erst seit dem 19. Jahrhundert wurde auch die Wissenschaft in einem immer höheren Maße zu einem Faktor der industriellen Produktion, eine Tatsache, die Karl Marx nach 1850 als einer der Ersten analysierte:

«Die große Industrie zerriß den Schleier, der den Menschen ihren eigenen gesellschaftlichen Produktionsprozeß versteckte und die verschiedenen naturwüchsig besonderten Produktionszweige gegeneinander und sogar dem in jedem Zweig Eingeweihten zu Rätseln machte. Ihr Prinzip, jeden Produktionsprozeß, an und für sich und zunächst ohne alle Rücksicht auf die menschliche Hand, in seine konstituierenden Elemente aufzulösen, schuf die ganze moderne Wissenschaft der Technologie. Die buntscheckigen, scheinbar zusammenhangslosen und verknöcherten Gestalten des gesellschaftlichen Produktionsprozesses lösten sich auf in bewußt planmäßige und je nach dem bezweckten Nutzeffekt systematisch besondere Anwendungen der Naturwissenschaft. Die Technologie entdeckte ebenso die wenigen großen Grundformen der Bewegung, worin alles produktive Tun des menschlichen Körpers, trotz aller Mannigfaltigkeit der angewandten Instrumente, notwendig vorgeht, ganz so wie die Mechanik durch die größte Komplikation der Maschinerie sich über die beständige Wiederholung der einfachen mechanischen Potenzen nicht täuschen läßt. Die moderne Industrie betrachtet und behandelt die vorhandene Form eines Produktionsprozesses nie als definitiv. Ihre technische Basis ist daher revolutionär, während die aller früheren Produktionsweisen wesentlich konservativ war» (Marx 1972 c, S. 510 f.).

Hatte Marx noch in erster Linie die Mechanik vor Augen, so sind seither längst auch die übrigen physikalischen Disziplinen, die Chemie und die Biologie in die verwissenschaftlichte Produktion einbezogen worden.

Will man die Geschichte der Industrialisierung grob in Perioden gliedern, so bieten sich die technologischen Basisinnovationen als ein taugliches Einteilungskriterium an. Auf diese Weise kann man vier Perioden unterscheiden, deren erste vom Ende des 18. Jahrhunderts bis etwa 1848 reichte. Ihre technologische Basis bildeten die Dampfmaschine und der mechanische Webstuhl. Charakteristisch für die zweite Phase von 1848 bis in die 1890er Jahre sind der Bau von Eisenbahnen und die Entwicklung der Dampfschifffahrt. Die dritte Periode, das Zeitalter der Elektrifizierung und des Fließbandes, umfasste etwa die Jahre von 1890 bis zum Ausbruch des Zweiten Weltkriegs. Die bisher letzte Phase, an deren Ende wir gerade stehen, ist die Epoche der Massenmotorisierung, wobei sich eine fünfte Phase der Vollautomatisierung durch Computer und der Informationstechnologien, das Zeitalter des Mikrochips, allerdings bereits begonnen hat.

Am Anfang jeder dieser Phasen standen umfangreiche Investitionen in die neuen Technologien, die zunächst zu hohen Wachstumsraten, steigenden Gewinnen und zu einer Ausweitung des Arbeitsplatzangebotes führten (ob das allerdings auch bei der Computerisierung der Wirtschaft noch der Fall sein wird, ist heute heftig umstritten). Mit der Zeit sättigten sich dann die Märkte, und der Absatz kam ins Stocken, bis eine fundamentale technologische Innovation den gesamten Kreislauf wieder in Schwung brachte und die Wirtschaft aufs Neue wuchs – zweifellos eine der Hauptquellen für den Fortschrittsoptimismus des 19. Jahrhunderts, der erst in den Kriegen und den ökonomischen und ökologischen Krisen unseres Jahrhunderts allmählich zerrieben wurde.

Ist auch die industrielle Revolution das entscheidende Faktum der Gegenwart, so wäre es dennoch völlig verfehlt, die Geschichte der letzten 170 Jahre einfach auf ökonomische und technologische Prozesse zu reduzieren. Auch die politische Geschichte setzte Entwicklungen in Gang, die ihrerseits wieder auf diese Prozesse rückwirkten. Nur drei besonders wichtige Ereignisse seien kurz skizziert.

Nachdem der Kolonialbesitz der europäischen Staaten sich zwischen dem 16. Jahrhundert und etwa 1870 zum Teil empfindlich verringert hatte (England verlor 1776 die Vereinigten Staaten; Spanien und Portugal verloren im frühen 19. Jahrhundert Mittel- und Südamerika), setzte im letzten Drittel des 19. Jahrhunderts ein Wettlauf der europäischen Großmächte um die Aufteilung der Welt, vor allem Afrikas, Südasiens und Ozeaniens, ein. Neben ökonomischen Motiven wie Sicherung der Rohstoffzufuhr und von Absatzmärkten für die eigenen Produkte traten jetzt auch deutlich ideologische und nationalistische Motive hervor: ein national oder europäisch getönter Rassismus (Überlegenheit der weißen oder arischen Rasse über ‹minderwertige› farbige Völker) und der sogenannte Sozialdarwinismus (die Übertragung der biologischen Evolutionstheorie des Engländers Charles Darwin (1809–1882) und seiner Lehre vom «survival of the fittest» – dem «Überleben des am besten in seine ökologische Nische angepassten pflanzlichen oder tierischen Individuums» – auf den «Kampf ums Dasein» zwischen den Völkern und Nationen. Eine irreführende Übertragung insofern, als Darwin eine biologische und keine soziologische Theorie, für die andere Gesetze gelten, formulierte und weil seine Evolutionstheorie von Individuen, nicht von Gruppen von Individuen ausgeht).

Auch das Deutsche Reich beteiligte sich an dem Wettlauf um Kolonien und erwarb oder annektierte Gebiete in Afrika und der Südsee. Die machtpolitischen und ökonomischen Gegensätze zwischen den europäischen Staaten entluden sich schließlich im Ersten Weltkrieg (1914–1918). Die ‹Mittelmächte› Österreich-Ungarn und Deutschland standen der ‹Entente› aus Frankreich, Großbritannien und Russland gegenüber. Kriegsentscheidend wurde das Jahr 1917, als die Vereinigten Staaten auf der Seite der Entente in die Kämpfe eingriffen, was im November 1918 schließlich zum Zusammenbruch der Mittelmächte und zur Abdankung des deutschen und des österreichischen Kaisers führte. Der eigentliche Sieger des Ersten Weltkriegs waren die Vereinigten Staaten, die nach über hundertjährigem freiwilligem außenpolitischem Isolationismus nun als Weltmacht auf den Plan traten.

Doch auch die zukünftige zweite Supermacht war schon im Entstehen begriffen. Im Jahr des amerikanischen Kriegseintritts fand die russische Oktoberrevolution statt, aus der die UdSSR als erstes sozialistisches Land der Welt hervorging. Doch die Rivalität der Supermächte stellte sich erst als Ergebnis des Zweiten Weltkriegs her, in dem die europäischen Staaten – Sieger wie Besiegte – sichtbar und definitiv ihre jahrhundertealte führende Position in der Welt verloren.

Schon die Zeit zwischen den Weltkriegen führte in Europa zu einschneidenden politischen Veränderungen: Den Arbeitern musste endgültig die politische Mündigkeit in Form eines gleichen Wahlrechts zugestanden werden, und in vielen europäischen Staaten wurde das Frauenstimmrecht überhaupt erst eingeführt.

Doch in der Weltwirtschaftskrise ab 1929 wurde offenbar, wie brüchig das politische und ökonomische Gleichgewicht in Europa war. Nach Italien (1922) wurde auch Deutschland (1933) faschistisch; die erste deutsche – die Weimarer – Republik war am Ende. Deutsche Revanchegelüste für die Folgen des Ersten Weltkriegs (Vertrag von Versailles), Eroberungssucht (‹Lebensraum im Osten›) und finsterer Rassismus führten 1939 zum schrecklichsten Krieg, den die Geschichte (bisher) gekannt hat.

Der Krieg in Europa war bereits seit dem 8. Mai zu Ende, als die Amerikaner am 6. August 1945 über Hiroshima die erste Atombombe abwarfen.

Die Nachkriegspolitik steht seitdem vielleicht stärker im Zeichen der Bombe als im Zeichen des Ost-West-Gegensatzes (auch wenn die Sowjetunion und die Vereinigten Staaten die hauptsächlichen Bombenmächte sind). Denn der mögliche Einsatz der Bombe ist die Möglichkeit, nach der es keine Möglichkeiten mehr geben kann, die Drohung in Permanenz, die auch ein ungeahnter Anstieg des Lebensstandards in den westlichen Ländern nie vergessen machen konnte. Daneben traten andere Spannungen und Gegensätze zurück, die die Zeit nach 1945 wesentlich mitbestimmten, vor allem der Gegensatz zwischen den reichen Staaten des Nordens und den Staaten der Dritten Welt, die im Verlauf der Entkolonialisierung zwar ihre nationale Selbständigkeit erhielten, aber weiter in wirtschaftlicher Abhängigkeit geblieben sind. Neben all diese Gefahren und Konfliktherde ist schließlich ein weiteres Problem von noch unabsehbaren Ausmaßen getreten: die globale ökologische Krise, Folge der Überbevölkerung und eines nie da gewesenen Raubbaus an den natürlichen Grundlagen des menschlichen Lebens.

2. Die Philosophie der Gegenwart und das Ende der Metaphysik

Es versteht sich, dass die epochalen politischen, sozialen und wissenschaftlichen Umwälzungen der letzten eineinhalb Jahrhunderte auch Inhalte und Formen des Philosophierens radikal veränderten. – Hegel hatte ein philosophisches System schaffen wollen, in dem die gesamte Geschichte der Philosophie und darüber hinaus die Grundzüge der Wissenschaften aufbewahrt und eingeschlossen sind, eine Summe, mit der er die Philosophie zu ihrem Abschluss bringen wollte. Dies ist ihm gelungen, wenn auch mit einer ironischen Wendung, die er keineswegs beabsichtigte. Seine Philosophie war in der Tat ein Schlussstein, aber nicht in dem von ihm erhofften Sinn, dass mit ihr das unverrückbare und unerschütterliche metaphysische Fundament gefunden wäre, von dem aus sich die ganze Welt begründen und begreifen ließe. Vielmehr entzündete sich gerade an dem totalen Anspruch von Hegels Philosophie (vor allem in Deutschland) eine Kritik, die schließlich zum Zusammenbruch der antiken und neuzeitlichen Metaphysik führen sollte.

Schon in dem Jahrzehnt nach Hegels Tod (1831) – übrigens auch die Zeit der beginnenden Industrialisierung in Deutschland – begann die Opposition gegen sein System und damit gegen das metaphysische Weltbild insgesamt. Hier ist zuerst Ludwig Feuerbach (1804–1872) zu nennen. Für ihn ist das Jenseits der Philosophie (und der Theologie) nicht länger die eigentliche und wahre Wirklichkeit, deren Ausfluss und schwacher Abglanz die diesseitige Sinnenwelt ist. Feuerbach protestiert gegen die Entwertung der Sinnlichkeit: Dieses Jenseits (und damit auch Gott) entsteht lediglich aus Projektionen des irdischen menschlichen Geistes. Angeblich transzendente Geheimnisse sind nichts als Produkte des wirklichen, sinnlichen, denkenden, fühlenden und wollenden Menschen. Der Philosophie obliegt es, diese verhimmelten Gedankengespenster auf die Erde zurückzuholen, Metaphysik wird damit auf Anthropologie reduziert:

«Die Philosophie der Zukunft hat die Aufgabe, die Philosophie aus dem Reich der ‹abgeschiedenen Seelen› in das Reich der *bekörperten*, der *lebendigen* Seelen wieder einzuführen, aus der göttlichen, nichtsbedürftigen Gedankenseligkeit in das *menschliche Elend* herabzuziehen. Zu diesem Zwecke bedarf sie nichts weiter als einen *menschlichen* Verstand und *menschliche* Sprache. Rein und wahrhaft menschlich zu denken, zu reden und zu handeln ist aber erst den kommenden Geschlechtern vergönnt. Gegenwärtig handelt es sich noch nicht darum, den Menschen *darzustellen*, sondern darum, ihn nur erst aus dem Morast, worein er versunken war, herauszuziehen. Dieser saubern und sauern Arbeit Früchte sind auch diese Grundsätze [einer zukünftigen Philosophie]. Ihre Aufgabe war, aus der Philosophie des Absoluten, d.i. der Theologie, die Notwendigkeit der Philosophie des Menschen, d.i. der Anthropologie, abzuleiten und durch die *Kritik der göttlichen* Philosophie die *Wahrheit der menschlichen* zu begründen» (Feuerbach 1975, 247f.).

Dieser Text erschien 1843. Doch schon zwei Jahre später überbieten Marx und Engels in ihrer Streitschrift «Die heilige Familie» noch die Kritik an Hegel. Sie nehmen Feuerbachs Widerspruch gegen die Spaltung der Welt in eine diesseitige und eine jenseitige zwar auf, werfen ihm aber vor, nicht weit genug gegangen zu sein. Feuerbachs Denken sei noch mit einem Erbübel der bisherigen Philosophie behaftet: Er begreife die Wirklichkeit nur sinnlich, nur theoretisch-passiv und nicht als Produkt der eingreifenden und gegenständlichen Tätigkeit der Menschen. Damit vollendet sich, was in der neuzeitlichen Metaphysik der Subjektivität schon angelegt war, allerdings unter anderen Vorzeichen. Die Theorie wird im Namen eines antimetaphysischen Programms zugunsten der Praxis herabgestuft, nicht zugunsten einer Praxis des Denkens, sondern zugunsten einer empirischen und weltverändernden Praxis. Die Verdoppelung der Realität in eine gedachte und eine sinnliche ist aufgehoben:

«Hegel macht den Menschen zum *Menschen des Selbstbewußtseins*, statt das Selbstbewußtsein zum *Selbstbewußtsein des Menschen*, des wirklichen, daher auch in einer wirklichen, gegenständlichen Welt lebenden und von ihr bedingten Menschen zu machen. Er stellt die Welt auf den Kopf und kann daher auch *im Kopf* alle Schranken auflösen, wodurch sie natürlich für die *schlechte Sinnlichkeit*, für den *wirklichen* Menschen bestehen bleiben.» Hegel und seine Adepten können «gar nicht auf den Gedanken geraten, daß es eine Welt gibt, worin *Bewußtsein* und *Sein* unterschieden sind, eine Welt, die nach wie vor stehenbleibt, wenn ich bloß ihr Gedankendasein, ihr Dasein als Kategorie ... aufhebe, d.h. wenn ich mein eignes subjektives Bewußtsein modifiziere, ohne die gegenständliche Wirklichkeit auf wirklich gegenständliche Weise zu verändern ... Die spekulative *mystische Identität* von *Sein* und *Denken* wiederholt sich daher ... als die gleiche mystische Identität von *Praxis* und *Theorie*» (Marx / Engels 1970, 204).

Dieser Verweltlichungsprozess der Philosophie setzt sich im weiteren Verlauf des 19. Jahrhunderts fort. Zahlreiche neue Wissenschaften, so die Geologie, die Chemie und die empirisch verfahrenden historischen Disziplinen, etablieren sich und fördern ein immenses Tatsachenmaterial zutage, das sich immer mehr dem ordnenden und totalisierenden Zugriff des philosophischen Systematikers entzieht. Das Zeitalter der Spezialisten beginnt, und schon um die Mitte des Jahrhunderts wird immer deutlicher, wie grandios Hegels Versuch gescheitert ist, in einer «Enzyklopädie der philosophischen Wissenschaften» die Begründung und das Gerüst für alle Einzeldisziplinen zu liefern. Im Gegenteil, zum ersten Mal in der europäischen Geschichte nehmen die Wissenschaften immer weniger Notiz von der Philosophie.

Die neuzeitlichen Versuche, Metaphysik als Wissenschaft zu begründen, sind nun oft nur noch Gegenstand beißender Sarkasmen, auch innerhalb der Zunft selbst. Für Friedrich Nietzsche (1844–1900) ist die Metaphysik bereits so wenig Thema, dass er gar nicht mehr den beträchtlichen emotionalen und geistigen Aufwand von Feuerbach, Marx und Engels benötigt, um sie zu verspotten. In seiner Aphorismensammlung «Menschliches – Allzu Menschliches» heißt es unter dem bezeichnenden Titel «Schnappsack der Metaphysiker»:

«Allen denen, welche so großtuerisch von der Wissenschaftlichkeit ihrer Metaphysik reden, soll man gar nicht antworten; es genügt, sie an dem Bündel zu zupfen, welches sie, einigermaßen scheu, hinter ihrem Rücken verborgen halten; gelingt es, dasselbe zu lüpfen, so kommen die Resultate jener Wissenschaftlichkeit, zu ihrem Erröten, ans Licht: ein kleiner lieber Herrgott, eine artige Unsterblichkeit, vielleicht etwas Spiritismus und jedenfalls ein ganzer verschlungener Haufen von Armen-Sünder-Elend und Pharisäer-Hochmut» (Nietzsche 1973, 748).

Vor dem Hintergrund eines mit der Industrialisierung einhergehenden Massenatheismus vollzieht sich ein historisch beispielloser Niedergang philosophischer und christlich-religiöser Wertvorstellungen. So etwas wie ein objektiv existierender Sinn, falls es ihn überhaupt gibt, liegt jedenfalls nicht außerhalb der Welt, sondern in ihr. Denn selbst, wenn es ein metaphysisches Jenseits hinter der sinnlich erfahrbaren Realität gäbe, so wäre doch seine Erkenntnis ohne Interesse, weil aus ihm nicht einmal moralische Werte, geschweige ‹Wissenschaftlichkeit› ableitbar wäre. Noch einmal Nietzsche:

«Man könnte von der metaphysischen Welt gar nichts aussagen als ein Anderssein, ein uns unzugängliches, unbegreifliches Anderssein; es wäre ein Ding mit negativen Eigenschaften. – Wäre die Existenz einer solchen Welt noch so gut bewiesen, so stände doch fest, daß die gleichgültigste aller Erkenntnisse eben ihre Erkenntnis wäre: noch gleichgültiger als dem Schiffer in Sturmesgefahr die Erkenntnis von der chemischen Analysis des Wassers sein muß» (Nietzsche 1973, 452).

Indem die Philosophie ihr metaphysisches Fundament verloren hat, ist ihr aber auch ihre relative Einheitlichkeit, die sie trotz der Vielfalt ihrer Ausprägungen seit der Antike bewahren konnte, abhandengekommen. Sie kann und will nun nicht mehr vernünftige Erklärung der Welt im Ganzen sein. Das ist aber nur eine negative Bestimmung, keine neue Grundlage, auf der sich ein allgemein verbindliches Denkgebäude errichten ließe. Entsprechend heterogen fallen denn auch die Antworten auf die Fragen aus, welchen Gegenstand die Philosophie noch bearbeite, welcher Methoden sie sich bedienen solle, in welchem Verhältnis sie zu den empirischen Wissenschaften stehe und so fort. Vor allem die Philosophie des 20. Jahrhunderts ist in eine Unzahl auseinanderstrebender, teilweise einander ignorierender, teilweise einander erbittert befehdender Richtungen zerfallen, was auch dem Insider nur das resignative Eingeständnis entlocken kann, auch er sei außerstande, dieses buntscheckige Gewimmel von «-ismen» und «-logien» noch einigermaßen zu ordnen oder nur zu überschauen. Von daher ist es klar, dass die folgende Auswahl von politischen Philosophien der Gegenwart in weit höherem Grad, als dies von der Auswahl in der neuzeitlichen Philosophie gilt, ein Moment der Beliebigkeit und Willkür anhaftet. Gänzlich fehlt in unserer Darstellung jener umfangreiche Zweig der akademischen Philosophie, der sich seit Mitte des letzten Jahrhunderts der Aufarbeitung der Geschichte des Faches verschrieben hatte (bei herabgesetzten oder fallengelassenen Ansprüchen an die eigenständige denkerische Position).

Dagegen müssen auch solche Autoren zu Wort kommen, die – wie Karl Marx und Max Weber – nach ihrem Selbstverständnis gewiss keine Philosophen waren. Auch Jürgen Habermas wird sich eher als Soziologe verstehen. Aber zum einen haben sie das politische Denken (und zumindest im Falle von Marx auch die politische Realität) entscheidend beeinflusst. Zum anderen lässt sich gerade an ihren Positionen zeigen, wie das, was einstmals philosophischer Gedanke war, zum Gegenstand empirischer Forschung wird, wie positive Wissenschaft allmählich das Terrain der Philosophie besetzt. Der schon seit der Antike zu beobachtende Vorgang, dass sich einzelne Disziplinen, zuerst Mathematik und Physik, von der ‹Mutter der Wissenschaften› ablösen, beschleunigt sich seit dem 19. Jahrhundert rapide. Nicht nur verwandelt sich die praktische Philosophie in Soziologie, Ökonomie, politische Wissenschaften (nur die Ethik scheint ihr vorderhand noch als Domäne geblieben), auch die theoretische Philosophie muss ihre Tribute in erster Linie den Naturwissenschaften, aber auch der Psychologie, Linguistik, Verhaltensforschung usw. zollen. Die Wissenschaftstheorie, der philosophische Nachvollzug und die Interpretation dessen, was durch die exakten Wissenschaften vorgegeben wird, existiert allerdings als ein einflussreicher Teil der theoretischen Philosophie – gewissermaßen als ihre letzte Reduktionsstufe – fort.

Um ihn zu dokumentieren, kommt hier Karl R. Popper, einer ihrer prominentesten Vertreter, zu Wort, da er versucht hat, Prinzipien der Wissenschaftstheorie auf politische Sachverhalte zu übertragen. An zwei weiteren hier vertretenen Autoren – John St. Mill und Michail Bakunin – erweist es sich, wie stark die politischen Philosophien der Gegenwart auch und gerade durch die politischen Richtungen und Interessen ihrer Autoren geprägt sind. Liberalismus und Anarchismus: Das sind politisch-praktische Programme, keine beschaulichen Reflexionen über die Stellung der menschlichen Gemeinschaft in kosmischen Zusammenhängen wie bei Aristoteles oder über das Wesen des Staates als Ort der vernünftigen Verwirklichung der Freiheit wie bei Hegel.

In diesem Buch sind nur wenige Stimmen, zuweilen sogar äußerst dissonante, aus dem Konzert der politischen Philosophie der Gegenwart vertreten. Dass sie einmal wieder in einem harmonischen Einklang zusammenstimmen werden, dass die Philosophie wieder zu ihrer Geschlossenheit zurückfindet, ist wenig wahrscheinlich und wohl auch nicht wünschenswert. Denn der Preis wäre vermutlich hoch, wäre die Restauration eines metaphysischen Denkens, das jedenfalls bisher nur in solchen Gesellschaften blühen konnte, die zwar überschaubarer und ‹anheimelnder› gewesen sein mögen als die unsere, dafür aber auch weniger pluralistisch und sozial wie ideologisch äußerst repressiv gegenüber weitesten Bevölkerungsschichten (man denke nur an die Sklaven in der Antike und die Bauern im Mittelalter) – Gesellschaften, die wohl weniger menschheitsbedrohend waren als die gegenwärtigen, aber auch arm an Potenzialen und Zukunftsperspektiven.

John Stuart Mill: Über die Freiheit

Die Freiheit des Einzelnen und die Grenzen der Allgemeinheit

1. Leben und Werk

Englands Rolle als führende Macht der Industrialisierung in der ersten Hälfte des 19. Jahrhunderts war unbestritten und spätestens seit den Erfolgen der britischen Flotte im Kampf gegen Napoleon aufs engste verknüpft mit seinem Anspruch auf einen freien Welthandel und ungehinderte Entfaltung seiner Aktivitäten in den Ländern Afrikas und Asiens. Industrialisierung, Freihandel und Kolonialismus bilden so einen Komplex von programmatischer Bedeutung für das Europa des 19. Jahrhunderts insgesamt, der auch in den philosophischen Konzeptionen seinen Ausdruck findet.

Als im Jahre 1806 der Philosoph, Nationalökonom und Reformpolitiker John Stuart Mill in London geboren wurde, hatte England nach dem Sieg Nelsons bei Trafalgar (1805) und der Verhängung der Kontinentalsperre (1806) seine Seeherrschaft etabliert und die wirtschaftlich wichtigen Seewege nach Indien gesichert. Die folgenden Jahre und Jahrzehnte sind für Großbritannien gekennzeichnet durch den Kampf gegen den französischen Hegemonieanspruch, manifestiert in der Kaiserwürde Napoleons I. und des III. Napoleon sowie vom steten Bemühen um Ausweitung seines Kolonialbesitzes. Der industrielle Kapitalismus entfaltet sich zu seiner ersten Blüte und findet im sogenannten Manchesterliberalismus seinen beredten Ausdruck: Das größte Glück einer möglichst großen Zahl von Menschen, das ursprünglich der Philosoph Jeremy Bentham (1748–1832) als Ziel menschlichen Strebens angesetzt hatte, ist zu verwirklichen vor allem in einer durch staatliche und andere Einflüsse unbehinderten Entfaltung des menschlichen Gewinnstrebens und des Sinnes für eigenen Nutzen. Die Selbsterhaltung ist so endgültig von einem Ziel bzw. Zweck menschlichen Handelns unter anderen zum alleinigen Prinzip und Selbstzweck geworden. Die technische und ökonomische Entwicklung erweist sich als das eigentlich bewegende Prinzip des Jahrhunderts. Vom Herrschaftsanspruch der neuzeitlichen Subjektivität bleiben die Herrschaft des Bürgertums und das Elend des Proletariats. Immer mehr rücken Maschinen in den Mittelpunkt des Produktionsprozesses, Menschenkraft wird durch Dampfkraft und (gegen Ende des Jahrhunderts) durch Elektrizität ersetzt. Der Arbeitende wird vom Hersteller von Gegenständen zum Bedienungspersonal des arbeitenden Kapitals – der Maschine. Produktion und Kommunikation nehmen einen nie gekannten Aufschwung und schaffen neue Verhältnisse, in die sich einzupassen dem Einzelnen immer schwieriger wird. Denn die neue Art und Weise der Bedürfnisbefriedigung durch Massenproduktion und -kommunikation schafft zugleich neue Zwänge, die die gewonnene Freiheit der Selbstentfaltung auch für das besitzende Bürgertum einbinden in einen sich stetig verstärkenden Prozess der Einschränkung seiner Handlungsmöglichkeiten.

Die gedankliche und praktische Bewältigung der hier umrissenen Probleme war zentraler Gegenstand des wissenschaftlichen und politischen Tuns von John Stuart Mill, der am 20. Mai 1806 in London geboren wurde. Von frühester Jugend an in allen Wissenschaften (mit Ausnahme der Theologie) ausgebildet und vielfältig interessiert, verbrachte er viele Jahre seines Lebens in Frankreich, war in der der Regierung unterstellten Ostindischen Kompanie (die de facto die Verwaltung des Indischen Subkontinents darstellte) bis zu deren Auflösung im Jahre 1858 tätig, wirkte als Journalist und Autor sowie als Abgeordneter des Unterhauses (1865–68). 1843 veröffentlichte er seine erste große Schrift «A System of Logic» (System der Logik), 1848 erschienen seine «Principles of Political Economy» (Prinzipien der politischen Ökonomie). Nach seiner Heirat mit der Frauenrechtlerin Harriet Taylor im Jahre 1851 (sie starb bereits 1858) erschienen 1859 sein Essay «On Liberty» (Über die Freiheit) und 1861 die beiden Schriften «Considerations an Representative Government» (Überlegungen über die repräsentative Regierungsform) und «Utilitarianism» (Der Utilitarismus). Er setzte sich intensiv mit der wissenschaftlichen Literatur seiner Zeit auseinander (wichtig sind hier vor allem seine Auseinandersetzung mit Bentham und dem französischen Philosophen und Soziologen Auguste Comte, dem ersten Vertreter eines artikulierten Positivismus) und wirkte als Rektor der Universität St. Andrews. Letzte Veröffentlichung zu seinen Lebzeiten war die Schrift «Subjection of Women» (Die Unterdrückung der Frau, erschienen 1869). Am 8. Mai 1873 starb John Stuart Mill in Avignon, wo er seit dem Tode seiner Frau jeweils sechs Monate des Jahres gelebt hatte.

2. Über die Freiheit

Getreu der britischen Tradition der Philosophie in ihren Hauptvertretern (Bacon, Hobbes, Locke, Hume) ist auch für Mill der Ausgangspunkt aller gedanklichen Beschäftigung mit der Wirklichkeit ebendiese selbst, so wie sie sich unmittelbar in der Erfahrung darstellt. Alle allgemeinen Gesetze der Erkenntnis wie der Natur und des menschlichen Verhaltens lassen sich sinnvoll nur begreifen als Ableitungen und Verallgemeinerungen dieser zugrundeliegenden Erfahrungen. Kriterium der Wahrheit ist dabei in letzter Instanz die Mehrheit der Meinungen zu einem bestimmten Gegenstand: Wenn eine Meinung zu einem bestimmten Gegenstand bleibend umstritten und eine Einigung anhand direkter Erfahrungstatsachen nicht möglich ist, so gilt das Votum der Mehrheit aller damit Befassten (vgl. Mill 1976, 20).

Die Problematik eines solchen Vorgehens war Mill durchaus klar. Denn gerade in den Fragen des gesellschaftlichen Zusammenlebens kann eine solche Mehrheitsmeinung durchaus falsch sein und der Minderheit gegenüber als Instrument der Unterdrückung angesetzt werden. Wenngleich in Zweifelsfällen auch das Mehrheitsvotum den Ausschlag bei der Entscheidung von Fragen gibt, die nicht durch den Augenschein zu beantworten sind, so ist auf der anderen Seite zu bedenken, dass eine Minderheit doch – gerade angesichts der prinzipiellen Unentscheidbarkeit der Zweifelsfrage – in der Sache recht haben mag, auch wenn die Mehrheit anderer Meinung ist.

Dieses Problem ist das Schlüsselproblem von Mills 1859 erschienener Schrift «Über die Freiheit». Zusammen mit der 1861 veröffentlichten Arbeit über den «Utilitarismus» (als einer Ethik des privaten und gemeinschaftlichen Nutzens) bildet sie den Kern der im angelsächsischen Sprachraum bis in die Gegenwart fortdauernden Auseinandersetzung um eine Orientierung des menschlichen Handelns am Nutzen des Einzelnen und der Allgemeinheit sowie um die Grenzen, die dabei die Gesellschaft dem persönlichen Glücksstreben der Individuen ziehen darf. Mit Mills Worten: Diskutiert wird «die bürgerliche oder soziale Freiheit, ... Wesen und Grenzen der Macht, die die Gesellschaft rechtmäßig über das Individuum ausübt» (Mill 1974, 5). Denn gerade im Bereich demokratischer Staatsverfassung, wie Mill sie in den Vereinigten Staaten und ansatzweise in England beobachtet, stellt sich das Verhältnis von Herrschenden und Beherrschten selbst bei wohlwollender Auslegung folgendermaßen dar: «Das Volk, welches die Macht ausübt, ist nicht immer dasselbe wie das, über welches sie ausgeübt wird, und die ‹Selbstregierung›, von der geredet wird, ist nicht die Regierung jedes einzelnen über sich selbst, sondern jedes einzelnen durch alle übrigen» (Mill 1974, 9).

Da nun aber dieser Einzelne für Mill das Zentrum des Interesses ist, von dem her sich erst eine Gemeinschaft und eine Allgemeinheit herstellen lässt, droht die Gefahr einer «Tyrannei der Mehrheit» (Mill 1974, 9). Dieser gegenüber gilt es für Mill, die grundsätzlichen Freiheitsrechte des bürgerlichen Individuums zu sichern: die Freiheit des Gedankens und der Meinungsäußerung sowie die weitestgehend ungehinderte Entfaltung des Glücksstrebens aller Einzelnen, die eben als solche keine Ganzheit ausmachen, sondern im Konkurrenzkampf versuchen, den eigenen Nutzen zu mehren. Ergebnis eines solchen Prozesses ist für Mill auch das Wohlergehen der Allgemeinheit, da sich der wohlerwogene Nutzen des Einzelnen mit dem der Allgemeinheit letztlich deckt. Denn nicht den puren Eigennutz, die egoistische Durchsetzung privatester Interessen auf Kosten anderer meint das utilitaristische Prinzip bei Mill, sondern die vernünftige Abwägung der eigenen und der Interessen der Allgemeinheit, wobei sich nach Mill das rechte Maß der Verwirklichung von

Eigeninteressen immer aus der Einsicht in deren Zusammenhang mit dem Ganzen ergibt.

Zwei Grundsätze stellt Mill deshalb für die Entfaltung der Freiheit in der Gesellschaft auf:

1. «daß das Individuum der Gemeinschaft nicht für seine Handlungen verantwortlich ist, soweit diese nur seine eigenen Interessen betreffen.»
2. «daß für solche Handlungen, die den Interessen anderer zuwiderlaufen, das Individuum verantwortlich ist und die Gesellschaft ihm eine soziale oder gesetzliche Strafe auferlegen kann, wenn sie der Meinung ist, daß die eine oder die andere zu ihrem Schutz nötig sei» (Mill 1974, 128).

Beide Grundsätze fußen auf einem gemeinsamen Prinzip, das Mill an den Anfang seiner Überlegungen stellt und das besagt, «daß der einzige Grund, aus dem die Menschen, einzeln oder vereint, sich in die Handlungsfreiheit eines ihrer Mitglieder einzumengen befugt ist, der ist: sich selbst zu schützen» (Mill 1974, 16). Denn «über sich selbst, über seinen eigenen Körper und Geist ist der einzelne souveräner Herrscher» (Mill 1974, 17). Diese Herrschaft, die zugleich eine Herrschaft über Arbeitskraft und persönliche Talente meint, die jeder im Konkurrenzkampf einsetzen kann, bedeutet aber für Mill nicht, dass ausnahmslos alle Individuen als souveräne Herrscher (d.h. als Nachfahren frühneuzeitlicher Herrscher mit eingeschränktem Territorium) anzusehen sind. Denn «Freiheit, als Prinzip, kann man nicht auf einer Entwicklungsstufe anwenden, auf der die Menschheit noch nicht einer freien und gleichberechtigten Erörterung derselben fähig ist» (Mill 1974, 17). Mit andern Worten: Kinder (bzw. alle, die man dazu bestimmt), Geisteskranke (bzw. alle, die man dafür hält) und Barbaren haben keinen Teil an dieser Herrschaft: «Despotismus ist eine legitime Regierungsform, wo man es mit Barbaren zu tun hat» (Mill 1974, 17).

Wie sich zeigt, hat die Freiheit zwei Seiten: Zum einen befreit sie alle, die ‹dazugehören›, von der Verpflichtung, einer Allgemeinheit gegenüber ihr privates Tun (dazu gehört dann eben auch das Umgehen mit dem Privateigentum) verantworten zu müssen. Zum andern geht diese

Freiheit einher mit einer weitgehenden Isolierung der einzelnen Individuen, die sich prinzipiell in der Rolle souveräner Herrscher gegenübertreten und damit deren Konkurrenzverhalten einzunehmen legitimiert sind. Die Befreiung von der Vormundschaft des Allgemeininteresses geht also Hand in Hand mit dem Anspruch auf Herrschaft gegenüber anderen, Gleichberechtigten. Feld dieser Auseinandersetzung ist die gegenständliche Natur als Ausgangsmaterial eines Herstellungs- und Aneignungsprozesses, an dessen Ende die einen die Produkte besitzen, während die andern nichts als ihre Arbeitskraft übrig behalten.

Mill ist sich über die Folgen eines solchen Prinzips in der Praxis im Klaren; denn er sieht die Auswirkungen eines solchen Liberalismus in den verelendenden Proletariermassen seiner Zeit. Sein Dilemma besteht nun darin, die Konsequenzen eines Prinzips eindämmen zu wollen, das er als solches aber um keinen Preis aufzugeben bereit ist. Mill fordert deshalb in den «Prinzipien der Politischen Ökonomie» auf der einen Seite weitgehende (v.a. weit über seine Zeit hinausweisende) soziale und politische Verbesserungen für die arbeitenden Schichten (politische Gleichberechtigung, freie Gewerkschaften, Miteigentum an den Betrieben und Vermögensbildung in Händen der Arbeiter sowie die Aufhebung der Adelsvorrechte). Andererseits – und das ist das Ziel dieser Maßnahmen – sollen auch die Arbeiter auf diesem Wege zu Souveränen gemacht werden. Diese Vorstellung ist aber so lange illusionär, wie das Konkurrenzverhältnis der dann unzähligen Herrscher untereinander nicht aufgehoben ist. Denn solange es besteht, bringt eine Beförderung aller Menschen zu nach mehr Privateigentum strebenden Bürgern die Gesamtgesellschaft nicht weiter – wieder werden Mengen von Menschen den Kampf verlieren und Proletarier werden. Mill greift deshalb auf den Begriff des Fortschritts zurück (den er in erster Linie mit technischem Fortschritt der Naturbeherrschung identifiziert) und der dort ausgleichend eingreifen bzw. wirken soll, wo der Gebrauch der Freiheit nicht das Wohl der freien Subjekte bewirkt, sondern ihre Unterdrückung durch Not und Furcht.

«Der Geist des Fortschritts ist nicht immer der Geist der Freiheit, denn er kann darauf hinzielen, einem Volke Fortschritt gegen seinen Willen aufzuzwingen. Da mag dann der Geist der Freiheit – soweit er solchen Versuchen widersteht – sich örtlich und zeitlich mit den Gegnern des Fortschritts verbinden; aber die einzige untrügliche und andauernde Quelle für den Fortschritt ist die Freiheit, weil durch sie ebensoviel unabhängige Zentren des Fortschritts möglich sind, als Individuen vorhanden» (Mill 1974, 97).

Insofern kann der Freiheit auch eine konservative, bewahrende Funktion gegenüber dem Fortschritt zukommen – ebenso, wie auf der anderen Seite der Fortschritt durch das Streben nach Freiheit zwar korrigiert, aber nicht prinzipiell aufgehalten werden kann.

Freiheit und Fortschritt verschränken sich also bei Mill in einem wechselseitigen Beeinflussungsverhältnis, in dem sich – allgemein gesprochen – die Beziehung von Individuum und Gesellschaft ausdrückt. Während nämlich der Fortschritt der Gesellschaft nach Mills Meinung nicht aufzuhalten ist und als solcher in seinen zwei Seiten (Fortschritt der Naturbeherrschung und fortschreitender Verlust individueller Freiheiten) zu erkennen ist, ist es auf der anderen Seite Sache der individuellen Freiheit, die Sphäre ihrer Rechenschaftspflichtigkeit gegenüber äußeren Autoritäten so klein wie möglich zu halten und die Grenzen ihrer äußeren Wirksamkeit so weit wie nötig zu ziehen.

Die Grenzen dieses Möglichen und Notwendigen sind für Mill nicht von vornherein gegeben; denn die Menschen sind von Natur aus fehlbare Wesen, und niemand kann von sich behaupten, die Wahrheit zweifelsfrei und ein für alle Mal erkannt zu haben. Gedankenfreiheit und Freiheit von religiösen oder weltanschaulichen Dogmen sind deshalb für den freien Bürger unverzichtbar.

«Er fühlt, daß der einzige Weg, auf dem ein menschliches Wesen sich der Erkenntnis der Totalität eines Gegenstandes nähern kann, der ist, daß es darauf hört, was Leute der verschiedensten Denkart darüber sagen, und daß es alle Methoden und Denkweisen, ihn zu betrachten, studiert. Kein kluger Mann hat je seine Weisheit auf andere Art erworben, noch liegt es in der Natur des menschlichen

Intellekts, auf andere Weise klug zu werden. Die ständige Gewohnheit, seine eigene Erkenntnis durch Vergleich mit der anderer zu verbessern und zu vervollständigen, ist, weit entfernt davon, Zweifel und Zögern bei der Ausführung zu erzeugen, die einzige stabile Grundlage für ein sicheres Vertrauen darauf. Denn genau unterrichtet über alles, was man gegen ihn – wenigstens offen – sagen kann, und nachdem er seine Stellung gegen allen Widerspruch bezogen hat, im Bewußtsein davon, nach Einwänden und Schwierigkeiten gesucht, statt sie vermieden und keinen Lichtstrahl, den man von irgendeiner Seite auf den Gegenstand richten könnte, abgesperrt zu haben: hat er ein Recht anzunehmen, daß sein Urteil besser ist als das irgendeines anderen oder der vielen, die sich nicht einem ähnlichen Prozeß unterzogen haben» (Mill 1974, 30 / 31).

Nicht die vorgängige Übereinstimmung einer Mehrheit ist also das Kriterium für die Wahrheit einer vorgetragenen Meinung, sondern die möglichst gründliche Erprobung der Meinung an vielen anderen, gegensätzlichen Thesen. Erst wenn nach einer solchen gründlichen Prüfung die Meinung unangefochten blieb und zugleich eine Großzahl von überzeugten Vertretern hat, kann eine Ansicht Anspruch auf vorläufige allgemeine Gültigkeit erheben.

Die politische Konsequenz eines solchen Ansatzes ist einerseits vollkommene gedankliche Liberalität. Andererseits findet diese Freiheit eben vorzugsweise in Gedanken statt; denn derselbe Grundsatz verbietet auch ein Eingreifen zugunsten anderer, die anders als die eigene Gemeinschaft leben und möglicherweise unterdrückt werden:

«Ich wüßte nicht, daß irgendeine Gemeinschaft das Recht hat, eine andere zur Zivilisation zu zwingen. Solange die Opfer eines schlechten Gesetzes nicht den Beistand anderer Gemeinschaften anrufen, kann ich nicht zugeben, daß gänzlich Unbeteiligte herkommen und verlangen, daß einem Zustande, mit dem alle direkt Beteiligten zufrieden zu sein scheinen, ein Ende gesetzt werde, bloß weil er Leuten, die einige tausend Meilen entfernt leben und die nichts damit zu schaffen haben, ein Skandal ist» (Mill 1974, 128).

Immer wieder also verwickelt sich der Liberalismus Mills in den Widerspruch, einerseits die größtmögliche Freiheit des Einzelnen zu fordern, andererseits den Auswirkungen dieser am Modell isolierter souveräner Herrscher ohne Volk orientierten Freiheit nicht mehr Herr werden zu können, ohne das Prinzip der Freiheit (als der Befreiung von Bevormundung und materieller Not durch Aneignung gesellschaftlichen und natürlichen Reichtums) wieder zu verletzen und ihm Grenzen zu ziehen, die aus ihm nicht mehr zu begründen sind.

Karl Marx und Friedrich Engels: Kritik der politischen Ökonomie

Kritik der bürgerlichen Gesellschaft und das Reich der Freiheit

1. Leben und Werk

Die Werke von Karl Marx und von Friedrich Engels sind aufs engste miteinander verknüpft – bedeutende Schriften haben sie gemeinsam verfasst, und ihr fast lebenslanger enger freundschaftlicher Kontakt bewirkte, dass das Gedankengut des einen von dem des anderen kaum mehr zu trennen ist. Unberührt hiervon bleibt allerdings die auch von Engels nie in Frage gestellte wissenschaftliche Führungsrolle von Marx. Beider Denken kreiste um die Kritik der politischen Ökonomie als zentrales Thema aller ihrer Schriften – und deshalb auch steht hier nicht ein bestimmter Text im Mittelpunkt der Darstellung ihres Denkens, sondern dieser allgemeine Begriff, der übrigens im Titel mehrerer Werke von Marx auftaucht.

Geboren wurde Karl Marx am 5. Mai 1818 in Trier als Sohn eines Juristen, in einer Zeit, die geprägt war von der Restauration bestehender Verhältnisse nach der Niederlage Napoleons I. und der darauf folgenden Neuaufteilung Europas durch die Großmächte England, Österreich, Preußen und Russland. Die freiheitlichen Bestrebungen, wie sie nach der Französischen Revolution in Deutschland Raum gegriffen hatten mit dem Ruf nach der Einheit der deutschen Nation und der Gewährleistung der bürgerlichen Freiheiten, waren nach der Niederlage Napoleons mit den Karlsbader Beschlüssen und der Schaffung der Heiligen Allianz (zwischen Österreich, Preußen und Russland) unterdrückt worden. Für Deutschland zog die Zeit des Biedermeier herauf: unpolitisch-behaglich, geprägt von dem Bedürfnis nach Ruhe und Ordnung und der romantischen Rückwendung in ein idealisiertes Mittelalter, das frei zu sein schien von den Unbegreiflichkeiten der industriellen Zivilisation.

Marx besuchte von 1830 bis 1835 das Gymnasium in Trier und studierte von 1835 bis 1841 Jura und Philosophie in Bonn und Berlin. In dieser Zeit wurde er mit der Philosophie Hegels und den sogenannten ‹Linkshegelianern› bekannt, die versuchten, Hegels Lehre von der dialektischen Entwicklung der Geschichte (s. o. S. 303 ff.) auf ihre eigene Gegenwart anzuwenden und kritisch gegen die bestehende Ordnung zu wenden, indem sie die treibende Kraft des Widerspruchs nicht, wie Hegel selbst, beruhigt fanden, sondern aus den gesellschaftlichen und politischen Verhältnissen der Zeit zu entwickeln und zur realen Veränderung zu treiben suchten.

Für die Folgezeit wichtig wurde für Marx die Bekanntschaft mit Arnold Ruge und Bruno Bauer, dem von der preußischen Kultusverwaltung aufgrund seiner kritischen Haltung die Lehrerlaubnis entzogen wurde, sodass auch Marx nach seiner Promotion über «Die Differenz der demokratischen und epikureischen Naturphilosophie» (1841) die Hoffnung auf eine Universitätslaufbahn aufgab.

Marx wurde Mitarbeiter und später Chefredakteur der linksliberalen «Rheinischen Zeitung». Doch aufgrund ihres kritischen Tons wurde diese Zeitung von den preußischen Behörden verboten, und Marx musste 1843 nach Paris emigrieren, wo er mit Ruge zusammen die «Deutsch-Französischen Jahrbücher» herausgab. Im selben Jahr heiratete Marx seine Jugendliebe Jenny von Westphalen.

In Paris lernte Marx die französischen Sozialisten um Pierre-Joseph Proudhon (1809–1865) und um Louis Blanc (1811–1882) kennen, machte die Bekanntschaft des Dichters Heinrich Heine (1797–1856), des russischen Anarchisten Michail Bakunin (s. S. 401–408) und begann mit systematischen Studien der politischen Ökonomie. Erste Ergebnisse dieser Studien waren die Schriften «Zur Judenfrage» und «Zur Kritik der Hegelschen Rechtsphilosophie. Einleitung», die 1844 in den «Deutsch-Französischen Jahrbüchern» erschienen.

Im selben Jahr auch schloss Marx Freundschaft mit dem am 28. November 1820 in Barmen als Sohn eines Fabrikanten geborenen Friedrich Engels, der auf Wunsch seines Vaters das Gymnasium verlassen und seine kaufmännische Ausbildung in Deutschland und England abgeschlossen hatte. Neben Marx' eigenen ersten Entwürfen zu einer Kritik der bürgerlichen politischen Ökonomie (den «Ökonomisch-philosophischen Manuskripten», erstmals veröffentlicht 1932) entstanden in Zusammenarbeit zwischen Marx und Engels «Die heilige Familie oder Kritik der kritischen Kritik» (1845), eine Auseinandersetzung mit der rein im Philosophischen verbleibenden Kritik der Linkshegelianer, und in den Jahren 1845/46 «Die deutsche Ideologie», in der vor allem die Auseinandersetzung mit dem auf Hegel aufbauenden materialistischen Philosophen Ludwig Feuerbach (1804–1872) sowie wiederum mit den Linkshegelianern geführt wurde. Berühmt geworden ist in diesem Zusammenhang der (in den um dieselbe Zeit entstandenen «Thesen über Feuerbach» formulierte) Satz: «Die Philosophen haben die Welt nur verschieden *interpretiert*, es kömmt darauf an, sie zu *verändern*.»

Nicht nur Interpretation, sondern vor allem Veränderung der Wirklichkeit war also die Aufgabe, der sich Marx und Engels verschrieben hatten. Nachdem Marx 1845 wegen seiner politischen Aktivitäten aus Frankreich ausgewiesen worden war, gründeten beide in Brüssel ein kommunistisches Korrespondenz-Komitee zur Koordinierung der Arbeiterbewegung und 1847 den Deutschen Arbeiterverein. Im gleichen Jahr veröffentlichte Marx «Das Elend der Philosophie», eine Antwort auf Proudhons «Philosophie des Elends», und nahm zusammen mit Engels am Londoner Kongress des Bundes der Kommunisten teil.

1848 ist das Jahr einer fast den ganzen europäischen Kontinent überziehenden Revolution zur Erlangung (bzw. in Frankreich Wiedererlangung) bürgerlicher Freiheiten. Die Aufstände begannen im Februar in Frankreich und fanden ab März ihre Fortsetzung in Preußen, Österreich, Ungarn, Polen, Italien und einigen deutschen Kleinstaaten wie Baden und Sachsen. Marx und Engels veröffentlichten noch im Februar ihr «Kommunistisches Manifest», in dem weit über die vorwiegend bürgerlichen Forderungen der Revolution (nach demokratischen Freiheiten und nationalstaatlicher Einheit) hinaus die Forderungen der bisher noch kaum beachteten Industriearbeiterschaft als Klasse der Gesellschaft formuliert und das Ende des Bürgertums zum erstenmal in Aussicht gestellt wurde. Im gleichen Jahr wurde Marx aus Belgien ausgewiesen und ging mit Engels nach Deutschland, um die Chefredaktion der «Neuen Rheinischen Zeitung» in Köln zu übernehmen.

Das Scheitern der deutschen Revolution wurde durch die Auflösung der Frankfurter Nationalversammlung offenbar; es folgte eine Zeit politischer Verfolgungen und der Repression in fast ganz Europa. Nur in Frankreich war die Republik ausgerufen worden und unter der Führung der Sozialisten Louis Blanc und Auguste Blanqui der Versuch unternommen worden, die Macht des Bürgertums zu beschränken. Doch der politische Erfolg blieb diesen Versuchen versagt. Ab Dezember 1848 regierte der Neffe Napoleons I., zuerst als Präsident der Republik, später (ab 1852) als Kaiser Napoleon III.

Gegen Marx wurde nach dem Ende der Revolution 1849 ein Haftbefehl erlassen, in dessen Folge er mit Engels nach London übersiedelte. 1850 erschien Marx' Analyse der Ereignisse in Frankreich unter dem Titel «Die Klassenkämpfe in Frankreich 1848–1850» und 1852 die Demaskierung des Bonapartismus «Der 18. Brumaire des Louis Bonaparte». Marx selbst lebte fortan vorwiegend vom Ertrag seiner journalistischen Arbeiten und von der finanziellen Unterstützung, die ihm Engels gewährte. Als Ergebnis seiner ökonomischen Studien erschien 1859 «Zur Kritik der politischen Ökonomie», wovon aber nur die ersten zwei Kapitel fertiggestellt wurden. Während in Deutschland Ferdinand Lassalle (1825–1864), August Bebel (1840–1913) und Wilhelm Liebknecht (1826–1900) eine zunächst noch in zwei Lager gespaltene Arbeiterbewegung ins Leben riefen und 1864 unter seiner aktiven Beteiligung die Internationale Arbeiterassoziation (I. Internationale) in London gegründet wurden, arbeitete Marx weiter an der theoretischen Grundlegung seiner Kritik der bürgerlichen Gesellschaft als Kritik der politischen Ökonomie und veröffentlichte 1867 den ersten Band seines Hauptwerks «Das Kapital», in dem er die zentralen Begriffe der bürgerlichen Ökonomie (Ware, Arbeit, Boden, Markt, Geld und Preis) einer radikalen Kritik hinsichtlich ihrer Funktionsweise und ihrer vorgeblich naturrechtlichen Begründung unterzog.

Als der Krieg Preußens gegen Frankreich 1870/71 mit der Niederlage Napoleons III. zu Ende gegangen war, erhoben sich in Paris die Arbeiter gegen die bürgerliche Regierung und versuchten, die Macht zu übernehmen und ein sozialistisches Regiment aufzurichten. Marx nahm dies Ereignis zum Anlass, in mehreren «Adressen des Generalrats über den deutsch-französischen Krieg» und über den «Bürgerkrieg in Frankreich» in der Form eines Schreibens der Leitung der I. Internationale an ihre Mitglieder zu diesem ersten Versuch der Verwirklichung sozialistischer und kommunistischer Ideale Stellung zu nehmen. Und als sich 1875 in Gotha der von Lassalle gegründete Allgemeine deutsche Arbeiterverein und die sozialdemokratische Partei Bebels und Liebknechts zusammenschlossen, unterwarf Marx die Statuten dieser neu gegründeten Sozialistischen Arbeiterpartei Deutschlands einer scharfen Kritik im Lichte der von ihm entwickelten Theorien. 1878 erschien von Friedrich Engels «Herrn Eugen Dührings Umwälzung der Wissenschaft», eine polemische Zusammenfassung der Marx'schen Thesen zur Philosophie, politischen Ökonomie und zum Kommunismus unter dem Oberbegriff einer materialistischen Dialektik. Ein überarbeiteter Teil dieser Schrift erschien 1880 unter dem Titel «Die Entwicklung des Sozialismus von der Utopie zur Wissenschaft» und wurde eines der erfolgreichsten und einflussreichsten Werke der sozialistischen Literatur überhaupt.

Am 14. März 1883 starb Karl Marx in seiner Londoner Wohnung. Die noch von ihm entworfenen Bände 2 und 3 des «Kapitals» erschienen, von Engels herausgegeben, 1885 und 1894. Zwölf Jahre nach Marx starb Friedrich Engels am 5. August 1895, ebenfalls in London. Die Arbeiterbewegung als organisierte politische Kraft war in Deutschland, trotz ihres Verbots in den Jahren von 1878 bis 1890, zu einer nicht mehr zu leugnenden politischen Kraft geworden. Die russischen Revolutionen von 1905 und 1917 standen im Zeichen ihrer unangefochtenen Führungsrolle, und die deutsche Sozialdemokratie wurde nach der Revolution von 1918/19 zur staatstragenden Kraft – Entwicklungen, die von Marx weder in der einen noch in der anderen Form so prognostiziert worden waren.

2. Philosophie als Kritik

Der Ausgangspunkt von Marx' Denken war die Hegel'sche Dialektik. Doch während für Hegel die dialektische Entwicklung der Geschichte sich nur im Geist begreifen ließ und sich damit letztlich nur im Bewusstsein des Philosophen abspielte, geht es für Marx seit seinen frühsten Veröffentlichungen darum, die Wirklichkeit der leidenden und unterdrückten Menschen zur Sprache zu bringen und eine reale Möglichkeit der Abhilfe aufzuzeigen. Aufgabe der Philosophie (die Marx in seinen frühen Jahren durchaus noch als sein Tätigkeitsfeld ansieht) kann also nicht in erster Linie die intellektuelle Beschäftigung mit geistigen Gegenständen sein (wie sie etwa die Linkshegelianer als Kritik der Religion betrieben). Vielmehr muss es nun darum gehen, der von Hegel formulierten Dialektik der Geschichte in der Wirklichkeit nachzuspüren und sie in dieser Wirklichkeit zum Wohle der Unterdrückten zum Tragen zu bringen. Das bedingt aber einen radikalen Bruch mit der philosophischen Tradition: Nicht mehr das Selbstbewusstsein des Menschen, seine freie Subjektivität, ist der Ort der Gewissheit und der Wahrheit wissenschaftlicher und praktisch verwertbarer Erkenntnis, sondern die realen Gegebenheiten der menschlichen Natur und seines Lebens in Gesellschaft. Philosophie ist so in erster Linie Kritik – und dies nicht mehr im Sinne einer Verantwortung der Wirklichkeit vor dem objektivierten Geist der Geschichte, sondern umgekehrt in der Rechenschaftspflichtigkeit der ideellen Ansprüche und intellektuellen Verbrämungen vor der Wirklichkeit mit ihrem Elend und ihrer Unterdrückung. «Die Kritik des Himmels verwandelt sich damit in die Kritik der Erde, die *Kritik der Religion* in die *Kritik des Rechts*, die *Kritik der Theologie* in die *Kritik der Politik*» (Marx/Engels 1976a, 379). Philosophie als Kritik muss also immer konkret bleiben, an den jeweiligen Gegenständen orientiert und bemüht, deren Widersprüchlichkeit aufzudecken. Doch Marx weiß auch, dass damit der Schritt zur Veränderung noch nicht getan ist. Erst wenn die Kritik auch diejenigen erreicht, die sie betrifft, kann die Umgestaltung der Realität in Richtung auf das von der Kritik bestimmte Ziel auch stattfinden. Marx' Bestreben ist es deshalb seit seinen frühesten Schriften, die wissenschaftliche Erkenntnisleistung der Kritik auch politisch umzusetzen bzw. die Bedingungen für eine solche Umsetzung zu bezeichnen und zu verwirklichen:

«Die Waffe der Kritik kann allerdings die Kritik der Waffen nicht ersetzen, die materielle Gewalt muß gestürzt werden durch materielle Gewalt, allein auch die Theorie wird zur materiellen Gewalt, sobald sie die Massen ergreift. Die Theorie ist fähig, die Massen zu ergreifen, sobald sie *ad hominem* (am Menschen) demonstriert, und sie demonstriert *ad hominem*, sobald sie radikal wird. Radikal sein ist die Sache an der Wurzel fassen. Die Wurzel für den Menschen ist aber der Mensch selbst. ... Die Kritik der Religion endet mit der Lehre, daß *der Mensch das höchste Wesen für den Menschen* sei, also mit dem *kategorischen Imperativ, alle Verhältnisse umzuwerfen*, in denen der Mensch ein erniedrigtes, ein geknechtetes, ein verlassenes, ein verächtliches Wesen ist, Verhältnisse, die man nicht besser schildern kann als durch den Ausruf eines Franzosen bei einer projektierten Hundesteuer: Arme Hunde! Man will euch wie Menschen behandeln! ...

Die Revolutionen bedürfen nämlich eines passiven Elementes, einer *materiellen* Grundlage. Die Theorie wird in einem Volke immer nur so weit verwirklicht, als sie die Verwirklichung seiner Bedürfnisse ist. Wird nun dem ungeheuern Zwiespalt zwischen den Forderungen des deutschen Gedankens und den Antworten der deutschen Wirklichkeit derselbe Zwiespalt der bürgerlichen Gesellschaft mit dem Staat und mit sich selbst entsprechen? Werden die theoretischen Bedürfnisse unmittelbar praktische Bedürfnisse sein? Es genügt nicht, daß der Gedanke zur Verwirklichung drängt, die Wirklichkeit muß sich selbst zum Gedanken drängen» (Marx / Engels 1976 a, 385 f.).

Damit sind mehrere für das ganze Werk von Marx zentrale Punkte angesprochen: zum einen die Überzeugung, dass die Theorie und die philosophische Kritik die Verhältnisse ändern können, wenn sie nur Wurzeln schlagen im Bewusstsein aller Betroffenen, wenn es gelingt, sie einsichtig zu machen. Zum Zweiten ist es der schon erwähnte Ausgangspunkt bei der Realität der Unterdrückten und Erniedrigten, der für das Denken von Marx und Engels kennzeichnend ist – im Elend des Industrieproletariats finden sie eine Wahrheit, die schlechthin nicht mehr bezweifelt werden kann, wenn nicht ein solcher Zweifel bestimmten Interessen an der Erhaltung des Elends dienen soll. Zum Dritten ergibt sich die – vorerst gedanklich bestimmte – Notwendigkeit der Revolution, die in ihren Bedingungen erkannt und verwirklicht werden muss.

Marx versucht deshalb, eine wissenschaftliche Analyse der materiellen Bedingungen der zeitgenössischen Gesellschaft und ihrer Institutionen anzustellen, die diesen drei Kriterien entspricht: dem Aufweis der realen Widersprüche in Gesellschaft und Staat (also der Widersprüche zwischen Anspruch und Wirklichkeit der bürgerlichen Gesellschaft); der Analyse der Bedingungen des Elends der Proletarier und schließlich der Entwicklung der Gesetzmäßigkeiten, denen eine revolutionäre Umwälzung der Gesellschaft folgen muss, wenn sie irgend Erfolg haben soll.

Marx und Engels fassen diese drei Aspekte zuerst in der «Deutschen Ideologie» zusammen. Ausgangspunkt ist dabei die materielle Situation der Menschen, das heißt vor allem ihre Situation als arbeitende und produzierende Individuen, wie sie die politische Philosophie der Neuzeit beschrieben hatte:

«Die Voraussetzungen, mit denen wir beginnen, sind keine willkürlichen, keine Dogmen, es sind wirkliche Voraussetzungen, von denen man nur in der Einbildung abstrahieren kann. Es sind die wirklichen Individuen, ihre Aktion und ihre materiellen Lebensbedingungen, sowohl die vorgefundenen wie die durch ihre eigne Aktion erzeugten. Diese Voraussetzungen sind also auf rein empirischem Wege konstatierbar.

Die erste Voraussetzung aller Menschengeschichte ist natürlich die Existenz lebendiger menschlicher Individuen. Der erste zu konstatierende Tatbestand ist also die körperliche Organisation dieser Individuen und ihr dadurch gegebenes Verhältnis zur übrigen Natur. Wir können hier natürlich weder auf die physische Beschaffenheit der Menschen selbst noch auf die von den Menschen vorgefundenen Naturbedingungen, die geologischen, orohydrographischen, klimatischen und andern Verhältnisse, eingehen. Alle Geschichtsschreibung muß von diesen natürlichen Grundlagen und ihrer Modifikation im Lauf der Geschichte durch die Aktion der Menschen ausgehen.

Man kann die Menschen durch das Bewußtsein, durch die Religion, durch was man sonst will, von den Tieren unterscheiden. Sie selbst fangen an, sich von den Tieren zu unterscheiden, sobald sie anfangen, ihre Lebensmittel zu *produzieren*, ein Schritt, der durch ihre körperliche Organisation bedingt ist. Indem die

Menschen ihre Lebensmittel produzieren, produzieren sie indirekt ihr materielles Leben selbst.

Die Weise, in der die Menschen ihre Lebensmittel produzieren, hängt zunächst von der Beschaffenheit der vorgefundenen und zu reproduzierenden Lebensmittel selbst ab. Diese Weise der Produktion ist nicht bloß nach der Seite hin zu betrachten, daß sie die Reproduktion der physischen Existenz der Individuen ist. Sie ist vielmehr schon eine bestimmte Art der Tätigkeit dieser Individuen, eine bestimmte Art, ihr Leben zu äußern, eine bestimmte *Lebensweise* derselben. Wie die Individuen ihr Leben äußern, so sind sie. Was sie sind, fällt also zusammen mit ihrer Produktion, sowohl damit, was sie produzieren, als auch damit, *wie* sie produzieren. Was die Individuen also sind, das hängt ab von den materiellen Bedingungen ihrer Produktion» (Marx / Engels 1969, 20 f.)

Ausgehend von der materiellen Produktion bestimmen Marx und Engels also das ‹Wesen› des Menschen – keine vorgebliche Vernunftnatur soll mehr den Blick trüben auf die menschliche Wirklichkeit. Auch die gesellschaftlichen Institutionen sind Ausdruck dieser Produktionsverhältnisse – ihnen kommt keine regulative Funktion mehr zu, sie sind nicht mehr Ausdruck eines wie immer gearteten Strebens nach der besten Form menschlicher Gemeinschaft, sondern schlichter Reflex materieller Bedingungen.

«Die Tatsache ist also die: bestimmte Individuen, die auf bestimmte Weise produktiv tätig sind, gehen diese bestimmten gesellschaftlichen und politischen Verhältnisse ein. Die empirische Beobachtung muß in jedem einzelnen Fall den Zusammenhang der gesellschaftlichen und politischen Gliederung mit der Produktion empirisch und ohne alle Mystifikation und Spekulation aufweisen. Die gesellschaftliche Gliederung und der Staat gehen beständig aus dem Lebensprozeß bestimmter Individuen hervor; aber dieser Individuen, nicht wie sie in der eignen oder fremden Vorstellung erscheinen mögen, sondern wie sie *wirklich* sind, d.h. wie sie wirken, materiell produzieren, also wie sie unter bestimmten materiellen und von ihrer Willkür unabhängigen Schranken, Voraussetzungen und Bedingungen tätig sind» (Marx / Engels 1969, 25).

Wenn aber die gesellschaftlichen Institutionen nicht mehr Ausdruck der Vernunft sind, sondern materieller Ausdruck der Produktion, so fragt sich, welche spezifische Weise der Produktion zu den Verhältnissen geführt haben, wie sie Marx und Engels 1844 vorfanden. Denn nur wenn hier ein konkreter, ursächlicher Zusammenhang aufweisbar ist, kann sich das Programm der Philosophie als Kritik erfüllen, wie es in der «Deutschen Ideologie» formuliert ist:

«Die Produktion der Ideen, Vorstellungen, des Bewußtseins ist zunächst unmittelbar verflochten in die materielle Tätigkeit und den materiellen Verkehr der Menschen, Sprache des wirklichen Lebens. Das Vorstellen, Denken, der geistige Verkehr der Menschen erscheinen hier noch als direkter Ausfluß ihres materiellen Verhaltens. Von der geistigen Produktion, wie sie in der Sprache der Politik, der Gesetze, der Moral, der Religion, Metaphysik usw. eines Volkes sich darstellt, gilt dasselbe. Die Menschen sind die Produzenten ihrer Vorstellungen, Ideen pp., aber die wirklichen, wirkenden Menschen, wie sie bedingt sind durch eine bestimmte Entwicklung ihrer Produktivkräfte und des denselben entsprechenden Verkehrs bis zu seinen weitesten Formationen hinauf. Das Bewußtsein kann nie etwas Andres sein als das bewußte Sein, und das Sein der Menschen ist ihr wirklicher Lebensprozeß. Wenn in der ganzen Ideologie die Menschen und ihre Verhältnisse wie in einer Camera obscura auf den Kopf gestellt erscheinen, so geht dies Phänomen ebensosehr aus ihrem historischen Lebensprozeß hervor, wie die Umdrehung der Gegenstände auf der Netzhaut aus ihrem unmittelbar physischen» (Marx / Engels 1969, 25).

Um den Nachweis der hier vorgetragenen Behauptung von der Bedingtheit des Bewusstseins durch das gesellschaftliche Sein zu erbringen, müssen Marx und Engels also zum einen die konkreten Gestalten des gesellschaftlichen Bewusstseins aus den jeweiligen sozialen und ökonomischen Bedingungen ableiten, zum andern diese Bedingungen selbst als ursächlichen Zusammenhang, der aller gesellschaftlichen Wirklichkeit des Menschen zugrunde liegt, ausweisen.

In einem ersten Schritt soll versucht werden, die Kritik von Marx und Engels an den konkreten Bewusstseinsgestalten anhand eines überschaubaren Beispiels darzustellen und erst dann die systematische Konzeption anzudeuten, die die Grundlage des Denkens von Marx und Engels bildet.

2.1 *Die Kritik der Menschenrechte*

Marx hat schon sehr früh, zur Zeit der Mitarbeit an den «Deutsch-Französischen Jahrbüchern», seine Kritik an den Menschen- und Bürgerrechten formuliert, wie sie in den Erklärungen der amerikanischen Unabhängigkeit und den Menschenrechtserklärungen der Französischen Revolution niedergelegt sind (s. o. S. 253–277). Es geht ihm vor allem darum, zu zeigen, dass die angeblich natürlichen Rechte des Menschen, die nur durch die Vernunft legitimiert zu sein vorgeben, in Wirklichkeit Ausdruck einer bestimmten gesellschaftlichen Situation und eines dadurch bestimmten Interesses sind. Marx nimmt die Unterscheidung Rousseaus von Bourgeois und Citoyen auf und zeigt, dass selbst die in der radikalen französischen Jakobinerverfassung von 1793 formulierten *Menschen*rechte in erster Linie die Rechte des *Bourgeois* sind – Rechte auf freie Entfaltung der Willkür des Einzelnen und seines Anspruchs auf Privateigentum:

«Die *droits de l'homme*, die Menschenrechte werden als *solche* unterschieden von den *droits du citoyen*, von den Staatsbürgerrechten. Wer ist der vom *citoyen* unterschiedene *homme*? Niemand anders als *das Mitglied der bürgerlichen Gesellschaft*. Warum wird das Mitglied der bürgerlichen Gesellschaft «Mensch», Mensch schlechthin, warum werden seine Rechte *Menschenrechte* genannt? Woraus erklären wir dies Faktum? Aus dem Verhältnis des politischen Staats zur bürgerlichen Gesellschaft, aus dem Wesen der politischen Emanzipation.

Vor allem konstatieren wir die Tatsache, daß die *sogenannten Menschenrechte*, die *droits de l'homme* im Unterschied von den *droits du citoyen*, nichts anderes sind als die Rechte des *Mitglieds der bürgerlichen Gesellschaft*, d.h. des egoistischen Menschen, des vom Menschen und vom Gemeinwesen getrennten Menschen ...

Die Freiheit ist also das Recht, alles zu tun und zu treiben, was keinem andern schadet. Die Grenze, in welcher sich jeder dem andern unschädlich bewegen kann, ist durch das Gesetz bestimmt, wie die Grenze zweier Felder durch den

> Zaunpfahl bestimmt ist. Es handelt sich um die Freiheit des Menschen als isolierter auf sich zurückgezogener Monade» (Marx / Engels 1976 a, 363 f.).

Marx konstatiert also, dass der eigentliche Sinn der Rousseau'schen Konzeption, die Trennung des egoistischen Privateigentümers, des Bourgeois, vom Staatsbürger in dieser Formulierung der *Menschen*rechte gerade unterlaufen wird, indem eben der Bourgeois zum Menschen schlechthin stilisiert wird und seine Freiheit Willkürfreiheit bleibt.

> «Aber das Menschenrecht der Freiheit basiert nicht auf der Verbindung des Menschen mit dem Menschen, sondern vielmehr auf der Absonderung des Menschen von dem Menschen. Es ist das *Recht* dieser Absonderung, das Recht des *beschränkten*, auf sich beschränkten Individuums.
>
> Die praktische Nutzanwendung des Menschenrechtes der Freiheit ist das Menschenrecht des *Privateigentums* …
>
> Das Menschenrecht des Privateigentums ist also das Recht, willkürlich …, ohne Beziehung auf andre Menschen, unabhängig von der Gesellschaft, sein Vermögen zu genießen und über dasselbe zu disponieren, das Recht des Eigennutzes. Jene individuelle Freiheit, wie diese Nutzanwendung derselben, bilden die Grundlage der bürgerlichen Gesellschaft. Sie läßt jeden Menschen im andern Menschen nicht die *Verwirklichung*, sondern vielmehr die *Schranke* seiner Freiheit finden» (Marx / Engels 1976 a, 364 f.).

Damit ist für Marx der eigentlich kritische Kern der Menschenrechte verloren; denn sie richten die Schranken des Eigentums da auf, wo doch eigentlich Freiheit geschaffen werden sollte – die Freiheit zur ungehinderten Entfaltung des Menschen in der und durch die Gemeinschaft mit anderen Menschen. An Stelle dieser Freiheit tritt vielmehr die Sicherheit (ein Begriff, der bei Hobbes und Locke das zentrale Interesse der Menschen an der Schaffung eines Gemeinwesens bezeichnete, und aus der menschlichen Gesellschaft wird unversehens die bürgerliche Gesellschaft, die das Interesse an der Erhaltung der Bedingungen ihrer Existenz als überzeitliches Menschenrecht zu formulieren versucht.

«Die *Sicherheit* ist der höchste soziale Begriff der bürgerlichen Gesellschaft, der Begriff der *Polizei*, daß die ganze Gesellschaft nur da ist, um jedem ihrer Glieder die Erhaltung seiner Person, seiner Rechte und seines Eigentums zu garantieren. Hegel nennt in diesem Sinn die bürgerliche Gesellschaft ‹den Not- und Verstandesstaat›.

Durch den Begriff der Sicherheit erhebt sich die bürgerliche Gesellschaft nicht über ihren Egoismus. Die Sicherheit ist vielmehr die *Versicherung* ihres Egoismus.

Keines der sogenannten Menschenrechte geht also über den egoistischen Menschen hinaus, über den Menschen, wie er Mitglied der bürgerlichen Gesellschaft, nämlich auf sich, auf sein Privatinteresse und seine Privatwillkür zurückgezogenes und vom Gemeinwesen abgesondertes Individuum ist. Weit entfernt, daß der Mensch in ihnen als Gattungswesen aufgefaßt wurde, erscheint vielmehr das Gattungsleben selbst, die Gesellschaft, als ein den Individuen äußerlicher Rahmen, als Beschränkung ihrer ursprünglichen Selbständigkeit. Das einzige Band, das sie zusammenhält, ist die Naturnotwendigkeit, das Bedürfnis und das Privatinteresse, die Konservation ihres Eigentums und ihrer egoistischen Person» (Marx / Engels 1976 a, 365 f.).

Damit stellt Marx die Tradition der Vertragstheorie in Frage: Was bei Hobbes, Locke und Smith als anthropologische Konstante erschien – die Konfliktnatur des Menschen und sein Streben nach Privateigentum –, wird nun an die Existenz einer ganz bestimmten, historisch klar definierten Gemeinschaftsform geknüpft: an die Existenz der bürgerlichen Gesellschaft. Damit wandelt sich auch der Wahrheitsbegriff der politischen Philosophie entscheidend. Im Mittelpunkt stehen nicht mehr die Fragen nach der besten Gemeinschaftsform, die aus der Natur oder Vernunft abzuleiten wären, sondern die Demaskierung ideologischer Behauptungen über die vernünftige Natur des Menschen. Marx und Engels zeigen, dass nicht die Selbsterhaltung der freien menschlichen Subjektivität den Grund der Gemeinschaftsform ausmachen, sondern die Selbsterhaltung einer spezifischen historischen Existenzweise des Menschen, die in erster Linie bestimmt ist von seinen materiellen Interessen. Philosophische Kritik als einzig mögliche Ausdrucksform der politischen Philosophie ist deshalb immer an ihre jeweilige Zeit gebunden (dies ganz im Sinne Hegels); aber sie kann auch die Entwicklungsgesetze der Geschichte nur herausarbeiten, ohne in eine idealistische Konstruktion zu verfallen, wenn sie rein bei den materiellen Bedingungen der Geschichte bleibt und diese in ihrer – den Naturgesetzen verwandten – Regelmäßigkeit herausstellt.

2.2 *Die Kritik der bürgerlichen Gesellschaft*

Den Begriff der bürgerlichen Gesellschaft übernahm Marx von Hegel, und seine Kenntnis der englischen und französischen politischen Philosophie des 17. und 18. Jahrhunderts zeigten ihm, dass dieser Begriff von besonderem wissenschaftlichem Interesse ist: In der «Deutschen Ideologie» versuchen Marx und Engels deshalb eine Begriffsbestimmung, die zugleich eine Zusammenfassung der in der Tradition vorliegenden Analysen und eine grundlegende Neubewertung vornimmt:

«Die bürgerliche Gesellschaft umfaßt den gesamten materiellen Verkehr der Individuen innerhalb einer bestimmten Entwicklungsstufe der Produktivkräfte. Sie umfaßt das gesamte kommerzielle und industrielle Leben einer Stufe und geht insofern über den Staat und die Nation hinaus, obwohl sie andrerseits wieder nach Außen hin als Nationalität sich geltend machen, nach Innen als Staat sich gliedern muß. Das Wort bürgerliche Gesellschaft kam auf im achtzehnten Jahrhundert, als die Eigentumsverhältnisse bereits aus dem antiken und mittelalterlichen Gemeinwesen sich herausgearbeitet hatten. Die bürgerliche Gesellschaft als solche entwickelt sich erst mit der Bourgeoisie; die unmittelbar aus der Produktion und dem Verkehr sich entwickelnde gesellschaftliche Organisation, die zu allen Zeiten die Basis des Staats und der sonstigen idealistischen Superstruktur bildet, ist indes fortwährend mit demselben Namen bezeichnet worden» (Marx / Engels 1969, 36).

Indem gezeigt wird, wie sich die Kategorie der bürgerlichen Gesellschaft nur historisch – im Zusammenhang der kapitalistischen Produktionsweise – verstehen lässt, erhält sie eine doppelte Bedeutung: Zum einen manifestiert sich in ihr das ökonomische System kapitalistischer Warenproduktion, zum andern bezeichnet sie das Ganze einer historischen Gesellschaftsformation in ihrem ideologischen Selbstverständnis und seinen Ausprägungen in den gesellschaftlichen Institutionen. Die Genese der bürgerlichen Gesellschaft schildern Marx und Engels nun in einer doppelten Absicht: Es soll gezeigt werden, wie sich historische Entwicklung aus materialistischer Sicht insgesamt darstellt (denn die Analyse der Genese der bürgerlichen Gesellschaft impliziert ja, dass das analytische Instrumentarium auch für andere Zeiten und Gesellschaftsformen gültig ist); außerdem soll der Widerspruch zwischen Anspruch und Wirklichkeit der bürgerlichen Gesellschaft zu Bewusstsein gebracht und seine einzig mögliche Lösung aufgezeigt werden. In diesem doppelten (methodischen und agitatorischen) Sinne sind die folgenden Ausführungen aus dem «Kommunistischen Manifest» von 1848 zu lesen:

«*Bourgeois und Proletarier*

Die Geschichte aller bisherigen Gesellschaft ist die Geschichte von Klassenkämpfen.

Freier und Sklave, Patrizier und Plebejer, Baron und Leibeigener, Zunftbürger und Gesell, kurz, Unterdrücker und Unterdrückte standen in stetem Gegensatz zueinander, führten einen ununterbrochenen, bald versteckten, bald offenen Kampf, einen Kampf, der jedesmal mit einer revolutionären Umgestaltung der ganzen Gesellschaft endete oder mit dem gemeinsamen Untergang der kämpfenden Klassen.

In den früheren Epochen der Geschichte finden wir fast überall eine vollständige Gliederung der Gesellschaft in verschiedene Stände, eine mannigfaltige Abstufung der gesellschaftlichen Stellungen. Im alten Rom haben wir Patrizier, Ritter, Plebejer, Sklaven; im Mittelalter Feudalherren, Vasallen, Zunftbürger, Gesellen, Leibeigene, und noch dazu in fast jeder dieser Klassen wieder besondere Abstufungen.

Die aus dem Untergange der feudalen Gesellschaft hervorgegangene moderne bürgerliche Gesellschaft hat die Klassengegensätze nicht aufgehoben. Sie hat nur neue Klassen, neue Bedingungen der Unterdrückung, neue Gestaltungen des Kampfes an die Stelle der alten gesetzt.

Unsere Epoche, die Epoche der Bourgeoisie, zeichnet sich jedoch dadurch aus, daß sie die Klassengegensätze vereinfacht hat. Die ganze Gesellschaft spaltet sich mehr und mehr in zwei große feindliche Lager, in zwei große, einander direkt gegenüberstehende Klassen: Bourgeoisie und Proletariat» (Marx / Engels 1971, 462).

Die Kritik der bürgerlichen Gesellschaft erscheint so eingebettet in einen größeren geschichtsphilosophischen Zusammenhang. Geschichte wird, in Anlehnung an Hegels Prinzip des Widerspruchs, angesehen als stetige Auseinandersetzung zwischen Unterdrückern und Unterdrückten, die zuletzt in der bürgerlichen Gesellschaft als dem Ort der Auseinandersetzung zwischen Bourgeoisie und Proletariat gipfelt. Bevor nun diese Auseinandersetzung selbst thematisiert wird, skizzieren Marx und Engels kurz den historischen Werdegang der bürgerlichen Gesellschaft aus der Entstehung und beständigen Steigerung der kapitalistischen Produktionsweise zur Industrieproduktion und zum Weltmarkt. Diese Entwicklung wird nun aber nicht nur negativ bewertet, sondern der bürgerlichen Gesellschaft wird mit der Entfaltung der gesellschaftlichen Produktivkräfte (der Summe der natürlichen Ressourcen, der Produktionstechnologien und des Wissens und der Fertigkeiten der Menschen) zur allgemeinen Bedürfnisbefriedigung eine durchaus positive Bedeutung zuerkannt, solange sie die Fesseln der Feudalherrschaft und der mittelalterlichen Produktionsweisen sprengt.

Drastisch wird die Rolle der bürgerlichen Gesellschaft herausgestellt, wenn es darum geht, die Reste überkommener Ideologien zu demaskieren und die Wahrheit der gesellschaftlichen Verhältnisse ans Licht treten zu lassen:

«Die Bourgeoisie hat in der Geschichte eine höchst revolutionäre Rolle gespielt.

Die Bourgeoisie, wo sie zur Herrschaft gekommen, hat alle feudalen, patriarchalischen, idyllischen Verhältnisse zerstört. Sie hat die buntscheckigen Feudalbande, die den Menschen an seinen natürlichen Vorgesetzten knüpften, unbarmherzig zerrissen und kein anderes Band zwischen Mensch und Mensch übriggelassen, als das nackte Interesse, als die gefühllose ‹bare Zahlung›. Sie hat die heiligen Schauer der frommen Schwärmerei, der ritterlichen Begeisterung, der spießbürgerlichen Wehmut in dem eiskalten Wasser egoistischer Berechnung ertränkt. Sie hat die persönliche Würde in den Tauschwert aufgelöst und an die Stelle der zahllosen verbrieften und wohlerworbenen Freiheiten die eine gewissenlose Handelsfreiheit gesetzt. Sie hat, mit einem Wort, an die Stelle der mit religiösen und politischen Illusionen verhüllten Ausbeutung die offene, unverschämte, direkte, dürre Ausbeutung gesetzt.

Die Bourgeoisie hat alle bisher ehrwürdigen und mit frommer Scheu betrachteten Tätigkeiten ihres Heiligenscheins entkleidet. Sie hat den Arzt, den Juristen, den Pfaffen, den Poeten, den Mann der Wissenschaft in ihre bezahlten Lohnarbeiter verwandelt» (Marx / Engels 1971, 464 f.).

In diesem Zusammenhang wird aber auch deutlich, wie sehr die neu geschaffenen Verhältnisse im Grunde die unmenschliche Verwandlung der Gesellschaft bedingen: Maß aller Dinge ist nicht mehr der Mensch als für die Gemeinschaft aller nützliches Individuum, als soziales Wesen, sondern der Mensch als Repräsentant eines Tauschwertes (s. u. S. 387 f.), den er durch seine Leistung zu erbringen hat. Diese Leistung aber muss in der bürgerlichen Gesellschaft immer vermehrt werden; sie kennt kein Maß und keine Grenze ihrer Produktivität:

«Die Bourgeoisie kann nicht existieren, ohne die Produktionsinstrumente, also die Produktionsverhältnisse, also sämtliche gesellschaftlichen Verhältnisse fortwährend zu revolutionieren. Unveränderte Beibehaltung der alten Produktionsweise war dagegen die erste Existenzbedingung aller früheren industriellen Klassen. Die fortwährende Umwälzung der Produktion, die ununterbrochene Erschütterung aller gesellschaftlichen Zustände, die ewige Unsicherheit und Bewegung zeichnet die Bourgeoisepoche vor allen früheren aus. Alle festen eingerosteten Verhältnisse mit ihrem Gefolge von altehrwürdigen Vorstellungen und Anschauungen werden aufgelöst, alle neugebildeten veralten, ehe sie verknöchern können. Alles Ständische und Stehende verdampft, alles Heilige wird entweiht, und die Menschen sind endlich gezwungen, ihre Lebensstellung, ihre gegenseitigen Beziehungen mit nüchternen Augen anzusehen.

Das Bedürfnis nach einem stets ausgedehnteren Absatz für ihre Produkte jagt die Bourgeoisie über die ganze Erdkugel. Überall muß sie sich einnisten, überall anbauen, überall Verbindungen herstellen …

Die Bourgeoisie reißt durch die rasche Verbesserung aller Produktionsinstrumente, durch die unendlich erleichterten Kommunikationen alle, auch die barbarischsten Nationen in die Zivilisation. Die wohlfeilen Preise ihrer Waren sind die schwere Artillerie, mit der sie alle chinesischen Mauern in den Grund schießt, mit der sie den hartnäckigsten Fremdenhaß der Barbaren zur Kapitulation zwingt. Sie zwingt alle Nationen, die Produktionsweise der Bourgeoisie sich anzueignen, wenn sie nicht zugrunde gehen wollen; sie zwingt sie, die sogenannte Zivilisation bei sich selbst einzuführen, d.h. Bourgeois zu werden. Mit einem Wort, sie schafft sich eine Welt nach ihrem eigenen Bilde …

Die Bourgeoisie hat in ihrer kaum hundertjährigen Klassenherrschaft massenhaftere und kolossalere Produktionskräfte geschaffen als alle vergangenen Generationen zusammen. Unterjochung der Naturkräfte, Maschinerie, Anwendung der Chemie auf Industrie und Ackerbau, Dampfschiffahrt, Eisenbahnen, elektrische Telegraphen, Urbarmachung ganzer Weltteile, Schiffbarmachung der Flüsse, ganze aus dem Boden hervorgestampfte Bevölkerungen – welch früheres Jahrhundert ahnte, daß solche Produktionskräfte im Schoß der gesellschaftlichen Arbeit schlummerten» (Marx / Engels 1971, 465 ff.).

Doch diese ungeheure Produktivität der bürgerlichen Gesellschaft verkehrt sich in ihr Gegenteil, wenn der Zwang zu stetiger Steigerung der Produktion diese ins Leere laufen lässt, wenn kein gesellschaftlicher Bedarf mehr an einer sich immer steigernden Menge von Gütern besteht:

«Die bürgerlichen Produktions- und Verkehrsverhältnisse, die bürgerlichen Eigentumsverhältnisse, die moderne bürgerliche Gesellschaft, die so gewaltige Produktions- und Verkehrsmittel hervorgezaubert hat, gleicht dem Hexenmeister, der die unterirdischen Gewalten nicht mehr zu beherrschen vermag, die er heraufbeschwor. Seit Dezennien ist die Geschichte der Industrie und des Handels nur noch die Geschichte der Empörung der modernen Produktivkräfte gegen die modernen Produktionsverhältnisse, gegen die Eigentumsverhältnisse, welche die Lebensbedingungen der Bourgeoisie und ihrer Herrschaft sind. Es genügt, die Handelskrisen zu nennen, welche in ihrer periodischen Wiederkehr immer drohender die Existenz der ganzen bürgerlichen Gesellschaft in Frage stellen. In den Handelskrisen wird ein großer Teil nicht nur der erzeugten Produkte, sondern sogar der bereits geschaffenen Produktivkräfte regelmäßig vernichtet. In den Krisen bricht eine gesellschaftliche Epidemie aus, welche allen früheren Epochen als ein Widersinn erschienen wäre – die Epidemie der Überproduktion. Die Gesellschaft findet sich plötzlich in einen Zustand momentaner Barbarei zurückversetzt; eine Hungersnot, ein allgemeiner Vernichtungskrieg scheinen ihr alle Lebensmittel abgeschnitten zu haben; die Industrie, der Handel scheinen vernichtet, und warum? Weil sie zuviel Zivilisation, zuviel Lebensmittel, zuviel Industrie, zuviel Handel besitzt. Die Produktivkräfte, die ihr zur Verfügung stehen, dienen nicht mehr zur Beförderung der bürgerlichen Zivilisation und der bürgerlichen Eigentumsverhältnisse; im Gegenteil, sie sind zu gewaltig für diese Verhältnisse geworden, sie werden von ihnen gehemmt; und sobald sie dies Hemmnis überwinden, bringen sie die ganze bürgerliche Gesellschaft in Unordnung, gefährden sie die Existenz des bürgerlichen Eigentums. Die bürgerlichen Verhältnisse sind zu eng geworden, um den von ihnen erzeugten Reichtum zu fassen. – Wodurch überwindet die Bourgeoisie die Krisen? Einerseits durch die erzwungene Vernichtung einer Masse von Produktivkräften; andererseits durch die Eroberung neuer Märkte und die gründlichere Ausbeutung der alten Märkte. Wodurch also? Dadurch, daß sie allseitigere und gewaltigere Krisen vorbereitet und die Mittel, den Krisen vorzubeugen, vermindert.

Die Waffen, womit die Bourgeoisie den Feudalismus zu Boden geschlagen hat, richten sich jetzt gegen die Bourgeoisie selbst» (Marx / Engels 1971, 467f.).

Damit ist der entscheidende Punkt erreicht, den Marx und Engels in ihrer Argumentation ansteuern – eine aus der bürgerlichen Gesellschaft und den Bedingungen ihrer Existenz sich entwickelnde Gegenmacht, die die Widersprüche der Bourgeoisie zu überwinden vermag, ohne ihre Errungenschaften zu zerstören:

«Aber die Bourgeoisie hat nicht nur die Waffen geschmiedet, die ihr den Tod bringen; sie hat auch die Männer gezeugt, die diese Waffen führen werden – die modernen Arbeiter, die *Proletarier*. In demselben Maße, worin sich die Bourgeoisie, d.h. das Kapital, entwickelt, in demselben Maße entwickelt sich das Proletariat, die Klasse der modernen Arbeiter, die nur so lange leben, als sie Arbeit finden, und die nur so lange Arbeit finden, als ihre Arbeit das Kapital vermehrt. Diese Arbeiter, die sich stückweis verkaufen müssen, sind eine Ware wie jeder andere Handelsartikel und daher gleichmäßig allen Wechselfällen der Konkurrenz, allen Schwankungen des Marktes ausgesetzt.

Die Arbeit der Proletarier hat durch die Ausdehnung der Maschinerie und die Teilung der Arbeit allen selbständigen Charakter und damit allen Reiz für den Arbeiter verloren. Er wird ein bloßes Zubehör der Maschine, von dem nur der einfachste, eintönigste, am leichtesten erlernbare Handgriff verlangt wird. Die Kosten, die der Arbeiter verursacht, beschränken sich daher fast nur auf die Lebensmittel, die er zu seinem Unterhalt und zur Fortpflanzung seiner Race bedarf. Der Preis einer Ware, also auch der Arbeit, ist aber gleich ihren Produktionskosten. In demselben Maße, in dem die Widerwärtigkeit der Arbeit wächst, nimmt daher der Lohn ab. Noch mehr, in demselben Maße, wie Maschinerie und Teilung der Arbeit zunehmen, in demselben Maße nimmt auch die Masse der Arbeit zu, sei es durch Vermehrung der Arbeitsstunden, sei es durch Vermehrung der in einer gegebenen Zeit geforderten Arbeit, beschleunigten Lauf der Maschinen usw.» (Marx / Engels 1971, 468 f.).

Die kapitalistische Produktionsweise hat also die Entstehung einer neuen Klasse der Gesellschaft zum Resultat: die Klasse der ausgebeuteten, zum Anhängsel der Maschine verdinglichten Proletarier, denen nur der Bruchteil des von ihnen geschaffenen Wertes als Lohn zukommt, der zu ihrer eigenen unmittelbaren Reproduktion zureicht. Die Arbeiter beginnen deshalb – zuerst aus dem unmittelbaren Interesse an ihrer Selbsterhaltung – den Kampf gegen das Bürgertum.

Damit ist in der von Marx und Engels aufgezeigten Entwicklung der bürgerlichen Gesellschaft ihre Gegenwart erreicht. Die Analyse wendet sich zur Forderung nach praktischer Umgestaltung der herrschenden Verhältnisse – die Theorie ergreift Partei und muss versuchen, die Entwicklung des Proletariats und seines Kampfes zu beschreiben:

«Von Zeit zu Zeit siegen die Arbeiter, aber nur vorübergehend. Das eigentliche Resultat ihrer Kämpfe ist nicht der unmittelbare Erfolg, sondern die immer weiter um sich greifende Vereinigung der Arbeiter. Sie wird befördert durch die wachsenden Kommunikationsmittel, die von der großen Industrie erzeugt werden und die Arbeiter der verschiedenen Lokalitäten miteinander in Verbindung setzen. Es bedarf aber bloß der Verbindung, um die vielen Lokalkämpfe von überall gleichem Charakter zu einem nationalen, zu einem Klassenkampfe zu zentralisieren. Jeder Klassenkampf aber ist ein politischer Kampf. Und die Vereinigung, zu der die Bürger des Mittelalters mit ihren Vizinalwegen Jahrhunderte bedurften, bringen die modernen Proletarier mit den Eisenbahnen in wenigen Jahren zustande.

Diese Organisation der Proletarier zur Klasse, und damit zur politischen Partei, wird jeden Augenblick wieder gesprengt durch die Konkurrenz unter den Arbeitern selbst. Aber sie ersteht immer wieder, stärker, fester, mächtiger. Sie erzwingt die Anerkennung einzelner Interessen der Arbeiter in Gesetzesform, indem sie die Spaltungen der Bourgeoisie unter sich benutzt. So die Zehnstundenbill in England.

Die Kollisionen der alten Gesellschaft überhaupt fördern mannigfach den Entwicklungsgang des Proletariats. Die Bourgeoisie befindet sich in fortwährendem Kampfe: anfangs gegen die Aristokratie; später gegen die Teile der Bourgeoisie selbst, deren Interessen mit dem Fortschritt der Industrie in Widerspruch geraten; stets gegen die Bourgeoisie aller auswärtigen Länder. In allen diesen Kämpfen sieht sie sich genötigt, an das Proletariat zu appellieren, seine Hülfe in Anspruch zu nehmen und es so in die politische Bewegung hineinzureißen. Sie selbst führt also dem Proletariat ihre eigenen Bildungselemente, d. h. Waffen gegen sich selbst, zu …

Die Lebensbedingungen der alten Gesellschaft sind schon vernichtet in den Lebensbedingungen des Proletariats. Der Proletarier ist eigentumslos; sein Verhältnis zu Weib und Kindern hat nichts mehr gemein mit dem bürgerlichen Familienverhältnis; die moderne industrielle Arbeit, die moderne Unterjochung unter das Kapital, dieselbe in England wie in Frankreich, in Amerika wie in Deutschland, hat ihm allen nationalen Charakter abgestreift. Die Gesetze, die Moral, die Religion sind für ihn ebenso viele bürgerliche Vorurteile, hinter denen sich ebenso viele bürgerliche Interessen verstecken.

Alle früheren Klassen, die sich die Herrschaft eroberten, suchten ihre schon erworbene Lebensstellung zu sichern, indem sie die ganze Gesellschaft den

Bedingungen ihres Erwerbs unterwarfen. Die Proletarier können sich die gesellschaftlichen Produktivkräfte nur erobern, indem sie ihre eigene bisherige Aneignungsweise und damit die ganze bisherige Aneignungsweise abschaffen. Die Proletarier haben nichts von dem Ihrigen zu sichern, sie haben alle bisherige Privatsicherheit und Privatversicherungen zu zerstören.

Alle bisherigen Bewegungen waren Bewegungen von Minoritäten oder im Interesse von Minoritäten. Die proletarische Bewegung ist die selbständige Bewegung der ungeheuren Mehrzahl im Interesse der ungeheuren Mehrzahl. Das Proletariat, die unterste Schicht der jetzigen Gesellschaft, kann sich nicht erheben, nicht aufrichten, ohne daß der ganze Überbau der Schichten, die die offizielle Gesellschaft bilden, in die Luft gesprengt wird» (Marx / Engels 1971, 471 ff.).

Durch die Organisation der Arbeiterschaft zur selbstbewussten Macht und durch den Kampf gegen die Unterdrückung kündigt sich also ein völlig neues Prinzip gesellschaftlicher Ordnung an. Die bürgerliche Ordnung ist nicht mehr in der Lage, auch nur die Überlebensbedingungen der von ihr Unterdrückten zu gewährleisten. Damit fallen die Bedingungen ihrer eigenen Existenz fort:

«Es tritt hiermit offen hervor, daß die Bourgeoisie unfähig ist, noch länger die herrschende Klasse der Gesellschaft zu bleiben und die Lebensbedingungen ihrer Klasse der Gesellschaft als regelndes Gesetz aufzuzwingen. Sie ist unfähig zu herrschen, weil sie unfähig ist, ihrem Sklaven die Existenz selbst innerhalb seiner Sklaverei zu sichern, weil sie gezwungen ist, ihn in eine Lage herabsinken zu lassen, wo sie ihn ernähren muß, statt von ihm ernährt zu werden. Die Gesellschaft kann nicht mehr unter ihr leben, d. h., ihr Leben ist nicht mehr verträglich mit der Gesellschaft.

Die wesentlichste Bedingung für die Existenz und für die Herrschaft der Bourgeoisklasse ist die Anhäufung des Reichtums in den Händen von Privaten, die Bildung und Vermehrung des Kapitals; die Bedingung des Kapitals ist die Lohnarbeit. Die Lohnarbeit beruht ausschließlich auf der Konkurrenz der Arbeiter unter sich. Der Fortschritt der Industrie, dessen willenloser und widerstandsloser Träger die Bourgeoisie ist, setzt an die Stelle der Isolierung der Arbeiter durch die Konkurrenz ihre revolutionäre Vereinigung durch die Assoziation. Mit der Entwicklung der großen Industrie wird also unter den Füßen der Bourgeoisie die Grundlage selbst weggezogen, worauf sie produziert und die Produkte sich aneignet. Sie produziert vor allem ihre eigenen Totengräber. Ihr Untergang und der Sieg des Proletariats sind gleich unvermeidlich» (Marx / Engels 1971, 473 f.).

Damit ist der Weg der bürgerlichen Gesellschaft vorgezeichnet. Ähnlich wie Hegel (s. o. S. 319–328) bestimmen ihn auch Marx und Engels als ein Durchgangsstadium der Entwicklung der Menschheit auf dem Weg zur Aufhebung der gesellschaftlichen Widersprüche, weil die bürgerliche Gesellschaft zwar einerseits diejenige Leistungsfähigkeit unter Beweis stellt, die zur Sicherung der materiellen Existenz der Menschen nötig ist. Andererseits ist das ihr zugrundeliegende Prinzip der Mehrung des Privateigentums in sich widersprüchlich und verlangt nach einer Aufhebung der bürgerlichen in eine höhere Gesellschaftsordnung. Doch anders als bei Hegel ist diese nicht der Staat, und anders ist auch die Begründung dieser Aufhebung: Nicht der objektive Geist steht am Ende der Entwicklung, sondern die klassenlose Gesellschaft – nicht die Vernunft gestaltet die Wirklichkeit, sondern die materiellen Bedingungen der Ökonomie. Aufgabe der Theorie ist deshalb neben der Kritik die empirische Analyse der ökonomischen Basis. Denn nur wenn diese erarbeitet ist, hat die Arbeiterschaft eine zuverlässige Perspektive ihres Handelns. Deshalb bedarf, was im «Kommunistischen Manifest» thesenhaft formuliert ist, der wissenschaftlichen Untermauerung.

3. Die Kritik der politischen Ökonomie

«Die politische Ökonomie, im weitesten Sinne, ist die Wissenschaft von den Gesetzen, welche die Produktion und den Austausch des materiellen Lebensunterhalts in der menschlichen Gesellschaft beherrschen» (Marx / Engels 1972 b, 136). Mit dieser Bestimmung eröffnet Engels den zweiten Abschnitt von «Herrn Eugen Dührings Umwälzung der Wissenschaften». Die Gegenstände der politischen Ökonomie bilden die einzige, weil materielle Grundlage menschlichen Zusammenlebens. Zu zeigen ist nun, in welcher Weise diese materielle Grundlage in alle Lebensbereiche hineinwirkt und welcherart die hierin wirkenden Widersprüche sind. Marx selbst hat die Ergebnisse seiner Untersuchungen zu diesem Punkt im Jahre 1859 in der Einleitung zu seiner Schrift «Zur Kritik der politischen Ökonomie» zusammengefasst:

«In der gesellschaftlichen Produktion ihres Lebens gehen die Menschen bestimmte, notwendige, von ihrem Willen unabhängige Verhältnisse ein, Produktionsverhältnisse, die einer bestimmten Entwicklungsstufe ihrer materiellen Produktivkräfte entsprechen. Die Gesamtheit dieser Produktionsverhältnisse bildet die ökonomische Struktur der Gesellschaft, die reale Basis, worauf sich ein juristischer und politischer Überbau erhebt und welcher bestimmte gesellschaftliche Bewußtseinsformen entsprechen. Die Produktionsweise des materiellen Lebens bedingt den sozialen, politischen und geistigen Lebensprozeß überhaupt. Es ist nicht das Bewußtsein der Menschen, das ihr Sein, sondern umgekehrt ihr gesellschaftliches Sein, das ihr Bewußtsein bestimmt. Auf einer gewissen Stufe ihrer Entwicklung geraten die materiellen Produktivkräfte der Gesellschaft in Widerspruch mit den vorhandenen Produktionsverhältnissen oder, was nur ein juristischer Ausdruck dafür ist, mit den Eigentumsverhältnissen, innerhalb deren sie sich bisher bewegt hatten. Aus Entwicklungsformen der Produktivkräfte schlagen diese Verhältnisse in Fesseln derselben um. Es tritt dann eine Epoche sozialer Revolution ein. Mit der Veränderung der ökonomischen Grundlage wälzt sich der ganze ungeheure Überbau langsamer oder rascher um. In der Betrachtung solcher Umwälzungen muß man stets unterscheiden zwischen der materiellen, naturwissenschaftlich treu zu konstatierenden Umwälzung in den ökonomischen Produktionsbedingungen und den juristischen, politischen, religiösen, künstlerischen oder philosophischen, kurz, ideologischen Formen, worin sich die Menschen dieses Konflikts bewußt werden und ihn ausfechten. Sowenig man das, was ein Individuum ist, nach dem beurteilt, was es sich selbst dünkt, ebensowenig kann man eine solche Umwälzungsepoche aus ihrem Bewußtsein beurteilen, sondern muß vielmehr dies Bewußtsein aus den Widersprüchen des materiellen Lebens, aus dem vorhandenen Konflikt zwischen gesellschaftlichen Produktivkräften und Produktionsverhältnissen erklären. Eine Gesellschaftsformation geht nie unter, bevor alle Produktivkräfte entwickelt sind, für die sie weit genug ist, und neue höhere Produktionsverhältnisse treten nie an die Stelle, bevor die materiellen Existenzbedingungen derselben im Schoß der alten Gesellschaft selbst ausgebrütet worden sind. Daher stellt sich die Menschheit immer nur Aufgaben, die sie lösen kann, denn genauer betrachtet wird sich stets finden, daß die Aufgabe selbst nur entspringt, wo die materiellen Bedingungen ihrer Lösung schon vorhanden oder wenigstens im Prozeß ihres Werdens begriffen sind. In großen Umrissen können asiatische, antike, feudale und modern bürgerliche Produktionsweisen als progressive Epochen der ökonomischen Gesellschaftsformation bezeichnet werden. Die bürgerlichen Produktionsverhältnisse sind die letzte antagonistische Form des gesellschaftlichen Produktionsprozesses, antagonistisch nicht im Sinn von individuellem Antagonismus, sondern eines aus den gesellschaftlichen Lebensbedingungen der Individuen hervorwachsenden Antagonismus, aber die im Schoß der bürgerlichen Gesellschaft sich entwickelnden Produktivkräfte schaffen zugleich die materiellen Bedingungen zur Lösung dieses Antagonismus. Mit dieser Gesellschaftsformation schließt daher die Vorgeschichte der menschlichen Gesellschaft ab» (Marx / Engels 1973, 8 f.).

Grundlage aller geschichtlichen Entwicklung ist demnach das Verhältnis von Produktionsverhältnissen und Produktivkräften. Es wurde bereits angedeutet, dass unter Produktivkräften die Summe der natürlichen, technischen, technologischen und menschlichen Potenziale im Arbeitsprozess zu verstehen ist. Mit dem Begriff Produktionsverhältnisse bezeichnet Marx die in Abhängigkeit von den Produktivkräften sich entwickelnden gesellschaftlichen Formen der Produktion, des Austauschs und der Verteilung der Güter, die sich vor allem in Eigentumsverhältnissen ausdrücken. Maßgebend sind hier insgesamt die Formen der gesellschaftlichen Arbeitsteilung (z. B. Sklavenarbeit, die Fronarbeit leibeigener Bauern oder Lohnarbeit).

Über dieser materiellen Basis gesellschaftlichen Lebens erhebt sich ein institutioneller Überbau, der in seiner Form den Anforderungen der Basis korrespondiert. Sitte, Recht, Gesetz und Staat sind also abhängig von den jeweils vorherrschenden Produktionsverhältnissen. Diese selbst aber unterliegen der Veränderung durch die Produktivkräfte (zu denken ist hier an die Erfindung neuer Techniken oder an die veränderten Formen der Produktion durch eine veränderte Einsatzweise der menschlichen Arbeitskraft); die Mechanisierung der Produktion ist hier ein sinnfälliges Beispiel.

Die Geschichte erscheint so als ein schmerzhafter Prozess der Anpassung an die sich verändernden Produktivkräfte, der jeweils tiefgreifende gesellschaftliche Umwälzungen mit sich bringt. Erst wenn die Produktivkräfte den höchstmöglichen Stand erreicht haben, ist es möglich, auch den beständig aufbrechenden Widerspruch endlich beizulegen, sie mit den Produktionsverhältnissen in Einklang zu bringen und so die «Vorgeschichte der Menschheit», in der diese wahrhafte Kongruenz immer noch nicht erreicht ist, zu beenden.

Marx und Engels behandeln deshalb vorwiegend die Kritik der *bürgerlichen* politischen Ökonomie, weil sich in ihr die höchstentwickelte Form von Produktivkräften und Produktionsverhältnissen findet und weil nur von ihr her die Ortsbestimmung der Rolle des Proletariats möglich ist. Da im Rahmen der vorliegenden Darstellung keine umfassende Explikation von Marx' Hauptwerk, dem «Kapital», vorgenommen werden kann, sei die Darstellung auf einige für den Kontext der politischen Philosophie besonders wichtige Begriffe beschränkt.

3.1 Der Begriff der Arbeit

Grundlage alles menschlichen Lebens als Tätigkeit der Selbsterhaltung ist die Arbeit. In ihr schafft sich der Mensch die Mittel, die er zum Überleben benötigt. Zugleich ist die Arbeit eine gesellschaftliche Größe; denn sie vollzieht sich in der und für die arbeitsteilige Gesellschaft. Marx setzt bei seiner ersten Begriffsbestimmung die Arbeit als Naturkonstante an und entwickelt sie als die Grundlage des gesellschaftlichen Wesens des Menschen:

«Die Arbeit ist zunächst ein Prozeß zwischen Mensch und Natur, ein Prozeß, worin der Mensch seinen Stoffwechsel mit der Natur durch seine eigne Tat vermittelt, regelt und kontrolliert. Er tritt dem Naturstoff selbst als eine Naturmacht gegenüber. Die seiner Leiblichkeit angehörigen Naturkräfte, Arme und Beine,

Kopf und Hand, setzt er in Bewegung, um sich den Naturstoff in einer für sein eignes Leben brauchbaren Form anzueignen. Indem er durch diese Bewegung auf die Natur außer ihm wirkt und sie verändert, verändert er zugleich seine eigne Natur. Er entwickelt die in ihr schlummernden Potenzen und unterwirft das Spiel ihrer Kräfte seiner eignen Botmäßigkeit. Wir haben es hier nicht mit den ersten tierartig instinktmäßigen Formen der Arbeit zu tun. Dem Zustand, worin der Arbeiter als Verkäufer seiner eignen Arbeitskraft auf dem Warenmarkt auftritt, ist in urzeitlichen Hintergrund der Zustand entrückt, worin die menschliche Arbeit ihre erste instinktartige Form noch nicht abgestreift hatte. Wir unterstellen die Arbeit in einer Form, worin sie dem Menschen ausschließlich angehört. Eine Spinne verrichtet Operationen, die denen des Webers ähneln, und eine Biene beschämt durch den Bau ihrer Wachszellen manchen menschlichen Baumeister. Was aber von vornherein den schlechtesten Baumeister vor der besten Biene auszeichnet, ist, daß er die Zelle in seinem Kopf gebaut hat, bevor er sie in Wachs baut. Am Ende des Arbeitsprozesses kommt ein Resultat heraus, das beim Beginn desselben schon in der Vorstellung des Arbeiters, also schon ideell vorhanden war. Nicht daß er nur eine Formveränderung des Natürlichen bewirkt; er verwirklicht im Natürlichen zugleich seinen Zweck, den er weiß, der die Art und Weise seines Tuns als Gesetz bestimmt und dem er seinen Willen unterordnen muß. Und diese Unterordnung ist kein vereinzelter Akt. Außer der Anstrengung der Organe, die arbeiten, ist der zweckmäßige Wille, der sich als Aufmerksamkeit äußert, für die ganze Dauer der Arbeit erheischt, und um so mehr, je weniger sie durch den eignen Inhalt und die Art und Weise ihrer Ausführung den Arbeiter mit sich fortreißt, je weniger er sie daher als Spiel seiner eignen körperlichen und geistigen Kräfte genießt» (Marx / Engels 1972 c, 192 f.).

Arbeit ist also in erster Linie Aneignung und zweckmäßige Formung von Naturgegenständen zur Erhaltung der menschlichen Existenz. Dadurch aber, dass der Mensch in der Arbeit seine eigenen Fähigkeiten entwickelt, verändert er auch seine eigene Natur, und die Arbeit bezeichnet so einen «Stoffwechsel» mit der Natur, in dem Mensch und Natur einem gemeinsamen Veränderungsprozess unterworfen sind. Zugleich ist Arbeit immer dem gesellschaftlichen Zusammenhang der Menschen verpflichtet; denn der Arbeiter tritt als Verkäufer seiner Arbeitskraft auf, die sich in den Produkten seines Tuns manifestiert. In diesen Produkten drückt sich der Zweck aus, den der Arbeiter als freie Leistung seines Intellekts und seiner Zwecksetzung in die Formung der Naturgegenstände einbringt.

Wesentlich bestimmt ist die Arbeit durch das Arbeitsmittel – zum einen sind dies die vorgefundenen Gegenstände und Materialien der Arbeit, zum Zweiten die Werkzeuge, die der Mensch zur Arbeit benötigt. An der speziellen Form dieser Arbeitsmittel und Werkzeuge lässt sich insgesamt der gesellschaftliche Entwicklungsstand ablesen – sie ist ein wesentliches Moment der Produktivkräfte. Im Weiteren betrachtet Marx nach dem Arbeiter und dem Arbeitsmittel das Produkt der Arbeit; denn nur in ihm konkretisiert sich die gesellschaftliche Bedeutung der Arbeit:

«Im Arbeitsprozeß bewirkt also die Tätigkeit des Menschen durch das Arbeitsmittel eine von vornherein bezweckte Veränderung des Arbeitsgegenstandes. Der Prozeß erlischt im Produkt: Sein Produkt ist ein Gebrauchswert, ein durch Formveränderung menschlichen Bedürfnissen angeeigneter Naturstoff. Die Arbeit hat sich mit ihrem Gegenstand verbunden. Sie ist vergegenständlicht, und der Gegenstand ist verarbeitet. Was auf seiten des Arbeiters in der Form der Unruhe erschien, erscheint nun als ruhende Eigenschaft, in der Form des Seins, auf seiten des Produkts. Er hat gesponnen, und das Produkt ist ein Gespinst.

Betrachtet man den ganzen Prozeß vom Standpunkt seines Resultats, des Produkts, so erscheinen beide, Arbeitsmittel und Arbeitsgegenstand, als Produktionsmittel und die Arbeit selbst als produktive Arbeit.

Wenn ein Gebrauchswert als Produkt aus dem Arbeitsprozeß herauskommt, gehn andre Gebrauchswerte, Produkte früherer Arbeitsprozesse, als Produktionsmittel in ihn ein. Derselbe Gebrauchswert, der das Produkt dieser, bildet das Produktionsmittel jener Arbeit. Produkte sind daher nicht nur Resultat, sondern zugleich Bedingung des Arbeitsprozesses» (Marx / Engels 1972 c, 195 f.).

Das Arbeitsprodukt als Produkt einer Tätigkeit verselbständigt sich also zu einem Gegenstand, in den zwar Willen und Können des Arbeiters eingeflossen sind, der aber diesem gegenüber als ein von ihm Unabhängiges erscheint. Diese Unabhängigkeit des Produkts ist Voraussetzung dafür, dass es auch für andere als den Produzenten selbst nutzbar ist – das Produkt hat einen *Gebrauchswert*, der sich aus seiner Verwendbarkeit als Mittel zur Selbsterhaltung des Menschen bestimmt. Zugleich ist das Produkt der Arbeit selbst wieder Ausgangspunkt einer neuen Produktion, eines neuen Arbeitsprozesses, in dem es verwendet oder umgestaltet wird (man denke etwa an die Fertigung von Werkzeugen, die selbst der Fertigung dienen, an Halbfertigprodukte wie Mehl oder die Produktion von Getreide als Voraussetzung einer ganzen Kette verschiedenster Produktionsprozesse).

Damit tritt neben den *Gebrauchswert* des Arbeitsprodukts eine zweite Wertbestimmung. In der arbeitsteiligen Gesellschaft werden die Produkte der Arbeit getauscht, und der Tausch vermittelt sich über das Medium des Geldes, das als Maß des *Tauschwertes* auftritt. Der Tauschwert ist eine abstrakte Größe, die sich zuerst an der in das Produkt investierten Arbeitskraft bemisst. Da der Tauschwert aber die eigentlich gesellschaftlich bestimmende Größe wird, löst sich das Produkt gänzlich vom Produzenten, tritt ihm als ein Fremdes gegenüber, und die Verhältnisse der Menschen zueinander reduzieren sich auf den Tausch von Werten. Die Vereinzelung der Menschen als Produzenten abstrakten Tauschwertes ist die Folge:

«Die wechselseitige und allseitige Abhängigkeit der gegeneinander gleichgültigen Individuen bildet ihren gesellschaftlichen Zusammenhang. Dieser gesellschaftliche Zusammenhang ist ausgedrückt im *Tauschwert*, worin für jedes Individuum seine eigne Tätigkeit oder sein Produkt erst eine Tätigkeit und ein Produkt für es wird; es muß ein allgemeines Produkt produzieren – den *Tauschwert* oder, diesen für sich isoliert, individualisiert, *Geld*. Andrerseits die Macht, die jedes Individuum über die Tätigkeit der andren oder über die gesellschaftlichen Reichtümer ausübt, besteht in ihm als dem Eigner von *Tauschwerten*, von *Geld*. Es trägt seine gesellschaftliche Macht, wie seinen Zusammenhang mit der Gesellschaft, in der Tasche mit sich. Die Tätigkeit, welches immer ihre individuelle Erscheinungsform, und das Produkt der Tätigkeit, welches immer seine besondre Beschaffenheit, ist der Tauschwert, d.h. ein Allgemeines, worin alle Individualität, Eigenheit negiert und ausgelöscht ist. Dieses ist in der Tat ein Zustand sehr verschieden von dem, worin das Individuum oder das in Familie und Stamm (später Gemeinwesen) naturwüchsig oder historisch erweiterte Individuum direkt aus der Natur sich reproduziert oder seine produktive Tätigkeit und sein Anteil an der Produktion an eine bestimmte Form der Arbeit und des Produkts angewiesen ist und sein Verhältnis zu andren eben so bestimmt ist.

Der gesellschaftliche Charakter der Tätigkeit, wie die gesellschaftliche Form des Produkts, wie der Anteil des Individuums an der Produktion erscheint hier als den Individuen gegenüber Fremdes, Sachliches; nicht als das Verhalten ihrer gegeneinander, sondern als ihr Unterordnen unter Verhältnisse, die unabhängig von ihnen bestehn und aus dem Anstoß der gleichgültigen Individuen miteinander entstehn. Der allgemeine Austausch der Tätigkeiten und Produkte, der Lebensbedingung für jedes einzelne Individuum geworden, ihr wechselseitiger Zusammenhang, erscheint ihnen selbst fremd, unabhängig, als eine Sache. Im Tauschwert ist die gesellschaftliche Beziehung der Personen in ein gesellschaftliches Verhalten der Sachen verwandelt; das persönliche Vermögen in ein sachliches. Je weniger gesellschaftliche Kraft das Tauschmittel besitzt, je zusammenhängender es noch mit der Natur des unmittelbaren Arbeitsprodukts und den unmittelbaren Bedürfnissen der Austauschenden ist, um so größer muß noch die Kraft des Gemeinwesens sein, das die Individuen zusammenbindet, patriarchalisches Verhältnis, antikes Gemeinwesen, Feudalismus und Zunftwesen» (Marx 1974, 74 f.).

Im Tauschwert und seiner abstrakten Reduzierung der Arbeit wurzelt für Marx die Lohnarbeit und die damit einhergehende Entfremdung des arbeitenden Menschen vom Produkt seiner Arbeit, von den gesellschaftlichen Verhältnissen und letztlich von sich selbst als natürlichem, Gebrauchswerte schaffenden Wesen.

«Austausch und Teilung der Arbeit bedingen sich wechselseitig. Da jeder für sich arbeitet und sein Produkt nichts für sich ist, muß er natürlich austauschen, nicht nur, um an dem allgemeinen Produktionsvermögen teilzunehmen, sondern um sein eignes Produkt in ein Lebensmittel für sich selbst zu verwandeln ...

Der Austausch als vermittelt durch den Tauschwert und das Geld setzt allerdings die allseitige Abhängigkeit der Produzenten voneinander voraus, aber zugleich die völlige Isolierung ihrer Privatinteressen und eine Teilung der gesellschaftlichen Arbeit, deren Einheit und wechselseitige Ergänzung gleichsam als ein Naturverhältnis außer den Individuen, unabhängig von ihnen, existiert. Der Druck der allgemeinen Nachfrage und Zufuhr aufeinander vermittelt den Zusammenhang der gegeneinander Gleichgültigen» (Marx 1974, 76).

Gesetze des Marktes, abstrakte Gesetze, die wie Naturgesetze wirken, bestimmen also das Leben des arbeitenden Menschen, der gezwungen ist, seine Arbeitskraft zu verkaufen. Und der Wert, den er dafür erhält, ist eben nur der Tauschwert, der sich nicht mehr am Gebrauchswert orientiert – dem Wert, der zur Erhaltung seiner Arbeitskraft unbedingt nötig ist. Auch dieser Wert kann noch unter das Existenzminimum sinken, wenn die industrielle Produktion vorwiegend mechanische Arbeiten erfordert, für die ein großes Reservoir an Arbeitskräften, eine «industrielle Reservearmee», vorhanden ist. Die Verdinglichung der menschlichen Arbeit zum bloßen Anhängsel des Produktionsprozesses ist damit vollendet – ein Problem, das heute angesichts der immer perfekteren Automatisierung der Produktion zum zentralen Thema der sozialpolitischen Diskussion geworden ist. Zugleich mit der äußersten Form der Verdinglichung sieht Marx aber damit auch ein Ende der entfremdeten Arbeit heraufziehen.

«Die Arbeit erscheint nicht mehr so sehr als in den Produktionsprozeß eingeschlossen, als sich der Mensch vielmehr als Wächter und Regulator zum Produktionsprozeß selbst verhält. (Was von der Maschinerie, gilt ebenso von der Kombination der menschlichen Tätigkeiten und der Entwicklung des menschlichen Verkehrs.) Es ist nicht mehr der Arbeiter, der modifizierten Naturgegenstand als Mittelglied zwischen das Objekt und sich einschiebt; sondern den Naturprozeß, den er in einen industriellen umwandelt, schiebt er als Mittel zwischen sich und die unorganische Natur, deren er sich bemeistert. Er tritt neben den Produktionsprozeß, statt sein Hauptagent zu sein. In dieser Umwandlung ist es weder die unmittelbare Arbeit, die der Mensch selbst verrichtet, noch die Zeit, die er arbeitet, sondern die Aneignung seiner eignen allgemeinen Produktivkraft, sein Verständnis der Natur und die Beherrschung derselben durch sein Dasein als Gesellschaftskörper – in einem Wort die Entwicklung des gesellschaftlichen Individuums, die als der große Grundpfeiler der Produktion und des Reichtums erscheint» (Marx 1974, 592f.).

3.2 Klassenherrschaft und Staat

Obgleich in den arbeitenden Menschen all das Wissen, die Fähigkeiten und die Kraft zur Schaffung des gesellschaftlichen Reichtums vereint sind, sind doch nicht sie es, die das Gemeinwesen verantwortlich leiten, sondern die Bourgeoisie – d.h. diejenigen, die die Mittel der gesellschaftlichen Produktion (Grund und Boden, Fabriken, Maschinen etc.) in Privatbesitz haben. Sie sind es, die die von der gesamten Gesellschaft geschaffenen Reichtümer anhäufen und gleichzeitig die politische und soziale Ordnung in ihrem Interesse bestimmen. Doch während im Übergang vom Feudalismus zur bürgerlichen Gesellschaft diese führende Rolle noch durchaus fortschrittsfördernd war (s.o. 2.2), schlägt die Herrschaft der Bourgeoisie nun in eine Fessel der Produktivkräfte um. Denn die Produktion ist nun über die gesamte Gesellschaft verteilt, während die Aneignung der Produkte ausschließlich den Kapitalisten vorbehalten bleibt. «Der Widerspruch zwischen gesellschaftlicher Produktion und kapitalistischer Aneignung tritt an den Tag als Gegensatz von Proletariat und Bourgeoisie» (Marx/Engels 1972b, 253). Die kapitalistische Produktionsweise ist selbst in einem Widerspruch befangen – einerseits betreibt sie die größtmögliche Rationalisierung des Produktionsablaufs, andererseits ist die Produktion, aufs Ganze der Gesellschaft gesehen, durch das Fehlen jeder ordnenden Instanz gekennzeichnet. Der Liberalismus kennt nur das Gesetz der freien Konkurrenz, das keine Eingriffe des Staates zulässt. Deshalb auch ist der Staat selbst nur Agent der bürgerlichen Gesellschaft, mit Hegels Worten «Not- und Verstandesstaat». Er dient der Erhaltung der Herrschaft einer Klasse der Gesellschaft (der bürgerlichen) über deren übrige Mitglieder, von denen eine immer größere Anzahl zu Proletariern deklassiert wird.

Dem Staat kommt deshalb in der Konzeption von Marx und Engels auch nur abgeleitete Bedeutung zu – er ist eine Erscheinung des Überbaus, die mit jeder Veränderung der Basis von Grund auf revolutioniert wird.

Marx und Engels beschreiben sehr anschaulich die Entwicklung des bürgerlichen Staates am Beispiel der französischen Republik und des Kaiserreiches unter der Führung Napoleons III.:

«Die zentralisierte Staatsmacht, mit ihren allgegenwärtigen Organen – stehende Armee, Polizei, Bürokratie, Geistlichkeit, Richterstand, Organe, geschaffen nach dem Plan einer systematischen und hierarchischen Teilung der Arbeit – stammt her aus den Zeiten der absoluten Monarchie, wo sie der entstehenden Bourgeoisgesellschaft als eine mächtige Waffe in ihren Kämpfen gegen den Feudalismus diente. Dennoch blieb ihre Entwicklung gehemmt durch allerhand mittelalterlichen Schutt, grundherrliche und Adelsvorrechte, Lokalprivilegien, städtische und Zunftmonopole und Provinzialverfassungen. Der riesige Besen der französischen Revolution des 18. Jahrhunderts fegte alle diese Trümmer vergangner Zeiten weg und reinigte so gleichzeitig den gesellschaftlichen Boden von den letzten Hindernissen, die dem Überbau des modernen Staatsgebäudes im Wege gestanden. Dies moderne Staatsgebäude erhob sich unter dem ersten Kaisertum, das selbst wieder erzeugt worden war durch die Koalitionskriege des alten halbfeudalen Europas gegen das moderne Frankreich. Während der nachfolgenden Herrschaftsformen wurde die Regierung unter parlamentarische Kontrolle gestellt, d.h. unter die direkte Kontrolle der besitzenden Klassen. Einerseits entwickelte sie sich jetzt zu einem Treibhaus für kolossale Staatsschulden und erdrückende Steuern und wurde vermöge der unwiderstehlichen Anziehungskraft ihrer Amtsgewalt, ihrer Einkünfte und ihrer Stellenvergebung der Zankapfel für die konkurrierenden Fraktionen und Abenteurer der herrschenden Klassen – andrerseits änderte sich ihr politischer Charakter gleichzeitig mit den ökonomischen Veränderungen der Gesellschaft. In dem Maß, wie der Fortschritt der modernen Industrie den Klassengegensatz zwischen Kapital und Arbeit entwickelte, erweiterte, vertiefte, in demselben Maß erhielt die Staatsmacht mehr und mehr den Charakter einer öffentlichen Gewalt zur Unterdrückung der Arbeiterklasse, einer Maschine der Klassenherrschaft. Nach jeder Revolution, die einen Fortschritt des Klassenkampfs bezeichnet, tritt der rein unterdrückende Charakter der Staatsmacht offner und offner hervor» (Marx / Engels 1976 b, 336 f.).

Nicht nur eine Quelle privater Einkünfte, Pfründen und Ehren ist der Staat, sondern zugleich «Maschine der Klassenherrschaft», Unterdrückungsinstrument zur Aufrechterhaltung der Bedingungen der kapitalistischen Produktion. Was etwa bei Adam Smith (s.o. S. 214–223) explizit als Aufgabe des Staates formuliert wurde – die Gewährleistung der Rahmenbedingungen der bürgerlichen Produktionsweise und der öffentlichen Sicherheit –, wird hier zwar bestätigt, jedoch unter entgegengesetzten Vorzeichen bewertet: Die politische Ordnung ist deshalb der Ort der schrankenlosen Willkürfreiheit der wenigen und der Unfreiheit und Unterdrückung für die ungeheure Mehrzahl.

Die Frage nach der Veränderung politischer Verhältnisse ist deshalb für Marx und Engels in erster Linie eine Frage nach der Veränderung der Produktionsverhältnisse, aus der sich jede politische Befreiung dann von selbst ergibt.

4. Das Reich der Freiheit

Politische Freiheit kann sich für Marx und Engels nur in einer von den Zwängen der Klassengesellschaft freien Gemeinschaft entfalten. Vorrangige Aufgabe der Theorie ist es deshalb, die Basis der gesellschaftlichen Verhältnisse zu beschreiben. Andererseits kommt ihr im Selbstverständnis von Marx und Engels die praktische Aufgabe zu, das Proletariat in seinem Kampf anzuleiten und die jeweilige politisch-soziale Lage der Zeit kritisch-kommentierend zu begleiten. Aus dieser Situation heraus ist die Mehrzahl der kaum überschaubaren Menge der Zeitungsartikel und Broschüren von Marx und Engels entstanden, und in ihnen finden sich auch die Hinweise auf die konkrete Art, wie die beiden sich die Befreiung und die endlich errungene Freiheit des Menschen vorstellen. Sie können nicht denselben wissenschaftlichen Rang beanspruchen wie die theoretischen Schriften; denn sie sind an die jeweilige Situation gebunden, aus der allein sich eine Perspektive für die Zukunft ableiten lassen kann. Zwei zentrale Bereiche seien hier exemplarisch für das Denken von Marx und Engels herausgegriffen, die beide um das Ziel der historischen Bewegung – das Reich der Freiheit – kreisen.

4.1 Die klassenlose Gesellschaft und das Absterben des Staates

Ziel der historischen Entwicklung ist die klassenlose Gesellschaft, in der es keine Unterdrücker und keine Unterdrückten mehr gibt. Der Weg dahin ist – wie Engels schreibt – dadurch gekennzeichnet, dass «die Gesellschaft (d. h. in diesem Falle ihre überwiegende Mehrheit, das Proletariat) offen und ohne Umwege Besitz ergreift von den jeder anderen Leitung außer der ihrigen entwachsenen Produktivkräften. Damit wird der gesellschaftliche Charakter der Produktionsmittel und Produkte ... von den Produzenten mit vollem Bewußtsein zur Geltung gebracht und verwandelt sich aus einer Ursache der Störung und des periodischen Zusammenbruchs in den mächtigsten Hebel der Produktion selbst ... *Das Proletariat ergreift die Staatsgewalt und verwandelt die Produktionsmittel zunächst in Staatseigentum.* Aber damit hebt es sich selbst als Proletariat, damit hebt es alle Klassenunterschiede und Klassengegensätze auf, und damit auch den Staat als Staat» (Marx / Engels 1972 b, 260 f.).

Mit der privaten Verfügungsgewalt über die Produktionsmittel fällt also auch der Staat als Unterdrückungsinstrument. Nur zu einer letzten großen Aufgabe wird er noch benötigt: der Umwandlung der Übergangsperiode des Sozialismus (der gekennzeichnet ist vom gesamtgesellschaftlichen Eigentum an den Produktionsmitteln) zum Kommunismus, in dem auch die Herrschaftsfunktion des Staates gegenüber seinen Bürgern fortfallt. Denn nur wenn die Proletarier im Staat die Macht ergreifen, haben sie die nötigen Mittel, um die Vergesellschaftung der Produktionsmittel zu bewirken und den Kommunismus herbeizuführen:

«Der erste Akt, worin der Staat wirklich als Repräsentant der ganzen Gesellschaft auftritt – die Besitzergreifung der Produktionsmittel im Namen der Gesellschaft – ist zugleich sein letzter selbständiger Akt als Staat. Das Eingreifen einer Staatsgewalt in gesellschaftliche Verhältnisse wird auf einem Gebiete nach dem andern überflüssig und schläft dann von selbst ein. An die Stelle der Regierung über Personen tritt die Verwaltung von Sachen und die Leitung von Produktionsprozessen. Der Staat wird nicht ‹abgeschafft›, er *stirbt ab*» (Marx / Engels 1972 b, 262).

Marx selbst hat die politische Organisation einer solchen Übergangsepoche des Sozialismus in der Pariser Commune von 1870 zu weiten Teilen verwirklicht gesehen. Besonders wichtig war für ihn die direkte Kontrolle aller Organe der Legislative, der Exekutive und der Jurisdiktion (der klassischen drei Gewalten der bürgerlichen Theorie) durch die Gesamtheit des Volkes mit dem Ziel, eine Konzentration unkontrollierter und unkontrollierbarer Macht in den Händen von Einzelnen zu verhindern.

«Die Kommune bildete sich aus den durch allgemeines Stimmrecht in den verschiedenen Bezirken von Paris gewählten Stadträten. Sie waren verantwortlich und jederzeit absetzbar. Ihre Mehrzahl bestand selbstredend aus Arbeitern oder anerkannten Vertretern der Arbeiterklasse. Die Kommune sollte nicht eine parlamentarische, sondern eine arbeitende Körperschaft sein, vollziehend und gesetzgebend zu gleicher Zeit. Die Polizei, bisher das Werkzeug der Staatsregierung, wurde sofort aller ihrer politischen Eigenschaften entkleidet und in das verantwortliche und jederzeit absetzbare Werkzeug der Kommune verwandelt. Ebenso die Beamten aller andern Verwaltungszweige. Von den Mitgliedern der Kommune an abwärts, mußte der öffentliche Dienst für *Arbeiterlohn* besorgt werden. Die erworbnen Anrechte und die Repräsentationsgelder der hohen Staatswürdenträger verschwanden mit diesen Würdenträgern selbst. Die öffentlichen Ämter hörten auf, das Privateigentum der Handlanger der Zentralregierung zu sein. Nicht nur die städtische Verwaltung, sondern auch die ganze, bisher durch den Staat ausgeübte Initiative wurde in die Hände der Kommune gelegt.

Das stehende Heer und die Polizei, die Werkzeuge der materiellen Macht der alten Regierung einmal beseitigt, ging die Kommune sofort darauf aus, das geistliche Unterdrückungswerkzeug, die Pfaffenmacht, zu brechen; sie dekretierte die Auflösung und Enteignung aller Kirchen, soweit sie besitzende Körperschaften waren. Die Pfaffen wurden in die Stille des Privatlebens zurückgesandt, um dort, nach dem Bilde ihrer Vorgänger, der Apostel, sich von dem Almosen der Gläubigen zu nähren. Sämtliche Unterrichtsanstalten wurden dem Volk unentgeltlich geöffnet und gleichzeitig von aller Einmischung des Staats und der Kirche gereinigt. Damit war nicht nur die Schulbildung für jedermann zugänglich gemacht, sondern auch die Wissenschaft selbst von den ihr durch das Klassenvorurteil und die Regierungsgewalt auferlegten Fesseln befreit.

Die richterlichen Beamten verloren jene scheinbare Unabhängigkeit, die nur dazu gedient hatte, ihre Unterwürfigkeit unter alle aufeinanderfolgenden Regierungen zu verdecken, deren jeder sie, der Reihe nach, den Eid der Treue geschworen und gebrochen hatten. Wie alle übrigen öffentlichen Diener, sollten sie fernerhin gewählt, verantwortlich und absetzbar sein» (Marx / Engels 1976 b, 339).

Die politische Ordnung der Übergangsperiode ist also für Marx gekennzeichnet durch eine Aufhebung der Gewaltenteilung in der einzigen Macht des gesamten Volkes, das in direkter Demokratie alle seine Funktionsträger kontrolliert und damit die Verwirklichung der proletarischen als den Interessen der Allgemeinheit sicherstellt.

Rückbezogen auf die Organisation der gesellschaftlichen Produktion stellt sich die Übergangsperiode als «genossenschaftliche Produktionsweise» dar, die Marx wie folgt beschreibt:

«Innerhalb der genossenschaftlichen, auf Gemeingut an den Produktionsmitteln gegründeten Gesellschaft tauschen die Produzenten ihre Produkte nicht aus; ebensowenig erscheint hier die auf Produkte verwandte Arbeit als *Wert* dieser Produkte, als eine von ihnen besessene sachliche Eigenschaft, da jetzt, im Gegensatz zur kapitalistischen Gesellschaft, die individuellen Arbeiten nicht mehr auf einem Umweg, sondern unmittelbar als Bestandteile der Gesamtarbeit existieren. Das Wort ‹Arbeitsertrag›, auch heutzutage wegen seiner Zweideutigkeit verwerflich, verliert so allen Sinn» (Marx / Engels 1972 a, 19 f.).

Damit ist die Wurzel alles Übels, der Tauschwert als Maß des gesellschaftlich möglichen Wertes überhaupt, abgeschafft – der Weg ist frei zum ersehnten und mit Notwendigkeit heraufziehenden Ziel aller Geschichte. Doch noch ist die Übergangsperiode zu bewältigen (die Marx hier nicht mit dem Namen «sozialistische» belegt):

«Womit wir es hier zu tun haben, ist eine kommunistische Gesellschaft, nicht wie sie sich auf ihrer eignen Grundlage entwickelt hat, sondern umgekehrt, wie sie eben aus der kapitalistischen Gesellschaft *hervorgeht*, also in jeder Beziehung, ökonomisch, sittlich, geistig, noch behaftet ist mit den Muttermalen der alten

Gesellschaft, aus deren Schoß sie herkommt. Demgemäß erhält der einzelne Produzent – nach den Abzügen – exakt zurück, was er ihr gibt. Was er ihr gegeben hat, ist sein individuelles Arbeitsquantum. Z. B. der gesellschaftliche Arbeitstag besteht aus der Summe der individuellen Arbeitsstunden. Die individuelle Arbeitszeit des einzelnen Produzenten ist der von ihm gelieferte Teil des gesellschaftlichen Arbeitstags, sein Anteil daran. Er erhält von der Gesellschaft einen Schein, daß er soundso viel Arbeit geliefert (nach Abzug seiner Arbeit für die gemeinschaftlichen Fonds), und zieht mit diesem Schein aus dem gesellschaftlichen Vorrat von Konsumtionsmitteln soviel heraus, als gleich viel Arbeit kostet. Dasselbe Quantum Arbeit, das er der Gesellschaft in einer Form gegeben hat, erhält er in der andern zurück.

Es herrscht hier offenbar dasselbe Prinzip, das den Warenaustausch regelt, soweit er Austausch Gleichwertiger ist. Inhalt und Form sind verändert, weil unter den veränderten Umständen niemand etwas geben kann außer seiner Arbeit und weil andrerseits nichts in das Eigentum der einzelnen übergehn kann außer individuellen Konsumtionsmitteln. Was aber die Verteilung der letzteren unter die einzelnen Produzenten betrifft, herrscht dasselbe Prinzip wie beim Austausch von Warenäquivalenten, es wird gleich viel Arbeit in einer Form gegen gleich viel Arbeit in einer andern ausgetauscht.

Das *gleiche Recht* ist hier daher immer noch – dem Prinzip nach – das *bürgerliche Recht*, obgleich Prinzip und Praxis sich nicht mehr in den Haaren liegen, während der Austausch von Äquivalenten beim Warenaustausch nur *im Durchschnitt*, nicht für den einzelnen Fall existiert.

Trotz dieses Fortschritts ist dieses *gleiche Recht* stets noch mit einer bürgerlichen Schranke behaftet. Das Recht der Produzenten ist ihren Arbeitslieferungen *proportionell*; die Gleichheit besteht darin, daß an *gleichem Maßstab*, der Arbeit, gemessen wird. Der eine ist aber physisch oder geistig dem andern überlegen, liefert also in derselben Zeit mehr Arbeit oder kann während mehr Zeit arbeiten; und die Arbeit, um als Maß zu dienen, muß der Ausdehnung oder der Intensität nach bestimmt werden, sonst hörte sie auf, Maßstab zu sein. Dies *gleiche Recht* ist ungleiches Recht für ungleiche Arbeit. Es erkennt keine Klassenunterschiede an, weil jeder nur Arbeiter ist wie der andre; aber es erkennt stillschweigend die ungleiche individuelle Begabung und daher Leistungsfähigkeit der Arbeiter als natürliche Privilegien an. *Es ist daher ein Recht der Ungleichheit, seinem Inhalt nach, wie alles Recht.* Das Recht kann seiner Natur nach nur in Anwendung von gleichem Maßstab bestehn; aber die ungleichen Individuen (und sie wären nicht verschiedne Individuen, wenn sie nicht ungleiche wären) sind nur an gleichem Maßstab meßbar, soweit man sie unter einen gleichen Gesichtspunkt bringt, sie nur von einer *bestimmten* Seite faßt, z.B. im gegebnen Fall sie *nur als Arbeiter* betrachtet und weiter nichts in ihnen sieht, von allem andern absieht. Ferner: Ein Arbeiter ist verheiratet, der andre nicht; einer hat mehr Kinder als der andre etc. etc. Bei gleicher Arbeitsleistung und daher gleichem Anteil an dem gesellschaftlichen Konsumtionsfonds erhält also der eine faktisch mehr als der andre, ist der eine reicher als der andre etc. Um alle diese Mißstände zu vermeiden, müßte das Recht, statt gleich, vielmehr ungleich sein» (Marx / Engels 1972a, 20f.).

Zwar herrscht noch das formale Prinzip der Gerechtigkeit, die am Tausch gleichwertiger Güter orientiert ist; doch hat dies Prinzip schon einen neuen Inhalt, weil es nun wirklich nicht mehr nur ‹prinzipiell›, sondern auch in jedem konkreten Einzelfall zur Anwendung kommt – auch und gerade gegenüber denen, die bisher unterprivilegiert waren und ihr formales Recht auf Selbsterhaltung durch Arbeit und Entfaltung aller ihrer persönlichen Fähigkeiten nicht verwirklicht fanden.

Insofern gehen auch die Errungenschaften des Bürgertums – die Gleichheit vor dem Gesetz und die freie Entfaltung der Persönlichkeit in den Kommunismus ein. Denn auch die Errungenschaften der kapitalistischen Produktionsweise werden ja nicht etwa vernichtet, sondern aufgehoben (im Hegel'schen Sinne). Insofern sind erst in der Übergangsgesellschaft und dem auf ihn folgenden Kommunismus die Menschenrechte wahrhaft verwirklicht. Die verbleibenden Ungleichheiten und Missstände sind vorübergehender Natur:

«... Diese Mißstände sind unvermeidbar in der ersten Phase der kommunistischen Gesellschaft, wie sie eben aus der kapitalistischen Gesellschaft nach langen Geburtswehen hervorgegangen ist. Das Recht kann nie höher sein als die ökonomische Gestaltung und dadurch bedingte Kulturentwicklung der Gesellschaft.

In einer höheren Phase der kommunistischen Gesellschaft, nachdem die knechtende Unterordnung der Individuen unter die Teilung der Arbeit, damit auch der Gegensatz geistiger und körperlicher Arbeit verschwunden ist; nachdem die Arbeit nicht nur Mittel zum Leben, sondern selbst das erste Lebensbedürfnis geworden; nachdem mit der allseitigen Entwicklung der Individuen auch ihre Produktivkräfte gewachsen und alle Springquellen des genossenschaftlichen Reichtums voller fließen – erst dann kann der enge bürgerliche Rechtshorizont ganz überschritten werden und die Gesellschaft auf ihre Fahne schreiben: Jeder nach seinen Fähigkeiten, jedem nach seinen Bedürfnissen!» (Marx / Engels 1972 a, 21).

Eine Freiheit steht also zu erwarten, die alles bisher Gekannte übersteigt: die Entfaltung aller menschlichen Möglichkeiten in der Aufhebung der Arbeitsteilung und der Verwirklichung seines «Stoffwechsels mit der Natur» ohne Zwang – ein herrschaftsfreies Verhältnis der Menschen untereinander und zur Natur.

4.2 Das Reich der Freiheit

«Das Reich der Freiheit beginnt in der Tat erst da, wo das Arbeiten, das durch Not und äußere Zweckmäßigkeit bestimmt ist, aufhört; es liegt also der Natur der Sache nach jenseits der Sphäre der eigentlichen materiellen Produktion. Wie der Wilde mit der Natur ringen muß, um seine Bedürfnisse zu befriedigen, um sein Leben zu erhalten und zu reproduzieren, so muß es der Zivilisierte, und er muß es in allen Gesellschaftsformen und unter allen möglichen Produktionsweisen. Mit seiner Entwicklung erweitert sich dies Reich der Naturnotwendigkeit, weil die Bedürfnisse; aber zugleich erweitern sich die Produktivkräfte, die diese befriedigen. Die Freiheit in diesem Gebiet kann nur darin bestehn, daß der vergesellschaftete Mensch, die assoziierten Produzenten, diesen ihren Stoffwechsel mit der Natur rationell regeln, unter ihre gemeinschaftliche Kontrolle bringen, statt von ihm als von einer blinden Macht beherrscht zu werden; ihn mit dem geringsten Kraftaufwand und unter den ihrer menschlichen Natur würdigsten und adäquatesten Bedingungen vollziehn. Aber es bleibt dies immer ein Reich der Notwendigkeit. Jenseits desselben beginnt die menschliche Kraftentwicklung, die sich als Selbstzweck gilt, das wahre Reich der Freiheit, das aber nur auf jenem Reich der Notwendigkeit als seiner Basis aufblühn kann» (Marx/Engels 1972d, 828).

In der von Marx anvisierten kommunistischen Gesellschaft bleibt also die Notwendigkeit der Arbeit erhalten – aber sie ist nicht mehr die Quelle des Unglücks, der Ungleichheit und der Unterdrückung, sondern notwendige Bedingung der wahren Freiheit, die sich nun in der Form der kulturellen und zwischenmenschlichen Produktivität aller Menschen frei entfalten kann.

Diesem Ideal ist eigentlich nichts hinzuzufügen außer der Frage nach den Mitteln seiner Realisierung. Die Marx'sche Theorie hat in der Vermittlung durch die Sozialdemokratie durchaus «die Massen ergriffen», sie ist praktisch wirksam geworden. Doch die Rolle der Führung des Proletariats auf seinem Weg zum Reich der Freiheit, die Marx selbst den Organisationen der Arbeiterbewegungen zugeschrieben hat, sind in deren Händen zum Machtanspruch einer herrschenden Schicht von Parteiführern oder zur schrittweisen Verbesserung der ökonomischen Situation der Arbeiter verkommen, die beide das Reich der Freiheit nicht sichtbar werden lassen. Lenins Führungsanspruch für die kommunistische Partei konnte die Freiheiten, die Marx und Engels schon im Übergangsstadium des Sozialismus garantiert sehen wollten, den Proletariern nicht gewähren – zu hypertroph war der Anspruch der Partei und der Widerstand gegen die vorwiegend selbsternannten Führer des Proletariats. Und als die deutsche Sozialdemokratie, die damals führende Kraft der Arbeiterbewegung überhaupt, beim Ausbruch des Ersten Weltkriegs dem imperialistischen Kaiserreich die Kredite zur Führung des Krieges bewilligte, hatte auch sie ihre vorgeblich an Marx orientierten Ziele endgültig aus den Augen verloren. Schon zu Marx' und Engels' Lebzeiten wurde deshalb die Frage gestellt, ob nicht bei ihnen (bei aller Korrektheit der materialistischen Analyse) das Vertrauen in den Gang der Geschichte überzogen sei und ob nicht eine organisierte Revolution den Widerspruch in sich trage, dass diejenigen, die befreit werden sollen, selbst für unmündig angesehen werden, was die Durchsetzung ihrer eigenen Interessen angeht. Denn im Grunde ist es der Anspruch der Philosophie auf das allumfassende Ganze, auf Totalität, der in Marx' Theorie der Vermittlung von Theorie und Praxis durch wissenschaftliche Analyse und politische Agitation wiederkehrt.

Michail A. Bakunin: Politische Schriften

Herrschaftslosigkeit und Freiheit

1. Leben und Werk

Einer der ersten Kritiker der Theorien von Marx und Engels aus dem Lager der Arbeiterbewegung war der Russe Michail Alexandrowitsch Bakunin. Als er am 18. Mai 1814 als Sohn eines adligen Gutsbesitzers im Gouvernement Twer (dem heutigen Kalinin) geboren wurde, war Russland gerade zu einer europäischen Großmacht geworden – der Feldzug des französischen Kaisers Napoleon I. nach Moskau war mit einer vernichtenden Niederlage zu Ende gegangen, und der Zar wurde zu einer der beherrschenden Figuren auf dem Wiener Kongress, der die Neuaufteilung Europas regeln sollte. Dieser politischen Aufwertung des russischen Reiches stand eine soziale, politische und ökonomische Rückständigkeit gegenüber, die im übrigen Europa ihresgleichen nicht hatte. Die überwiegende Masse der Bevölkerung bildete die leibeigene Bauernschaft, die von einer dünnen Oberschicht aus Adel und besitzendem Großbürgertum wie gegenständlicher Besitz als Quelle ihres Reichtums ausgebeutet wurde. Bakunin selbst verdankt einen großen Teil seines revolutionären Impetus der unmittelbaren Konfrontation mit dieser Unterdrückung, die er selbst als Kind aus der Sicht eines Sohnes reicher Eltern kennenlernte.

Getreu der damaligen Gewohnheit leistete Bakunin 1828 bis 1835 seinen Militärdienst ab, quittierte aber nach einer Strafversetzung wegen eines Disziplinarvergehens den Dienst und verzichtete damit auf die für einen Mann seines Ranges übliche Offizierslaufbahn. Er begann ein Studium der Philosophie in Moskau, beschäftigte sich mit der Philosophie Fichtes und Hegels und übersiedelte 1840 nach Berlin, um dort seine Studien fortzusetzen. Hier wurde er mit den Linkshegelianern bekannt und lernte die Philosophie Feuerbachs kennen. 1842 hielt er sich in Dresden auf, wo er mit Arnold Ruge befreundet war und eine erste revolutionäre Schrift herausgab. Inzwischen hatte er sein philosophisches Studium abgebrochen und reiste von nun ab unstet durch Europa. Die Aufbruchstimmung des Vormärz hatte auch ihn ergriffen und fand ihren Ausdruck in Aufsätzen, die sich vorwiegend mit der Frage nach der kommenden Revolution beschäftigten. 1844 lernte Bakunin in Paris Proudhon und Marx kennen und wurde aufgrund seiner umstürzlerischen Schriften aufgefordert, nach Russland zurückzukehren und sich zu verantworten. Doch Bakunin kam diesem Befehl nicht nach und wurde deshalb 1845 in Abwesenheit zum Verlust seines Adelstitels und seiner Güter sowie zu lebenslanger Verbannung nach Sibirien verurteilt.

1847 intensivierte Bakunin seine revolutionäre Tätigkeit – er hielt in Paris eine Rede zugunsten der von Russland unterdrückten Polen und wurde deshalb auf Betreiben des russischen Botschafters aus Frankreich ausgewiesen. Doch beim Ausbruch der Februarrevolution kehrte er nach Frankreich zurück und versuchte, von dort aus den Funken des Aufstandes nach Preußen, Sachsen und Böhmen zu tragen. Im Verlauf dieser Unternehmungen wurde er aus Preußen ausgewiesen und nahm 1849 am Mai-Aufstand in Dresden teil, nach dessen Scheitern er verhaftet, zum Tode verurteilt und wegen seiner Agitation im österreichischen Böhmen an Österreich ausgeliefert wurde. 1850 und 51 verbrachte er im österreichischen Kerker und wurde zum zweiten Mal zum Tode verurteilt, doch später an Russland ausgeliefert. 1851 bis 1857 wurde er in russischen Gefängnissen gefangengehalten und schrieb eine «Beichte an den Zaren», in der er um Begnadigung bat. Doch diese Begnadigung fand nicht statt – 1857 wurde Bakunin nach Sibirien deportiert, wo er 1858 heiratete und von wo er 1861 über Japan und Nordamerika nach London floh.

Die folgenden Jahre lebte Bakunin als «Berufsrevolutionär» – dauernd auf Reisen durch fast ganz Europa, nahm er jede Gelegenheit wahr, durch schriftliche Agitation und konspirative Tätigkeit den Umsturz bestehender Verhältnisse zu betreiben. 1867 schloss er sich der von Marx und Engels gegründeten I. Internationale an und schrieb die «Worte an meine Brüder in Russland», in denen er unter dem Einfluss von Netschajew die direkte Aktion, den terroristischen Umsturz predigte. Es kam zu

Spannungen mit der von Marx geführten Internationale, in deren Verlauf Marx den Ausschluss Bakunins betrieb.

1870 veröffentlichte Bakunin «Das knutogermanische Reich und die soziale Revolution», eine Auseinandersetzung mit dem preußisch-deutschen Reich und dem von Bakunin (der sich als Vertreter des slawischen Kulturkreises verstand) aufs heftigste bekämpften deutschen Führungsanspruch in Europa. 1871 nahm er am Aufstand der Pariser Commune teil und zog sich dann in die Schweiz zurück, wo er die Fragment gebliebene Schrift «Gott und der Staat» (veröffentlicht 1882) schrieb. 1872 wurde er aus der I. Internationale ausgeschlossen und schrieb «Staatlichkeit und Anarchie». Die letzten Jahre seines Lebens verbrachte er in der Schweiz und in Italien, von wo aus er einen letzten – gescheiterten – Umsturzversuch in Bologna unternahm. Resigniert zog sich Bakunin aus der revolutionären Bewegung zurück und starb am 1. Juli 1876 in Bern.

2. Herrschaftslosigkeit und Freiheit

Michail Bakunin gilt als einer der Erzväter des Anarchismus. Ins Deutsche übersetzt bedeutet dieses Wort soviel wie «Herrschaftslosigkeit». Weit entfernt von Chaos, Gewalt und Terror, strebt der Anarchismus, zumal in der Ausprägung, die Bakunin ihm gegeben hat, eine Form der menschlichen Gemeinschaft an, in der weder die Herrschaft von Menschen über Menschen noch die pure Naturbeherrschung zum Zwecke der Aneignung und Ausbeutung die Menschen von der Verwirklichung ihrer Freiheit abhalten sollten.

Diese Freiheit ist für Bakunin – und hier steht er in der Nachfolge Hegels – kein Faktum, das aus der metaphysischen Doppelnatur des Menschen als Sinnen- und Vernunftwesen entspringt. Diese Freiheit ist auch keine Willens- und Handlungsfreiheit, die der Mensch vorzugsweise gegen die Gesellschaft seiner Mitmenschen verwirklichen kann. Vielmehr versteht Bakunin Freiheit als einen Prozess, als eine durch den politischen Kampf zu erringende Befreiung des Menschen von Unterdrückung und Not zur wahren Entwicklung seiner Fähigkeiten und seiner mitmenschlichen Natur.

Ausgangspunkt der Gedanken Bakunins waren dabei das Leid und die Not der leibeigenen russischen Bauernschaft im ersten Drittel des 19. Jahrhunderts, die er selbst gesehen hatte und deren Nutznießer er als Angehöriger des Adels selbst gewesen war. Auf der andern Seite war es die Bekanntschaft mit der klassischen Philosophie des Deutschen Idealismus (Fichte, Schelling, Hegel), die in ihrer Destruktion eines sozusagen naturwüchsigen Begriffs der Freiheit für die folgenden Generationen wegweisend gewirkt hatte. Dazu kam der Einfluss der Junghegelianer und der Schriften von Marx und Engels, deren ökonomische Grundlegung der Gesellschaftskritik er immer akzeptiert hat (s. S. 381–392).

Ursprünglich Kampfgenosse von Marx und Engels im Vormärz, wendet er sich später entschieden gegen Marx' Konzeption von der Organisation der Arbeiterklasse durch die kommunistische Partei und wirft Marx selbst Machthunger und Ehrgeiz vor:

«Es ist die alte Geschichte: Macht korrumpiert selbst die intelligentesten und hingebendsten. Männer wie Marx, Engels und einige andere heute im Londoner Generalrat dominierende Männer sind gewiß (der Sache) ergeben und intelligent. Sie leisteten der Internationale die größten Dienste ... Marx ist ein Mann von großer Intelligenz und dazu ein Gelehrter im weitesten und tiefsten Sinn dieses Worts. Er ist ein gründlicher Nationalökonom, im Vergleich zu welchem (der italienische Revolutionär Giuseppe) Mazzini, dessen ökonomische Kenntnisse äußerst oberflächlich sind, kaum ein Schüler genannt werden kann. Marx ist ferner der Sache des Proletariats leidenschaftlich ergeben. Daran hat niemand das Recht zu zweifeln, denn er dient ihr seit bald dreißig Jahren mit nie verleugneter Ausdauer und Treue. Er widmete ihr sein ganzes Leben ...

Dies sind die Dienste, die er geleistet hat. – Nun hat aber jede Medaille ihre Rückseite, jedes Licht seinen Schatten, und jeder Mensch hat seine Fehler. Daher darf man die Macht über die große Volksgemeinschaft nie einem einzigen Mann anvertrauen, auch wenn es ein tugendgekröntes Genie ist, noch auch der intelligentesten und wohlmeinendsten Minderheit; denn nach einem der Macht selbst innewohnenden Gesetz zieht jede Macht Machtmißbrauch nach sich, und jede Regierung, selbst eine vom allgemeinen Stimmrecht ernannte, steuert unvermeidlich dem Despotismus zu.

Marx hat also auch seine Fehler. Es sind folgende:

1. Zuerst hat er den Fehler aller Berufsgelehrten, er ist *doktrinär*. Er glaubt absolut an seine Theorien, und von der Höhe dieser Theorien herab verachtet er alle Welt. Als gelehrter und kluger Mann hat er natürlich seine Partei, einen Kern blind ergebener Freunde, die nur auf ihn schwören, nur durch ihn denken, nur seinen Willen haben, kurz, die ihn vergöttern und anbeten und die ihn durch diese Anbetung korrumpieren, was schon ziemlich weit gediehen ist. – Er betrachtet sich dadurch ganz ernstlich als Papst des Sozialismus oder vielmehr des Kommunismus, denn er ist seiner ganzen Theorie nach ein autoritärer Kommunist, der, wie Mazzini, obgleich mit anderen Ideen und auf viel realere und irdischere Weise als Mazzini, die Befreiung des Proletariats durch die zentralisierte Macht des Staates will.

2. Zu dieser Selbstanbetung in seinen absoluten und absolutistischen Theorien tritt als natürliche Folge der Haß dazu, den Marx nicht nur allein gegen die Bourgeois hegt, sondern gegen alle, selbst gegen die revolutionären Sozialisten, die ihm zu widersprechen und einer von seinen Theorien verschiedenen Ideenrichtung zu folgen wagen» (Bakunin 1970, 175 f.).

Grundsätzliche Differenzen bestehen zwischen beiden in der Beantwortung der Frage, wie die Möglichkeiten einer Überwindung der kapitalistischen Gesellschaft einzuschätzen seien. Während Marx davon ausgeht, dass das wohlorganisierte Proletariat Speerspitze und Avantgarde der Revolution sein müsse (nur so erscheint die von Marx theoretisch aufgewiesene Notwendigkeit der Umwälzung aller bestehenden Verhältnisse auch praktisch als unausweichlich), hegt Bakunin ein tiefgehendes Misstrauen gegen jede Art der Bevormundung und Reglementierung derjenigen, die eigentlich befreit werden sollen – und das sind in seinen Augen *alle* Menschen. Dieser Allgemeinheit droht aber durch eine solche Form der proletarischen Führung der politischen und sozialen Revolution nur die Fortsetzung der alten Unterdrückung mit neuen Mitteln. Die Solidarität des von Marx organisierten Proletariats beschränkt sich in seinen Augen auf die dogmatische Unterdrückung Andersdenkender. Ihr stellt Bakunin die wahre Solidarität gegenüber:

«Sie ist ganz praktisch, und sie besteht weiter, sie behält ihre Macht trotz aller theoretischen Unstimmigkeiten, die zwischen verschiedenen Arbeitergruppen entstehen können.

Sie kann sich aber nur unter der einen Bedingung behaupten, daß keine politische oder sozialistische oder philosophische Theorie je die offizielle, obligatorische Theorie der Internationale wird. – Zunächst ist jede offizielle Theorie ein nonsens. Um den Mut und einen Vorwand zu besitzen, sich aufzuzwingen, muß sie sich als absolut proklamieren, und die Zeit des Absoluten ist vorüber, wenigstens im Lager der Revolution – das Absolute ist für Männer der Freiheit und der Menschheit das Absurde. Ferner, da eine bestimmte Theorie nie wirklich das Produkt des individuellen Denkens aller war und sein kann, da alle Theorien, insoweit als sie ausführliche und abgeschlossene Theorien sind, stets von einer kleinen Zahl Menschen ausgearbeitet sind und sein werden, wird die sogenannte absolute Theorie in Wirklichkeit nie etwas anderes darstellen als den von dem Denken einiger auf das Denken aller ausgeübten Despotismus, – einen theoretischen Despotismus, der nie verfehlen wird, in praktischen Despotismus und Ausbeutung umzuschlagen.

Gerade dies sehen wir heute im Schoß der Internationale selbst vor sich gehen. Die im Generalrat allmächtige marxistische Koterie, die augenblickliche Zerrüttung der französischen revolutionären Sozialisten, die ihr bis jetzt die Spitze geboten hatten, die aber heute ermordet, dezimiert, deportiert, exiliert oder zum Schweigen gezwungen, ihre Stimme nicht zur Geltung bringen können, benutzend, sucht augenscheinlich die politische und sozialistische Lehre von Marx, die von der Befreiung der Arbeiterklassen durch die Macht des großen zentralisierten Staates, als offizielle Lehre der Internationale aufzuzwingen. Parallel mit diesem Ziel und als seine notwendige Folge verfolgt sie ein anderes, die Umbildung des Generalrats, den immer Marx persönlich leitet, zur Regierung, zum offiziellen Leiter, zum Diktator der Internationale – und sie arbeitet und intrigiert gegenwärtig in ungeheurem Maß, durch Ausstreuen von Verleumdungen mit vollen Händen, um einen Kongreß vorzubereiten, der nach Proklamierung des obligatorischen Charakters der Lehre und der natürlich maskierten Diktatur von Marx für alle Sektionen der Internationale, alle Sektionen, die diese Lehre nicht annehmen wollen und alle, die ihr Haupt nicht vor dieser Diktatur beugen wollen, für ketzerisch erklärt.

Dies ist die unvermeidliche Wirkung offizieller Lehren.

Wenn die Internationale ihre Mission nicht verraten will, darf sie keine offizielle Lehre annehmen. Was wird aber dann geschehen? Immer mehr durch den Kampf und die freie Propaganda aufgeklärt, werden verschiedenartige Ideen, von ihrem eigenen Instinkt geleitet und immer mehr zum revolutionären Bewußtsein erhoben, durch die Praxis selbst und die unvermeidlichen Folgen der universellen Solidarität des Kampfes der Arbeit gegen das Kapital, zwar langsam, aber unfehlbar ihre eigenen Gedanken ausarbeiten, Theorien, die von unten nach oben sich ihren Weg brechen, und die nicht mehr von oben nach unten aufgezwungen werden.

Ich sagte, daß diese Arbeit langsam vor sich gehen wird und vor sich geht. Aber nicht so langsam, wie man glauben könnte. Die mit der Entwicklung der Internationale durch einige Erfahrung Vertrauten kennen die ungeheuren Fortschritte des Arbeiterbewußtseins in sehr wenig Jahren, dank der absoluten Freiheit, die bisher in der Internationale bestand, Freiheit der Propaganda sowie der Organisation» (Bakunin 1970, 213 f.).

In erster Linie ist es also das Proletariat selbst, das sich organisiert und sich seine Ziele und Leitsätze vorgibt, ohne diese dabei zum Prinzip zu erheben. Wegen dieser Thesen von Marx und Engels in der Folgezeit heftig kritisiert, glaubt Bakunin deshalb, nur durch direkte revolutionäre Aktionen, durch die gewaltsame Schaffung produktiver Unordnung die Massen zum Widerstand bewegen zu können und durch die Zerstörung zentraler Schaltstellen der herrschenden Macht (Rathäuser, Verwaltungen etc.) das kapitalistische System zu stürzen.

Seine zahlreichen Versuche in dieser Richtung scheitern. Neben diesen vielen Misserfolgen, Ausweisungen und Verurteilungen, die er erdulden muss, ist es aber nicht zuletzt seine Persönlichkeitsstruktur, die ihn zu systematischer Tätigkeit und planvoll-koordiniertem Handeln fast unfähig macht. Von daher ist es nicht erstaunlich, wenn er in den letzten Lebensjahren in zunehmende Isolation und Vereinsamung gerät.

Andererseits ist die Wirkung von Bakunins Gedanken vor allem in der südeuropäischen Gewerkschaftsbewegung nicht zu unterschätzen. Denn gerade in Italien, Spanien und in Teilen der französischen Arbeiterbewegung wirkten und wirken seine Gedanken einer die Gesellschaft und das Zusammenleben der Menschen insgesamt verändernden revolutionären Arbeiterbewegung weiter – einer Bewegung, die eben nicht dem theoretischen und politischen Diktat einer unfehlbaren Partei sich unterwirft, sondern auf dem Weg der Selbstorganisation, der kollektiven Meinungsbildung und des solidarischen Handelns versucht, eine humane Welt der verwirklichten Freiheit des Menschen in der Gemeinschaft und ohne das Zwangsinstitut einer durch Religion und materielle Ausbeutung gesicherten staatlichen Macht zu schaffen. Bakunin beschreibt das Ziel dieser Bewegung, die wahre Freiheit als diejenige,

«... welche in der vollen Entwicklung aller materiellen, geistigen und moralischen Kräfte besteht, die im Zustand schlummernder Fähigkeiten jedem zu eigen sind, die Freiheit, die keine anderen Beschränkungen kennt als die uns von den Gesetzen unserer eigenen Natur vorgeschriebenen, so daß es, genaugenommen, keine Beschränkungen sind, da diese Gesetze uns nicht von einem äußeren Gesetzgeber aufgelegt sind, der neben oder über uns existiert, – sie sind uns innewohnend und eigen, sie bilden die Grundlage unseres ganzen Wesens, des materiellen wie des intellektuellen und moralischen; statt also in ihnen eine Grenze zu sehen, müssen wir sie als die wahren Bedingungen und die tatsächliche Ursache unserer Freiheit betrachten.

Ich meine die Freiheit eines jeden, die weit entfernt ist, vor der Freiheit anderer wie vor einem Grenzpfahl haltzumachen, in derselben im Gegenteil ihre Bekräftigung und ihre unendliche Ausdehnung findet, – die Freiheit eines jeden, unbegrenzt durch die Freiheit aller, die Freiheit durch die Solidarität, die Freiheit in der Gleichheit, – die über die brutale Gewalt und das Autoritätsprinzip, das stets nur der ideale Ausdruck dieser Gewalt war, siegreiche Freiheit, – die Freiheit, die nach der Niederwerfung aller himmlischen und irdischen Götzenbilder eine neue Welt gründen und organisieren wird, die Welt der solidarischen Menschheit, auf den Ruinen aller Kirchen und aller Staaten» (Bakunin 1970, 192 f.).

Max Weber: Politik als Beruf

Legalität und Herrschaft

1. Leben und Werk

Das Werk des Soziologen und Nationalökonomen Max Weber bedeutet im Zusammenhang der politischen Philosophie der Gegenwart einen mindestens ebenso einschneidenden Bruch mit der Tradition wie das Werk von Karl Marx. Während Marx die klassische Tradition systematischer Philosophie durch die Frage nach ihrer materiellen Basis und nach dem Verhältnis von Theorie und Praxis zu überwinden versucht hatte, gilt Weber als einer der ersten empirischen Sozialwissenschaftler. In seinem Werk vollzieht sich der Bruch mit der Vergangenheit auf ähnlich radikale Weise wie bei Marx, doch mit gänzlich anderer Zielrichtung. Webers Interesse ist es in erster Linie, dem Verfall traditionaler Werte und Gewissheiten durch die methodisch saubere Beschreibung von empirischen Tatsachen erklärend und verstehend zu begegnen – und dies nicht im Sinne einer gesellschaftsverändernden Umwälzung, sondern des Versuchs, gesellschaftliche Komplexität wenn nicht steuerbar, so doch verstehbar zu machen und damit die Grundlagen für eine adäquate politische Behandlung der Sachprobleme zu schaffen.

Als er am 21. April 1864 in Erfurt als Sohn eines Juristen geboren wurde, war Deutschland noch in Kleinstaaten zersplittert, und als er am 14. Juni 1920 als Opfer der weltweiten Grippeepidemie starb, die nach dem Ende des Ersten Weltkriegs wütete, war das zweite deutsche Kaiserreich bereits politisch und militärisch gescheitert, und die Katastrophe des Weltkriegs hatte den im 19. Jahrhundert vollzogenen endgültigen Bruch mit den Werten der Tradition besiegelt. Max Webers Leben in seiner Mischung aus Gelehrtendasein, politisch unentschiedenem Engagement und persönlichen Krisen kann für diese Zeit als paradigmatisch angesehen werden.

In bürgerlich-protestantischer Umgebung aufgewachsen, studierte Weber ab 1882 Jura, Geschichte, Nationalökonomie und Philosophie in Heidelberg und leistet 1883 seinen Militärdienst in Straßburg ab – einem Gebiet also, das nach dem deutsch-französischen Krieg von 1870/71 vom Deutschen Reich annektiert worden war. Ab 1884 setzte er seine Studien in Berlin und Göttingen fort, wo er 1886 das juristische Referendarsexamen ablegte. 1887 und 1888 absolvierte er zwei Offiziersübungen und promovierte 1889 mit einer Arbeit über die Geschichte der Handelsgesellschaften im Mittelalter. 1891 habilitierte er sich mit seiner Schrift «Die römische Agrargeschichte in ihrer Bedeutung für das Staats- und Privatrecht». 1893 hielt er Vorlesungen an der Berliner Universität und wurde 1894 als Professor der Nationalökonomie nach Freiburg berufen. Im selben Jahr heiratete er Marianne Schnitger. Ein Jahr später trat er eine Professur in Heidelberg an, wo er 1898 einen Nervenzusammenbruch erlitt, der 1899 zu seiner Beurlaubung führte. In den folgenden Jahren unternahm er ausgedehnte Reisen durch Europa und die USA und trat 1903 von seiner Professur zurück. 1904 übernahm er zusammen mit Werner Sombart und Edgar Jaffé die Leitung des «Archivs für Sozialwissenschaft und Sozialpolitik», der wohl einflussreichsten sozialwissenschaftlichen Zeitschrift zu Beginn des 20. Jahrhunderts, und es entstand seine erste große soziologische Schrift «Die protestantische Ethik und der ‹Geist› des Kapitalismus», in der er den kulturellen Zusammenhang zwischen protestantischer Ethik der Weltverneinung und der Anhäufung weltlicher Güter (als Zeichen der göttlichen Gnade und menschlicher Anspruchslosigkeit) darzulegen versuchte.

In den folgenden Jahren entstanden die wichtigsten Aufsätze zur Begründung der Soziologie als methodisch gesicherter Wissenschaft («Die ‹Objektivität› sozialwissenschaftlicher und sozialpolitischer Erkenntnis», 1904, «Über einige Kategorien der verstehenden Soziologie», 1913), die teilweise erst nach seinem Tode veröffentlichten Aufsätze zur Methodologie der Sozialwissenschaften, abgedruckt in «Gesammelte Aufsätze zur Wissenschaftslehre» (1921), sowie das umfangreiche Hauptwerk «Wirtschaft und Gesellschaft», das ebenfalls erst nach Webers Tod von seiner Frau im Jahre 1921 herausgegeben wurde.

Während des Ersten Weltkriegs diente Weber als Offizier in der Reservelazarettkommission in Heidelberg; 1918 wurde er Ordinarius für Nationalökonomie in Wien – eine Stellung, die er bereits 1919 verließ, um eine Professur in München anzutreten. In diese Zeit fallen seine beiden berühmtesten Werke, die als Vorlesungen für Münchner Studenten gehalten wurden und zugleich eine Gegenwartsanalyse und die systematische Ortsbestimmung der wissenschaftlichen – insbesondere sozialwissenschaftlichen – Erkenntnis insgesamt zu bieten versuchen: «Wissenschaft als Beruf» (1919) und «Politik als Beruf» aus demselben Jahr. Schon bald nach diesen Vorlesungen starb Max Weber im Alter von 56 Jahren.

2. Die Methode der Sozialwissenschaften und der Begriff der Politik

In seinem Aufsatz über «Die ‹Objektivität› sozialwissenschaftlicher und sozialpolitischer Erkenntnis» bestimmt Max Weber deren Gegenstand als Kultur im weitesten Sinne und stellt grundsätzlich zur Gültigkeit der in dieser Wissenschaft gewonnenen Erkenntnisse fest,

«... daß eine ‹objektive› Behandlung der Kulturvorgänge in dem Sinne, daß als idealer Zweck der wissenschaftlichen Arbeit die Reduktion des Empirischen auf ‹Gesetze› zu gelten hätte, sinnlos ist. Sie ist dies *nicht* etwa, wie oft behauptet worden ist, deshalb, weil die Kulturvorgänge oder etwa die geistigen Vorgänge ‹objektiv› weniger gesetzlich abliefen, sondern weil 1. Erkenntnis von sozialen Gesetzen keine Erkenntnis des sozial Wirklichen ist, sondern nur eins von den verschiedenen Hilfsmitteln, die unser Denken zu diesem Behufe braucht, und weil 2. keine Erkenntnis von *Kultur*vorgängen anders denkbar ist als auf der Grundlage der *Bedeutung*, welche die stets individuell geartete Wirklichkeit des Lebens in bestimmten *einzelnen* Beziehungen für uns hat. In *welchem* Sinn und in welchen Beziehungen dies der Fall ist, enthüllt uns aber kein Gesetz, denn das entscheidet sich nach den *Wertideen*, unter denen wir die ‹Kultur› jeweils im einzelnen Fall betrachten. ‹Kultur› ist ein vom Standpunkt des *Menschen* aus mit Sinn und Bedeutung bedachter endlicher Ausschnitt aus der sinnlosen Unendlichkeit des Weltgeschehens. Sie ist es für den Menschen auch dann, wenn er einer *konkreten* Kultur als Todfeind sich entgegenstellt und ‹Rückkehr zur Natur› verlangt. Denn auch zu dieser Stellungnahme kann er nur gelangen, indem er die konkrete Kultur auf seine Wertideen *bezieht* und ‹zu leicht› befindet. Dieser *rein logisch-formale Tatbestand* ist gemeint, wenn ... von der logisch notwendigen Verankerung aller historischen Individuen an ‹Wertideen› gesprochen wird. Transzendentale Voraussetzung jeder *Kulturwissenschaft* ist *nicht* etwa, daß wir eine bestimmte oder überhaupt irgendeine ‹Kultur› *wertvoll* finden, sondern daß wir Kultur*menschen sind*, begabt mit der Fähigkeit und dem Willen, bewußt zur Welt Stellung zu nehmen und ihr einen *Sinn* zu verleihen. Welches immer dieser Sinn sein mag, er wird dazu führen, daß wir im Leben bestimmte Erscheinungen des menschlichen Zusammenseins aus ihm heraus *beurteilen*, zu ihnen als *bedeutsam* (positiv oder negativ) Stellung nehmen. Welches immer der Inhalt dieser Stellungnahme sei, – diese Erscheinungen haben für uns Kultur*bedeutung*, auf dieser Bedeutung beruht allein ihr wissenschaftliches Interesse ... Eine *Kultur*erscheinung ist die Prostitution so gut wie die Religion oder das Geld, alle drei deshalb und *nur* deshalb und *nur* soweit, als ihre Existenz und die Form, die sie *historisch* annehmen, unsere Kultur*interessen* direkt oder indirekt berühren, als sie unseren Erkenntnistrieb unter Gesichtspunkten erregen, die hergeleitet sind aus den Wertideen, welche das Stück Wirklichkeit, welches in jenen Begriffen gedacht wird, für uns *bedeutsam* machen» (Weber 1968, 32 f.).

Damit ist der Anspruch der modernen Sozialwissenschaft prägnant beschrieben, der von aller umfassenden Interpretation der Wirklichkeit im Blick auf ihr innewohnende Gesetze Abstand nimmt und sich damit bescheidet, die gefundenen Regelmäßigkeiten gesellschaftlichen Lebens als solche auszuweisen und in ihren wechselseitigen Bezügen herauszustellen. Die «sinnlose Unendlichkeit des Weltgeschehens», das unverbundene Durcheinander von Begebenheiten, Sachverhalten, Meinungen, Leidenschaften und Regeln kann durch die Wissenschaft nur noch in einem sehr begrenzten Sinne zu verstehbaren Einheiten verbunden werden – und diese sind dann eben Werk der Wissenschaft und nicht etwa Sinneinheiten der Sachen selbst. Kein übergreifender Zusammenhang liegt in der Geschichte verborgen, den die Wissenschaft zu entschlüsseln hätte, sondern sie selbst ist es, die ihn stiftet, indem sie ihre Untersuchungskriterien und Kategorien an die Wirklichkeit heranträgt. Alle Gegenstände der Erkenntnis sind so vorderhand gleichwertig, und die wissenschaftliche Behandlung eines *bestimmten* Gegenstandsbereiches bedeutet so immer eine Vorentscheidung über dessen Stellenwert, die selbst nicht mehr wissenschaftlich zu begründen ist. Deshalb auch sind nur die Beschreibung und das erklärende Verstehen die Aufgabe der Wissenschaft – das Beurteilen ist ihre Sache nicht, denn dies fällt in den Bereich der persönlich geprägten Wertvorstellungen der Einzelnen, von denen Max Weber allein ausgehen zu können glaubt: In diesen Einzelnen formiert sich für ihn die nicht mehr hintergehbare Ausgangssituation gemeinschaftlichen Lebens überhaupt – das von Wertvorstellungen, Bedürfnissen, Leidenschaften und Einsichten geprägte Handeln. Wissenschaft in diesem Sinne ist demnach nicht mehr Explikation einer Seins- oder Naturordnung, in der der Mensch seinen Platz hat, auch nicht mehr sinnstiftende Erklärung der Geschichte als vernünftiger Entwicklung oder als notwendiger Fortschritt zum Reich der Freiheit. Sie hat keine unmittelbar praktische Zielsetzung mehr, weil eine solche ja nur der – letztlich beliebigen – Wertvorstellung des jeweiligen Wissenschaftlers entspringt; sie hat vielmehr nur instrumentellen Wert, indem sie die sachlichen Grundlagen für Entscheidungen erarbeitet, sine ira et studio, ohne Zorn und Eifer. Einziges vorgegebenes Interesse ist das Interesse an der Wahrheit, und das heißt für Max Weber nur: an der begreifbaren, in sich schlüssigen Erklärung der Empirie.

Mit dieser Bestimmung der Wissenschaft von der Gesellschaft ist Max Weber einer der Begründer der modernen Soziologie, die er in «Wirtschaft und Gesellschaft» wie folgt definiert:

«Soziologie (im hier verstandenen Sinn dieses sehr vieldeutig gebrauchten Wortes) soll heißen: eine Wissenschaft, welche soziales Handeln deutend verstehen und dadurch in seinem Ablauf und seinen Wirkungen ursächlich erklären will. ‹Handeln› soll dabei ein menschliches Verhalten (einerlei ob äußeres oder innerliches Tun, Unterlassen oder Dulden) heißen, wenn und insofern als der oder die Handelnden mit ihm einen subjektiven *Sinn* verbinden. ‹Soziales› Handeln aber soll ein solches Handeln heißen, welches seinem von dem oder den Handelnden gemeinten Sinn nach auf das Verhalten *anderer* bezogen wird und daran in seinem Ablauf orientiert ist …

1. ‹Sinn› ist hier entweder a) der tatsächlich α. in einem historisch gegebenen Fall von einem Handelnden oder β. durchschnittlich und annähernd in einer gegebenen Masse von Fällen von den Handelnden oder b) in einem begrifflich konstruierten *reinen* Typus von dem oder den als Typus *gedachten* Handelnden subjektiv gemeinte *Sinn*. Nicht etwa irgendein objektiv ‹richtiger› oder ein metaphysisch ergründeter ‹wahrer› Sinn. Darin liegt der Unterschied der empirischen Wissenschaften vom Handeln: der Soziologie und der Geschichte, gegenüber allen dogmatischen: Jurisprudenz, Logik, Ethik, Ästhetik, welche an ihren Objekten den ‹richtigen›, ‹gültigen› Sinn erforschen wollen» (Weber 1968, 280).

In diesem Sinne versteht Weber auch seine berühmte Vorlesung über «Politik als Beruf» aus dem Jahre 1919: Nicht *wie* Politik als Beruf betrieben werden soll, steht im Zentrum seiner Überlegungen, sondern *was* Politik als Beruf ausmacht und welche inhaltlichen Bestimmungen sich aus einer Analyse des Berufs der Politik ableiten lassen.

An den Anfang stellt Weber deshalb seine Definition der Politik:

«Was verstehen wir unter Politik? Der Begriff ist außerordentlich weit und umfaßt jede Art selbständig *leitender* Tätigkeit. Man spricht von der Devisenpolitik der Banken, von der Diskontpolitik der Reichsbank, von der Politik einer Gewerkschaft in einem Streik, man kann sprechen von der Schulpolitik einer Stadt- oder Dorfgemeinde, von der Politik eines Vereinsvorstandes bei dessen Leitung, ja schließlich von der Politik einer klugen Frau, die ihren Mann zu lenken trachtet. Ein derartig weiter Begriff liegt unseren Betrachtungen vom heutigen Abend natürlich nicht zugrunde. Wir wollen heute darunter nur verstehen: die Leitung oder die Beeinflussung der Leitung eines *politischen* Verbandes, heute also: eines *Staates*» (Weber 1977, 7).

Die Frage nach der Politik ist also in erster Linie die Frage nach der Leitung eines Staates. Um diesen Begriff zu klären, fährt Weber fort:

«Was ist nun aber vom Standpunkt der soziologischen Betrachtung aus ein ‹politischer› Verband? Was ist: ein ‹Staat›? Auch er läßt sich soziologisch nicht definieren aus dem Inhalt dessen, was er tut. Es gibt fast keine Aufgabe, die nicht ein politischer Verband hier und da in die Hand genommen hätte, anderseits auch keine, von der man sagen könnte, daß sie jederzeit, vollends: daß sie immer *ausschließlich* denjenigen Verbänden, die man als politische, heute: als Staaten, bezeichnet, oder welche geschichtlich die Vorfahren des modernen Staates waren, eigen gewesen wäre. Man kann vielmehr den modernen Staat soziologisch letztlich nur definieren aus einem spezifischen *Mittel*, das ihm, wie jedem politischen Verband, eignet: der physischen Gewaltsamkeit» (Weber 1977, 7 f.).

Physische Gewalt also macht den Staat aus – der Zwang, der Menschen im Zusammenleben zur Einschränkung ihrer eigenen Interessendurchsetzung ohne Rücksicht auf alle möglicherweise Betroffenen veranlasst. Damit ist staatliche Verfassung aller Zweckbestimmung enthoben – nicht mehr der Zweck des Staates kann für Weber irgend von wissenschaftlichem Interesse sein, sondern nur die bestimmte Form seiner Existenz in der Neuzeit.

3. Der Staat als Monopol legitimer Gewaltausübung

Weit entfernt davon, etwa nach dem Ursprung des Staates zu fragen, untersucht Weber ausschließlich seine Funktionsweise und die Strukturelemente, aus denen sich der Staat verstehen lässt und die das Verhältnis der Menschen untereinander und zum Staat insgesamt bestimmen. Die Frage ist deshalb für ihn, in welcher Form das Mittel physischer Gewalt in den modernen Staaten realisiert wird und wie sich diese Gewalt von der vorstaatlichen, sozusagen naturwüchsigen Gewaltsamkeit, wie sie zwischen Menschen vorkommt, unterscheidet. Denn wäre das Wirken des Staates ausschließlich durch ungeregelte physische Gewalt gekennzeichnet, so wäre er nicht viel anders als der Leviathan des Thomas Hobbes (s. o. S. 167 – 186). Auf der anderen Seite fiele für Max Weber ohne den Begriff der Gewaltsamkeit der Begriff des Staates insgesamt weg – statt seiner gäbe es Anarchie, Herrschaftslosigkeit. Deshalb stellt er fest:

«Gewaltsamkeit ist natürlich nicht etwa das normale oder einzige Mittel des Staates: – davon ist keine Rede –, wohl aber: das ihm spezifische. Gerade heute ist die Beziehung des Staates zur Gewaltsamkeit besonders intim. In der Vergangenheit haben die verschiedensten Verbände – von der Sippe angefangen – physische Gewaltsamkeit als ganz normales Mittel gekannt. Heute dagegen werden wir sagen müssen: Staat ist diejenige menschliche Gemeinschaft, welche innerhalb eines bestimmten Gebietes – dies: das ‹Gebiet›, gehört zum Merkmal – das *Monopol legitimer physischer Gewaltsamkeit* für sich (mit Erfolg) beansprucht. Denn das der Gegenwart Spezifische ist: daß man allen anderen Verbänden oder Einzelpersonen das Recht zur physischen Gewaltsamkeit nur so weit zuschreibt, als der Staat sie von ihrer Seite zuläßt: er gilt als alleinige Quelle des ‹Rechts› auf Gewaltsamkeit. ‹Politik› würde für uns also heißen: Streben nach Machtanteil oder nach Beeinflussung der Machtverteilung, sei es zwischen Staaten, sei es innerhalb eines Staates zwischen den Menschengruppen, die er umschließt.

Jeder Herrschaftsbetrieb, welcher kontinuierliche Verwaltung erheischt, braucht einerseits die Einstellung menschlichen Handelns auf den Gehorsam gegenüber jenen Herren, welche Träger der legitimen Gewalt zu sein beanspruchen, und andererseits, vermittelst dieses Gehorsams, die Verfügung über diejenigen Sachgüter, welche gegebenenfalls zur Durchführung der physischen Gewaltanwendung erforderlich sind: den personalen Verwaltungsstab und die sachlichen Verwaltungsmittel.

Das entspricht im wesentlichen ja auch dem Sprachgebrauch. Wenn man von einer Frage sagt: sie sei eine ‹politische› Frage, von einem Minister oder Beamten: er sei ein ‹politischer› Beamter, von einem Entschluß: er sei ‹politisch› bedingt, so ist damit immer gemeint: Machtverteilungs-, Machterhaltungs- oder Machtverschiebungsinteressen sind maßgebend für die Antwort auf jene Frage oder bedingen diesen Entschluß oder bestimmen die Tätigkeitssphäre des betreffenden Beamten. – Wer Politik treibt, erstrebt Macht, – Macht entweder als Mittel im Dienst anderer Ziele – idealer oder egoistischer – oder Macht ‹um ihrer selbst willen›: um das Prestigegefühl, das sie gibt, zu genießen.

Der Staat ist, ebenso wie die ihm geschichtlich vorausgehenden politischen Verbände, ein auf das Mittel der legitimen (das heißt: als legitim angesehenen) Gewaltsamkeit gestütztes *Herrschafts*verhältnis von Menschen über Menschen.

Damit er bestehe, müssen sich also die beherrschten Menschen der beanspruchten Autorität der jeweils herrschenden *fügen*» (Weber 1977, 8 f.).

Kern des modernen Staates ist also das Gewaltmonopol – nur der Staat ist legitimiert, Gewalt gegen Einzelne oder Gruppen anzuwenden –, und der Begriff der Politik bestimmt sich für Weber nicht etwa in der Beantwortung der Frage, welchem Ziel diese Gewalt dient (etwa der Bändigung einer als ursprünglich unsozial angesehenen menschlichen Natur oder der Eingrenzung des Konkurrenzkampfes), sondern vielmehr in der Frage nach der Verteilung dieser legitimen Gewaltausübung – in der Frage nach der Macht und ihrer Verteilung. An dieser Stelle wird deutlich, wie pessimistisch Webers Grundannahmen sind; denn alle Formen sozialen Handelns finden ihren entschiedensten Ausdruck in der Kategorie des Kampfes, wie er sie im § 8 von «Wirtschaft und Gesellschaft» beschreibt: «*Kampf* soll eine soziale Beziehung insofern heißen, als das Handeln an der Absicht der Durchsetzung des eigenen Willens gegen Widerstand des oder der Partner orientiert ist» (Weber 1968, 318). Grundsätzlich ist es also ein Gegeneinander, das sich in den Verhältnissen der Menschen untereinander artikuliert, und in der Politik ist dies Gegeneinander zu bestimmen als Kampf um die Macht.

«*Macht* bedeutet jede Chance, innerhalb einer sozialen Beziehung den eigenen Willen auch gegen Widerstreben durchzusetzen, gleichviel worauf diese Chance beruht.

Herrschaft soll heißen die Chance, für einen Befehl bestimmten Inhalts bei angebbaren Personen Gehorsam zu finden; *Disziplin* soll heißen die Chance, kraft eingeübter Einstellung für einen Befehl prompten, automatischen und schematischen Gehorsam bei einer angebbaren Vielheit von Menschen zu finden.

Der Tatbestand einer Herrschaft ist nur an das aktuelle Vorhandensein *eines* erfolgreich *anderen* Befehlenden, aber weder unbedingt an die Existenz eines Verwaltungsstabes noch eines Verbandes geknüpft; dagegen allerdings – wenigstens in allen normalen Fällen – an die *eines* von beiden. Ein Verband soll insoweit, als seine Mitglieder als solche kraft geltender Ordnung Herrschaftsbeziehungen unterworfen sind, *Herrschaftsverband* heißen» (Weber 1968, 336).

Durch den Begriff der Macht werden die Menschen eingeteilt in solche, die Befehlen gehorchen, und solche, die sie geben – Herrschaft von Menschen über Menschen erscheint so als das unausweichliche Schicksal aller organisierten menschlichen Gemeinschaft – solange die Wissenschaft sich in ihrer Beschreibung der Wirklichkeit nicht zur Konstruktion von Idealen versteigt, was sie *als* Wissenschaft nach Weber gar nicht darf und auch redlicherweise nicht kann.

Sinnvoll zu reden ist nur von den Mitteln, die in einer Gemeinschaft Verwendung finden und deren Erklärung allein ihr Funktionieren verständlich macht. Weber greift dabei auf die Bestimmung des Staates zurück und weitet sie auf jeden politischen Verband aus:

«Es ist nicht möglich, einen politischen Verband – auch nicht: den ‹Staat› – durch Angeben des *Zweckes* seines Verbandshandelns zu definieren. Von der Nahrungsfürsorge bis zur Kunstprotektion hat es keinen Zweck gegeben, den politische Verbände *nicht* gelegentlich, von der persönlichen Sicherheitsgarantie bis zur Rechtsprechung keinen, den *alle* politischen Verbände verfolgt hätten. Man kann daher den ‹politischen› Charakter eines Verbandes *nur* durch das – unter Umständen zum Selbstzweck gesteigerte – *Mittel* definieren, welches nicht ihm allein eigen, aber allerdings spezifisch und für sein Wesen *unentbehrlich* ist: die Gewaltsamkeit. Dem Sprachgebrauch entspricht dies nicht ganz; aber er ist ohne Präzisierung unbrauchbar. Man spricht von ‹Devisenpolitik› der Reichsbank, von der ‹Finanzpolitik› einer Vereinsleitung, von der ‹Schulpolitik› einer Gemeinde und meint damit die planvolle Behandlung und *Führung* einer bestimmten sachlichen Angelegenheit. In wesentlich charakteristischerer Art scheidet man die ‹politische› Seite oder Tragweite einer Angelegenheit, oder den ‹politischen› Beamten, die ‹politische› Zeitung, die ‹politische› Revolution, den ‹politischen› Verein, die ‹politische› Partei, die ‹politische› Folge von anderen: wirtschaftlichen, kulturlichen, religiösen usw. Seiten oder Arten der betreffenden Personen, Sachen, Vorgänge, – und meint damit alles das, was mit den Herrschaftsverhältnissen innerhalb des (nach unserem Sprachgebrauch:) ‹politischen› Verbandes: des Staats, zu tun hat, deren Aufrechterhaltung, Verschiebung, Umsturz herbeiführen oder hindern oder fördern kann, im Gegensatz zu Personen, Sachen, Vorgängen, die damit nichts zu schaffen haben. Es wird also auch in diesem Sprachgebrauch das Gemeinsame in dem *Mittel*: ‹Herrschaft›: in der *Art* nämlich, wie eben staatliche Gewalten sie ausüben, unter Ausschaltung des Zwecks, dem die Herrschaft dient, gesucht. Daher läßt sich behaupten, daß die hier zugrunde gelegte Definition nur eine Präzision des Sprachgebrauchs enthält, indem sie das tatsächlich Spezifische: die Gewaltsamkeit (aktuelle oder virtuelle) scharf betont.

Der Sprachgebrauch nennt freilich ‹politische Verbände› nicht nur die Träger der als legitim geltenden Gewaltsamkeit selbst, sondern z.B. auch Parteien und Klubs, welche die (auch: ausgesprochen *nicht* gewaltsame) Beeinflussung des politischen Verbandshandelns bezwecken. Wir wollen diese Art des sozialen Handelns als ‹politisch *orientiert*› von dem eigentlich ‹politischen› Handeln ... scheiden.

Den *Staatsbegriff* empfiehlt es sich, da er in seiner Vollentwicklung durchaus modern ist, auch seinem modernen Typus entsprechend – aber wiederum: unter Abstraktion von den, wie wir ja jetzt erleben, wandelbaren inhaltlichen Zwecken – zu definieren. Dem heutigen *Staat* formal charakteristisch ist: eine Verwaltungs- und Rechtsordnung, welche durch Satzungen abänderbar ist, an der der Betrieb des Verbandshandelns des (gleichfalls durch Satzung geordneten) Verwaltungsstabes sich orientiert und welche Geltung beansprucht nicht nur für die – im wesentlichen durch Geburt in den Verband hineingelangenden – Verbandsgenossen, sondern in weitem Umfang für alles auf dem beherrschten Gebiet stattfindende Handeln (also: gebietsanstaltsmäßig). Ferner aber: daß es ‹legitime› Gewaltsamkeit heute nur noch insoweit gibt, als die staatliche Ordnung sie zuläßt oder vorschreibt (z.B. dem Hausvater das ‹Züchtigungsrecht› beläßt, einen Rest einstmaliger eigenlegitimer, bis zur Verfügung über Tod und Leben des Kindes oder Sklaven gehender Gewaltsamkeit des Hausherrn). Dieser Monopolcharakter der staatlichen Gewaltherrschaft ist ein ebenso wesentliches Merkmal ihrer Gegenwartslage wie ihr rationaler ‹Anstalts›- und kontinuierlicher ‹Betriebs›-Charakter» (Weber 1968, 338 f.).

Im Gegensatz zur Tradition politischer Philosophie bis hin zu Marx ist also der Staat nicht mehr von seinem Zweck her zu bestimmen, und auch die Frage nach der Einteilung der Herrschaftsformen, wie sie Aristoteles für viele Jahrhunderte vorgegeben hatte, verliert ihren Sinn.

Denn wo kein Bestes der Gemeinschaft mehr vorgegeben werden kann, kann auch die Frage nach seiner Verwirklichung nicht mehr gestellt werden.

4. Die Formen legitimer Herrschaft

Nachdem Weber die Struktur des Staates aus der Sicht derer, die die Herrschaft innehaben, behandelt hat, drängt sich die Frage auf, warum sich die Mehrzahl der Beherrschten diesem Gewaltmonopol unterwirft. Denn der physische Zwang allein kann auf die Dauer keine Ordnung sichern, wenn sie nicht auf irgendeine Weise von den Menschen, die dieser Gewalt unterworfen sind, anerkannt wird. Worin besteht das Spezifikum der Legitimität von Ordnung, oder – anders gefragt – welches sind die Bedingungen, unter denen Menschen gehorsam werden?

«Wann und warum tun sie das? Auf welche inneren Rechtfertigungsgründe und auf welche äußeren Mittel stützt sich diese Herrschaft?

Es gibt der inneren Rechtfertigungen, also: der *Legitimitäts*gründe einer Herrschaft – um mit ihnen zu beginnen – im Prinzip drei. Einmal die Autorität des ‹ewig Gestrigen›: der durch unvordenkliche Geltung und gewohnheitsmäßige Einstellung auf ihre Innehaltung geheiligten *Sitte*: ‹traditionale› Herrschaft, wie sie der Patriarch und Patrimonialfürst alten Schlages übten. Dann: die Autorität der außeralltäglichen persönlichen *Gnadengabe* (Charisma), die ganz persönliche Hingabe und das persönliche Vertrauen zu Offenbarungen, Heldentum oder anderen Führereigenschaften eines Einzelnen: ‹charismatische› Herrschaft, wie sie der Prophet oder – auf dem Gebiet des Politischen – der gekorene Kriegsfürst oder der plebiszitäre Herrscher, der große Demagoge und politische Parteiführer ausüben. Endlich: Herrschaft kraft ‹Legalität›, kraft des Glaubens an die Geltung legaler *Satzung* und der durch rational geschaffene Regeln begründeten sachlichen ‹Kompetenz›, also: der Einstellung auf Gehorsam in der Erfüllung satzungsmäßiger Pflichten: eine Herrschaft, wie sie der moderne ‹Staatsdiener› und alle jene Träger von Macht ausüben, die ihm in dieser Hinsicht ähneln. – Es versteht sich, daß in der Realität höchst massive Motive der Furcht und der Hoffnung – Furcht vor der Rache magischer Mächte oder des Machthabers, Hoffnung auf jenseitigen oder diesseitigen Lohn – und daneben Interessen verschiedenster Art die Fügsamkeit bedingen …

Aber wenn man nach den ‹Legitimitäts›gründen dieser Fügsamkeit fragt, dann allerdings stößt man auf diese drei ‹reinen› Typen. Und diese Legitimitätsvorstellungen und ihre innere Begründung sind für die Struktur der Herrschaft von sehr erheblicher Bedeutung» (Weber 1977, 9 f.).

Max Weber unterscheidet also drei Typen legitimer Herrschaft: traditionale, charismatische und legale Herrschaft. Allen dreien ist gemeinsam, dass nicht formale Kriterien angegeben werden, die den jeweiligen Typus kennzeichnen, sondern dass die Basis des Gehorsams der Einzelnen gegenüber dem Staat zum Ausgangspunkt genommen wird. Maßgebend ist dabei die Unterscheidung der Bestimmungsgründe sozialen Handelns, die Weber in «Wirtschaft und Gesellschaft» gibt:

«Wie jedes Handeln kann auch das soziale Handeln bestimmt sein 1. *zweckrational*: durch Erwartungen des Verhaltens von Gegenständen der Außenwelt und von anderen Menschen und unter Benutzung dieser Erwartungen als ‹Bedingungen› oder als ‹Mittel› für rational, als Erfolg, erstrebte und abgewogene eigene *Zwecke*; – 2. *wertrational*: durch bewußten Glauben an den – ethischen, ästhetischen, religiösen oder wie immer sonst zu deutenden – unbedingten *Eigenwert* eines bestimmten Sichverhaltens rein als solchen, unabhängig vom Erfolg; – 3. *affektuell*, insbesondere *emotional*: durch aktuelle Affekte und Gefühlslagen; – 4. *traditional*: durch eingelebte Gewohnheit» (Weber 1968, 302).

Den drei Handlungstypen des Zweckrationalen, des Wertrationalen und des Traditionalen entsprechen in etwa die drei Herrschaftsformen der legalen, charismatischen und traditionalen Herrschaft, wobei Weber selbst feststellt, dass keiner der drei Handlungstypen rein vorkommt. Das affektuelle und das wertrationale Handeln stellt Weber dabei in enge Beziehung; der Unterschied liegt allein darin, dass das affektuelle Handeln sich weitgehend ohne Überlegung vollzieht, während das wertrationale Handeln durchaus planend und konsequent verfährt. Beiden gemeinsam ist, dass nicht die Aussicht auf Erfolg das Handeln bestimmt, sondern dass der Wert der Handlung in ihr selbst liegt: Direktes Sich-Abreagieren und die weltferne Reinheit des guten Willens etwa im Sinne Kants zeigen sich in dieser Perspektive als eng verwandt.

Das traditionale Handeln und die traditionelle Herrschaft werden auf der Seite der Beherrschten vorwiegend bestimmt durch Gewohnheit und Pietät, «der Inhalt der Befehle ist durch Tradition gebunden» (Weber 1968, 218). Zu unterscheiden sind dabei die rein patriarchalische Struktur der Verwaltung (Weber nennt als reinste Form die «sultanistische Herrschaft», wie sie etwa im Islam vorwaltete und heute unter islamischen Fundamentalisten wieder neue Anhänger findet) und ständische Strukturen, wie sie etwa in der Feudalgesellschaft des europäischen Mittelalters zu finden waren.

Charismatische Herrschaft bestimmt Weber folgendermaßen:

«... die Herrschaft kraft Hingabe der Gehorchenden an das rein persönliche ‹Charisma› des ‹Führers›. Denn hier wurzelt der Gedanke des *Berufs* in seiner höchsten Ausprägung. Die Hingabe an das Charisma des Propheten oder des Führers im Kriege oder des ganz großen Demagogen in der Ekklesia oder im Parlament bedeutet ja, daß er persönlich als der innerlich ‹berufene› Leiter der Menschen gilt, daß diese sich ihm nicht kraft Sitte oder Satzung fügen, sondern weil sie an ihn glauben. Er selbst zwar lebt seiner Sache, ‹trachtet nach seinem Werk›, wenn er mehr ist als ein enger und eitler Emporkömmling des Augenblicks. Seiner Person und ihren Qualitäten aber gilt die Hingabe seines Anhanges: der Jüngerschaft, der Gefolgschaft, der ganz persönlichen Parteigängerschaft. In den beiden in der Vergangenheit wichtigsten Figuren: des Magiers und Propheten einerseits, des gekorenen Kriegsfürsten, Bandenführers, Condottiere anderseits, ist das Führertum in allen Gebieten und historischen Epochen aufgetreten. Dem Okzident eigentümlich ist aber, was uns näher angeht: das *politische* Führertum in der Gestalt zuerst des freien ‹Demagogen›, der auf dem Boden des nur dem Abendland, vor allem der mittelländischen Kultur, eigenen Stadtstaates, und dann des parlamentarischen ‹Parteiführers›, der auf dem Boden des ebenfalls nur im Abendland bodenständigen Verfassungsstaates gewachsen ist» (Weber 1977, 10).

Charismatische Herrschaft hat also ihren Grund in der Person des jeweiligen Führers und in der wertrational bestimmten Hingabe seiner Anhängerschaft. Weber sieht dabei in der Person des charismatischen Führers den eigentlich berufenen Politiker verwirklicht, der das Geschäft der Herrschaft im eigenen Interesse übernimmt und seine Gefolgschaft auf sich und seine Ziele zu verpflichten weiß. Gewinnt dabei die Anerkennung des charismatischen Führers seitens der Beherrschten die Oberhand, so sieht Weber hier eine Wurzel des demokratischen Prinzips der Mehrheitswahl: Die Anerkennung wird «zur ‹Wahl› und der kraft eigenem Charisma legitimierte Herr zu einem Gewalthaber von Gnaden der Beherrschten und kraft Mandats» (Weber 1968, 227). Doch auch eine derart auf die Person des Führers zugeschnittene Herrschaftsform bedarf der Kontinuität: die «*außeralltägliche* und rein persönliche Beziehung» der Herrschaft zu den Beherrschten hat «die Tendenz, sich zu *veralltäglichen*» (Weber 1968, 225). Die bindende Kraft des Charisma lässt nach, aber es bleibt das Beharrungsvermögen der geschaffenen Ordnungsmacht:

«Bei *allen* Herrschaftsverhältnissen aber ist für den kontinuierlichen Bestand der tatsächlichen Fügsamkeit der Beherrschten höchst entscheidend vor allem die Tatsache der Existenz des Verwaltungsstabes und seines kontinuierlichen, auf Durchführung der Ordnungen und (direkte oder indirekte) Erzwingung der Unterwerfung unter die Herrschaft gerichteten Handelns. Die Sicherung dieses die Herrschaft realisierenden Handelns ist das, was man mit dem Ausdruck ‹Organisation› meint» (Weber 1968, 224).

Die Analyse dieser Verwaltungsordnung wird für Weber zum zentralen Thema und zum weitreichenden Unterscheidungsgrund der drei Herrschaftsformen. Denn in dieser Verwaltungsordnung entwickelt sich eine ganz eigene Dynamik, die die gesellschaftlichen und politischen Verhältnisse grundlegend bestimmt: Die Verwaltung wird zur Bürokratie – d. h. zur Herrschaft der Verwaltung. In ihr drückt sich das Wesentliche der legalen Herrschaft aus:

«Die ganze Entwicklungsgeschichte des modernen Staates insbesondere ist identisch mit der Geschichte des modernen Beamtentums und bürokratischen Betriebes ..., ebenso wie die ganze Entwicklung des modernen Hochkapitalismus identisch ist mit zunehmender Bürokratisierung der Wirtschaftsbetriebe» (Weber 1968, 217).

Denn auch die charismatische Herrschaft besteht nicht nur aus der Person des Führers, sondern bedarf der verwaltenden Organisation und Durchsetzung seines Willens. Das Gewicht dieser Verwaltung wird umso größer, je komplexer das Gemeinwesen ist und je mehr sich das Charisma des Führers durch sachliche Notwendigkeiten, durch zweckrationales Handeln eingeschränkt findet. Schließlich tritt das Gesetz, die gesatzte Ordnung, an die Stelle der persönlichen Beziehung zum charismatischen Führer.

«Gehorcht wird nicht der Person, kraft deren Eigenrecht, sondern der gesatzten *Regel*, die dafür maßgebend ist, wem und inwieweit ihr zu gehorchen ist. Auch der Befehlende selbst gehorcht, indem er einen Befehl erläßt, einer Regel: dem ‹Gesetz› oder ‹Reglement›, einer *formal* abstrakten Norm» (Weber 1968, 216).

Doch dieser Gehorsam gegenüber einer Regel vollzieht sich für Weber nicht um seiner selbst willen. Vielmehr haben auch die Beamten als Träger dieser Ordnung durchaus eigene Interessen. Auch sie beanspruchen einen Teil der Macht und ihrer materiellen wie immateriellen Erträge:

«Der Verwaltungsstab, der den politischen Herrschaftsbetrieb wie jeden anderen Betrieb in seiner äußeren Erscheinung darstellt, ist nun natürlich nicht nur durch jene Legitimitätsvorstellung, von der eben die Rede war, an den Gehorsam gegenüber dem Gewalthaber gekettet. Sondern durch zwei Mittel, welche an das persönliche Interesse appellieren: materiellen Entgelt und soziale Ehre. Lehen der Vasallen, Pfründen der Patrimonialbeamten, Gehalt der modernen Staatsdiener, – Ritterehre, ständische Privilegien, Beamtenehre bilden den Lohn, und die Angst, sie zu verlieren, die letzte entscheidende Grundlage für die Solidarität des Verwaltungsstabes mit dem Gewalthaber. Auch für die charismatische

Führerschaft gilt das: Kriegsehre und Beute für die kriegerische, die ‹spoils›: Ausbeutung der Beherrschten durch Ämtermonopol, politisch bedingte Profite und Eitelkeitsprämien für die demagogische Gefolgschaft.

Zur Aufrechterhaltung jeder gewaltsamen Herrschaft bedarf es gewisser materieller äußerer Sachgüter, ganz wie bei einem wirtschaftlichen Betrieb. Alle Staatsordnungen lassen sich nun danach gliedern, ob sie auf dem Prinzip beruhen, daß jener Stab von Menschen: – Beamte oder wer sie sonst sein mögen – auf deren Gehorsam der Gewalthaber muß rechnen können, im *eigenen* Besitze der Verwaltungsmittel, mögen sie bestehen in Geld, Gebäuden, Kriegsmaterial, Wagenparks, Pferden, oder was sonst immer, sich befinden, oder ob der Verwaltungsstab von den Verwaltungsmitteln ‹getrennt› ist, im gleichen Sinn, wie heute der Angestellte und Proletarier innerhalb des kapitalistischen Betriebes ‹getrennt› ist von den sachlichen Produktionsmitteln» (Weber 1977, 11).

Sowohl die verschiedenen Formen staatlicher Organisation als auch jede andere Herrschaftsform steht also für Weber unter dem Gesetz der Bürokratisierung, die in ihren verschiedenen Formen (je nach ihrem Anteil an den Machtmitteln) das Spezifikum der jeweiligen Ordnung ausmachen. Während in früheren Zeiten diese Machtmittel zum Teil in den Händen der Territorialherren und Vasallen des Herrschers waren, ist die Moderne gekennzeichnet durch den Umstand, dass nun alle Machtmittel (und damit alle Mittel legitimer Gewaltausübung) in den Händen des Staates liegen, der diese partiell an Beamte überträgt, die ihren eigenen Vorteil nicht aus der Anwendung dieser Mittel beziehen, sondern aus dem vom Staat ausgesetzten Entgelt. Der moderne Staat ist so mit Webers Worten

«... ein anstaltsmäßiger Herrschaftsverband ..., der innerhalb eines Gebietes die legitime physische Gewaltsamkeit als Mittel der Herrschaft zu monopolisieren mit Erfolg getrachtet hat und zu diesem Zweck die sachlichen Betriebsmittel in der Hand seiner Leiter vereinigt, die sämtlichen eigenberechtigten ständischen Funktionäre aber, die früher zu Eigenrecht darüber verfügten, enteignet und sich selbst in seiner höchsten Spitze an deren Stelle gesetzt hat» (Weber 1977, 13).

Damit ist die moderne Form des Staates umfassend beschrieben – die Formen seiner Legitimität und die spezielle Ausprägung, die er in der Gegenwart gefunden hat, sind in ihren Grundstrukturen entwickelt. Offen bleibt in dieser empirischen Beschreibung, wie bzw. aufgrund welcher bestimmten Rationalitätsform sich die Neuzeit als Zeitalter des Kapitalismus und der Bürokratie entwickeln konnte und welche Folgerungen sich aus diesem Begriff der Rationalität für die Politik und für die rekonstruierende Wissenschaft ergeben.

5. Die moderne Rationalität und der Kapitalismus

Bereits in der Einführung in die politische Philosophie der Neuzeit (oben S. 147 ff.) wurde Webers Diktum zitiert, in dem er den Kapitalismus als die schicksalsvollste Macht unseres modernen Lebens bezeichnet. Um die Entwicklung dieser Macht und der ihr zugrundeliegenden Rationalitätsform der Kalkulation und der Buchführung zu verdeutlichen, hat Max Weber in seiner berühmten Abhandlung «Die protestantische Ethik und der Geist des Kapitalismus» (1904/5) versucht, die geistigen Voraussetzungen dieser Entwicklung soziologisch zu beschreiben:

«Der spezifisch moderne okzidentale Kapitalismus ... ist zunächst offenkundig in starkem Maße durch Entwicklung von *technischen* Möglichkeiten mitbestimmt. Seine Rationalität ist heute wesenhaft bedingt durch *Berechenbarkeit* der technisch entscheidenden Faktoren. Das heißt aber in Wahrheit: durch die Eigenart der abendländischen Wissenschaft, insbesondere der mathematisch und experimentell exakt und rational fundierten Naturwissenschaften. Die Entwicklung dieser Wissenschaften und der auf ihnen beruhenden Technik erhielt und erhält nun ihrerseits entscheidende Impulse von den kapitalistischen Chancen, die sich an ihre wirtschaftliche Verwertbarkeit als Prämien knüpfen» (Weber 1969, 18 f.).

Zwar haben sich auch in anderen Kulturen Wissenschaft und Technik entwickelt, doch nur im Abendland haben diese die Entwicklung des organisierten Kapitalismus begleitet und gefördert. Welcher Art sind aber dann die speziellen Bedingungen, die zum okzidentalen Rationalismus mit seiner am Ideal der Berechenbarkeit und der Effizienz der kapitalistischen Akkumulationsprozesse orientierten Parallelisierung von Rationalität und Rationalisierung geführt haben? – Gegen Marx stellt Weber fest, dass

«... jeder solche Erklärungsversuch ... der fundamentalen Bedeutung der Wirtschaft entsprechend, vor allem die ökonomischen Bedingungen berücksichtigen (muß). Aber es darf auch der umgekehrte Kausalzusammenhang darüber nicht unbeachtet bleiben. Denn wie von rationaler Technik und rationalem Recht, so ist der ökonomische Rationalismus in seiner Entstehung auch von der Fähigkeit und Disposition der Menschen zu bestimmten Arten praktisch-rationaler *Lebensführung* überhaupt abhängig. Wo diese durch Hemmungen seelischer Art obstruiert war, da stieß auch die Entwicklung einer *wirtschaftlich* rationalen Lebensführung auf schwere innere Widerstände. Zu den wichtigsten formenden Elementen der Lebensführung nun gehörten in der Vergangenheit überall die magischen und religiösen Mächte und die am Glauben an sie verankerten ethischen Pflichtvorstellungen» (Weber 1969, 20 f.).

Nicht nur das gesellschaftliche Sein bestimmt also das Bewusstsein, sondern auch die spezielle Form des Bewusstseins von Pflichten und Normen bestimmt die Entwicklung der gesellschaftlichen Kräfte. Max Webers These ist, dass es vor allem die protestantische Ethik der Neuzeit in ihrer calvinistischen und puritanischen Ausprägung war, die die moderne Form der Rationalität und mit ihr den organisierten Kapitalismus hervorgebracht hat. Denn nur hier verbindet sich die gänzliche Ungewissheit über die Erlösung des sündigen Menschen durch Gott mit einer radikalen Abwertung des irdischen Lebens, dem nur insofern Bedeutung zukommt, als sich der Mensch in ihm zu bewähren hat – und diese Bewährung besteht in erster Linie in Arbeit und dem Erwerb von Gütern. Diesen Gütern aber kommt kein eigener Wert zu; nicht ihre Konsumierbarkeit, ihre Eigenschaft, Mittel zum Genuss zu sein, ist dabei von Bedeutung, sondern der sich in ihnen dokumentierende Zustand der Gnade vor den Augen Gottes. Deshalb ist diese protestantische Ethik eine asketische und genussfeindliche, die den Wert der Güter einzig darin sieht, dass sie in abstrakten Reichtum verwandelt werden können.

> «Die innerweltliche protestantische Askese ... wirkte also mit voller Wucht gegen den unbefangenen *Genuß* des Besitzes, sie schnürte die *Konsumtion*, speziell die Luxuskonsumtion, ein. Dagegen *entlastete* sie im psychologischen Effekt den *Gütererwerb* von den Hemmungen der traditionalistischen Ethik, sie sprengte die Fesseln des Gewinnstrebens, indem sie es nicht nur legalisierte, sondern ... direkt als gottgewollt ansah. Der Kampf gegen Fleischeslust und das Hängen an äußeren Gütern war ... *kein* Kampf gegen rationalen *Erwerb*, sondern gegen irrationale Verwendung des Besitzes. ... *Nicht Kasteiung* wollte sie dem Besitzenden aufzwingen, sondern Gebrauch seines Besitzes für notwendige und *praktisch nützliche* Dinge» (Weber 1969, 179).

Bedingung und Folge dieses Prozesses der Rationalisierung im Lichte der Zurechenbarkeit, Nützlichkeit und Verwertbarkeit ist eine zunehmende «Entzauberung der Welt» (Weber 1969, 132), die alle magische Heilserwartung, allen nicht im beschriebenen Sinne rationalen Umgang mit Dingen und Menschen verdrängt und am Ende selbst die Heilsperspektive, die unberechenbare und ungewisse Gnadenwahl des Menschen durch Gott, aus den Augen verliert. Was bleibt, ist die Rationalisierung der Welt im Zeichen des Kapitalismus und der bürokratischen Verwaltung. Das Paradigma der Rationalität triumphiert am Ende sogar noch über jeden möglichen Einwand; denn es lässt als sinnvolle Aussage nur noch zu, was empirisch beobachtbar, was selbst unter den angegebenen Bedingungen rational ist – und damit ist alle bewertende Beurteilung von vornherein in den Bereich des Privaten verwiesen. Nur in der unverbindlichen Wertvorstellung des Einzelnen kann sich die Heilserwartung – sei sie nun jenseitiger oder diesseitiger Natur – noch entfalten.

6. Wertfreiheit und verantwortliches Handeln

Bereits oben wurde das Ideal der werturteilsfreien Wissenschaft vorgestellt als die einzige Möglichkeit, die Max Weber sieht, um ohne Unterschiebung unverbindlicher privater Interessen und Meinungen zu validen Erklärungen der Wirklichkeit zu kommen. Weber erklärt es in seiner Vorlesung über «Wissenschaft als Beruf» (1919) für

«... intellektuelle Rechtschaffenheit: einzusehen, daß Tatsachenfeststellung, Feststellung mathematischer oder logischer Sachverhalte oder der inneren Struktur von Kulturgütern einerseits, und andererseits die Beantwortung der Frage nach dem Wert der Kultur und ihrer einzelnen Inhalte und danach: wie man innerhalb der Kulturgemeinschaft und der politischen Verbände handeln solle – daß dies beides ganz und gar *heterogene* Probleme sind» (Weber 1967, 25).

Angesichts dieser Unmöglichkeit, verbindliche Werte für das Handeln anzugeben, stellt sich natürlich die Frage, wie denn politisches Handeln gerechtfertigt werden soll: Welche Leitlinien kann und soll ein Politiker haben, der (über die Verwaltung des Bestehenden hinaus, die die Aufgabe des unpolitischen und letztlich verantwortungslosen Fachbeamten ist) das politische Geschick eines Staates leitet?

In einem ersten Schritt wendet sich Weber zur Beantwortung dieser Frage entschieden gegen jede Art von durch Gesinnung legitimiertes politisches Handeln. Als Beispiel nimmt er die christliche Ethik der Bergpredigt, der er die realitätsbezogene und -verpflichtete Sichtweise des Politikers gegenüberstellt:

«Mit der Bergpredigt – gemeint ist: die absolute Ethik des Evangeliums – ist es eine ernstere Sache, als die glauben, die diese Gebote gern zitieren. Mit ihr ist nicht zu spaßen. Von ihr gilt, was man von der Kausalität in der Wissenschaft gesagt hat: sie ist kein Fiaker, den man beliebig halten lassen kann, um nach Befinden ein- und auszusteigen. Sondern: ganz oder gar nicht, das gerade ist ihr Sinn, wenn etwas anderes als Trivialitäten herauskommen soll» (Weber 1977, 56).

Diese Unbedingtheit des Handlungsgebots aber führt dazu, dass der mögliche Erfolg oder Misserfolg des Handelns gar nicht mehr in die Verantwortung des Handelnden selbst gehört.

«Nach ‹Folgen› fragt eben die absolute Ethik nicht. Da liegt der entscheidende Punkt. Wir müssen uns klar machen, daß alles ethisch orientierte Handeln unter zwei voneinander grundverschiedenen, unaustragbar gegensätzlichen Maximen stehen kann: es kann ‹gesinnungsethisch› oder ‹verantwortungsethisch› orientiert sein. Nicht daß Gesinnungsethik mit Verantwortungslosigkeit und Verantwortungsethik mit Gesinnungslosigkeit identisch wäre. Davon ist natürlich keine Rede. Aber es ist ein abgrundtiefer Gegensatz, ob man unter der gesinnungsethischen Maxime handelt – religiös geredet –: ‹der Christ tut recht und stellt den Erfolg Gott anheim›, oder unter der verantwortungsethischen: daß man für die (voraussehbaren) Folgen seines Handelns aufzukommen hat ...

Wenn die Folgen einer aus reiner Gesinnung fließenden Handlung üble sind, so gilt ihm nicht der Handelnde, sondern die Welt dafür verantwortlich, die Dummheit der anderen Menschen oder – der Wille des Gottes, der sie so schuf. Der Verantwortungsethiker dagegen rechnet mit eben jenen durchschnittlichen Defekten der Menschen, – er hat, wie Fichte richtig gesagt hat, gar kein Recht, ihre Güte und Vollkommenheit vorauszusetzen, er fühlt sich nicht in der Lage, die Folgen eigenen Tuns, soweit er sie voraussehen konnte, auf andere abzuwälzen. Er wird sagen: diese Folgen werden meinem Tun zugerechnet. ‹Verantwortlich› fühlt sich der Gesinnungsethiker nur dafür, daß die Flamme der reinen Gesinnung, die Flamme z.B. des Protestes gegen die Ungerechtigkeit der sozialen Ordnung, nicht erlischt. Sie stets neu anzufachen, ist der Zweck seiner, vom möglichen Erfolg her beurteilt, ganz irrationalen Taten, die nur exemplarischen Wert haben können und sollen» (Weber 1977, 57 f.).

Demgegenüber bestimmt Weber das Handeln des Politikers als von der Verantwortung für den Erfolg seines Tuns geprägt. Nüchterne Sachanalyse und realistischer Blick für das Mögliche müssen die Vorgabe politischen Handelns bilden, wenn nicht unabsehbares Chaos die Folge sein soll. Denn dieses Chaos abzuwenden und die Freiräume des Privaten gleichzeitig gegen Kapitalismus und Bürokratisierung zu erhalten, ist die – unausgesprochene – Absicht der Weber'schen Bestimmung von Politik insgesamt, wenn er im Revolutionsjahr 1919 eine «Polarnacht von eisiger Finsternis und Härte» heraufziehen sieht, die die Geschicke der Menschen, zumal in Deutschland, überschatten wird (Weber 1977, 66).

Deshalb muss eine Möglichkeit gefunden werden, die Verantwortungsethik des Politikers, die allzu leicht in blankes Machertum umschlägt, mit der Gesinnungsethik zu verbinden, ohne der Letzteren die Rolle einer Verbindlichkeit stiftenden Größe zuzuerkennen:

«Wahrlich: Politik wird zwar mit dem Kopf, aber ganz gewiß nicht nur mit dem Kopf gemacht. Darin haben die Gesinnungsethiker durchaus recht. Ob man aber als Gesinnungsethiker oder als Verantwortungsethiker handeln *soll*, und wann das eine und das andere, darüber kann man niemandem Vorschriften machen. Nur eins kann man sagen: wenn jetzt in diesen Zeiten einer, wie Sie glauben, *nicht* ‹sterilen› Aufgeregtheit – aber Aufgeregtheit ist eben doch und durchaus nicht immer echte Leidenschaft –, wenn da *plötzlich* die Gesinnungspolitiker massenhaft in das Kraut schießen mit der Parole: ‹die Welt ist dumm und gemein, nicht ich, die Verantwortung für die Folgen trifft nicht mich, sondern die andern, in deren Dienst ich arbeite, und deren Dummheit oder Gemeinheit ich ausrotten werde›, so sage ich offen: daß ich zunächst einmal nach dem Maße des *inneren Schwergewichts* frage, was hinter dieser Gesinnungsethik steht, und den Eindruck habe: daß ich es in neun von zehn Fällen mit Windbeuteln zu tun habe, die nicht real fühlen, was sie auf sich nehmen, sondern sich an romantischen Sensationen berauschen. Das interessiert mich menschlich nicht sehr und erschüttert mich ganz und gar nicht. Während es unermeßlich erschütternd ist, wenn ein *reifer* Mensch – einerlei ob jung oder alt an Jahren –, der diese Verantwortung für die Folgen real und mit voller Seele empfindet und verantwortungsethisch handelt, an irgendeinem Punkte sagt: ‹ich kann nicht anders, hier stehe ich›. Das ist etwas, was menschlich echt ist und ergreift. Denn diese Lage muß freilich für jeden von uns, der nicht innerlich tot ist, irgendwann eintreten können. Insofern sind Gesinnungsethik und Verantwortungsethik nicht absolute Gegensätze, sondern Ergänzungen, die zusammen erst den echten Menschen ausmachen, den, der den ‹Beruf zur Politik› haben kann» (Weber 1977, 65 f.).

Erst in dieser Verbindung vollendet sich für Weber der Politiker. Ans Ende seiner Vorlesung über «Politik als Beruf» stellt er deshalb die berühmt gewordenen Worte:

«Die Politik bedeutet ein starkes langsames Bohren von harten Brettern mit Leidenschaft und Augenmaß zugleich. Es ist ja durchaus richtig, und alle geschichtliche Erfahrung bestätigt es, daß man das Mögliche nicht erreicht, wenn nicht immer wieder in der Welt nach dem Unmöglichen gegriffen worden wäre. Aber der, der das tun kann, muß ein Führer und nicht nur das, sondern auch – in einem sehr schlichten Wortsinn – ein Held sein. Und auch die, welche beides nicht sind, müssen sich wappnen mit jener Festigkeit des Herzens, die auch dem Scheitern aller Hoffnungen gewachsen ist, jetzt schon, sonst werden sie nicht imstande sein, auch nur durchzusetzen, was heute möglich ist. Nur wer sicher ist, daß er daran nicht zerbricht, wenn die Welt, von seinem Standpunkt aus gesehen, zu dumm oder zu gemein ist für das, was er ihr bieten will, daß er all dem gegenüber: ‹dennoch!› zu sagen vermag, nur der hat den ‹Beruf› zur Politik» (Weber 1977, 67).

Das Pathos dieser Worte vermag die Resignation nicht zu übertönen, die ihnen zugrunde liegt. Der heraufziehenden Gefahr des Faschismus war mit den Mitteln wertfreier Wissenschaft und reiner Verantwortungsethik auch nicht zu begegnen. Zwar entziehen sich Wertsetzungen in der historischen Situation des 20. Jahrhunderts, wie Weber gezeigt hat, weitgehend der wissenschaftlichen Feststellung. Andererseits bleiben bestimmte Wertvorgaben unverzichtbar, wenn die Welt nicht dem Untergang entgegengehen soll.

Karl Raimund Popper: Die offene Gesellschaft und ihre Feinde

Kritischer Rationalismus und Politik

In der Folge des Zweiten Weltkriegs mit seinen fünfzig Millionen Toten, der Zerstörung ganzer Landstriche, der systematisch betriebenen Vernichtung von Millionen Juden und nicht zuletzt dem Abwurf zweier Atombomben erhielt die Erde ein neues Gesicht, das bis heute insbesondere von zwei Zügen geprägt ist:

- von der Erfahrung des Terrors und der Zerstörung im planetarischen Ausmaß, die durch ein Gleichgewicht des Schreckens gebändigt werden sollen;
- von der Hoffnung auf einen Neubeginn nach der weitgehenden Zerstörung Europas, der gekennzeichnet sein sollte durch die Verwirklichung der bürgerlichen Demokratie in der westlichen Hemisphäre, durch wirtschaftlichen Aufschwung und wissenschaftlich-technischen Fortschritt der Naturbeherrschung, durch den Ausgleich sozialer Spannungen und einen Pluralismus der Werte, der die Toleranz zum obersten Gebot macht.

Doch neben dieses Selbstverständnis der Nachkriegszeit trat schon bald die Einsicht in eine in wesentlichen Bereichen ganz anders geartete politische und gesellschaftliche, wirtschaftliche und kulturelle Realität: Einerseits wurde Europa auf eine bisher nicht gekannte Weise zweigeteilt, der Kalte Krieg wurde zum bestimmenden Merkmal der Politik der fünfziger und sechziger Jahre, wobei die akuten und «heißen» Konflikte an den Rand des Weltschauplatzes verlegt wurden: Asien, Afrika und Südamerika wurden so zum Austragungsort von Kriegen und Stellvertreterkriegen. Gleichzeitig wurden diese Kontinente – unter dem Begriff der «Dritten Welt» zusammengefasst – zum Gegenstand wirtschaftlicher Einflussnahme und des Versuchs, das eigene Gesellschaftssystem europäisch-westlicher Prägung anderen Kulturkreisen aufzupfropfen, um in diesen Teilen der Welt eigene Interessen durchzusetzen und sie nach dem eigenen Bilde zu gestalten. Der heutige Nord-Süd-Konflikt zeigt das Scheitern dieser Versuche und zugleich ihre politische Fragwürdigkeit.

Auf der andern Seite hat der wissenschaftlich-technische Fortschritt inzwischen ebenso fatale Folgen nach sich gezogen wie das fast ungebremste wirtschaftliche Wachstum der fünfziger und sechziger Jahre: Weltweite Umweltschäden, wirtschaftliche Krisen globalen Ausmaßes und der aus den verschiedensten Ursachen erwachsende Protest gegen herrschende Argumentationsfiguren wie die des ‹Sachzwanges› oder der ‹Produktivitätssteigerung› zeigen, dass der selbstgesetzte Anspruch nicht verwirklicht werden konnte: die eine, für alle Menschen gleichermaßen lebenswerte, freie und gerechte Welt zu schaffen. Denn gerade die jüngste Gegenwart hat gelehrt, dass der Gedanke der Welt als eines dem Menschen unbeschränkt verfügbaren Gegenstandes so unrealistisch ist wie die Annahme der Schaffung von Glück, Gerechtigkeit und Freiheit durch pure Steigerung der Naturaneignung im Rahmen der privatwirtschaftlich organisierten Konkurrenzgesellschaft, wie sie noch in den Verfassungen und Unabhängigkeitserklärungen des 18. und 19. Jahrhunderts proklamiert wurde.

Die Erkenntnis, dass sich die Versprechen des 19. Jahrhunderts nicht von selbst verwirklichen, dass also technischer Fortschritt und wirtschaftliches Gedeihen nicht zwangsläufig zur Beglückung der Menschheit führen, war spätestens seit der Wende zum 20. Jahrhundert ins öffentliche Bewusstsein gedrungen. Sie fand nach dem Zweiten Weltkrieg umso mehr Widerhall, als seit den zwanziger Jahren die Sozialwissenschaften begonnen hatten, die Funktionsgesetze westlicher Zivilisation systematisch zu untersuchen, ihre problematischen Seiten (sei es aus marxistischer Sicht, sei es etwa im Vergleich zu anderen Kulturkreisen) herauszustellen und die Widersprüche sichtbar zu machen, die innerhalb des wissenschaftlich-technischen Weltbildes auftreten, wenn der erhobene Anspruch mit der Realität konfrontiert wird. Das Misstrauen in die Versprechen der bürgerlichen Ideologie verdichtete sich für viele zur Gewissheit durch die Erfahrungen, die die Jahre 1933 bis 1945 für Deutschland und die Jahre 1939 bis 1945 für die Welt mit sich brachten: Überkommene Werte und erstarrte Denkgewohnheiten gerieten in Bewegung, das Vertrauen in die herkömmliche Interpretation des Menschen als eines von der Vernunft geleiteten Wesens und in den Gang der Geschichte als einen Weg der unaufhaltsamen Vervollkommnung löste sich auf in der Erkenntnis einer Vielzahl von Einzelaspekten, die – wissenschaftlich oder durch eigene Erfahrung abgesichert – grundsätzlich jede Orientierung an tradierten Maßstäben ausschloss.

1. Leben und Werk

Im Zusammenhang dieser Erfahrungen des 20. Jahrhunderts ist auch das politische Denken von Karl Raimund Popper zu sehen. Am 28. Juli 1902 wurde er in Wien, der Hauptstadt der königlich-kaiserlichen Doppelmonarchie Österreich-Ungarn, geboren. In seiner Autobiographie «Ausgangspunkte. Meine intellektuelle Entwicklung» hat er beschrieben, wie er in den gesicherten Verhältnissen und der gebildeten Atmosphäre eines gutbürgerlichen Elternhauses aufwuchs (vgl. Popper 1979a, Kap. 2–4). In diese Jugendjahre mit ihren letzten Relikten der Atmosphäre, auch der Illusionen eines behäbigen 19. Jahrhunderts brach urplötzlich der Erste Weltkrieg ein. Er und die Ereignisse in seinem Gefolge – Auflösung des österreichischen Vielvölkerstaates in Nationalstaaten, Massenarbeitslosigkeit, Hunger und Elend – wurden für Popper wie für so viele seiner mitteleuropäischen Altersgenossen zu entscheidenden und prägenden Jahren: Popper ging freiwillig vor dem Abitur vom Gymnasium ab, versuchte sich als Hilfsarbeiter und machte dann eine Lehre als Tischler. Politisch fühlte er sich für kurze Zeit der kommunistischen Bewegung verbunden und blieb auch danach noch auf Jahre Sozialist:

«Und wenn es so etwas geben würde wie einen Sozialismus verbunden mit persönlicher Freiheit, dann wäre ich auch heute noch Sozialist. Denn ich kann mir nichts Besseres denken als ein bescheidenes, einfaches und freies Leben in einer egalitären Gesellschaft. Ich brauchte einige Zeit, bevor ich erkannte, daß das nur ein schöner Traum war; daß die Freiheit wichtiger ist als die Gleichheit; daß der Versuch, Gleichheit zu schaffen, die Freiheit gefährdet; und daß, wenn die Freiheit verloren ist, es unter den Unfreien auch keine Gleichheit geben kann» (Popper 1979 a, 45).

Neben seiner Lehre studierte er zunächst als außerordentlicher Hörer ohne Abitur an der Wiener Universität Mathematik und, fasziniert durch die ‹Einstein'sche Revolution›, die Relativitätstheorie mit der in ihrem Gefolge im Entstehen begriffenen Quantenmechanik, auch Physik. Nachdem er promoviert hatte, war er von 1930 bis 1936 Lehrer. In diesen Jahren schrieb er sein erstes bedeutendes Werk, die «Logik der Forschung», in dem er die Grundlagen des ‹Kritischen Rationalismus› entwickelte, von dem noch die Rede sein wird.

Dieses Buch verschaffte ihm 1937 eine Philosophiedozentur in Neuseeland, die er umso bereitwilliger annahm, als der ‹Anschluss› Österreichs an Nazideutschland wie auch der Zweite Weltkrieg sich immer deutlicher abzeichneten. In Neuseeland entstanden die beiden Schriften, die Poppers wesentlichen Beitrag zur politischen Philosophie darstellen: «The Open Society and Its Enemies» (1945, deutsch zuerst 1957 und 1958 unter dem Titel «Die offene Gesellschaft und ihre Feinde») und «The Poverty of Historicism» (1945, deutsch zuerst 1965: «Das Elend des Historizismus»). Der zuweilen kämpferische und polemische Ton dieser beiden Bücher erklärt sich aus ihrer Entstehungszeit. Popper wollte mit ihnen am Ende des Zweiten Weltkriegs seinen Beitrag zu einer «Verteidigung der Freiheit» und einer «kritischen Philosophie der Politik» gegen die totalitären und autoritären Ideen des Faschismus und des Stalinismus leisten (Popper 1979 a, 162 f.). Nach Kriegsende kehrte er nach Europa zurück und wurde 1946 außerordentlicher, 1949 ordentlicher Professor der Logik und der wissenschaftlichen Methodenlehre an der Universität London. Nach seiner Emeritierung 1969 lebte er zurückgezogen in der Nähe der englischen Hauptstadt bis zu seinem Tod im Jahr 1994.

Popper gilt als einer der bedeutendsten und (vor allem in der angelsächsischen Welt) einflussreichsten Philosophen der Gegenwart, ein Ruf, der mehr noch seinem wissenschaftstheoretischen als seinem politiktheoretischen Werk gilt. Nach 1945 erschienen neben Neufassungen seiner älteren Bücher vor allem noch die Aufsatzsammlungen «Conjectures and Refutations» (1963, deutsch 1994/97 «Vermutungen und Widerlegungen») und «Objective Knowledge» (1972, deutsch 1973 «Objektive Erkenntnis») sowie ein umfangreiches Buch über die Beziehung von Körper, Gehirn, Denken und Bewusstsein («The Self and Its Brain», 1977, deutsch «Das Ich und sein Gehirn», 1982), das er in Zusammenarbeit mit dem Neurobiologen und Nobelpreisträger John Eccles verfasste.

2. Der kritische Rationalismus

Poppers politisches Denken (dasselbe gilt für seine Beiträge zur Physik und zur Geist-Gehirn-Problematik) beruht auf wissenschafts- und erkenntnistheoretischen Annahmen, die er zuerst in der «Logik der Forschung» entwickelt hat. Es wuchs aus der Überzeugung heraus,

> «... daß Ideen, deren wir uns oft gar nicht bewußt sind, wie insbesondere unsere Ideen über die menschliche Erkenntnis und deren zentrale Probleme (‹Was können wir wissen?›, ‹Wie gewiß ist unser Wissen?›), für unsere Einstellung zu uns selbst und zur Politik entscheidend sind.
>
> In der Logik der Forschung versuchte ich zu zeigen, daß unser Wissen durch Versuche und durch die Eliminierung von Irrtümern wächst und daß der Hauptunterschied zwischen dem vorwissenschaftlichen und dem wissenschaftlichen Stadium unseres Wissens darin liegt, daß wir auf der wissenschaftlichen Ebene bewußt nach unseren Irrtümern suchen: Die *bewußte Annahme der kritischen Methode* wird zum Hauptinstrument des Wachstums unseres Wissens» (Popper 1979 a, 163).

Ähnlich definiert er an anderer Stelle seine philosophische Grundposition: «Bewußtes Lernen aus unseren Fehlern durch dauernde Korrektur ist das Prinzip der Einstellung, die ich den ‹kritischen Rationalismus› nenne» (Popper 1974, IX).

Diese Definition enthält zwei Begriffe, die seit Kants «Kritik der reinen Vernunft» von 1781 immer wieder eng miteinander in Verbindung gebracht wurden: Kritik und Rationalität oder Vernunft. Kant sah die Vernunft als die höchste der menschlichen Fähigkeiten an, die, in jedem Einzelnen gleichermaßen vorhanden, die Grundlage der menschlichen Intersubjektivität bildet. Als theoretisches Vermögen ist sie zugleich diejenige Instanz, die in ihr selbst jenes analytische und selbstkritische Potenzial entfaltet, das sie befähigt, den Ursprung, den Umfang und damit auch die Grenzen der menschlichen Erkenntnis zu bestimmen. Kants Begriff der Vernunft ist also skeptisch und optimistisch zugleich: Skeptisch, weil er keine schrankenlose Erkenntnisfähigkeit der menschlichen Vernunft annimmt, sondern ihr unüberschreitbare Grenzen setzt. So bleibt nach ihm dem Menschen die theoretische Einsicht in transzendente Gegenstände wie Gott oder die Unsterblichkeit auf ewig verschlossen. Optimistisch, weil er glaubte, dem menschlichen Wissen innerhalb dieser Grenzen ein absolut unerschütterliches Fundament gelegt zu haben.

Popper teilt Kants Vernunftskepsis. Auch für ihn bleibt die Vernunft zwar höchste Instanz. Doch gelte es, ihre Fehlbarkeit und Begrenztheit anzuerkennen. Er erweitert den Begriff der Rationalität sogar noch, insofern sie für ihn «nicht nur rein intellektuelle Tätigkeiten, sondern auch Beobachtungen und Experimente» einschließt (Popper 1980 b, 275). Nicht zu teilen vermag er Kants Optimismus hinsichtlich ihrer Fähigkeit, sich selbst oder ein absolut gewisses Wissen zu begründen:

«Die rationalistische Einstellung ist dadurch charakterisiert, daß dem Argument und der Erfahrung große Bedeutung zugemessen wird. Aber weder ein logisches Argument noch die Erfahrung reichen aus zur Begründung der rationalistischen Einstellung; denn nur Menschen, die bereit sind, Argumente oder Erfahrungen in Betracht zu ziehen (und die daher bereits die rationalistische Einstellung angenommen haben), werden von ihnen beeindruckt sein. Das heißt, daß man zuerst eine rationalistische Einstellung annehmen muß und daß erst dann Argumente oder Erfahrungen Beachtung finden werden; woraus folgt, daß jene Einstellung nicht selbst auf Argumente und Erfahrungen gegründet werden kann» (Popper 1980 b, 275).

Ob man sich daher zur Rationalität bekennt, ist nicht philosophisch ableitbar und begründbar, sondern Ausdruck einer freien Wahl, die einem «irrationalen Glauben *an die Vernunft*» (Popper 1980b, 284) entspringt. Diese irrationale Entscheidung für Rationalität ist jedoch nicht beliebig und willkürlich. Denn nur Vernunft kann immer selbstkritisch bleiben, sie vermag argumentierend das Für oder Wider einer Sache abzuwägen, während ihr Gegenteil, die Irrationalität, zum dogmatischen Denken tendiert: «wo es kein Argument gibt, da bleibt nichts als die völlige Annahme oder Ablehnung» (Popper 1980b, 295). Der Dogmatismus neigt politisch gesehen zu autoritären und totalitären Systemen, moralisch gesehen zu Rechthaberei und Intoleranz, die sich auf keine Diskussion mehr einlassen, und zu einem autoritären Habitus, bei dem die Person zählt, nicht die von ihr vertretene Sache. Die Entscheidung für die Vernunft ist für Popper daher ganz zentral eine moralische Entscheidung gegen Dogmatismus und für Toleranz. Denn ist auch die Entscheidung für den Irrationalismus logisch unanfechtbar, so sind doch ihre *Folgen* moralisch sehr wohl angreifbar. Rationalismus bedeutet für Popper einen positiven Wert, weil er die Einstellung ist, «die möglichst viele Probleme durch einen Appell an die Vernunft, das heißt an klares Denken und an die Erfahrung zu lösen versucht, statt Gefühle und Leidenschaften aufzurufen». Auf der Ebene des praktischen Verhaltens: weil er «eine Einstellung (ist), die zugibt, daß ‹*ich mich irren kann, daß du recht haben kannst und daß wir zusammen vielleicht der Wahrheit auf die Spur kommen werden*›» (Popper 1980b, 276).

Vernünftigkeit ist Offenheit für die Kritik anderer und die Fähigkeit zur Selbstkritik, kurz *kritische Rationalität.* Darüber hinaus ist sie die Einsicht, dass es *endgültige* Gewissheit und Sicherheit auf keinem Gebiet, auch in der Wissenschaft nicht, geben kann. Denn keine der angeblich objektiven und unbestreitbaren Wahrheiten in Wissenschaft und Philosophie hat, wie schon ein flüchtiger Blick auf die Geschichte lehrt, auf Dauer der Kritik standgehalten. Selbst das vielleicht am besten begründete und überprüfte Theoriegebäude der Wissenschaftsgeschichte, Newtons ‹klassische› Physik, wurde durch Einsteins Relativitätstheorie und deren Folgen in ihrem totalen Geltungsanspruch für alle Bereiche des

Kosmos eingeschränkt auf einen Bereich mittlerer Größenordnung. Dagegen ist sie für den atomaren Mikrokosmos und makrokosmische Prozesse nicht aussagekräftig. Noch ärger ist es um das ‹absolute Wissen› und die Letztbegründungen der Philosophen bestellt, die oft schon nach wenigen Jahren unter dem Ansturm kritischer Gegenargumente zerbröckelten, wofür der Untergang des Hegel'schen Systems im 19. Jahrhundert nur ein Beispiel unter vielen ist (vgl. S. 343–349). Abgesehen von diesen historischen Argumenten widerspricht aber auch die kritisch-rationale Einstellung der Annahme, das es ein für alle Mal wahre Theorien gebe (Wahrheit im klassischen Sinn verstanden als Übereinstimmung von Denken und Tatsachen). Denn derjenige, der behauptet, er sei im Besitz einer solchen Wahrheit, würde sich gegen jede Kritik immunisieren. Woher nähme er aber die Gewissheit von der Unwiderlegbarkeit seiner Theorie bis in alle Zukunft? Popper geht so weit zu behaupten, dass, selbst wenn manche Theorien wahr wären, wir dies doch niemals sicher wissen könnten.

In diesem Zusammenhang zitiert Popper immer wieder die Verse des altgriechischen Dichters und Philosophen Xenophanes aus dem 6. vorchristlichen Jahrhundert: «Nimmer noch gab es den Mann und nimmer wird es ihn geben, der die Wahrheit erkannt von den Göttern und allem auf Erden. Denn auch, wenn er einmal das Rechte vollkommen getroffen, wüßte er selbst es doch nicht. Denn Wähnen nur ist uns beschieden» (in: Capelle 1968, 125).

Unser gesamtes Wissen beruht nur auf «Wähnen», modern gesprochen auf Vermutungen und Hypothesen. Das ist für Popper aber kein Grund zur Resignation. Denn Hypothesen lassen sich allmählich verbessern. Wenn uns auch die Einsicht in die Wahrheit als solche versagt bleibt, so gibt er damit doch den Wahrheitsbegriff nicht preis: Eine Annäherung an diesen Grenzwert ‹Wahrheit›, diesen Punkt X, ist sehr wohl möglich. Auch hier ruft er Xenophanes zum historischen Kronzeugen auf: «Die Götter haben den Sterblichen nicht von Anfang an alles offenbart, sondern erst nach und nach finden diese suchend das Bessere» (in: Capelle 1968, 125).

Wie soll es aber ein Kriterium für die größere oder geringe Qualität einer Hypothese geben, wenn die Wahrheit als Prüfstein ausscheidet? Poppers Antwort lautet: Dieses Kriterium ist der wissenschaftliche Fortschritt, es ersetzt die Illusion von wissenschaftlicher Sicherheit:

«Die Wissenschaft ist eine kritische Tätigkeit. Wir überprüfen unsere Hypothesen kritisch, um Fehler zu finden; und in der Hoffnung, die Fehler zu eliminieren und so der Wahrheit näher zu kommen. Wir sehen eine Hypothese, sagen wir eine neue Hypothese, als besser an als eine andere, wenn sie die folgenden Forderungen erfüllt: Erstens muß die neue Hypothese alle jene Dinge erklären, die die alte Hypothese erfolgreich erklärt hat. Das ist der erste und wichtigste Punkt. Zweitens soll sie zumindest einige Fehler der alten Hypothese vermeiden; das heißt, sie soll womöglich kritischen Prüfungen standhalten, denen die alte Hypothese nicht standgehalten hat. Drittens soll sie womöglich Dinge erklären, die die alte Hypothese nicht erklären oder voraussagen kann» (Popper 1979 b, 14).

Poppers Kriterium für die Qualität einer Hypothese ist also negativ: Die bessere Hypothese ist nicht im positiven Sinne wahr oder auch nur wahrer als die schlechtere. Das können wir niemals gewiss sagen. Wissen können wir aber, dass sie weniger fehlerhaft ist, und darauf gründet sich der wissenschaftliche Fortschritt.

Theorien können deshalb niemals bewiesen (*verifiziert*), sehr wohl aber widerlegt (*falsifiziert*) werden: «Insoferne sich die Sätze einer Wissenschaft auf die Wirklichkeit beziehen, müssen sie falsifizierbar sein und insoferne sie nicht falsifizierbar sind, beziehen sie sich nicht auf die Wirklichkeit» (Popper 1980 b, 20). Eine Theorie gilt für Popper dann als widerlegt, wenn sie erklärungsschwächer ist als eine andere, d.h. wenn sie (für einen bestimmten Bereich) weniger umfassend ist oder Tatsachen auftauchen, die sie nicht erklären kann: «Von fast jeder Theorie kann man sagen, daß sie mit vielen Tatsachen übereinstimmt: dies ist einer der Gründe dafür, daß eine Theorie nur dann als bewährt bezeichnet werden kann, wenn man keine sie widerlegenden Tatsachen finden kann, nicht aber, wenn man Tatsachen findet, die sie stützen» (Popper 1974, 87 f.). Wenn jemand z.B. die Behauptung aufstellt «Alle Schwäne sind weiß», dann müsste er zum Beweis seiner Behauptung das gesamte Universum nach weißen Schwänen absuchen, was offenkundig absurd ist. Dagegen ist seine Behauptung durch die Entdeckung nur eines einzigen schwarzen Schwanes falsifiziert. – Weitere Kennzeichen einer guten Hypothese sind ihre prognostische Kraft (sie vermag etwa Phänomene zu erklären, die zum Zeitpunkt ihrer Formulierung noch unbekannt waren) und ihre innere Widerspruchsfreiheit (eine Theorie, die formal-logische Widersprüche aufweist, muss falsch sein).

Diese wissenschaftstheoretische Position räumt ersichtlich der Theorie Priorität vor der Beobachtung oder dem Experiment ein. Forschung nimmt nach Popper ihren Ausgang immer von der Bildung einer neuen Hypothese. Erst sie definiert, was in ihrem Kontext als Tatsache von Bedeutung ist. Dagegen lassen sich aus der Verallgemeinerung einzelner Fakten (das sogenannte *Induktionsproblem*) niemals allgemeine Gesetze ableiten: Auch dass die Sonne bisher jeden Morgen aufgegangen ist, berechtigt nicht zur Aufstellung eines Gesetzes, dass dies ewig so sein werde. Obwohl Popper sich daher hauptsächlich für die Bildung allgemeiner Theorien interessiert, hat er sich auch mit dem Unterschied zwischen theoretischen und historischen Wissenschaften auseinandergesetzt: «während den theoretischen Wissenschaften hauptsächlich an der Entdeckung und Prüfung universaler Gesetze liegt, nehmen die historischen Wissenschaften alle möglichen allgemeinen Gesetze als gültig an und beschäftigen sich hauptsächlich mit der Entdeckung und Prüfung singulärer Sätze» (Popper 1974, 112). Während sich die theoretischen Natur- und Sozialwissenschaften also mit der Aufstellung von Gesetzen befassen, die unabhängig von einem bestimmten Ort oder einem bestimmten Zeitpunkt gelten, erforscht der Historiker einmalige und unwiederholbare Ereignisse. Allerdings spielen auch in seine Arbeit allgemeine Gesetze hinein, wie Popper an einem drastischen Beispiel klarmacht: «Wenn wir als Todesursache Giordano Brunos die Tatsache angeben, daß er auf dem Scheiterhaufen verbrannt wurde, brauchen wir das allgemeine Gesetz, nach dem alle Lebewesen sterben, wenn sie der Hitze ausgesetzt sind, nicht zu erwähnen» (Popper 1974, 114). Der Historiker hat anhand von Quellen und Dokumenten zu prüfen, ob es stimmt, dass der italienische Naturphilosoph am 17. Februar 1600 von der Inquisition auf dem Campo dei Fiori in Rom verbrannt wurde. Das allgemeine Gesetz, wodurch sein Tod eintrat, ist in diesem Falle trivial und wird stillschweigend als bekannt vorausgesetzt.

3. Die Stückwerktechnologie

Eine so ausführliche Erörterung der wissenschaftstheoretischen Grundannahmen des kritischen Rationalismus ist angezeigt, weil Popper aus ihnen weitreichende Konsequenzen für seine politische Philosophie entfaltet. So folgt für ihn aus seiner Abgrenzung zwischen historischen und theoretischen Wissenschaften die Unmöglichkeit, eine allgemeine Theorie der Geschichte zu formulieren, die wissenschaftlichen Ansprüchen genügt. Denn wie eben schon gezeigt, sind die Gesetze, die in die Arbeit des Historikers einfließen, trivial und dem eigentlichen Gegenstand der Geschichtsschreibung, der Darstellung aufeinanderfolgender einmaliger Ereignisse, gewissermaßen äußerlich. Diese Gesetze haben daher mit einer Geschichtstheorie ohnehin nichts zu tun. Aber auch auf induktivem Weg lassen sich aus Einzelereignissen so wenig *historische* Gesetze gewinnen wie *physikalische* aus dem allmorgendlichen Sonnenaufgang. Die Annahme gar, dass es Entwicklungsgesetze gebe, die die einzelnen Epochen der Menschheitsgeschichte miteinander verknüpfen und auf diese Weise, vergleichbar naturwissenschaftlichen Gesetzen, Prognosen zulassen, hält Popper für einen politisch gefährlichen Irrglauben. Seinen Gegenbeweis kleidet er in die Form eines logischen Schlusses:

«(1) Der Ablauf der menschlichen Geschichte wird durch das Anwachsen des menschlichen Wissens stark beeinflußt ...

(2) Wir können mit rational-wissenschaftlichen Methoden das zukünftige Anwachsen unserer wissenschaftlichen Erkenntnisse nicht vorhersagen ...

(3) Daher können wir den zukünftigen Verlauf der menschlichen Geschichte nicht vorhersagen.

(4) Das bedeutet, daß wir die Möglichkeit einer *theoretischen Geschichtswissenschaft* verneinen müssen, also die Möglichkeit einer historischen Sozialwissenschaft, die der *theoretischen* Physik oder der Astronomie des Sonnensys-

tems entsprechen würde. Eine wissenschaftliche Theorie der geschichtlichen Entwicklung als Grundlage historischer Prognosen ist unmöglich» (Popper 1974, XI f.).

Die Geschichte ist für Popper ein offener, mehr oder weniger indeterminiert ablaufender Prozess. Diese Annahme führt ihn zu einer radikalen Absage an alle Geschichtsphilosophien, denen er vorwirft, sie wollten ewige Notwendigkeit aus dem historischen Geschehen herauspräparieren. Diese Position, er nennt sie *Historizismus*, verkörpert für ihn sowohl die gesamte Geschichtsmetaphysik von Augustin bis Hegel, als auch Marx' und Engels' Lehre von der bisherigen Geschichte als einem unaufhörlichen Kampf der sozialen Klassen gegeneinander (vgl. S. 372 ff.). Die Historizisten, die «falschen Propheten», huldigen – so Popper – dem Aberglauben, sie könnten die Zukunft der gesamten Menschheit vorhersagen, womit sie den Menschen zu einem hilflosen und rein passiven Spielball angeblicher historischer Gesetze machen:

«Der Historizist sieht nicht, daß wir es sind, die die Tatsachen der Geschichte auswählen und ordnen, sondern er glaubt, daß ‹die Geschichte selbst› oder ‹die Geschichte der Menschheit› durch ihre inhärenten Gesetze uns, unsere Probleme, unsere Zukunft und sogar unseren Gesichtspunkt bestimmt» (Popper 1980 b, 332 f.).

Damit will Popper den gesellschaftlichen Bereich aber nicht dem totalen Zufall ausgeliefert wissen:

«Meine Widerlegung des Historizismus schließt natürlich nicht die Möglichkeit jeder Art von Sozialprognosen aus. Ganz im Gegenteil, die Möglichkeit der Prüfung von Sozialtheorien – etwa von Wirtschaftstheorien – mit Hilfe der Voraussage, daß bestimmte Entwicklungen unter bestimmten Bedingungen eintreten werden, bleibt durchaus offen. Widerlegt ist nur die Möglichkeit der Vorhersage geschichtlicher Entwicklungen, insofern diese durch das Anwachsen unseres Wissens beeinflußt werden können» (Popper 1974, XII).

In seinen politisch-praktischen Konsequenzen hält er den Historizismus für geradezu schädlich. Denn er verführe immer wieder kleine Gruppen, Parteien oder Intellektuellenzirkel dazu, aufgrund einer angeblich ‹höheren› Einsicht in den Ablauf der Geschichte ihre Mitmenschen zu unterdrücken. Steht, wie bei vielen revolutionären Bewegungen, am Ende der prophezeiten historischen Entwicklung eine Idealgesellschaft, so werden diese Gruppen, einmal an die Macht gelangt, versuchen, ihre Utopie zu verwirklichen und die Gesellschaft nach einem Gesamtplan neu zu errichten. Popper hat hier gewiss vor allem die Jakobinerdiktatur unter Robespierre während der Französischen Revolution und die russische Oktoberrevolution von 1917 vor Augen. Eine solche Neukonstruktion kann aber nicht gelingen, weil niemand die Einsicht in alle Folgen seiner Handlungen hat, zumal wenn diese in größtem Maßstab angelegt sind: «Sogar jene Institutionen und Traditionen, die als das Ergebnis bewußter und absichtlicher menschlicher Handlungen entstehen, sind in der Regel das *indirekte, unbeabsichtigte und oft unerwünschte Beiprodukt solcher Handlungen*» (Popper 1980b, 118). Außerdem verlangt «ein utopischer Versuch der Verwirklichung eines idealen Staates ... eine streng zentralistische Herrschaft einiger weniger, und er führt aller Wahrscheinlichkeit nach zu einer Diktatur» (Popper 1980a, 117). Auch eine in menschenfreundlichster Absicht errichtete Diktatur wird immer konstitutionelle Gebrechen haben. Abgesehen davon, dass sie ihre Ziele nie erreichen kann, wird sie sich, da ja im Besitz der ‹Wahrheit›, dogmatisch verhärten und der notwendigen Korrektur ihrer Fehler durch öffentliche Kritik verschließen, um am Ende ungerechtfertigtes Leid über jene zu bringen, die sie doch gerade beglücken wollte.

Popper teilt sehr wohl die Ansicht vieler Sozialreformer und Revolutionäre, dass die gegenwärtige nicht die beste aller möglichen Gesellschaften sei. Aber er misstraut den großen, auf Perfektion bedachten Lösungen, setzen sie doch bei den Herrschenden Qualitäten voraus, die diese nur äußerst selten besaßen: «Ich neige zu der Ansicht, daß Herrscher sich moralisch oder intellektuell selten über und oft unter dem Durchschnitt befanden» (Popper 1980a, 172). Jeder Neubau der Gesellschaft von Grund auf wird daher vermutlich schon an der Mittelmäßigkeit derer scheitern, die sie durchführen wollen. Die Frage lautet für Popper daher auch nicht: Wie können wir die Herrschaft einer Elite organisieren? Sondern: «Wie können wir die politischen Institutionen so organisieren, daß es schlechten oder inkompetenten Herrschern unmöglich ist, allzugroßen Schaden anzurichten?» (Popper 1980a, 170).

Dem Elitekonzept und der totalen Planung historizistisch eingestellter Politiker und Sozialwissenschaftler setzt er sein auf kleinräumige Reformen hin angelegtes Konzept der «*Stückwerktechnologie*» entgegen, eine Sozialtechnik, die – Stück für Stück – versucht, Einzelprobleme anzugehen, um auf diese Weise die Gesellschaftsordnung allmählich umzubauen und zu verbessern:

«Wie Sokrates weiß der Stückwerk-Ingenieur, wie wenig er weiß. Er weiß, daß wir nur aus unseren Fehlern lernen können. Daher wird er nur Schritt für Schritt vorgehen und die erwarteten Resultate stets sorgfältig mit den tatsächlich erreichten vergleichen, immer auf der Hut vor den bei jeder Reform unweigerlich auftretenden unerwünschten Nebenwirkungen. Er wird sich auch davor hüten, Reformen von solcher Komplexität und Tragweite zu unternehmen, daß es ihm unmöglich wird, Ursachen und Wirkungen zu entwirren und zu wissen, was er eigentlich tut» (Popper 1974, 54).

Sich für diese Methode entscheiden heißt, wie bei der Entscheidung für die Vernunft, eine letztlich moralische Wahl treffen, eine Wahl, deren Berechtigung allerdings an den aus ihr folgenden konkreten Maßnahmen und an der Zustimmung zu ihr gemessen werden kann. In der folgenden Passage wird deutlich, wie viel Popper Max Webers Unterscheidung von Gesinnungs- und Verantwortungsethik bzw. deren Verbindung im politischen Handeln (vgl. S. 428–432) verdankt:

«Der Befürworter einer Ad-hoc-Technik kann seine Methode damit verteidigen, daß die systematische Bekämpfung des Leidens und der Ungerechtigkeit und des Krieges viel eher die Unterstützung einer großen Zahl von Menschen finden wird als der Kampf für die Verwirklichung eines Idealstaates. Daß es soziale Übel gibt, das heißt soziale Zustände, unter denen viele Menschen zu leiden haben, ist etwas, was sich verhältnismäßig leicht feststellen läßt: die, die leiden, können aus eigener Erfahrung urteilen, und die andern können kaum sagen, daß sie gerne mit jenen tauschen würden. Aber über einen Idealstaat vernünftig zu diskutieren ist unendlich viel schwieriger. Das soziale Leben ist so kompliziert, daß nur wenige Menschen oder überhaupt niemand fähig ist, den Wert eines Bauplans für soziale Maßnahmen im großen Maßstab richtig einzuschätzen; ob er praktisch ist; ob er zu einer wirklichen Verbesserung führen kann; welche Leiden aller Wahrscheinlichkeit nach mit ihm verbunden sein werden und welche Mittel zu seiner Verwirklichung führen. Im Gegensatz dazu sind Pläne für einen schrittweisen Umbau der Gesellschaftsordnung relativ einfach zu beurteilen. Es sind dies ja Pläne für einzelne Institutionen, zum Beispiel für die Kranken- oder Arbeitslosenversicherung, für Schiedsgerichte, für Budgetvoranschläge zur Bekämpfung von Depressionen oder für Erziehungsreform. Wenn sie fehlschlagen, dann ist der Schaden nicht allzu groß und eine Wiederherstellung oder Adjustierung nicht allzu schwierig. Derartige Entwürfe sind weniger riskant und gerade aus diesem Grunde weniger umstritten. Wenn sich aber eine Einigung in bezug auf die bestehenden Übel und die Mittel zu ihrer Bekämpfung leichter erreichen läßt als eine Einigung über ein ideales Gut und über die Mittel zu seiner Verwirklichung, dann können wir auch hoffen, daß uns die Anwendung der Methode des stückweisen Umbaus über die allergrößte Schwierigkeit jeder vernünftigen politischen Reform hinweghelfen wird, nämlich über die Frage, wie wir es anstellen sollen, daß bei der Durchführung des Programms die Vernunft und nicht Leidenschaft und Gewalt zu Worte kommen. Es wird möglich sein, einen vernünftigen Kompromiß zu erzielen und dadurch eine Verbesserung mit Hilfe demokratischer Methoden zu erreichen» (Popper 1980 a, 216).

Eine Gesellschaft, die so frei und vernünftig ist, dass sie maßvolle Stückwerk-Reformen und damit zugleich die kritische Diskussion ihrer Grundlagen zulässt, nennt Popper eine *offene Gesellschaft*. Sie gibt den Individuen Raum, persönliche Entscheidungen zu treffen, während ihr Gegenteil, die *geschlossene Gesellschaft* mit ihren magischen, stammesgebundenen oder kollektivistischen Tendenzen, zugleich antiindividualistisch ausgerichtet ist (vgl. Popper 1980 a, 233). Beispiele für geschlossene Gesellschaften findet er ebenso im antiken Sparta wie in den modernen faschistischen oder stalinistischen Staaten mit ihren Appellen an dumpfe Leidenschaften und kollektivistisch-mystische Bedürfnisse statt an rationale Einsicht und individuelle Verantwortung. Am Ende allerdings, bei der Beschwörung jener Gefahren, die von den modernen totalitären Staaten ausgehen, scheint es fast, als ob er selbst mythischen Deutungsmustern verfällt, wenn er vom «ewigen Aufstand gegen die Freiheit und die Vernunft spricht» (Popper 1980 b, 78); denn Ewiges kann es in seiner Geschichtskonzeption eigentlich nicht geben.

4. Freiheit, Glück und Geschichte

Neben der Abwehr historizistischer Theorie und Praxis sieht Popper das politische Schlüsselproblem in der Kontrolle staatlicher und wirtschaftlicher Gewalt, weil jede Anhäufung von Gewalt die Aufnahmebereitschaft für rationale Kritik, damit die Korrekturmöglichkeiten bei fehlerhaftem Handeln reduziere und immer die Gefahr einer Diktatur in sich berge. Bei der Ausübung dieser Kontrolle ist die Frage nach den Inhabern der Macht von untergeordneter Bedeutung im Vergleich zu der Frage «‹Wie soll die Macht gehandhabt werden?› oder ‹*Welches Ausmaß* von Macht wird gehandhabt?› Wir müssen lernen, daß alle politischen Probleme letzten Endes institutionelle Probleme sind, Probleme des gesetzlichen Rahmens und … daß der Fortschritt zu größerer Freiheit nur durch die institutionelle Kontrolle der Macht sichergestellt werden kann» (Popper 1980 b, 200).

Anders gesagt: Die Beherrschten müssen über Kontrollinstitutionen verfügen, die den Missbrauch staatlicher Gewalt und ökonomischer Ausbeutung nach Möglichkeit unterbinden. Die einzige Institution, die in diesem Sinne funktionstüchtig ist, sei aber die *Politische Demokratie*, die ihrerseits wiederum die ökonomische Gewaltausübung eindämmen müsse. Poppers Konzept sieht einen Primat der Politik über die Wirtschaft vor. Es wendet sich ebenso gegen die marxistische Vorstellung, der Staat sei als bloßes Überbauphänomen eine willenlose Marionette in den Händen mächtiger Wirtschaftsführer, wie gegen den klassisch-liberalistischen Nachtwächterstaat, der lediglich Rahmenbedingungen wie äußere Sicherheit und physische Gewaltfreiheit im Innern bereitstellt, um der Wirtschaftstätigkeit einen umso uneingeschränkteren Lauf zu lassen (‹*laissez faire, laissez aller*›). Bei Popper soll der Staat zugunsten der Schwachen in die Wirtschaft eingreifen, allerdings durch indirekte Methoden, d.h. vor allem durch seine Gesetzgebung, und nicht auf direktem Wege, indem er etwa selbst wirtschaftlich tätig würde (im Sprachgebrauch der Tagespolitik also durch marktwirtschaftliche und nicht durch dirigistische Mittel, die den Staat in die Nähe der Planwirtschaft bringen würden). In diesem Modell einer von sozialstaatlichen Elementen durchsetzten Demokratie muss die oberste Maxime staatlichen Handelns stets die Gewährleistung der politischen und ökonomischen Freiheit der Bürger sein:

«Ein Staat, der seine Bürger vor der Einwirkung roher Gewalt schützt (was im Prinzip im System des schrankenlosen Kapitalismus der Fall ist), kann doch unsere Absichten dadurch vereiteln, daß er es versäumt, die Bürger auch vor dem Mißbrauch der ökonomischen Gewalt in Schutz zu nehmen. In einem solchen Staat steht es dem ökonomisch Starken noch immer frei, einen Menschen, der ökonomisch schwach ist, zu tyrannisieren und ihn seiner Freiheit zu berauben. Und unter diesen Umständen kann die schrankenlose ökonomische Freiheit sich ebenso selbst zerstören wie die unbeschränkte physische Freiheit, und die ökonomische Gewalt kann fast ebenso gefährlich sein wie physische Gewaltanwendung; denn wer einen Überschuß an Nahrungsmitteln besitzt, der kann die Hungrigen ohne jede Anwendung von Gewalt zwingen, sich ‹freiwillig› in die Knechtschaft zu begeben. Und wenn wir annehmen, daß der Staat seine Tätigkeit auf die Unterdrückung der Gewalt (und auf den Schutz des Eigentums) einschränkt, dann ist es möglich, daß eine wirtschaftlich starke Minorität die Majorität der wirtschaftlich Schwachen ausbeutet.

Wenn diese Analyse korrekt ist, dann ist es klar, welches Heilmittel wir verschreiben müssen. Es muß ein politisches Heilmittel sein – ein Heilmittel ähnlich jenem, das wir gegen den Gebrauch physischer Gewalt verwenden. Wir müssen soziale Institutionen konstruieren, die die wirtschaftlich Schwachen vor den wirtschaftlich Starken schützen, und die Staatsgewalt muß diesen Institutionen zur Wirksamkeit verhelfen. Der Staat muß darauf achten, daß niemand aus

Furcht vor Hunger oder vor wirtschaftlichem Zusammenbruch ein ungerechtes Abkommen zu schließen braucht.

Das bedeutet natürlich, daß das Prinzip der Nichtintervention eines unbeschränkten ökonomischen Systems aufgegeben werden muß; wenn wir die Freiheit sicherstellen wollen, dann müssen wir fordern, daß die Politik schrankenloser ökonomischer Freiheit durch die geplante ökonomische Intervention des Staates ersetzt werde. Wir müssen fordern, daß der schrankenlose *Kapitalismus* einem *ökonomischen Interventionismus* weiche. Und genau das ist geschehen ...

In dieser [Poppers] Position kommt der politischen Gewalt eine grundlegende Rolle zu. Es wird angenommen, daß die politische Gewalt die ökonomische Gewalt kontrollieren kann. Das bedeutet eine enorme Ausdehnung des Bereichs der politischen Wirksamkeit. Wir können uns fragen, welche Ziele wir erreichen wollen und wie wir diese Ziele erreichen wollen. Wir können zum Beispiel ein rationales politisches Programm zum Schutz der Schwachen entwickeln. Wir können Gesetze einführen, die der Ausbeutung Grenzen setzen. Wir können den Arbeitstag einschränken; aber wir können noch viel mehr tun. Durch Gesetze können wir die Arbeiter (oder, was noch besser ist, alle Bürger) gegen Arbeitsunfähigkeit, Arbeitslosigkeit und Alter versichern. Auf diese Weise können wir Formen der Ausbeutung verhindern, die die wirtschaftliche Lage eines Arbeiters ausnützen, der sich in alles ergeben muß, um nicht zu verhungern. Und wenn wir durch Gesetz jedem, der willens ist zu arbeiten, eine Lebensmöglichkeit gewähren können – und es gibt wirklich keinen Grund, warum uns das nicht gelingen sollte –, dann wird der Schutz der Freiheit der Bürger vor wirtschaftlicher Furcht und wirtschaftlicher Einschüchterung allmählich vollkommen werden. So gesehen, ist die politische Gewalt der Schlüssel zum wirtschaftlichen Schutz. Die politische Gewalt und ihre Kontrolle ist alles. Die wirtschaftliche Gewalt darf die politische Gewalt nicht beherrschen; sie muß, wenn nötig, bekämpft und von der politischen Gewalt im Zaum gehalten werden ...

Die Demokratie, das Recht der Menschen, zu urteilen und ihre Regierung zu entlassen, ist das einzige bekannte Mittel, mit dessen Hilfe wir versuchen können, uns gegen den Mißbrauch der politischen Gewalt zu schützen; sie ist die Kontrolle der Herrscher durch die Beherrschten, der Regierenden durch die Regierten. Und da die politische Gewalt die ökonomische Gewalt kontrollieren und im Zaume halten kann, so ist die politische Demokratie auch das einzige

Mittel zur Kontrolle der ökonomischen Gewalt durch die Regierten. Ohne eine demokratische Kontrolle gibt es keinen erdenklichen Grund, warum eine Regierung ihre politische und ökonomische Macht nicht für Zwecke verwenden sollte, die mit dem Schutz der Freiheit ihrer Bürger nicht mehr das geringste zu schaffen haben» (Popper 1980 b, 154–157).

Das wesentliche Kennzeichen der politischen Demokratie besteht darin, dass sie den Beherrschten die Möglichkeit einräumt, auf legalem und gewaltfreiem Wege einen Wechsel in der Regierung herbeizuführen. Jede andere Regierungsform hält Popper für tyrannisch. Sowenig sich auch festlegen lässt, wie eine Demokratie im Einzelnen ausgestaltet werden soll, so muss eine «folgerichtige demokratische Verfassung» daher doch «eine Art der Änderung des legalen Systems ausschließen, nämlich eine Änderung, die ihren demokratischen Charakter gefährden würde» (Popper 1980 b, 198). Der volle Schutz der Demokratie für Minoritäten darf denn auch bei denen nicht mehr greifen, die sie abschaffen wollen.

Der demokratisch kontrollierte Staat soll und kann die physische und soziale Sicherheit und Freiheit seiner Bürger schützen. Er überschritte die Grenzen seiner institutionellen Mittel und seiner Befugnisse, wollte er außerdem für das Glück seiner Bürger sorgen. Denn

«... von allen politischen Idealen ist der Wunsch, die Menschen glücklich zu machen, vielleicht der gefährlichste. Ein solcher Wunsch führt unvermeidlich zu dem Versuch, anderen Menschen unsere Ordnung ‹höherer› Werte aufzuzwingen, um ihnen so die Einsicht in Dinge zu verschaffen, die uns für ihr Glück am wichtigsten zu sein scheinen; also gleichsam zu dem Versuch, ihre Seelen zu retten. Dieser Wunsch führt zu Utopismus und Romantizismus. Wir alle haben das sichere Gefühl, daß jedermann in der schönen, der vollkommenen Gemeinschaft unserer Träume glücklich sein würde. Und zweifellos wäre eine Welt, in der wir uns alle lieben, der Himmel auf Erden. Aber ... der Versuch, den Himmel auf Erden einzurichten, produziert stets die Hölle. Dieser Versuch führt zu religiösen Kriegen und zur Rettung der Seelen durch die Inquisition. Und er beruht meiner Ansicht nach auf einem völligen Mißverständnis unserer sittlichen Pflichten. Es ist unsere Pflicht, denen zu helfen, die unsere Hilfe brauchen; aber es kann nicht unsere Pflicht sein, andere glücklich zu machen, denn dies hängt nicht von uns ab und bedeutet außerdem nur zu oft einen Einbruch in die private Sphäre jener Menschen, gegen die wir so freundliche Absichten hegen. Die politische Forderung nach allmählich aufbauenden (im Gegensatz zu utopistischen) Methoden entspricht der Entscheidung, daß der Kampf gegen das Leiden Pflicht ist, während das Recht, sich um das Glück anderer zu sorgen, als ein Privileg betrachtet werden muß, das auf den engen Kreis ihrer Freunde beschränkt bleibt: Wir haben vielleicht ein gewisses Recht, wenn wir versuchen unsere Wertordnung – etwa unsere Bewertungen in der Musik – auf unsere Freunde zu übertragen ... Aber wir haben dieses Recht nur dann und nur darum, weil sie sich unser entledigen können; weil man Freundschaften beenden kann» (Popper 1980 b, 291).

Poppers gesamtes politisches Programm ist von fundamentalen Vorbehalten gegen die Macht und ihre Ausübung durchdrungen:

«Die Geschichte der politischen Macht ... wird zur Weltgeschichte erhoben. Aber das ist eine Beleidigung jeder anständigen Auffassung von der Menschheit. Es ist kaum besser, als wenn man die Geschichte der Unterschlagung oder des Raubes oder des Giftmordes zur Geschichte der Menschheit machen wollte. *Denn die Geschichte der Machtpolitik ist nichts anderes als die Geschichte internationaler Verbrechen und Massenmorde* ... Diese Geschichte wird in der Schule gelehrt, und einige ihrer größten Verbrecher werden als ihre Helden gefeiert» (Popper 1980 b, 334).

Eine solche Auffassung der Geschichte bedeutet den endgültigen Abschied von einer Geschichtsschreibung, in deren Mittelpunkt die sogenannten ‹großen welthistorischen Individuen› stehen, und zugleich eine erneute Absage an den Historizismus und seine Illusion – ob in göttlichen, vernünftigen oder sozialen Entwicklungsgesetzen der Geschichte –, das Weltgeschehen begreifen und legitimieren zu können. Vergangenes oder gegenwärtiges Leid lässt sich niemals rechtfertigen. Die in Kriegen und Verfolgungen ermordeten und gequälten Menschen bleiben auf immer geschunden und erschlagen. Keine noch so geistreich erdachte Theodizee oder Metaphysik vermag, ihrem Unglück einen Sinn zu verleihen;

denn ‹Sinn› ist nichts, das außer uns, in objektiven Gegebenheiten oder geschichtlichen Strukturen vorläge. Der Sinn des Lebens oder der Geschichte ist eine von jeder Generation neu zu leistende Aufgabe:

«Die Geschichte hat keinen Sinn, das ist meine Behauptung. Aber aus dieser Behauptung folgt nicht, daß wir nichts tun können, daß wir der Geschichte der politischen Macht entsetzt zusehen müssen oder daß wir gezwungen sind, sie als einen grausamen Scherz zu betrachten. Denn wir können sie interpretieren mit einem Auge auf jene Probleme der Machtpolitik, deren Lösung wir in unserer eigenen Zeit versuchen wollen. Wir können die Geschichte der Machtpolitik deuten vom Standpunkt unseres Kampfes für die offene Gesellschaft, für eine Herrschaft der Vernunft, für Gerechtigkeit, Freiheit, Gleichheit und für die Kontrolle des internationalen Verbrechens. Obwohl die Geschichte keinen Zweck hat, können wir ihr dennoch diese unsere Zwecke auferlegen, und *obwohl die Geschichte keinen Sinn hat, können doch wir ihr einen Sinn verleihen.*

... Weder die Natur noch die Geschichte kann uns sagen, was wir tun sollen. Tatsachen, seien es nun Tatsachen der Natur oder Tatsachen der Geschichte, können die Entscheidung nicht für uns treffen, sie können nicht die Zwecke bestimmen, die wir wählen werden. Wir sind es, die Zweck und Sinn in die Natur und in die Geschichte einführen. Die Menschen sind einander nicht gleich; aber wir können uns entschließen, für gleiche Rechte zu kämpfen. Menschliche Institutionen, wie etwa der Staat, sind nicht rational, aber wir können uns entschließen zu kämpfen, um sie mehr rational zu machen. Wir selbst wie auch unsere gewöhnliche Sprache sind im großen und ganzen eher emotional als rational; wir können aber versuchen, etwas mehr rational zu werden, und wir können uns darin üben, unsere Sprache nicht als ein Instrument des Selbstausdrucks (wie unsere romantischen Erziehungstheoretiker sagen würden), sondern als ein Instrument der rationalen Kommunikation zu verwenden. Die Geschichte selbst ... hat weder ein Ziel noch einen Sinn, aber wir können uns entschließen, ihr beides zu verleihen. Wir können sie zu unserem Kampf für die offene Gesellschaft und gegen ihre Feinde machen ... und wir können sie dementsprechend interpretieren. Schließlich läßt sich dasselbe auch über den ‹Sinn des Lebens› sagen. An uns liegt es, zu entscheiden, was der Zweck unseres Lebens sein soll, und unsere Ziele zu bestimmen» (Popper 1980 b, 344 f.).

John Rawls: Eine Theorie der Gerechtigkeit

Gerechtigkeit als Fairness

Die Frage nach der Gerechtigkeit ist seit der Antike, vor allem seit Platons Politeia, ein Grundthema der abendländischen Philosophie.

Aber schon bei Platon war deutlich, dass in unserer Verwendung dieses Begriffs ein Doppelsinn liegt: Wir nennen nämlich die Handlungen einzelner Menschen gerecht oder ungerecht wie auch die Ordnung des ganzen Gemeinwesens.

Im Zusammenhang der politischen Philosophie kann es aber offensichtlich nicht so sehr darum gehen zu bestimmen, was uns die einzelnen Handlungen von Individuen, gegebenenfalls auch Handlungskomplexe und deren Zusammenfügung in Lebensentwürfen als «gerecht» beurteilen lässt. Diese Thematik ist Gegenstand der philosophischen Ethik.

Vielmehr stehen die Strukturen der Gesellschaft als Ganzer auf dem Prüfstand: ihre grundlegenden institutionellen Einrichtungen, die Rechte und Pflichten, die ihren Mitgliedern zugeteilt werden, die Verteilung ihrer Reichtümer und was sonst die Organisation des Lebens in Gemeinschaft ausmacht. Weil sich hier Fragen der Beurteilung politischer Macht überschneiden mit der Bewertung der Verteilung der sozialen Güter einer Gesellschaft, könnte man auch sagen, dass man es bei der Gerechtigkeitsthematik eigentlich mit einem Thema zu tun hat, welches die Schnittmenge zwischen der Politischen Philosophie und der Sozialphilosophie bildet. Fragt die Erstere unter anderem nach den Grundsätzen politischen Handelns, hat die Sozialphilosophie die Frage nach den grundlegenden Strukturen gesellschaftlichen Zusammenlebens im Blick.

Im 20. Jahrhundert hat kein Philosoph diese Thematik so direkt und mit so durchschlagender Wirkung aufgegriffen wie der nordamerikanische Philosoph John Rawls. Ähnlich wie Karl Popper analysiert er die Traditionslinien der politischen Philosophie vom Standpunkt einer liberalen Demokratie, in der die Grundrechte ihrer Bürger konstitutionell verbürgt sind. Anders aber als Popper interessiert sich Rawls zentral auch für einen Aspekt, der bei diesem nur am Rande eine Rolle spielt: die soziale Gerechtigkeit.

Das Besondere an Rawls' Ansatz ist zunächst darin zu sehen, dass er diese Thematik gegen den in den angelsächsischen Ländern vorherrschenden Utilitarismus entwickelt und auf die ältere Tradition des Gesellschaftsvertrags (etwa bei Thomas Hobbes, John Locke und Jean-Jacques Rousseau) zurückgreift.

Die vor allem im angelsächsischen Sprachraum (von Jeremy Bentham, John Stuart Mill und anderen) entwickelte Philosophie des Utilitarismus bemisst den Wert einer Handlung oder einer Vereinbarung daran, inwiefern sie den Nutzen einer Mehrheit von Betroffenen zu maximieren in der Lage ist. Am von Jeremy Bentham geprägten Schlagwort des «größten Glück der größten Zahl» lässt sich absehen, dass der Utilitarismus weniger die Ableitung von Ordnungsprinzipien aus allgemeinen Gesetzen zum Gegenstand hat als die Folgen von Handlungen und die Konsequenz von Ordnungen in den Blick nimmt.

Rawls will zwar wie im Utilitarismus die Gerechtigkeit einer Gesellschaftsordnung an den Auswirkungen auf ihre Mitglieder ablesen und beurteilen. Aber anders als im Utilitarismus ist für ihn eben nicht das «größte Glück der größten Zahl» das entscheidende Beurteilungskriterium. Nach einer frühen Phase der intensiven Auseinandersetzung mit utilitaristischen Positionen lehnt er es ab, die Maximierung des durchschnittlichen Glücks der Bürger einer Gesellschaft, also die Steigerung des kollektiven Gesamtnutzens zum Maßstab ihrer institutionellen Gerechtigkeit zu machen. Das durchschnittliche Wohl einer Gesellschaft kann ja – so ein bekannter Einwand – leicht auf Kosten der am meisten Benachteiligten, der Deklassierten und Desintegrierten, der Erniedrigten und Beleidigten gesteigert werden. Rawls will deshalb die rein auf die Konsequenzen achtende Kosten-Nutzen-Berechnungen des Utilitarismus durch eine prinzipientheoretische Fundierung gesellschaftlicher Gerechtigkeit ersetzen.

Zu diesem Zweck kann eine ursprüngliche Vertragssituation konstruiert werden, die unter «fairen» Ausgangsbedingungen steht, weil hier unter Absehung von allen besonderen Merkmalen der fiktiven Teilnehmer (wie soziale Herkunft, Hautfarbe oder Geschlecht usw.) die grundlegenden Prinzipien einer gerechten Gesellschafts- und Sozialordnung rational formuliert werden können. Und dann – so Rawls – stellt sich heraus, dass das Wohlergehen der am schlechtesten gestellten Mitglieder in den Vordergrund gerückt werden muss. Für jeden, der nicht weiß, wie seine soziale Stellung in der fiktiven Vertragssituation ist, wäre es rational, dafür einzutreten, dass er – sozusagen im schlimmsten Fall – ein nicht über Gebühr benachteiligtes Mitglied der Gesellschaft bleibt, mit allen politischen Rechten und Chancen, über institutionell geregelte und demokratisch legitimierte Umverteilungen am gesellschaftlichen Reichtum teilzuhaben.

Die sozialen Ordnungssysteme, wie sie in den meisten westlichen Demokratien nach dem Zweiten Weltkrieg entstanden sind, regulieren die sozialen Fliehkräfte des ungebremsten Warenverkehrs durch staatliche Interventionen zum Wohl der sozial Schwächeren. Die Ausprägung dieser wohlfahrtsstaatlichen Ordnungen war in der zweiten Hälfte des 20. Jahrhundert gewiss unterschiedlich, war aber doch prägend für den sozialen Konsens, der zu Beginn der zweiten Jahrhunderthälfte in den westlichen Industrienationen zugleich Motor und Ergebnis wirtschaftlichen Wohlstands war.

Man tut John Rawls bestimmt nicht unrecht, wenn man diesen entstehungsgeschichtlichen Hintergrund für die Entwicklung seiner Gerechtigkeitstheorie festhält. Dennoch darf Rawls Gerechtigkeitstheorie nicht als beschwichtigende Überhöhung wohlfahrtsstaatlicher Nachkriegsverhältnisse ins Prinzipielle missverstanden werden. Es müssen gerade auch diejenigen grundlegenden Werthaltungen herausgearbeitet werden, aus denen sich Rawls' Ansatz speist.

1. Leben und Werk

John Rawls wurde am 21. Februar 1921 in Baltimore, USA, geboren. Er wuchs in einer wohlhabenden bürgerlichen Familie auf, der Vater war ein angesehener Rechtsanwalt, die Mutter wird als eine hochintelligente, für die Gleichberechtigung engagierte Frau beschrieben. Beiden Eltern ist politisches Engagement nicht fremd: Rawls kann sich in der Atmosphäre eines von liberal-demokratischen Grundeinstellungen geprägten Elternhauses entwickeln.

Nach Privatschule und Internat schrieb sich Rawls wie seine beiden Brüder an der Princeton University ein. Nach zwei Jahren wählte er Philosophie als Hauptfach und machte 1943 seinen ersten Abschluss (BA). Gleich anschließend trat er in die Armee ein, in der er als einfacher Soldat bis 1946 in Asien am Zweiten Weltkrieg teilnahm. Nach Wiederaufnahme seiner Studien wird er 1950 zum Doktor der Philosophie (Ph. D.) promoviert und entfaltet in der Folgezeit eine glanzvolle akademische Karriere. Einem Stipendium in Oxford folgte eine erste Professur an der Cornell University, eine weitere am Massachusetts Institut of Technology und schließlich 1961 eine Professur an der Harvard University, wo Rawls bis 1991 lehrte.

Bemerkenswert ist, dass Rawls akademische Karriere und politisches Engagement durchaus zu verbinden wusste. Die 1960er Jahre waren in den USA eine politisch unruhige Zeit. Die Turbulenzen wurden vor allem durch die Bürgerrechtsbewegung und den Vietnamkrieg ausgelöst, der auch in der Professorenschaft von Harvard kontrovers diskutiert wurde. Rawls' Eintreten gegen den Krieg lässt an Deutlichkeit nichts zu wünschen übrig, hindert ihn aber nicht an der Ausarbeitung seines lange vorbereiteten philosophischen Projekts. 1971 veröffentlicht er ein Buch mit dem Titel «A Theory of Justice» (deutsch: Eine Theorie der Gerechtigkeit, 1975), das schon bald als sein Hauptwerk betrachtet wurde. Der Erfolg war jedenfalls einzigartig. Übersetzungen in die wichtigsten Sprachen, hohe Auflagen (gemessen an den Standards philosophischer Fachliteratur) und eine unübersehbare Zahl an Sekundärliteratur nicht nur in philosophischen Fachzeitschriften sprechen für sich.

Rawls hat in der Folgezeit immer wieder versucht, sich der Grundthesen seiner Gerechtigkeitstheorie in der Auseinandersetzung mit seinen Kritikern zu versichern. Er tat dies einerseits, indem er sich mit durchaus wechselnder Akzentsetzung seiner Verankerung in der philosophischen Tradition, d. h. vor allem in der kantischen Ethik und deren Implikation bewusst zu werden versuchte (vgl. dazu ausgehend von § 40 der «Theorie der Gerechtigkeit» beispielhaft Rawls 1992).

Zum anderen führt er die Auseinandersetzung mit den sogenannten Kommunitaristen. Deren Argumente gegen Rawls' Ansatz beim mit unveräußerlichen Rechten ausgestatteten Individuum als letzter Instanz des Gerechtigkeitsbegriffs gehen dahin, dass auf diesem Weg die Vereinzelung ohne Verwurzelung in den vielfältigen Gemeinschaften mit ihren prägenden Bindungen und Wertüberzeugungen zum Modell für die Bestimmung des Individuums und seiner Vernunft gemacht werde. Ausgeblendet blieben hier die sozialen, kulturellen und historischen Bedingungszusammenhänge, aus denen heraus ein Individuum erst zu verstehen sei als zugleich immer schon Element einer Gemeinschaft. Die Anhänger des Kommunitarismus sind von der Notwendigkeit gemeinsamer Wertüberzeugungen als Fundament eines gelingenden gesellschaftlichen Zusammenlebens überzeugt.

Hiergegen argumentiert nun wieder Rawls und versucht, die Grundannahmen eines politischen Liberalismus deutlich zu machen, indem er sich gegen die Relativierung von Gerechtigkeitsfragen in den wechselnden Überzeugungen ganz unterschiedlicher Gemeinschaften zur Wehr zu setzt. Die schlechthin als allen Menschen gemeinsam gefassten Rechte der Individuen stehen aus liberaler Perspektive kontextabhängigen Wertvorstellungen entgegen (vgl. dazu Walzer 1992 und 1995 sowie Sandel 1982).

Schließlich unternimmt er es drittens, seine Gerechtigkeitstheorie von den Dimensionen eines nur nationalstaatlich einlösbaren Projekts zu lösen und auf internationale Zusammenhänge anzuwenden (Rawls 1993).

Als John Rawls 2002 stirbt, ist sein Einfluss auf die politische Philosophie der Gegenwart überwältigend. Man kann sagen, dass er zu deren Neubelebung maßgeblich beigetragen hat. Seine Gerechtigkeitstheorie hat eine klassische Thematik der Philosophie aufgegriffen und ihr eine Bedeutung gegeben, die weit über ihre Entstehungsbedingungen sozialstaatlicher Demokratien hinausweist.

2. Die Rolle der Gerechtigkeit

In seinem Hauptwerk «Eine Theorie der Gerechtigkeit» macht Rawls deutlich, dass die Gerechtigkeit für die praktische Philosophie eine vergleichbare Bedeutung hat wie die Wahrheit für die theoretische Philosophie. Sie ist kein Thema neben anderen, sondern der zentrale Gegenstand des menschlichen Handelns in Gemeinschaften, sofern es um praktische und nicht um theoretische Belange geht. Aber ähnlich wie die Bildung wissenschaftlicher Hypothesen bei Popper unter dem Falsifikationsvorbehalt steht, so dürfen nach Rawls auch die institutionellen Regelungen einer Gesellschaft nur so lange Geltung beanspruchen, wie sie nicht als «ungerecht» disqualifiziert werden können. Vorbehaltlose Gültigkeit können dabei allein jene Menschen- und Bürgerrechte beanspruchen, die auf der Gleichheit aller Mitglieder einer Gesellschaft beruhen:

«Die Gerechtigkeit ist die erste Tugend sozialer Institutionen, so wie die Wahrheit bei Gedankensystemen. Eine noch so elegante und mit sparsamen Mitteln arbeitende Theorie muß fallengelassen oder abgeändert werden, wenn sie nicht wahr ist; ebenso müssen noch so gut funktionierende und wohlabgestimmte Gesetze und Institutionen abgeändert oder abgeschafft werden, wenn sie ungerecht sind. Jeder Mensch besitzt eine aus der Gerechtigkeit entspringende Unverletzlichkeit, die auch im Namen des Wohles der ganzen Gesellschaft nicht aufgehoben werden kann. Daher läßt es die Gerechtigkeit nicht zu, daß der Verlust der Freiheit bei einigen durch ein größeres Wohl für andere wettgemacht wird. Sie gestattet nicht, daß Opfer, die einigen wenigen auferlegt werden, durch den größeren Vorteil vieler anderer aufgewogen werden. Daher gelten in einer gerechten Gesellschaft gleiche Bürgerrechte für alle als ausgemacht; die auf der Gerechtigkeit beruhenden Rechte sind kein Gegenstand politischer Verhandlungen oder sozialer Interessenabwägungen. Mit einer falschen Theorie darf man sich nur dann zufrieden geben, wenn es keine bessere gibt; ganz ähnlich ist eine Ungerechtigkeit nur tragbar, wenn sie zur Vermeidung einer noch größeren Ungerechtigkeit notwendig ist. Als Haupttugenden für das menschliche Handeln dulden Wahrheit und Gerechtigkeit keine Kompromisse» (Rawls 1979, S. 19 f.).

3. Der Gegenstand der Gerechtigkeit

Ganz offensichtlich betrifft Rawls' Gerechtigkeitstheorie die Grundstruktur («basic structure») einer Gesellschaft als Ganzer, und zwar so, dass darunter sowohl die durch die Verfassung und ihre institutionellen Verankerungen garantierten Rechte und Pflichten aller Bürger verstanden werden als auch die Verteilung des Reichtums, der ökonomischen, aber auch kulturellen Güter einer Gesellschaft.

Rawls spricht präzisierend von der «sozialen Gerechtigkeit» als Gegenstand seiner Theorie. Er will den gesamten politischen und ökonomischen Komplex, der durch mannigfaltige gesetzliche Regelungen verrechtlicht ist und durch eine Vielzahl an Institutionen administrativ gesteuert wird, einer Beurteilung durch das für seine politische Philosophie zentrale Kriterium der Gerechtigkeit zugänglich machen. Und dabei geht es offenbar zentral um die Frage, ob Ungleichheiten zwischen den Bürgern eines Gemeinwesen in Kauf genommen werden dürfen und wenn ja, welche Bedingungen es sind, unter denen Ungleichheiten akzeptiert werden sollen. Damit verlässt Rawls den rein beschreibenden Bereich der Analyse des Gerechtigkeitsbegriffs – sein Vorgehen beschreibt zugleich, wie Gesellschaft organisiert sein soll, hat also normativen Charakter.

Alles scheint daran zu hängen, dass Rawls überzeugende Kriterien nennen und begründen kann, die die Gleichheit bzw. gegebenenfalls auch die Ungleichheiten innerhalb einer Gesellschaft rechtfertigen können.

«Für uns ist der erste Gegenstand der Gerechtigkeit die Grundstruktur der Gesellschaft, genauer: die Art, wie die wichtigsten gesellschaftlichen Institutionen Grundrechte und -pflichten und die Früchte der gesellschaftlichen Zusammenarbeit verteilen. Unter den wichtigsten Institutionen verstehe ich die Verfassung und die wichtigsten wirtschaftlichen und sozialen Verhältnisse. Beispiele sind etwa die gesetzlichen Sicherungen der Gedanken- und Gewissensfreiheit, Märkte mit Konkurrenz, das Privateigentum an den Produktionsmitteln und die monogame Familie. Zusammengenommen legen die wichtigsten Institutionen die Rechte und Pflichten der Menschen fest und beeinflussen ihre Lebenschancen, was sie werden können und wie gut es ihnen gehen wird. Die Grundstruktur ist der Hauptgegenstand der Gerechtigkeit, weil ihre Wirkungen so tiefgreifend und von Anfang an vorhanden sind. Intuitiv stellt man sich vor, daß sie verschiedene soziale Positionen enthält, und daß die Menschen, die in sie hinein geboren werden, verschiedene Lebenschancen haben, die teilweise vom politischen System und von den wirtschaftlichen und sozialen Verhältnissen abhängen. Die gesellschaftlichen Institutionen begünstigen also gewisse Ausgangspositionen. Dies sind besonders tiefgreifende Ungleichheiten. Nicht nur wirken sie sich überall aus, sie beeinflussen auch die anfänglichen Lebenschancen jedes Menschen; sie lassen sich aber keinesfalls aufgrund von Verdiensten rechtfertigen. Auf diese Ungleichheiten – die wahrscheinlich in der Grundstruktur jeder Gesellschaft unvermeidlich sind – müssen sich die Grundsätze der sozialen Gerechtigkeit in erster Linie beziehen. Sie bestimmen dann die politische Verfassung und die Hauptzüge des wirtschaftlichen und sozialen Systems. Die Gerechtigkeit eines Gesellschaftsmodells hängt wesentlich davon ab, wie die Grundrechte und -pflichten und die wirtschaftlichen Möglichkeiten und sozialen Verhältnisse in den verschiedenen Bereichen der Gesellschaft bestimmt werden» (Rawls 1979, S. 23 f.).

Wie können nun aber Gleichheit in Bezug auf die politischen Rechte der Bürger und Ungleichheit in Bezug auf die Verteilung der ökonomischen, aber auch sozialen und kulturellen Güter einer Gesellschaft in ein Modell der Gerechtigkeit integriert werden? Rawls hat zur Lösung dieses Problems einen ebenso einfachen wie genialen Vorschlag gemacht. Er fragt sich, auf welche Grundsätze einer Gesellschaftsordnung sich die beteiligten Bürger vernünftigerweise einigen können, falls sie nicht wüssten, aus welcher Perspektive sie das tun müssten. Konkret: Niemand dürfte irgendwelche Informationen haben, ob er zum Beispiel als

Mann oder Frau, arm oder reich, aus welcher sozialen Schicht stammend, mit welcher Hautfarbe ausgestattet, welcher Religion zugehörig usw. die nötigen Entscheidungen über die grundlegenden Prinzipien einer zu beschließenden Gesellschaftsordnung zu treffen hätte. Die Beteiligten müssten sich – mit einem Begriff von Rawls – unter dem «Schleier des Nichtwissens» («veil of ignorance») befinden und abwägen, was in einer ursprünglichen Situation der Gleichheit im gleichmäßigen Interesse aller läge. Gerecht – so Rawls – seien dann die Prinzipien derjenigen Gesellschaftsordnung, auf die sich die Beteiligten unter fairen Ausgangsbedingungen geeinigt hätten.

Um diesen Gedanken zu erläutern, greift Rawls auf die Tradition der Vertragstheorie zurück und passt die auf Thomas Hobbes zurückgehende Idee eines ursprünglichen Gesellschaftsvertrags seinen Zwecken an. Er löst sich dabei von der konstruierten Bedingung eines Naturzustands, den Hobbes ins Spiel gebracht hatte, um mit dem dort unterstellten Krieg aller gegen alle die Notwendigkeit einer staatlichen Ordnung zu begründen, die neben der allgemeinen Friedenssicherung vor allem den Schutz des Privateigentums und den unreglementierten Warenverkehr zu gewährleisten hatte.

Andererseits distanziert sich Rawls auch von der bei John Locke vertretenen Vorstellung, ein durch Mehrheitsbeschluss zustande gekommener Vertrag sei das legitimierende Fundament der staatlichen Macht und gesellschaftlichen Ordnung. Rawls bestimmt die Bezüge zur Tradition der Vertragstheorie folgendermaßen:

«Ich möchte eine Gerechtigkeitsvorstellung darlegen, die die bekannte Theorie des Gesellschaftsvertrages etwa von Locke, Rousseau und Kant verallgemeinert und auf eine höhere Abstraktionsebene hebt. Dazu darf man sich den ursprünglichen Vertrag nicht so vorstellen, als ob er in eine bestimmte Gesellschaft eingeführt würde oder eine bestimmte Regierungsform errichtete. Der Leitgedanke ist vielmehr, daß sich die ursprüngliche Übereinkunft auf die Gerechtigkeitsgrundsätze für die gesellschaftliche Grundstruktur bezieht. Es sind diejenigen Grundsätze, die freie und vernünftige Menschen in ihrem eigenen Interesse in einer anfänglichen Situation der Gleichheit zur Bestimmung der Grundverhältnisse ihrer Verbindung annehmen würden. Ihnen haben sich alle weiteren Vereinbarungen anzupassen; sie bestimmen die möglichen Arten der gesellschaftlichen Zusammenarbeit und der Regierung. Diese Betrachtungsweise der Gerechtigkeitsgrundsätze nenne ich Theorie der Gerechtigkeit als Fairneß» (Rawls 1979, S. 27 ff.).

4. Der Hauptgedanke der Theorie der Gerechtigkeit: Gerechtigkeit als Fairness

Bei dem avisierten Vertrag handelt es sich um einen hypothetischen, der dennoch normativ verbindlich sein soll, insofern er die allgemeinen Strukturen einer sozialen Gemeinschaft in prinzipieller Weise so klärt, dass sich alle weiteren, historisch unterschiedlichen Regelungen (z. B. die Ausarbeitung von konstitutionellen Regelungen und hieraus sich ergebenden Gesetzen) darauf beziehen und ableiten lassen müssen.

Weil der Vertrag nur eine Voraussetzung beansprucht, nämlich die ursprüngliche Gleichheit aller Vertragspartner, kann er darüber hinaus allgemeine Geltung beanspruchen. Diese egalitäre, d. h. auf prinzipielle Gleichheit aller sowohl abzielende wie auf ihr basierende Grundannahme und nur sie allein soll den handelnden Personen bekannt sein, jede darüber hinausgehende Information zum Beispiel über ihren Status in der Gesellschaft, aber auch über ihre körperliche oder intellektuelle Ausstattung bleibt ihnen ja unter dem «Schleier des Nichtwissens» versagt. Die Formulierung von der Gerechtigkeit als Fairness besagt dann, dass die Ausgangssituation der Theoriebildung, ein fiktiver Urzustand, so zu konstruieren ist, dass für alle die gleichen Bedingungen vorliegen müssen. Dass alle sich als gleich bezüglich ihrer Rechte und Pflichten anerkennen müssen und dass sie zudem über keine Informationen über ihre individuellen Fähigkeiten und sozialen Errungenschaften verfügen dürfen, das allein verbürgt die Fairness der zu schließenden Übereinkunft:

«In der Theorie der Gerechtigkeit als Fairneß spielt die ursprüngliche Situation der Gleichheit dieselbe Rolle wie der Naturzustand in der herkömmlichen Theorie des Gesellschaftsvertrags. Dieser Urzustand wird natürlich nicht als ein wirklicher geschichtlicher Zustand vorgestellt, noch weniger als primitives Stadium der Kultur. Er wird als rein theoretische Situation aufgefaßt, die so beschaffen ist, daß sie zu einer bestimmten Gerechtigkeitsvorstellung führt. Zu den wesentlichen Eigenschaften dieser Situation gehört, daß niemand seine Stellung in der Gesellschaft kennt, seine Klasse oder seinen Status, ebensowenig sein Los bei der Verteilung natürlicher Gaben wie Intelligenz oder Körperkraft. Ich nehme sogar an, daß die Beteiligten ihre Vorstellung vom Guten und ihre besonderen psychologischen Neigungen nicht kennen. Die Grundsätze der Gerechtigkeit werden hinter einem Schleier des Nichtwissens festgelegt. Dies gewährleistet, daß dabei niemand durch die Zufälligkeiten der Natur oder der gesellschaftlichen Umstände bevorzugt oder benachteiligt wird. Da sich alle in der gleichen Lage befinden und niemand Grundsätze ausdenken kann, die ihn aufgrund seiner besonderen Verhältnisse bevorzugen, sind die Grundsätze der Gerechtigkeit das Ergebnis einer fairen Übereinkunft oder Verhandlung. Denn in Anbetracht der Symmetrie aller zwischenmenschlichen Beziehungen ist dieser Urzustand fair gegenüber den moralischen Subjekten, d.h. den vernünftigen Wesen mit eigenen Zielen und – das nehme ich an – der Fähigkeit zu einem Gerechtigkeitsgefühl. Den Urzustand könnte man den angemessenen Ausgangszustand nennen, und damit sind die in ihm getroffenen Grundvereinbarungen fair. Das rechtfertigt die Bezeichnung ‹Gerechtigkeit als Fairneß›: Sie drückt den Gedanken aus, daß die Grundsätze der Gerechtigkeit in einer fairen Ausgangssituation festgelegt werden. Sie will nicht besagen, die Begriffe der Gerechtigkeit und der Fairneß seien ein und dasselbe, ebensowenig wie der Ausdruck ‹Dichtung als Metapher› sagen will, Dichtung und Metapher seien dasselbe» (Rawls 1979, S. 28 f.).

Besondere Aufmerksamkeit verdient in dieser Argumentation die Konstruktion eines durch den Schleier des Nichtwissens gekennzeichneten Urzustands, in dem durch künstliche Informationsbeschränkung alles relevante Wissen über die individuelle, je einzelne Situation der Verhandlungspartner ebenso wie um die gesellschaftliche Vielfalt der Gemeinschaft gelöscht ist. Offensichtlich will Rawls auf diesem Weg ausschließen, dass es zu grundsätzlich unfairen Regelungen kommt, die aus der (egoistischen) Interessenorientierung mancher Teilnehmer resultieren.

5. Der Urzustand und der Schleier des Nichtwissens

«Ziel ist, Grundsätze auszuschließen, die man vernünftigerweise nur dann – mit wie wenig Erfolgsaussicht auch immer – vorschlagen kann, wenn man bestimmte für die Frage der Gerechtigkeit unerhebliche Tatsachen kennt. Wenn zum Beispiel jemand weiß, daß er reich ist, könnte er es vernünftig finden, für den Grundsatz einzutreten, daß gewisse Steuern, die Wohlfahrtsmaßnahmen dienen sollen, als ungerecht zu betrachten seien; weiß er, daß er arm ist, so würde er höchstwahrscheinlich für den entgegengesetzten Grundsatz eintreten. Zur Darstellung der gewünschten Einschränkungen stellt man sich eine Situation vor, in der niemand solche Kenntnisse besitzt. Man schließt die Kenntnis solcher Umstände aus, die Unterschiede zwischen den Menschen bilden und diese ihren Vorurteilen ausliefern. So gelangt man auf natürliche Weise zum Schleier des Nichtwissens. Dieser Begriff sollte keine Schwierigkeiten aufwerfen, wenn man sich die Einschränkungen für die Argumentation vor Augen hält, die er verkörpern soll. Man kann gewissermaßen jederzeit einfach dadurch in den Urzustand eintreten, daß man ein bestimmtes Verfahren anwendet, also für Gerechtigkeitsgrundsätze im Rahmen dieser Einschränkungen argumentiert» (Rawls 1979, S. 36).

Der vertragstheoretische Ansatz von John Rawls ist damit in seinen Umrissen erkennbar. Er greift auf die Tradition des Gesellschaftsvertrags zurück, um ein für alle Beteiligten faires Verfahren zu konstruieren, das zur Formulierung der wesentlichen Prinzipien einer Theorie der Gerechtigkeit führen soll.

Bevor dieser eigentliche Kernpunkt der Sozialphilosophie Rawls' verdeutlicht wird, muss ein mögliches Missverständnis ausgeräumt werden. Man könnte ja meinen, dass in der Konstruktion eines unterstellten Urzustands die Beteiligten seltsam unbeteiligt unter dem «Schleier des Nichtwissens» agierten, nicht wie wirkliche Menschen, eher wie idealisierte Durchschnittsmenschen, ohne jedes Interesse sich selbst, aber auch den anderen gegenüber.

Ganz so kontur- und interessenlos hat freilich Rawls die Handelnden auch im Urzustand nicht konzipiert. Es ist ihm außerordentlich wichtig, dass sie als durchaus interessengeleitete Subjekte kenntlich werden. Dass sie dazu in der Lage sind, eigene Ziele zu verfolgen, und über ein

«Gerechtigkeitsgefühl» verfügen, sind Hinweise darauf, dass auch die Handelnden im Urzustand durchaus nicht als moralisch-neutrale Personen agieren. Freilich handelt es sich bei den hier zugrunde gelegten Interessen um, wie Rawls schreibt, höherrangige («higher-order») Interessen, nicht um solche, die die Unparteilichkeit der Urteilsfindung für die gesuchten Prinzipien der Gerechtigkeit zerstören würden. Im Gegenteil, für die Theorie der Gerechtigkeit ist es unabdingbar, dass moralisch zurechnungsfähige Subjekte vorausgesetzt werden, die nach rationalen Kriterien entscheiden können und dies unter Einhaltung gewisser moralischer Standards auch tun. Die sogenannten höherrangigen Interessen sollen keine Vorentscheidung über konkrete Werthaltungen treffen, stattdessen ein Maximum an Verallgemeinerungsfähigkeit und damit auch an Legitimationsfähigkeit zur Verfügung stellen.

Rawls zählt dazu

- das Interesse, eine Gerechtigkeitsvorstellung auszubilden und zu verfolgen,
- das Leben nach einer Idee des guten und gelingenden Lebens auszurichten und
- das Interesse, diese Ziele auch zu erreichen.

Während die ersten beiden dieser höherwertigen Interessen die entscheidenden moralischen-ethischen Vermögen («moral powers») des Menschen spiegeln, nämlich seinen Gerechtigkeitssinn und die Orientierung an einer Konzeption des Guten, bleibt das dritte dieser höherwertigen Interessen abstrakt, es besteht nur darin, die entsprechenden Vorstellungen des Guten erfolgreich verwirklichen zu können.

Rawls möchte vermeiden, dass irgendwelche konkreten Vorstellungen über gesellschaftlichen Nutzen und individuelles Glück die auf allgemeinen, nicht weiter befragbaren Prinzipien beruhende Fundierung einer Theorie der Gerechtigkeit trüben. Er will nicht den gleichen Fehler machen, den er den Utilitaristen vorhält, nämlich menschliches Handeln nur nach seinem gesamtgesellschaftlichen Nutzen beurteilen zu wollen und dabei im Grunde gegenüber politischen Gerechtigkeits- und sozialen Verteilungsfragen indifferent zu bleiben.

Im Übrigen kann die Vielfalt der Lebensentwürfe und Weltanschauungen in modernen Gesellschaften nicht unter einen abstrakten Begriff subsumiert werden, sondern kann nur von einer Theorie verstanden werden, die möglichst schwache Annahmen über die möglichen Zwecke und Ideale menschlichen Handelns impliziert.

Es ist deshalb nur eine einzige, aber entscheidende Voraussetzung, die Rawls' vertragstheoretische Grundlegung der Gerechtigkeit hat: nämlich dass es rational ist, sich im Sinne der höherwertigen Interessen moralisch zu verhalten und damit letztlich die Vielfalt an weltanschaulichen und religiösen Überzeugungen und Konzeptionen des Guten zu fördern.

Es ist also ein durch Prinzipien der Moralität und Ethik bestimmter Rahmen, welcher der vertragstheoretischen Begründung der Gerechtigkeitstheorie von John Rawls zugrunde liegt. Die in Frage stehenden Grundsätze der Gerechtigkeit können an keiner aus Einzelinteressen geborenen Idee des Guten und keinen einseitigen Nützlichkeitsüberlegungen einzelner gesellschaftlicher Gruppen angelehnt sein. Der Fairness ihrer Entstehungsbedingungen entspricht die Universalität ihrer Geltungsansprüche.

6. Die zwei Grundsätze der Gerechtigkeit nach Rawls

Gerecht ist für Rawls diejenige Grundordnung, auf die sich die beteiligten (fiktiven) Verhandlungspartner in den Vertragsverhandlungen unter fairen Bedingungen einigen könnten. Und diese Grundordnung muss wiederum durch zwei fundamentale Grundsätze bestimmt werden:

«Ich behaupte, daß die Menschen im Urzustand zwei ganz andere Grundsätze wählen würden: einmal die Gleichheit der Grundrechte und -pflichten; zum anderen den Grundsatz, daß soziale und wirtschaftliche Ungleichheiten, etwa verschiedener Reichtum oder verschiedene Macht, nur dann gerecht sind, wenn sich aus ihnen Vorteile für jedermann ergeben, insbesondere für die schwächsten Mitglieder der Gesellschaft. Nach diesen Grundsätzen kann man Institutionen nicht damit rechtfertigen, daß den Unbilden einiger ein größerer Gesamtnutzen gegenüberstehe. Es ist vielleicht zweckmäßig, aber nicht gerecht, daß einige weniger haben, damit es anderen besser geht. Es ist aber nichts Ungerechtes an den größeren Vorteilen weniger, falls es dadurch auch den nicht so Begünstigten besser geht. Die intuitive Vorstellung ist die, daß jedermanns Wohlergehen von der Zusammenarbeit abhängt, ohne die niemand ein befriedigendes Leben hätte, und daß daher die Verteilung der Güter jeden, auch den weniger Begünstigten, geneigt machen sollte, bereitwillig mitzuarbeiten. Die beiden soeben erwähnten Grundsätze dürften eine faire Grundlage dafür sein, daß die Begabteren oder sozial besser Gestellten – was beides nicht als Verdienst angesehen werden kann – auf die bereitwillige Mitarbeit anderer rechnen können, sofern eine funktionierende Regelung eine notwendige Bedingung für das Wohlergehen aller ist» (Rawls 1979, S. 31 f.).

Das Zentrum von Rawls Gerechtigkeitstheorie besteht in der Begründung, argumentativen Rechtfertigung und Auslegung der beiden genannten Grundsätze. Es geht um nichts weniger als darum zu klären, ob und unter welchen Bedingungen die politische Gleichheit aller mit sozialer Ungleichheit verbunden werden kann. Ungleichheit liegt, so Rawls' realistische Einschätzung, in der menschlichen Natur und den historisch wechselnden Formen der Vergesellschaftung vor.

Wir kommen mit unterschiedlichen genetischen Ausstattungen zur Welt. Und wir leben auch heute noch in einer Welt, in der die Menge der zu verteilenden materiellen Güter ungleich verteilt ist, was nicht zuletzt auch Unterschiede in Bezug auf den sozialen Status, Ausbildungsmöglichkeiten und Karrierechancen etc. zur Folge hat. Beides nicht einfach hinzunehmen und nur theoretisch zu analysieren, sondern als Herausforderungen für eine normativ gehaltvolle Theorie des Sozialen aufzufassen, kann als das eigentliche Interesse dieser Neubelebung des Gerechtigkeitsthematik aus dem Geist des politischen Liberalismus verstanden werden. Auf der Basis individualisierter Grundrechte sollen Standards für eine gerechte Vergesellschaftung der Individuen formuliert werden. An keiner Stelle versteht sich die darauf aufbauende Theorie als deskriptiv; ihre Prinzipien sind einerseits von einem egalitären, an der Gleichheit aller orientierten Begriff moralischer Autonomie, andererseits von einem gesellschaftlich differenzierten Begriff der Gerechtigkeit inspiriert.

Rawls' erster Grundsatz bezieht sich auf die elementaren Grundrechte (aber auch -pflichten), die auch Grundgüter («primary goods») genannt werden und deren gleichmäßige Verteilung im wechselseitigen Interesse aller liegen muss. Der erste Grundsatz formuliert deshalb ein egalitäres Prinzip für die Verteilung immaterieller Grundgüter:

«1. Jedermann soll gleiches Recht auf das umfangreiche System gleicher Grundfreiheiten haben, das mit dem gleichen System für alle anderen verträglich ist» (Rawls 1979, S. 81).

Der zweite Grundsatz kann auch das Differenzprinzip genannt werden; es ist ein nichtegalitäres Verteilungsprinzip für materielle Grundgüter:

«2. Soziale und wirtschaftliche Ungleichheiten sind so zu gestalten, daß (a) vernünftigerweise zu erwarten ist, daß sie zu jedermanns Vorteil dienen und (b) sie mit Positionen und Ämtern verbunden sind, die jedem offen stehen» (Rawls 1979, S. 81).

Während die Liste der Grundfreiheiten zwar umfangreich, aber endlich ist, kann die Menge der zu verteilenden materiellen Güter immer weiter anwachsen und ist tendenziell unendlich. Auch deswegen muss das Verteilungsprinzip hier anders geartet sein als bei den Grundfreiheiten.

Wichtig ist indessen die Reihenfolge zwischen beiden Prinzipien. Für Rawls hat der Gleichheitsgrundsatz absoluten Vorrang vor dem Differenzprinzip. Er spricht von einer «lexikalischen Ordnung». Konkret bedeutet dies, dass zum Zwecke der Steigerung des gesellschaftlichen oder ökonomischen Nutzens keine Grundfreiheiten angetastet werden dürfen. An deren unbedingter Geltung darf nicht gerüttelt werden.

«Wir unterscheiden also zwischen den Seiten des Gesellschaftssystems, die die gleichen Grundfreiheiten festlegen und sichern, und denen, die gesellschaftliche und wirtschaftliche Ungleichheiten bestimmen und einführen. Es ist nun von Bedeutung, daß die Grundfreiheiten durch eine Liste derartiger Freiheiten festgelegt sind. Wichtig unter ihnen sind die politische Freiheit (das Recht, zu wählen und öffentliche Ämter zu bekleiden) und die Rede- und Versammlungsfreiheit; die Gewissens- und Gedankenfreiheit; die persönliche Freiheit, zu der der Schutz vor psychologischer Unterdrückung und körperlicher Mißhandlung und Verstümmelung gehört (Unverletzlichkeit der Person); das Recht auf persönliches Eigentum und der Schutz vor willkürlicher Festnahme und Haft, wie es durch den Begriff der Gesetzesherrschaft festgelegt ist. Diese Freiheiten sollen nach dem ersten Grundsatz für jeden gleich sein.

Der zweite Grundsatz bezieht sich in erster Näherung auf die Verteilung von Einkommen und Vermögen und die Beschaffenheit von Organisationen, in denen es unterschiedliche Macht und Verantwortung gibt. Die Verteilung des Vermögens und Einkommens muß nicht gleichmäßig sein, aber zu jedermanns Vorteil, und gleichzeitig müssen mit Macht und Verantwortung ausgestattete Positionen jedermann zugänglich sein. Der zweite Grundsatz kommt dadurch zum Tragen, daß die Positionen offengehalten werden und dann unter dieser Einschränkung die sozialen und wirtschaftlichen Ungleichheiten zu jedermanns Nutzen gestaltet werden.

Diese Grundsätze sollen in lexikalischer Ordnung stehen, derart, daß der erste dem zweiten vorangeht. Diese Ordnung bedeutet, daß Verletzungen der vom ersten Grundsatz geschützten gleichen Grundfreiheiten nicht durch größere gesellschaftliche oder wirtschaftliche Vorteile gerechtfertigt oder ausgeglichen werden können» (Rawls 1979, S. 81 f.).

Die Rangordnung versteht sich für eine Position des politischen Liberalismus eigentlich von selbst. Gegenüber utilitaristischen Überlegungen zur gesellschaftlichen Zweckmäßigkeit sozialer Systeme ist Rawls' Gerechtigkeitstheorie in einer Theorie moralischer Autonomie verankert, die normativen Charakter hat, die also nicht nur beschreibt, was ist, sondern zugleich die Gesetze für das, was sein soll, herausarbeitet.

Bemerkenswert ist aber, dass Rawls seinen Ansatz, Gerechtigkeitsprinzipien als Prinzipien der Verteilung von Grundgütern zu verstehen, auch auf solche «Güter» bezieht, die man nicht ohne weiteres in die Reichweite von Gerechtigkeitsüberlegungen bringen würde. Intelligenz und Aussehen etwa, ganz allgemein geistige und körperliche Talente und Begabungen sind ja unbestreitbar ungleich verteilt und prägen die

Ausgangssituation erheblich, von der aus Individuen um die Aufteilung gesellschaftlicher Güter konkurrieren. Dürfen diese zum Teil genetisch, zum Teil gesellschaftlich bedingten Unterschiede in den Startbedingungen nun auch zum Gegenstand gerechtigkeitstheoretischer Reflexion werden?

Rawls bejaht diese Frage, indem er etwa Bildungseinrichtungen befürwortet, die die mit den Ausgangsbedingungen gegebenen Chancenungleichheiten kompensieren sollen. Natürliche, durch die genetische Ausstattung bedingte Unterschiede und auch in der Persönlichkeit liegende charakterliche Differenzen (z. B. in Leistungsbereitschaft und Engagement für eine Sache) können und brauchen deshalb von staatlichem Handeln nicht restlos ausgeglichen und nivelliert werden. Dennoch haben die aus den Grundsätzen der Gerechtigkeit resultierenden Institutionen und Gesetze insgesamt die Verpflichtung, faire Chancen zu gewährleisten. Das gilt insbesondere für den Ausgleich sozial bedingter Ungleichheiten. Auch die Chancengleichheit steht unter den Geboten der Fairness – faire Chancengleichheit («fair equality of opportunity») soll dafür sorgen, dass möglichst viele egalitäre Momente zum Tragen kommen und möglichst gleichwertige Bildungschancen und Zugangsmöglichkeiten zu Ämtern und Positionen für alle bestehen.

«Der Gedanke ist der, daß Positionen nicht nur in einem formalen Sinne offen sein sollen, sondern daß jeder auch eine faire Chance haben soll, sie zu erlangen. (...) Menschen mit ähnlichen Fähigkeiten sollten ähnliche Lebenschancen haben. Genauer: Man geht von einer Verteilung der natürlichen Fähigkeiten aus und verlangt, daß Menschen mit gleichen Fähigkeiten und gleicher Bereitschaft, sie einzusetzen, gleiche Erfolgsaussichten haben sollten, unabhängig von ihrer anfänglichen sozialen gesellschaftlichen Stellung. (...)

Die liberale Auffassung der beiden Grundsätze versucht also den Einfluß gesellschaftlicher und natürlicher Zufälligkeiten auf die Verteilung zu mildern. (...) Die Möglichkeit, sich das Wissen und Können seiner Kultur anzueignen, sollte nicht von der Klassenlage abhängen, und das Schulsystem, ob öffentlich oder privat, sollte auf den Abbau von Klassenschranken ausgerichtet sein» (Rawls 1979, S. 93 f.).

Die einzige, aber schwerwiegende Einschränkung dieser egalitären Auffassung von Vergesellschaftung wird im zweiten Grundsatz, dem Differenzprinzip, formuliert. Ohne dass in irgendeiner Weise die aus dem ersten Grundsatz resultierenden Freiheits- und Grundrechte eingeschränkt werden dürften, kann unter einer Bedingung die ungleiche Verteilung der materiellen Güter einer Gesellschaft legitimiert werden. Diese lautet: Die am schlechtesten in der Gesellschaft Gestellten sollen einen maximalen Nutzen aus der nichtegalitären Güterverteilung haben.

Diese sogenannte «Maximin Regel» gehört zu den Teilen der Sozialphilosophie Rawls', die am kontroversesten diskutiert werden. Es erscheint insbesondere fraglich zu sein, ob sich dieses auf sozialstaatliche Politik gut anwendbare Prinzip schon aus dem Urzustand, also auf vertragstheoretischer Basis konstruieren lässt und aus einer rationalen Abwägung der Vertragspartner über die Grundsätze einer gerechten Gesellschaft resultiert.

7. Zur Diskussion um «Gerechtigkeit als Fairness»

John Rawls' Gerechtigkeitstheorie ist hoch komplex und wurde hier nur in ihren elementaren Grundzügen dargestellt. Auch der internen Entwicklung vom Hauptwerk «Theory of Justice» (1971) bis hin etwa zum Band «Political Liberalism» (1993) konnte mit all ihren Revisionen und Erweiterungen nicht nachgegangen werden. Auf jeden Fall scheint der Komplexität des Ansatzes und seiner Ausarbeitung eine Fülle von Problemfeldern zu entsprechen, die in der einschlägigen Literatur immer wieder diskutiert und zum großen Teil auch von Rawls selber bearbeitet wurden.

Bemerkenswert ist, dass an den entsprechenden Diskussionen nicht nur die Disziplinen der praktischen Philosophie – Moralphilosophie und Ethik, Politische Philosophie bzw. die Sozial- und Rechtsphilosophie – beteiligt sind, sondern auch die wichtigsten der daran angrenzenden Einzelwissenschaften, von der Soziologie bis zu den Wirtschaftswissenschaften. Ohne systematische Ordnung können hier nur einige der wichtigsten und umstrittensten Theoriestücke aus Rawls' Gerechtigkeitstheorie summarisch aufgezählt werden, die in den oft interdisziplinär verlaufenden Diskursen thematisiert wurden.

Strittig war von Anfang an das «Design» des Urzustands, die Ausstattung der Beteiligten mit bestimmten Grundgütern, wobei vor allem die Identifizierung von Grundgütern mit Grundrechten irritierte. Aber auch die Konstruktion einer Entscheidungssituation – die Urwahl unter dem «Schleier des Nichtwissens» – warf Fragen auf, von denen hier zwei herausgegriffen werden.

Zum einen ist mit Blick auf die entscheidungstheoretischen Optionen nicht eindeutig, warum im Urzustand bei der Wahl der entscheidenden Verfassungsprinzipien die Maximin-Regel zur Anwendung kommen soll.

Zum anderen bleibt die grundlegende Frage ungelöst, ob man von einem von der Theorie des Gesellschaftsvertrages herkommenden Ansatz überhaupt zu Prinzipien moralischen Handelns kommen kann. Während im Urzustand die Beteiligten aus dem aufgeklärten Interesse der wechselseitigen Anerkennung als Gleiche agieren und damit ihre moralische Autonomie unter Beweis stellen, erfolgt die Wahl der entscheidenden Grundsätze und Prinzipien aus zweckrationalen Überlegungen, die insofern nicht verallgemeinerbar sind, als hier immer auch individuelle Vorstellungen über ein gutes und gelingendes Leben mit im Spiel sind: «Der Urzustand ist eine eindeutige moralphilosophische Konstruktion; die Verfassungswahl hingegen ist als Klugheitswahl vom Standpunkt des Selbstinteresses konzipiert» (Kersting 2004, S. 121).

Rawls versucht das Problem durch zwei Strategien zu lösen: Einerseits führt er den Gedanken einer künstlichen Informationsverknappung («Schleier des Nichtwissens») ein, um die Unparteilichkeit der Urteile in der Entscheidungssituation der Verfassungswahl zu wahren. Zum anderen entwickelt er im Laufe der Ausarbeitung seines Ansatzes den Gedanken, dass die Geltung der Gerechtigkeitsgrundsätze zusätzlich durch einen übergreifenden Konsens («overlapping consensus») der Bürger gestützt werden müsse.

Dass damit aber die begründungstheoretischen Probleme noch nicht behoben sind, wurde später auch von Jürgen Habermas kritisch registriert (1996, S. 65 ff.). Habermas drängt auf die Analyse «der Kommunikationsvoraussetzungen und Verfahren einer diskursiven Meinungs- und Willensbildung, in der sich der öffentliche Gebrauch der Vernunft manifestiert». Eine kommunikationstheoretisch fundierte Moral- und Rechtstheorie bleibt «auf die Klärung des moralischen Gesichtspunkts und des demokratischen Verfahrens, auf die Analyse der Bedingungen für rationale Diskurse und Verhandlungen beschränkt» (ebd., S. 93). Bei unterschiedlicher methodischer Ausrichtung ist Habermas' politische Philosophie der Zielsetzung von John Rawls eng verbunden. Wie sich aber gesellschaftliche Gerechtigkeit begründen lässt, ist zwischen beiden Positionen strittig.

Zumindest ist klar, dass Habermas Rawls' liberale Verhältnisbestimmung von privater und öffentlicher Sphäre nicht teilt und ein – wie er es nennt – «republikanisches» Verständnis der Vergesellschaftung einfordert. Er schreibt dazu:

«Der politische oder rechtsstaatliche Liberalismus geht von der Intuition aus, daß der Einzelne und seine individuelle Lebensführung vor Übergriffen der Staatsgewalt geschützt werden müssen: ‹Political Liberalsism allows ... that our political institutions contain sufficient space for worthy ways of life and that in this sense our political society is just and good› (nach Rawls, Political Liberalism, S. 210). Damit gewinnt die Unterscheidung zwischen privater und öffentlicher Sphäre eine grundsätzliche Bedeutung. Sie stellt die Weichen für die maßgebende Interpretation von Freiheit: die gesetzlich garantierte Willkürfreiheit privater Rechtspersonen umschreibt den Schonraum für eine bewußte, an der je eigenen Konzeption des Guten orientierte Lebensführung. ... Der Kantische Republikanismus, wie ich ihn verstehe, geht von einer anderen Intuition aus. Niemand kann auf Kosten der Freiheit eines anderen frei sein. Weil Personen allein auf dem Weg der Vergesellschaftung individuiert werden, ist die Freiheit eines Individuums mit der aller anderen nicht nur negativ, über gegenseitige Begrenzungen, verknüpft» (Habermas 1996, S. 126).

Rawls' politische Gerechtigkeitskonzeption stellt ein herausforderndes Modell für moderne Gesellschaften dar, die von einem gesellschaftlichen und weltanschaulichen Pluralismus ausgehen müssen und dennoch verbindliche und durch universalistische Prinzipien gestützte Verfassungsgrundsätze, eine demokratische Gesetzgebung, transparente Institutionen sowie den Gemeinsinn ihrer Bürger benötigen. Rawls geht zu Recht davon aus, dass wir über die identitätsstiftenden Weltbilder nicht mehr verfügen, in denen vermittelt durch eine Idee des Guten auch die sozialen Beziehungen eingebettet waren.

Der Primat des Gerechten vor dem Guten führt Rawls zu Gerechtigkeitsprinzipien, die die Neutralität gegenüber Weltanschauungen («comprehensive doctrines»), seien sie religiöser oder nichtreligiöser Art, wahren und dem Einzelnen gesellschaftliches Engagement für die Belange der politischen und sozialen Gerechtigkeit abverlangen können. Andererseits wird deutlich, dass Rawls' Gerechtigkeitstheorie sich immer noch besonders gut zur Verteidigung wohlfahrtsstaatlicher Ordnungen eignet.

Zum Schluss soll noch ein Teil aus Rawls' Gerechtigkeitsphilosophie erwähnt werden, der biographisch gesehen wohl die Nähe zur amerikanischen Bürgerrechtsbewegung der 1960er Jahre vorausgeht, welcher in den einschlägigen Übersichten aber gern übersehen wird. Gemeint ist das Eintreten für zivilen Ungehorsam, eine Form gesellschaftlichen Engagements, das nicht als systemische Störung, sondern als gemeinschaftsfördernder Katalysator moderner Zivilgesellschaften gesehen wird:

«Wird aber die Gesellschaft als ein System der Zusammenarbeit zwischen gleichen aufgefaßt, so brauchen sich die, denen schweres Unrecht geschieht, nicht zu fügen. Vielmehr ist der zivile Ungehorsam (und ebenso die Weigerung aus Gewissensgründen) eine der Stabilisierungskräfte eines konstitutionellen Systems, wenn auch definitionsgemäß gesetzwidrig. Zusammen mit regelmäßigen freien Wahlen und unabhängigen Gerichten, die die (nicht notwendig geschriebene) Verfassung auszulegen haben, trägt sparsamer und abgewogener ziviler Ungehorsam zur Erhaltung und Stärkung der gerechten Institutionen bei. Der Widerstand gegen Ungerechtigkeit im Rahmen der Gesetzestreue trägt zur Verhinderung von Gerechtigkeitsverletzungen oder doch zu ihrer Berichtigung bei. Eine allgemeine Bereitschaft zu gerechtfertigtem zivilen Ungehorsam bringt einer wohlgeordneten oder fast gerechten Gesellschaft Stabilität» (Rawls 1979, S. 421).

Damit nimmt Rawls auch Elemente einer politischen Grundhaltung auf, die erstmals in den Verfassungen der Amerikanischen wie der Französischen Revolution niedergelegt wurden und auch in der zweiten Hälfte des 20. Jahrhunderts noch das öffentliche Bewusstsein bestimmten und aktives politisches Handeln zur Folge hatten.

Jürgen Habermas: Theorie und Praxis

Erklären und Verändern

Die Erfahrungen der ersten Jahrzehnte des 20. Jahrhunderts, bestimmt von zwei Weltkriegen, Faschismus, totalitärer Gewalt und dem gescheiterten Versuch, nach 1945 eine neue, humane Weltordnung zu errichten, haben das philosophische Denken der zweiten Jahrhunderthälfte entscheidend geprägt und nicht nur im Werk von Popper und Rawls deutliche Spuren hinterlassen.

Die Denker der sogenannten Frankfurter Schule oder Kritischen Theorie (Hauptvertreter waren Max Horkheimer und Theodor W. Adorno) versuchten auf ihre Weise, philosophisch zu fassen, was in diesem Jahrhundert mit Mensch und Gesellschaft geschehen war. Ihr methodischer Ansatz unterscheidet sich aber grundlegend von dem der angelsächsischen Philosophie, da sie nicht von der Mathematik und den Naturwissenschaften herkamen, sondern einer stark ästhetisch und realhistorisch-theoriegeschichtlich geprägten Tradition entstammten. Auch fehlt hier das Vertrauen in die liberale Verfassung der bürgerlichen Gesellschaft, wie es auch bei Ralws noch zu finden ist.

In ihren Analysen versuchten sie, die empirische Entwicklung der bürgerlichen Gesellschaft, die Einsichten der modernen Sozialwissenschaften und der Psychoanalyse mit den Konsequenzen der Marx'schen Analyse des Kapitalismus zu verbinden. Im Mittelpunkt stand dabei das Verhältnis des Einzelnen zum Allgemeinen, zur Gesamtheit, wobei vor allem zu zeigen war, inwieweit das bisher im Mittelpunkt der philosophischen Betrachtung stehende Individuum selbst Ausdruck einer widersprüchlich verfassten Gesellschaft ist, wie andererseits diese Gesellschaft aus ebendiesen Individuen besteht und sich damit aller Hoffnungen auf die Erfüllung ihrer Aufgabe begibt: der Verwirklichung des guten Lebens, das für alle neben der Garantie der materiellen Existenz die Möglichkeit einer freien Persönlichkeitsentfaltung verbürgt.

Der bedeutendste lebende Vertreter dieser Richtung ist der Soziologe und Philosoph Jürgen Habermas. Geboren am 18. Juni 1929 in Düsseldorf, studierte er in Göttingen, Zürich und Bonn und promovierte 1954 in Philosophie. 1961 habilitierte er sich mit seiner Schrift «Strukturwandel der Öffentlichkeit» (1962 erschienen) in Marburg und war von 1961 bis 1964 außerordentlicher Professor in Heidelberg. Von 1964 bis 1971 lehrte er als Professor für Philosophie zusammen mit Max Horkheimer und Theodor W. Adorno an der Universität Frankfurt. Von 1971 bis 1983 war Habermas Direktor am Max-Planck-Institut zur Erforschung der Lebensbedingungen der wissenschaftlich-technischen Welt in Starnberg und lehrte seit der Schließung dieses Institutes bis zu seiner Emeritierung wieder als Professor für Philosophie in Frankfurt. Zu seinen wichtigsten Veröffentlichungen gehören «Theorie und Praxis» (1963), «Erkenntnis und Interesse» (1968), «Zur Logik der Sozialwissenschaften» (1970), «Theorie der Gesellschaft oder Sozialtechnologie» (zusammen mit dem Soziologen Niklas Luhmann, 1971), «Legitimationsprobleme im Spätkapitalismus» (1973), «Zur Rekonstruktion des Historischen Materialismus» (1976), die 1981 in zwei Bänden erschienene «Theorie des kommunikativen Handelns», «Faktizität und Geltung» (1992), «Die Einbeziehung des Anderen» (1996), «Glauben und Wissen» (2001).

Kennzeichnend für das Habermas'sche Denken ist der entschiedene, politisch auf Emanzipation und Aufklärung gerichtete Zug seines Denkens und der am Ideal strenger empirischer Wissenschaft orientierte methodische Duktus seiner Argumentation. Hauptinteresse seines Philosophierens ist es denn auch, den Wissensstand der Gegenwart systematisch aufzuarbeiten und kritisch zu durchleuchten sowie dem emanzipatorischen Interesse der Marx'schen Gesellschaftskritik und der europäischen Aufklärung zu ihrem Recht zu verhelfen. Ausgangspunkt der Überlegungen ist dabei das Problem der Sprache als Medium des Welt- und Selbstverständnisses des Menschen, wie es seit Beginn dieses Jahrhunderts in den Mittelpunkt des philosophischen Interesses gerückt ist. Denn dass Sprache mehr ist als die pure Übermittlung von Mitteilungen von Menschen untereinander, war spätestens seit den Arbeiten von Charles Sanders Peirce (1839–1914) und Ludwig Wittgenstein (1889–1951) zur philosophischen Binsenweisheit geworden. Wenn Sprache zugleich als Medium der Verständigung wie von Wirklichkeitserfahrung verstanden wird, so prägt sich in ihr historisch-gesellschaftliche Realität aus.

Andererseits bestimmt die Sprache selbst diese Realität insofern, als sie die Muster und Strukturen vermittelbarer Wirklichkeitserfahrung an die Hand gibt. Daher ist jede Analyse der Sprache zugleich eine Analyse gesellschaftlich-historisch bestimmter Realität, und jede Bestimmung dieser Realität findet sich auf die Sprache als das einzige Mittel der Beschreibung verwiesen. Nur in der Sprache ist es möglich, zwischen wahr und unwahr, in der Folge auch zwischen richtig und falsch zu unterscheiden. Aufgabe der Philosophie ist es dann, das in der Sprache Überlieferte auf seinen Gehalt zu prüfen und im Gegenwärtigen die fortwirkenden Bestimmungen der Geschichte zu entschlüsseln, gleichzeitig dies Gegenwärtige an seinen eigenen Ansprüchen zu messen und auf seine verwirklichten wie auf seine verschütteten Möglichkeiten hin zu überprüfen.

Dieser Aufgabe stellt sich Habermas in allen seinen Schriften. Unter Einbeziehung fast aller irgend relevanten wissenschaftlichen Ergebnisse ist er bemüht, ein Bild der gegenwärtigen Welt zu entwerfen, das sie sowohl in ihren wesentlichen Zügen begreiflich macht als auch in ihren Widersprüchen artikuliert und auf ein in der Vergangenheit selbst immer wieder versprochenes Ziel verpflichtet: das geglückte, gute Leben, das, immer wieder versprochen und erstrebt, noch nie erreicht wurde. Nur unter dieser Voraussetzung ist sinnvolles, auf Zukunft gerichtetes Handeln und vernünftige Argumentation möglich. Außerhalb der Sprache lässt sich diese Wahrheit nicht finden; sie allein ist auch der Ort, wo die Beurteilung gesellschaftlicher und historischer Realität ihren Maßstab findet: in der Kommunikation von Menschen miteinander. Denn Sprache ist in diesem Zusammenhang immer eine besondere Möglichkeit menschlichen Miteinanders, in der sich das Einzelne der jeweiligen Person, ihre Ansprüche, Ängste und Hoffnungen wie die Gesamtheit historisch-gesellschaftlicher Prägung wiederfinden und artikulieren. Neben den anderen Möglichkeiten menschlicher Interaktion ist sie die Weise menschlichen Handelns, in der Vernunft sich ausspricht und realisierbar wird.

Habermas' Ausgangspunkt ist deshalb der Begriff der Öffentlichkeit, wie sie sich als bürgerliche seit dem Beginn der Neuzeit in Europa konstituiert hat. In seinen frühen Arbeiten analysiert er

«... den historischen Zusammenhang der kapitalistischen Entwicklung mit Entstehung und Zerfall der liberalen Öffentlichkeit ... Einerseits ist die Fiktion einer Herrschaft auflösenden diskursiven Willensbildung zum ersten Mal im politischen System des bürgerlichen Rechtsstaates wirksam institutionalisiert worden; andererseits zeigt sich die Unvereinbarkeit der Imperative des kapitalistischen Wirtschaftssystems mit Forderungen eines demokratisierten Willensbildungsprozesses. Das Prinzip der Publizität, das auf der Grundlage eines Publikums gebildeter, räsonnierender und kunstgenießender Privatleute und im Medium der bürgerlichen Presse zunächst in eindeutig kritischer Funktion gegen die Geheimpraxis des absolutistischen Staates durchgesetzt und in den Verfahrensweisen der rechtsstaatlichen Organe verankert worden war, wird zu demonstrativen und manipulativen Zwecken umfunktioniert. Das immer dichter gespannte Kommunikationsnetz der elektronischen Massenmedien ist heute, obgleich es technisch ein Potential der Befreiung darstellt, so organisiert, daß es eher die Loyalität einer entpolitisierten Bevölkerung kontrolliert als daß es dazu diente, die staatlichen und gesellschaftlichen Kontrollen ihrerseits einer dezentralisierten, folgenreich kanalisierten und entschränkten diskursiven Willensbildung zu unterwerfen» (Habermas 1982, 11/12).

Indem also im Zuge der Entwicklung der kapitalistischen Produktionsweise, zugleich mit dem freien Verkehr von Waren und Geld, auch der freie Austausch von Meinungen und Argumenten die festgefügte Zunft- und Glaubensordnung der Vergangenheit abgelöst hatte, war eine Öffentlichkeit entstanden, der nun die Aufgabe zukam, Argumente und Normen diskursiv zu entwerfen und zu prüfen. Damit war eine Institution wirksam geworden, der die freie, gleichberechtigte Prüfung von Geltungsansprüchen und wissenschaftlichen Behauptungen oblag, die selbst nur ihrer eigenen Kritik unterworfen schien. Denn welche Schranken sollte die so verfasste Vernunft anerkennen müssen, wenn nicht ihre eigenen. Im freien Meinungsaustausch allein schien die Möglichkeit zu bestehen, den Rechtfertigungszusammenhang für bestehende und alternative Formen menschlichen Zusammenlebens zu entwickeln. Habermas weist demgegenüber darauf hin, dass dieses Prinzip der Öffentlichkeit selbst zwei Einschränkungen unterliegt: einmal der Beschränkung durch den zugrundeliegenden Gedanken des freien Tauschs von Waren und Geld als Modell des freien Austauschs der Meinungen. Denn die Realität der bürgerlichen Gesellschaft in Vergangenheit und Gegenwart hat die Ungleichgewichtigkeit von Argumenten einerseits und Realität schaffender Macht andererseits immer wieder deutlich gemacht. Zum Zweiten weist Habermas darauf hin, dass eben die Mittel uneingeschränkter Kommunikation die Entwicklung kritischer, vernünftiger Argumentation einschränken und zunehmend unmöglich machen, da sie über die indirekte Bewusstseinsformung kommerziell produzierter Information kritische Inhalte einschränken und in ihrer Wirksamkeit blockieren.

Habermas stellt deshalb zwei Entwicklungstendenzen des entwickelten Kapitalismus im Blick auf die Entpolitisierung der Öffentlichkeit fest:

«Erstens das Anwachsen der interventionistischen Staatstätigkeit, die Stabilität und Wachstum des ökonomischen Systems sichern soll, und zweitens die wachsende Interdependenz von Forschung, Technik und staatlicher Administration, welche das Wissenschaftssystem zur ersten Produktivkraft gemacht hat. Staatsinterventionismus und geplanter wissenschaftlich-technischer Fortschritt können als Regulative für die Ungleichgewichte und Konflikte dienen, die sich aus einem durch Kapitalverwertungsimperative gesteuerten Produktionsprozeß ergeben. Freilich scheint es sich so zu verhalten, daß die Steuerungskapazität der staatlichen Verwaltung und das Produktivitätspotential von Wissenschaft und Technik innerhalb der Schranken der gegenwärtigen Produktionsweise systematisch nur um den Preis eines zunächst noch latent gehaltenen Konfliktes eingesetzt werden können. Der Konflikt besteht darin, daß einerseits die unter ökonomischen Imperativen eingespielten Prioritäten nicht von einem allgemeinen diskursiven Willensbildungsprozeß abhängig gemacht werden dürfen; deshalb nimmt Politik heute den Schein der Technokratie an; daß aber andererseits der

Ausschluß folgenreicher praktischer Fragen aus einer entpolitisierten Öffentlichkeit infolge einer langfristigen Erosion verhaltenssichernder kultureller Überlieferungen, die bislang als nicht thematisierte Randbedingungen des politischen Systems vorausgesetzt werden konnten, immer schwieriger wird: deshalb entsteht heute ein chronischer Bedarf an Legitimation» (Habermas 1982, 12 f.).

Staatsinterventionismus, also Eingriffe des Staates in das Gefüge des angeblich freien Marktes (etwa durch Kartellgesetze, Sozialgesetzgebung oder Umweltschutzbestimmungen) übernehmen die Aufgabe, die die wirtschaftliche Ordnung des Kapitalismus aus eigener Kraft nicht mehr leisten kann: die Milderung – wenn nicht Verhinderung – notwendig auftretender Widersprüche zwischen Anspruch und Realität der modernen Gesellschaft. Denn nur, wenn diese Widersprüche im Prinzip als Randerscheinungen interpretiert werden können, können Staat und Gesellschaftsordnung auf genügend allgemeine Unterstützung als Legitimationsgrundlage rechnen. Auf der anderen Seite wird die Wissenschaft, die in der bürgerlichen Öffentlichkeit die Rolle der Wahrheitswächterin innehatte, von ihrer kritischen Funktion durch die Einbindung in den Gesamtzusammenhang staatlich-ökonomischer Planung zunehmend suspendiert und zur Erfüllungsgehilfin von technokratischen Interessen degradiert, die ihrerseits einer weiter gehenden Legitimation entbehren müssen.

Doch Habermas bleibt bei diesem Befund nicht stehen. Getreu dem in «Erkenntnis und Interesse» entwickelten Gedanken vom erkenntnisleitenden Interesse als dem notwendigen Implikat aller Wissenschaft, die sich über ihr eigenes Tun Rechenschaft ablegt, versucht er, das emanzipatorische Interesse der Sozialwissenschaften und der Philosophie wissenschaftlich zu begründen. Allerdings muss er, um diese Begründung liefern und sie gegen den Einwand der Unwissenschaftlichkeit verteidigen zu können, eine Instanz ausweisen, vor der sie bestehen kann und als gerechtfertigt anerkannt wird. Denn da mit dem naturwissenschaftlich orientierten Wahrheitsbegriff der Gegenwart als wahrheitsfähig im strengen Sinne nur gilt, was einer empirischen Überprüfung standhält, geraten Aussagen über Normen und Werte, wie sie in der Formulierung des emanzipatorischen Interesses der Sozialwissenschaften beschlossen sind, in den Verdacht, bloße Behauptungen ohne Verbindlichkeit zu sein. Habermas greift deshalb auf den allgemeinsten Ort möglicher Wahrheit zurück: auf die Gemeinschaft aller Menschen, die überhaupt in Rede und Gegenrede erst die Möglichkeit von Geltungsansprüchen und -prüfung schaffen. In dieser Gemeinschaft entfaltet sich der Diskurs, die vernünftige, nach Gründen fragende und nach Gründen wägende Rede als Form menschlichen Miteinanders. Da diese Kommunikationsgemeinschaft aber bereits den beschriebenen Verzerrungen und Einschränkungen unterliegt, setzt Habermas kontrafaktisch (d.h. gegen die bestehenden Zustände unserer Zeit) den Begriff der idealen Kommunikationsgemeinschaft, in der sich, frei von allen Verzerrungen und ideologischen Trübungen, die Wahrheit des jeweils behandelten Gegenstandes herausstellen lassen soll:

«Der Diskurs läßt sich als diejenige erfahrungsfreie und handlungsentlastete Form der Kommunikation verstehen, deren Struktur sicherstellt, daß ausschließlich virtualisierte Geltungsansprüche von Behauptungen bzw. Empfehlungen oder Warnungen Gegenstand der Diskussion sind; daß Teilnehmer, Themen und Beiträge nicht, es sei denn im Hinblick auf das Ziel der Prüfung problematisierter Geltungsansprüche, beschränkt werden; daß kein Zwang außer dem des besseren Argumentes ausgeübt wird; daß infolgedessen alle Motive außer dem der kooperativen Wahrheitssuche ausgeschlossen sind. Wenn unter diesen Bedingungen über die Empfehlung, eine Norm anzunehmen, argumentativ, d.h. aufgrund von hypothetisch vorgeschlagenen alternativenreichen Rechtfertigungen, ein Konsensus zustande kommt, dann drückt dieser Konsensus einen ‹vernünftigen Willen› aus. Da prinzipiell alle Betroffenen an der praktischen Beratung teilzunehmen mindestens die Chance haben, besteht die ‹Vernünftigkeit› des diskursiv gebildeten Willens darin, daß die zur Norm erhobenen reziproken Verhaltenserwartungen ein *täuschungsfrei* festgestelltes *gemeinsames* Interesse zur Geltung bringen: gemeinsam, weil der zwanglose Konsensus nur das zuläßt, was alle wollen können; und täuschungsfrei, weil auch die Bedürfnisinterpretationen, in denen *jeder Einzelne* das, was er wollen kann, muß wiedererkennen können, zum Gegenstand der diskursiven Willensbildung werden. ‹Vernünftig› darf der diskursiv gebildete Wille heißen, weil die formalen Eigenschaften des Diskurses und der Beratungssituation hinreichend garantieren, daß ein Konsensus nur über angemessen interpretierte *verallgemeinerungsfähige* Interessen, darunter verstehe ich: Bedürfnisse, die *kommunikativ geteilt werden*, zustande kommen kann. Die Schranke einer dezisionistischen Behandlung praktischer Fragen wird überwunden, sobald der Argumentation zugemutet wird, die Verallgemeinerungs*fähigkeit* von Interessen zu prüfen, statt vor einem undurchdringlichen Pluralismus scheinbar letzter Wertorientierungen (oder Glaubensakte oder Einstellungen) zu resignieren. Nicht die Tatsache dieses Pluralismus soll bestritten werden, sondern die Behauptung, daß es unmöglich sei, kraft Argumentation die jeweils verallgemeinerungsfähigen Interessen von denen zu scheiden, die partikular sind und bleiben» (Habermas 1973, 148 f.).

Prinzipiell frei von Beeinträchtigungen durch vorgefasste Meinungen, Erfahrungen und konkrete Handlungszwänge soll also der Diskurs sein, in dem die Wahrheit über erhobene Geltungsansprüche ermittelt werden soll, denen als solchen noch keine aktuelle Gültigkeit zukommt. Ergebnis eines solchen Diskurses wäre die Ermittlung eines verallgemeinerungsfähigen, d. h. für alle Beteiligten gültigen Interesses. Mangels einer übergeordneten, überweltlichen Instanz ist das artikulierte Interesse aller, wie es sich in freier, allgemeiner Erörterung bildet, der letzte Grund aller Verbindlichkeit. Habermas überwindet damit das Problem verschiedenster gleichberechtigt nebeneinander bestehender Wertvorstellungen und Weltansichten, die letztlich nur eine dezisionistische, d. h. willkürlich Tatsachen schaffende Entscheidung für oder gegen ein bestimmtes Wertsystem zulässt.

Damit hat er eine Grundlage gefunden, die es ihm erlaubt, bestehende Realitäten nicht nur zu erklären und sozialwissenschaftlich auf den Begriff zu bringen, sondern auch auf ihre Widersprüche hin zu analysieren und diese Widersprüche als Mängel herauszustellen, die es in Richtung auf das zugrunde gelegte Bild der idealen Kommunikationsgemeinschaft zu überwinden und zu beseitigen gilt. Allerdings steht nun – im Gegensatz zu den philosophischen Entwürfen der Vergangenheit – nicht mehr ein ausgeführtes Idealbild als Ziel einer geschichtlichen Bewegung im Hintergrund der Analyse. Vielmehr kommt dem Begriff der idealen Kommunikationsgemeinschaft regulative Funktion zu; denn sie allein erlaubt es Habermas, methodisch sauber und argumentativ begründet seine Analysen in eine Kritik der Realität des bestehenden Spätkapitalismus zu wenden.

Den Ausgangspunkt der Überlegungen bildet dabei das Marx'sche Begriffsgefüge von Produktivkräften und Produktionsverhältnissen. Doch Habermas zeigt auch, wie sich diese Kategorien in der Gegenwart verändert haben. Zentrales Argument bei seiner Einschätzung der Gegenwart ist deshalb der bereits angedeutete Nachweis einer Verschiebung der Produktionsverhältnisse von der rein privatwirtschaftlich organisierten Sphäre des Konkurrenzkapitalismus zur interventionistischen Staatstätigkeit:

«Um diese Verschiebung präziser fassen zu können, halte ich die analytische Unterscheidung von vier Kategorien der Staatstätigkeit, soweit sich diese auf Imperative des Wirtschaftssystems bezieht, für sinnvoll.

– Um die Produktionsweise *zu konstituieren* und als solche zu erhalten, müssen Bestandsvoraussetzungen realisiert sein: der Staat sichert das Privatrechtssystem mit den Kerninstitutionen des Eigentums und der Vertragsfreiheit; er schützt das Marktsystem vor selbstdestruktiven Nebenfolgen (z.B. durch Einführung des Normalarbeitstages, durch Kartellgesetzgebung und Stabilisierung des Währungssystems); er erfüllt gesamtwirtschaftliche Produktionsvoraussetzungen (wie Schulbildung, Transport und Verkehr); er fördert die internationale Wettbewerbsfähigkeit der einheimischen Wirtschaft (z.B. durch Handels- und Zollpolitik) und reproduziert sich selber durch militärische Aufrechterhaltung der nationalen Integrität nach außen und durch paramilitärische Unterdrückung systemfeindlicher Kräfte im Innern.

– Der Akkumulationsprozeß des Kapitals verlangt Anpassungen des Rechtssystems an neue Formen der Unternehmensorganisation, des Wettbewerbs, der Finanzierung usw. (z.B. durch Schaffung neuer Rechtsinstitute im Banken- und Unternehmensrecht, durch Manipulation des Steuersystems usw.). Dabei beschränkt sich der Staat auf *marktkomplementäre* Anpassungen an einen Prozeß, auf dessen Dynamik er keinen Einfluß ausübt, so daß sowohl das gesellschaftliche Organisationsprinzip als auch die Klassenstruktur unberührt bleiben.

– Davon sind *die marktsubstituierenden* Handlungen des Staates zu unterscheiden, die nicht etwa unabhängig entstandenen ökonomischen Tatbeständen juristisch Rechnung tragen, sondern in *Reaktion auf die Schwächen* der ökonomischen Antriebskräfte die Fortsetzung eines seiner Eigendynamik nicht länger überlassenen Akkumulationsprozesses ermöglichen und dadurch neue ökonomische Tatbestände schaffen, sei es durch Schaffung und Verbesserung von Anlagechancen (Staatsnachfrage nach unproduktiven Gebrauchsgütern), sei es durch veränderte Formen der Produktion von Mehrwert (durch die staatliche Organisation des wissenschaftlich-technischen Fortschritts, berufliche Qualifikation der Arbeitskräfte usw.). In beiden Fällen wird das gesellschaftliche Organisationsprinzip berührt, wie die Entstehung eines systemfremden öffentlichen Sektors zeigt.

– Schließlich *kompensiert* der Staat dysfunktionale Folgen des Akkumulationsprozesses, die innerhalb einzelner Kapitalfraktionen oder in der organisierten Arbeiterschaft und anderen organisationsfähigen Gruppen *politisch durchsetzbare Reaktionen* hervorgerufen haben. So übernimmt der Staat einerseits externalisierte Folgekosten der privaten Wirtschaft (z.B. Umweltschäden), oder er sichert durch strukturpolitische Maßnahmen die Überlebensfähigkeit gefährdeter Sektoren (z.B. Bergbau und Landwirtschaft). Auf der anderen Seite stehen Regelungen und Interventionen, die von Gewerkschaften und reformistischen Parteien mit dem Ziel gefordert werden, die soziale Lage der abhängig Arbeitenden zu verbessern (sie beginnen historisch mit der Erkämpfung des Koalitionsrechts und reichen über tarif-, arbeits- und sozialrechtliche Verbesserungen bis zur Bildungs-, Verkehrs- und Gesundheitspolitik). Die Anfänge der heute unter ‹social expenses› und ‹social consumption› klassifizierten Staatsausgaben lassen sich zum großen Teil auf politisch durchgesetzte gebrauchswertorientierte Forderungen der organisierten Arbeiterschaft zurückführen» (Habermas 1973, 77–79).

Indem der Staat immer mehr Funktionen übernimmt, die bislang dem privaten oder ökonomischen Bereich zugeordnet waren, übernimmt er zugleich die Verantwortung für diese Lebensbereiche und setzt sich damit zunehmendem Erfolgsdruck aus. Denn in dem Augenblick, in dem staatliches Handeln versucht, Funktionen zu ersetzen (zu substituieren) und widersprüchliche (dysfunktionale) Folgen zu kompensieren, die bisher wie Naturprozesse abzulaufen schienen, die keiner Steuerung zugänglich sind, muss es legitimiert werden – und das einfachste Legitimationsprinzip ist in diesem Zusammenhang der Erfolg.

Setzt sich aber der Staat – etwa durch nur teilweise oder gar nicht eintretenden Erfolg seiner Maßnahmen – der Kritik aus, so ist zu erwarten, dass diese Kritik auch den Punkt erreicht und benennt, den diese Maßnahmen gerade aus der Kritik heraushalten sollten: das System kapitalistischer Gesellschaften insgesamt. Wenn dieses ins Kreuzfeuer der Kritik gerät, zumal im Hinblick auf seine immer wieder gepriesene Effizienz, gerät auch die Legitimationsbasis des Staates ins Wanken.

Um diesen Einwänden zu begegnen und den Anspruch auf die Legitimität staatlichen Handelns nicht aufzugeben, argumentieren die Vertreter der jeweiligen Staats- und Gesellschaftsordnung ähnlich:

«Sie treffen sich auf dem gemeinsamen Boden der technokratischen Ideologie.

Es ist die Grundannahme dieser Ideologie, daß wir jene nachträglich passive Anpassung des institutionellen Rahmens an die technisch fortschreitenden Systeme, also die ungeplanten soziokulturellen Folgen des in die soziale Lebenswelt einbrechenden technischen Fortschritts, in der gleichen Weise in Regie nehmen können, wie wir längst Naturvorgänge unter unsere Kontrolle gebracht haben.

Unter diesem technokratischen Gesichtspunkt interessiert der institutionelle Rahmen nur soweit, als er die Arbeit der technisch fortschreitenden Systeme sichert oder stört. Wie sehr diese Perspektive beschränkt ist, möchte ich zunächst mit einigen allgemeinen Hinweisen klarmachen.

Unter entwicklungsgeschichtlichem Aspekt können wir die soziokulturellen Umwelten, in denen die Menschengattung ihr Leben reproduziert, als Kompensation einer mangelhaften organischen Ausstattung auffassen. Die Systeme gesellschaftlicher Normen haben die Aufgabe, die instinktiv nicht länger gesicherte Arterhaltung durch eine kollektiv organisierte Selbsterhaltung zu ersetzen. Sie institutionalisieren Lern- und Anpassungsprozesse, oder anders ausgedrückt: sie sind der institutionelle Rahmen für technisch fortschreitende Systeme. Aber dieser Rahmen hat nur deshalb die Form von Institutionen, weil libidinöse oder aggressive Triebansprüche, die sich zu den Erfordernissen der organisierten Selbsterhaltung dysfunktional verhalten, unterdrückt und kanalisiert werden müssen.

Der institutionelle Rahmen ist aus gesellschaftlichen Normen gezimmert. Solche Normen können verletzt werden; sie sind durch Gewalt sanktioniert. Die Motive zur Übertretung gesellschaftlicher Normen stammen aus antizipierten Triebbefriedigungen. Wir haben die Welt immer schon mit den Augen unserer Bedürfnisse interpretiert; und diese Deutungen sind im semantischen Gehalt der Umgangssprache aufgehoben. So ist leicht zu sehen, daß der institutionelle Rahmen einer Gesellschaft zwei Aufgaben erfüllt. Er besteht erstens aus einer Organisation der Gewalt, die die Repression von Triebbefriedigung erzwingen kann, und er besteht zweitens aus einem System kultureller Überlieferung, das die Masse unserer Bedürfnisse artikuliert und Ansprüche auf Triebbefriedigung antizipiert. Diese kulturellen Werte führen auch Interpretationen der Bedürfnisse mit sich, die im System der Selbsterhaltung nicht integriert sind – mythische, religiöse, utopische Gehalte, d.h. die kollektiven Tröstungen ebenso wie die Quellen der Philosophie und der Kritik. Ein Teil dieser Gehalte wird umfunktioniert und dient der Legitimation des Herrschaftssystems. Der institutionelle Rahmen hat also nicht nur die Funktion, die Lern- und Anpassungsprozesse zu garantieren und so die kollektive Selbsterhaltung zu sichern. Gleichzeitig entscheidet er über die Struktur der Herrschaft und damit über den Grad der Repression; er legt die kollektiven oder schichtenspezifisch abgestuften Chancen von Triebbefriedigung fest. Ein Handeln nach technischen Regeln bemißt sich allein am Kriterium des Erfolgs; ein Handeln unter gesellschaftlichen Normen hingegen reflektiert immer auch einen historisch veränderlichen Grad von Herrschaft, d.h. einen bestimmten Grad der Emanzipation und Individuierung.

Dieser Aspekt des Handelns geht verloren, wenn wir den Wandel des institutionellen Rahmens nur als eine abhängige Variable im Prozeß der Selbsterhaltung auffassen. Dann findet sich nämlich für dessen ‹Rationalität› kein anderes Kriterium als die Bestandserhaltung selbstregulativer Systeme. Sobald wir indessen den institutionellen Rahmen auch von innen als ein System gesellschaftlicher Normen begreifen, in dem vergesellschaftete Individuen ihr antizipiertes

Leben verwirklichen und die Masse der interpretierten Bedürfnisse befriedigen wollen, genügt jenes Kriterium nicht. Dann müssen wir vielmehr den Fortschritt der technischen Systeme seinerseits als abhängige Variable in einem Prozeß fortschreitender Emanzipation auffassen. Nun bemißt sich die ‹Rationalität› des institutionellen Rahmens an dem Verhältnis von Herrschaftssystem und kultureller Überlieferung, nämlich danach: in welchem Maße die kulturellen Werte entweder als Ideologien verbraucht und als Utopien verdrängt werden – oder aber aus ihrer projektiven Gestalt in die Lebenspraxis zurückkehren, der sie, zu ‹Werten› fetischisiert, entfremdet sind.

Die zuerst von Marx bezeichnete Intention, die soziokulturellen Folgen des technischen Fortschritts unter Kontrolle zu bringen, scheint sich heute im Westen wie im Osten immer stärker durchzusetzen – aber das technokratische Muster, nach dem diese Intention verwirklicht werden soll, schlägt ihrer erklärten Absicht ins Gesicht. Es gibt allenthalben Anstrengungen, den konfliktreich nachhinkenden institutionellen Rahmen selber als einen Bestandteil der technisch fortschreitenden Systeme zu planen und so mit dem technischen Fortschritt zu synchronisieren. Marx hatte das Problem, die Geschichte mit Willen und Bewußtsein zu machen, als die Aufgabe einer praktischen Beherrschung bisher unkontrollierter gesellschaftlicher Prozesse angesehen. Die Dimension, in der er das Problem einer Veränderung des institutionellen Rahmens entfaltete, war allein die der fortschreitenden Emanzipation. Heute scheint sich dasselbe Problem in eine technische Aufgabe aufzulösen: es geht um die kontrollierte Anpassung der sozialen Lebenswelt an den technischen Fortschritt. Die Dimension eines historisch veränderlichen Grades der Herrschaft wird dabei ignoriert.

Die Idee, unter der technokratisch angelegte Experimente stehen, ist die instinktanaloge Selbststabilisierung gesellschaftlicher Systeme. Die Perspektive ist uns vertraut: vielleicht gelingt es, zunächst einzelne Institutionen, dann einige institutionelle Bereiche, schließlich Teilsysteme und am Ende gar das Gesellschaftssystem im ganzen so einzustellen, daß sie selbstregulativ arbeiten und sich unter wechselnden externen wie internen Bedingungen in einem optimalen Zustand erhalten. Die Mensch-Maschine-Systeme, die in Bereichen gesellschaftlicher Arbeit und gewaltsamer Selbstbehauptung maximale Zuverlässigkeit verbürgen, werden zum Vorbild für die Organisation der gesellschaftlichen Beziehungen überhaupt. Ich möchte diese Fiktion einen Augenblick verfolgen.

Wenn es gelänge, das System gesellschaftlicher Normen auf diese Weise den technisch fortschreitenden Systemen zu integrieren, müßte sich soziales Handeln eigentümlich aufspalten: nämlich in das zweckrationale Handeln der Wenigen, die die geregelten Systeme einrichten und technische Störungen beheben, einerseits: in das adaptive Verhalten der Vielen, die in die Routinen der geregelten Systeme eingeplant sind, andererseits. Die manifeste Herrschaft des autoritären Staates würde so den manipulativen Zwängen eines technisch-operativen Staates weichen. Denn soweit soziales Handeln als Störfaktor in Betracht kommt, bemißt sich ja das Funktionieren geregelter Systeme nur noch an der empirisch zuverlässigen Regelmäßigkeit der funktional notwendigen Verhaltensreaktionen. Die moralische Durchsetzung einer sanktionierten Ordnung würde durch eingeschliffene Reflexe, kommunikatives Handeln, das an sprachlich artikuliertem Sinn orientiert ist und die Verinnerlichung von Normen voraussetzt, durch konditionierte Verhaltensweisen abgelöst. Immerhin beobachten wir in industriell fortgeschrittenen Gesellschaften einige Entwicklungen, die dem Modell einer eher durch externe Reize als durch Kommunikation gesteuerten Gesellschaft entgegenkommen. Die indirekte Lenkung durch geplante Stimuli hat, vor allem in Bereichen subjektiver Freiheit (Wahl-, Konsum- und Freizeitverhalten) zugenommen, während die Steuerung durch verinnerlichte Normen abzunehmen scheint. Die sozialpsychologische Signatur des Zeitalters wird weniger durch die autoritäre Persönlichkeit als durch die Entstrukturierung des Über-Ich charakterisiert …

Diese Dialektik von Können und Wollen vollzieht sich heute unreflektiert, nach Maßgabe von Interessen, für die eine öffentliche Rechtfertigung weder verlangt noch gestattet wird. Erst wenn wir diese Dialektik mit politischem Bewußtsein auszutragen vermöchten, könnten wir eine bisher naturgeschichtlich sich durchsetzende Vermittlung des technischen Fortschritts mit der sozialen Lebenspraxis in Regie nehmen. Weil das eine Sache der Reflexion ist, gehört sie wiederum in die Zuständigkeit von Spezialisten. Die Substanz der Herrschaft zergeht nicht vor technischer Verfügungsgewalt allein; dahinter kann sie sich allenfalls verschanzen. Die Irrationalität der Herrschaft, die heute zu einer kollektiven Lebensgefahr geworden ist, könnte nur durch eine politische Willensbildung bezwungen werden, die sich an das Prinzip allgemeiner und herrschaftsfreier Diskussion bindet. Rationalisierung der Herrschaft dürfen wir nur erhoffen von Verhältnissen, die die politische Macht eines an Dialoge gebundenen Denkens begünstigen. Die lösende Kraft der Reflexion kann nicht ersetzt werden durch die Ausbreitung technisch verwertbaren Wissens» (Habermas 1982, 352–357).

Technokratisches Denken wird also als Herrschaftsdenken gekennzeichnet, das den Bereich des Gesellschaftlichen und damit des eigentlich Menschlichen zum Gegenstand technischen Verfügens macht. Das Eigengewicht und die Freiheit der in der Gesellschaft zusammengefassten Individuen werden schlicht vernachlässigt. Die aus dem technokratischen Denken stammende Formel des «Sachzwangs» zeigt deutlich die Folgen einer solchen Einstellung: Die Interessen der jeweils Herrschenden verschanzen sich hinter den angeblich notwendigen Folgen solcher Tatsachen, die sie selbst geschaffen haben, und blocken damit jede Kritik als illusionär oder rechtsbrecherisch ab.

Durch seine Hinweise auf die Triebnatur des Menschen und auf Freuds Psychoanalyse zeigt Habermas dagegen, dass menschliche Natur grundsätzlich in der Verfügbarkeit technischen Umgangs nicht aufgeht. Denn gerade die Psychoanalyse, die als Therapieform versucht, Krankheit durch Reflexion und Bewusstmachung zu heilen und die Deformationen menschlicher Natur durch die Gesellschaft in den Betroffenen selbst aufzuheben, erscheint hier als Vorbild eines nicht gewaltsamen menschlichen Umgangs. Nicht von außen herangetragenes Verfügenwollen, nicht technisches Herstellen von Produkten ist die Absicht, sondern gleichberechtigtes Miteinanderumgehen, die Aufklärung der Betroffenen über sich selbst und eine daraus sich ergebende Verbesserung ihrer Situation ist das Ziel. Denn durch das Erklären und Aufdecken der Triebnatur des Menschen und ihrer Deformationen soll zugleich etwas verändert werden: Der aufklärerische Diskurs zwischen Arzt und Patient hat zugleich therapeutischen Wert; denn an seinem Ende soll die Heilung des Patienten von seinen Leiden stehen.

Im Blick auf die politische Realität der Gegenwart stellen sich für Habermas in diesem Zusammenhang mehrere Fragen: Wenn, wie er annimmt, die der persönlichen Reflexion zugängliche Instanz des von Freud so genannten Über-Ich (der Normen setzenden und kontrollierenden Instanz der Persönlichkeit) destrukturiert, das heißt auch, dem Zugriff entzogen wird, welche Instanz kann dann die Normensetzung und -prüfung im Einzelnen sicherstellen? – Und wie kann angesichts dieser Verlagerung der Verantwortung an anonyme Strukturen das legitime Interesse der Menschen an der Sicherung ihrer materiellen Existenz und an ihrer Freiheit gesichert werden, wenn kein Träger dafür in Sicht ist? Wie kann die zunehmend anonymer werdende Herrschaft, die sich im Bewusstsein jedes einzelnen Menschen und der Gesellschaft sedimentiert, abgebaut und überwunden werden, ohne ebendiese Herrschaft mit anderen Mitteln zu verlängern und zu erneuern?

Habermas stellt diese Fragen vor dem Horizont der Kritischen Theorie; es geht ihm vor allem um ein nicht gewaltsames, herrschaftsfreies Verhältnis von Theorie und Praxis. Denn wenn die Theorie aufklärerische Philosophie sein will, wenn sie sich nicht mit dem Bestehenden nur erklärend zufriedengeben will, dann stellt sich die Frage nach ihrem eigenen Stellenwert innerhalb des Prozesses der Aufklärung und der möglichen und notwendigen Verbesserung menschlichen Lebens in der Gesellschaft. Veränderung bestehender Zustände stößt immer auf Widerstand, und das einzige Entgelt für Opfer, die um dieses Zieles willen gebracht werden, kann nur der Erfolg sein – der Erfolg für alle Beteiligten und nicht nur für diejenigen, die diese Veränderung gewollt und betrieben haben. Philosophie und kritische Sozialwissenschaft können so für Habermas nicht ideologischer Rechtfertigungsgrund politischen Handelns sein. Sie haben vielmehr sich selbst im Prozess gesellschaftlicher und politischer Veränderung als der Kritik aller möglicherweise Beteiligten unterworfen zu reflektieren und in dieser Reflexion sowohl ihr eigenes Tun und ihre Bedeutung immer neu zu überprüfen als auch ihr Verhältnis zur Praxis zu bedenken:

«Die Vermittlung von Theorie und Praxis kann nur geklärt werden, wenn wir zunächst drei Funktionen auseinanderhalten, die sich an verschiedenen Kriterien bemessen: die Bildung und Fortbildung kritischer Theoreme, die wissenschaftlichen Diskursen standhalten; sodann die Organisation von Aufklärungsprozessen, in denen solche Theoreme angewendet und an der Auslösung von Reflexionsprozessen in bestimmten Zielgruppen auf eine einzigartige Weise überprüft werden können; und schließlich die Wahl angemessener Strategien, die Lösung taktischer Fragen, die Führung des politischen Kampfes. Auf der ersten Ebene geht es um wahre Aussagen, auf der zweiten um wahrhaftige Einsichten, auf der dritten um kluge Entscheidungen. Weil in der Tradition der europäischen Arbeiterbewegung der Parteiorganisation alle drei Aufgaben zugleich aufgebürdet worden sind, sind spezifische Differenzen verwischt worden. Die Theorie dient primär dazu, ihre Adressaten über die Stellung aufzuklären, die sie in einem antagonistischen Gesellschaftssystem einnehmen, und über die Interessen, die ihnen in dieser Lage objektiv als ihre eigenen bewußt werden können. Erst in dem Maße, als organisierte Aufklärung und Beratung dazu führen, daß sich die Zielgruppen in den angebotenen Interpretationen tatsächlich erkennen, wird aus den analytisch vorgeschlagenen Deutungen ein aktuelles Bewußtsein, wird aus der objektiv zugeschriebenen Interessenlage das wirkliche Interesse einer handlungsfähigen Gruppe. Das nannte Marx, der das Industriearbeiterproletariat als einzige Zielgruppe vor Augen hatte, die Konstituierung einer Masse von Proletariern als ‹Klasse für sich selbst›. Marx hat freilich die objektiven Bedingungen angegeben, unter denen die theoretisch bereits aufgeklärten Kommunisten den Aufklärungsprozeß für die Masse der Arbeiter organisieren sollten. Der ökonomische Zwang zur Bildung von ‹Arbeiterkoalitionen› und die Vergesellschaftung der Arbeit im Fabriksystem erzeugten eine gemeinsame Situation, in der die Arbeiter naturwüchsig genötigt waren, ihre gemeinsamen Interessen verteidigen zu lernen; die ‹reelle Subsumtion der Lohnarbeit unter das Kapital› erzeugte die ebenso reelle Grundlage, auf der den Beteiligten der politische Sinn der ökonomischen Kämpfe zu Bewußtsein gebracht werden konnte.

Von diesem Prozeß der Aufklärung ist die Organisation des Handelns zu unterscheiden. Während die Theorie sowohl die Aufklärungsarbeit legitimiert wie auch selbst durch mißlingende Kommunikation widerlegt, jedenfalls korrigiert werden kann, kann sie keineswegs a fortiori die riskanten Entscheidungen strategischen Handelns unter konkreten Umständen legitimieren. Entscheidungen für den politischen Kampf können nicht vorweg theoretisch gerechtfertigt und dann organisatorisch durchgesetzt werden. Einzige mögliche Rechtfertigung auf dieser Ebene ist der in praktischen Diskursen zu erzielende Konsensus unter den Beteiligten, die im Bewußtsein ihrer gemeinsamen Interessen und in Kenntnis der Umstände, der prognostizierbaren Folgen und Nebenfolgen nur selber wissen können, welche Risiken sie mit welchen Erwartungen eingehen wollen. Es kann keine Theorie geben, die die potentiellen Opfer im vorhinein einer weltgeschichtlichen Mission versichert. Der einzige Vorzug, dessen Marx ein solidarisch handelndes Proletariat hätte versichern dürfen, wäre der gewesen, daß eine Klasse, die sich mit Hilfe einer wahren Kritik als Klasse konstituiert, überhaupt erst in der Lage ist, in praktischen Diskursen zu klären, wie vernünftigerweise politisch zu handeln ist – während die Mitglieder der bürgerlichen Parteien, der herrschenden Klasse überhaupt, ideologisch befangen und einer rationalen Klärung praktischer Fragen unfähig sind, also nur unter Zwang agieren und reagieren können.

Jene drei Funktionen, die ich unterschieden habe, können nicht nach ein und demselben Prinzip erfüllt werden: eine Theorie kann nur ausgebildet werden unter der Voraussetzung, daß die wissenschaftlich Arbeitenden die Freiheit haben, theoretische Diskurse zu führen; Aufklärungsprozesse können (unter Vermeidung der Exploitation von Verblendung) nur organisiert werden unter der Voraussetzung, daß die, die die aktive Aufklärungsarbeit tun, sich an Kautelen binden und einen Spielraum für Kommunikationen nach dem Muster therapeutischer ‹Diskurse› sichern; ein politischer Kampf schließlich kann nur legitim geführt werden unter der Voraussetzung, daß alle folgenreichen Entscheidungen vom praktischen Diskurs der Beteiligten abhängig gemacht werden – auch und erst recht hier gibt es keinen privilegierten Zugang zur Wahrheit. Eine Organisation, die alle drei Aufgaben nach demselben Prinzip bewältigen soll, wird keine richtig erfüllen können. Und selbst wenn diese, wie die Partei Lenins, erfolgreich ist nach den üblichen Maßstäben einer mitleidlosen Historie, verlangt sie für ihre Erfolge denselben Preis, den die ambivalenten Siege in einem naturwüchsigen Zusammenhang, einem Kontext von bisher unerschütterter Kontinuität, stets gefordert haben» (Habermas 1982, 37–39).

Nach einem Hinweis auf die stalinistische Theorie und Praxis der Unterdrückung und gewaltsamen Veränderung fährt Habermas fort:

«Keine Theorie und keine Aufklärung entlastet uns von den Risiken der Parteinahme und ihrer nicht intendierten Folgen. Die Versuche zur Emanzipation, die zugleich Versuche sind, utopische Gehalte der kulturellen Überlieferung zu realisieren, können im Hinblick auf (theoretisch zu erklärende) systematisch erzeugte Konflikte und auf vermeidbare Repressionen und Leiden unter Umständen als praktische Notwendigkeiten plausibel gemacht werden. Aber solche Versuche sind eben auch Tests; sie testen Grenzen der Veränderbarkeit der menschlichen Natur, vor allem der geschichtlich variablen Antriebsstruktur, Grenzen, über die wir theoretisches Wissen nicht besitzen und, wie ich meine, aus prinzipiellen Gründen auch nicht besitzen können. Wenn bei der Überprüfung von ‹praktischen Hypothesen› dieser Art wir, die betroffenen Subjekte, selber in die Versuchsanordnung einbezogen sind, dann kann eine Schranke zwischen Experimentatoren und Versuchspersonen nicht errichtet werden, sondern alle Beteiligten müssen wissen können, was sie tun – eben diskursiv einen gemeinsamen Willen bilden.

Es gibt Situationen, angesichts deren solche Erwägungen skurril oder einfach lächerlich sind; in diesen Situationen müssen wir handeln wie eh und je. Dann aber ohne Berufung auf eine Theorie, deren Rechtfertigungskapazität soweit nicht reicht» (Habermas 1982, 41 f.).

Theorie ist in diesem Sinne selbst Teil politisch-gesellschaftlicher Praxis, begreift diese als ihren Gegenstand und weiß sich selbst als durch ihn bestimmt. Sie dient diesem Gegenstand, ohne sich ihm je unterwerfen zu dürfen. Theorie ist allerdings nicht das Legitimationsgerüst bestehender oder angestrebter Verhältnisse – sie kann weder Garantien geben noch Opfer von denen verlangen, die selbst zum theoretischen Leben, wie es Habermas getreu der aristotelischen Tradition fordert, keinen Zugang haben. Auch die großen, allumfassenden Entwürfe im Sinne Platons oder der großen Utopien der frühen Neuzeit sind nicht mehr möglich. Das Vertrauen in den Gang der Geschichte und des von Menschen Machbaren ist geschwunden zugunsten der Einsicht in die Verstrickung theoretischen Bemühens in das von ihr Beschriebene.

Politische Philosophie in diesem gegenwärtigen Sinne hat die kritische Funktion, das Bestehende in seiner Struktur und in seiner

Geschichte zu begreifen, zu erklären und unter der Perspektive eines möglichen Idealzustandes zu bewerten. Die Umsetzung dieser Kritik in die Praxis kann nicht Sache der Philosophie sein, solange sie versucht, das Interesse aller Menschen mit Vernunft zu vertreten.

Anhang

Hinweise auf einige seit dem ersten Erscheinen dieses Buchs veröffentlichte Literatur zu Fragen der Politischen Philosophie

Kurt Bayertz (Hrsg.): Politik und Ethik. Stuttgart 1996.
Ernst-Wolfgang Böckenförde: Geschichte der Rechts- und Staatsphilosophie: Antike und Mittelalter. Tübingen 2006.
Rolf Geiger (Hrsg.): Modelle politischer Philosophie. Paderborn 2003.
Volker Gerhardt (Hrsg.): Der Begriff der Politik. Bedingungen und Gründe politischen Handelns. Stuttgart 1990.
Norbert Hoerster (Hrsg.): Klassische Texte der Staatsphilosophie. 5. Aufl. München 1987.
Otfried Höffe: Politische Gerechtigkeit: Grundlegung einer kritischen Philosophie von Recht und Staat. 3. Aufl. Frankfurt/M. 2002.
Wolfgang Kersting: Die politische Philosophie des Gesellschaftsvertrags. Darmstadt 1994.
Peter Koslowski: Politik und Ökonomie bei Aristoteles. 3., durchgesehene und ergänzte Aufl. Tübingen 1993.
Will Kymlicka: Politische Philosophie heute: eine Einführung. Übers. von Hermann Veter. Frankfurt/New York 1997.
Hans Maier, Horst Denzer (Hrsg.): Klassiker des politischen Denkens. Von Plato bis Hobbes. München 2001.
Hans Maier, Horst Denzer (Hrsg.): Klassiker des politischen Denkens. Von John Locke bis Max Weber. München 2001.
Heinrich Meier: Warum politische Philosophie? Stuttgart/Weimar 2000.
Herfried Münkler: Thomas Hobbes. 2., vollständig überarb. Aufl. Frankfurt/New York 2001.
Gary S. Schaal, Felix Heidenreich: Einführung in die Politischen Theorien der Moderne. Opladen 2006.
Lothar Waas: Max Weber und die Folgen: die Krise der Moderne und der moralisch-politische Dualismus des 20. Jahrhunderts. Frankfurt/M. 1995.

Literatur

Arendt 1960 – Hannah Arendt: Vita activa oder Vom tätigen Leben. München o. J. (1960).
Aristoteles 1968a – Aristoteles: Politik. Übers. von F. Susemihl, hrsg. von N. Tsouyopoulos und E. Grassi. Reinbek bei Hamburg 1968.
Aristoteles 1968b – Aristoteles: Metaphysik. Übers. von H. Bonitz, hrsg. von H. Carvallo und E. Grassi. Reinbek bei Hamburg 1968.
Aristoteles 1969 – Aristoteles: Oeconomica. In: Aristotle. Works in 23 Volumes, T. XVIII. Übers. von C. Armstrong. London/Cambridge (Mass.) 1969.

Aristoteles 1972 (NE) – Aristoteles: Die Nikomachische Ethik. Übers. und hrsg. von O. Gigon. München 1972.

Aristoteles 1979 (EE) – Aristoteles: Eudemische Ethik. In: Aristoteles. Werke in deutscher Übersetzung. Hrsg. von E. Grumach und H. Flashar. Bd. 7, übers. von F. Dirlmeier. 3. Aufl. Darmstadt 1979.

Augustinus 1977 – Aurelius Augustinus: Vom Gottesstaat. Übers. von W. Thimme. Einleitung und Kommentar von C. Andresen. Bd. 1, Buch 1–10. München 1977.

Augustinus 1978 – Aurelius Augustinus: Vom Gottesstaat. Übers. von W. Thimme. Einl. und Kommentar von C. Andresen. Bd. 2, Buch 11–22. München 1978.

Bakunin 1970 – Michail Bakunin: Gott und der Staat und andere Schriften. Hrsg. von S. Hillmann. Reinbek bei Hamburg 1970.

Beard 1974 – Charles A. Beard: Eine ökonomische Interpretation der amerikanischen Verfassung. Übers. von U. Bracher, Einl. von J. B. Müller. Frankfurt/M. 1974.

Bien 1972 – Günther Bien: Die Grundlegung der praktischen Philosophie bei Aristoteles. 2. unveränderte Aufl., Freiburg/München 1972, 1980.

Bröcker 1967– Günther Bröcker: Platos Gespräche. 2. Aufl. Frankfurt/M. 1967.

Burckhardt 1925 – Jacob Burckhardt: Die Kultur der Renaissance in Italien. 16. Aufl. Leipzig 1925.

Capelle 1968 – Die Vorsokratiker. Die Fragmente und Quellenberichte, übersetzt und eingeleitet von Wilhelm Capelle. Stuttgart 1968.

Chenu 1981 – M.-D. Chenu: Thomas von Aquin in Selbstzeugnissen und Bilddokumenten. 2. Aufl. Reinbek bei Hamburg 1981.

Dahrendorf 1967 – Ralf Dahrendorf: Lob des Thrasymachos. In: Pfade aus Utopia – Zur Neuorientierung von politischer Theorie und politischer Analyse. München 1967.

Duby 1984 – George Duby: Die Zeit der Kathedralen. Kunst und Gesellschaft 980–1420. 2. Aufl. Frankfurt/M. 1984.

EE – vgl. Aristoteles 1979.

Epikur 1973 – Epikur: Philosophie der Freude. Übers. von J. Mewaldt. Stuttgart 1973.

Epikur o. J. – Epikur: Schriften. Über die irdische Glückseligkeit. Übers. von M. Lakowsky. München o. J.

Fetscher 1975 – Iring Fetscher: Rousseaus politische Philosophie. Zur Geschichte des demokratischen Freiheitsbegriffs. 3. überarbeitete Aufl. Frankfurt 1975.

Feuerbach 1975 – Ludwig Feuerbach: Grundsätze der Philosophie der Zukunft. In: Werke in sechs Bänden. Hrsg. von E. Thies. Bd. 3: Kritiken und Abhandlungen II. Frankfurt/M. 1975.

Finley 1977 – Moses I. Finley: Die antike Wirtschaft. Übers. von A. Wittenberg. München 1977.

Finley 1979 – Moses I. Finley: Die Welt des Odysseus. Übers. von A.-E. Gerve-Glannung, J. Ackermann und H. Kobbe. München 1979.

Fischer 1974 – Peter Fischer (Hrsg.): Reden der Französischen Revolution. München 1974.

Forrest 1966 – W. G. Forrest: Wege zur hellenischen Demokratie. Staatsdenken und politische Wirklichkeit 800–400 v. Chr. Übers. von D. Fehling. München o. J. (1966).

Fraenkel/Bracher 1964 – Ernst Fraenkel/Karl Dietrich Bracher (Hrsg.): Staat und Politik. Das Fischer-Lexikon Bd. 2. Neuausgabe Frankfurt/M. 1964.

Friedländer 1957 – Paul Friedländer: Platon Bd. II. Die Platonischen Schriften, Erste Periode; Bd. III Die Platonischen Schriften, zweite Periode. 2. Aufl. Berlin 1957 und 1960.

Grab 1973 – Walter Grab (Hrsg.): Die Französische Revolution. Eine Dokumentation. 68 Quellentexte und eine Zeittafel. München 1973.

Habermas 1973 – Jürgen Habermas: Legitimationsprobleme im Spätkapitalismus. Frankfurt / M. 1973.

Habermas 1982 – Jürgen Habermas: Theorie und Praxis. Sozialphilosophische Studien. 3. Aufl. Frankfurt / M. 1982.

Habermas 1996 – Jürgen Habermas: Die Einbeziehung des Anderen. Frankfurt / M. 1996.

Heidelmeyer 1972 – Wolfgang Heidelmeyer (Hrsg.): Die Menschenrechte. Paderborn 1972.

Hegel Rph – Georg Wilhelm Friedrich Hegel: Grundlinien der Philosophie des Rechts oder Naturrecht und Staatswissenschaft im Grundrisse. Hrsg. von E. Gans. In: Werke Bd. 8 (hrsg. vom Verein der Freunde des Verewigten). Berlin 1833. Fotomechanischer Nachdruck in: Sämtliche Werke, Bd. 7. Hrsg. von H. Glockner. Stuttgart 1928, [4]1964. Mit Hegels eigenhändigen Notizen in: Werke in 20 Bänden, Bd. 7. Hrsg. von E. Moldenhauer und K. M. Michel. Frankfurt / M. 1970.

Hegel 1959 – Georg Wilhelm Friedrich Hegel: Enzyklopädie der philosophischen Wissenschaften im Grundrisse (1830). Hrsg. von F. Nicolin und O. Pöggeler. Hamburg 1959.

Hegel 1973 – Georg Wilhelm Friedrich Hegel: Vorlesungen über die Philosophie der Geschichte. In: G. W. F. Hegel, Werke in zwanzig Bänden, Bd. 12. Hrsg. von E. Moldenhauer und K. M. Michel. Frankfurt / M. 1973.

Hobbes 1965 – Thomas Hobbes: Leviathan oder Wesen, Form und Gewalt des kirchlichen und bürgerlichen Staates. I. Der Mensch, II. Der Staat. In der Übersetzung von D. Thidow mit einem Essay «Zum Verständnis des Werkes», einem biographischen Grundriß und eine Bibliographie hrsg. von P. C. Mayer-Tasch. Reinbek bei Hamburg 1965.

Hölderlin 1954 – Friedrich Hölderlin: Übersetzung von Homers Iliade. In: Sämtliche Werke (Kleine Stuttgarter Ausgabe). Fünfter Band. Stuttgart 1965.

Hoffmeister 1969 – Johannes Hoffmeister (Hrsg.): Briefe von und an Hegel. Bd. III: 1823–1831. 3. Aufl. Hamburg 1969.

Holmsten 1972 – Georg Holmsten: Jean-Jacques Rousseau in Selbstzeugnissen und Bilddokumenten. Reinbek bei Hamburg 1972.

Horkheimer 1971 – Max Horkheimer: Anfänge der bürgerlichen Geschichtsphilosophie. Frankfurt / M. 1971.

Huizinga 1975 – Johan Huizinga: Herbst des Mittelalters. Studien über Lebens- und Geistesformen des 14. und 15. Jahrhunderts in Frankreich und den Niederlanden. Hrsg. von K. Köster. 11. Aufl. Stuttgart 1975.

Kant 1968 – Immanuel Kant: Werke. Unveränderter photomechanischer Abdruck des Textes der von der Preußischen Akademie der Wissenschaften 1902 begonnenen Herausgabe von Kants gesammelten Schriften. 9 Bde. Berlin 1968.

Kersting 2004 – Wolfgang Kersting: John Rawls zur Einführung, 2. korr. Auflage. Hamburg 2004.

Locke 1977 – John Locke: Zwei Abhandlungen über die Regierung. Übers. von H. J. Hoffmann, hrsg. und eingel. von W. Euchner. Frankfurt / M. 1977.

Luther 1938 – Martin Luther: Von der Freiheit eines Christenmenschen. In: Ausgewählte Werke in 7 Bänden. Hrsg. von H. H. Borchardt und G. Merz. Bd. 2. München 1938.

Machiavelli 1966 – Niccolò Machiavelli: Discorsi. Gedanken über Politik und Staatsführung. Übers. und eingel. von R. Zorn. Stuttgart 1966.

Machiavelli 1963 – Niccolò Machiavelli: Der Fürst. Übers. und hrsg. von R. Zorn. 3. Aufl. Stuttgart 1963.
Martin 1978 – Gottfried Martin: Platon in Selbstzeugnissen und Bilddokumenten. Reinbek bei Hamburg 1978.
Marx 1974 – Karl Marx: Grundrisse der Kritik der politischen Ökonomie. 2. Aufl. Berlin 1974.
Marx / Engels 1968 – Karl Marx: Doktordissertation. Differenz der demokritischen und epikureischen Naturphilosophie. In: K. Marx / F. Engels: Werke Ergänzungsband 1. Teil. Berlin (DDR) 1968.
Marx / Engels 1969 – Karl Marx / Friedrich Engels: Die deutsche Ideologie. In: K. Marx / F. Engels. Werke Bd. 3. 4. Aufl. Berlin (DDR) 1969.
Marx / Engels 1970 – Karl Marx / Friedrich Engels: Die heilige Familie. In: K. Marx / F. Engels. Werke Bd. 2. Berlin (DDR) 1970.
Marx / Engels 1971– Karl Marx / Friedrich Engels: Manifest der kommunistischen Partei. In: K. Marx / F. Engels. Werke Bd. 4. 5. Aufl. Berlin (DDR) 1971.
Marx / Engels 1972 a – Karl Marx: Randglossen zum Programm der deutschen Arbeiterpartei. In: K. Marx / F. Engels: Werke Bd. 19. 3. Aufl. Berlin (DDR) 1972.
Marx / Engels 1972 b – Friedrich Engels: Herrn Eugen Dührings Umwälzung der Wissenschaft. In: K. Marx / F. Engels: Werke Bd. 20. 4. Aufl. Berlin (DDR) 1972.
Marx / Engels 1972 c – Karl Marx: Das Kapital. Erster Band. In: K. Marx / F. Engels, Werke Bd. 23. 7. Aufl. Berlin (DDR) 1972.
Marx / Engels 1972 d – Karl Marx: Das Kapital. Dritter Band, Buch III: Der Gesamtprozeß der kapitalistischen Produktion. Hrsg. v. F. Engels. In: K. Marx / F. Engels: Werke Bd. 25. 7. Aufl. Berlin (DDR) 1975.
Marx / Engels 1973 – Karl Marx: Zur Kritik der politischen Ökonomie. In: K. Marx / F. Engels: Werke Bd. 13. 7. Aufl. Berlin (DDR) 1975.
Marx / Engels 1976 a – Karl Marx: Zur Judenfrage (S. 347–377). Zur Kritik der Hegelschen Rechtsphilosophie. Einleitung. (S. 378–391). In: K. Marx / F. Engels: Werke Bd. 1. 10. Aufl. Berlin (DDR) 1976.
Marx / Engels 1976 b – Karl Marx: Der Bürgerkrieg in Frankreich. In: K. Marx / F. Engels: Werke Bd. 17. 6. Aufl. Berlin (DDR) 1976.
Metaphysik – vgl. Aristoteles 1968 b.
Mill 1974 – John Stuart Mill: Über die Freiheit. Übers. von B. Lemke, mit Anhang und Nachwort hrsg. von M. Schlenke. Stuttgart 1974.
Mill 1976 – John Stuart Mill: Der Utilitarismus. Übers. und mit Anmerkungen und einem Nachwort versehen von D. Birnbacher. Stuttgart 1976.
Montesquieu 1964 – Charles de Montesquieu: Persische Briefe. Übers. von A. Strodtmann. Frankfurt / M. 1964.
Montesquieu 1965 – Charles de Montesquieu: Vom Geist der Gesetze. Eingel. und übers. von K. Weigand. Stuttgart 1965.
Morison 1965 – Samuel E. Morison (Hrsg.): Sources and Documents illustrating the American Revolution 1764–1788. Galaxy Books USA 1965.
NE – vgl. Aristoteles 1972.
Nietzsche 1973 – Friedrich Nietzsche: Menschliches – Allzumenschliches. In: Werke in drei Bänden, hrsg. von K. Schlechta. Bd. I. 7. Aufl. München 1973.
Oeconomica – vgl. Aristoteles 1969.

Paine 1953 – Thomas Paine: Common Sense. Hrsg. von Adkins. New York 1953.
Paine 1973 – Thomas Paine: Die Rechte des Menschen. Übers. von D. M. Forkel, hrsg. von T. Stemmler. Frankfurt/M. 1973.
Paine 1977 – Thomas Paine: Rights of Man. Ed. with an Introduction by H. Collins. Harmondsworth 1977.
Pauly 1979 – Der kleine Pauly. Lexikon der Antike in 5 Bänden. München 1979.
Platon 1962 – Platon: Politeia. In: Werke Bd. III. Nach der Übers. von F. Schleiermacher hrsg. von W. F. Otto, E. Grassi und G. Plamböck. Reinbek bei Hamburg 1962.
Pogge 1994 – Thomas W. Pogge: John Rawls. München 1994.
Pol. – vgl. Aristoteles 1968 a.
Popper 1974 – Karl R. Popper: Das Elend des Historizismus. 4. Aufl. Tübingen 1974.
Popper 1979 a – Karl R. Popper: Ausgangspunkte. Meine intellektuelle Entwicklung. Hamburg 1979.
Popper 1979 b – Karl R. Popper: Wissen und Nichtwissen. Rede zur Verleihung der Ehrendoktorwürde der Johann-Wolfgang-Goethe-Universität Frankfurt. In: Frankfurter Rundschau, 18. 6. 1979, S. 14.
Popper 1980 a – Die offene Gesellschaft und ihre Feinde Bd. 1. Der Zauber Platons. 6. Aufl. München 1980.
Popper 1980 b – Die offene Gesellschaft und ihre Feinde. Bd. 2. Falsche Propheten, Hegel, Marx und die Folgen. 6. Aufl. München 1980.
Rawls 1979 – John Rawls: Eine Theorie der Gerechtigkeit. Frankfurt/M. 1979.
Rawls 1992 – John Rawls, Kantian Constructivism in Moral Theory. Deutsch in: Die Idee des politischen Liberalismus. Frankfurt/M. 1992, S. 80–158.
Rawls 1998 – John Rawls: Politischer Liberalismus. Frankfurt/M. 1998.
Riedel 1975 – Manfred Riedel (Hrsg.): Materialien zu Hegels Rechtsphilosophie. 2 Bde. Frankfurt/M. 1975.
Ritter 1977 – Joachim Ritter: Metaphysik und Politik, Studien zu Aristoteles und Hegel. Frankfurt/M. 1977.
Rousseau 1963 – Jean-Jacques Rousseau: Emil oder über die Erziehung. Übers. von M. Rang. Stuttgart 1963.
Rousseau 1977 – Jean-Jacques Rousseau: Vom Gesellschaftsvertrag oder Grundsätze des Staatsrechts. In Zusammenarbeit mit E. Pietzker neu übers. und hrsg. von H. Brockard. Stuttgart 1977.
Rousseau 1978 – Jean-Jacques Rousseau: Schriften in zwei Bänden. Hrsg. von H. Ritter. München 1978.
Rph. – s. Hegel Rph.
Sandel 1982 – Michael J. Sandel: Liberalism and the Limits of Justice. Cambridge 1982.
Schelling 1968 – Friedrich Wilhelm Joseph Schelling: Immanuel Kant. In: Schriften von 1801–1804. Darmstadt 1968, S. 587–596.
Sieyès 1968 – Emmanuel Sieyès: Abhandlung über die Privilegien. Was ist der dritte Stand? Hrsg. von R. H. Foerster. Frankfurt/M. 1968.
Smith 1920 – Adam Smith: Eine Untersuchung über Natur und Wesen des Volkswohlstandes. Übers. und hrsg. von E. Grünfeld und H. Waentig. 3 Bde. Jena 1920–23.
Thomas 1975 – Thomas von Aquin: Über die Herrschaft der Fürsten. Übers. von F. Schreyvogl, Nachwort von U. Matz. Stuttgart 1975.
Vernant 1982 – Jean-Pierre Vernant: Die Entstehung des griechischen Denkens. Frankfurt/M. 1982.

Vorländer 1968 – Karl Vorländer: Philosophie der Renaissance. Geschichte der Philosophie Bd. III. 2. Aufl. Reinbek bei Hamburg 1968.
Walzer 1992 – Michael Walzer: Sphären der Gerechtigkeit. Ein Plädoyer für Gerechtigkeit und Gleichheit. Frankfurt / M. 1992.
Walzer 1995 – Michael Walzer: Die kommunitaristische Kritik am Liberalismus. In: Axel Honneth: Kommunitarismus – Eine Debatte über die moralischen Grundlagen moderner Gesellschaften. Frankfurt / M. 1995, S. 157–180.
Weber 1967 – Max Weber: Wissenschaft als Beruf. Berlin 1967.
Weber 1968 – Max Weber: Methodologische Schriften. Mit einer Einführung besorgt von J. Winckelmann. Frankfurt / M. 1968.
Weber 1969 – Max Weber: Die protestantische Ethik I. Gesammelte Aufsätze. 2. Aufl. München / Hamburg 1969.
Weber 1977 – Max Weber: Politik als Beruf. 6. Aufl. Berlin 1977.
Weber 1978 – Max Weber: Gesammelte Aufsätze zur Religionssoziologie. Bd. I. 7. Aufl. Tübingen 1978.
Widmann 1965 – Franz Widmann: Georg Wilhelm Friedrich Hegel in Selbstzeugnissen und Bilddokumenten. Reinbek bei Hamburg 1965.
Wolf 1968 – Erik Wolf: Griechisches Rechtsdenken, Bd. IV / 1. Frankfurt / M. 1968.

Namenregister

Helmut Brackert / Jörn Stückrath (Hg.)
Literaturwissenschaft
Ein Grundkurs (55523)

Manfred Brauneck / Gérard Schneilin (Hg.)
Theaterlexikon 1
Begriffe und Epochen, Bühnen und Ensembles (55673)
Manfred Brauneck / Wolfgang Beck (Hg.)
Theaterlexikon 2
Schauspieler und Regisseure, Bühnenleiter, Dramaturgen und Bühnenbildner (55650)

André Breton
Die Manifeste des Surrealismus (55434)

Günter Buttler / Norman Fickel
Einführung in die Statistik (55645)

Jonathan Culler
Dekonstruktion
Derrida und die poststrukturalistische Literaturtheorie (55635)

Andreas Diekmann
Empirische Sozialforschung
Grundlagen, Methoden, Anwendungen (55678)

Andreas Diekmann / Peter Preisendörfer
Umweltsoziologie
Eine Einführung (55595)

Simone Dietz
Die Kunst des Lügens
Eine sprachliche Fähigkeit
und ihr moralischer Wert (55652)

Martin Esslin
Das Theater des Absurden
Von Beckett bis Pinter (55684)

Hannelore Faulstich-Wieland / Peter Faulstich
BA-Studium Erziehungswissenschaft
Ein Lehrbuch (55680)

Uwe Flick
Qualitative Sozialforschung
Eine Einführung (55694)

Uwe Flick (Hg.)
Psychologie des Sozialen
Repräsentationen in Wissen und Sprache (55536)
Qualitative Evaluationsforschung
Konzepte – Methoden – Umsetzung (55674)

Uwe Flick / Ernst von Kardorff / Ines Steinke (Hg.)
Qualitative Forschung
Ein Handbuch (55628)

James George Frazer
Der Goldene Zweig
Das Geheimnis von Glauben und Sitten der Völker
(55483)

Hugo Friedrich
Die Struktur der modernen Lyrik
Von der Mitte des neunzehnten Jahrhunderts bis zur Mitte des zwanzigsten Jahrhunderts (55683)

Gunter Gebauer / Christoph Wulf
Mimesis
Kultur – Kunst – Gesellschaft (55497)

Manfred Geier
Das Sprachspiel der Philosophen
Von Parmenides bis Wittgenstein (55500)
Fake
Leben in künstlichen Welten
Mythos, Literatur, Wissenschaft (55632)

Hans-Jürgen Goertz (Hg.)
Geschichte
Ein Grundkurs (55688)

Rainer Grübel / Ralf Grüttemeier / Helmut Lethen
BA-Studium Literaturwissenschaft
Ein Lehrbuch (55667)

Sabine Hake
Film in Deutschland
Geschichte und Geschichten seit 1895 (55663)

Walter Hess
Dokumente zum Verständnis der modernen Malerei
(55410)

Hans-K. und Susanne Lücke
Antike Mythologie
Ein Handbuch (55600)
Helden und Gottheiten der Antike
Ein Handbuch (55641)

Ekkehard Martens / Herbert Schnädelbach (Hg.)
Philosophie
Ein Grundkurs. 2 Bde. (55457)

Herfried Münkler (Hg.)
Politikwissenschaft
Ein Grundkurs (55648)

Maurice Nadeau
Geschichte des Surrealismus (55437)

Michael Opielka
Sozialpolitik
Grundlagen und vergleichende Perspektiven (55662)

Nicolas Pethes / Jens Ruchatz (Hg.)
Gedächtnis und Erinnerung
Ein interdisziplinäres Lexikon (55636)

Platon
Sämtliche Werke
Band 1 (55561), Band 2 (55562), Band 3 (55563), Band 4 (55564)

Robert von Ranke-Graves
Griechische Mythologie
Quellen und Deutung (55404)
Die Weiße Göttin
Sprache des Mythos (55416)

Norbert Rehrmann
Lateinamerikanische Geschichte
Kultur, Politik, Wirtschaft im Überblick (55676)

Emanuel Richter
Republikanische Politik
Demokratische Öffentlichkeit und politische Moralität (55666)

Jürgen Schmidt
Zivilgesellschaft
Bürgerschaftliches Engagement von der Antike bis zur Gegenwart
Texte und Kommentare (55687)

Siegfried J. Schmidt
Geschichten & Diskurse
Abschied vom Konstruktivismus (55660)

Siegfried J. Schmidt / Guido Zurstiege
Kommunikationswissenschaft
Systematik und Ziele (55687)

Erhard Schütz u. a. (Hg.)
Das BuchMarktBuch
Der Literaturbetrieb in Grundbegriffen (55672)

Edward Shorter
Geschichte der Psychiatrie (55659)

Klaus-Jürgen Tillmann
Sozialisationstheorien
Eine Einführung in den Zusammenhang von Gesellschaft, Institution und Subjektwerdung (55476)

Benjamin Lee Whorf
Sprache – Denken – Wirklichkeit
Beiträge zur Metalinguistik und Sprachphilosophie (55403)

Ursula Wolf
Die Philosophie und die Frage nach dem guten Leben (55572)

Christoph Wulf
Anthropologie
Geschichte – Kultur – Philosophie (55664)

Siegfried Zielinski
Audiovisionen
Kino und Fernsehen als Zwischenspiele in der Geschichte (55489)
Archäologie der Medien
Zur Tiefenzeit des technischen Hörens und Sehens (55649)

Rolf Zimmermann
Macht als Moral
Eine Philosophie der historischen Erfahrung (55693)
Philosophie nach Auschwitz
Eine Neubestimmung von Moral in Politik und Gesellschaft (55669)

Volker Zotz
Geschichte der buddhistischen Philosophie
(55537)

02/2008